믿음, 소망, 사랑이 담긴

하이델베르크 요리문답 강해:

위로와 감사를 위하여

함께 읽는 부록: **벨직 신앙고백**

초대교회 신조

김학모(모세)

UBF 대학생성경읽기선교회
University Bible Fellowship

대학생성경읽기선교회(University Bible Fellowship)는 1961 년 한국에서 시작된 대학생 선교단체입니다. 대학 지성인들에게 성경공부를 통해 예수 그리스도의 진리를 전파하며 올바른 구원관과 가치관을 가르쳐 왔습니다. 현재 국내 대학 별로 87 개 지부가 세워져 있으며, 세계 94 개국에 1,500 명의 선교사를 파송해 348 개의 지부에서 현지 지성인들에게 그리스도를 전파하고 있습니다.

책을 내면서

마침내 하이델베르크 요리문답 강해서를 내게 되어 감사합니다. 많은 사람들이 하이델베르크 요리문답 공부를 통해 자기 구원은 물론, 교리적 확신을 얻고 이제 흔들리지 않는 신앙생활을 하는 것을 보았습니다. 그리고 교회사 속의 많은 교회들이 하이델베르크 요리문답을 통해 진리의 터 위에 굳게 서고, 구원과 생명의 역사를 이어왔습니다.

그런데 우리는 이런 교리 공부를 경시하는 경향이 있습니다. 내 신앙에는 은혜만 있으면 되지 교리까지 배울 필요는 없다고 생각하기 때문입니다. 그러나 오랫동안 교회를 다니면서 많이 듣고 많이 배웠어도, 아직 자기 안에 체계적인 교리가 확립되어 있지 않아 신앙적 혼돈에 빠져 방황하는 사람들이 많습니다. 그래서 믿음이 흔들리고 구원의 은혜마저 희미해지기도 합니다. 그런데 이런 곳에 이단의 유혹이 있고, 그들의 교묘한 교리 체계에 선량한 성도들이 실족합니다. 또한, 교회 밖의 갖가지 인본적인 자유주의 사상이 교회 안으로 침투해 들어와 참 신앙의 기준을 흔들며 그 정체성에 혼돈을 가져오기도 합니다.

그러나 이때 분명한 교리공부는 교회 안팎의 이런 모든 세력의 정체를 정확하게 분별하여 물리치게 하며, 우리 신앙의 터전을 확고하게 합니다. 체계적으로 잘 구성된 교리공부는 구원의 시작부터 장차 우리가 들어갈 하나님 나라에 대한 소망에 이르기까지 하나님께서 베풀어주시는 은혜가 얼마나 위대한지 새삼 깨닫게 하고 하나님께 영광을 돌리게 합니다. 그리고 이제는 분명한 재림 신앙을 확보하고 힘차게 주와 복음을 위해 살게 합니다.

하이델베르크 요리문답은 이런 점에서 인정받은 탁월한 교리교육서입니다. 그러나 문제는 우리가 주변을 둘러보지만 이 요리문답서에 대한 해설서는 많아도, 현장에서 함께 읽고 배워갈 수 있는 강해서는 눈에 잘 띄지 않는다는 것입니다. 이런 점에서 본 서는 현장감을 고려해서 설명식 해설보다는 조직적 강해식 방법을 택했습니다. 현장에서 바로 책을 펴 누구와도 함께 읽고 대화하면서 내용을 점검하며 배워갈 수 있도록 구성한 것입니다.

특히 본 서는 기독교 교리 전반을 개혁주의 신앙에 기초해서 목회적 관점에서, 그리고 탄탄한 조직신학적 통찰을 가지고 강해하고 있습니다. 책을 펴보면 알 수 있듯이 우리가 그동안 교회에서 듣고 배운 것들이 단계별로 논리적으로 깊이 잘 정리되어 있어 구원의 진리를 확신하며, 여기서 더 나아가 신앙의 성숙으로 가게 합니다. 무엇보다도 본 강해서는 교리 공부 그 이상으로 하이델베르크 요리문답이 담고 있는 믿음, 소망, 사랑의 내용을 잘 전달하고 있습니다. 하나님께서 그리스도를 통해 우리에게 전해주신 '위로'와 '감사'는 믿음과 소망과 사랑의 열매를 맺게 합니다. 이런 점에서 이 책은 우리 신앙과 삶에 실제적인 변화를 가져옵니다.

지난 여름 본 강해서를 집필하면서 많이 배우며 많은 은혜를 받았습니다. 더위도 잊었습니다. 집필을 마친 지금 저의 마음 갚은 곳에는 충만한 주 예수 그리스도의 은혜와 함께 '믿음', '소망', '사랑', 그리고 '위로'와 '감사'라는 다섯 개의 단어가 뚜렷이 들어와 있습니다. 본 서의 타이틀을 이렇게 만든 이유입니다.

이 책을 만들게 하신 성 삼위 하나님께 감사와 찬양, 그리고 모든 영광을 돌려드립니다.

2025, 9, 19 김학모(모세)

추천의 글

강대훈 교수(총신대학교 신학대학원, 신약학)

『개혁주의신앙고백』이라는 개혁파 신앙고백서를 이미 출간한 저자는 오랫동안 교회의 사랑을 받아온 하이델베르크 요리문답 강해를 또 하나의 선물로 내놓았다. 하이델베르크 요리문답은 죄와 구원과 감사의 구조로 구원의 감격과 실천을 강조하며 사도신경과 십계명과 주기도문을 신앙의 핵심 요소로 소개한다는 점에서 참으로 아름다운 신앙고백서다. 저자는 하이델베르크 요리문답을 명료하고 친절하게 해설한다. 평생 대학생들과 청년들의 성경 선생과 목자로 살아온 저자의 따뜻한 마음과 뜨거운 열정이 책의 곳곳에 깊이 스며 있다. 독자들은 이 책을 통해 개혁파 신앙고백서의 진수를 배우고, 성경의 거대한 서사를 맛볼 수 있다. 성경의 구원 역사와 신앙의 체계를 가르치고 설교할 뿐 아니라, 배우기를 원하는 사람들에게 이 책은 탁월한 안내서가 될 것이다.

권문상 교수(웨스트민스터신학대학원 대학교, 조직신학)

'하이델베르크 요리문답'은 16 세기 어수선한 세대뿐만 아니라 신앙의 깊이에 무관심한 21 세기 현대인에게도 꼭 필요한 기독교 신앙 지침서이다. 특별히 이 책은 처음 출판된 약 500 년 전과 유사하리만큼 신앙의 혼란을 겪는 오늘날에도 다시 손에 들려야 할 명저이다. 또한, 이 책은 같은 신앙을 지니고 있음에도 성경 해석과 신학적 견해의 차이로 인해 신앙의 본질 안에 하나가 되지 못하는 현대인들이 더욱 관심 가져야 할 책이라 하겠다. 저자는 이 점에 주목하여 가짜 신앙이 범람하고 참된 신앙에 회의적인 포스트모던 시민에게 신앙의 진수를 알리고 참된 확신과 위로를 전달하려고 한다. 특별히 저자는 이 요리문답의 문답 내용을 간단하게 번역하는 것에 그치지 않고, 자세하게 강해하며 현대인이 겪는 영적인 혼란과 아픔, 신학적·신앙적 의문에 대해 충분히 잘 설명하고 있다. 그래서 이 책은 소그룹에서 함께 읽고 나누는 시간을 갖기만 해도 만족할 만큼 매우 친절하게 참 신앙의 길로 잘 안내해 주고 있다. 새신자나 현재의 교회 안에 있는 여러 소그룹 모임에서 함께 읽을 것을 추천한다.

김재흥 목사(한국 UBF 대표, 조직신학 박사)

한국 UBF 대표를 역임하신 김학모(모세) 목자님을 통해 '하이델베르크 교리문답' 공부 안내서가 출판되어 축하드리고 하나님께 감사를 드립니다. 여러 교리문답이 있지만 하이델베르크 요리문답은 딱딱한 교리 지식보다는 실제적인 신앙생활 전반을 아주 쉽고 구체적으로 다루고 있는 교리문답서입니다. 시작부터 "너의 유일한 위로가 무엇이냐? "로 문을 여는 이 책은 이론과 지식 주입보다 개인 신앙을 든든히 잡아주는 교리서입니다. 우리는 예배 시간에 주기도문과 사도신경을 암송합니다. 또 십계명을 접하고 세례, 성찬 등 성례전을 시행합니다. 그러나 이 모든 것들이 어떤 성경적 근거에 의해 이루어지는가를 잘 배울 필요가 있습니다. 본문 중심의 성경공부를 열심히 하는 모임에서는 여기에 더하여 성경 전체를 조직적으로 아우르는 교리 공부를 할 때 비로소 성경 본문을 성경 전체의 맥락에서 깊이 이해할 수 있습니다. 요즘 각종 이단들이 예언서 등 성경의 몇 부분만을 뽑아 자의적으로 해석하여 가르치기 때문에 여러 성도가 현혹되고 있습니다. 또 SNS 를 통해 많은 신앙 정보가 무분별하게 소개되고 있습니다. 이런 혼란스러운 시대에 역사적으로 검증된 '하이델베르크 요리문답'을 공부하고 가르칠 때 개인과 교회 공동체의 신앙이 건강하게 성장하게 될 것입니다. 김학모 목자님은 조직신학을 체계적으로 공부하시고 헤르만 바빙크의 '계시철학'을 연구하여 박사 학위를 취득하신 분이십니다. 그리고 안암 UBF 와 여러 지부에서 교리 공부를 실제로 가르치셨고 그 중요성을 강의하셔서 이 분야의 권위자가 되셨습니다. 그동안 가르치신 내용을 바탕으로, 보다 쉽고, 보다 명쾌한 해설서를 책으로 출간하게 되어 감사를 드립니다. 이 책을 읽는 분들이 많은 신앙적 유익을 얻고, 충만한 은혜를 누리시게 될 것을 믿어 의심하지 않습니다.

김성욱 교수(웨스트민스터신학대학원, 역사신학)

21 세기를 살아가는 대부분의 사람들이 사회를 보면 "소통(疏通)"에 문제가 있다는 것을 쉽게 발견합니다. 다음 세대를 희망과 기대의 세대로 여기기보다 MZ 세대라고 평가하며, 심지어 쌍둥이도 세대 차이를 느낀다고 표현하는 것은 그 문제가 심각함을 보여줍니다. 예수 그리스도께서 친히 십자가에서 죽으심으로 막힌 담을 허셨으니, 교회는 예수님 안에서 성령님의 은혜로 서로 소통하고 하나 되어 성장하는 모습을 보여야 할 것입니다. 그런데 하나 되는 과정도 어려운데 하나 됨을 지키는 것은 더 어렵습니다. 많은 분들이 교회나 가정, 그리고 사회 속에서 소외를 경험하며 소통을 원합니다. 그러나 서로 소통하기를 원하지만, 그 구체적인 방법을 모른다면, 하이델베르크 요리문답을 적극 권합니다. 이 일을 위해 김학모(모세) 목자님께서 그동안 많은 피와 땀과 헌신으로 대단한 작품을 만들었기에 너무나 자랑스럽게 적극 추천합니다.

김학모 목사님은 10 년 전에 한국교회를 위해 『개혁주의신앙고백』(부흥과개혁사, 2015)을 잘 번역하며, 영어 표현을 함께 대조해 볼 수 있도록 만든 귀중한 신앙 안내서를 출판했습니다. 뿐만 아니라 안암센터에서 고려대학교 학생들을 대상으로 성경 공부를 하며, 교리 공부를 위해 가장 추천할 작품으로 『하이델베르크 요리문답 강해』를 작성하셨습니다. 이 책은 교리 공부를 하면서 벨직 신앙고백서와 함께 공부하도록 특별히 배려하고 있습니다. 신앙고백서는 너무나 어려운 상황, 핍박의 상황에서도 그러한 환경과 사건을 주신 분이 바로 하나님이시라며, 이 하나님을 믿으며 서로 손을 잡고 동지애(同志愛)를 느끼며 함께 신앙을 고백하는 것입니다.

이 책은 믿음, 소망, 사랑이 가득 담긴 '하이델베르크 요리문답'을 체계적으로 강해해 주고 있습니다. 또한, 이 책은 성도들에게 위로를 주시는 하나님의 임재 가운데 공부할 수 있도록 섬세한 배려가 느껴지는 작품입니다. 52 주 동안 공부하도록 잘 작성되었기에, 함께 공부하며 삶을 나누는 모든 과정마다 놀라운 성령님의 은혜와 인도가 있을 것입니다. 또한 교회를 세우며 성도를 양육하고 성도들과 대화하며 소통하기를 원한다면, 이 책을 통해 시도해 보라고 권합니다. 세대 간의 단절을 넘어 그리스도 안에서 하나되는 은혜를 누릴 것입니다. 더불어 문답을 마무리할 때는 전통에 따라, 스승은 제자들에게, 부모는 자녀들에게 손을 얹어 안수 기도해 주시기를 바랍니다.

이 요리문답을 최초로 추천한 선제후 프리드리히 3 세는 "어려서부터 하나님의 말씀으로 진지하게 훈육을 받으면 전능하신 하나님께서 현세적인 복과 영원한 복을 허락하실 것"이라고 표현하고 있습니다. 공부하며 삶을 나누는 모든 과정에서 책에 제시된 성경 말씀을 함께 읽으며 묵상한다면, 진정한 위로와 풍성한 은혜, 그리고 넘치는 감사를 느끼게 될 것입니다. 성부와 성자와 성령 하나님과 함께하는 은혜 가득한 시간이 계속되기를 바라며, 적극적인 추천과 아울러 계속 기도로 응원합니다.

박형대 교수(총신대학교 신학대학원, 신약학)

'하이델베르크 요리문답'의 출발점은 '위로(慰勞)' 입니다. 종교개혁기 고난 가운데 있는 성도들이 그리스도인으로서의 자기 정체성을 분명히 하여 그리스도 안에서 참된 위로를 얻고 그 가운데서 믿음으로 살도록 도와주었던 이 요리문답은 혼란스러운 현대를 사는 그리스도인에게도 동일한 믿음과 위로를 선사합니다. 유용한 『하이델베르크 요리문답 강해』를 집필해 주신 김학모 목사님께 진심으로 감사드립니다.

이미 신앙이 있는 분에게는 김학모 목사님의 『하이델베르크 요리문답 강해』가 '본인이 무얼 믿고 있는지' 를 분명히 말해줄 것입니다. 이제 막 믿기 시작한 분이라면, 본인이 '어떤 가치관(價値觀)과 사상(思想)과 신앙(信仰)' 안으로 들어가고 있는지를 예상하게 해줄 것입니다. '성찬' 관련 부분은 '성찬에 참여하는 이들' 이 읽고 명심해야 할 내용이, '세례' 부분은 세례 교육에 임하는 모든 분이 숙지하고 있어야 할 내용이 담겨 있습니다. 더불어 신자가 교회 및 사회생활 가운데에서 어떻게, 어떤 마음으로 살아야 할지에 대한 지침도 제공됩니다.

이 책을 통해 기도가 소홀해진 분들은 다시 기도의 무릎이 강해질 것입니다. 사도신경, 십계명, 주기도문을 새롭게 이해하게 될 것입니다. 한편, 부록으로 첨부된 '벨직 신앙고백서'는 하이델베르크 요리문답의 복습 역할을 해주고, 첨부된 '초대교회 신조'는 신조에 대한 지식을 더해줄 것입니다.

지금은 AI를 넘어 AGI(Artificial General Intelligence), Super AGI가 논의되는 시기입니다. 그런만큼 그리스도의 피로 구속된 피조물인 신자 본연의 가치와 자리의 재확인이 더욱 필요한 시기입니다. 이 책은 이런 점에서 유용합니다. 모든 분에게 일독을 권하며, 그리고 교회 교육에서의 사용을 추천합니다.

유태화(백석대학교 신학대학원, 조직신학 교수)

김학모 박사님은 대학생성경읽기선교회 안암센터를 중심으로 선교와 목양에 힘써온 분일 뿐 아니라 웨스트민스터신학대학원에서 조직신학을 공부하며 헤르만 바빙크의 계시철학을 연구하여 박사 학위를 취득하신 학자이기도 합니다. 그간 개혁교회의 여러 신앙고백서 원문을 번역, 출간하는 고된 작업을 통해 한국 교회를 위해 헌신하셨고, 이번에 그중 그리스도인의 실존에 가장 따뜻하게 다가서는 신앙고백서로 알려진 하이델베르크 요리문답 강해서를 출간하게 되었습니다.

목회자이자 신학자로서의 경험을 바탕으로 '카테키즘'이 갖는 고유의 성격을 온전히 반영하여 간결하지만 심원한 내용이 담긴 강해를 시도하셨습니다. 특히 이번에 내놓은 강해서는 하이델베르크 요리문답이 내적으로 담지하는 실존적이고 신학적인 구조를 충분히 존중하여 잘 드러내고 있습니다. 저자의 배려가 더욱 돋보이는 지점은 이 강해서를 매개로 조우하게 될 양육자와 회중을 위한 공간을 세심하게 배려했다는 점입니다. 회중을 양육하는 양육자 뿐만 아니라 양육에 참여하는 자의 실존적 고민의 영역을 더욱 깊이 파고들어갈 토대와 여지를 충분히 제공하고 있다는 것입니다. 이런 점에서 이 강해서가 더욱 귀하고 소중하게 활용될 것으로 기대되어 기쁜 마음으로 추천합니다.

목차

---

[1] 요리문답의 목차 속의 내용 분류는 다음을 참조한 것입니다. : Fred H. Klooster, "A Might Comfort"(Grand Rapids, CRC Publications, 1990), 121.

I. 강해 서문

하이델베르크 요리문답은 역사 속의 개혁교회가 이제까지 교회의 교리 교육을 위해 의심 없이 사용해 온 것으로, 이미 수많은 교회의 검증을 거쳐 교리 교육의 교제로서 확고한 위치를 차지하고 있습니다. 이 요리문답을 잘 활용할 때 교회사 속의 개혁교회 신앙의 맥을 이어가며 교회의 진리를 수호하고 시대 속에서 교회의 역할을 잘 감당할 수 있습니다. 무엇보다도 하이델베르크 요리문답은 다시 오실 예수님을 간절한 마음으로 기다리며 현재의 삶을 살아가는 성도들에게 흔들리지 않는 구원의 진리와 확신, 풍성한 그리스도의 위로를 제공합니다. 그리고 이제는 감사함으로 하나님의 영광을 위해 살도록 도와줍니다. 이러한 하이델베르크 요리문답은 교회가 힘써 수호해하며 가르쳐야 할 귀중한 영적 가치요 자산입니다.

1. 하이델베르크 요리문답의 탄생 배경

하이델베르크 요리문답은 1563 년, 독일 팔츠(Palatinate) 지방의 선제후였던 프리드리히 3 세(Frederick III, 1515-1576)의 주도로 작성되었습니다. 이 때는 종교개혁의 열기가 뜨거웠고, 그런 만큼 개신교 신앙을 가진 이들에게는 혹독한 박해와 순교의 시기였습니다. 로마 가톨릭교회의 맹렬한 반대와 박해 속에서 수많은 개신교인들은 신앙을 지키기 위해 고향을 떠나 도망 다니거나, 심지어 목숨을 잃어야 했습니다. 이때 신앙인들은 '과연 내가 구원받을 수 있을까? ', '이 고통 속에서 나의 믿음이 흔들리지 않을까? ', '죽음 이후에 나에게는 무엇이 기다리고 있는가? ', '예수님은 언제 다시 오실까? "와 같은 실존적인 질문을 던지며 많은 고민을 해야 했습니다.

이러한 상황 속에서 팔츠 지역은 내부적으로도 강경루터파, 온건루터파(멜란히톤파), 그리고 츠빙글리와 칼뱅의 영향을 받은 개혁파 사이의 신학적 혼란까지 겹쳐, 백성들의 영적 방황은 더욱 심화되었습니다. 특히 성찬론을 비롯한 여러 교리적 이견으로 인한 분열은 교회의 일치뿐만 아니라 사회적, 정치적 안정마저 위협하는 수준이었습니다. 선제후 프리드리히 3 세는 이러한 상황 가운데 백성들이 자칫 정치적으로도 분열될 수 있다고 생각했습니다. 그래서 그는 특정 교파의 편향된 주장이나 교리를 따르기보다, 백성들의 신앙적 일치를 위해 철저히 성경에 기초한 신앙고백서를 만들기 원했습니다.

선제후는 당시 두 명의 젊고 뛰어난 신학자에게 이런 신앙 갈등을 해결할 수 있는 신앙 문답서를 작성하도록 요청했습니다. 주된 저자는 하이델베르크 대학교의 조직신학 교수이자 궁정 설교자였던 자카리아스 우르시누스(Zacharias Ursinus, 1534-1583)였습니다. 그는 칼뱅의 제자로, 명확하고 논리적인 신학적 사고를 갖춘 인물이었습니다. 다른 한 명은 궁정 설교자이자, 후에 하이델베르크 대학교의 실천신학 교수가 된 카스파르 올레비아누스 (Caspar Olevianus, 1536-1587)였습니다. 그는 칼뱅뿐만 아니라 베자(Beza)의 영향을 받았으며, 탁월한 설교와 목회적 열정으로 사람들의 마음을 움직이는 데 능했습니다. 이러한 저자들의 목표는 박해 속에서도 백성들이 깊은 교리적 지식을 얻게 하는 것은 물론이요, 실제로 그들이 하나님과 친밀해지는 삶, 하나님 나라에 대한 확신에 찬 신앙의 삶을 살도록 돕는 것이었습니다. 이런 그들을 통해 마침내 백성들을 위한 신앙문답서로서의 '하이델베르크 요리문답'이 나왔습니다.

이것은 당시의 신학적 이견을 조정하려고 만든 만큼 루터파와 칼뱅주의자들 사이에 좋은 평가를 얻게 되었습니다. 얼마 지나지 않아서 팔츠 지역은 물론 이외의 여러 지역과 나라에 있던 개혁교회도 이 요리문답을 환영했습니다. 이것 때문에 하이델베르크 요리문답은 팔츠의 영예로 여겨지기까지 했습니다. 특별히 하이델베르크 요리문답은 신학적 깊이와 함께, 신앙인들의 고통을 보듬는 따뜻하고 목회적인 성격도 지니게 되므로, 개혁교회 성도들을 위한 탁월한 교리 교육 문답서로 귀하게 사용되기 시작했습니다.

2. 하이델베르크 요리문답의 특징과 구조:
위로와 확신으로 이끄는 여정, 성경적 진리의 견고함

하이델베르크 요리문답은 17 세기에 작성된 웨스트민스터 소요리문답과 더불어 가장 뛰어난 요리문답으로 인정되고 있습니다. 이 요리문답서는 수백 년이 지난 오늘날에도 여전히 주님의 손에 들려서 하나님의 백성들을 가르치고, 교회를 진리 안에서 통일시키는 데에 귀하게 사용되고 있습니다. 특히 이 요리문답은 현재의 삶을, 최후의 심판과 영원한 복락이라는 '종말론적 소망'에 비추어, 확신과 인내로 살아가도록 가르치는 '실천적 교과서' 역할을 해줍니다. 다시 말해 요리문답은 예수님으로 '이미' 시작된 하나님 나라와 '아직' 완성되지 않은 하나님 나라 사이의 긴장 속에서 성도들이 분명한 방향과 믿음속에서 살아가도록 도와준다는 것입니다. 이를 위해 요리문답은 구원의 진리를 체계적으로 전개하면서 오늘 성도들에게 필요한 위로와 감사를 말해주고 있습니다.

1) 위로와 감사의 하이델베르크 요리문답

우리가 익히 아는 웨스트민스터 소요리문답 제 1 문은 "사람의 제일 되는 목적이 무엇입니까? "하고 묻고 "사람의 제일 되는 목적은 하나님을 영화롭게 하는 것과 영원토록 그를 즐거워하는 것입니다"하고 답합니다. 이것은 웨스트민스터 소요리문답이 칼뱅주의 전통을 따라 사람이 하나님 중심으로 살며, 마땅히 그에게 영광 돌려야 한다는 신앙의 당위성을 출발점으로 삼고 있음을 잘 보여줍니다. 그러나 하이델베르크 요리문답은 이미 앞에서 언급했듯이 격렬한 종교개혁시대의 성도들이 처해 있는 당시의 실존적인 상황을 인식하고 그들을 위로하고자 하는 데서 문답이 출발합니다.

미국 칼빈신학교의 조직신학 교수였던 플래드 H. 글루스터는 'A Mighty Comfort'라는 제목으로 하이델베르크 요리문답 강해서를 썼습니다. 그는 이 책 서문에서 그 시대가 피와 땀과 눈물로 각인된 시대였음을 말하고 있습니다. 그는 중세의 카톨릭 교회의 권위적인 모습 앞에서 성도들은 최후의 심판을 두려워하며 죄를 고백하는 고해성사를 했다고 했습니다. 이런 그들은 두려움과 구원의 불확실성으로 인해 구원을 위해 자기 선행을 의지해야 했습니다. 이러한 그들은 말로는 예수님을 믿는다지만, 이로 인한 위로니 안전, 구원의 확신을 누린다는 것은 요원하기만 한 일이었습니다. 그러나 하이델베르크 요리문답은 1 문부터 예수님으로부터 오는 '유일한 위로'에 대해 말하며 성 삼위 하나님이 이루시는 깊은 구원의 세계로 인도하고 있습니다. 그래서 글루스터 교수는 하이델베르크 요리문답의 주제를 '위로'로 파악했습니다. 실제 하이델베르크 요리문답 1 문과 2 문은 '위로'의 노래로 시작하고, 53 문은 '나를 위로하시는 성령'에 대해, 57 문은 '부활의 위로'에 대해 말해주고 있습니다. 마지막으로 3 부는 이 위로를 감사의 생활로 연결해줍니다.

이러한 하이델베르크 요리문답은 성도들에게 위로와 함께 구원의 확신을 더해주기 위해 기독교 전반의 교리를 논리적으로 잘 전개해주고 있습니다. 무엇보다도 성경의 진리를 삼위일체 하나님의 구속 사역이라는 큰 틀 안에서 유기적으로 설명합니다. 총 129 개의 문답은 '성육신'과 '고난', '십자가에서의 죽으심', 그리고 '부활'과 '재림', '심판', 그리고 '영원한 하나님 나라' 라는 예수님의 구주로서의 여정 속에 우리의 구원을 세세하고 담아 풀어내고 있다. 이런 가운데 우리는 큰 위로와 확신 속에서 감사와 찬양으로 그리스도께 더 가까이 나가게 됩니다.

2) 하이델베르크 요리문답의 구조

하이델베르크 요리문답은 1, 2 문 서문에 이어 크게 3 부로 나뉘어 있습니다.

서문: 참된 위로의 시작(1 문, 2 문)

첫 번째 문답과 두 번째 문답은 하이델베르크 요리문답 전체의 서문에 해당합니다. 첫 번째 문답에서 "사나 죽으나 당신의 유일한 위로는 무엇입니까? "하는 질문을 하고, 이에 "나는 나의 미쁘신 구주 예수 그리스도의 것입니다" 라는 고백을 하며, 이어 삼위 하나님의 구원과 보호를 확신하게 합니다. 이 문답은 당시 박해와 죽음 앞에 서 있던 그리스도인들에게 이미 마귀의 권세에 대해 승리하신 예수님 안에서 절실했던 실존적 위로를 제공하고, 그들이 삶과 죽음을 초월하는 굳건한 믿음 위에 서게 합니다. 이어지는 두 번째 문답에서는 "우리가 어떻게 이 위로를 계속 누리며 행복하게 살 수 있는지"를 묻고, 답에서는 이를 위한 세 가지 단계적 비결을 말해줍니다. 곧 '우리는 얼마나 비참한 죄인이었는가? ', '이런 우리가 어떻게 구원받았는가? ', 그리고 하나님이 이루어주신 구원의 은혜에 기억하며 '이제 어떻게 살아야 하는가? '에 대해 말합니다. 이렇게 서문 격에 해당하는 문답을 기초하여, 이후의 문답 전체는 위의 세 가지 답변을 따라 크게 '우리의 죄와 비참에 대하여', '우리의 구원에 대하여', '감사에 대하여'로 구별하여 전개됩니다. 이는 우리가 자신이 얼마나 비참한 죄인인지를 깨닫고, 그리스도의 구원의 고귀함을 알 때, 비로소 감사함에 기초한 신앙생활을 할 수 있음을 말해줍니다.

이후의 문답은 이에 따라 크게 3 부로 나뉘어 체계적으로 전개됩니다.

1 부: 우리의 죄와 비참함에 대하여(3 문–11 문): '하나님의 율법 앞에서'

1 부는 사람이 실제 어떻게 죄에 빠져 비참하게 되었는지를 상세하게 말해줍니다. 특별히 하이델베르크 요리문답은 우리가 죄인인 것을 '하나님의 율법' 앞에서 발견케 하므로 우리 모두가 하나님 앞에서 얼마나 심각한 죄인인가를 깨닫게 합니다. 그리고 아무리 애써도 스스로 구원의 길을 찾아가기에는 절망할 수 밖에 없는 자신을 발견하고, 이제는 하나님께서 마련해주신 구원의 길만을 간절히 사모하게 합니다.

2 부: 우리의 구원에 대하여(문답 12–85): '구원과 위로의 예수 그리스도'

2 부에서는 예수 그리스도를 통한 구원을 상세하게 배우게 됩니다. 문답이 하나하나 전개되어 가면서 우리는 하나님이 한없는 자비로 보내주신 중보자 예수 그리스도에 의해 구원받게 된다는 놀라운 진리를 깨닫게 됩니다. 그리고 이 구원은 어느 날

갑자기 이루어진 것이 아니라, 하나님의 오랜 계획 가운데 마침내 그리스도 안에서 온전히 구현된 것임을 알게 됩니다. 이어 23 문부터는 '사도신경'을 상세하고 깊이 강해합니다. 우리 구원을 위한 성부 하나님의 영원한 계획과 섭리, 성자 예수 그리스도의 완벽한 속죄, 그리고 성령 하나님의 내주하심과 교통하심 등, 우리의 구원이 성 삼위 하나님의 하나 되심 속에서 이루어짐을 말해줍니다. 특별히 예수 그리스도의 속죄 주로서의 강림과 고난과 죽음, 부활, 승천에 대해, 그리고 영원한 왕으로서의 재림과 심판, 그가 통치할 하나님 나라에 대해 자세히 강해함으로 성도들에게 확고한 종말론적인 신앙 시각을 갖게 합니다. 이로서 성도들의 마음에 속죄 주 예수님에 대한 감사와, 재림 주 예수님에 대한 간절한 소망을 뜨겁게 불러 일으키며 분명한 신앙 생활의 방향을 잡게 합니다.

이러한 사도신경 강해를 통해 우리는 우리의 구원을 위해 "무엇을 믿어야 하는가? "에 대한 명확한 지적 이해와 믿음을 얻습니다.

3 부: 우리의 감사에 대하여(86 문-129 문): '위로에 대한 삶의 응답'

마지막 세 번째 부분은 우리가 이 구원의 은혜에 어떻게 반응하고 감사해야 하는지에 대해 가르쳐줍니다. 이것 역시 종말론적 견지에서의 성도들의 신앙윤리와 소망에 대해 말하고 있습니다.

여기서 먼저 제시되는 것이 '십계명'입니다. 이스라엘 백성이 출애굽한 후 구원의 하나님을 기억하고 이제 하나님의 백성으로 어떻게 살아가야 하는지, 그 삶의 방향이 십계명에 나타났습니다.

하이델베르크 요리문답도 십계명을 통해 구원을 받은 우리가 "이제 어떻게 살아야 하는가? " 대한 심도 있는 강해를 합니다. 십계명은 우리의 삶이 하나님 사랑과 이웃 사랑으로 요약됨을 가르칩니다. 이를 통해 우리가 계명 속의 담긴 깊은 신앙과 삶의 윤리를 깨닫고 '이미'와 '아직' 사이의 종말의 시대를 사는 그리스도인으로서 하나님 나라의 백성다운 삶을 구현해 나가도록 도와줍니다.

이어지는 '주기도문'을 통해서 "우리가 무엇을 바라며 살아야 하는가? "를 배우며 이제 마음속에 간절한 소망을 담아 하나님께 기도하도록 도와줍니다. 하나님 나라를 위한 기도, 우리를 위한 기도를 가르쳐주면서 영광스러운 하나님 나라에 대한 거룩한 기대를 품게 해줍니다.

이로서 하이델베르크 요리문답은 십계명과 주기도문을 통해 우리가 구원받은 하나님의 백성이요 자녀로서, 분명한 종말론적 영적 가치관을 가지고 품고 섬기는 복된 삶, 하나님의 영광을 바라는 감사의 삶을 살도록 이끌어 줍니다.

3. 하이델베르크 요리문답의 역사적 위치와 의의: '시대를 넘어선 위로의 유산'

하이델베르크 요리문답의 모든 답변은 철저히 성경 진리에 기초하고 있습니다. 이는 단순히 사람의 사유나 전통에 의존한 것이 아니라, '오직 성경'(Sola Scriptura)이라는 종교개혁의 기본 정신을 충실히 반영하며, 하나님의 말씀만이 우리의 신앙과 삶의 유일한 규범이요, 또 그렇게 되어야 함을 천명합니다. 이러한 하이델베르크 요리문답은 개혁교회의 빛나는 신앙 유산이 되었습니다. 이 요리문답은 역사 속에서 수많은 개혁 교회의 강단에서 설교되었고, 교육되었으며, 가정에서는 자녀들을 위한 신앙 교육서로 귀하게 사용되었습니다. 그리고 교회사 속의 수많은 시련과 박해 속에서도, 이미 승리하신 그리스도의 빛 속에서, 성도들의 믿음을 굳건히 지켜주는 버팀목이요, 그들을 위한 위로의 유산이 되었습니다. 또한 이단들의 비성경적인 가르침에 맞서는 올바른 신앙의 척도이자 방패로서 그 가치를 입증해 왔습니다. 이처럼 하이델베르크 요리문답은 개혁교회의 최고의 실천적 교리 교육서로서 성도들이 위로와 감사 속에서 하나님을 기쁨으로 섬길 수 있도록 도와주었습니다.

4. 기독교 지정의의 구현: '믿음, 소망, 사랑 안에서'

우리가 사용하는 성경의 표지 앞뒤 면에 '사도신경'과 '십계명', '주기도문'이 있습니다. 이것은 성경의 모든 가르침을 요약한 내용이며, 실제 교회 생활을 떠받치고 있는 세 기둥이기도 합니다. 이 기둥 중 어느 하나라도 함부로 빼면 우리들의 신앙생활은 이내 균형을 잃고 무너져 내릴 것입니다.

그런데 앞에서 언급한 바와 같이 하이델베르크 요리문답은 '사도신경', '십계명', '주기도문'을 상세하게 강해합니다. 이로서 우리는 사도신경을 통해 "우리는 무엇을 믿어야 하는가? "하는 믿음의 내용을 알게 되고, 십계명을 통해서는 "이제 우리는 어떻게 살아야 하는가? ", 곧 하나님 사랑과 이웃 사랑이라는 강령을 따르는 삶의 법도를 배웁니다. 그리고 '주기도문'을 통해서는 "우리는 무엇을 바라고 살아야 하는가? " 하는 참된 소망을 깨닫게 됩니다. 우리가 이 셋을 잘 배우고 익힐 때 우리 신앙은 '믿음'과 '사랑'과 '소망'안에서 비로소 균형 잡힌 성경적 신앙을 갖추게 됩니다.

이것은 우리의 신앙의 지정의(知情意)의 문제와 다름 아닙니다. 우리의 인격에 지정의가 균형 있게 갖추어질 때 건강한 삶을 살아갈 수 있는 것처럼, 신앙에도 믿음,

소망, 사랑이라는 지정의가 잘 확립될 때 우리는 비로소 전인격적인 신앙을 영위해나갈 수 있게 됩니다.

5. 벨직 신앙고백과 초대교회 신조 함께 읽기

이 책의 부록으로 '벨직 신앙고백'과 '초대교회 신조'(사도신경, 니케아-콘스탄티노플 신조, 칼케돈 신조, 아타나시우스 신조)를 실었습니다. '벨직 신앙고백'은 정통 개혁파 신앙고백서로서, 삼위일체 하나님, 곧 창조주 하나님, 예수 그리스도의 신성과 인성, 성령의 사역 등 기독교의 기본 진리를 충실히 반영하고 있습니다. 여기에는 성경의 권위, 창조와 타락, 섭리, 죄와 구원, 성화, 성례, 교회, 종말에 대한 개혁주의 신앙의 교리를 깊이 있게 정리 정돈해주고 있습니다. 하이델베르크 요리문답은 이러한 벨직 신앙고백서와 짝을 이루는 교회의 '교리 교육서'입니다. 전통적인 개혁파 교회는 '도르트 신경'와 함께 '벨직 신앙고백', '하이델베르크 요리문답'을 하나로 묶어(Three Forms of Unity) 교회 신앙에 귀하게 사용해 왔습니다. 이런 점에서 하이델베르크 요리문답을 공부하면서 벨직 신앙고백서를 참조하며 함께 읽어갈 때 그만큼 교리공부에 효율을 더해나갈 수 있습니다. 특별히 하이델베르크 요리문답과 벨직 신앙고백은 내용면에서 상호 보충, 보완을 하고 있어, 이 둘을 잘 활용할 때 교리 공부를 좀 더 깊고 넓게 해나갈 수 있습니다. 그리고 초대교회 신조는 개혁교회 신조의 근간으로서의 '삼위일체 하나님'에 대한 견고한 이해를 제공합니다. 이러한 초대교회 신조는 신앙고백이나 교리공부를 할 때 우리 신앙의 정통성을 확인하는데 매우 중요합니다.

6. 하이델베르크 요리문답 공부의 의미와 중요성

우리가 살고 있는 21 세기 한국 사회는 종교개혁 시대와는 다른 형태의 도전과 혼란에 직면하고 있습니다. 물질주의와 세속주의의 거센 도전이 있고, 교회 안에는 이성과 인간 사유에 기초한 현대신학적 요소들이 은밀하게 성도들에게 다가가 그 신앙의 본질을 흐리게 하기도 합니다. 갖가지 형태의 신비주의가 교회의 건전한 신앙을 병들게 하기도 합니다. 또한 이단의 세력들이 성경의 가르침을 교묘히 왜곡시키며 많은 사람들을 실족시키고 있습니다. 종교다원주의와 다문화 시대속에서 교회의 가치가 상대화된지 이미 오래입니다. 이런 가운데 참 복음의 메시지가 힘을 잃어가고 있는 것도 현실입니다. 그런만큼 교회와 성도들이 많은 혼란을 겪으며 신앙적 박탈감마저 느끼고 있습니다. 세상 속의 교회의 역할과 위치가 약할 대로 약해진 것이 사실입니다. 이런 문제들로 인해 교회가 고민을 하고 대책을 내놓고 싶어하지만 이것도 쉬운 일이 아닙니다.

이때 교회는 많은 고민을 하기보다는 먼저 기본으로 돌아가 스스로 자기 정체성을 확립해야 합니다. 교회는 하나님 말씀으로 돌아가야 합니다. **"성경으로 돌아가라!"**(Back to the Bible)" 하나님 말씀은 교회의 견고한 반석입니다. 하나님 말씀만이 교회 신앙의 절대 기본이고 기준입니다. 하나님은 어느 시대든 말씀이 있는 교회를 세우시고 구속역사에 귀하게 사용하십니다. 이런 점에서 하이델베르크 요리문답 공부는 우리가 다 함께 말씀으로 돌아가는 공부요, 우리 신앙을 말씀의 반석 위에 견고히 세워가는 작업입니다. 교회에 생명의 말씀을 부어주는 마중물 역할을 합니다. 이런 점에서 우리는 하이델베르크 요리문답 공부에 각별한 의미를 부여할 수 있습니다.

1) 견고한 신앙 기초 확립:

한국 교회는 짧은 역사 속에서 급성장했지만, 때로는 양적인 성장에 비해 질적인 면에서의 성장이 부족함을 늘 지적받아왔습니다. 이는 다름 아닌 성경적 교리에 대한 이해가 부족으로 이해할 수 있습니다. 많은 성도들이 오랜 신앙생활을 해왔지만 여전히 자기 신앙에 대한 이해가 부족하여 때를 따라 교리적 혼란에 빠져 방황하기도 합니다. 더러는 교회 안에 세속적 가치관과 영적 가치관이 혼재하므로 이를 분별할 수 있는 확고한 신앙의 표준도 분명하지 않습니다. 이처럼 혼란이 있는 신앙에서 힘이 나올 수 없습니다. 거기서 그리스도의 영광이 제대로 나타날 수 없습니다. 이런 점에서 하이델베르크 요리문답은 성경의 진리를 체계적이고 포괄적으로 다루어주므로, 성도들이 자기 신앙을 성경에 기초해 깊이 이해하며 견고한 교리적 토대를 구축하게 도와줍니다. 그리고 이제는 분명한 영적 가치관을 가지고 하나님 앞에서, 세상에 대해서 분명하고 힘있는 자기 정체성을 확립하게 됩니다.

2) 이단과 그릇된 가르침에 대한 분별력 함양:

한국 교회의 주변에는 이단과 사이비 종교의 폐해가 날이 갈수록 심해져 가고 있습니다. 이들은 성경을 자의적으로 해석하고 왜곡된 교리와 거짓된 재림신상을 전파하며, 많은 사람들을 미혹합니다. 이로 인해 실제 많은 성도들이 그 유혹에 빠져 실족하고 있는 것도 사실입니다. 그러나 하이델베르크 요리문답은 성경 전체의 맥락 속에서 올바른 기독교 교리를 선명하게 제시하므로, 성도들은 이를 통해 성경적 분별력을 얻고, 이단의 그릇된 가르침을 확신 있게 퇴치 시킬 수 있습니다.

3) 삶의 전 영역에서 신앙적 위로와 지침 제공:

종교개혁 시대의 성도들이 박해 속에서 위로를 찾았듯이, 오늘날 한국의 신앙인들도 치열한 경쟁 사회 속에서 관계의 어려움, 미래에 대한 불안 등 다양한 형태의 삶의 고난을 겪습니다. 그런데 요리문답 1 문이 제시하는 '위로'의 메시지는 시대와 상황을 초월하여 유효합니다. 살아서나 죽어서나 우리의 참된 위로와 소망은 오직 우리 주 예수 그리스도 한 분임 알 때, 우리는 삶의 모든 영역에서 그분의 주권을 인정하고 감사함으로 살아갈 수 있습니다. 그래서 하이델베르크 요리문답은 눈물의 골짜기 같은 인생길을 지나가는 성도들에게 위로와 확신의 지침서가 됩니다.

4) 건강한 교회 공동체 형성 기여:

교리가 명확하고 이를 위한 체계적 교리교육이 있을 때 건강한 신앙 공동체가 세워집니다. 하나의 신앙고백서, 하나의 요리문답은 교회를 하나 되게 하며, 활기차고 힘있는 공동체를 이루게 합니다. 이런 점에서 하이델베르크 요리문답 공부는 교회 공동체가 하나님의 말씀 안에서 하나 되게 하며, 다시 오실 예수님 한 분을 소망하며 하나의 믿음으로 예배하게 합니다. 여기에 일치된 봉사와 사명도 따라옵니다.

정리

하이델베르크 요리문답은 앞에서 언급한 바와 같이 '이미'와 '아직' 사이의 하나님 나라를 살아가는 그 백성에게 하나님이 주신 삶의 실천적 교과서입니다. 우리는 이를 통해 분명한 가치관과 소망 속에서 다시 오실 그리스도를 기다리는 하나님의 백성다운 삶을 지향할 수 있습니다. 이런 점에서 하이델베르크 요리문답은 하나님께서 교회에 주신 진리의 선물입니다. 그래서 이것을 다함께 공부한다는 것은 교회의 복입니다. 교회를 진리의 터 위에 굳게 세우는 일이요, 거친 세상을 살아가야 하는 성도들에게는 확신과 위로와 감사를 공급하는 일이기 때문입니다. 또한 이를 통해 교회가 믿음과 소망, 사랑안에서 기독신앙의 지정의를 확립할 때, 세상을 향하여서 빛과 소금으로서의 사명을 넉넉히 감당하게 됩니다.

II. 하이델베르크 요리문답

서문: 우리의 위로에 대하여

하이델베르크 요리문답 1 문과 2 문은 본 요리문답 전체의 서문에 해당합니다. 여기에서 하이델베르크 요리문답의 전체적 주제로서 '위로'와 '감사'가 설정됩니다. 그리고 이 서문을 기초로 요리문답은 '제 1 부 우리의 죄와 비참함에 대하여', '제 2 부 우리의 구원에 대하여', '제 3 부 감사에 다하여'로 크게 셋으로 나뉘어 내용이 전개됩니다.

제 1 주일

하이델베르크 요리문답 제 1 문: 성도의 유일한 위로

하이델베르크 요리문답 1 문은 "사나 죽으나 당신의 유일한 위로는 무엇입니까? " 하고 묻습니다. 이것은 이 요리문답이 만들어지던 종교개혁 당시 많은 시련 속에 있던 성도들들의 마음에 참된 위로를 심어주기 위한 물음입니다. 실제 이 문답은 성 삼위 하나님께서 그들과 어떻게 함께 하시는지를 깨닫게 하고, 그 안에서 위로를 누리며 확신하며 살아가도록 도와줍니다.

1 문: 사나 죽으나 당신의 유일한 위로는 무엇입니까?

답:

사나 죽으나 나는 내 것이 아니요, 내 몸과 영혼은 모두 나의 미쁘신(신실하신) 구주 예수 그리스도의 것입니다. 그리스도께서 그의 보혈로 내 모든 죄값을 온전히 치르시고 나를 마귀의 권세에서 자유케 하셨습니다.

또한 하늘에 계신 아버지의 뜻이 아니라면 머리카락 하나라도 땅에 떨어지지 않도록 나를 지켜주시며, 모든 것이 합력하여 나의 구원을 분명히 이루게 하십니다.

그러므로 주께서 주의 성령으로 나에게 영생을 확신시켜주시며, 이제부터는 온 마음을 다하여 기꺼이, 그리고 언제라도 주를 위해 살게 하십니다.

(참조: 벨직 신앙고백 제 11 조, 제 13 조, 제 20 조, 제 23 조)

강해

하이델베르크 요리문답 1 문이 이렇게 "사나 죽으나 당신의 유일한 위로가 무엇입니까? "하며 먼저 '위로'를 묻는 것은 이 요리문답이 만들어진 시대 배경과 깊은 연관이 있습니다.(이에 대해서는 이미 본 서 서문에서 말하였습니다) '위로'(Comfort)는 하나님이 이 세상을 사는 자기 백성을 향한 마음입니다.[2]

이런 점에서 하이델베르크 요리문답의 첫 문답은 기독교 신앙의 핵심인 그리스도 중심의 위로를 세 가지 주요 측면으로 나누어 설명합니다. 첫째, 우리에 대한 전적인 소유권이 예수 그리스도께 있다는 것과, 둘째, 이 소유권으로 인해 우리가 하나님 아버지 안에서 누리는 구원의 안정성, 셋째, 이 안정성에서 비롯되는 성령의 확신과 삶의 변화입니다. 이렇게 우리의 구원은 성삼위 하나님의 온전한 하나 되심 속에서 이루어집니다.

1. 그리스도 안에서 누리는 완전한 구원

1) 그리스도의 주권적 소유

"사나 죽으나 나는 내 것이 아니요, 내 몸과 영혼은 모두 나의 미쁘신(신실하신) 구주 예수 그리스도의 것입니다"

(1) **"사나 죽으나"**: 이 표현은 곧 내가 이 땅에서 어떤 모습으로 살든, 혹은 어떻게

---

[2] **이사야 40장 1, 2절:** 너희의 하나님이 이르시되 너희는 위로하라 내 백성을 위로하라 너희는 예루살렘의 마음에 닿도록 말하며 그것에게 외치라 그 노역의 때가 끝났고 그 죄악이 사함을 받았느니라 그의 모든 죄로 말미암아 여호와의 손에서 벌을 배나 받았느니라 할지니라 하시니라

고린도후서 1장 3-7절: 찬송하리로다 그는 우리 주 예수 그리스도의 하나 님이시요 자비의 아버지시요 모든 위로의 하나님이시며 우리의 모든 환난 중에서 우리를 위로하사 우리로 하여금 하나님께 받는 위로로써 모든 환난 중에 있는 자들을 능히 위로하게 하시는 이시로다 그리스도의 고난이 우리에게 넘친 것 같이 우리가 받는 위로도 그리스도로 말미암아 넘치는도다 우리가 환난 당하는 것도 너희가 위로와 구원을 받게 하려는 것이요 우리가 위로를 받는 것도 너희가 위로를 받게 하려는 것이니 이 위로가 너희 속에 역사하여 우리가 받는 것 같은 고난을 너희도 견디게 하느니라 너희를 위한 우리의 소망이 견고함은 너희가 고난에 참여하는 자가 된 것 같이 위로에도 그러할 줄을 앎이라

죽게 되든, 어떤 상황에서도 우리를 사랑하시고 지키고 위로해주시는 하나님의 사랑은 변함없다는 말을 하고자 하는 것입니다. '사나 죽으나'는 우리를 향한 하나님의 절대 사랑을 나타내는 중요한 말입니다.

(2) **"나는 내 것이 아니요"**: 우리는 우리 자신이 자기의 것이라고 생각할 때가 많습니다. 혹은 내 목숨을 좌지우지 할 수 있는 원수의 것이라고도 생각할 수 있습니다. 그러나 우리 모두는 창조주 하나님의 피조물입니다. 이 사실을 겸손히 인정하고 "나는 내 것이 아니요 하나님의 것입니다"하며 우리 자신이 전적으로 하나님께 속해 있음을 고백해야 합니다. 이는 우리의 존재도, 그 의미도 우리 자신에게서가 아니라, 우리를 창조하신 하나님 안에서만 찾을 수 있다는 것입니다.

이사야 43 장 1 절: "야곱아 너를 창조하신 여호와께서 지금 말씀하시느니라 이스라엘아 너를 지으신 이가 말씀하시느니라 너는 두려워하지 말라 내가 너를 구속하였고 내가 너를 지명하여 불렀나니 너는 내 것이라"

(3) **"내 몸과 영혼은 모두 나의 미쁘신(신실하신) 구주 예수 그리스도의 것입니다"**: 여기에 위로의 핵심이 있습니다. 우리는 우리 자신의 소유가 아니라, 예수 그리스도의 소유가 되었습니다. 우리가 죄로 인해 하나님을 떠나게 심판받을 수밖에 없었지만, 하나님은 우리를 위해 그리스도를 보내셨습니다. 그리고 그리스도께서는 우리를 위해 죽으시고 부활하심으로, 우리를 죄와 사망에서 구원하시고 당신의 것으로 삼으셨습니다. '미쁘신 구주'라는 표현은 그리스도께서 어떤 상황 속에서도 당신의 소유를 삼으신 우리를 반드시 지켜주시는 신뢰할 수 있는 구원자이심을 강조하는 말입니다. 그러므로 우리는 사나 죽으나, 더 나아가 이 세상 종말의 순간에도, 내 몸과 영혼 모두 그리스도의 것이라는 것에 대해 흔들림이 없는 믿음을 가져야 합니다.

고린도전서 3 장 23 절: " 너희는 그리스도의 것이요 그리스도는 하나님의 것이니라"
고린도전서 6 장 19, 20 절: "너희 몸은 너희가 하나님께로부터 받은 바 너희 가운데 계신 성령의 전인 줄을 알지 못하느냐 너희는 너희 자신의 것이 아니라 값으로 산 것이 되었으니 그런즉 너희 몸으로 하나님께 영광을 돌리라"

2) 그리스도의 속죄의 은혜

"그리스도께서 그의 보혈로 내 모든 죄값을 온전히 치르시고 나를 마귀의 권세에서 자유케 하셨습니다."

(1) **"내 모든 죄값을 온전히 치르시고"**: 우리가 이렇게 그리스도의 것이 될 수 있

었던 것은 그리스도께서는 그의 '보혈'로, 즉 십자가에서 피 흘려 죽으심으로 우리가 하나님 앞에서 치르러야 할 '모든 죗값'을 '온전히' 치르시고 우리를 죄에서 구원하시어 자기 것으로 삼으셨기 때문입니다. 그리스도도 죽으시면서 "다 이루었다"고 말씀하시므로 이를 확인해주셨습니다. 이렇게 그리스도는 우리를 구원하기 위하여 자신을 하나님께 드리는 속죄 제물이 되셨습니다. 그래서 우리는 이제 완전한 그리스도의 것이 되었습니다. 그러므로 우리는 최후의 심판이 있는 날에도 그리스도 안에서 안전합니다.

요한복음 19 장 30 절: "예수께서 신 포도주를 받으신 후에 이르시되 다 이루었다 하시고 머리를 숙이니 영혼이 떠나가시니라"
베드로전서 1 장 18, 19 절: "너희가 알거니와 너희 조상이 물려 준 헛된 행실에서 대속함을 받은 것은 은이나 금 같이 없어질 것으로 된 것이 아니요 오직 흠 없고 점 없는 어린 양 같은 그리스도의 보배로운 피로 된 것이니라"

(2) **"나를 마귀의 권세에서 자유케 하셨습니다."** : 이로써 우리는 더 이상 죄의 저주와 형벌 아래 있지 않게 되었습니다. 그리스도께서 하나님 앞에서 우리를 위해 온전히 속죄하시어 우리를 자기의 것 삼으신 것은 마귀 권세에 대한 승리입니다. 그리스도의 이 승리는 우리의 삶에 그대로 적용됩니다. 그래서 이제 마귀는 더 이상 우리 위에서 아무 권세도 행할 수 없게 되었습니다. 우리는 이제는 죄의 노예된 상태와 마귀의 권세에서 온전한 자유함을 얻은 것입니다. 우리가 이 땅에 사는 동안에도 그러하고, 그리스도께서 재림하실 때까지 그러합니다. 그리고 예수님은 재림하시는 날 우리 앞에서 마귀의 권세를 영원히 멸하십니다. 이 구원은 불완전하거나 부분적인 것이 아니라 완전하고 최종적인 것입니다. 이 구원은 하나님의 아들, 예수 그리스도께서 그 피로 이루신 것이라 비가역적으로 영원합니다. 우리는 이렇게 그리스도의 것이 되었고 영원한 그의 백성이 되었습니다.

창세기 3 장 15 절: "내가 너로 여자와 원수가 되게 하고 네 후손도 여자의 후손과 원수가 되게 하리니 여자의 후손은 네 머리를 상하게 할 것이요 너는 그의 발꿈치를 상하게 할 것이니라 하시고"
요한복음 8 장 34-36 절: "예수께서 대답하시되 진실로 진실로 너희에게 이르노니 죄를 범하는 자마다 죄의 종이라 종은 영원히 집에 거하지 못하되 아들은 영원히 거하나니 그러므로 아들이 너희를 자유롭게 하면 너희가 참으로 자유로우리라"
요한일서 3 장 8 절: "죄를 짓는 자는 마귀에게 속하나니 마귀는 처음부터 범죄함이라 하나님의 아들이 나타나신 것은 마귀의 일을 멸하려 하심이라"

2. 하나님 아버지의 완전한 보호

1) 하나님 아버지의 주권적 보호:

"또한 하늘에 계신 아버지의 뜻이 아니라면 머리카락 하나라도 땅에 떨어지지 않도록 나를 지켜주시며,"

그리스도의 구원으로 말미암아 우리는 마귀의 권세에서 자유케 되었을 뿐만 아니라, 이제는 하늘에 계신 하나님의 온전한 보호를 받게 되었습니다. 그리스도께서 보혈로 구원하신 우리를 위해, 하늘에 계신 전능하신 하나님은 우리의 아버지가 되셨습니다. 그리고 이제 아버지의 사랑으로 우리를 세세한 관심 속에서 완벽하게 지켜주십니다. 그래서 하나님 아버지의 뜻이 아니면 우리의 머리카락 하나라도 땅에 떨어지지 않습니다.

갈라디아서 4 장 6 절: "너희가 아들이므로 하나님이 그 아들의 영을 우리 마음 가운데 보내사 아빠 아버지라 부르게 하셨느니라"
마태복음 10장 29-31 절: "참새 두 마리가 한 앗사리온에 팔리지 않느냐 그러나 너희 아버지께서 허락하지 아니하시면 그 하나도 땅에 떨어지지 아니하리라 너희에게는 머리털까지 다 세신 바 되었나니 두려워하지 말라 너희는 많은 참새보다 귀하니라"
누가복음 21 장 17, 18 절: "또 너희가 내 이름으로 말미암아 모든 사람에게 미움을 받을 것이나 너희 머리털 하나도 상하지 아니하리라"

2) 하나님 아버지의 선하신 섭리:

"모든 것이 합력하여 나의 구원을 분명히 이루게 하십니다"

우리의 삶에서 일어나는 많은 일이 우연같이 보이지만 모든 일은 (우리가 보기에 좋은 일이든 나쁜 일이든, 큰 일이든 가장 작은 일이든) 하나님 아버지의 선하신 계획과 섭리 가운데 있습니다. 그래서 모든 것을 합력하여 우리의 구원을 분명히 이루게 하십니다. 이는 세상 끝날까지 모든 성도들에게 동일하게 적용되는 것입니다. 우리를 향한 하나님의 구원에는 실패가 없습니다. 거기에는 우리를 향한 하나님의 온전하신 뜻이 있을 뿐입니다. 그래서 우리는 어떤 시련과 고난 속에서도 우리의 아버지 되신 이 하나님을 믿고 위로를 얻을 수 있습니다.

로마서 8 장 28 절: "우리가 알거니와 하나님을 사랑하는 자 곧 그의 뜻대로 부르심을 입은 자들에게는 모든 것이 합력하여 선을 이루느니라"

3. 성령의 확신과 삶의 변화

1) 영생의 확신

"그러므로 주께서 주의 성령으로 나에게 영생을 확신시켜주시며,"

그리스도는 우리의 온전한 구주가 되시고 우리를 자기 것으로 삼으셨으므로 이제는 성령을 통하여 우리가 이 땅에 살아가는 동안 영생을 확신하며 살아가게 하십니다. 그리스도로 인한 구원은 추상적인 교리나 그럴듯한 종교적 담론이 아니라, 성령을 통한 체험적 확신이 동반되는 진리입니다. 성령은 어떤 상황 가운데서도 언제나 우리 안에서 우리가 하나님의 자녀임을 증언해주시고, 우리의 구원과 영생을 실시간으로 확증해 주십니다.

로마서 8장 16절: "성령이 친히 우리의 영과 더불어 우리가 하나님의 자녀임을 증언하시나니"

에베소서 1장 13, 14절: "그 안에서 너희도 진리의 말씀 곧 너희의 구원의 복음을 듣고 그 안에서 또한 믿어 약속의 성령으로 인치심을 받았으니 이는 우리 기업의 보증이 되사 그 얻으신 것을 속량하시고 그의 영광을 찬송하게 하려 하심이라"

2) 삶의 변화와 헌신:

"이제부터는 온 마음을 다하여 기꺼이, 그리고 언제라도 주를 위해 살게 하십니다"

이러한 확실한 위로와 구원의 확신은 우리의 삶을 변화시킵니다. 우리는 더 이상 죄의 노예도 아니요 사망 권세에서도 온전히 벗어났습니다. 그리고 영생을 확신하고 영원한 하나님 나라에 대한 간절한 기대와 소망을 갖게 되었습니다. 그래서 "이제부터는 온 마음을 다하여 기꺼이, 그리고 언제라도 주를 위해 살게" 됩니다. 이는 구원의 필연적인 결과이자, 우리 안에 있는 영원한 소망으로 인해 우리 안에 일어나는 당연한 삶의 변화입니다. 이러한 변화와 헌신은 구원을 위한 수단이 아니라, 성령 안에서 영생을 확신하고 있는 구원받은 자의 마음에 일어나는 자발적인 기쁨과 감사의 반응입니다. 여기에 예수님의 재림을 기다리며 오늘을 살아가는 성도들의 위로가 있습니다.

에스겔 36장 26, 27절: "또 새 영을 너희 속에 두고 새 마음을 너희에게 주되 너희 육신에서 굳은 마음을 제거하고 부드러운 마음을 줄 것이며 또 내 영을 너희 속에 두어 너희로 내 율례를 행하게 하리니 너희가 내 규례를 지켜 행할지라"

고린도후서 3장 6절: "그가 또한 우리를 새 언약의 일꾼 되기에 만족하게 하셨으니 율법 조문으로 하지 아니하고 오직 영으로 함이니 율법 조문은 죽이는 것이요 영은 살리는 것이니라"

정리

이 세상을 살아가는 성도의 위로는 오직 성 삼위 하나님의 은혜 가운데서 온전히 이루어짐을 알 수 있습니다. 이것은 우리의 구주 예수 그리스도께서 우리를 위해 온전히 속죄하시고 자기 소유로 삼으신 것에서 시작됩니다. 그리스도의 이러한 구원의 은혜로 인하여 하나님께서 우리의 아버지가 되시어 우리를 온전히 돌보시며, 성령 하나님께서는 이 땅에서의 우리의 삶과 온전히 동행하시어 확신 가운데 살게 하십니다. 이미 승리하신 예수님과 다시 오셔서 영원한 승리를 완성하실 예수님을 생각할 때 그리스도가 이루신 구원의 은혜는 생각할수록 우리들에게 큰 위로가 됩니다. 죄로 인해 영원히 버려질 수 밖에 없었던 우리를 위해 성 삼위 하나님이 이렇게 하나가 되어 우리를 구원하신 은혜는 참으로 감사한 일이 아닐 수 없습니다. '이미'와 '아직' 사이에서 사나 죽으나 우리가 그리스도의 것이라는 것을 아는 것만큼 큰 위로는 없습니다. 이러한 요리문답 1번은 요리문답 전체를 관통하는 핵심 주제가 됩니다.

하이델베르크 요리문답 제2문: 행복한 삶을 위한 세 가지 지식

하이델베르크 요리문답 1 문에서 '사나 죽으나 나의 유일한 위로는 내가 예수 그리스도의 것'이라는 사실에 있다고 고백했습니다. 이제 2 문에서는 이 위로를 '실제로 누리며' 행복하게 살기 위해 무엇을 알아야 하는지에 대해 묻습니다. 이는 진정한 행복으로 가는 길을 묻는 것입니다.

2 문: 사나 죽으나 이러한 위로를 누리며 행복하게 살기 위해서 당신은 무엇을 알아야 합니까?

답:

세 가지를 알아야 합니다.

첫째, '내가 얼마나 큰 죄인이요 얼마나 비참한 자인가?'

둘째, '내가 어떻게 나의 모든 죄와 비참에서 구원받을 수 있는가?'

셋째, '그러한 구원을 주신 하나님께 내가 어떻게 감사해야 하는가?' 입니다.

(참조: 벨직 신앙고백 제14조, 제16조, 제17조, 제24조)

강해

이 문답은 우리가 그리스도 안에서 얻은 위로를 삶 속에서 실제로 경험하고 누리기 위해 필요한 세 가지 핵심 지식을 제시합니다. 그것은 곧 '비참', '구원', '감사'로 요약되는데 이 세 가지 지식은 '이미'와 '아직' 사이에서 영원한 생명을 향해 나가는 성도들의 신앙 여정이요, 기독 신앙의 기본적인 틀을 제공합니다. 그리고 우리는 이를 통해 행복한 신앙 생활의 비결을 깨닫게 됩니다.

1. 죄와 비참함에 대한 지식

"첫째, 내가 얼마나 큰 죄인이요 얼마나 비참한 자인가? "

1) 죄의 심각성 인식: 행복한 삶을 위한 첫걸음은 자신의 죄의 본질과 심각성을 알고 자신이 얼마나 큰 죄인인가를 발견하는 것입니다. 우리가 얼마나 깊이 타락했으며, 아무리 노력해도 하나님과의 관계를 도저히 회복할 수 없는 비참한 상태에 놓여 있다는 것을 깨달아야 합니다. 이를 위해서는 단순한 도덕적인 결함을 넘어서, 죄로 하나님을 떠난 사람의 근본적인 상태가 어떠한 것인지에 대해 깊이 이해해야 합니다.

이러한 이해는 우리를 겸손하게 만들고, 우리의 구원이 전적으로 하나님의 은혜와 자비에 달려 있음을 알게 합니다.

로마서 3장 23절: "모든 사람이 죄를 범하였으매 하나님의 영광에 이르지 못하더니"
로마서 6장 23절: "죄의 삯은 사망이요 하나님의 은사는 그리스도 예수 우리 주 안에 있는 영생이니라"
디도서 3장 3절: "우리도 전에는 어리석은 자요 순종하지 아니한 자요 속은 자요 여러 가지 정욕과 행락에 종노릇 한 자요 악독과 투기를 일삼은 자요 가증스러운 자요 피차 미워한 자였으나"

2) 율법의 역할: 율법(십계명)은 우리가 얼마나 큰 죄인인지를 깨닫게 하는 거울의 역할을 합니다. 율법의 거룩한 기준 앞에 설 때, 우리는 자신의 연약함과 무능력, 그리고 자신이 하나님의 진노 아래 있음을 알게 됩니다. 한번 죽는 것은 사람에게 정하신 일이요 그 후에는 심판이 있습니다. 이에 대한 위기 의식없이는 우리는 구원의 필요성을 깨달을 수 없습니다.

로마서 3장 20절: "율법으로는 죄를 깨달음이니라"
히브리서 9장 28절: "한번 죽는 것은 사람에게 정해진 것이요 그 후에는 심판이 있으리니"

2. 구원에 대한 지식

"둘째, 내가 어떻게 나의 모든 죄와 비참에서 구원받을 수 있는가? "

1) 구원의 길 제시: 자신의 죄와 비참함을 깨달았다면, 다음으로 중요한 것은 거기서 벗어날 수 있는 길, 즉 구원의 방법을 아는 것입니다. 이 지식은 복음의 핵심이며, 여기에는 예수 그리스도의 십자가 대속과 부활을 통한 구원, 그리고 믿음에 대한 이해가 있어야 합니다.

사도행전 4 장 12 절: "다른 이로써는 구원을 받을 수 없나니 천하 사람 중에 구원을 받을 만한 다른 이름을 우리에게 주신 일이 없음이라 하였더라"
에베소서 2 장 8-9 절: "너희는 그 은혜에 의하여 믿음으로 말미암아 구원을 받았으니 이것은 너희에게서 난 것이 아니요 하나님의 선물이라 행위에서 난 것이 아니니 이는 누구든지 자랑하지 못하게 함이라"

2) 그리스도의 역할: 이 지식은 우리를 구원해줄 수 있는 유일한 중보자가 예수 그리스도이심을 분명히 가르칩니다. 그분의 대속 사역만이 우리의 죄를 제거하고 하나님과의 화목을 가능하게 합니다. 그래서 우리 구원의 소망은 오직 예수 그리스도 안에 있습니다.

디도서 3 장 4-7 절: "우리 구주 하나님의 자비와 사람 사랑하심이 나타날 때에 우리를 구원하시되 우리가 행한 바 의로운 행위로 말미암지 아니하고 오직 그의 긍휼하심을 따라 중생의 씻음과 성령의 새롭게 하심으로 하셨나니 우리 구주 예수 그리스도로 말미암아 우리에게 그 성령을 풍성히 부어 주사 우리로 그의 은혜를 힘입어 의롭다 하심을 얻어 영생의 소망을 따라 상속자가 되게 하려 하심이라"

3. 감사와 성화에 대한 지식

"셋째, 그러한 구원을 주신 하나님께 내가 어떻게 감사해야 하는가? "

1) 감사의 필연성: 그리스도로 말미암아 하나님의 무서운 심판에서 구원받은 사람은 값없이 이 큰 은혜를 인하여 하나님께 마땅히 하나님께 감사해야 하고, 또 감사하게 됩니다. 이 감사는 단순히 말이나 감정으로 표현되는 것을 넘어, 삶 전체를 통해 하나님을 영화롭게 하는 것으로 나타납니다.

시편 116 편 12,13 절: "내게 주신 모든 은혜를 내가 여호와께 무엇으로 보답할까 내가 구원의 잔을 들고 여호와의 이름을 부르며"
데살로니가전서 5 장 18 절: "범사에 감사하라 이것이 그리스도 예수 안에서 너희를 향하신 하나님의 뜻이니라"

2) 성도의 삶: 이 지식은 성화의 과정을 설명합니다. 구원받은 성도는 더 이상 죄의 권세 아래 있지 않지만, 이제는 과거와는 달리 자기 안에 남아있는 죄의 본성과 싸우며 하나님의 뜻에 순종하는 삶을 살아갑니다. 여기에는 계명을 지키고, 기도하며, 성례에 참여하는 등의 구체적인 신앙생활을 이루어 갑니다. 이러한 삶의 변화 자체는 하나님께 드리는 참된 감사와 사랑에서 나오는 것입니다.

로마서 12 장 1 절: "그러므로 형제들아 내가 하나님의 모든 자비하심으로 너희를 권하노니 너희 몸을 하나님이 기뻐하시는 거룩한 산 제물로 드리라 이는 너희가 드릴 영적 예배니라"

히브리서 12장 14절: "모든 사람과 더불어 화평함과 거룩함을 따르라 이것이 없이는 아무도 주를 보지 못하리라"

정리

요리문답 2 문을 통해 우리가 그리스도의 위로를 누리고 행복하기 살기 위해서는 세 가지를 알고 있어야 함을 배웠습니다. 그것은 첫째, '우리가 얼마나 비참한 죄인이 되었는가'에 대해, 둘째, '그러면 우리는 어떻게 여기서 구원받을 수 있는가', 셋째로 '구원받은 후 이제 어떻게 살아가야 하는가'에 대한 것입니다. 이 지식이 있을 때 우리가 죄로 하나님을 멀리한 결과가 어떠했는가를 생각하게 되고, 우리를 구하시고자 이 땅에 오신 예수 그리스도의 큰 은혜를 알게 됩니다. 그리고 이제는 감사하며 하나님을 기쁘시게 하는 삶을 살아갈 수 있습니다. 이러한 삶 속에 사나 죽으나 흔들리지 않는 일생의 위로와 행복이 있습니다. 이런 '비참'과 '구원', '감사'는 영원한 생명을 향하는 성도들의 종말론적 여정입니다. 그래서 하이델베르크 요리문답 전체는 '비참함', '구속(구원)', '감사'라는 세 개의 큰 단락으로 구성되어 이에 대해 강해해 나갑니다.

제 1 부 우리의 죄와 비참함에 대하여

제 2 주일

하이델베르크 요리문답 제 3 문: 비참함의 인식 – 하나님의 율법을 통하여

하이델베르크 요리문답 3 문은 "당신은 자신이 비참하다는 것을 어떻게 알 수 있습니까? "하고 묻습니다. 앞선 2 문에서 '자신이 얼마나 큰 죄인이요 얼마나 비참한 자인가를 아는 것'이 위로를 누리기 위한 첫 번째 필수 지식이라고 말했습니다. 그렇다면 이제 그 비참함을 구체적으로 어떻게 인식할 수 있는지 방법을 묻는 것입니다. 앞의 2 문 설명에서 '율법'을 통해 이를 알 수 있다고 간략하게 말했는데 이제 3 문의 답은 명확하게 "하나님의 율법을 통해서 알 수 있습니다"하고 확정적으로 선언합니다.

3 문: 당신은 자신이 비참하다는 것을 어떻게 알 수 있습니까?
답:

하나님의 율법을 통해서 알 수 있습니다.

(참조: 벨직 신앙고백 제 14 조, 제 15 조, 제 25 조)

강해

이 문답은 우리가 자신의 비참함, 즉 죄인 됨을 깨닫는 유일하고 확실한 방법이 '하나님의 율법' 임을 분명히 밝힙니다. 이는 율법의 중요한 기능 중 하나인 '죄를 드러내는 기능' 을 강조합니다.

1. 율법의 정의

여기서 말하는 '하나님의 율법'은 단순히 도덕적인 규칙이나 명령을 넘어서, 하나님의 거룩하신 뜻과 성품을 온전히 반영하는 기준을 의미합니다. 이는 주로 십계명을 통해 구체적으로 나타납니다.

2. 율법의 거울 기능: '죄를 인식하게 함'

1) 죄의 깨달음: 우리는 율법이라는 '거울' 을 통해서만 우리의 참된 모습을 비추어 볼 수 있습니다. 율법의 완전하고 거룩한 기준 앞에 설 때, 우리는 비로소 자신이 하나님 앞에서 얼마나 불완전하고 죄악된 존재인지를 분명히 깨닫게 됩니다. 그래서

바울 사도는 율법 앞에 설 때 자신의 내면에 숨겨진 탐심조차 죄라는 것을 깨닫고 탄식했습니다.

> **로마서 3장 20절**: "그러므로 율법의 행위로 그의 앞에 의롭다 하심을 얻을 육체가 없나니 율법으로는 죄를 깨달음이니라"
> **로마서 7장 7절**: "그런즉 우리가 무슨 말을 하리요 율법이 죄냐 그럴 수 없느니라 율법으로 말미암지 않고는 내가 죄를 알지 못하였으니 곧 율법이 탐내지 말라 하지 아니하였더라면 내가 탐심을 알지 못하였으리라".

2) 비참함을 깨달음: 율법은 우리가 하나님의 거룩하신 기준에 미치지 못할 뿐만 아니라, 근본적으로 죄악된 본성을 가지고 있다는 것을 폭로합니다. 즉 말과 행위로도 죄인일 뿐 아니라 마음 깊은 속까지도 죄로 오염되어 있어 우리는 하나님의 뜻을 이루기에는 근본적으로 무능력한 죄인이라는 것을 발견하게 한다는 것입니다. 이때 우리는 자신이 하나님의 심판을 피할 수 없는 비참한 자라는 것을 깨닫게 됩니다. 이처럼 율법은 '우리의 무능력과 죄성'이 바로 우리의 비참함의 근본적인 원인임을 드러냅니다.

> **로마서 7장 23,24절:** "내 지체 속에서 한 다른 법이 내 마음의 법과 싸워 내 지체 속에 있는 죄의 법으로 나를 사로잡아 오는 것을 보는도다 오호라 나는 곤고한 사람이로다 이 사망의 몸에서 누가 나를 건져내랴"

정리

이처럼 율법은 우리가 하나님의 거룩하신 기준에 얼마나 미치지 못하는지, 자기 발견을 하게 해주는 거울과 같은 역할을 합니다. 이러한 율법 앞에 서게 될 때 우리는 자신에게는 이 율법을 지킬 수 있는 능력이 없다는 것을 발견하고 우리 자신이 자신의 구원에 대해 얼마나 무능력한지를 깨닫게 됩니다. 우리는 율법이 요구하는 그 수준을 결코 만족시켜 갈 수 없습니다.

하이델베르크 요리문답 제4문: 율법의 요약 – 하나님 사랑과 이웃 사랑

하이델베르크 요리문답 4문은 "하나님의 율법을 살펴볼 때 우리가 마땅히 해야 할 일이 무엇입니까? "라는 질문을 합니다. 앞선 3문에서 우리가 자신의 비참함을 하나님의 율법을 통해 알 수 있다고 했다면, 이제 그 율법이 구체적으로 우리에게 무엇을 요구하는지를 제시합니다. 이는 율법의 요구를 구체적으로 알 때 비로소 우리 자신이 그것을 온전히 지킬 수 없는 비참한 사람이라는 것을 깨닫게 되기 때문입니다. 이에 대한 답은 예수 그리스도께서 마태복음 22 장에서 요약하신 율법의 대강령, 즉 하나님 사랑과 이웃 사랑을 인용합니다.

4문: 하나님의 율법을 살펴볼 때 우리가 마땅히 해야 할 일이 무엇입니까?
답:

그리스도께서 마태복음 22 장에서 이렇게 요약하여 가르치십니다. "네 마음을 다하고 목숨을 다하고 뜻을 다하여 주 너의 하나님을 사랑하라 하셨으니 이것이 크고 첫째 되는 계명이요, 둘째도 그와 같이 네 이웃을 네 자신 같이 사랑하라 하셨으니, 이 두 계명이 온 율법과 선지자의 강령이니라"(마 22:37-40).

(참조: 벨직 신앙고백 제25조)

강해

이 문답은 '율법의 본질과 핵심'을 제시합니다. 율법은 많고 복잡한 조항들의 나열 같지만, 궁극적으로는 '하나님 사랑'과 '이웃 사랑'이라는 두 가지 큰 계명으로 요약됩니다. 이는 예수님께서 직접 가르치신 율법의 정수이며, 모든 율법 조항들이 이 두 가지 사랑에서 비롯되고 이 두 가지 사랑으로 귀결됨을 말해줍니다.

1. 율법의 요약: 예수 그리스도의 가르침

예수님은 율법을 폐하러 오신 것이 아니라 완전하게 하러 오셨습니다(마태복음 5:17). 예수님은 복잡해 보이는 율법의 조항들을 가장 본질적인 두 가지 계명으로 요약하여 제시하심으로써, 율법의 참된 의미를 명확히 드러내셨습니다. 이것은 율법이 그저 외적인 행위만을 요구하는 것이 아니라, '사랑이라는 내면적인 동기'에서 실행되어야 함을 보여줍니다.

2. 첫째 되는 계명: '하나님 사랑'

"네 마음을 다하고 목숨을 다하고 뜻을 다하여 주 너의 하나님을 사랑하라 하셨으니 이것이 크고 첫째 되는 계명이요"

1) 첫 번째 사랑의 대상 – '주 너의 하나님' : 사랑의 첫 번째 대상은 오직 유일하신 참 하나님이십니다. 다른 어떤 것도 결코 하나님보다 우선될 수 없습니다.

2) 전인격적 사랑: '마음을 다하고', '목숨을 다하고', '뜻을 다하여'라는 표현은 하나님을 향한 사랑이 우리의 전인격적이고 전적인 헌신을 요구함을 나타냅니다.

(1) **마음을 다하고:** 우리의 감정, 생각, 의지 등 우리의 '내면 깊은 곳에서 우러나오는' 사랑을 의미합니다.

(2) **목숨을 다하고:** 우리의 생명 자체를 포함하여, '우리의 존재 전체를 드리는' 사랑을 의미합니다.

(3) **뜻(지식)을 다하여:** 우리의 이해력과 사고력을 포함하여 하나님을 알아가고, 그분의 뜻을 헤아리려는 '지적인 노력을 통한' 사랑을 의미합니다.

3) 최고의 우선순위: 이 계명이 "크고 첫째 되는 계명"이라는 것은, 이 계명이 다른 모든 계명에 우선하며 모든 계명의 근본이 됨을 의미합니다. 이는 하나님을 사랑하는 것이 모든 윤리적, 도덕적 행위의 출발점이 되어야 한다는 것입니다.

> **신명기 6장 5절**: "이스라엘아 들어라 우리 하나님 여호와는 오직 유일한 여호와시니 너는 마음을 다하고 뜻을 다하고 힘을 다하여 네 하나님 여호와를 사랑하라 오늘 내가 네게 명하는 이 말씀을 너는 마음에 새기고 "

이는 예수님이 인용하신 율법의 핵심 중 하나로, 유대인들에게 '쉐마 이스라엘' ('이스라엘아 들으라')로 알려진 중요한 계명입니다.

3. 둘째 계명: '이웃 사랑'

"둘째도 그와 같이 네 이웃을 네 자신 같이 사랑하라 하셨으니"

1) "그와 같이": 이 계명은 첫째 계명과 분리될 수 없음을 의미합니다. 하나님 사랑은 반드시 이웃 사랑으로 나타나야 합니다. 이웃 사랑은 하나님 사랑의 구체적인 표현이자 증거가 됩니다.

> **요한일서 4 장 20 절**: "누구든지 하나님을 사랑하노라 하고 그 형제를 미워하면 이는 거짓말하는 자니 보는 바 그 형제를 사랑하지 아니하는 자는 보지 못하는 바 하나님을 사랑할 수 없느니라"

2) 대상: 여기서 말하는 "네 이웃"은 우리의 주변에 있는 모든 사람, 심지어 우리의 원수까지도 포함합니다. 예수님은 누가복음 10 장 29-37 절에서 누가 우리의 이웃인가에 대해 말씀하셨습니다.

3) 기준: 이웃 사랑의 기준은 "네 자신 같이"인데 이는 자신을 아끼고 사랑하는 것처럼 이웃을 사랑하라는 것입니다. 이는 이기적인 자기 사랑을 의미하는 것이 아니라, 하나님께서 우리 각자를 존귀하게 여기고 사랑하시는 것처럼, 우리도 이웃을 존중하고 그들의 유익을 구하라는 의미입니다. 레위기 19 장 18 절은 이웃 사랑 계명의 원천입니다.

레위기 18 장 18 절: 원수를 갚지 말며 동포를 원망하지 말며 네 이웃 사랑하기를 네 자신과 같이 사랑하라 나는 여호와이니라

4. 온 율법과 선지자의 강령

"이 두 계명이 온 율법과 선지자의 강령이니라(마 22:37-40)"

예수님은 이 두 계명이 "온 율법과 선지자의 강령", 즉 구약 성경 전체가 가르치는 모든 계명의 핵심이자 요약이라고 선언하셨습니다. 모든 세부적인 율법 조항들은 이 두 가지 사랑을 구체적으로 실현하기 위한 지침입니다. 이를 볼 때 우리가 율법을 지키려는 동기는 '사랑'이어야 하며, 그 목적은 '사랑의 실천'에 있음을 알 수 있습니다.

정리

하나님의 율법이 우리에게 마땅히 요구하는 것이 무엇인지는 예수 그리스도의 가르침을 통해 명확히 제시되었습니다. '전심으로 하나님을 사랑하는 것' 과 '이웃을 네 자신 같이 사랑하는 것', 이 두 계명은 모든 율법의 요약이며, 하나님의 거룩하신 요구가 무엇인지를 분명하게 보여줍니다. 이 계명들은 단순히 지켜야 할 목록이 아니라, 우리가 하나님과 이웃과 '어떤 관계 속에서 어떻게 살아가야 하는지'에 대한 근본적인 방향을 제시합니다.

하이델베르크 요리문답 제 5 문: 율법 완수의 불가능성과 사람의 죄악된 본성

하이델베르크 요리문답 5 문은 "당신은 이 모든 것을 완벽하게 지킬 수 있습니까? " 하고 묻습니다. 앞선 4 문에서 율법의 요약, 즉 하나님 사랑과 이웃 사랑이라는 지고한 계명을 제시했다면, 이제 이 문답은 그 계명을 사람이 실제로 완벽하게 지킬 수 있는지에 대한 냉철한 평가를 내립니다. 답은 단호하게 "결코 그렇지 않습니다"하고 답하며 그 이유를 말합니다.

5 문: 당신은 이 모든 것을 완벽하게 지킬 수 있습니까?

답:

결코 그렇지 않습니다. 왜냐하면 나에게는 본성적으로 하나님과 내 이웃을 미워하는 성향이 있기 때문입니다.

(참조: 벨직신앙고백 제 14 조, 제 15 조)

강해

이 문답은 우리가 하나님의 율법을 완벽하게 지킬 수 없다는 '사람의 한계와 죄악된 본성'을 드러냅니다. 이는 앞선 3 문에서 "하나님의 율법을 통해서 자신이 비참하다는 것을 안다"고 한 고백의 구체적인 이유가 됩니다.

1. 율법 완수의 불가능성

1) 사람의 무능력: "결코 그렇지 않습니다" 하는 단호한 답변은 사람이 아무리 노력하고 애쓴다 해도, 하나님의 거룩한 율법 어느 것도 완벽하게 지킬 수 없다는 선언입니다. 이는 우리의 의지, 능력, 그리고 선한 행위로는 결코 구원에 이를 수 없음을 명백히 말해주는 것입니다. 율법은 하나의 유기체와 같아서, 한 부분이라도 어기면 전체 율법을 어긴 것이 됩니다. 이는 율법의 완벽한 준수가 얼마나 불가능한지를 보여줍니다.

> **야고보서 2 장 10 절**: "누구든지 온 율법을 지키다가 그 하나를 범하면 모두 범한 자가 되나니"
> **갈라디아서 3 장 10 절**: "무릇 율법 행위에 속한 자들은 저주 아래에 있나니 기록된 바 누구든지 율법 책에 기록된 대로 모든 일을 항상 행하지 아니하는 자는 저주 아래에 있는 자라 하였음이라"

2. 율법 완수가 불가능한 이유: '죄악된 본성'

"왜냐하면 나에게는 본성적으로 하나님과 내 이웃을 미워하는 성향이 있기 때문입니다"

1) 본성적인 죄악: 우리가 율법을 완벽하게 지킬 수 없는 근본적인 이유는 그것 자체가 어렵게 때문이 아니라, 우리 안에 내재된 '본성적인' 죄악성 때문입니다. 아담의 타락 이후로 모든 사람은 죄악된 본성을 가지고 태어납니다. 이는 우리에게는 선한 것을 행하려는 의지보다 '죄를 행하려는 성향이 더 강하다'는 것을 의미합니다.

> **창세기 6장 5절**: "여호와께서 사람의 죄악이 세상에 가득함과 그의 마음으로 생각하는 모든 계획이 항상 악할 뿐임을 보시고" (홍수 심판 이전 사람의 상태를 묘사합니다.)
> **로마서 7 장 19 절**: "내가 원하는 바 선은 행하지 아니하고 도리어 원하지 아니하는 바 악을 행하는도다" (바울 사도조차 자신의 내면에 죄를 행하려는 강한 성향이 있음을 고백합니다.)

2) "하나님과 내 이웃을 미워하는 성향": 이는 율법의 대강령인 하나님 사랑과 이웃 사랑의 정반대되는 본성입니다. 우리가 죄인 된 본성을 가지고 있다는 것은 하나님을 전심으로 사랑하고 이웃을 자신처럼 사랑해야 한다는 율법의 핵심을 '지킬 수 없다는 것'을 의미합니다. 여기서 '미워하는 성향'은 단순히 적극적인 증오심만을 의

미하는 것이 아니라, 하나님을 우선하지 않고 자신을 사랑하며, 이웃보다 자신을 더 중요하게 여기는 모든 '자기중심적인' 태도를 말합니다.

로마서 8 장 7 절: "육신의 생각은 하나님과 원수가 되나니 이는 하나님의 법에 굴복하지 아니할 뿐 아니라 할 수도 없음이라" (바울 사도도 자신의 죄악된 본성으로는 하나님의 법을 지킬 수 없다고 절망적인 고백을 하고 있습니다.)

정리

사람은 하나님의 율법을 완벽하게 지킬 수 없습니다. 그 이유는 우리에게 본성적으로 하나님과 이웃을 미워하는 죄악된 성향이 있기 때문입니다. 이 문답은 사람의 죄와 비참함에 대한 깊은 이해를 제공하며, '우리의 힘으로는 결코 구원받을 수 없음'을 명확히 합니다. 따라서 이 답변은 우리를 율법의 정죄 아래 두어, 오직 우리의 구원자로 오신 예수 그리스도께로 시선을 돌리게 합니다. 이처럼 율법은 우리를 그리스도께로 인도하는 '몽학 선생'의 역할을 합니다.

제 3 주일

하이델베르크 요리문답 제 6 문: 사람은 본래 선하고, 하나님의 형상대로 창조됨

하이델베르크 요리문답 6 문은 "그러면 하나님께서 사람을 본래 그렇게 악하고 패역하게 창조하셨습니까? "하고 묻습니다. 앞선 5 문에서 사람이 본성적으로 하나님과 이웃을 미워하는 죄악된 성향이 있다고 고백했는데, 그렇다면 그 죄악된 상태가 창조 때부터 있었던 것인지에 대해 묻는 것입니다. 답은 단호하게 "결코 그렇지 않습니다"라고 하며, 사람의 본래 창조 상태가 선하고 하나님의 형상대로 의롭고 거룩하게 창조되었음을 선언합니다.

6 문: 그러면 하나님께서 사람을 본래 그렇게 악하고 패역하게 창조하셨습니까?

답:

결코 그렇지 않습니다. 하나님께서는 사람을 선하게, 그리고 하나님의 형상대로, 참으로 의롭고 거룩하게 창조하셨습니다. 이를 통해 사람이 자신의 창조주 하나님을 바르게 알고, 온 마음을 다해 하나님을 사랑하고, 하나님과 함께 영원히 행복하게 살며, 하나님께 영광을 돌리며 찬양하게 하셨습니다.

(참조: 벨직 신앙고백 제 2 조, 제 12 조, 제 14 조)

강해

이 문답은 사람의 '원래 창조 상태와 창조 목적'을 명확히 제시합니다. 이것을 알 때 우리는 하나님의 선하신 창조를 알고, 하나님께 감사드리고 영광을 돌릴 수 있게 됩니다. 본 문답이 이에 대해 살펴보는 이유는 사람의 현재 죄악된 상태는 하나님의 창조에 문제가 있었기 때문이 아니라, 후에 타락으로 인해 '변질'된 것이 문제였다는 것을 말하고자 하는 것입니다.

1. 사람 창조의 본래 상태: '선하게, 그리고 하나님의 형상대로'

"결코 그렇지 않습니다. 하나님께서는 사람을 선하게, 그리고 하나님의 형상대로, 참으로 의롭고 거룩하게 창조하셨습니다"

1) 하나님의 선하신 창조: "결코 그렇지 않습니다"라는 단호한 부정은 하나님의 창조가 완전하고 선했다는 성경적 진리를 확인합니다. 하나님은 악의 근원이 아니시며, 그분에게서는 악이 나올 수 없습니다. 죄는 창조 질서의 결과가 아니라, 그 질서에 대한 반역의 결과입니다. 하나님께서 창조하신 모든 것은 '심히 좋았습니다.' 사람의 창조 역시 완벽하고 선했습니다.

> **창세기 1장 31절:** "하나님이 지으신 그 모든 것을 보시니 보시기에 심히 좋았더라 저녁이 되고 아침이 되니 이는 여섯째 날이니라"

2) "하나님의 형상대로": 사람은 다른 피조물과는 달리 "하나님의 형상대로" 창조되었습니다(창세기 1:26-27). 이 형상은 단순히 외적인 유사성을 넘어, 사람이 하나님을 닮은 영적, 도덕적, 인격적인 속성을 가졌음을 의미합니다.

> **창세기 1장 26, 27절:** "하나님이 이르시되 우리의 형상을 따라 우리의 모양대로 우리가 사람을 만들고 그들로 바다의 물고기와 하늘의 새와 가축과 온 땅과 땅에 기는 모든 것을 다스리게 하자 하시고 하나님이 자기 형상 곧 하나님의 형상대로 사람을 창조하시되 남자와 여자를 창조하시고"

3) "참으로 의롭고 거룩하게": '참된 의로움과 거룩함'은 하나님의 형상에 속한 것입니다. 이는 사람이 창조될 때 죄가 없는 순수하고 완전한 상태, 즉 하나님과의 온전한 관계를 맺을 수 있는 도덕적 완전성을 가졌음을 뜻합니다. 사람은 원래 하나님의 뜻에 온전히 순종하며 그분과의 교제를 누릴 수 있는 존재였습니다. 그래서 타락한 사람이 새롭게 되어야 할 상태가 바로 창조 때의 '의와 진리의 거룩함'입니다.

> **에베소서 4장 24절:** "하나님을 따라 의와 진리의 거룩함으로 지으심을 받은 새 사람을 입으라"

2. **사람 창조의 목적:** '하나님과의 관계와 영광'

"이를 통해 사람이 자신의 창조주 하나님을 바르게 알고, 온 마음을 다해 하나님을 사랑하며, 하나님과 함께 영원히 행복하게 살고, 하나님께 영광을 돌리며 찬양하게 하셨습니다"

1) **"하나님을 바르게 알고 온 마음을 다해":** 사람이 하나님의 형상대로 창조된 궁극적인 목적은 창조주 하나님을 '바르게 알고'(지성적 측면) '온 마음을 다해 사랑하는 것'(정서적, 의지적 측면)이었습니다. 즉 하나님의 사랑에는 사람의 지정의(知情意)가 온전히 담겨 있어야 했습니다. 이렇게 하나님과 친밀한 교제를 나누고 그분을 예배하며 순종하는 것이 사람 존재의 본래의 목적이었습니다. 이것은 타락 전의 사람에게는 자연스러운 것이었습니다.

신명기 6장 5절: "너는 마음을 다하고 뜻을 다하고 힘을 다하여 네 하나님 여호와를 사랑하라"

골로새서 3장 10절: "새 사람을 입었으니 이는 자기를 창조하신 이의 형상을 따라 지식에까지 새롭게 하심을 입은 자니라"

2) **"하나님과 함께 영원히 행복하게 살고":** 하나님과의 온전한 관계와 그분께 대한 사랑은 사람에게 '영원한 행복'을 가져다 주었습니다. 이 행복은 죄가 없고 사망이 없는 완전한 상태에서 하나님이 주신 모든 복을 누리며, 하나님과 동행하는 삶을 의미합니다. 그래서 사람의 참된 만족과 기쁨은 오직 하나님 안에서만 발견될 수 있습니다.

시편 8편 3-9절: "주의 손가락으로 만드신 주의 하늘과 주께서 베풀어 두신 달과 별들을 내가 보오니 사람이 무엇이기에 주께서 그를 생각하시며 인자가 무엇이기에 주께서 그를 돌보시나이까 그를 하나님보다 조금 못하게 하시고 영화와 존귀로 관을 씌우셨나이다 주의 손으로 만드신 것을 다스리게 하시고 만물을 그의 발 아래 두셨으니 곧 모든 소와 양과 들짐승이며 공중의 새와 바다의 물고기와 바닷길에 다니는 것이니이다 여호와 우리 주여 주의 이름이 온 땅에 어찌 그리 아름다운지요"(창조된 사람의 기쁨과 감사와 찬양)

3) **"하나님께 영광을 돌리며 찬양":** 사람 창조의 궁극적인 목적은 '하나님께 영광을 돌리며 찬양하는 것'입니다. 사람은 하나님의 형상을 따라 하나님의 창조 세계의 주인공으로 세워졌습니다. 이러한 사람은 하나님이 주신 창조 세계 안의 모든 것을 즐기고 감사함으로 하나님을 찬양하고, 또한 하나님의 뜻대로 만물을 다스리며 하나님을 예배함으로써 그분의 영광을 드러내는 존재로 지음 받았습니다.

이사야 43 장 7 절: "내 이름으로 불려지는 모든 자 곧 내가 내 영광을 위하여 창조한 자를 오게 하라 그를 내가 지었고 만들었느니라"

정리

하나님께서는 사람을 악하게 창조하지 않으셨습니다. 오히려 선하게, 하나님의 형상대로, 참으로 의롭고 거룩하게 창조하셨습니다. 이처럼 완벽하게 창조된 사람은 자신의 창조주 하나님을 바르게 알 수 있었습니다. 그래서 이제는 온 마음을 다해 하나님을 사랑하며, 그분과 함께 영원히 행복하게 살 수 있었습니다. 이것은 사람이 궁극적으로는 자신의 존재나 사명에서 하나님께 영광을 돌리며 찬양하도록 지음 받았다는 것입니다.

이 문답은 사람의 죄와 비참함이 하나님의 창조에 기인한 것이 아니라, 사람 자신의 선택과 타락으로 인한 결과임을 보여주며, 구원의 필요성을 강력하게 시사합니다.

하이델베르크 요리문답 제 7 문: 사람 타락의 원인 – 아담과 이브의 불순종과 원죄

하이델베르크 요리문답 7 문은 "그렇다면 사람의 이런 타락한 본성은 어디에서 왔습니까? "하고 질문합니다. 앞선 6 문에서 사람이 본래 선하고 하나님의 형상대로 창조되었다고 밝혔기 때문에, 이러한 질문을 하는 것은 당연한 것입니다. 답은 명확하게 '아담과 이브의 불순종'을 원인으로 제시하며, 그 결과로서의 '사람 본성의 부패와 원죄'를 설명합니다.

7 문: 그렇다면 사람의 이런 타락한 본성은 어디에서 왔습니까?

답:

우리의 첫 조상 아담과 이브가 에덴동산에서 타락하고 불순종한 데서 왔습니다. 이 타락으로 말미암아 사람의 본성이 심히 부패되어 우리 모두는 죄 중에 잉태되고 죄 중에 태어납니다.

(참조: 벨직 신앙고백 제 14 조, 제 15 조)

강해

이 문답은 사람의 죄악된 본성의 근원을 '원죄'(Original Sin) 교리로 설명합니다. 이는 개인의 행위 이전에 모든 인류에게 전가된 아담의 죄와 그 결과로 인한 사람 본성의 근본적인 부패에 관해 말해줍니다.

1. 타락의 근원: '아담과 이브의 불순종'

"우리의 첫 조상 아담과 이브가 에덴동산에서 타락하고 불순종한 데서 왔습니다"

1) 사람의 책임: 사람의 타락한 본성은 하나님의 잘못된 창조 때문이 아니라, '사람 자신의 선택과 행위', 즉 우리의 첫 조상인 아담과 이브의 '불순종'에서 비롯되었습니다. 하나님께서는 그들에게 자유의지를 주셨고, 그들은 그 자유의지로 금지된 선악과를 먹으므로 하나님의 명령을 거역했습니다. 선악과를 먹지 말라고 주신 계명은 창조주 하나님과 피조물 사람 사이의 기본 질서였고, 복의 통로였으며, 하나님과 사람 사이의 언약이었습니다. 그러나 아담과 이브는 하나님께 불순종하여 선악과를 먹으므로, 그 질서를 무너뜨리고 언약을 깨뜨렸습니다. 그리고 그들은 타락하게 되었습니다. 이 모든 것은 핑계할 수 없는 사람의 책임입니다.

> **창세기 1 장 16, 17 절:** "여호와 하나님이 그 사람에게 명하여 이르시되 동산 각종 나무의 열매는 네가 임의로 먹되 선악을 알게 하는 나무의 열매는 먹지 말라 네가 먹는 날에는 반드시 죽으리라 하시니라"
>
> **창세기 3장 6절**: "여자가 그 나무를 본즉 먹음직도 하고 보암직도 하고 지혜롭게 할 만큼 탐스럽기도 한 나무인지라 여자가 그 열매를 따먹고 자기와 함께 있는 남편에게도 주매 그도 먹은지라"

2) 대표 언약의 중요성: 아담은 단순히 한 개인이 아니라 모든 인류의 대표자였습니다. 그가 하나님의 언약을 어겼을 때, 그의 죄는 그와 언약 관계에 있던 모든 후손에게 전가되었고, 그 결과가 현재 인류의 타락한 본성으로 나타났습니다. 이것이 바로 원죄의 '전가' (Imputation) 교리입니다.

> **로마서 5 장 12 절**: "그러므로 한 사람으로 말미암아 죄가 세상에 들어오고 죄로 말미암아 사망이 들어왔나니 이와 같이 모든 사람이 죄를 지었으므로 사망이 모든 사람에게 이르렀느니라"

이 구절은 한 사람(아담)의 죄가 모든 인류에게 영향을 미쳤음을 분명히 말합니다.

2. 타락의 결과: '본성의 부패와 죄 중에 출생'

"이 타락으로 말미암아 사람의 본성이 심히 부패되어 우리 모두는 죄 중에 잉태되고 죄 중에 태어납니다"

1) 심히 부패한 본성: 아담의 불순종은 단순히 하나의 죄악된 행위로 끝난 것이 아니라, 사람 본성 자체를 '근본적으로' 부패시켰습니다. 이는 아담의 불순종의 죄를 따라 사람의 지성, 감정, 의지 등 모든 부분이 죄의 영향 아래 놓이게 되었음을 의미합

니다. 이러한 부패는 사람이 선을 행할 능력을 상실하게 하고, 하나님을 기쁘시게 할 수 없게 만들었습니다. 이것이 흔히 말하는 '전적 타락'(Total Depravity)입니다.

시편 14 편 2, 3 절: "여호와께서 하늘에서 인생을 굽어살피사 지각이 있어 하나님을 찾는 자가 있는가 보려 하신즉 다 치우쳐 함께 더러운 자가 되고 선을 행하는 자가 없으니 하나도 없도다"
예레미야 17 장 9 절: "만물보다 거짓되고 심히 부패한 것은 마음이라 누가 능히 이를 알리요마는"
로마서 8 장 7-8 절: "육신의 생각은 하나님과 원수가 되나니 이는 하나님의 법에 굴복하지 아니할 뿐 아니라 할 수도 없음이라 육신에 있는 자들은 하나님을 기쁘시게 할 수 없느니라"

2) "죄 중에 잉태되고 죄 중에 태어납니다": 이 부패한 본성은 아담 이후 모든 사람에게 유전됩니다. 그래서 이제 우리는 죄를 지어서 죄인이 되는 것이 아니라, 죄인으로 태어나기 때문에 죄를 지을 수밖에 없는 존재가 되었습니다. 우리는 이렇게 '태어날 때부터' 하나님의 거룩한 율법을 지킬 수 없는 죄악된 성향을 갖게 되었으며, 이로 인해 하나님과 분리된 심각한 상태에 놓이게 되었습니다.

시편 51 편 5 절: "내가 죄악 중에서 출생하였음이여 어머니가 죄 중에서 나를 잉태하였나이다"
로마서 2 장 5 절: "다만 네 고집과 회개하지 아니한 마음을 따라 진노의 날 곧 하나님의 의로우신 심판이 나타나는 그 날에 임할 진노를 네게 쌓는도다"
로마서 3 장 10-12 절: "기록된 바 의인은 없나니 하나도 없으며 깨닫는 자도 없고 하나님을 찾는 자도 없고 다 치우쳐 함께 무익하게 되고 선을 행하는 자는 없나니 하나도 없도다"

정리

사람의 타락한 본성은 우리의 첫 조상 아담과 이브의 에덴동산에서의 불순종으로 인해 발생했습니다. 이는 그들의 타락으로 말미암아 사람 본성이 '심히 부패'하게 되었고, 이것이 그 후손들에게 그대로 유전되므로 우리 모두는 태어날 때부터 죄악된 본성을 가지고 태어난다는 선언입니다. 이 문답은 사람의 죄와 비참함의 근원을 명확히 제시해주므로 이 모든 것에 대한 책임은 전적으로 사람에게 있음을 말하며, 구원의 필요성을 더욱 절실하게 깨닫게 합니다.

하이델베르크 요리문답 제 8 문: 전적 타락과 거듭남의 필요성

하이델베르크 요리문답 8 문은 “그렇다면 우리는 너무 부패하여 도무지 조금의 선도 행할 수 없으며 온갖 악만 행하고자 한다는 것입니까? ”라는 질문을 합니다. 앞선 7 문에서 사람 본성이 아담의 타락으로 인해 심히 부패했다고 하였는데, 그렇다면 이제 그 부패의 정도와 결과가 어느 정도인지를 구체적으로 묻는 것입니다. 요리문답은 이에 대해 어떻게 답합니까?

8 문: 그렇다면 우리는 너무 부패하여 도무지 조금의 선도 행할 수 없으며 온갖 악만 행하고자 한다는 것입니까?

답:

참으로 그렇습니다. 우리가 하나님의 영으로 거듭나지 않는 한 그렇습니다.

(참조: 벨직 신앙고백 14 조, 15 조, 24 조)

강해

이 문답은 사람의 ‘전적 타락’(Total Depravity) 교리를 명확하게 설명합니다. 이는 사람이 완전히 악하다는 의미가 아닙니다. 이것은 죄가 사람 존재의 모든 부분(지성, 감정, 의지)을 오염시켜, 스스로는 하나님을 기쁘시게 할 만한 참된 선을 행할 능력이 없게 되었으며, 오직 하나님을 거스르는 죄악된 경향성만을 가지고 있다는 것입니다.

1. 사람의 전적 부패와 선을 행할 수 없음: “참으로 그렇습니다”

1) “너무 부패하여 도무지 조금의 선도 행할 수 없으며”: 질문에 나오는 이 표현은 사람의 타락이 부분적이 아니라 전적(Total)임을 강조합니다. ‘전적’이라는 말은 사람의 모든 능력과 기능이 죄로 인해 왜곡되고 손상되었음을 의미합니다. 사람은 하나님과의 관계에서 단 한 가지 선도 ‘온전히’ 행할 수 없습니다. 이는 도덕적, 사회적으로 선한 행위를 할 수 없다는 뜻이 아닙니다. 세상에서도 선행은 존재하며, 사람은 서로에게 친절을 베풀고 정의를 추구하기도 합니다. 그러나 이러한 행위조차 하나님을 향한 사랑과 영광이라는 올바른 동기에서 비롯된 것이 아니기 때문에, 하나님의 기준에서 볼 때 하나님의 영광에 이르지 못하므로 참된 선이라고 할 수 없습니다. 타락한 사람은 하나님을 찾지 않으며, 하나님을 기쁘시게 하고자 하지도 않습니다. 이러한 사람의 모든 의는 하나님 앞에서는 더러운 옷과 같습니다.

로마서 3 장 10-12 절: “기록된 바 의인은 없나니 하나도 없으며 깨닫는 자도 없고 하나님을 찾는 자도 없고 다 치우쳐 함께 무익하게 되고 선을 행하는 자는 없나니 하나도 없도다”
롬 3 장 23 절: “모든 사람이 죄를 범하였으매 하나님의 영광에 이르지 못하더니”

이사야 64장 6절: "대저 우리는 다 부정한 자 같아서 우리의 의는 다 더러운 옷 같으며 우리는 다 잎사귀 같이 시들므로 우리의 죄악이 바람 같이 우리를 몰아가나이다"

2) "온갖 악만 행하고자 한다는 것입니까? ": 이 부분은 사람의 의지가 죄를 '향하고 있음'을 말해줍니다. 타락한 사람의 마음은 본성적으로 하나님을 거스르고 자신을 기쁘게 하려는 경향이 있습니다. 이는 항상 외적으로 악을 행한다는 뜻이 아니라, 내적으로 '죄를 향한 기울어진 마음'을 가지고 있다는 의미입니다.

창세기 6장 5절: "여호와께서 사람의 죄악이 세상에 가득함과 그의 마음으로 생각하는 모든 계획이 항상 악할 뿐임을 보시고"
욥기 14장 4절: "누가 깨끗한 것을 더러운 것 가운데에서 낼 수 있으리이까 하나도 없나이다"

2. 예외 조건

"우리가 하나님의 영으로 거듭나지 않는 한 그렇습니다"

1) 거듭남의 필요성: 사람이 전적 부패 상태에서 벗어날 수 있는 유일한 길은 '하나님의 영으로 거듭나는 것'입니다. 거듭남은 단순히 회개하고 믿는 행위만을 의미하는 것이 아니라, 성령의 능력으로 '죄악된 본성이 변화되고' 새로운 영적 생명을 얻는 내적인 변화를 말합니다. 이는 사람의 의지나 노력으로 이룰 수 없는, '전적으로 하나님의 주권적인 은혜의 역사'로서 오직 성령을 통해서만 가능합니다. 이때 우리는 비로소 하나님을 기쁘시게 하는 삶을 살 수 있습니다.

에스겔 36장 26-27절: "또 새 영을 너희 속에 두고 새 마음을 너희에게 주되 너희 육신에서 굳은 마음을 제거하고 부드러운 마음을 줄 것이며 또 내 영을 너희 속에 두어 너희로 내 율례를 행하게 하리니 너희가 내 규례를 지켜 행할지라"
스가랴 4장 6절: "만군의 여호와께서 말씀하시되 이는 힘으로 되지 아니하며 능력으로 되지 아니하고 오직 나의 영으로 되느니라"
요한복음 3장 3절: "예수께서 대답하여 이르시되 진실로 진실로 네게 이르노니 사람이 거듭나지 아니하면 하나님의 나라를 볼 수 없느니라"

2) 변화의 가능성: 이 문답은 사람이 절망적인 상태에 있음을 선언하지만, 동시에 하나님의 은혜와 성령의 역사를 통해 변화될 수 있다는 소망을 제시합니다. 거듭난 자는 더 이상 죄의 노예가 아니며, '하나님의 뜻을 따라 의와 선을 행할 수 있는' 새로운 마음과 순종의 능력을 받습니다.

정리

하나님의 영으로 거듭나지 않는 한, 사람은 너무 부패하여 도무지 조금의 선도 행할 수 없으며 오직 온갖 악만 행하고자 합니다. 이것은 전적 타락 교리를 확증해줍니다. 이 문답은 사람의 죄와 비참함의 깊이를 강조합니다. 그래서 우리의 구원은 우리의 노력이나 공로가 아니라 '오직 하나님의 전적인 은혜와 성령의 역사'로 이루어지는 거듭남을 통해서만 가능하다고 분명하게 말해줍니다. 이는 그리스도 안에서 주어지는 성령의 은혜가 우리의 구원에 얼마나 중요한가를 말해줍니다.

제 4 주일

하이델베르크 요리문답 제 9 문: 율법의 정당성 - 타락은 사람의 책임

하이델베르크 요리문답 9 문은 "그러면 하나님께서 사람이 행할 수 없는 것을 율법으로 규정하여 요구하신다면 이것은 부당한 일이 아닙니까? "라는 질문합니다. 앞선 8 문에서 사람이 하나님의 영으로 거듭나지 않는 한 선을 행할 수 없다고 하였는데, 이러한 사람의 무능력에도 불구하고 하나님께서 율법을 통해 완전한 순종을 요구하시는 것이 과연 정당한가 하는 것입니다. 있을 수 있는 질문입니다. 그러나 답은 이 질문에 대해 단호하게 "전혀 그렇지 않습니다"라고 말합니다. 그 이유가 무엇일까요?

9문: 그러면 하나님께서 사람이 행할 수 없는 것을 율법으로 규정하여 요구하신다면 이것은 부당한 일이 아닙니까?

답:

전혀 그렇지 않습니다. 하나님께서는 사람을 창조하실 때 율법을 행할 능력을 주셨습니다. 그런데 사람은 마귀(악마)의 유혹에 빠져 고의로 불순종하였고, 그 결과 자기는 물론 자기의 모든 후손도 하나님이 주신 그 능력을 상실하게 되었습니다.

(참조: 벨직 신앙고백 제 14 조, 제 15 조)

강해

이 문답은 하나님의 율법 요구가 부당하지 않음을 변호하며, 사람의 현재의 무능력이 전적으로 사람의 타락에서 비롯되었음을 말합니다. 하나님은 사람이 타락하기 전에 이미 율법을 지킬 수 있는 능력을 주셨습니다. 사람의 타락은 전적으로 죄를 범한 사람의 책임입니다.

1. 율법 요구의 정당성

"전혀 그렇지 않습니다. 하나님은 사람을 창조하실 때 율법을 행할 능력을 주셨습니다"

1) 하나님의 공의로움: 율법을 주신 하나님이 부당하다는 생각은 잘못된 것입니다. 하나님은 공의로우신 분이시며, 결코 불가능한 것을 요구하지 않으십니다.

2) 창조 시 부여된 능력: 하나님은 사람을 창조하실 때 (6 문에서 언급했듯이) '하나님의 형상대로 의롭고 거룩하게' 지으셨을 뿐만 아니라, 그분의 '율법을 온전히 행할 수 있는' 완전한 능력을 부여해 주셨습니다. 그래서 아담은 '죄를 짓지 않을 능력'과 함께, 하나님께 순종할 수 있는 온전한 자유의지를 가지고 있었습니다. 따라서 하나님께서 율법에 대해 완전한 순종을 요구하시는 것은, 본래 사람의 상태에 비추어 볼 때 전적으로 정당한 것입니다. 그러므로 사람이 율법에 온전히 순종하지 못한다면, 그것은 사람이 타락했음을 반증할 뿐입니다.

창세기 2장 16, 17절: "여호와 하나님이 그 사람에게 명하여 이르시되 동산 각종 나무의 열매는 네가 임의로 먹되 선악을 알게 하는 나무의 열매는 먹지 말라 네가 먹는 날에는 반드시 죽으리라 하시니라"

전도서 7장 29절: "하나님은 사람을 정직하게 지으셨으되 사람이 많은 꾀들을 낸 것이니라"

2. 능력 상실의 원인: '사람의 고의적 불순종'

"그런데 사람은 마귀(악마)의 유혹에 빠져 고의로 불순종하였고, 그 결과 자기는 물론 자기의 모든 후손도 하나님이 주신 그 능력을 상실하게 되었습니다."

1) 마귀의 유혹과 사람의 책임: 사람은 '마귀(악마)의 유혹에 빠져' 죄를 지었지만, 그 유혹에 넘어가 '고의로 불순종'한 것은 전적으로 사람 자신의 책임입니다. 유혹을 받는 것 자체는 죄가 아닙니다. 유혹에 굴복하여 불순종한 것이 죄가 됩니다. 그런데 아담과 이브는 하나님께서 주신 자유로운 의지로 하나님의 명령을 거역하는 선택을 한 것입니다. 지금도 사람은 스스로의 욕심에 끌려 자기에게 주어진 자유의지로 하나님의 뜻을 거역하며 죄를 짓습니다.

창세기 3장 4-6절: "뱀이 여자에게 이르되 너희가 결코 죽지 아니하리라 너희가 그것을 먹는 날에는 너희 눈이 밝아져 하나님과 같이 되어 선악을 알 줄 하나님이 아심이니라 여자가 그 나무를 본즉 먹음직도 하고 보암직도 하고 지혜롭게 할 만큼 탐스럽기도 한 나무인지라 여자가 그 열매를 따먹고 자기와 함께 있는 남편에게도 주매 그도 먹은지라"

야고보서 1장 14-15절: "오직 각 사람이 시험을 받는 것은 자기 욕심에 끌려 미혹됨이니 욕심이 잉태한즉 죄를 낳고 죄가 장성한즉 사망을 낳느니라"

2) 능력 상실의 결과: 이 고의적인 불순종의 직접적인 결과로 사람은 본래 창조 때 하나님께 받았던 율법을 행할 능력(즉, 의롭고 거룩한 상태)을 상실하게 되었습니다. 이 상실은 단순히 외적인 것이 아니라, 사람 본성의 근본적인 부패(7, 8 문)로 이어져, 이제는 선을 행할 의지와 능력을 잃어버리게 되었습니다.

3) 죄의 유전: 아담의 불순종은 그 자신뿐만 아니라, '자기의 모든 후손'에게도 이 능력 상실과 죄악된 본성을 유전시켰습니다. 즉, 모든 인류는 아담 안에서 죄인이 되었으며, 그 결과로 태어날 때부터 율법을 지킬 수 없는 무능력한 상태가 되었습니다. 그러나 하나님은 사람의 타락 전에나 후에나 변함없이 거룩하십니다. 그러므로 하나님이 타락 전과 같은 동일한 수준의 율법을 요구하시는 것은 전혀 부당한 것이 아닙니다. 모든 것은 사람의 잘못 때문입니다. 오히려 사람은 이러한 율법의 요구를 통해 자신이 마땅히 도달해야 할 거룩함의 수준이 어떠해야 하는가를 깨닫게 되고, 그 앞에서 죄인인 자신을 발견할 뿐입니다.

> **로마서 5장 12절:** "그러므로 한 사람으로 말미암아 죄가 세상에 들어오고 죄로 말미암아 사망이 들어왔나니 이와 같이 모든 사람이 죄를 지었으므로 사망이 모든 사람에게 이르렀느니라"

정리

하나님께서 사람이 행할 수 없는 것을 율법으로 요구하시는 것이 결코 부당하다고 말할 수 없습니다. 그 이유는 하나님께서 사람을 창조하실 때 하나님의 형상을 따라 창조하시므로 율법을 온전히 행할 수 있는 능력을 주셨기 때문입니다. 다만 사람이 마귀의 유혹에 빠져 '고의로 불순종'함으로써 스스로 그 능력을 상실해 죄에 빠지고, 그 죄의 결과가 모든 후손에게 유전되었던 것입니다. 이 문답은 사람의 죄악된 상태가 하나님의 책임이 아닌, 전적으로 사람 자신의 선택과 그에 따른 결과임을 명확히 말해줍니다. 하나님의 이러한 율법 요구는 사람은 타락해 무능에 빠졌어도 자신이 마땅히 도달해야 할 율법의 수준이 어떠해야 하는지를 깨닫게 합니다.

하이델베르크 요리문답 제 10 문: 죄에 대한 하나님의 공의로운 심판

하이델베르크 요리문답 10 문은 "하나님께서 그런 불순종과 반역을 벌하지 않으시고 그냥 지나가십니까? "라는 질문으로 이어집니다. 앞선 9 문에서 사람이 타락하고 율법을 행할 능력을 상실한 것은 사람 자신이 고의적으로 불순종하였기 때문이라고 하였습니다. 그래서 10 문은 그렇다면 이제 그러한 죄에 대해 하나님이 어떻게 반응하시는지에 대해 묻는 것입니다. 답은 "결코 그렇지 않습니다"하며 사람이 율법을 행할 능력을 상실했다고 해도 하나님은 죄를 심판하신다고 단호하게 선언합니다.

10 문: 하나님께서 그런 불순종과 반역을 벌하지 않으시고 그냥 지나가십니까?

답:

결코 그렇지 않습니다. 하나님께서는 자범죄는 물론 원죄까지도 몹시 불쾌해 하시므로, 그 죄들을 의롭게 심판하셔서 이 세상에서도 벌하시고, 그리고 영원히 벌하십니다. 하나님께서는 이렇게 선언하셨습니다. "누구든지 율법 책에 기록된 대로 모든 일을 항상 행하지 아니하는 자는 저주 아래에 있는 자라 하였음이라"(갈 3:10).

(참조: 벨직 신앙고백 제 14 조, 제 15 조)

강해

이 문답은 하나님의 공의로운 성품에 대해 말하며, 그런 만큼 죄에 대한 하나님의 심판은 필연적임을 강조합니다. 하나님은 죄를 결코 간과하지 않으시며, 죄의 종류와 상관없이 반드시 그 죄에 합당한 벌을 내리시는 분이심을 분명히 말해줍니다.

1. 죄를 간과하지 않으시는 하나님:

"결코 그렇지 않습니다"하는 이 대답은 하나님은 불순종과 반역을 벌하지 않고 결코 그냥 지나가지 않으신다는 것을 분명히 말해줍니다.

1) 하나님의 거룩성: 하나님은 거룩하시기 때문에 죄를 결코 용납하지 않으십니다. 죄는 하나님의 거룩하신 본성과 정면으로 대치됩니다. 따라서 하나님께서 사람이 타락해서 더 이상 율법을 지킬 수 없게 되었다며 죄를 벌하지 않고 그냥 지나치신다면, 그것은 하나님의 거룩하심과 공의로우심을 훼손하는 일입니다.

하박국 1 장 13 절: "주께서는 눈이 정결하시므로 악을 차마 보지 못하시며 패역을 차마 보지 못하시거늘…"

2. 모든 죄에 대한 하나님의 불쾌하심과 공의로운 심판

"하나님께서는 자범죄는 물론 원죄까지도 몹시 불쾌해 하시므로, 그 죄들을 의롭게 심판하셔서 이 세상에서도 벌하시고, 그리고 영원히 벌하십니다"

1) "자범죄는 물론 원죄까지도": 하나님께서는 단순히 우리가 행동으로 짓는 '자범죄'(Actual Sins)만을 불쾌해 하시지 않습니다. 7 문과 8 문에서 다루었듯이, 하나님은

아담의 불순종으로 인해 우리 안에 유전된 '원죄'(Original Sin), 즉 죄악된 본성 자체도 심히 미워하십니다. 사람의 죄악된 본성 그 자체와 그 본성에서 나오는 모든 행위는 하나님의 진노의 대상입니다.

2) "몹시 불쾌해 하시므로": 이 표현은 하나님이 죄에 대해 단호하고 격렬하게 반응하신다는 것을 말해줍니다. 거룩하신 하나님은 죄를 몹시 불쾌해 하시며 결코 가볍게 여기지 않으십니다.

3) "의롭게 심판하셔서": 하나님의 심판은 임의적이거나 감정적인 것이 아니라, 그분의 '의로운' 성품에 근거한 정당하고 공정한 심판입니다. 공의로우신 하나님께서 죄를 심판하시는 것은 하나님의 성품에 따른 필연적 결과입니다.

4) "이 세상에서도 벌하시고, 그리고 영원히 벌하십니다": 하나님께서는 현세에서도 심판할 뿐 아니라 그 죄를 영원히 심판하십니다. 죄에 대한 하나님의 분노는 끝이 없습니다.

- **(1) 이 세상에서:** 죄는 질병, 재난, 관계의 파괴, 양심의 가책, 죽음 등 다양한 형태로 현세에서도 고통스러운 결과를 초래합니다. 이는 하나님께서 죄를 싫어하시며 그에 대한 심판을 시행하고 계심을 보여줍니다.
- **(2) 영원히:** 죄의 궁극적인 형벌은 내세에서 이루어지는 영원한 벌입니다. 이는 하나님과의 완전한 단절, 즉 영원한 사망을 의미합니다.

시편 4장 4-6절: "주는 죄악을 기뻐하는 신이 아니시니 악이 주와 함께 머물지 못하며 오만한 자들이 주의 목전에 서지 못하리이다 주는 모든 행악자를 미워하시며 거짓말하는 자들을 멸망시키시리이다 여호와께서는 피 흘리기를 즐기는 자와 속이는 자를 싫어하시나이다"
마태복음 25장 46절: "그들은 영벌에, 의인들은 영생에 들어가리라 하시니라"
로마서 1장 18절: "하나님의 진노가 불의로 진리를 막는 사람들의 모든 경건하지 않음과 불의에 대하여 하늘로부터 나타나나니"

3. 율법에 대한 불순종의 저주

"하나님께서는 이렇게 선언하셨습니다. '누구든지 율법 책에 기록된 대로 모든 일을 항상 행하지 아니하는 자는 저주 아래에 있는 자라 하였음이라'(갈 3:10)"

1) 성경적 근거: 이 인용문은 하나님께서 '율법을 온전히 지키지 않는 자에게는 저주가 임한다' 고 분명히 선언하셨다는 것을 보여줍니다. 우리가 요리문답 5문에서 율법을 완벽하게 지킬 수 없다고 고백했으니, 이 말씀은 '모든 인류가 율법의 저주 아래

있다' 는 것을 확증합니다. 이는 우리가 스스로는 죄의 형벌에서 벗어날 수 없음을 다시 한번 깨닫게 합니다.

신명기 27 장 26 절: "이 율법의 말씀을 실행하지 아니하는 자는 저주를 받을 것이라 할 것이요 모든 백성은 아멘 할지니라"

2) 율법의 목적: 하나님이 타락한 우리에게 율법을 주시는 것은 우리가 율법을 통해 하나님 앞에서 어떻게 살아야하는가를 알게 해주시기 위함이요, 또한 우리가 이를 온전히 행할 수 없는 죄인임을 깨닫게 하기 위한 것입니다. 이로서 우리를 죄 아래 가두어 절망케 하며, 이제는 오직 우리의 구원자 예수 그리스도 한 분만을 간절히 소망케 하기 위한 것입니다.

갈라디아서 3 장 24 절: 이같이 율법이 우리를 그리스도께로 인도하는 초등교사가 되어 우리로 하여금 믿음으로 말미암아 의롭다 함을 얻게 하려 함이라

정리

갈라디아서 3 장 10 절의 말씀처럼 율법을 온전히 지키지 못하는 자는 누구든 저주 아래에 있다는 이 선언은, 사람은 모두 죄의 형벌에서 벗어날 수 없다는 것을 분명히 말해줍니다. 하나님의 심판이 없는 죄가 없습니다. 히브리서 9 장 27 절은 '한번 죽는 것은 사람에게 정하신 것이요 그 후에는 심판이 있다' 고 말하고 있습니다. 그러므로 이 문답은 우리가 하나님의 공의로우심과 죄에 대한 그분의 분노와 엄정한 심판을 이해하고, 이로부터 벗어나기 위한 구원의 길을 더욱 간절히 찾도록 인도합니다.

하이델베르크 요리문답 제 11 문: 하나님의 자비와 의로움 – 죄에 대한 필연적인 심판

하이델베르크 요리문답 11 문은 "그러나 하나님께서는 또한 자비하시지 않습니까? "라는 질문을 합니다. 앞선 10 문에서 하나님께서 죄를 벌하시며 영원한 형벌을 내리신다고 하셨는데, 그렇다면 이것은 하나님의 또 다른 중요한 속성인 자비하심과 모순되지 않느냐는 것입니다. 하나님의 말씀에도 하나님께서는 당신을 가리켜 스스로 자비하신 분이시라고 선언하셨는데 이에 대한 답은 어떠할까요?

11 문: 그러나 하나님께서는 또한 자비하시지 않습니까?
답:

하나님께서는 참으로 자비하시지만 또한 의로우십니다. 하나님께서는 의로우시므로 하나님의 지극히 높으신 주권에 거스려 범한 죄에 대해서는 최고의 형벌, 곧 몸과 영혼에 대한 영원한 형벌을 내리십니다.

(참조: 벨직 신앙고백 제 14 조, 제 15 조, 제 20 조)

강해

이 문답은 하나님이 자비하신 것은 분명하지만, 그렇다고 해서 죄를 간과하거나 죄에 대한 공의로운 심판을 결코 포기하지 않으신다는 것을 말해줍니다.

1. 하나님의 자비와 의로움의 공존

"하나님께서는 참으로 자비하시지만 또한 의로우십니다."

1) 하나님의 속성: 하나님은 한 분이시지만 여러 가지 속성을 가지고 계십니다. 그분은 사랑이시고 자비로우시며(출애굽기 34:6, 7), 동시에 의로우시고 공의로우십니다(신명기 32:4). 이 두 속성은 서로 모순되거나 충돌하는 것이 아니라, 하나님의 완전한 성품 안에서 조화롭게 공존합니다.

2) 자비의 오해 방지: 흔히 사람들은 하나님의 자비를 오해하여 죄에 대한 심판을 무시하거나 죄를 가볍게 여기는 경향이 있습니다. 그러나 이 문답은 그러한 오해를 불식시키며, 하나님의 자비가 그분의 의로움을 침해하지 않는다는 것을 분명히 합니다. 하나님의 자비는 죄를 용서하고 구원하시는 방식으로 나타나지만, 이는 결코 죄에 대한 심판의 필요성을 제거하지 않습니다. 성경은 하나님의 인자하심(자비)과 준엄하심(공의)을 동시에 바라보도록 권면합니다.

시편 103 장 8–9 절: "여호와는 긍휼이 많으시고 은혜로우시며 노하기를 더디 하시고 인자하심이 풍부하시도다 자주 경책하지 아니하시며 노를 영원히 품지 아니하시리로다"
신명기 7 장 10 절: "그를 미워하는 자에게는 당장에 보응하여 멸하시나니 여호와는 자기를 미워하는 자에게 지체하지 아니하시고 당장에 그에게 보응하시느니라"
로마서 11 장 22 절: "그러므로 하나님의 인자하심과 준엄하심을 보라 넘어지는 자들에게는 준엄하심이 있고 너희에게는 하나님의 인자하심이 있으니 만일 네가 하나님의 인자하심에 머물러 있으면 그리 되리라 그렇지 않으면 너도 찍히는 바 되리라"

2. 죄에 대한 공의로운 심판: '최고의 형벌'

"하나님께서는 의로우시므로 하나님의 지극히 높으신 주권에 거스려 범한 죄에 대해서는 최고의 형벌, 곧 몸과 영혼에 대한 영원한 형벌을 내리십니다"

1) 의로우신 하나님: 하나님은 '의로우시므로' 그분의 이러한 본성은 죄에 대한 합

당한 대가를 요구합니다. 죄는 하나님의 거룩한 법과 질서를 어기는 것이기 때문에 반드시 벌을 받아야 합니다.

2) **"지극히 높으신 주권에 거스려 범한 죄"**: 죄는 단순히 도덕적 규칙을 어기는 정도가 아닙니다. 죄는 '하나님의 지극히 높으신 주권'에 대한 반역이자 모독입니다. 죄는 온 우주의 창조주이시며 주권자이신 하나님께 대한 반역이므로, 죄의 심각성은 무한합니다. 이렇게 무한하시고 지극히 높으신 하나님께 대한 죄는 무한한 형벌을 요구합니다.

3) **"최고의 형벌"**: 죄의 무한한 심각성 때문에 그에 합당한 형벌도 '최고의 형벌'일 수밖에 없습니다. 이는 죄에 대한 하나님의 공의로운 분노와 단호함을 보여줍니다.

4) **"몸과 영혼에 대한 영원한 형벌"**: 이 '최고의 형벌'은 구체적으로 '몸과 영혼에 대한 영원한 형벌'입니다.

(1) **몸과 영혼**: 사람은 몸과 영혼을 가진 존재입니다. 이러한 존재가 죄를 지었으므로, 형벌의 때에 육체적인 고통뿐만 아니라 영적인 고통, 즉 하나님과의 관계 단절과 양심의 가책 등 영혼의 고통을 피할 수 없습니다.

(2) **영원한 형벌**: 죄는 유한한 사람이 무한하신 하나님께 범한 것이므로 그 형벌에 시간적인 제한이 없습니다. 이는 구원받지 못한 영혼이 하나님으로부터 영원히 분리되어 고통 받을 수밖에 없음을 의미합니다. 하나님의 심판은 심히 무섭고 사람이 자기 힘으로 도무지 감당할 수 없는 것입니다.

마태복음 25장 41절: "또 왼편에 있는 자들에게 이르시되 저주를 받은 자들아 나를 떠나 마귀와 그 사자들을 위하여 예비된 영원한 불에 들어가라"
데살로니가후서 1장 8, 9절: "하나님을 모르는 자들과 우리 주 예수의 복음에 복종하지 않는 자들에게 형벌을 내리시리니 이런 자들은 주의 얼굴과 그의 힘의 영광을 떠나 영원한 멸망의 형벌을 받으리로다"
계시록 20장 13, 14절: "바다가 그 가운데에서 죽은 자들을 내주고 또 사망과 음부도 그 가운데에서 죽은 자들을 내주매 각 사람이 자기의 행위대로 심판을 받고 사망과 음부도 불못에 던져지니 이것은 둘째 사망 곧 불못이라"

정리

하나님의 공의가 결코 자비에 의해 희석되지 않습니다. 죄가 하나님 앞에서 얼마나 심각한 것인지, 이에 대한 영원한 형벌은 어떤 방법으로도 피할 수 없습니다. 죄를 범했으면 아무도 하나님 앞에서 무사할 수 없습니다. 그러므로 우리는 우리의 죄와 그에 따른 형벌이 얼마나 무서운 것인지를 깨달아야 합니다. 그리고 우리는 이 심판에서 벗어나기 위해 스스로 아무것도 할 수 없다는 것을 인정하고, '한없는 절망 속에서 무조건적인 구원'을 바라지 않을 수 없게 됩니다.

제 2 부 우리의 구원에 대하여

서론

제 5 주일

하이델베르크 요리문답 제 12 문: 하나님의 의 만족과 구원의 길

하이델베르크 요리문답 제 1 부에서는 "우리의 비참함에 대하여" 살펴보았습니다. 이를 통해 사람은 하나님의 말씀에 거스르고 타락하므로 하나님의 형벌을 피할 수 없게 되었다는 것과, 사람은 이러한 형벌에서 스스로 자신을 구원할 수 없는 절망 상태에 빠져있다는 것을 배웠습니다. 그러나 이제부터 제 2 부에서는 이러한 사람이 어떻게 구원받을 수 있는가에 대해 살펴볼 것입니다. 실제 12 문부터는 사람이 하나님의 형벌을 피하고 다시 하나님의 사랑을 받을 길은 없는가에 대해 묻고 실제적인 구원의 길을 보색합니다.

12 문: 하나님의 의로운 심판에 의하면 우리는 이 세상에서는 물론 영원히 형벌을 받아 마땅합니다. 그러면 우리가 이 형벌을 피하고 다시 하나님의 사랑을 받을 수 있는 길은 없는 것입니까?

답:

하나님께서는 하나님의 의가 만족되기를 원하십니다. 때문에 우리는 우리 힘으로든, 아니면 다른 사람을 통해서든 하나님의 의를 온전히 만족시켜 드리지 않으면 안 됩니다.

(참조: 벨직 신앙고백 제 15 조, 제 17 조)

강해

이 문답에서는 우리가 죄의 형벌에서 벗어나기 위한 근본적인 전제가 있다고 말합니다. 그것은 바로 하나님의 의로운 요구가 충족되어야 한다는 것입니다. 구원의 길은 분명 하나님의 주권적 자비에 있지만, 그분의 거룩한 의를 훼손하지 않는 방식으로 이루어져야 합니다.

1. 하나님의 의(義) 만족의 필연성

"하나님께서는 하나님의 의가 만족되기를 원하십니다."

1) 하나님의 속성: 이 구절은 다시 한번 하나님의 의로움을 강조합니다. 하나님은 단순히 사랑이나 자비만을 가지신 분이 아니라, 죄에 대해 공의롭게 심판하시는 의로우신 분이십니다(11 문). 따라서 죄가 초래한 불의는 반드시 바로잡혀야 하며, 죄에 대한 형벌이 집행되어야만 그분의 의가 온전히 만족될 수 있습니다. 하나님의 의는 하나님의 본질적인 속성이기 때문에 그 속성은 하나님 안에서 도저히 부인될 수 없습니다. 죄를 그냥 용서하는 것은 하나님의 의를 훼손하는 것입니다. 이는 상상할 수도 없는 일입니다.

2) 율법의 요구: 하나님의 의는 율법을 통해 나타나는데, 율법은 죄에 대한 정죄와 사망을 요구합니다. 이 요구가 어디서든 충족되어야만 우리는 형벌에서 벗어날 수 있습니다.

> **창세기 2 장 17 절**: "선악을 알게 하는 나무의 열매는 먹지 말라 네가 먹는 날에는 반드시 죽으리라 하시니라"
> **로마서 2 장 5, 6 절**: "다만 네 고집과 회개하지 아니한 마음을 따라 진노의 날 곧 하나님의 의로우신 심판이 나타나는 그 날에 임할 진노를 네게 쌓는도다 하나님께서 각 사람에게 그 행한 대로 보응하시되"
> **마태복음 5 장 26 절**: "진실로 네게 이르노니 네가 한 푼이라도 남김이 없이 다 갚기 전에는 결코 거기서 나오지 못하리라"

2. 형벌을 피하고 하나님의 사랑을 회복하는 길

"때문에 우리는 우리 힘으로든, 아니면 다른 사람을 통해서든 하나님의 의를 온전히 만족시켜 드리지 않으면 안됩니다"

이 문장은 죄의 형벌을 피하고 하나님의 사랑을 회복하기 위한 두 가지 가능성을 제시합니다.

1) "우리의 힘으로든": 이것은 우리가 스스로 하나님의 의를 만족시키려는 시도를 의미합니다. 즉, 우리가 율법의 모든 요구를 완벽하게 지키고, 죄를 속죄할 만한 어떤 대가를 온전히 지불하여 하나님의 진노를 풀어 드리는 방법입니다.

2) "아니면 다른 사람을 통해서든": 이것은 우리 자신 외의 다른 존재가 우리의 죄값을 대신 지불하여 하나님의 의를 만족시켜 드리는 방법을 말합니다. 여기서의 '다른 사람'은 죄가 없고, 하나님의 의로운 요구를 완전히 충족시킬 수 있는 자여야 합니다.

정리

우리는 죄에 대한 심판을 면하고 거저 구원받을 수는 없습니다. 구원을 위해서는 반드시 하나님의 공의가 만족되어야 합니다. 그런데 여기에는 두 가지 가능성이 있다고 말했습니다. 첫 번째가 '우리 힘으로든' 이었고, 두 번째는 '아니면 다른 사람을 통해서든' 이었습니다. 그런데 앞의 10 문에서 살펴본 바와 같이 우리는 우리 자신이 이미 심판의 대상이기 때문에 우리 힘으로는 스스로 자기 구원을 이를 수 없습니다. 그래서 우리 자신이 아닌 다른 사람이 '우리를 대신해' 하나님의 의를 만족시킬 때만 구원이 가능합니다. 실제 하나님이 다른 사람을 통해 우리의 죄에 대한 공의를 만족하시고, 그것으로 우리를 구원해주신다면 거기에는 하나님의 공의와 자비가 함께 나타나게 됩니다. 이때 의로우신 하나님께서는 결국 자비하심으로 우리를 구원하십니다. 13 문과 14 문에서 이에 대해 상세하게 살펴볼 것입니다.

하이델베르크 요리문답 제 13 문: 사람 스스로 하나님의 의를 만족시킬 수 없음

하이델베르크 요리문답 13 문은 "그러면 우리 자신은 하나님의 의를 만족시켜드릴 수 있습니까? "하고 묻습니다. 앞선 12 문에서 하나님의 의가 만족되어야 하며, 우리가 식섭, 또는 다른 이를 통해 그 의를 만족시켜야 한다고 제시했기 때문에, 이제 그 두 가지 가능성 중 첫 번째, 즉 사람 스스로 하나님의 의를 만족시킬 수 있는지에 대해 묻고 이에 답합니다.

13 문: 그러면 우리 자신은 하나님의 의를 만족시켜드릴 수 있습니까?

답:

결코 만족시켜드릴 수 없습니다. 정반대로 우리는 날마다 죄책을 더해가고 있을 뿐입니다.

(참조: 벨직 신앙고백 제 14 조, 제 15 조, 제 22 조)

강해

이 문답은 사람 스스로의 노력으로는 결코 구원에 이를 수 없음을 재확인하며, 사람의 절대적인 무능력과 죄악성을 다시 한번 강조합니다. 이는 구원이 오직 외부, 즉 하나님께로부터 와야만 하는 이유를 더욱 분명히 말해줍니다.

1. 사람 스스로 만족시킬 수 없음

"결코 만족시켜드릴 수 없습니다"

1) 율법 완수의 불가능성: 앞선 문답들(5, 8, 9 문)에서 우리는 이미 사람이 본성적으로

죄악 되어서 하나님의 율법을 완벽하게 지킬 수 없음을 확인했습니다. 하나님의 의를 만족시킨다는 것은 율법의 모든 요구를 완벽하게 충족시키고, 죄의 형벌을 온전히 감당하는 것을 의미합니다. 그러나 타락한 사람은 이미 그럴 능력을 상실했습니다. 우리는 율법의 모든 요구를 완벽하게 지키지 못하므로, 오히려 저주 아래 놓여 있을 뿐입니다.

갈라디아서 3장 10절: "누구든지 율법 책에 기록된 대로 모든 일을 항상 행하지 아니하는 자는 저주 아래에 있는 자라 하였음이라"

2) 유한한 사람의 한계: 우리의 죄는 무한히 거룩하시고 주권적이신 하나님께 대한 것이므로, 유한한 사람의 어떠한 행위로도 그 무한한 죄값을 치를 수 없습니다. 아무리 선한 행위를 한다 해도, 거기에는 한계가 있어 이미 지은 죄를 온전히 속죄할 수는 없습니다. 우리가 받을 죄에 대한 심판은 과거의 행위들 뿐만 아니라 현재의 본성까지도 포함되어 있기 때문에 더욱 그렇습니다(7, 8 문). 본성이 죄악된 사람이 죄값을 치를 수 없습니다.

시편 49편 7-8절: "아무도 자기 형제를 구원하지 못하며 그를 위한 속전을 하나님께 바치지도 못할 것은 그들의 생명을 속량하는 값이 너무 엄청나서 영원히 마련하지 못할 것임이니라"

2. 오히려 날마다 죄책을 더해감

"정반대로 우리는 날마다 죄책을 더해가고 있을 뿐입니다"

1) 죄의 연속성: 우리는 하나님을 알지 못하고 죄의 지배 아래 있기 때문에, 구원을 위해 노력하기는커녕 "날마다 죄책을 더해가고" 있습니다. 죄인 된 본성으로 인해 우리의 생각과 말, 행동은 끊임없이 죄를 생산하며, 이는 하나님의 진노를 더욱 쌓는 결과를 가져옵니다. 우리는 구원받기 위해 선을 행하려는 노력을 하지만, 그 노력조차 죄의 영향을 받으며, 그 과정에서 더 많은 죄를 짓게 된다는 것입니다.

욥기 15장 15, 16절: "하나님은 거룩한 자들을 믿지 아니하시나니 하늘이라도 그가 보시기에 부정하거든 하물며 악을 저지르기를 물 마심 같이 하는 가증하고 부패한 사람을 용납하시겠느냐"

로마서 1장 18절: "하나님의 진노가 불의로 진리를 막는 사람들의 모든 경건하지 않음과 불의에 대하여 하늘로부터 나타나나니"

2) 절망적인 상황: 이 문장은 사람의 구원에 대한 희망이 스스로에게는 전혀 없음을 아주 분명하게 보여줍니다. 우리의 상태는 시간이 지날수록 나아지는 것이 아니라,

오히려 악화되고 있으며, 날마다 하나님의 진노를 더 쌓아가고 있을 뿐입니다.

시편 130편 3절: "여호와여 주께서 죄악을 지켜보실진대 주여 누가 서리이까"
로마서 2장: 4, 5절: "혹 네가 하나님의 인자하심이 너를 인도하여 회개하게 하심을 알지 못하여 그의 인자하심과 용납하심과 길이 참으심이 풍성함을 멸시하느냐 다만 네 고집과 회개하지 아니한 마음을 따라 진노의 날 곧 하나님의 의로우신 심판이 나타나는 그 날에 임할 진노를 네게 쌓는도다"

정리

우리는 자기 구원에 대해 전적으로 무능력합니다. 아무리 애써도 하나님의 의를 만족시켜드릴 수 있는 방법이 전혀 없습니다. 오히려 날마다 죄책만 더해가고 있을 뿐이니 더욱 절망적입니다. 그러나 이런 상황을 깨닫는 것은 구원에 매우 중요합니다. 그것은 그때서야 비로소 누군가가 와서 우리를 구원해주길 간절히 바라기 때문입니다. 그래서 14문부터는 외부로부터 오는 구원자에 대해 탐색합니다.

하이델베르크 요리문답 제14문 강해: 피조물은 구원자가 될 수 없음

앞선 12문에서 '우리 자신' 또는 '다른 사람'을 통해 하나님의 의를 만족시켜야 한다고 했고, 13문에서 '우리 자신'은 불가능하다고 결론지었습니다. 그래서 이제 14문에서는 다른 사람의 범주를 먼저 '피조물'로 한정하여 그 가능성을 묻습니다. 왜냐하면 사람말고 다른 피조물로 대신 할 수 없는가 하는 생각을 할 수 있기 때문입니다. 그러나 이에 대한 답은 단호하게 "없습니다"입니다. 그리고 왜 다른 피조물이 구원자가 될 수 없는지, 이에 대해 두 가지 이유를 제시합니다.

14문: 단지 피조물에 불과한 것으로서 우리를 대신해 하나님의 의를 만족시켜 드릴 수 있는 것이 세상에 있습니까?

답:

없습니다. 우선 하나님께서는 어떤 다른 피조물도 사람이 범한 죄 때문에 벌하기를 원하지 않으십니다. 게다가 죄에 대한 하나님의 영원한 진노가 얼마나 큰지 그 어떤 피조물이라도 다른 피조물을 구할 만큼 이 진노의 짐을 담당할 수 없습니다.

(참조: 벨직 신앙고백 제14조, 제15조)

강해

이 문답은 피조물은 죄인의 구원자가 될 수 없다는 사실을 명확히 합니다. 이는 구원이 오직 창조주 하나님께로부터 와야 함을 강조합니다. 이것은 결국 우리의 구원자 는 신성을 지니신 분이어야 하고, 그분만이 우리의 구원을 위한 유일한 중보자가 되실 수 있다는 구원의 진리로 들어가게 합니다.

1. 죄 없는 피조물을 대신 벌하지 않으시는 하나님

"없습니다. 우선 하나님께서는 어떤 다른 피조물도 사람이 범한 죄 때문에 벌하기를 원하지 않으십니다"

1) 하나님의 공의: 하나님은 공의로우신 분이시기 때문에, 죄를 범한 당사자가 아닌 다른 무고한 피조물에게 죄의 형벌을 대신 지게 하지 않으십니다. 그것은 하나님의 공의로운 속성에 위배되기 때문입니다. 죄는 죄를 지은 '사람'이 직접 책임을 져야 합니다. 그런 만큼 어떤 피조물도 사람의 형벌을 대신할 수 없습니다.

2) 구약의 희생 제사: 구약 시대에는 사람의 죄를 대신하여 소나 양, 염소 등을 대속의 제물로 드렸습니다. 그러나 소나 양, 염소가 사람의 죄를 위한 온전한 희생제물이 될 수 없습니다. 그것은 다만 사람의 죄는 장차 오실 그리스도의 대속으로 용서받게 된다는 것을 간접적으로 암시해주는 것이었습니다.

> **에스겔 18장 20절**: "범죄하는 그 영혼은 죽을지라 아들은 아버지의 죄악을 담당하지 아니할 것이요 아버지는 아들의 죄악을 담당하지 아니하리니 의인의 공의도 자기에게로 돌아가고 악인의 악도 자기에게로 돌아가리라"
> **히브리서 10장 4절:** "이는 황소와 염소의 피가 능히 죄를 없이 하지 못함이라"

2. 하나님의 영원한 진노를 감당할 수 없는 피조물

"게다가 죄에 대한 하나님의 영원한 진노가 얼마나 큰지 그 어떤 피조물이라도 다른 피조물을 구할 만큼 이 진노의 짐을 담당할 수 없습니다"

1) 죄의 심각성 (재확인): 이 말은 다시 한번 "죄에 대한 하나님의 영원한 진노가 얼마나 큰지"를 강조합니다(10, 11 문). 죄는 유한한 존재가 무한하시고 거룩하신 하나님께 범한 것이므로, 그 죄에 대한 진노와 형벌은 무한하고 영원합니다.

2) 피조물의 한계: "그 어떤 피조물이라도" 이 무한한 진노의 짐을 감당할 수 없습니다. 모든 피조물은 유한하며, 시간과 공간의 제약을 받습니다. 유한한 존재가 무한한 진노를 감당하고 영원한 형벌을 대신 지불하는 것은 불가능합니다. 예를 들어, 아무리 강한 천사라도 하나님의 영원한 진노를 견딜 수 없습니다. 이처럼 사람보다 뛰어난 피조물이라 할지라도, 창조주와 피조물의 근본적인 차이는 넘을 수 없습니다. 사

람도 다른 사람을 구원할 수 없습니다.

> **시편 49편 7-8절:** "아무도 자기 형제를 구원하지 못하며 그를 위한 속전을 하나님께 바치지도 못할 것은 그들의 생명을 속량하는 값이 너무 엄청나서 영원히 마련하지 못할 것임이니라"
> **시 130편 3절:** "여호와여 주께서 죄악을 지켜보실진대 주여 누가 서리이까"
> **나훔 1장 6절:** "누가 능히 그의 분노 앞에 서며 누가 능히 그의 진노를 감당하랴 그의 진노가 불처럼 쏟아지니 그로 말미암아 바위들이 깨지는도다"

정리

사람의 죄값은 죄 지은 '사람'이 치르어야 하지만 사람으로서는 어느 누구도 하나님의 공의의 진노를 감당할 수 없고, 사람 이외의 어떤 피조물도 사람의 죄를 대신할 수 없는 것이 이처럼 분명합니다. 그렇다면 사람은 자기의 구원을 다른 데서 찾을 수밖에 없습니다. 이렇게 죄 지은 사람으로도 안 되고, 또 사람 이외의 어떤 피조물로도 안 된다면 결국 죄 없는 사람이 대신 죄값을 치르되, 하나님의 진노를 온전히 감당할만한 신적 능력을 지닌 자가 나와야 합니다. 그래서 다음 문답은 '사람이지만 동시에 하나님'이신 구원자의 필요성을 더욱 부각시킵니다.

하이델베르크 요리문답 제 15 문: 유일한 중보자 – 참 사람, 참 하나님이신 그리스도

앞선 문답들(13, 14문)에서는 사람 스스로도, 그 어떤 피조물도 죄의 형벌에서 자신이나 다른 사람을 구원할 수 없음을 분명히 했습니다. 그래서 15문은 이에 대한 대안으로서 우리가 찾아야 할 중보자와 구원자를 어디서 찾을 수 있겠느냐고 묻습니다. 이는 그 자격에 관한 질문입니다. 특별히 이 질문에서 '중보자'라는 말이 등장합니다. '중보자'는 당사자 쌍방을 만족시키며 일을 해결합니다. 이 말은 진노하시는 하나님과 이런 하나님으로부터 심판을 받을 수 밖에 없는 사람 사이에서 하나님과 사람을 대신해 하나님의 진노를 감당하며 하나님의 공의를 만족시켜줄 구원자라는 의미에서 사용되었습니다.

15문: 그러면 우리는 어떤 중보자와 구원자를 찾아야 합니까?

답:

참 사람으로서 완전히 의로우시며, 그러면서도 모든 피조물보다 능력이 뛰어나신 분,

곧 참 하나님이신 분을 찾아야 합니다.

(참조: 벨직 신앙고백 제 19 조, 칼케돈 신조)

강해

이 문답은 '구원자의 필수적인 자격'을 두 가지 핵심적인 측면에서 설명합니다. 첫째는 '완전한 인성'(참 사람)으로 사람의 구원을 위해 사람의 죄를 대신 짊어지고 율법을 온전히 순종할 수 있어야 하며, 둘째는 '완전한 신성'(참 하나님)으로 하나님의 무한한 진노를 감당하고 하나님을 만족케하여 모든 것을 회복시킬 수 있는 능력을 가지고 있어야 한다는 것입니다. 이는 이 두 가지 자격을 동시에 갖춘 분이 바로 예수 그리스도이심을 암시합니다.

1. 구원자의 인성

"참 사람으로서 완전히 의로우시며"

1) "참 사람으로서": 구원자는 사람의 죄를 대신 짊어지고 율법의 요구를 충족시켜야 하므로, 죄를 지은 사람과 동일한 본성을 가져야 합니다. 사람을 대신하여 죽고 부활하기 위해서는 참된 사람(Real Human)이어야 합니다. 예수님은 사람의 모습으로 오셔서 사람의 연약함을 알고 사람의 구원을 위해 사람의 죄를 대속하셨습니다.

로마서 1장 3절: "그의 아들에 관하여 말하면 육신으로는 다윗의 혈통에서 나셨고"
히브리서 2장 14절: "자녀들은 혈과 육에 속하였으매 그도 또한 같은 모양으로 혈과 육을 함께 지니심은 죽음을 통하여 죽음의 세력을 잡은 자 곧 마귀를 멸하시며"
히브리서 2장 17절: "그러므로 그가 범사에 형제들과 같이 되심이 마땅하도다 이는 하나님의 일에 자비하고 신실한 대제사장이 되어 백성의 죄를 속량하려 하심이라"

2) "완전히 의로우시며": 그러나 단순히 사람인 것만으로는 부족합니다. 13문에서 모든 사람이 죄인이며 날마다 죄책을 더해간다고 했으므로, 구원자는 이와는 다른 '죄가 없는 분'이어야 합니다. 죄가 있는 자는 자신을 구원할 수 없을뿐더러 타인을 구원할 수도 없습니다. 구원자는 율법의 모든 요구를 완벽하게 순종하여 하나님의 의를 충족시킬 수 있는 흠 없는 완전한 의인이어야 합니다. 그리스도는 그러한 사람이었습니다.

고린도후서 5장 21절: "하나님이 죄를 알지도 못하신 이를 우리를 대신하여 죄로 삼으신 것은 우리로 하여금 그 안에서 하나님의 의가 되게 하려 하심이라"
히브리서 7장 26절: "이러한 대제사장은 우리에게 합당하니 거룩하고 악이 없고 더러움이 없고 죄인에게서 떠나 계시고 하늘보다 높이 되신 이라"

2. 구원자의 신성

"그러면서도 모든 피조물보다 능력이 뛰어나신 분, 곧 참 하나님이신 분을 찾아야 합니다"

1) **"모든 피조물보다 능력이 뛰어나신 분"**: 14 문에서 그 어떤 피조물도 하나님의 무한한 진노를 감당할 수 없다고 했습니다. 따라서 구원자는 유한한 피조물의 범주를 넘어선 '무한한 능력'을 가진 분이어야 합니다.

2) **"곧 참 하나님이신 분"**: 오직 무한하시고 전능하신 하나님만이 무한한 죄의 형벌을 감당하고, 사망의 권세를 깨뜨리며, 죄인들을 구원하고 새 생명을 줄 수 있습니다. 구원자는 이렇게 모든 것을 할 수 있는 신적인 권능을 가져야 합니다. 예수님은 이에 맞는 전능하신 참 하나님이십니다. 이 예수님이 이 땅에 오셨습니다.

> **이사야 9장 6절**: "이는 한 아기가 우리에게 났고 한 아들을 우리에게 주신 바 되었는데 그의 어깨에는 정사를 메었고 그의 이름은 기묘자라, 모사라, 전능하신 하나님이라, 영존하시는 아버지라, 평강의 왕이라 할 것임이라"
> **요한복음 1장 1절**: "태초에 말씀이 계시니라 이 말씀이 하나님과 함께 계셨으니 이 말씀은 곧 하나님이시니라"
> **요한복음 1장 14절**: "말씀이 육신이 되어 우리 가운데 거하시매 우리가 그의 영광을 보니 아버지의 독생자의 영광이요 은혜와 진리가 충만하더라"

정리

우리가 죄의 형벌에서 벗어나기 위해 찾아야 할 중보자와 구원자는 참된 사람이시며 동시에 죄가 없는 '완전히 의로운 분'이셔야 하고, 또한 모든 피조물보다 뛰어나신 '참 하나님'이셔야 합니다. 이러한 두 가지 필수적인 자격을 동시에 갖추신 분은 오직 '예수 그리스도'뿐이십니다. 그분만이 우리의 죄를 대신하여 죽고 부활하심으로 하나님의 의를 온전히 만족시키고, 우리에게 영원한 생명을 주실 수 있는 유일한 구원자이십니다. 이는 다음 문답에서 바로 예수 그리스도를 실제 구원자로 지목하는 근거가 됩니다.

제 6 주일

하이델베르크 요리문답 제 16 문: 중보자의 인성과 의로움의 필연성

하이델베르크 요리문답 16문은 "중보자는 왜 참 사람이시며 또한 완전히 의로우셔

야 합니까? "하고 묻습니다. 앞선 15문에서 우리가 찾아야 할 중보자가 '참 사람이시며 완전히 의로우시고, 또한 참 하나님이신 분'이어야 한다고 제시했는데, 16 문은 그 중 첫 번째, 왜 중보자는 '참 사람으로서 완전히 의로우셔야 하는지' 그 이유를 구체적으로 설명합니다.

16문: 중보자는 왜 참 사람이시며 또한 완전히 의로우셔야 합니까?

답:

의로우신 하나님께서는 사람이 죄를 범하였으므로 같은 사람이 죗값을 치르게 하십니다. 그러나 자기 자신이 죄인인 사람이 다른 사람을 대신해 죗값을 치를 수는 없습니다.

(참조: 벨직 신앙고백 제19조, 제20조, 제22조)

강해

이 문답은 중보자가 완전한 인성을 가진 참 사람(Real Human)이어야 하고, 동시에 죄가 없는 완전히 의로운(Perfectly Righteous) 분이어야 하는 이유를 하나님의 공의와 이에 따른 죄의 심각성에 근거하여 설명합니다.

1. 참 사람이셔야 하는 이유: 죄를 범한 자와 '같은 인성'

"의로우신 하나님께서는 사람이 죄를 범하였으므로 같은 사람이 죗값을 치르게 하십니다"

1) 하나님의 공의로운 요구: 하나님은 의로우시기 때문에 죄에 대해 반드시 심판하십니다(10 문, 11 문). 또한 그분의 공의는 죄를 범한 당사자가 그 죗값을 치르도록 요구합니다. 즉, 사람이 죄를 지었으므로, 사람과 동일한 본성을 가진 존재가 그 죄에 대한 책임을 져야 한다는 것입니다. 죄가 아담이라는 '사람'을 통해 들어왔으므로, 구원도 '사람'을 통해 이루어져야 합니다.

고린도전서 15장21절: "사망이 한 사람으로 말미암았으니 죽은 자의 부활도 한 사람으로 말미암는도다"

2) 대표성의 원리: 아담이 전 인류의 대표자로서 죄를 범했듯이, 구원자 또한 인류의 대표자로서 죗값을 치러야 합니다. 이는 죄를 지은 자와 동일한 본성을 가져야 대속의 원리가 성립될 수 있음을 의미합니다. 만약 다른 종류의 존재(예: 천사)가 죗값을 치른다면, 그것은 사람의 죄에 대한 적합한 대속이 될 수 없습니다.

로마서 5장 12절: "그러므로 한 사람으로 말미암아 죄가 세상에 들어오고 죄로 말미암아 사망이 들어왔나니 이와 같이 모든 사람이 죄를 지었으므로 사망이 모든 사람에게 이르렀느니라".
로마서 5장 15절: "그러나 이 은사는 그 범죄와 같지 아니하니 곧 한 사람의 범죄를 인하여 많은 사람이 죽었은즉 더욱 하나님의 은혜와 또한 한 사람 예수 그리스도의 은혜로 말미암은 선물은 많은 사람에게 넘쳤느니라"

2. 완전히 의로우셔야 하는 이유: '죄 없는 대속자'

"그러나 자기 자신이 죄인인 사람이 다른 사람을 대신해 죗값을 치를 수는 없습니다"

1) 죄인의 한계: 앞선 문답들(5, 8, 13 문)에서 우리는 이미 모든 사람이 죄인이며, 스스로는 하나님의 의를 만족시킬 수 없음을 확인했습니다. 죄인인 사람이 다른 사람의 죄를 대신해서 죗값을 치른다는 것은 불가능합니다. 왜냐하면 그는 이미 자신의 죄로 인해 하나님의 심판 아래 있으며, 자신의 죗값조차도 온전히 치르지 못하는 존재이기 때문입니다.

2) 흠 없는 희생: 죄를 대속하기 위해서는 '흠 없는 희생'이 요구됩니다. 구약의 제사 제도에서 제물은 흠이 없어야 했습니다. 마찬가지로 죄를 속량할 중보자는 어떠한 죄도 없어야 합니다. 오직 죄 없는 자만이 죄인을 대신하여 하나님의 의로운 진노와 율법의 모든 요구를 만족시킬 수 있습니다. 예수님은 죄 없으신 대제사장으로서 단번에 제사를 드리셨습니다.

히브리서 7장 26, 27절: "이러한 대제사장은 우리에게 합당하니 거룩하고 악이 없고 더러움이 없고 죄인에게서 떠나 계시고 하늘보다 높이 되신 이라 그가 저 대제사장들이 먼저 자기 죄를 위하고 다음에 백성의 죄를 위하여 날마다 제사 드리는 것과 같이 할 필요가 없으니 이는 그가 단번에 자기를 드려 죄를 이루셨음이라"
베드로전서 3장 18절: "그리스도께서도 단번에 죄를 위하여 죽으사 의인으로서 불의한 자를 대신하셨으니 이는 우리를 하나님 앞으로 인도하려 하심이라 육체로는 죽임을 당하시고 영으로는 살리심을 받으셨으니"

정리

중보자가 참 사람이시며 동시에 완전히 의로우셔야 하는 이유는 두 가지입니다. 첫째, 하나님의 공의는 사람이 죄를 범했으므로 같은 '사람'이 죗값을 치르도록 요구하기 때문입니다. 둘째, 자기 자신이 죄인인 사람은 다른 사람을 대신하여 죗값을 치를 수 없기 때문에, 중보자는 죄가 전혀 없는 분이어야 합니다. 이 문답은 구원자의 인성과 의로움의 필요성을 강조하며, 다음 문답에서 중보자의 신성의 필요성을 다루면서 예수 그리스도만이 이 모든 자격을 갖춘 유일한 구원자이심을 더욱 명확히 할 토대를 마련합니다.

하이델베르크 요리문답 제 17 문: 중보자의 신성과 그 필연성

하이델베르크 요리문답 17 문은 "왜 중보자는 동시에 참 하나님이셔야 합니까? "라는 질문을 합니다. 앞선 15 문에서 중보자가 '참 사람이시며 완전히 의로우시고, 또한 참 하나님이신 분'이어야 한다고 제시했고, 16 문에서 이 중에 첫 번째 '참사람으로서의 인성과 의로움의 필연성'을 설명했습니다. 이제 17 문은 두 번째 '참 하나님이셔야 하는 이유'를 구체적으로 밝히며, 그리스도의 신성이 구원에 있어 얼마나 절대적인 역할을 하는지 설명합니다.

17 문: 왜 중보자는 동시에 참 하나님이셔야 합니까?

답:

중보자가 하나님의 능력으로 하나님의 진노의 짐을 그의 인성 안에서 짊어지시며, 우리를 위하여 의와 생명을 획득하여 우리에게 되돌려 주시기 위해서입니다.

(참조: 벨직 신앙고백 제 10 조, 제 19 조, 니케아-콘스탄티노플 신조, 칼케돈 신조)

강해

이 문답은 중보자가 완전한 신성(참 하나님)을 가져야 하는 두 가지 핵심적인 이유를 제시합니다. 첫째는 하나님의 무한한 진노를 감당하기 위함이고, 둘째는 우리를 위한 의와 생명을 획득하여 되돌려 주기 위함입니다. 이 두 가지는 오직 전능하신 하나님만이 하실 수 있는 일입니다.

1. 하나님의 무한한 진노를 감당하기 위함

"중보자가 하나님의 능력으로 하나님의 진노의 짐을 그의 인성 안에서 짊어지시며"

1) 진노의 크기: 앞선 문답들(10, 11 문)에서 우리는 죄에 대한 하나님의 진노가 '영원하고 무한한 형벌'을 요구한다는 것을 확인했습니다. 유한한 존재인 사람(아무리 의롭다 할지라도)은 이 무한한 진노의 짐을 감당할 수 없습니다(14 문).

신명기 4 장 24 절: "네 하나님 여호와는 소멸하는 불이시요 질투하시는 하나님이시니라"
나훔 1 장 6 절: "누가 능히 그의 분노 앞에 서며 누가 능히 그의 진노를 감당하랴 그의 진노가 불처럼 쏟아지니 그로 말미암아 바위들이 깨지는도다."

2) 신성의 필수성: 오직 '하나님의 능력'을 가지신 분, 즉 '참 하나님이신 분'만이 이 무한한 진노를 '그의 인성 안에서' (즉, 참 사람의 몸으로) 짊어지고 감당할 수 있습니다. 무한한 진노를 감당하기 위해서는 그분 자신이 무한한 존재여야만 합니다. 예수 그리스도께서는 참 하나님이시기에, 그분의 십자가 희생은 모든 죄에 대한 하나님의 공의로운 진노를 단번에, 그리고 영원히 만족시킬 수 있습니다.

마태복음 1장 23절: "보라 처녀가 잉태하여 아들을 낳을 것이요 그의 이름은 임마누엘이라 하리라 하셨으니 이를 번역한즉 하나님이 우리와 함께 계시다 함이라"
히브리서 9장 28절: "이와 같이 그리스도도 많은 사람의 죄를 담당하시려고 단번에 드리신 바 되셨고 구원에 이르게 하기 위하여 죄와 상관 없이 자기를 바라는 자들에게 두 번째 나타나시리라"

2. 의와 생명을 획득하여 되돌려 주기 위함

"우리를 위하여 의와 생명을 획득하여 우리에게 되돌려 주시기 위해서입니다"

1) 의의 획득(능동적 순종): 중보자는 단순히 죄의 형벌을 대신 받는 소극적인 역할을 넘어섭니다. 그분은 또한 우리를 위하여 '의를 획득'하여야 합니다. 이는 죄 없으신 참 하나님이시자 참 사람이신 분으로서 율법의 모든 요구를 완벽하게 순종하실 때 (능동적 순종) 가능합니다. 그분은 이 순종을 통해 의를 획득하시어 우리에게 전가해주십니다. 그래야 하나님이 우리를 의롭다고 여기시고 우리의 죄가 하나님 앞에서 영원히 가려지기 때문입니다. 타락한 사람은 스스로 의를 이룰 수 없습니다.

로마서 5장 19절: "한 사람이 순종하지 아니함으로 많은 사람이 죄인 된 것 같이 한 사람이 순종하심으로 많은 사람이 의인이 되리라"

2) 영원한 생명의 획득: 죄의 결과는 사망입니다(로마서 6:23). 죄인인 우리의 결국은 사망일 수밖에 없습니다. 따라서 진정한 중보자는 사망의 권세를 깨뜨리고 우리를 위해 '생명을 획득하여야' 합니다. 그런데 이것이 그리스도의 부활을 통해 성취되었습니다. 오직 생명의 주가 되신 예수님만이 죽음을 이기고 영원한 생명을 가져다 줄 수 있습니다. 그리스도는 이렇게 획득한 생명을 우리에게 되돌려 주십니다. 이는 우리가 그리스도 안에서 영원한 생명을 얻게 됨을 의미합니다. 실제 우리 안에 이 일을 이루어주신 그리스도께 감사와 찬양을 드립니다.

요한복음 1장 4절: "그 안에 생명이 있었으니 이 생명은 사람들의 빛이라"
요한복음 3장 16절: "하나님이 세상을 이처럼 사랑하사 독생자를 주셨으니 이는 그를 믿는 자마다 멸망하지 않고 영생을 얻게 하려 하심이라"

요한복음 10장 28절: "내가 그들에게 영생을 주노니 영원히 멸망하지 아니할 것이요 또 그들을 내 손에서 빼앗을 자가 없느니라"
요한복음 14장 6절: "예수께서 이르시되 내가 곧 길이요 진리요 생명이니 나로 말미암지 않고는 아버지께로 올 자가 없느니라"

정리

우리는 본 요리문답에서 중보자가 왜 참 하나님이셔야 하는지 이에 대해 두 가지 이유를 살펴보았습니다. 첫째, 오직 하나님의 능력으로만 죄에 대한 하나님의 무한한 진노의 짐을 그의 인성 안에서 온전히 짊어질 수 있기 때문입니다. 둘째, 하나님만이 우리를 위해 율법의 완전한 순종을 통해 '의'를 획득하실 수 있고, 사망의 권세를 깨뜨려 '생명'도 획득하여 우리에게 되돌려 주실 수 있기 때문입니다. 이 문답은 예수 그리스도께서 참 하나님이시기 때문에, 비로소 완전한 구원자가 되실 수 있음을 강조하며, 그분의 신성이 구원 사역에 있어서 필수적임을 밝힙니다.

하이델베르크 요리문답 제18문: 유일한 중보자 – 우리 주 예수 그리스도

하이델베르크 요리문답 18문은 "그러면 참 하나님이시며 동시에 참되고 의로운 사람이신 그 중보자는 누구입니까? "하고 묻습니다. 앞선 문답들(15, 16, 17문)에서 구원자가 갖추어야 할 필수적인 자격으로서, '참 사람으로서 완전히 의로우시며', 동시에 '참 하나님'이셔야 함을 논증했습니다. 그리고 이에 대한 강해 도중에 그 분이 바로 예수 그리스도이심을 이미 반복해 말했습니다. 이제 본 문답은 그러한 유일한 중보자가 바로 우리 주 예수 그리스도이심을 '정식으로' 선언하고, 그분이 우리에게 '어떤 구원'을 가져다 주셨는지 요약합니다.

18문: 그러면 참 하나님이시며 동시에 참되고 의로운 사람이신 그 중보자는 누구입니까?
답:
우리 주 예수 그리스도이십니다. 그리스도는 하나님으로부터 나와서 우리에게 지혜와 의와 거룩함과 구원함이 되셨습니다.
(참조: 벨직 신앙고백 제10조, 제17조, 제26조, 니케아-콘스탄티노플신조)

강해

이 문답은 우리가 오랫동안 찾고자 했던, 그리고 그토록 필요했던 중보자와 구원자가 누구인지를 명확히 밝히고 선언합니다. 그분은 바로 '예수 그리스도' 이시며, 이제 그분이 우리에게 가져다 주신 구원의 풍성함을 요약합니다.

1. 유일한 중보자

"우리 주 예수 그리스도이십니다"

1) **"우리 주"**: '우리 주' 라는 고백은 예수님께서 우리의 소유자이자 통치자이심을 인정하는 신앙 고백입니다. 우리는 은혜로 그분의 소유가 되었기에(1 문), 그분을 따르고 순종하는 삶을 살아갑니다.

> **누가복음 2 장 11 절:** "오늘 다윗의 동네에 너희를 위하여 구주가 나셨으니 곧 그리스도 주시니라"
> **로마서 1 장 4 절:** "성결의 영으로는 죽은 자들 가운데서 부활하사 능력으로 하나님의 아들로 선포되셨으니 곧 우리 주 예수 그리스도시니라"

2) **"예수 그리스도"**: 앞선 문답들에서 제시된 모든 중보자의 자격(참 사람, 완전한 의로움, 참 하나님)을 완벽하게 갖추신 분은 오직 역사 속에서 실존하셨던 하나님의 아들이신 '예수 그리스도' 뿐이십니다. 그분은 성육신하심으로 참 사람이 되셨고, 죄 없이 사심으로 완전히 의로우셨으며, 사망 권세를 깨고 부활하신 본질적으로 영원하신 하나님이셨습니다. 이 예수님은 자신이 유일한 구원의 길임을 친히 선언하셨습니다. 그리고 성경은 예수님을 유일한 중보자로 확증합니다.

> **요한복음 1 장 14 절:** "말씀이 육신이 되어 우리 가운데 거하시매 우리가 그의 영광을 보니 아버지의 독생자의 영광이요 은혜와 진리가 충만하더라"
> **요한복음 14 장 6 절:** "예수께서 이르시되 내가 곧 길이요 진리요 생명이니 나로 말미암지 않고는 아버지께로 올 자가 없느니라"
> **디모데전서 2 장 5 절:** "하나님은 한 분이시요 또 하나님과 사람 사이에 중보자도 한 분이시니 곧 사람이신 그리스도 예수라"

2. 그리스도께서 우리에게 주신 것: 지혜, 의, 거룩함, 구원함

"그리스도는 하나님으로부터 나와서 우리에게 지혜와 의와 거룩함과 구원함이 되셨습니다"

이 구절은 고린도전서 1 장 30 절의 말씀을 인용한 것으로, 예수 그리스도 안에서 우리가 얻는 구원의 다면적인 은혜를 요약합니다. 이는 죄로 인해 우리가 상실했던 모든 것(6, 7, 8 문에서 언급된 사람의 비참함)을 그리스도 안에서 회복하게 됨을 보여줍니다.

1) **"하나님으로부터 나와서"**: 예수 그리스도의 구원 사역은 사람의 노력이 아닌, 전적으로 '하나님의 주권적이고 은혜로운 계획'에서 비롯된 것임을 강조합니다.

2) **'지혜'** (Wisdom): 죄로 인해 우리의 지성은 어두워지고 하나님을 바르게 알 수 없게 되었습니다. 그러나 그리스도 안에서 우리는 '하나님을 바르게 아는 참된 지혜'를 얻게 됩니다. 그분은 하나님의 모든 비밀을 계시하시고, 우리를 구원에 이르는 길로 인도하십니다.

> **고린도전서 1장 24절**: "오직 부르심을 받은 자들에게는 유대인이나 헬라인이나 그리스도는 하나님의 능력이요 하나님의 지혜니라"

3) **'의'** (Righteousness): 우리는 죄로 인해 불의하며, 하나님의 의로운 심판 아래 있었습니다. 그러나 그리스도께서는 율법의 모든 요구에 완벽하게 순종하시고(능동적 순종), 우리의 죄값을 대신 치르심으로(수동적 순종) 우리를 의롭게 하셨습니다. 이 의는 우리의 행위에서 나온 것이 아니라, 그리스도의 의가 우리에게 전가된 것입니다.

> **로마서 3장 22절**: "곧 예수 그리스도를 믿음으로 말미암아 모든 믿는 자에게 미치는 하나님의 의니 차별이 없느니라"
> **고린도후서 5장 21절**: "하나님이 죄를 알지도 못하신 이를 우리를 대신하여 죄로 삼으신 것은 우리로 하여금 그 안에서 하나님의 의가 되게 하려 하심이라"

4) **'거룩함'** (Holiness): 죄로 인해 우리는 하나님과의 관계가 단절되었고, 거룩하신 하나님과 함께 할 수 없었습니다. 그러나 그리스도 안에서 우리는 '하나님의 거룩한 백성으로 구별'되었고, 성령을 통해 '점점 더 거룩해져 가는(성화) 삶'을 살게 되었습니다. 이로서 우리는 하나님과의 관계를 회복하고 거룩한 사람으로 변화되어 갑니다.

> **베드로전서 1장 15-16절**: "오직 너희를 부르신 거룩한 이처럼 너희도 모든 행실에 거룩한 자가 되라 기록되었으되 내가 거룩하니 너희도 거룩할지어다 하셨느니라"

5) **구원함'** (Redemption/Salvation): 죄로 인해 사망과 마귀의 권세 아래 있던 우리는 그리스도를 통해 '죄와 사망으로부터 온전한 해방과 구원'을 얻게 됩니다. 이는 우리가 궁극적인 자유를 얻고 영생을 누리게 되었음을 의미합니다.

> **로마서 8장 2절**: "이는 그리스도 예수 안에 있는 생명의 성령의 법이 죄와 사망의 법에서 너를 해방하였음이라"

정리

참 하나님이시며, 동시에 참되고 의로운 사람이신 유일한 중보자가 바로 '우리 주 예수 그리스도'이십니다. 그분은 하나님으로부터 나와서 우리에게 '지혜와 의와 거룩함과 구원함'이 되셨습니다. 이 문답은 인류의 죄와 비참함에 대한 궁극적인 해결책이 오직 예수 그리스도 안에 있음을 밝히며, 그분 안에서 우리가 얻는 구원의 은혜가 얼마나 포괄적이고 풍성한지를 간결하게 요약합니다.

하이델베르크 요리문답 제 19 문: 구원을 위한 지식의 원천 – 거룩한 복음

하이델베르크 요리문답 19 문은 "당신은 이것을 어떻게 알 수 있습니까? "하고 묻습니다. 앞선 18 문에서 '우리 주 예수 그리스도가 우리에게 지혜와 의와 거룩함과 구원함이 되신다'고 고백했는데, 그러면 그러한 구원의 지식과 확신을 어디서 얻을 수 있는지 그 원천을 묻는 것입니다. 참으로 그리스도를 통한 우리의 구원은 언제부터 준비되고 시작된 것일까요? 이에 대한 답은 명확하게 '거룩한 복음에서 알 수 있습니다'라고 말합니다. 이 복음은 구약 시대부터 점진적으로 계시되어 마침내 그리스도 안에서 성취되었음을 설명합니다.

19 문: 당신은 이것을 어떻게 알 수 있습니까?

답:

거룩한 복음에서 알 수 있습니다. 하나님께서는 친히 이 복음을 낙원에서 처음 계시하셨고, 후에는 족장들과 선지자들을 통해 선포하셨으며, 또한 율법에 나타난 제사들과 다른 의식(儀式)들을 통해 나타내셨습니다. 그리고 마침내 하나님의 독생자를 통해 성취하셨습니다.

(참조: 벨직 신앙고백 제 3 조, 제 18 조, 제 25 조)

강해

이 문답은 우리가 '예수 그리스도 안에서 얻는 구원의 지식이 어디에 근거하는지'를 밝힙니다. 그 근거는 바로 '거룩한 복음'이며, 이 복음은 구약 시대부터 신약 시대에 이르기까지 점진적인 계시의 과정을 거쳐 최종적으로 예수 그리스도 안에서 완성되었음을 설명합니다. 이는 하나님의 구원 계획이 일관되고 연속적임을 보여줍니다.

1. 구원의 지식의 원천: '거룩한 복음'

"거룩한 복음에서 알 수 있습니다"

1) 복음의 중요성: 우리가 예수 그리스도 안에서 얻는 '지혜와 의와 거룩함과 구원함' 에 대한 지식은 사람의 추론이나 철학에서가 아니라, 오직 '거룩한 복음' 을 통해서만 알 수 있습니다. 복음은 기쁜 소식을 넘어, 하나님의 구원 계획과 그 성취를 담은 하나님의 계시된 말씀입니다.

2) 복음의 거룩성: 이 복음은 '거룩한데', 이는 그 근원이 거룩하신 하나님이며, 이 하나님이 계획하신 의롭고 거룩한 구원을 목적으로 하기 때문입니다. 그래서 복음은 '하나님의 구원하는 능력'이자 '하나님의 의와 거룩함'을 계시합니다.

> **로마서 1 장 16-17 절**: "내가 복음을 부끄러워하지 아니하노니 이 복음은 모든 믿는 자에게 구원을 주시는 하나님의 능력이 됨이라 첫째는 유대인에게요 또한 헬라인에게로다 복음에는 하나님의 의가 나타나서 믿음으로 믿음에 이르게 하나니 기록된 바 오직 의인은 믿음으로 말미암아 살리라 함과 같으니라"

2. 복음의 점진적인 계시 과정

"하나님께서는 친히 이 복음을 낙원에서 처음 계시하셨고, 후에는 족장들과 선지자들을 통해 선포하셨으며, 또한 율법에 나타난 제사들과 다른 의식들을 통해 나타내셨고, 마침내 하나님의 독생자를 통해 성취하셨습니다."

문답은 이 '거룩한 복음'이 구약 시대부터 신약 시대까지 어떻게 점진적으로 계시되고 성취되었는지를 역사적인 순서에 따라 설명합니다.

1) "낙원에서 처음 계시하셨고": 하나님의 복음 계시는 사람의 타락 직후부터 시작되었습니다. '원시 복음' 이라 불리는 창세기 3 장 15 절의 말씀은 여인의 후손이 뱀의 머리를 상하게 할 것이라는 약속으로, 이는 죄와 사망의 권세가 결국에는 그리스도에 의해 깨어질 것이라는 것입니다. 이 약속으로 인류는 처음으로 구원의 소망을 갖게 되었습니다.

> **창세기 3 장 15 절**: "내가 너로 여자와 원수가 되게 하고 네 후손도 여자의 후손과 원수가 되게 하리니 여자의 후손은 네 머리를 상하게 할 것이요 너는 그의 발꿈치를 상하게 할 것이니라 하시고"

2) "후에는 족장들과 선지자들을 통해 선포하셨으며": 하나님께서는 아브라함, 이삭, 야곱과 같은 '족장들' 에게 언약을 통해 복음을 구체화하셨고(창세기 12 장 3 절, "땅의 모든 족속이 너로 말미암아 복을 얻을 것이라"), 이후 이스라엘 백성 가운데 세우신 '선지자들' 을 통해 메시아의 오심과 구원의 계획을 예언하고 선포하셨습니다(이사

야 53 장, 예레미야 31 장 등). 이들은 미래에 오실 구원자에 대한 기대를 심어주었습니다.

> **창세기 22 장 18 절:** "또 네 씨로 말미암아 천하 만민이 복을 받으리니 이는 네가 나의 말을 준행하였음이니라 하셨다 하니라"
> **예레미야 23 장 5, 6 절:** "여호와의 말씀이니라 보라 때가 이르리니 내가 다윗에게 한 의로운 가지를 일으킬 것이라 그가 왕이 되어 지혜롭게 다스리며 세상에서 정의와 공의를 행할 것이며 그의 날에 유다는 구원을 받겠고 이스라엘은 평안히 살 것이며 그의 이름은 여호와 우리의 공의라 일컬음을 받으리라"
> **누가복음 24 장 27 절:** "이에 모세와 모든 선지자의 글로 시작하여 모든 성경에 쓴 바 자기에 관한 것을 자세히 설명하시니라" (예수님께서 구약 성경 전체가 자신에 대한 증거임을 말씀하심)

3) "또한 율법에 나타난 제사들과 다른 의식들을 통해 나타내셨고": 구약의 '율법'은 죄에 대한 하나님의 요구와 심판을 보여주면서도, 동시에 '제사 제도'와 다양한 '의식들'을 통해 죄 사함과 구원의 원리를 그림자처럼 나타냈습니다. 어린 양의 피를 통한 속죄 원리는 장차 오실 그리스도의 대속 사역을 예표했습니다. 이러한 제사 제도 및 의식들은 그리스도 안에서 성취될 구원의 진리를 보여주는 것이었습니다.

> **골로새서 2 장 16, 17 절:** "그러므로 먹고 마시는 것과 절기나 초하루나 안식일을 이유로 누구든지 너희를 비판하지 못하게 하라 이것들은 장래 일의 그림자이나 몸은 그리스도의 것이니라"
> **히브리서 10 장 1 절:** "율법은 장차 올 좋은 일의 그림자요 참 형상이 아니므로 해마다 늘 드리는 같은 제사로는 나아오는 자들을 언제나 온전하게 할 수 없느니라"

4) "마침내 하나님의 독생자를 통해 성취하셨습니다.": 구약의 모든 예언과 그림자는 '마침내 하나님의 독생자'이신 예수 그리스도 안에서 '성취'되었습니다. 예수님의 성육신, 생애, 십자가에서의 죽음, 부활, 승천을 통해 하나님의 구원 계획이 완성되었습니다. 이제 복음은 단순한 약속이 아니라, 역사적 실재가 되었으며, 이로써 우리는 구원의 모든 지식을 분명히 알 수 있게 되었습니다.

> **요한복음 1 장 14 절:** "말씀이 육신이 되어 우리 가운데 거하시매 우리가 그의 영광을 보니 아버지의 독생자의 영광이요 은혜와 진리가 충만하더라"
> **로마서 10 장 4 절:** "그리스도는 모든 믿는 자에게 의를 이루기 위하여 율법의 마침이 되시니라"
> **갈라디아서 4장 4, 5절:** "때가 차매 하나님이 그 아들을 보내사 여자에게서 나게 하시고 율법 아래에 나게 하신 것은 율법 아래에 있는 자들을 속량하시고 우리로 아들의 명분을 얻게 하려 하심이라"

정리

우리가 예수 그리스도 안에서 얻는 구원의 지식은 '거룩한 복음'을 통해 알 수 있습니다. 이 복음은 어느 날 갑자기 생긴 것이 아닙니다. 그것은 에덴동산에서부터 시작되어 족장들과 선지자들을 통해 예언되고, 율법의 제사와 의식들을 통해 그림자처럼 나타났다가, 마침내 하나님의 독생자 예수 그리스도를 통해 역사적으로 '완전히 성취' 되었습니다. 복음에는 이렇게 일관된 계시의 역사가 있습니다. 이는 복음이 사람의 발명이 아닌, 하나님의 영원하고 변함없는 구원 계획의 계시임을 분명히 말해줍니다.

제 7 주일

하이델베르크 요리문답 제20문: 구원의 범위 - 오직 참된 믿음으로 말미암는 구원

하이델베르크 요리문답 20 문은 "그러면 아담 안에서 모든 사람이 멸망한 것처럼 그리스도로 말미암아 모든 사람이 구원받습니까? "하고 묻습니다. 앞선 문답들에서 우리는 대표성의 원리를 배웠습니다. 여기서 우리는 아담의 타락으로 인해 모든 인류가 죄와 사망의 저주 아래 놓이게 되었다는 것과(7, 8, 10 문) 함께, 예수 그리스도만이 유일한 구원자이심(18 문)을 밝혔습니다. 그리고 앞선 19 문에서는 우리의 구원이 인류가 타락한 때에 하나님이 계획하시고 계시하신 그리스도를 통해 온전히 성취되었다는 것을 배웠습니다. 그렇다면 이러한 온전한 구원의 성취가 사람이 처음 타락했을 때와 같이 대표성의 원리에 따라 모든 사람에게 자동적으로 적용되는지, 즉 '보편 구원의 가능성'에 대해 묻는 것입니다. 그러면 이에 대한 답은 어떠합니까

20 문: 그러면 아담 안에서 모든 사람이 멸망한 것처럼 그리스도로 말미암아 모든 사람이 구원받습니까?

답:

아닙니다. 오직 참된 믿음으로 그리스도께 접목되어 그의 모든 은덕을 받는 사람들만 구원받습니다.

(참조: 벨직 신앙고백 제 22 조, 제 26 조)

강해

이 문답은 보편 구원론을 부정하고, 구원의 조건으로서 '참된 믿음'의 필수성을 강

조합니다. 아담 안에서 모든 사람이 죄와 사망의 영향을 받지만, 그리스도 안에서 모든 사람이 자동적으로 구원받는 것은 아니며, 구원은 오직 그리스도와 연합하는 인격적인 믿음을 통해서만 주어진다는 것을 밝힙니다.

1. 보편 구원론의 부정: "아닙니다"

1) 아담과 그리스도의 차이: 문답은 "아담 안에서 모든 사람이 멸망한 것처럼"이라는 표현을 사용하여 아담의 죄가 모든 인류에게 전가되어 사망에 이르게 했음을 인정합니다(원죄). 그러나 "그리스도로 말미암아 모든 사람이 구원받습니까? "라는 질문에 "아닙니다"라고 단호히 답함으로써, 그리스도의 구원 사역이 아담의 죄와 같은 방식으로 모든 인류에게 자동적으로 적용되어 보편적인 구원을 가져오는 것은 아님을 분명히 합니다.

2) 하나님의 주권과 사람의 책임: 구원은 하나님의 주권적인 은혜이지만, 동시에 '참된 믿음'이라는 응답을 요구합니다. 하나님은 모두를 구원하실 능력과 자비를 가지고 계시지만, 그분의 뜻에 따라 인격적으로 '예수 그리스도를 믿는 사람에게만' 구원을 적용하십니다. 아담의 타락이 그의 자유로운 선택과 책임에서 시작되었듯, 예수 그리스도에 의한 구원도 사람의 선택에 따라 적용됩니다. 물론 이 선택은 하나님의 은혜 가운데 이루어집니다.

> **시편 2 편 12 절**: "그의 아들에게 입맞추라 그렇지 아니하면 진노하심으로 너희가 길에서 망하리니 그의 진노가 급하심이라 여호와께 피하는 모든 사람은 다 복이 있도다"

2. 구원의 조건: '참된 믿음으로 그리스도께 접목됨'

"오직 참된 믿음으로 그리스도께 접목되어 그의 모든 은덕을 받는 사람들만 구원받습니다"

1) "오직 참된 믿음으로": 구원에 이르는 유일한 길은 우리의 행위나 공로, 노력이 아니라 '믿음'입니다. 그것도 단순히 지적인 동의가 아니라, 죄에 대한 진정한 회개와 그리스도께 대한 전적인 신뢰가 동반된 '참된 믿음'이어야 합니다.

> **요한복음 3 장 16 절**: "하나님이 세상을 이처럼 사랑하사 독생자를 주셨으니 이는 그를 믿는 자마다 멸망하지 않고 영생을 얻게 하려 하심이라"
> **로마서 10 장 9-10 절**: "네가 만일 네 입으로 예수를 주로 시인하며 또 하나님께서 그를 죽은 자 가운데서 살리신 것을 네 마음에 믿으면 구원을 받으리라 사람이 마음으로 믿어 의에 이르고 입으로 시인하여 구원에 이르느니라"

에베소서 2 장 8–9 절: "너희는 그 은혜에 의하여 믿음으로 말미암아 구원을 받았으니 이것은 너희에게서 난 것이 아니요 하나님의 선물이라 행위에서 난 것이 아니니 이는 누구든지 자랑하지 못하게 함이라"

2) "그리스도께 접목되어": '접목되다'(Grafted into)라는 비유는 우리가 그리스도와 '생명의 연합'을 이루는 것을 의미합니다. 포도나무 가지가 원줄기에 접붙여져야 생명을 공급받고 열매를 맺듯이, 우리 개개인이 그리스도께 연합되어야만 그분의 구원 사역의 혜택을 누릴 수 있습니다. 이 연합은 '성령님의 역사'를 통해 이루어집니다.

요한복음 15 장 5 절: "나는 포도나무요 너희는 가지라 그가 내 안에, 내가 그 안에 거하면 사람이 열매를 많이 맺나니 나를 떠나서는 너희가 아무것도 할 수 없음이라"
로마서 11 장 16–18 절: "제사하는 처음 익은 곡식 가루가 거룩한즉 떡덩이도 그러하고 뿌리가 거룩한즉 가지도 그러하니라 또한 가지 얼마가 꺾이었는데 돌감람나무인 네가 그들 중에 접붙임이 되어 참감람나무 뿌리의 진액을 함께 받는 자가 되었은즉 그 가지들을 향하여 자랑하지 말라 자랑할지라도 네가 뿌리를 보전하는 것이 아니요 뿌리가 너를 보전하는 것이니라"
로마서 6 장 5 절: "만일 우리가 그의 죽으심과 같은 모양으로 연합한 자가 되었으면 또한 그의 부활과 같은 모양으로 연합한 자가 되리니"

3) "그의 모든 은덕을 받는 사람들만": 그리스도께 연합된 자들은 그리스도께서 자신의 죽음과 부활을 통해 획득하신 '모든 은덕'(지혜, 의, 거룩함, 구원함 등)을 받게 됩니다(18 문). 구원은 단지 죄 사함만이 아니라, 그리스도 안에서 누리는 모든 영적인 복을 포함합니다. 이러한 은덕은 '믿는 자들에게만' 주어집니다.

로마서 3 장 22 절: "곧 예수 그리스도를 믿음으로 말미암아 모든 믿는 자에게 미치는 하나님의 의니 차별이 없느니라"

정리

아담의 죄로 인한 멸망이 모든 사람에게 미쳤듯이, 그런 방식으로 그리스도의 구원이 모든 사람에게 자동적으로 적용되지 않습니다. 사람의 죄 문제가 하나님 앞에서 자동적으로 없어지지 않습니다. 이 죄 문제는 각 사람이 인격적으로 하나님 앞에서 '자기 죄를 고백'하고 그리스도께서 이루신 속죄를 '참 믿음'으로 영접할 때 해결됩니다. 그럴 때 그는 예수 그리스도께 '접목되어' 구원 받고 그 분이 이루신 구원의 은혜를 받습니다. 이 문답은 이렇게 구원의 보편성을 부정하고 개인의 믿음의 중요성을 강조합니다. 하나님께 나와 자기의 죄를 고백하고 그리스도를 믿지 않고는 누구도 구원받을 수 없습니다.

하이델베르크 요리문답 제 21 문: '참된 믿음'의 정의

하이델베르크 요리문답 21 문은 "참된 믿음이란 무엇입니까? "하고 묻습니다. 앞선 20 문에서 오직 '참된 믿음'으로 그리스도께 접목된 사람들만 구원받는다고 하였는데, 그렇다면 그 '참된 믿음'이란 어떤 것인지 이에 대해 묻는 것입니다. 이에 대한 답은 '지식'과 '확신'이라는 두 가지 핵심적인 요소를 말합니다.

21 문: 참된 믿음이란 무엇입니까?

답:

참된 믿음은 하나님께서 말씀에서 우리에게 계시하신 모든 것이 확실한 진리임을 아는 지식이며, 또한 성령께서 복음을 통해 내게 주시는 마음의 확신입니다. 이 확신은 '하나님께서 다른 사람에게뿐만 아니라 나에게도 죄 사함과 영원한 의와 구원을 값없이 순전한 은혜로 주시는데, 이것이 오직 그리스도의 공로 때문임을 믿는 것입니다.

(참조: 벨직 신앙고백 제 20 조, 제 22 조)

강해

이 문답은 참된 믿음이 단순한 지적 동의를 넘어선 '전인격적인 신뢰와 확신'임을 강조합니다. 믿음은 머리로 아는 것뿐만 아니라, 마음으로 확신하고 의지적으로 붙잡는 것인데, 그 핵심 내용은 바로 '예수 그리스도의 공로로 말미암아' 내가 구원받았다는 것입니다.

1. 믿음의 첫 번째 요소: '지식'

"참된 믿음은 하나님께서 말씀에서 우리에게 계시하신 모든 것이 확실한 진리임을 아는 지식이며"

1) 지식의 대상: 참된 믿음은 먼저 '하나님께서 말씀에서 우리에게 계시하신 모든 것'에 대한 '지식'에서 시작됩니다. 여기서 '말씀'은 성경을 의미하며, '지식'이란 성경에 기록된 모든 진리, 즉 하나님의 존재와 속성, 사람의 죄와 타락, 율법의 요구, 그리스도의 인격과 사역, 구원의 방법 등을 정확히 아는 것을 말합니다. '말씀에 대한 지식이 없으면' 바른 믿음이 세워질 수 없습니다.

요한복음 17 장 3 절: "영생은 곧 유일하신 참 하나님과 그가 보내신 자 예수 그리스도를 아는 것이니이다"
요한복음 17장7절: "지금 그들은 아버지께서 내게 주신 것이 다 아버지로부터 온 것인 줄 알았나이다"

2) **"확실한 진리임을 아는"**: 이 지식은 단순히 정보를 아는 것을 넘어, 그 계시된 내용이 '확실한 진리' 임을 아는 것입니다. 이것은 의심 없이 하나님의 말씀이 진실임을 받아들이는 것을 의미합니다. 참된 믿음은 맹목적인 것이 아니라, 하나님이 전해주신 진리에 근거합니다.

요한복음 8 장 32 절: "진리를 알지니 진리가 너희를 자유롭게 하리라"
요한일서 2 장 21 절: "내가 너희에게 쓰는 것은 너희가 진리를 알지 못하기 때문이 아니라 알기 때문이요 또 모든 거짓은 진리에서 나지 않기 때문이라"

2. 믿음의 두 번째 요소: '확신'

"또한 성령께서 복음을 통해 내게 주시는 마음의 확신입니다. 이 확신은 '하나님께서 다른 사람에게뿐만 아니라 나에게도 죄 사함과 영원한 의와 구원을 값없이 순전한 은혜로 주시는데, 이것이 오직 그리스도의 공로 때문임'을 믿는 것입니다"

이 부분은 하나님이 주신 구원의 진리에 대한 '동의'와 '신뢰', '의지'가 동반된 '마음의 확신' 에 대해 말합니다.

1) **확신의 주체**: 이 '마음의 확신' 은 사람의 노력이나 결심에서 오는 것이 아니라, 전적으로 '성령께서 복음을 통해 내게 주시는' 선물입니다. 성령님은 우리 마음속에 역사하셔서 복음의 진리를 깨닫게 하시고, 그 진리가 나에게 실제로 적용된다는 확신을 심어주십니다. 그러므로 이러한 확신도 오직 은혜로 주어지는 것입니다.

마태복음 16 장 15-17 절: "이르시되 너희는 나를 누구라 하느냐 시몬 베드로가 대답하여 이르되 주는 그리스도시요 살아 계신 하나님의 아들이시니이다 예수께서 대답하여 이르시되 바요나 시몬아 네가 복이 있도다 이를 네게 알게 한 이는 혈육이 아니요 하늘에 계신 내 아버지시니라"
고린도전서 12 장 3 절: "성령으로 아니하고는 누구든지 예수를 주시라 할 수 없느니라"
로마서 1 장 16 절: "내가 복음을 부끄러워하지 아니하노니 이 복음은 모든 믿는 자에게 구원을 주시는 하나님의 능력이 됨이라 먼저는 유대인에게요 그리고 헬라인에게로다"

2) **확신의 내용(구원의 핵심)**: 이 확신의 구체적인 내용은 다음의 4 가지입니다.

(1) **"하나님께서 다른 사람에게뿐만 아니라 나에게도"**: 구원의 복음은 보편적인 선언이지만, 참된 믿음은 이 복음이 '나에게도' 해당된다는 개인적인 적용과 확신

을 동반합니다. 이는 믿음이 단순히 교리적 진리에 대한 동의를 넘어, 개인적인 구원의 경험으로 연결된다는 것을 말해줍니다.

갈라디아서 2장 20절: "내가 그리스도와 함께 십자가에 못 박혔나니 그런즉 이제는 내가 사는 것이 아니요 오직 내 안에 그리스도께서 사시는 것이라 이제 내가 육체 가운데 사는 것은 나를 사랑하사 나를 위하여 자기 자신을 버리신 하나님의 아들을 믿는 믿음 안에서 사는 것이라"

(2) **"죄 사함과 영원한 의와 구원을"**: 그리스도께서 우리에게 주신 모든 은덕(18문) 중에서 가장 핵심적인 것은 '죄로부터의 해방'(죄 사함), '하나님과의 관계 회복'(의), 그리고 '영원한 구원'입니다. 이는 우리가 구원을 위해 꼭 확신해야 하는 은혜의 내용입니다.

누가복음 1장 77-78절: "주의 백성에게 그 죄 사함으로 말미암는 구원을 알게 하리니 이는 우리 하나님의 긍휼로 인함이라 이로써 돋는 해가 위로부터 우리에게 임하여"
요한복음 20장 31절: "오직 이것을 기록함은 너희로 예수께서 하나님의 아들 그리스도이심을 믿게 하려 함이요 또 너희로 믿고 그 이름을 힘입어 생명을 얻게 하려 함이니라"
로마서 1장 17절: "복음에는 하나님의 의가 나타나서 믿음으로 믿음에 이르게 하나니 기록된 바 오직 의인은 믿음으로 말미암아 살리라 함과 같으니라"

(3) **"값없이 순전한 은혜로 주시는데"**: 이러한 모든 구원의 은혜는 우리의 어떤 자격이나 행위 때문이 아니라, '값없이 순전한 은혜로' 주어지는 것입니다. 죄로 타락한 우리는 어떤 자격이나 행위로 결코 구원에 이를 수 없다는 것을 우리는 앞에서 이미 살펴보았습니다. 그러므로 우리는 우리의 구원은 값없이 순전히 은혜로 주어진다는 것을 확신할 수 있어야 합니다. 이 확신은 구원은 전적으로 하나님의 은혜임을 강조합니다.

에베소서 2장 8,9절: "너희는 그 은혜에 의하여 믿음으로 말미암아 구원을 받았으니 이것은 너희에게서 난 것이 아니요 하나님의 선물이라 행위에서 난 것이 아니니 이는 누구든지 자랑하지 못하게 함이라"

(4) **"이것이 오직 그리스도의 공로 때문임을 믿는 것입니다"**: 구원의 은혜가 값없이 주어지지만, 이는 그리스도의 희생과 순종이라는 '오직 그리스도의 공로 때문'에 가능함을 확신하는 것입니다. 우리의 구원은 값싼 은혜가 아니라, 그리스도께서 우리 죄를 위해 십자가에서 피 흘리며 죽으시며 이룬 것으로 우리는 우리의 구원을 위해 그리스도께서 이루신 공로를 결코 잊을 수 없습니다. 우리 구원의 유일한 근거는 오직 그리스도의 대속 사역입니다. 우리의 구원은 이를 확신 것의 다

릅 아닙니다.

베드로전서 1장 18-19절: "너희가 알거니와 너희 조상이 물려준 헛된 행실에서 대속함을 받은 것은 은이나 금 같이 없어질 것으로 된 것이 아니요 오직 흠 없고 점 없는 어린 양 같은 그리스도의 보배로운 피로 된 것이니라"

정리

참된 믿음은 진리를 계시한 하나님의 말씀에 대한 '확실한 지식'과, 성령께서 복음을 통해 내게 주시는 '마음의 확신'으로 이루어집니다. 지식 없는 믿음은 공허하고, 확신 없는 믿음은 효력이 없습니다. 그래서 믿음은 지식과 이에 대한 확신으로 이루어집니다. 이 믿음은 특별히 하나님께서 다른 사람뿐만 아니라 '나에게도' 죄 사함과 영원한 의와 구원을 '값없이 순전한 은혜로' 주시며, 이 모든 것이 '오직 그리스도의 공로 때문'임을 확신하는 것입니다. 이처럼 구원에 이르는 믿음은 단순한 정보 습득이 아니라, 성령으로 말미암아 하나님이 베풀어주신 모든 은혜에 대한 개인적이고 전인격적인 신뢰요 확신인 것입니다. 누구든지 이런 참된 믿음만 있으면 구원을 얻는다는 이 사실은 우리의 구원이 순전히 하나님 은혜로만 이루어짐을 확증해줍니다.

하이델베르크 요리문답 제22문: 그리스도인이 믿어야 할 핵심 진리

하이델베르크 요리문답 22문은 "그러면 그리스도인이 꼭 믿어야 할 것은 무엇입니까? "라는 중요한 질문을 던집니다. 앞선 문답들에서 참된 믿음의 본질과 그것이 개인적인 구원에 어떻게 적용되는지를 다루었다면, 이제 이 질문은 '우리가 기독교 신앙인으로서 다 함께 무엇을 믿어야 하는지' 그 내용을 명확히 제시합니다. 구체적으로 그 내용이 사도신경에 요약되어 있다고 말합니다.

22문: 그러면 그리스도인이 꼭 믿어야 할 것은 무엇입니까?

답:

복음에서 우리에게 약속된 모든 것을 믿어야 합니다. 이 복음은 우리 그리스도인들이 전 세계적으로 의심 없이 믿는 사도신경에 요약되어 있습니다.

(참조: 벨직 신앙고백 제3조, 제4조, 제7조, 제22조)

강해

우리는 많은 것을 믿으며 살아갑니다. 그런데 이 믿음들 가운데 과연 '꼭' 믿어야 할 것은 무엇인지, '참된 믿음의 내용'을 아는 것은 중요합니다. 그것은 다름 아닌 복음에 약속된 모든 것이어야 합니다. 이러한 믿음이 하나님과의 관계를 굳건히 세워줍니다. 22 문은 이 복음의 핵심이 바로 '사도신경'에 요약되어 있다고 가르칩니다. 사도신경은 2 천 년 가까이 전 세계 그리스도인들이 함께 고백해 온 신앙의 진액입니다.

1. 믿음의 대상: '복음에서 약속된 모든 것'

"복음에서 우리에게 약속된 모든 것을 믿어야 합니다."

그리스도인이 믿어야 할 첫 번째 대상은 "복음에서 우리에게 약속된 모든 것"입니다. 여기서 '복음'은 단순히 죄 사함과 구원의 기쁜 소식만을 의미하는 것이 아닙니다. 그것은 '하나님의 모든 구원 계획과 그 성취, 그리고 이와 관련된 모든 진리'를 포괄합니다. 이는 다음과 같은 내용들을 포함합니다:

1) **하나님의 속성과 창조**: 전능하신 하나님이 세상을 창조하시고 다스리시는 주권자이심.

2) **사람의 죄와 타락**: 사람이 하나님의 형상대로 창조되었으나, 죄로 인해 타락하고 비참해진 상태.

3) **예수 그리스도의 인격과 사역**: 참 하나님이자, 참 사람으로 오신 예수님께서 우리의 죄를 대속하시고 의를 이루어주신 구원 사역.

4) **성령의 역사**: 성령님께서 우리를 거듭나게 하시고, 믿음을 주시며, 성화시키는 사역.

5) **교회와 성도들의 교제**: 그리스도의 몸 된 교회와 성도들이 누리는 영적인 연합.

6) **죄 사함과 부활, 영생**: 죄의 용서와 몸의 부활, 그리고 영원한 삶에 대한 소망.

이처럼 복음은 우리의 구원과 관련된 모든 필수적인 진리들을 담고 있으며, 이는 '하나님의 신실한 약속'이기에 우리는 흔들림 없이 이를 믿어야 합니다.

2. 복음의 요약: '사도신경'

"이 복음은 우리 그리스도인들이 전 세계적으로 의심 없이 믿는 사도신경에 요약되어 있습니다"

방대한 성경의 진리와 복음의 내용들을 한눈에 파악하고 신앙을 고백하기 쉽도록, 사도신경(Apostles' Creed)이 그 핵심적인 내용들을 간결하게 요약해 놓았습니다.

1) 사도신경의 역할: 사도신경은 초대교회 때부터 그리스도인들이 고백해 온 신앙의 대요(大要)이자 '정통 교리의 기준' 입니다. 이는 성경에 기록된 복음의 핵심 진리들을 가장 간결하고 명료하게 담아내어, 신자들이 무엇을 믿고 고백해야 하는지 분명한 지침을 제공합니다.

2) 보편성과 권위: 문답에서 "전 세계적으로 의심 없이 믿는"이라는 표현은 사도신경이 특정 교파나 시대에 국한되지 않고, '모든 시대를 초월하여 보편적인 기독교 공동체가 공유하는 신앙고백' 이라는 것입니다. 여기에 사도신경의 권위와 정통성이 있습니다. 이것은 그리스도인이라면 누구나 이 사도신경의 내용에 동의하고 고백할 수 있어야 한다는 뜻입니다. [3]

3) 신앙 교육과 수호: 사도신경은 새로운 신자들을 교육하고, 이단적인 가르침에 맞서 정통 신앙을 수호하며, 예배에서 공동체의 신앙을 고백하는 데 중요한 역할을 해왔습니다.

정리

사도신경은 "우리는 무엇을 믿어야 하는가? "에 대한 답이 됩니다. 왜냐하면 이것은 전 세계 그리스도인들이 반드시 믿어야 할 복음의 핵심적인 내용을 담고 있기 때문입니다. 그리고 실제 전 세계 그리스도인들이 사도신경으로 신앙고백을 하고 있다는 것은 우리의 신앙이 자신의 개인적 신앙 경험을 넘어 '일치된 그리스도의 복음 위에' 굳건히 서 있어야 함을 말해줍니다. 우리는 이 고백의 내용을 깊이 이해하고 우리의 믿음을 이 고백 위에 굳게 세워야 합니다. 이러한 사도신경은 우리에게 '올바른 믿음'과 '올바른 지식'에 대해 말해 줍니다. 그래서 이후의 문답은 사도신경 전문을 제시해주고, 이어서 사도신경 각 문항을 상세하고 해설합니다.

사도신경에 대하여

---

[3] '사도신경' 이라는 이름이 처음 사용된 것은 AD 390 년이었는데 이는 그 내용이 사도들에게서 유래되어 전수되어 왔다고 여겨지게 되었기 때문입니다. (김학모, *'개혁주의신앙고백'*:대학성경읽기선교회, 서울, 2017), p 707. 좀 더 자세한 내용을 알고 싶으면 본서 부록의 초대교회 신조를 참조하십시오.

하이델베르크 요리문답 제 23 문: 사도신경의 내용 – 삼위일체 하나님과 구원의 여정

하이델베르크 요리문답 23 문은 "사도신경의 내용은 무엇입니까? "하고 묻습니다. 앞선 22 문에서 그리스도인이 믿어야 할 복음의 핵심 내용이 사도신경에 요약되어 있다고 했는데, 이제 그 사도신경의 전문(全文)을 제시하고자 하는 것입니다.

23 문: 사도신경의 내용은 무엇입니까?

답:

I.
전능하사 천지를 창조하신 하나님 아버지를 내가 믿사오며,
II.
그 외아들 우리 주 예수 그리스도를 믿사오니,
이는 성령으로 잉태하사 동정녀 마리아에게 나시고,
본디오 빌라도에게 고난을 받으사, 십자가에 못 박혀 죽으시고,
[지옥에 내려가셨으며],
장사한 지 사흘 만에 죽은 자 가운데서 다시 살아나시며, 하늘에 오르사,
전능하신 하나님 우편에 앉아 계시다가,
저리로서 산 자와 죽은 자를 심판하러 오시리라.
III.
성령을 믿사오며,
거룩한 공회와 성도가 서로 교통하는 것과,
죄를 사하여 주시는 것과,
몸이 다시 사는 것과,
영원히 사는 것을 믿사옵나이다. 아멘

강해

이 문답은 사도신경의 전체 내용을 제시함으로써, 기독교 신앙의 가장 기본적인 고백을 한눈에 보여줍니다. 우리가 사도신경을 잘 이해하기 위해서는 먼저 사도신경이 어떤 구조로 구성되어있는지, 이어 각 구절이 지니고 있는 함축적인 의미를 잘 알아야 합니다. 그러할 때 우리가 사도신경으로 신앙고백을 할 때 그 안에 담긴 의미를 깊이 생각하며, 우리의 구원을 이루신 하나님의 은혜에 감사하며 더욱 견고한 믿음 위에 서게 됩니다. 이번 23 문에서는 사도신경의 교회사적 중요성에 대해서 간략히

살펴보고 24 문부터 사도신경 각 조항을 상세히 강해할 것입니다.

1. **사도신경은** 바울 사도의 말과 같이 우리에게 항상 있어야 하는 '믿음', '소망', '사랑' 중에(고린도전서 13:13) '믿음'으로서의 위치를 차지하고 있습니다. 그래서 사도신경은 '우리가 무엇을 믿는지', '우리가 무엇을 알아야 하는지'에 대한 기독교의 중요한 사실을 확인하고 고백하는 것입니다.

2. **사도신경 그 자체는** 기독신앙의 내용에 대한 간결한 축약이지만, 여기에는 그 이상의 중요한 교회사적, 교리적 의의가 담겨있습니다.

1) 영지주의에 대한 반박: 사도신경은 초대교회 때 교회에 침투해 들어오는 영지주의로부터 교회를 지키는데 귀하게 사용되었습니다. 영지주의는 헬라 철학에 기초해 '영을 선하나 물질은 악하다'는 사상에 기초하고 있습니다. 그래서 영지주의자들은 하나님이 물질인 천지를 창조하지 않았으며, 그런 만큼 하나님의 아들 예수님은 실제 육체를 지니고 있지 않았다고 주장했습니다. 소위 '가현설'을 주장하며 예수님은 단지 그렇게 보였을 뿐이지 진짜 사람은 아니었다는 것입니다.

그러나 이렇게 예수님이 실제 사람으로 오신 것을 부인하는 것은 예수님이 우리 죄를 위해 대속하지 않으셨다는 결과를 가져옵니다. 우리는 이미 16 문에서 예수님이 왜 '참 사람'(Real Human)이시며, 또한 완전히 의로우셔야 하는가에 대해 배우고 이해했습니다.

사도신경이 말하듯 하나님은 실제 천지를 만드셨으며, 예수님은 동정녀 마리아에게 나신 사람이었습니다. 역사적 인물인 본디오 빌라도에게 심판을 받고 십자가에 못박혀 죽으셨습니다. 그리고 실제 죽으셨기 때문에 무덤에 장사되셨고, 또한 죽으신 바로 그 몸으로 부활하셨습니다.

이러한 고백은 예수님에 관한 모든 것이 역사적 사실임을 확인해주며, 십자가 대속과 부활이라는 기독교의 핵심 교리를 확립해줍니다. 이러한 사도신경을 통한 신앙고백은 영지주의 이단이 교회에 들어오지 못하게 하며, 교회를 순수 복음 안에서 지키는데 중요한 역할을 했습니다.

2) 삼위일체 교리 확립: 사도신경은 성 삼위 하나님에 대한 신앙고백 구조로 이루어져 있습니다. 창조주 하나님 아버지에 대한 고백에 이어, 하나님의 아들로서의 예수님을 고백합니다. 예수님이 참된 신성과 참된 인성을 지니신 분으로 고백될 때 삼위일체 교리도 비로소 확립됩니다. 이는 예수님이 과연 '참 하나님이시냐'는 논쟁을 일

축합니다. 이어 성령 하나님과 그의 사역에 대한 믿음의 고백을 합니다. 이렇게 교회 안에 사도신경을 통한 신앙고백이 있는 한, 삼위일체 교리는 기독교의 진리로서 확고부동합니다. 이 삼위일체 교리는 본서 뒤의 부록에 제공된 '초대교회 신조'에 잘 정리되어 있습니다.

정리

우리는 사도신경을 귀하게 다루어야 합니다. 이것은 기독교의 실제와 진리를 사실에 기초해 확인하게 하므로, 교회의 신앙을 견고하게 세워줍니다. 기독신앙은 누구의 생각이나 추론으로 만들어진 것이 아니라, 삼위 하나님께서 우리의 구원을 위해 친히 이루신 역사적 사실에 기초한 것입니다. 그래서 교회의 고백과 성 삼위 하나님께 대한 고백은 잠시도 분리해서 생각할 수 없습니다. 실제 우리의 구원과 삼위일체 하나님의 역사는 하이델베르크 요리문답 1 문에서 심도 있게 다루었습니다. 이런 점에서 다음 문답부터 이어지는 사도신경 강해는 기독교 진리에 대한 이해요 삼위일체 하나님께 대한 구체적인 신앙고백이므로 이를 주의 깊게 살펴보고 배워야 합니다.

제 8 주일

하이델베르크 요리문답 제 24 문: 사도신경의 구조 - 삼위 하나님의 구원 사역

하이델베르크 요리문답 24 문은 "사도신경은 어떻게 나누어집니까? "라고 물으며 이에 답합니다. 우리는 이미 앞선 23 문에서 사도신경의 전체 내용을 편의상 I, II, III 으로 나누어 그 내용을 살펴보았습니다. 이는 다름아닌 상 삼위 하나님의 사역에 따른 구분이었습니다. 이제 이 문답은 사도신경의 전체적인 구조와 구성 원리를 구체적으로 설명합니다.

24 문: 사도신경은 어떻게 나누어집니까?

답:

세 부분으로 나누어집니다. 첫째, 성부 하나님과 우리의 창조, 둘째, 성자 하나님과 우리의 속량, 셋째, 성령 하나님과 우리의 성화가 그것입니다.

(참조: 벨직 신앙고백 제 8 조, 제 9 조, 제 10 조, 니케아-콘스탄티노플신조)

강해

사도신경의 구조는 앞서 말한 바와 같이 삼위일체 하나님의 각 위격과 우리들의 구원을 위한 그 사역에 따라 세 부분으로 나뉘어 있습니다.

1. 성부 하나님과 우리의 창조

1) 창조주 성부 하나님: 사도신경의 첫 번째 부분은 "전능하사 천지를 창조하신 하나님 아버지를 내가 믿사오며"라는 고백으로 시작됩니다. 이는 '성부 하나님'이 천지 만물을 창조하신 창조주가 되심을 고백하는 믿음 선언입니다.

2) 우리의 아버지 되심: 성부 하나님은 온 세상을 말씀으로 지으시고, 사람을 그분의 형상대로 창조하셨습니다. 그리고 세상 만물을 뜻대로 주관하시되, 특별히 우리의 아버지가 되셔서 우리의 삶을 아버지 같은 손길로 섭리해 나가십니다. 그래서 우리는 하나님을 '하나님 아버지'로 고백합니다.

2. 성자 하나님과 우리의 속량

1) 성자 하나님: 사도신경의 두 번째 부분은 "그 외아들 우리 주 예수 그리스도를 믿사오니"로 시작하여, 예수 그리스도의 탄생, 생애, 죽음, 부활, 승천, 재림에 이르는 구원 사역을 고백합니다. 이는 '성자 하나님'에 대한 믿음 선언입니다.

2) 우리의 속량: 성자 하나님이신 예수 그리스도의 주요 사역은 우리를 '죄와 사망으로부터 구원하여 속량(Redemption)하시는 것'입니다. 그분은 우리의 죄를 대신하여 십자가에서 죽으시고 부활하심으로 우리의 죗값을 치르고 우리를 죄로부터 자유롭게 하셨습니다.

3 성령 하나님과 우리의 성화

1) 성령 하나님: 사도신경의 세 번째 부분은 "성령을 믿사오며"로 시작하여 성령의 사역과 그 결과로 주어지는 교회와 성도들의 복을 고백합니다. 이는 '성령 하나님'에 대한 믿음 선언입니다.

2) 우리의 성화: 성령 하나님의 주요 사역은 그리스도의 구원 사역을 '우리 각 개인에게 적용'하는 것입니다. 성령님은 우리를 거듭나게 하시고, 믿음을 주시며, 그리스도와 연합하게 하시고, 죄와 싸워 거룩하게 변화시키는 일(성화)을 행하십니다. 또한 성령 하나님은 교회를 세우시고 성도들이 서로 교통하게 하시며, 궁극적으로 죄 사함, 몸의 부활, 영원한 생명을 누리게 하십니다.

정리

사도신경은 성부, 성자, 성령 삼위일체 하나님의 각 위격과 그분들의 구원 사역에 따라 크게 '세 부분'으로 나뉘어 있습니다. 즉, 성부 하나님은 우리의 '창조'를, 성자 하나님은 우리의 '속량'을, 성령 하나님은 우리의 '성화'를 담당하신다는 것으로, 이는 사도신경의 핵심 구조입니다. 이러한 이해는 우리의 구원이 삼위일체 하나님의 조화로운 사역을 통해 이루어짐을 깨닫는 데 매우 중요합니다.

하이델베르크 요리문답 제 25 문: 삼위일체 하나님의 신비

하이델베르크 요리문답 25 문은 "하나님께서는 본질상 하나이신데, 당신은 왜 하나님을 성부, 성자, 성령 삼위로 말합니까? "하고 묻습니다. 앞선 24 문에서 사도신경의 구조가 하나님의 위격에 따라 세 부분으로 나뉜다고 설명했는데, 이제 하나님의 단일성(One God)과 삼위성(Three Persons)이라는 기독교의 가장 기본 교리인 삼위일체(Trinity)에 대해 묻는 것입니다. 사도신경에 나타난 바 대로 삼위일체 하나님을 믿는 것은 우리의 구원 역사를 이해하는데 매우 중요합니다.

25 문: 하나님께서는 본질상 하나이신데, 당신은 왜 하나님을 성부, 성자, 성령 삼위로 말합니까?

답:

그것은 하나님께서 자신을 하나님의 말씀에서 그렇게 계시하셨기 때문입니다. 이렇게 구별된 삼위 하나님은 참되고 영원한 유일하신 하나님이십니다.

(참조: 벨직 신앙고백 제 8 조, 제 9 조, 제 10 조, 제 11 조, 아타나시우스 신조)

강해

이 문답은 삼위일체 교리의 핵심을 설명합니다. 즉, 하나님은 본질적으로 한 분(유일하신 하나님)이시지만, 동시에 세 위격(성부, 성자, 성령)으로 존재하신다는 것입니다. 이 교리는 사람의 이성으로 완전히 파악할 수 없는 신비에 속하는 것이지만, 하나님의 자기 계시(성경)에 근거한 진리임을 분명히 합니다.

1. 삼위일체 교리의 근거: '하나님의 자기 계시'

"그것은 하나님께서 자신을 하나님의 말씀에서 그렇게 계시하셨기 때문입니다"

1) 계시에 근거한 교리: 삼위일체 교리는 사람의 철학적 사변이나 추론의 결과가 아닙니다. 이 교리는 오직 하나님께서 자신을 우리에게 '하나님의 말씀'(성경)을 통해 '계시' 하셨기 때문에 우리가 알 수 있게 된 것입니다. 하나님은 자신의 존재 방식을

계시하셨고, 우리는 그 계시를 믿음으로 받아들입니다.

신명기 6 장 4 절: "이스라엘아 들으라 우리 하나님 여호와는 오직 유일한 여호와이시니" (하나님의 유일성)
마태복음 28 장 19 절: "그러므로 너희는 가서 모든 민족을 제자로 삼아 아버지와 아들과 성령의 이름으로 세례를 베풀고" (세 위격의 명시)
고린도후서 13 장 13 절: "주 예수 그리스도의 은혜와 하나님의 사랑과 성령의 교통하심이 너희 무리와 함께 있을지어다" (세 위격이 함께 역사하심)

2) 신비: 삼위일체는 사람의 제한된 이성으로 완전히 이해할 수 있는 '영역 밖의 신비' 입니다. 그러나 신비라고 해서 비합리적이거나 모순적인 것은 아닙니다. 우리는 그것이 하나님의 말씀이 분명히 증거하는 진리이기 때문에 믿습니다.

2. 삼위일체의 본질: 유일하신 하나님 안에 구별된 세 위격

"이렇게 구별된 삼위 하나님은 참되고 영원한 유일하신 하나님이십니다"

1) **"이렇게 구별된 삼위 하나님은"**: 성부, 성자, 성령은 서로 다른 세 분의 하나님이 아니라, 한 분 하나님 안에 존재하는 '구별된' 세 '위격'(Persons)이십니다. 각 위격은 고유한 관계적 특징과 사역을 가지고 계시지만, 그 본질에 있어서는 분리될 수 없습니다.

(1) **성부:** 창조와 계획의 주체.

사도행전 17장24절: "우주와 그 가운데 있는 만물을 지으신 하나님께서는 천지의 주재시니 손으로 지은 전에 계시지 아니하시고"
고린도전서 8장6절: "그러나 우리에게는 한 하나님 곧 아버지가 계시니 만물이 그에게서 났고 우리도 그를 위하여 있고 또한 한 주 예수 그리스도께서 계시니 만물이 그로 말미암고 우리도 그로 말미암아 있느니라"

(2) **성자:** 성부의 아들로서 성부께로부터 영원히 나시며(영원한 출생), 구원을 성취하심.

시편 2 편 7 절: "내가 여호와의 명령을 전하노라 여호와께서 내게 이르시되 너는 내 아들이라 오늘 내가 너를 낳았도다"
마태복음 3 장 16, 17 절: "예수께서 세례를 받으시고 곧 물에서 올라오실새 하늘이 열리고 하나님의 성령이 비둘기 같이 내려 자기 위에 임하심을 보시더니 하늘로부터 소리가 있어 말씀하시되 이는 내 사랑하는 아들이요 내 기뻐하는 자라 하시니라"

(3) **성령:** 성부와 성자로부터 영원히 나오시며(영원한 발출), 구원을 적용하심.

요한복음 15 장 26 절: "내가 아버지께로부터 너희에게 보낼 보혜사 곧 아버지께로부터 나오시는 진리의 성령이 오실 때에 그가 나를 증언하실 것이요"
갈라디아서 4 장 6 절: "너희가 아들이므로 하나님이 그 아들의 영을 우리 마음 가운데 보내사 아빠 아버지라 부르게 하셨느니라"

2) **"참되고 영원한 유일하신 하나님이십니다"**: 이것은 삼위일체 교리의 핵심을 요약합니다.

(1) **"참되고"**: 이 세 위격이 단순히 개념적이거나 역할적인 구분에 불과한 것이 아니라, 각각이 참된 하나님이심을 의미합니다. 성부도 하나님, 성자도 하나님, 성령도 하나님이십니다.

(2) **"영원한"**: 이 세 위격은 시간 안에서 생겨난 것이 아니라, 영원 전부터 존재하신 분들이십니다.

(3) **"유일하신 하나님"**: 그러나 이 세 위격이 서로 다른 세 신이 아니라, 본질적으로 한 분이신 '유일하신 하나님'이심을 강조합니다. 그분들은 하나의 본질, 하나의 신성, 하나의 의지, 하나의 능력을 공유하십니다.

정리

하나님께서는 본질상 한 분이시면서도 성부, 성자, 성령 삼위로 존재하시는 삼위일체 하나님이십니다. 이 교리는 사람 이성으로 다 헤아릴 수 없는 신비이지만, 하나님께서 '하나님의 말씀(성경)을 통해 자신을 그렇게 계시하셨기 때문'에 우리가 믿는 것입니다. 또한 이 세 위격은 서로 구별되지만, 그분들 모두 '참되고 영원한 유일하신 하나님'이심을 분명히 합니다. 이 삼위일체 하나님에 대한 바른 이해는 우리가 이후에 다룰 구원 사역(창조, 속량, 성화)를 이해하는 데 필수적인 토대가 됩니다.

성부 하나님과 창조에 대하여

제 9 주일

하이델베르크 요리문답 제 26 문: 성부 하나님에 대한 신앙고백의 의미

하이델베르크 요리문답 26 문은 "당신이 '전능하사 천지를 창조하신 하나님 아버

지를 내가 믿사오며'라고 고백할 때 그 고백의 의미는 무엇입니까? "하고 묻습니다. 이 질문은 사도신경의 첫 번째 조항, 즉 성부 하나님에 대한 고백의 의미를 묻는 것입니다. 이 고백에 대한 이해는 이어지는 성자 예수님과 성령 하나님에 대한 이해의 기초가 됩니다.

26 문: 당신이 "전능하사 천지를 창조하신 하나님 아버지를 내가 믿사오며"라고 고백할 때 그 고백은 무엇을 의미합니까?

답:

그것은 우리 주 예수 그리스도의 영원한 아버지, 곧 무(無)에서 하늘과 땅과 그 가운데 있는 모든 것을 창조하셨다는 고백이며, 또한 이 하나님께서 자신의 영원한 작정과 섭리로 이 모든 것을 보존하고 다스리시며, 자신의 아들 그리스도를 위하여 나의 하나님이시요 나의 아버지가 되심을 믿는다는 것입니다.

또한 하나님께서 나의 몸과 영혼에 필요한 모든 것을 공급해 주실 것을 조금도 의심하지 않으며, 눈물의 골짜기 같은 이 세상에서 하나님께서 내게 보내주시는 어떤 재난이라도 결국에 유익이 되도록 바꾸신다는 것을 믿는다는 것입니다. 왜냐하면 하나님은 전능하신 하나님이시요, 또한 신실하신 아버지로서 기꺼이 이렇게 하기를 원하시기 때문입니다.

(참조: 벨직 신앙고백 제 8 조, 제 13 조)

강해

우리가 "전능하사 천지를 창조하신 하나님 아버지를 내가 믿사오며"하고 고백할 때, 여기에는 하나님에 대한 포괄적인 이해를 담고 있습니다.

1. 창조주, 섭리자

"우리 주 예수 그리스도의 영원한 아버지, 곧 무(無)에서 하늘과 땅과 그 가운데 있는 모든 것을 창조하셨고, 또한 자신의 영원한 작정과 섭리로써 이 모든 것을 보존하고 다스리시며"

1) "우리 주 예수 그리스도의 영원한 아버지": 하이델베르크 요리문답 작성자는 하나님을 창조주요 섭리자로 소개하기에 앞서, 성부 하나님은 성자 예수 그리스도의 영원하신 아버지('그 아들 우리 주 예수 그리스도를 믿사오니'), 곧 우리를 구원하시려고 독생자 예수님을 우리의 주요 그리스도로 보내신 하나님이심을 먼저 말합니다. 이는 성부 하나님이 '우리 구원의 주재자'가 되신다는 것입니다. 이는 창조주 하나님의 우리를 향한 놀라운 사랑입니다.

요한복음 3장 16절: "하나님이 세상을 이처럼 사랑하사 독생자를 주셨으니 이는 그를 믿는 자마다 멸망하지 않고 영생을 얻게 하려 하심이라"
요한복음 14장7절: "너희가 나를 알았더라면 내 아버지도 알았으리로다 이제부터는 너희가 그를 알았고 또 보았느니라"

2) 창조주: 하나님은 무(無)에서 유(有)를 창조하신 전능자이시며 만물의 절대적인 주권자이십니다. 하늘과 땅, 그리고 그 안에 있는 모든 것들이 그분의 말씀과 능력으로 존재하게 되었습니다. 천지 간에 하나님 없이 된 것은 아무 것도 없습니다.

창세기 1장 1절: "태초에 하나님이 천지를 창조하시니라"
시편 33편 6절: "여호와의 말씀으로 하늘이 지음이 되었으며 그 만상을 그의 입 기운으로 이루었도다"
사도행전 4장 24절: "그들이 듣고 한마음으로 하나님께 소리를 높여 이르되 대주재여 천지와 바다와 그 가운데 만물을 지은 이시요"

3) 섭리자: 하나님은 천지만물을 창조하신 것에 멈추지 않으시고, 자신의 영원한 작정과 섭리로써 이 모든 것을 '보존하고 다스리십니다.' 섭리(Providence)란 하나님이 만드신 모든 것을 돌보시고, 모든 사건을 그분의 선하신 목적에 따라 통치해 이끌어 가신다는 것을 의미합니다. 이는 하나님이 어떤 것이든 그 운행을 우연에 맡기시거나 방치하시지 않고, 모두 그 뜻대로 주관하신다는 것입니다. 천지 간에 하나님의 뜻과 섭리의 손길 없이 따로 존재하는 것은 아무것도 없습니다.

시편 104장 24절: "여호와여 주께서 하신 일이 어찌 그리 많은지요 주께서 지혜로 그들을 다 지으셨으니 주께서 지으신 것들이 땅에 가득하니이다"
마태복음 10장 29-30절: "참새 두 마리가 한 앗사리온에 팔리지 않느냐 그러나 너희 아버지께서 허락하지 아니하시면 그 하나도 땅에 떨어지지 아니하리라 너희에게는 머리털까지 다 세신 바 되었나니"
에베소서 1장 11절: "모든 일을 그의 뜻의 결정대로 일하시는 이의 계획을 따라 우리가 예정을 입어 그 안에서 기업이 되었으니"
로마서 11장 36절: "이는 만물이 주에게서 나오고 주로 말미암고 주에게로 돌아감이라 그에게 영광이 세세에 있을지어다 아멘"

2. "나의 하나님이시요 나의 아버지가 되심을"

"이 아버지께서 자신의 아들 그리스도를 위하여 나의 하나님이시요 나의 아버지가 되심을 믿는다는 것입니다."

1) 개인적인 관계 확신: 하나님이 전능하신 창조주이자 섭리자라는 보편적 진리를 고백하는 것 이상으로, 이 고백의 핵심은 그 하나님께서 '나의 하나님이시요 나의 아

버지'가 되신다는 '개인적인 확신'에 있습니다. 이는 예수 그리스도의 구원 사역을 통해서만 가능한 것인데, 그리스도 안에서 우리는 하나님의 자녀가 되는 특권을 얻었고, 이로 말미암아 그분과의 친밀한 관계 속으로 들어갈 수 있게 되었다는 것입니다.

요한복음 1 장 12 절: "영접하는 자 곧 그 이름을 믿는 자들에게는 하나님의 자녀가 되는 권세를 주셨으니"

요한복음 20장17절: 예수께서 이르시되 나를 붙들지 말라 내가 아직 아버지께로 올라가지 아니하였노라 너는 내 형제들에게 가서 이르되 내가 내 아버지 곧 너희 아버지, 내 하나님 곧 너희 하나님께로 올라간다 하라 하시니

갈라디아서 4 장 4-7 절: "때가 차매 하나님이 그 아들을 보내사 여자에게서 나게 하시고 율법 아래에 나게 하신 것은 율법 아래에 있는 자들을 속량하시고 우리로 아들의 명분을 얻게 하려 하심이라 너희가 아들이므로 하나님이 그 아들의 영을 우리 마음 가운데 보내사 아빠 아버지라 부르게 하셨느니라 그러므로 네가 이 후로는 종이 아니요 아들이니 아들이면 하나님으로 말미암아 유업을 받을 자니라"

2) 신뢰와 확신: 이러한 관계적 이해는 구체적인 삶 속에서 다음과 같은 신뢰와 확신으로 이어집니다.

(1) 모든 필요의 공급:

"또한 하나님께서 나의 몸과 영혼에 필요한 모든 것을 공급해 주실 것을 조금도 의심하지 않으며"

우리의 아버지가 되시는 전능하신 하나님께서는 우리의 필요를 가장 잘 아시며, 우리의 몸과 영혼의 모든 필요를 책임지고 공급해 주실 것을 확신합니다. 이는 의식주와 같은 육체적인 필요뿐만 아니라, 영적인 성장과 평안을 위한 모든 것을 포함합니다. 이러한 확신은 염려와 불안을 내려놓고 하나님을 의지하게 합니다.

마태복음 6 장 25-33 절: "… 그러므로 염려하여 이르기를 무엇을 먹을까 무엇을 마실까 무엇을 입을까 하지 말라 이는 다 이방인들이 구하는 것이라 너희 하늘 아버지께서 이 모든 것이 너희에게 있어야 할 줄을 아시느니라 그런즉 너희는 먼저 그의 나라와 그의 의를 구하라 그리하면 이 모든 것을 너희에게 더하시리라"

빌립보서 4 장 19 절: "나의 하나님이 그리스도 예수 안에서 영광 가운데 그 풍성한 대로 너희 모든 쓸 것을 채우시리라"

(2) 재난의 유익:

"눈물의 골짜기 같은 이 세상에서 하나님께서 내게 보내주시는 어떤 재난이라도 결국에 유익이 되도록 바꾸신다는 것을 믿는다는 것입니다"

우리가 사는 세상은 죄로 인해 고난과 어려움이 가득한 '눈물의 골짜기'와 같습니다. 그러나 하나님께서 우리의 아버지이시며 모든 것을 섭리하신다는 믿음은, 우리에게 어떤 재난과 고난이 닥친다 할지라도, 하나님은 그것을 하나님의 선하신 뜻 안에서 궁극적으로 '우리의 유익이 되도록 바꾸실 것'이라는 확신을 줍니다. 주의 말씀대로 우리가 눈물 골짜기를 지나갈 때에 거기에 하나님이 준비해주신 많은 샘이 있고, 또한 때를 따라 비를 내려 복을 주십니다. 고난 속에서도 하나님은 이렇게 우리를 돌보십니다. 이는 우리가 어떤 경우에도 소망을 잃지 않는 믿음의 근거가 됩니다.

시편 84편 5, 6절: "주께 힘을 얻고 그 마음에 시온의 대로가 있는 자는 복이 있나이다 그들이 눈물 골짜기로 지나갈 때에 그 곳에 많은 샘이 있을 것이며 이른 비가 복을 채워 주나이다"
로마서 8장 28절: "우리가 알거니와 하나님을 사랑하는 자 곧 그의 뜻대로 부르심을 입은 자들에게는 모든 것이 합력하여 선을 이루느니라"

3. **고백의 근거:** 하나님의 전능하심과 신실하심

"왜냐하면 하나님은 전능하신 하나님이시요, 또한 신실하신 아버지로서 기꺼이 이렇게 하기를 원하시기 때문입니다"

1) **"전능하신 하나님":** 하나님께서 '전능하신' 분이시기에, 그분은 우리의 삶에서 그분의 계획을 온전히 이루시고, 어떤 어려움 속에서도 우리를 도우실 '능력'이 있으십니다. 우리를 향한 하나님의 계획에는 실패가 없습니다.

창세기 18장 14절: "여호와께 능하지 못한 일이 있겠느냐 기한이 이를 때에 내가 네게로 돌아오리니 사라에게 아들이 있으리라"
로마서 8장 31-39절: "그런즉 이 일에 대하여 우리가 무슨 말 하리요 만일 하나님이 우리를 위하시면 누가 우리를 대적하리요 자기 아들을 아끼지 아니하시고 우리 모든 사람을 위하여 내주신 이가 어찌 그 아들과 함께 모든 것을 우리에게 주시지 아니하겠느냐 … 그러나 이 모든 일에 우리를 사랑하시는 이로 말미암아 우리가 넉넉히 이기느니라 내가 확신하노니 사망이나 생명이나 천사들이나 권세자들이나 현재 일이나 장래 일이나 능력이나 높음이나 깊음이나 다른 어떤 피조물이라도 우리를 우리 주 그리스도 예수 안에 있는 하나님의 사랑에서 끊을 수 없으리라"
히브리서 13장 6절: "그러므로 우리가 담대히 말하되 주는 나를 돕는 이시니 내가 무서워하지 아니하겠노라 사람이 내게 어찌하리요 하노라"

2) **"신실하신 아버지":** 또한 그분은 '신실하신 아버지'이시기에, 자신의 약속을 반드시 지키시며 우리를 향한 사랑과 돌보심에 변함이 없으십니다. 그분은 우리를 위해

선을 행하시기를 '기꺼이 원하십니다.' 하나님의 사랑과 능력, 그리고 신실하심은 우리가 모든 것을 믿고 의지할 수 있는 확고한 토대가 됩니다.

민수기 23장 19절: "하나님은 사람이 아니시니 거짓말을 하지 않으시고 인생이 아니시니 후회가 없으시도다 어찌 그 말씀하신 바를 행하지 않으시며 하신 말씀을 실행하지 않으시랴"

이사야 41장 10절: "두려워하지 말라 내가 너와 함께 함이라 놀라지 말라 나는 네 하나님이 됨이라 내가 너를 굳세게 하리라 참으로 너를 도와 주리라 참으로 나의 의로운 오른손으로 너를 붙들리라"

마태복음 7장 9-11절: "너희 중에 누가 아들이 떡을 달라 하는데 돌을 주며 생선을 달라 하는데 뱀을 줄 사람이 있겠느냐 너희가 악한 자라도 좋은 것으로 자식에게 줄 줄 알거든 하물며 하늘에 계신 너희 아버지께서 구하는 자에게 좋은 것으로 주시지 않겠느냐"

정리

"전능하사 천지를 창조하신 하나님 아버지를 내가 믿사오며"라는 고백은 단지 추상적인 교리적 동의가 아니라, '살아있는' 신앙고백입니다. 하나님은 우주 만물의 창조주이자 섭리자이시며, 무엇보다 그리스도를 통하여 '나의 하나님이시요 나의 아버지'가 되십니다. 이 믿음으로 인해 우리는 하나님께서 우리의 모든 필요를 공급하시고, '눈물의 골짜기'와 같은 세상의 어떤 재난조차도, 궁극적으로 우리에게 유익이 되도록 바꾸실 것을 의심 없이 확신하게 됩니다. 이 모든 확신은 하나님이 전능하시며 신실하신 아버지이시기 때문에 가능합니다.

제10주일

하이델베르크 요리문답 제27문: 하나님의 섭리란 무엇인가?

하이델베르크 요리문답 27문은 "하나님의 섭리는 무엇입니까? "라는 질문을 합니다. 앞의 26문에서 하나님이 모든 것을 보존하고 다스리신다는 섭리에 대한 고백을 했는데, 27문의 답은 그 섭리가 '우리의 일상생활과 세상 모든 일'에 실제 어떻게 적용되는지를 상세히 밝혀줍니다.

27문: 하나님의 섭리란 무엇입니까?

답:

섭리는 하나님께서 전능하시고 무소 부재하신 자신의 능력으로, 마치 당신의 손으로 하시듯이 하늘과 땅과 모든 피조물을 보존하고 다스리시므로 나뭇잎과 풀잎, 비와 가뭄, 풍년과 흉년, 먹을 것과 마실 것, 건강과 병, 부와 가난 등 세상의 모든 것이 우연이 아니라 하나님의 아버지 같은 손길에 의해 일어난다는 것입니다.

(참조: 벨직 신앙고백 제 13 조)

강해

우리는 살아가면서 수많은 우연과 마주하며, 이를 통해 행운과 불운을 말합니다. 그러나 그리스도인들은 이런 일 너머에 계신 하나님께 대한 믿음을 고백합니다. 이는 우리의 일상과 삶의 모든 순간이 실제 하나님의 뜻과 깊이 연결되어 움직이고 있다는 것입니다. 이를 '섭리'라고 하는데, 이 진리는 우리에게 큰 위로와 용기를 줍니다. 왜냐하면 어떤 절망적인 상황 속에서도, 우리는 모든 것을 주관하시는 우리 주 하나님의 주권을 신뢰할 수 있으며, 그분의 선하심과 계획을 의지할 수 있기 때문입니다.

1. 하나님의 섭리의 본질: '보존하고 다스리심'

"섭리는 하나님께서 전능하시고 무소 부재하신 자신의 능력으로, 마치 당신의 손으로 하시듯이 하늘과 땅과 모든 피조물을 보존하고 다스리시므로"

1) 하나님의 능력: 섭리는 하나님의 속성 안에서 가능합니다.

(1) 전능하심(Omnipotent) : 하나님은 모든 것을 하실 수 있는 무한한 능력을 가지신 분이십니다. 그래서 하나님의 섭리에는 결코 실패가 없습니다.

(2) 무소 부재하심(Omnipresent) : 하나님은 모든 곳에 동시에 존재하십니다. 따라서 그분은 모든 피조물에게서 멀리 떨어져 계신 것이 아니라, 모든 곳에서 모든 일을 직접 주관하고 계십니다.

예레미야 23 장 23, 24 절: "여호와의 말씀이니라 나는 가까운 데에 있는 하나님이요 먼 데에 있는 하나님은 아니냐 여호와의 말씀이니라 사람이 내게 보이지 아니하려고 누가 자신을 은밀한 곳에 숨길 수 있겠느냐 여호와가 말하노라 나는 천지에 충만하지 아니하냐"

2) 섭리의 방식: 하나님은 자신의 능력으로 모든 것을 "마치 당신의 손으로 하시듯이" 직접적이고 친밀하게 다루십니다. 이는 하나님이 세상을 만들고 내버려 두신 것이 아니라, 마치 장인이 자신의 작품을 돌보듯 세심하게 돌보시고 이끌어 가신다는 것을 의미합니다.

3) 섭리의 대상: 하나님의 섭리는 "하늘과 땅과 모든 피조물"에 미칩니다. 이는 우주 만물 전체, 곧 가장 큰 피조물에서 가장 작은 피조물에 이르기까지 모든 것이 하나님

의 통치 아래 있다는 것을 말해줍니다.

4) 섭리의 행위: 섭리에는 두 가지 주요 행위가 있습니다.

(1) **보존(Preservation)**: 하나님은 모든 피조물이 존재하도록 지탱하시고 유지하십니다. 만약 하나님이 보존하지 않으신다면, 모든 것은 즉시 무(無)로 돌아갈 것입니다.

느헤미야 9 장 6 절: "오직 주는 여호와시라 하늘과 하늘들의 하늘과 일월 성신과 땅과 땅 위의 만물과 바다와 그 가운데 모든 것을 지으시고 다 보존하시오니 모든 천군이 주께 경배하나이다"

히브리서 1 장 3 절: "이는 하나님의 영광의 광채시요 그 본체의 형상이시라 그의 능력의 말씀으로 만물을 붙드시며 죄를 정결하게 하는 일을 하시고 높은 곳에 계신 지극히 크신 이의 우편에 앉으셨느니라"

(2) **다스리심(Government)**: 하나님은 모든 사건과 존재들을 그분의 선하신 목적과 영원한 계획에 따라 이끌어 가십니다. 어떤 혼돈도 없습니다. 모든 것은 하나님의 주권적인 통치 아래 진행되어 갑니다.

시편 103 장 19 절: "여호와께서 그의 보좌를 하늘에 세우시고 그의 왕권으로 만유를 다스리시도다"

다니엘 4 장 35 절: "땅의 모든 사람들을 없는 것 같이 여기시며 하늘의 군대에게든지 땅의 사람에게든지 그는 자기 뜻대로 행하시나니 그의 손을 금하든지 혹시 이르기를 네가 무엇을 하느냐고 할 자가 아무도 없도다"

2. 섭리의 구체적 범위: '세상 모든 일은 우연이 아니다.'

"나뭇잎과 풀잎, 비와 가뭄, 풍년과 흉년, 먹을 것과 마실 것, 건강과 병, 부와 가난 등 세상의 모든 것이, 우연이 아니라 하나님의 아버지 같은 손길에 의해 일어난다는 것입니다"

이 문단은 하나님의 섭리가 우리의 일상생활과 세상의 모든 현상에 얼마나 세밀하게 미치는지 구체적인 예시들을 통해 설명합니다.

1) 가장 작은 것까지: '나뭇잎과 풀잎' 이라는 표현은 하나님은 가장 미미하고 사소해 보이는 것까지도 주관하신다는 것입니다.

마태복음 10 장 29–30 절: "참새 두 마리가 한 앗사리온에 팔리지 않느냐 그러나 너희 아버지께서 허락하지 아니하시면 그 하나라도 땅에 떨어지지 아니하리라 너희에게는 머리털까지 다 세신 바 되었나니"

2) 자연 현상: '비와 가뭄, 풍년과 흉년' 은 자연 현상과 생계의 조건이 하나님의 섭리 아래 있음을 나타냅니다. 농사와 날씨는 사람의 통제 밖에 있지만, 하나님의 주권 아

래 있습니다.

예레미야 5 장 24 절: "또 너희 마음으로 우리에게 이른 비와 늦은 비를 때를 따라 주시며 우리를 위하여 추수 기한을 정하시는 우리 하나님 여호와를 경외하자 말하지도 아니하니"
사도행전 14 장 17 절: "그러나 자기를 증언하지 아니하신 것이 아니니 곧 여러분에게 하늘로부터 비를 내리시며 결실기를 주시는 선한 일을 하사 음식과 기쁨으로 여러분의 마음에 만족하게 하셨느니라 하고"

3) 개인의 삶: '먹을 것과 마실 것, 건강과 병, 부와 가난' 은 우리의 육체적 필요, 건강 상태, 경제적 상황 등, 우리 삶의 모든 영역이 하나님의 섭리 안에 있음을 보여줍니다. 이는 우리가 삶속에서 당연하게 여기는 모든 것이 하나님의 은혜와 주권 아래 주어진 것임을 깨닫게 합니다.

욥기 1 장 21 절 "이르되 내가 모태에서 알몸으로 나왔사온즉 또한 알몸이 그리로 돌아가올지라 주신 이도 여호와시요 거두신 이도 여호와시오니 여호와의 이름이 찬송을 받으실지니이다 하고"
잠언 22 장 2 절 "가난한 자와 부한 자가 함께 살거니와 그 모두를 지으신 이는 여호와시니라"

4) 우연이 아닌 하나님의 손길: 이 모든 일이 "우연이 아니라 하나님의 아버지 같은 손길에 의해 일어난다"는 것이 섭리의 핵심입니다. 세상에 일어나는 어떤 일도 우연이거나 무작위적인 것이 없으며, 모든 것이 하나님의 계획과 목적 아래서 이루어집니다.

잠언 16 장 33 절: "제비는 사람이 뽑으나 모든 일을 작정하기는 여호와께 있느니라"
요한복음 9 장 3 절: "예수께서 대답하시되 이 사람이나 그 부모의 죄로 인한 것이 아니라 그에게서 하나님이 하시는 일을 나타내고자 하심이라"

5) "아버지 같은 손길": 이는 하나님의 섭리가 단순히 냉엄한 통치가 아니라, '사랑과 선함이 가득한 아버지의 돌보심' 이라는 것을 강조합니다. 고난이나 어려움조차도 사랑하는 자녀를 위한 아버지의 훈련과 인도하심 안에 있습니다.

시편 103 편 13 절: "아버지가 자식을 긍휼히 여김 같이 여호와께서는 자기를 경외하는 자를 긍휼히 여기시나니"
히브리서 12 장 7, 8 절: "너희가 참음은 징계를 받기 위함이라 하나님이 아들과 같이 너희를 대우하시나니 어찌 아버지가 징계하지 않는 아들이 있으리요 징계는 다 받는 것이거늘 너희에게 없으면 사생자요 친아들이 아니니라"
로마서 8 장 28 절 "우리가 알거니와 하나님을 사랑하는 자 곧 그의 뜻대로 부르심을 입은 자들에게는 모든 것이 합력하여 선을 이루느니라"

정리

하나님의 섭리는 그분의 전능하시고 무소 부재하신 능력으로 모든 피조물을 하나님의 목적을 따라 온전히 보존하고 다스리시는 것을 의미합니다. 이는 이 세상에 일어나는 모든 일이, 사람의 생사화복에 이르는 모든 것이, 우연이 아니라, 하나님의 '아버지 같은 손길'에 의해 일어난다는 것을 의미합니다. 이러한 섭리 교리는 우리에게 삶의 모든 상황 속에서 아버지 같은 하나님을 전적으로 신뢰하고 의지할 수 있게 하므로, 우리에게 깊은 위로와 평안을 제공합니다.

하이델베르크 요리문답 제 28 문 강해: 하나님의 창조와 섭리 인식이 주는 유익

하이델베르크 요리문답 28 문은 "하나님께서 세상을 창조하셨다는 것과 섭리로 모든 것을 여전히 보존하고 계시다는 사실을 아는 것이 우리에게 어떻게 유익이 됩니까? "하고 묻습니다. 앞선 문답들(26, 27 문)에서 하나님의 창조와 섭리의 본질을 다루었다면, 이 질문은 우리가 이러한 진리을 알 때 우리의 삶에 어떤 변화를 가져오는지, 그리고 그에 따른 유익이 무엇인지에 대해 묻는 것입니다.

28 문: 하나님께서 세상을 창조하셨다는 것과 섭리로 모든 것을 여전히 보존하고 계시다는 사실을 아는 것이 우리에게 어떻게 유익이 됩니까?

답:

역경의 때에 인내할 수 있고, 형통할 때에 감사할 수 있습니다. 그리고 장래에 우리에게 어떤 일이 일어나도 신실하신 하나님 아버지를 굳게 신뢰할 수 있습니다. 또한 세상 어떤 것이라도 우리를 하나님의 사랑에서 끊을 수 없으며 모든 피조물이 다 하나님의 손안에 있으므로 하나님의 뜻이 아니면 어떤 일도 결코 일어나지 않는다는 것을 확신할 수 있습니다.

(참조: 벨직 신앙고백 제 13 조)

강해

우리의 삶은 기쁨과 슬픔, 성공과 실패가 교차하는 여정입니다. 때로는 감당하기 힘든 어려움에 부딪히고, 때로는 기대하지 않았던 뜻밖의 일로 인해 기뻐하기도 합니다. 이러한 순간들 앞에서 우리는 '왜 나에게 이런 일이 일어났을까? '라는 근본적인 질문을 던지곤 합니다. 28 문은 바로 이 질문에 대한 명확하고 아름다운 해답을 제시합니다. 하나님이 세상을 창조하시고 모든 것을 섭리하신다는 사실을 알 때 우리는 모든 역경의 때에 인내할 힘을 얻고, 형통할 때에 감사할 마음을 갖게 합니다. 또한, 미래에 대한 불안 속에서도 신실하신 하나님 아버지를 굳게 신뢰하게 만듭니다.

1. 역경의 때에 인내할 수 있음

"역경의 때에 인내할 수 있고,"

1) 하나님의 주권 인정: 우리가 고난과 어려움, 즉 '역경'에 처했을 때, 하나님이 세상을 창조하셨고 모든 것을 섭리하신다는 사실을 아는 것은 큰 위로가 됩니다. 이는 이 모든 것이 우연히 일어난 것이 아니라, '하나님의 허락과 계획 아래서' 일어난 것임을 믿을 수 있기 때문입니다.

욥기 1장 21, 22절: "이르되 내가 모태에서 알몸으로 나왔사온즉 또한 알몸이 그리로 돌아가올지라 주신 이도 여호와시요 거두신 이도 여호와시오니 여호와의 이름이 찬송을 받으실지니이다 하고 이 모든 일에 욥이 범죄하지 아니하고 하나님을 향하여 원망하지 아니하니라"

시편 39편 9절: "내가 잠잠하고 입을 열지 아니함은 주께서 이를 행하신 까닭이니이다"

2) 하나님의 목적 신뢰: 때로는 이해할 수 없는 고통 속에서도, 전능하시고 사랑 많으신 하나님 아버지께서 이 모든 것을 다스리시고, 궁극적으로는 우리의 유익과 선을 위해 사용하실 것(로마서 8:28)이라는 것을 믿을 수 있다면 우리는 참고 기다릴 수 있습니다. 욥처럼 모든 것을 잃는 상황에서도 "주신 이도 여호와시요 거두신 이도 여호와시오니 여호와의 이름이 찬송을 받으실지니이다"(욥기 1:21)하고 고백하며 '인내'할 수 있는 힘을 얻을 수 있습니다.

로마서 5장 3, 4절: "다만 이뿐 아니라 우리가 환난 중에도 즐거워하나니 이는 환난은 인내를, 인내는 연단을, 연단은 소망을 이루는 줄 앎이로다"

2. 형통할 때에 감사할 수 있음

"형통할 때에 감사할 수 있습니다."

1) 모든 것의 근원 인식: 삶이 잘 풀리고 은혜와 복이 넘치는 '형통'의 때에는 모든 좋은 것이 '하나님의 은혜와 섭리로부터' 왔음을 알게 됩니다. 이는 내가 잘나서 얻은 것이 아니라, 전적으로 하나님 아버지의 선물임을 깨닫게 합니다.

신명기 8장 1절: "내가 오늘 명하는 모든 명령을 너희는 지켜 행하라 그리하면 너희가 살고 번성하고 여호와께서 너희의 조상들에게 맹세하신 땅에 들어가서 그것을 차지하리라"

2) 교만 방지 및 겸손: 이러한 인식은 우리를 '교만하지 않게 하고', 모든 영광을 하나님께 돌리며, 겸손하게 감사하는 마음을 갖게 합니다. 다윗이 "내 손에서 받은 것으

로 주께 드렸을 뿐이니이다"(역대상 29:14)라고 고백했듯이, 우리도 모든 소유와 복의 진정한 주인이 하나님이심을 인정하며 감사하는 삶을 살게 됩니다.

데살로니가전서 5 장 18 절: "범사에 감사하라 이것이 그리스도 예수 안에서 너희를 향하신 하나님의 뜻이니라"

3. 장래에 대한 굳건한 신뢰

"그리고 장래에 우리에게 어떤 일이 일어나도 신실하신 하나님 아버지를 굳게 신뢰할 수 있습니다. 또한 세상 어떤 것이라도 우리를 하나님의 사랑에서 끊을 수 없으며 모든 피조물이 다 하나님의 손 안에 있으므로 하나님의 뜻이 아니면 어떤 일도 결코 일어나지 않는다는 것을 확신할 수 있습니다."

1) 신실하신 아버지에 대한 확신: 미래는 불확실하고 두려울 수 있습니다. 그러나 하나님께서 세상을 창조하시고 섭리하시는 '신실하신 하나님 아버지'라는 사실을 알 때, 장래에 우리에게 어떤 일이 일어나도 흔들리지 않는 굳건한 신뢰를 갖게 됩니다. 그분은 한 번 주신 약속을 변개치 않으시며(히브리서 13:5), 자녀 된 우리를 결코 버리시거나 포기하지 않으십니다.

시편 55 편 22 절: "네 짐을 여호와께 맡기라 그가 너를 붙드시고 의인의 요동함을 영원히 허락하지 아니하시리로다"
히브리서 13 장 5 절 "돈을 사랑하지 말고 있는 바를 족한 줄로 알라 그가 친히 말씀하시기를 내가 결코 너희를 버리지 아니하고 너희를 떠나지 아니하리라 하셨느니라"

2) 불변하는 하나님의 사랑:

"또한 세상 어떤 것이라도 우리를 하나님의 사랑에서 끊을 수 없으며"

이 말은 로마서 8 장 38, 39 절의 고백처럼, 사망이나 생명, 천사들이나 권세자들, 현재 일이나 장래 일, 능력, 높음이나 깊음이나, 다른 어떤 피조물이라도 우리를 그리스도 예수 안에 있는 하나님의 사랑에서 끊을 수 없다는 확신을 줍니다. 이러한 하나님의 사랑은 우리의 가장 큰 위로와 소망이 됩니다.

3) 하나님의 주권적 통치:

"모든 피조물이 다 하나님의 손 안에 있으므로 하나님의 뜻이 아니면 어떤 일도 결코 일어나지 않는다는 것을 확신할 수 있습니다."

이 고백은 하나님의 '절대적인 주권'을 강조합니다. 이것은 세상의 어떤 존재나 사건도 하나님의 통제 밖에 있지 않으며, 그분의 뜻과 허락 없이는 아무것도 발생할 수 없다는 확고한 믿음을 제공합니다. 이러한 섭리에 대한 믿음은 우리의 삶에 무의미한 우연은 없으며, 모든 것이 하나님의 선하신 계획 아래 있음을 깨닫게 하여, 두려움 대신 평안을 줍니다.

욥기 1장 12절: "여호와께서 사탄에게 이르시되 내가 그의 소유물을 다 네 손에 맡기노라 다만 그의 몸에는 네 손을 대지 말지니라 사탄이 곧 여호와 앞에서 물러가니라"
잠언 16장 33절: "제비는 사람이 뽑으나 모든 일을 작정하기는 여호와께 있느니라"

정리

하나님의 창조와 섭리에 대한 믿음은 우리의 실제적인 삶에 큰 변화를 가져다 줍니다. 이 진리는 역경 속에서는 끈기 있게 인내할 수 있는 힘을 주고, 형통할 때에는 모든 것이 하나님의 은혜임을 깨달아 진심으로 감사하게 합니다. 더 나아가 어떤 미래의 상황 속에서도 신실하신 하나님 아버지의 사랑을 절대 신뢰하게 합니다. 이처럼 창조와 섭리에 대한 믿음은 우리 신앙생활의 견고한 기초가 되어, 우리가 어느 때든지 확신 가운데 소망하며 하나님을 의지하게 합니다. 이 믿음은 우리의 삶에 흔들리지 않는 평안과 진정한 안식을 제공합니다.

성자 하나님과 구원에 대하여

제 11 주일

하이델베르크 요리문답 제 29 문: 예수 이름의 의미와 유일성

하이델베르크 요리문답 29 문은 "왜 하나님의 아들을 구원자라는 의미인 '예수'라고 부릅니까? "하고 묻습니다. 이 질문으로 성 삼위일체 하나님의 두 번째 위격이신 성자 하나님, 곧 예수 그리스도에 대한 논의가 시작됩니다. 이는 '예수'라는 이름이 '구원자'라는 의미인데, 그렇다면 '무엇으로부터의' 구원인지에 대해 묻는 것입니다.

29 문: 왜 하나님의 아들을 구원자라는 의미인 '예수' 라고 부릅니까?
답:

그것은 그가 우리를 구원하여 죄에서 해방시켜 주시기 때문이며, 또한 우리가 다른 구원자을 찾고자 해서도 안 되고, 어느 누구도 우리를 구원해줄 수 없기 때문입니다.

(참조: 벨직 신앙고백 제 11 조, 제 26 조)

강해

우리는 '예수'라는 이름을 너무나 당연하게 부르지만, 그 이름 안에 담긴 놀라운 의미와 권능을 진정으로 이해하고 있는지 스스로에게 물어보아야 합니다. 세상에는 수많은 이름들이 존재합니다. 이름은 단순한 식별 도구를 넘어, 그 존재의 본질과 역할을 드러냅니다. '예수'라는 이름은 하나님의 아들이 이 땅에 오신 목적을 가장 명확하게 보여줍니다. 본 문답을 통해 우리는 '예수'라는 이름이 우리의 삶에 어떤 의미인지, 그리고 왜 우리가 오직 그분만을 구원자로 고백해야 하는지 깊이 깨달을 수 있습니다.

1. 예수 이름의 의미: '죄로부터의 구원자'

"그것은 그가 우리를 구원하여 죄에서 해방시켜 주시기 때문이며"

1) '예수'의 히브리어 의미: '예수'라는 이름은 히브리어 '예슈아(Yeshua)'에서 유래했으며, 그 뜻은 '여호와는 구원이시다' 또는 '여호와께서 구원하신다'입니다. 이 이름 자체가 구원자로서의 예수님의 사명을 명확히 드러냅니다.

2) 죄로부터의 해방: 예수님께서 오신 가장 근본적인 목적은 우리를 "구원하여 죄에서 해방시켜"주시는 것입니다. 사람은 죄의 결과로 사망과 하나님의 진노 아래 있었으며(10, 11 문), 스스로는 죄의 속박에서 벗어날 수 없었습니다(13 문). 그러나 예수님은 십자가 죽음을 통해 우리의 죄값을 대신 치르시고, 부활하심으로 죄의 권세를 깨뜨리셨습니다. 그분의 희생을 통해 우리는 죄의 짐과 저주에서 벗어나 자유를 얻게 된 것입니다. 예수님은 탄생 때부터 그 이름의 의미와 사명이 분명히 계시되었습니다.

> **마태복음 1 장 21 절**: "아들을 낳으리니 이름을 예수라 하라 이는 그가 자기 백성을 그들의 죄에서 구원할 자이심이라 하니라"
> **로마서 6 장 22 절**: "그러나 이제는 너희가 죄로부터 해방되어 하나님께 종이 되어 거룩함에 이르는 열매를 맺었으니 그 마지막은 영생이라"
> **히브리서 7 장 25 절**: "그러므로 자기를 힘입어 하나님께 나아가는 자들을 온전히 구원하실 수 있으니 이는 그가 항상 살아 계셔서 그들을 위하여 간구하심이라"

2. 예수 이름의 유일성: '다른 구원자는 없다'

"또한 우리가 다른 구원자를 찾고자 해서도 안 되고, 어느 누구도 우리를 구원해줄 수 없기 때문입니다"

1) 배타적 유일성: 이 부분은 예수님만이 유일한 구원자이심을 강조합니다. 죄로부터의 구원은 너무나 중대하고 심각한 문제이기에, 다른 어떤 존재도 감히 그 역할을

할 수 없습니다.

2) **"다른 구원자를 찾고자 해서도 안 되고":** 예수 그리스도 외에 다른 구원의 길이나 다른 대안을 모색하는 것은 잘못된 시도입니다. 이는 사람의 노력, 다른 종교, 철학, 또는 그 어떤 피조물도 우리를 구원할 수 없다는 앞선 문답들(13, 14 문)의 결론과 일맥상통합니다.

3) **"어느 누구도 우리를 구원해줄 수 없기 때문입니다":** 오직 예수님만이 15, 16, 17 문에서 제시된 구원자의 모든 자격(참 사람, 의로운 사람, 참 하나님)을 완벽하게 갖추셨기 때문에, 그분 외에는 다른 구원자가 있을 수 없습니다. 사람의 죄는 하나님의 무한한 주권에 대한 것이므로(11 문), 유한한 사람이나 피조물은 그 죄값을 치를 수 없습니다. 그러나 예수님은 자신이 구원을 위한 유일한 길임을 말씀하셨습니다. 사도 베드로도 예수 그리스도의 이름 외에는 구원을 위한 다른 이름이 없음을 분명히 선포했습니다.

> **이사야 43 장 11 절:** "나 곧 나는 여호와라 나 외에 구원자가 없느니라"
> **요한복음 14 장 6 절:** "예수께서 이르시되 내가 곧 길이요 진리요 생명이니 나로 말미암지 않고는 아버지께로 올 자가 없느니라"
> **사도행전 4 장 12 절:** "다른 이로써는 구원을 받을 수 없나니 천하 사람 중에 구원을 받을 만한 다른 이름을 우리에게 주신 일이 없음이라 하였더라".

정리

이 땅에 오신 하나님의 아들을 '예수'라고 부르는 이유는 오직 그분만이 우리를 죄에서 구원하여 해방시켜 주실 수 있기 때문입니다. 또한 하나님의 말씀은 다른 어떤 존재도 우리를 구원할 수 없기 때문에 그분 외에 '다른 구원자를 찾아서는 안 된다'고 분명히 선포합니다. 이 문답은 예수 그리스도께서 유일하고 완전한 구원자이심을 강조하며, 그분의 이름 자체에 구원자로서의 사명을 담고 있음을 명확히 합니다. 이처럼 모든 구원의 소망과 믿음은 오직 예수 그리스도 한 분께 집중되어야 합니다.

하이델베르크 요리문답 제 30 문: 예수님 외의 구원을 추구하는 자들의 문제점

하이델베르크 요리문답 30 문은 "그러면 자신의 구원과 복을 성인에게서, 혹은 자기 자신이나 다른 데서 얻고자 하는 사람들이 있는데 그런 사람들은 유일한 구주 예수님을 믿는 것입니까? "하고 묻습니다. 앞선 29 문에서 예수님만이 유일한 구원자이심을 말했기 때문에, 이제 이 질문은 예수님 외의 다른 대상을 통해 구원이나 복을 추구하는 행위가 오직 예수님만을 믿는 믿음과 양립할 수 있는지를 묻는 것입니다.

답은 이에 대해 "아닙니다"하고 단호히 말하며, 온전한 구원자 예수님 한 분에 대한 분명한 믿음을 요구합니다.

30 문: 그러면 자신의 구원과 복을 성인에게서, 혹은 자기 자신이나 다른 데서 얻고자 하는 사람들이 있는데 그런 사람들은 유일한 구주 예수님을 믿는 것입니까?

답:

아닙니다. 그들은 말로는 예수님을 자랑하지만, 행위로는 유일한 구주 예수님을 부인하고 있습니다. 그러므로 그들은 '예수님은 완전한 구주가 아니시다'라고 하든지, 아니면 '진실한 믿음으로 이 구주를 영접하는 사람들은 자기들의 구원에 필요한 모든 것을 구주 예수님 안에서 반드시 발견하게 된다'라고 하든지, 이 둘 중에 하나를 진리로 선택해야 합니다.

(참조: 벨직 신앙고백 제 26 조)

강해

세상은 우리에게 다양한 구원의 길을 제시합니다. 어떤 사람은 뛰어난 지혜를 가진 성인에게서, 또 어떤 사람은 자신의 노력과 선행에서 구원의 길을 찾으려 합니다. 심지어 교회 안에서도 신앙생활의 특정 행위나 개인의 공로를 구원의 조건처럼 여기는 경향이 있습니다. 그래서 30 문은 입술로는 예수님을 고백하지만, 행동으로는 그분의 완전하고 유일한 구원자 되심을 부인하는 모순을 지적합니다. 그리고 예수님을 진정으로 믿는다는 것이 무엇인지에 대해 말해줍니다.

1. 예수님 외의 구원을 추구하는 행위

"자신의 구원과 복을 성인에게서, 혹은 자기 자신이나 다른 데서 얻고자 하는 사람들이 있는데"

이 표현은 예수 그리스도 외의 다른 구원의 대상을 추구하는 모든 시도를 포괄합니다.

1) "성인에게서": 중세 가톨릭교회에는 성인 숭배, 성인 유물 숭배, 성인에게 기도하는 행위 등을 통해 구원과 복을 얻으려는 경향이 있었습니다. 이는 성경이 가르치는 오직 한 분 중보자 예수 그리스도 교리와 배치됩니다.

디모데전서 2 장 5 절: "하나님은 한 분이시요 또 하나님과 사람 사이에 중보자도 한 분이시니 곧 사람이신 그리스도 예수라"

2) **"자기 자신이나"**: 자신의 선한 행위, 노력, 공로, 도덕적 삶 등을 통해 구원을 얻으려는 시도를 의미합니다. 이는 사람의 전적 타락과 무능력(8, 13 문)을 부인하는 것입니다.

갈라디아 5장 4절: "율법 안에서 의롭다 함을 얻으려 하는 너희는 그리스도에게서 끊어지고 은혜에서 떨어진 자로다"

3) **"다른 데서"**: 다른 종교, 우상, 미신, 심지어는 특정 교회나 지도자에게서 구원의 능력을 찾는 행위 등을 포함합니다.

고린도전서 1 장 12, 13 절: "내가 이것을 말하거니와 너희가 각각 이르되 나는 바울에게, 나는 아볼로에게, 나는 게바에게, 나는 그리스도에게 속한 자라 한다는 것이니 그리스도께서 어찌 나뉘었느냐 바울이 너희를 위하여 십자가에 못 박혔으며 바울의 이름으로 너희가 세례를 받았느냐"

2. **"아닙니다"**: 그러한 행위에 대한 단호한 부정

"아닙니다. 그들은 말로는 예수님을 자랑하지만, 행위로는 유일한 구주 예수님을 부인하고 있습니다."

질문에 대한 답변은 단호하게 "아닙니다"입니다. 이러한 답변은 이러한 행위는 입으로는 예수님을 구주로 고백할지라도, 실제 삶의 방식과 의지하는 대상을 통해 예수님의 유일한 구원자 되심을 부정하는 이율배반적인 모습임을 지적합니다. 참된 믿음은 단순히 입술의 고백이 아니라, '삶의 전반에서 나타나는' 신뢰와 의지를 통해 드러납니다.

디도서 1 장 16 절: "그들이 하나님을 시인하나 행위로는 부인하니 가증한 자요 복종하지 아니하는 자요 모든 선한 일을 버리는 자니라"

3. 믿음의 양자택일

"그러므로 그들은 '예수님은 완전한 구주가 아니시다'라고 하든지, 아니면 '진실한 믿음으로 이 구주를 영접하는 사람들은 자기들의 구원에 필요한 모든 것을 구주 예수님 안에서 반드시 발견하게 된다'라고 하든지, 이 둘 중에 하나를 진리로 선택해야 합니다."

이 문단은 예수님 외의 다른 구원을 추구하는 행위가 모순됨을 논리적으로 설명하며, 다음 '둘 중에 하나만'을 진리로 택하여 가부 간의 분명한 결단을 내릴 것을 촉구합니다. 이어 예수님을 구주로 믿는다는 것의 본질이 어떠해야 하는지를 강조해 말

합니다.

1) 첫째, "'예수님은 완전한 구주가 아니시다' 라고 하든지": 만약 예수님 외에 다른 것이 구원에 필요하다고 생각한다면, 이는 예수님께서 우리 구원에 필요한 모든 것을 이루어 놓으신 '완전한 구주' 가 아니시라는 주장과 같습니다. 이는 예수님의 인격과 사역의 완전성(15, 17문)을 훼손하는 심각한 오류입니다.

2) 둘째, "아니면 '진실한 믿음으로 이 구주를 영접하는 사람들은 자기들의 구원에 필요한 모든 것을 구주 예수님 안에서 반드시 발견하게 된다' 고 하든지": 만약 예수님이 진정으로 '완전한 구주' 이시라면, 그분을 '진실한 믿음으로 영접하는' (즉, 전적으로 신뢰하고 의지하는) 사람들은 '자기들의 구원에 필요한 모든 것' 을 '구주 예수님 안에서 반드시 발견' 하게 된다는 것입니다. 이 '모든 것'은 지혜, 의, 거룩함, 구원함(18문) 등 하나님과의 관계 회복과 영생에 필요한 모든 것을 포함합니다.

> **고린도전서 1장 30-31절:** "너희는 하나님으로부터 나서 그리스도 예수 안에 있고 예수는 하나님으로부터 나와서 우리에게 지혜와 의로움과 거룩함과 구원함이 되셨으니 기록된 바 자랑하는 자는 주 안에서 자랑하라 함과 같게 하려 함이라"

3) "이 둘 중에 하나를 진리로 선택해야 합니다.": 양자택일의 분명한 결정은 예수님 안에 있는 구원의 '충분성' 과 '유일성' 을 강조합니다. 우리의 구원은 예수님만으로 충분하며, 예수님 외에는 '다른 어떤 것도' 우리를 구원할 수 없습니다.

> **사도행전 4장 12절:** "다른 이로써는 구원을 받을 수 없나니 천하 사람 중에 구원을 받을 만한 다른 이름을 우리에게 주신 일이 없음이라 하였더라"
>
> **요한복음 14장 13, 14절:** "너희가 내 이름으로 무엇을 구하든지 내가 행하리니 이는 아버지로 하여금 아들로 말미암아 영광을 받으시게 하려 함이라 내 이름으로 무엇이든지 내게 구하면 내가 행하리라"
>
> **마태복음 28장 18절:** "예수께서 나아와 말씀하여 이르시되 하늘과 땅의 모든 권세를 내게 주셨으니"(모든 것을 이루어주실 수 있는 권세자)
>
> **골로새서 1장 19, 20절:** "아버지께서는 모든 충만으로 예수 안에 거하게 하시고 그의 십자가의 피로 화평을 이루사 만물 곧 땅에 있는 것들이나 하늘에 있는 것들이 그로 말미암아 자기와 화목하게 되기를 기뻐하심이라"(완전하신 구원자)

정리

자신의 구원과 복을 성인이나 자기 자신, 혹은 다른 어떤 것에서 찾으려는 사람들은 예수님이 '유일한 구주' 이심을 진정으로 믿는 것이 아님이 분명합니다. 이처럼 말로는 예수님을 구주로 고백하면서도, 행위로는 예수님이 유일하고 완전한 구주 되심을 부인할 뿐 아니라, 그 은혜와 능력을 불신하고 예수님 이외의 다른 것을 구하는 사람들이 있습니다. 그러나 이 문답은 예수 그리스도만이 구원에 필요한 모든 것을 완전하게 이루신 유일한 구주이시며, 그분을 진실한 믿음으로 영접하는 자는 그분 안에서 모든 것을 풍성하게 발견하게 된다는 것을 강조합니다. 이는 구원에 있어 오직 그리스도만을 의지해야 하는 '오직 그리스도'(Solus Christus)의 교리를 강력하게 지지합니다.

제 12 주일

하이델베르크 요리문답 제 31 문: 예수 그리스도의 삼중 직분

하이델베르크 요리문답 31 문은 "왜 예수님을 '그리스도', 곧 '기름 부음 받은 자'라고 부릅니까? "하고 묻습니다. 앞선 문답들에서 예수님을 유일한 구원자 '예수'로 고백하고 그분의 이름의 의미를 살펴보았다면, 이제는 그분의 칭호인 '그리스도'의 의미를 알고자 합니다. 이는 예수 그리스도의 직분에 관한 것, 곧 그의 사역에 대한 탐구입니다.

31 문: 왜 예수님을 '그리스도', 곧 '기름 부음 받은 자'라고 부릅니까?

답:

왜냐하면 예수님은 성부 하나님으로부터 임명을 받으시고 성령으로 기름 부음을 받으셨기 때문입니다.

이는 첫째로는 예수님이 하나님의 비밀스러운 경륜과 우리 구원에 대한 하나님의 뜻을 우리에게 온전히 계시해 줄 우리의 큰 선지자요 선생이 되시기 위함이요,

둘째로는 자기 몸을 희생제물로 단번에 드려 우리를 속량하시고, 우리를 위해 하나님 아버지께 늘 간구하시는 우리의 유일한 대제사장이 되시기 위함이요,

셋째로는 말씀과 성령으로 우리를 다스리시며, 예수님이 우리를 위해 대가를 지불하고 얻어주신 그 구원을 누리도록 보호하시고 보존하시는 우리의 영원한 왕이 되시기 위함입니다.

(참조: 벨직 신앙고백 제 21 조, 제 26 조)

강해

'그리스도'라는 칭호는 예수님이라는 이름만큼이나 우리가 자주 사용하는 말이지

만, 그 안에 담긴 깊은 의미를 충분히 이해하지 못하고 넘어갈 때가 많습니다. 이 칭호는 예수님의 존재와 사역의 핵심을 담고 있습니다. 예수님은 단순한 사람이 아니라, 하나님께서 택하시고 성령으로 기름 부으신 분이십니다. 구약에 의하면 하나님은 직분자를 세우실 때 그의 머리에 기름을 부으셨었습니다. 이 사실은 예수님이 하나님으로부터 어떤 직분을 받으셨음을 말해줍니다. 요리문답 31 문은 예수님이 받은 직분에 대해서, 그리고 그것이 우리의 구원과 삶에 어떤 의미가 있는지에 대해 말합니다.

1. '그리스도'의 의미: '기름 부음 받은 자'

"왜냐하면 예수님은 성부 하나님으로부터 임명을 받으시고 성령으로 기름 부음을 받으셨기 때문입니다"

1) '그리스도' (Christ) 라는 칭호: 이는 헬라어 '크리스토스' (Christos)에서 유래했으며, 히브리어 '메시아' (Messiah)와 동일하게 '기름 부음 받은 자' 라는 뜻입니다. 구약 시대에는 특별한 직분, 곧 왕, 제사장, 선지자로서의 직분을 수행하도록 하나님께 임명 받은 사람들에게 기름을 붓는 의식이 있었습니다.

2) 하나님께로부터의 임명과 성령의 기름 부음: 예수님은 사람들에게서가 아니라, 성부 하나님으로부터 성령으로 충만하게 기름 부음을 받으셨습니다. 이는 예수님이 하나님이 직접 임명하신 유일하고 참된 메시아이심을 증거합니다.

> **누가복음 3 장 21-22 절:** "백성이 다 세례를 받을새 예수도 세례를 받으시고 기도하실 때에 하늘이 열리며 성령이 비둘기 같은 형체로 그의 위에 강림하시더니 하늘로부터 소리가 나기를 너는 내 사랑하는 아들이라 내가 너를 기뻐하노라 하시니라"
> **누가복음 4 장 18 절:** "주의 성령이 내게 임하셨으니 이는 가난한 자에게 복음을 전하게 하시려고 내게 기름을 부으시고 나를 보내사 포로 된 자에게 자유를, 눈 먼 자에게 다시 보게 함을 전파하며 눌린 자를 자유롭게 하고
> **사도행전 10장 38절**: "하나님이 나사렛 예수에게 성령과 능력을 기름 붓듯 하셨으매 그가 두루 다니시며 선한 일을 행하시고 마귀에게 눌린 모든 사람을 고치셨으니 이는 하나님이 함께 하셨음이라"

2. 그리스도의 삼중 직분

예수님께서 '그리스도'로서 기름 부음을 받으신 것은, 우리의 구원을 위해 세 가지 직분을 수행하시기 위함입니다. 이는 '선지자', '제사장', '왕'의 직분입니다.

1) 우리의 큰 선지자요 선생

"이는 첫째로는 예수님이 하나님의 비밀스러운 경륜과 우리 구원에 대한 하나님의 뜻을 우리에게 온전히 계시해 줄 우리의 큰 선지자요 선생이 되시기 위함이요"

(1) **선지자적 역할**: 선지자는 하나님의 말씀을 받아 백성에게 전하고 가르치는 역할을 합니다. 예수님은 '큰 선지자요 선생'으로서, 우리에게 하나님의 비밀스러운 경륜(구원 계획)과 우리 구원에 대한 하나님의 뜻을 '온전히 계시'해 주셨습니다. 구약의 선지자들은 부분적으로 계시했으나, 예수님은 하나님 자신으로서 완전하고 최종적인 계시를 가져오셨습니다.

마태복음 11장 27절: "내 아버지께서 모든 것을 내게 주셨으니 아버지 외에는 아들을 아는 자가 없고 아들과 또 아들의 소원대로 계시를 받는 자 외에는 아버지를 아는 자가 없느니라"
히브리서 1장 1-2절: "옛적에 선지자들을 통하여 여러 부분과 여러 모양으로 우리 조상들에게 말씀하신 하나님이 이 모든 날 마지막에는 아들을 통하여 우리에게 말씀하셨으니 이 아들을 만유의 상속자로 세우시고 또 그로 말미암아 모든 세계를 지으셨느니라"

(2) **선생의 역할**: 앞선 문답(18문)에서 그리스도가 우리의 지혜가 되신다고 한 것처럼, 그분은 우리를 무지에서 건져내어 진리를 알게 하시는 분이십니다.

요한복음 8장 31, 32절: "그러므로 예수께서 자기를 믿은 유대인들에게 이르시되 너희가 내 말에 거하면 참으로 내 제자가 되고 진리를 알지니 진리가 너희를 자유롭게 하리라"

2) 우리의 유일한 대제사장

"둘째로는 자기 몸을 희생제물로 단번에 드려 우리를 속량하시고, 우리를 위해 하나님 아버지께 늘 간구하시는 우리의 유일한 대제사장이 되시기 위함이요"

(1) **제사장적 역할**: 제사장은 죄를 속죄하기 위해 하나님께 희생 제물을 드리고, 백성을 위해 하나님께 나아가 중보하는 역할을 합니다. 예수님은 우리의 '유일한 대제사장'으로서 이 두 가지 중요한 사역을 수행하셨습니다.

가. 속량: 그분은 '자기 몸을 희생제물로 단번에 드려 우리를 속량'하셨습니다. 구약의 제사들이 반복적이었던 반면, 그리스도의 희생은 모든 죄를 영원히 속죄하는 단 한 번의 완전한 제사였습니다.

히브리서 9장 26절: "그리하면 그가 세상을 창조한 때부터 자주 고난을 받았어야 할 것이로되 이제 자기를 단번에 제물로 드려 죄를 없이 하시려고 세상 끝에 나타나셨느니라"
히브리서 10장 10-14절: "이 뜻을 따라 예수 그리스도의 몸을 단번에 드리심으로 말미암아 우리가 거룩함을 얻었노라 제사장마다 매일 서서 섬기며 자주 같은 제사를 드리되 이 제사는 언제나 죄를 없게 하지 못하거니와 오직 그리스도는 죄를 위하여 한 영원한 제사를 드리시고 하나님 우편에 앉으사 그 후에 자기 원수들을 자기 발등상이 되게 하실 때까지 기다리시나니 그가 거룩하게 된 자들을 한 번의 제사로 영원히 온전하게 하셨느니라"

나. 중보: 그분은 지금도 '우리를 위해 하나님 아버지께 늘 간구하시는' 중보자이십니다. 십자가 사역을 통해 얻으신 구원을 믿는 자들에게 적용되도록 하나님 우편에서 계속해서 중보기도를 하십니다.

로마서 8장 34절: "누가 정죄하리요 죽으실 뿐 아니라 다시 살아나신 이는 그리스도 예수시니 그는 하나님 우편에 계신 자요 우리를 위하여 간구하시는 자시니라"
히브리서 7장 25절: "그러므로 자기를 힘입어 하나님께 나아가는 자들을 온전히 구원하실 수 있으니 이는 그가 항상 살아 계셔서 그들을 위하여 간구하심이라"
디모데전서 2장 5절: "하나님은 한 분이시요 또 하나님과 사람 사이에 중보자도 한 분이시니 곧 사람이신 그리스도 예수라"

3) 우리의 영원한 왕

"셋째로는 말씀과 성령으로 우리를 다스리시며, 예수님이 우리를 위해 대가를 지불하고 얻어주신 그 구원을 누리도록 보호하시고 보존하시는 우리의 영원한 왕이 되시기 위함입니다"

(1) 왕적 역할: 왕은 백성을 다스리고 보호하며 의와 공의를 실현합니다. 예수님은 우리의 '영원한 왕'으로서 이 땅에서, 그리고 영원히 우리를 다스려주십니다.

가. 다스리심: 그분은 '말씀과 성령으로 우리를 다스리십니다.' 말씀으로 진리를 가르치고 순종하게 하시며, 성령으로 우리의 마음을 변화시키고 인도하십니다.

스가랴 9장 9절: "시온의 딸아 크게 기뻐할지어다 예루살렘의 딸아 즐거이 부를지어다 보라 네 왕이 네게 임하시나니 그는 공의로우시며 구원을 베푸시며 겸손하여서 나귀를 타시나니 나귀의 작은 것 곧 나귀 새끼니라"
누가복음 1장 33절: "영원히 야곱의 집을 왕으로 다스리실 것이며 그 나라가 무궁하리라"

나. 보호 및 보존: 그분은 죄와 악의 세력으로부터 우리를 '보호하시고 보존'하셔서, '예수님이 우리를 위해 대가를 지불하고 얻어주신 그 구원을 누리도록' 하십니다. 이는 우리가 그리스도 안에서 얻은 구원이 결코 취소되지 않고 영원히 보장됨을 의미합니다.

요한복음 10장 28, 29절: "내가 그들에게 영생을 주노니 영원히 멸망하지 아니할 것이요 또 그들을 내 손에서 빼앗을 자가 없느니라 그들을 주신 내 아버지는 만물보다 크시매 아무도 아버지 손에서 빼앗을 수 없느니라"

빌립보서 1 장 6 절: "너희 안에서 착한 일을 시작하신 이가 그리스도 예수의 날까지 이루실 줄을 우리는 확신하노라

정리

예수님을 '그리스도' (기름 부음 받은 자)라고 부르는 이유는 그가 성부 하나님으로부터 성령으로 기름 부음을 받으셨기 때문입니다. 이는 예수님이 우리의 구원을 위해 '큰 선지자요 선생', '유일한 대제사장', '영원한 왕' 이라는 세 가지 직분을 수행하게 하시기 위함이었습니다. 실제 이 삼중 직분은 예수 그리스도의 인격과 사역의 총체적인 내용을 담고 있으며, 그분만이 우리의 완전한 구원자이심을 보여줍니다.

하이델베르크 요리문답 제 32 문: '그리스도인' 의 의미

하이델베르크 요리문답 32 문은 "그러면 당신이 그리스도인이라고 불리는 이유는 무엇입니까? "라는 질문을 합니다. 앞선 문답에서 예수님을 '그리스도'(기름 부음 받은 자)로 고백하며 그분의 삼중 직분(선지자, 제사장, 왕)을 살펴보았다면, 이제 이 질문은 그리스도를 믿는 '그리스도인'이 된다는 것의 실제적인 의미가 무엇이며, 이 칭호가 우리 삶에 어떤 함의를 갖는지를 설명합니다.

32 문: 그러면 당신이 그리스도인이라고 불리는 이유는 무엇입니까?

답:

그것은 내가 믿음으로 그리스도의 한 지체가 되어 그리스도의 기름 부음에 참여하기 때문입니다. 그러므로 나는 예수님의 이름으로 신앙고백을 하며, 나 자신을 감사의 산 제물로 그리스도께 드리며, 또한 이 세상을 사는 동안 자유롭고 선한 양심으로 죄와 사탄에 대항하여 싸우고, 후에 주님과 함께 모든 피조물을 영원토록 다스릴 것입니다.

(참조: 벨직 신앙고백 제 24 조, 제 25 조)

강해

우리는 흔히 '그리스도인'이라는 단어를 사용하지만, 그 이름이 갖는 무게와 영광을 깊이 생각해 보았는지 스스로에게 물어보아야 합니다. '그리스도인'은 단순히 교회를 다니거나 성경을 읽는 사람을 의미하지 않습니다. 우리가 이 이름을 사용하고 있다면 그것은 그리스도와의 관계성에 기초한 우리 자신에 대한 정체성의 선포입니다. 이는 곧 우리의 믿음과 삶에 직결되는 문제입니다. 그래서 32 문은 '그리스도인'이라

는 이름이 우리에게 어떤 책임을 가져다 주는지, 또한 이에 따른 복이 무엇인지에 대해 말해주며, 우리가 그 이름에 합당한 삶을 살아갈 수 있도록 도와줍니다.

1. 그리스도인의 정체성: '그리스도의 지체, 기름 부음에 참여'

"그것은 내가 믿음으로 그리스도의 한 지체가 되어 그리스도의 기름 부음에 참여하기 때문입니다"

1) "믿음으로 그리스도의 한 지체가 되어": '그리스도인'이란 'a man in Christ'로서 그리스도 안에 있는 자, 곧 우리가 단순히 예수님에 대한 정보를 아는 것을 넘어, '믿음'을 통해 예수 그리스도와 생명으로 연합되어, 한 지체로서 그 안에 거하고 있음을 의미합니다. 이러한 우리는 그리스도의 몸의 한 부분이 되어 그리스도 안에 있는 모든 은혜와 복을 공유합니다.

사도행전 11장 26절: "만나매 안디옥에 데리고 와서 둘이 교회에 일 년간 모여 있어 큰 무리를 가르쳤고 제자들이 안디옥에서 비로소 그리스도인이라 일컬음을 받게 되었더라"
로마서 6장 5절: "만일 우리가 그의 죽으심과 같은 모양으로 연합한 자가 되었으면 또한 그의 부활과 같은 모양으로 연합한 자도 되리라"
고린도전서 12장 27절: "너희는 그리스도의 몸이요 지체의 각 부분이라"

2) "그리스도의 기름 부음에 참여하기 때문입니다": 우리가 그리스도 안에서 그의 지체가 되었으므로, 그리스도께서 받으신 '기름 부음'(즉, 선지자, 제사장, 왕의 직분: 31문)에 우리도 참여하게 됩니다. 이것이 우리가 '그리스도인'이라 불리는 핵심적인 이유입니다. 우리의 정체성은 그리스도에게서 나옵니다.

로마서 8장 9절: "만일 너희 속에 하나님의 영이 거하시면 너희가 육신에 있지 아니하고 영에 있나니 누구든지 그리스도의 영이 없으면 그리스도의 사람이 아니라"
요한일서 2장 27절: "너희는 주께 받은 바 기름 부음이 너희 안에 거하나니 아무도 너희를 가르칠 필요가 없고 오직 그의 기름 부음이 모든 것을 너희에게 가르치며 또 참되고 거짓이 없으니 너희를 가르치신 그대로 주 안에 거하라"
베드로전서 2장 9절: "그러나 너희는 택하신 족속이요 왕 같은 제사장들이요 거룩한 나라요 그의 소유가 된 백성이니 이는 너희를 어두운 데서 불러 내어 그의 기이한 빛에 들어가게 하신 이의 아름다운 덕을 선포하게 하려 하심이라"

2. 그리스도인의 삶과 사명: 삼중 직분 참여의 결과

우리가 그리스도의 기름 부음에 참여한다는 것은 우리의 삶에서 구체적으로 다음과 같은 방식으로 나타납니다.

1) 선지자적 참여: '진리 증거, 복음 선포'

"그러므로 나는 예수님의 이름으로 신앙고백을 하며"

그리스도가 우리의 큰 선지자요 선생(31 문)이시기에, 우리는 그분의 진리를 받아들이고 '예수님의 이름으로 신앙고백' 을 합니다. 이는 말과 삶을 통해 하나님이 계시하신 진리를 증거하고, 세상에 복음을 선포하는 우리의 선지자적인 사명을 나타냅니다.

마태복음 10 장 32 절: "누구든지 사람 앞에서 나를 시인하면 나도 하늘에 계신 내 아버지 앞에서 그를 시인할 것이요"
히브리서 13 장 15 절: "그러므로 우리는 예수로 말미암아 항상 찬송의 제사를 하나님께 드리자 이는 그 이름을 증언하는 입술의 열매니라"

2) 제사장적 참여: 감사의 산 제물

"나 자신을 감사의 산 제물로 그리스도께 드리며"

그리스도가 우리의 유일한 대제사장(31문)으로서 자신을 단번에 희생제물로 드리셨기 때문에 우리는 우리의 구원을 위해 더 이상 다른 제물을 드릴 필요가 없습니다. 대신, 우리는 구원의 은혜에 감사하며, 그리스도께서 그러하셨듯이 '나 자신을 감사의 산 제물' 로 하나님께 드립니다. 이는 우리의 삶 전체가 예배가 되고, 우리의 몸과 마음, 재능, 시간 모두를 하나님을 위해 헌신해 사용하는 것을 의미합니다. 또한 그리스도와 함께 기도로 중보에 참여합니다.

로마서 12 장 1 절: "그러므로 형제들아 내가 하나님의 모든 자비하심으로 너희를 권하노니 너희 몸을 하나님이 기뻐하시는 거룩한 산 제물로 드리라 이는 너희가 드릴 영적 예배니라"
베드로전서 2 장 5 절: "너희도 산 돌 같이 신령한 집으로 세워지고 예수 그리스도로 말미암아 하나님이 기쁘게 받으실 신령한 제사를 드릴 거룩한 제사장이 될지니라"
계시록 1 장 6 절: "그의 아버지 하나님을 위하여 우리를 나라와 제사장으로 삼으신 그에게 영광과 능력이 세세토록 있기를 원하노라 아멘"

3) 왕적 참여: 죄와 사탄에 대항하여 싸우며 영원히 다스림

"또한 이 세상을 사는 동안 자유롭고 선한 양심으로 죄와 사탄에 대항하여 싸우고, 후에 주님과 함께 모든 피조물을 영원토록 다스릴 것입니다"

그리스도가 우리의 영원한 왕(31 문)이시기에, 우리는 그분의 다스림을 받으며 그분과 함께 왕의 권세를 누립니다.

(1) "죄와 사탄에 대항하여 싸우며": 죄와 사탄의 권세는 왕되신 그리스도에 의해

이미 깨어졌습니다. 그러므로 우리는 죄 사함을 통해 얻은 '자유롭고 선한 양심으로', 주 예수님이 다시 오실 그때까지, 적극적으로 우리 자신을 드려, 아직 남아 있는 죄와 마귀의 권세에 대항하여 싸워야 합니다. 이를 위해서 우리는 기도에 힘쓰므로, 성령의 권능을 얻어 주 예수 그리스도의 왕과 같은 권세를 충만히 덧입어야 합니다.

로마서 6 장 12, 13 절: "그러므로 너희는 죄가 너희 죽을 몸을 지배하지 못하게 하여 몸의 사욕에 순종하지 말고 또한 너희 지체를 불의의 무기로 죄에게 내주지 말고 오직 너희 자신을 죽은 자 가운데서 다시 살아난 자 같이 하나님께 드리며 너희 지체를 의의 무기로 하나님께 드리라"

에베소서 6 장 12 절: "우리의 씨름은 혈과 육을 상대하는 것이 아니요 통치자들과 권세들과 이 어둠의 세상 주관자들과 하늘에 있는 악의 영들을 상대함이라"

디모데전서 1 장 18-19 절: "아들 디모데야 내가 네게 이 교훈으로써 명하노니 전에 너를 지도한 예언을 따라 그것으로 선한 싸움을 싸우며 믿음과 착한 양심을 가지라 어떤 이들은 이 양심을 버렸고 그 믿음에 관하여는 파선하였느니라"

(2) "후에 주님과 함께": 궁극적으로 우리는 '주님과 함께 모든 피조물을 영원토록 다스릴 것'입니다. 이는 그리스도께서 재림하실 때 성도들이 그리스도와 함께 보좌의 앉아 통치하게 된다는 미래적 왕의 권세에 대한 약속입니다. 성도들은 장차 도래할 하나님 나라에서 예수님과 함께 영원히 왕 노릇 할 것입니다.

마태복음 25 장 34 절: "그 때에 임금이 그 오른편에 있는 자들에게 이르시되 내 아버지께 복 받을 자들이여 나아와 창세로부터 너희를 위하여 예비된 나라를 상속받으라"

계시록 3 장 21 절: "이기는 그에게는 내가 내 보좌에 함께 앉게 하여 주기를 내가 이기고 아버지 보좌에 함께 앉은 것과 같이 하리라"

계시록 22 장 5 절: "다시 밤이 없겠고 등불과 햇빛이 쓸 데 없으니 이는 주 하나님이 그들에게 비치심이라 그들이 세세토록 왕 노릇 하리로다"

정리

우리가 '그리스도인' 이라 불리는 이유는 이제는 우리가 믿음으로 그리스도 안에 거하여 그의 지체가 되고 그분의 기름 부음(선지자, 제사장, 왕 직분)에 참여하게 되었기 때문입니다. 이는 영광스러운 이름입니다. 우리는 그리스도의 성품에 참여하며 그리스도와 같은 선지자적인 삶, 자신을 감사의 산 제물로 드리는 제사장적인 삶, 그리고 죄와 사탄에 대항하여 싸우고 궁극적으로 주님과 함께 영원토록 다스리는 왕과 같은 삶을 살게 되었습니다. 이는 그리스도의 이름으로 구원받은 우리가 누릴 수 있는 복이요 영광이 아닐 수 없습니다. 우리는 구원의 은혜에 대한 단순한 수용을 넘어,

그리스도 안에서 주어진 이 직분을 따라 사명을 감당하는 역동적인 삶을 살게 되었습니다.

제 13 주일

하이델베르크 요리문답 제 33 문: 예수 그리스도의 독생자성

하이델베르크 요리문답 33 문은 "우리도 하나님의 자녀인데, 왜 우리는 예수님을 하나님의 '독생자'라고 부릅니까? "라는 질문을 합니다. 이 질문은 그리스도인들이 자신도 하나님의 자녀라고 고백하면서, 왜 예수님에게만 특별히 '독생자'(Only Begotten Son)라는 칭호를 사용하는지, 그 차이에 대한 이해를 돕습니다.

33 문: 우리도 하나님의 자녀인데, 왜 우리는 예수님을 하나님의 "독생자"라고 부릅니까?
답:

왜냐하면 오직 그리스도만이 하나님의 영원한 참된 아들이시기 때문입니다. 우리는 그리스도 때문에 은혜로 입양된 하나님의 자녀입니다.

(참조: 벨직 신앙고백 제 10 조, 니케아-콘스탄티노플 신조)

강해

우리는 '우리 모두는 하나님의 자녀'라는 말을 듣고 또 그렇게 말합니다. 이 말은 분명 성경적 진리를 담고 있지만, 예수님과 우리 사이의 근본적인 차이는 잘 이해해야 합니다. 예수님을 '독생자'(獨生子)라 부르는 것은 단순한 칭호가 아닙니다. 이는 그분만이 태초부터 영원히 하나님과 동일한 본질을 가지신 유일한 아들이심을 고백하는 것입니다. 반면, 우리는 그분과 같은 본질을 가진 존재가 아니라, 그리스도로 인해 은혜로 입양된 자녀입니다.

1. 예수 그리스도의 독생자성: '영원하고 참된 아들'

"왜냐하면 오직 그리스도만이 하나님의 영원한 참된 아들이시기 때문입니다"

1) "오직 그리스도만이": 이 표현은 예수님의 아들 되심이 유일무이함을 강조합니다. 그분은 다른 어떤 존재와도 비교할 수 없는 방식으로 하나님의 아들이십니다.

2) "하나님의 영원한 참된 아들":

(1) **'영원한' (Eternal) :** 예수님은 시간 속에서 창조되거나 생겨난 존재가 아니라,

영원 전부터 아버지 하나님과 함께 존재하신 분이십니다. 이는 그분의 선재성 (Pre-existence)과 신성을 나타냅니다.

(2) **'참된' (True)**: 예수님은 본성과 존재에 있어서 하나님과 동일한 본질을 가지신 아들이십니다. 아버지의 모든 속성을 온전히 공유하시며, 그분 자체가 '참 하나님'이십니다(15, 17 문). 이것은 단순히 어떤 특별한 관계나 직분을 의미하는 것이 아니라, 그분의 존재론적 본질을 가리키는 말입니다.

(3) **'아들' (Son)**: 성경에서 '아들'이라는 호칭은 '동일한 본질'을 의미하는 경우가 많습니다. '독생자'는 '유일하게 나신 분' 또는 '유일한 종류의 아들'이라는 의미로, 다른 피조물과는 다른 방식으로, 오직 그분만이 아버지로부터 나신 신적인 존재임을 나타냅니다.

(4) **신성의 강조**: 예수님을 '독생자'로 부르는 것은 그분의 완전한 신성을 고백하는 것입니다. 그분은 삼위일체 하나님의 제 2 위격으로서, 성부와 동등한 신적 본질을 가지십니다.

요한복음 1 장 1 절: "태초에 말씀이 계시니라 이 말씀이 하나님과 함께 계셨으니 이 말씀은 곧 하나님이시니라"
요한복음 1 장 14 절: "말씀이 육신이 되어 우리 가운데 거하시매 우리가 그의 영광을 보니 아버지의 독생자의 영광이요 은혜와 진리가 충만하더라"
요한복음 1 장 18 절: "본래 하나님을 본 사람이 없으되 아버지 품 속에 있는 독생하신 하나님이 나타내셨느니라"

2. 우리의 자녀 됨: '은혜로 입양된 자녀'

"우리는 그리스도 때문에 은혜로 입양된 하나님의 자녀입니다"

1) 우리의 지위: 우리도 '하나님의 자녀'라고 불리지만, 우리의 자녀 됨은 예수님의 독생자성과는 본질적으로 다릅니다.

(1) **"그리스도 때문에"**: 우리가 하나님의 자녀가 된 것은 우리 자신의 어떤 공로나 자격 때문이 아니라, 오직 예수 그리스도의 구원 사역 덕분입니다. 그리스도의 십자가 대속과 부활을 통해 우리는 하나님과의 관계가 회복되었습니다.

(2) **"은혜로 입양된"(Adopted by Grace)**: 우리의 자녀 됨은 본래적인 것이 아니라, 하나님의 '은혜'로 주어진 '입양'을 통해서입니다. 우리는 죄로 인해 하나님과 단절되었던 존재였으나, 하나님께서 크신 사랑과 자비로 우리를 자신의 가족으로 받아들이셨습니다. 입양된 자녀는 법적으로 친자녀와 동일한 권리와 상속권

을 가지지만, 그 관계의 시작은 출생이 아니라 은혜로운 선택에 의한 것입니다. 여기에 그리스도인으로서의 우리에게 겸손과 감사가 있습니다.

요한복음 1 장 12 절: "영접하는 자 곧 그 이름을 믿는 자들에게는 하나님의 자녀가 되는 권세를 주셨으니"
로마서 8 장 15-17 절: "너희는 다시 무서워하는 종의 영을 받지 아니하고 양자의 영을 받았으므로 우리가 아빠 아버지라고 부르짖느니라 성령이 친히 우리의 영과 더불어 우리가 하나님의 자녀임을 증언하시나니 자녀이면 또한 상속자 곧 하나님의 상속자요 그리스도와 함께한 상속자니 우리가 그와 함께 영광을 받기 위하여 고난도 함께 받아야 할 것이니라"
갈라디아서 4 장 4-5 절: "때가 차매 하나님이 그 아들을 보내사 여자에게서 나게 하시고 율법 아래에 나게 하신 것은 율법 아래에 있는 자들을 속량하시고 우리로 아들의 명분을 얻게 하려 하심이라"

정리

예수 그리스도를 '독생자' 라고 부르는 이유는 그분만이 '하나님의 영원한 참된 아들' 이시기 때문입니다. 우리는 오직 '그리스도를 위하여 은혜로 입양된 하나님의 자녀' 라는 점에서 '독생자' 와 분명히 구분됩니다. 이는 예수님의 본질적인 신성을 강조하고, 우리는 다만 하나님의 은혜와 그리스도의 공로로 '하나님의 자녀가 되는 특권' 을 누리게 되었다는 것입니다. 우리의 자녀 됨은 예수님의 독생자성과는 다른 차원의 것입니다. 그럼에도 우리가 하나님의 자녀가 된 것을 놀라운 감사가 아닐 수 없습니다. 이런 가운데 우리는 예수님은 우리와는 달리 그 본질이 하나님이신 우리의 경배의 대상이심을 잊어서는 안 됩니다.

하이델베르크 요리문답 제 34 문: 그리스도를 '우리 주' 라고 고백하는 이유

하이델베르크 요리문답 34 문은 "당신은 왜 그리스도를 '우리 주'라고 부릅니까? " 라는 질문을 합니다. 앞선 문답들에서 예수님을 '예수' (구원자, 29 문), '그리스도' (기름 부음 받은 자, 31 문), '독생자' (33 문)로 고백하며 그분의 인격과 사역을 다루었다면, 이제 이 문답은 그분께 붙이는 또 다른 중요한 칭호인 '우리 주'(Our Lord)의 의미를 설명합니다. 여기에는 '질서'의 개념이 포함되어 있습니다.

34 문: 당신은 왜 그리스도를 "우리 주"라고 부릅니까?

답:

왜냐하면 그리스도께서 금이나 은으로가 아니라 그의 보배로운 피로 우리의 몸과 영혼을 우리의 모든 죄에서 속량하셨으며, 우리를 마귀의 모든 권세에서 해방시키시고 자기 소유로 삼으셨기 때문입니다.

(참조: 벨직 신앙고백 제 21 조, 제 22 조)

강해

'주님'이라는 호칭은 우리가 기도할 때나 찬양할 때 너무나 자연스럽게 사용하는 단어입니다. 그러나 이 호칭이 단지 종교적인 예의나 관습이 아니라, 우리와 예수 그리스도 사이의 깊고 특별한 관계를 나타내는 것임을 기억해야 합니다. 34 문은 우리가 왜 예수님을 '주님'이라고 불러야 하는지, 그리고 그분이 우리의 주인이 되셨다는 사실이 우리의 삶에 어떤 의미와 변화를 가져다 주는지 깊이 배우게 합니다.

1. 그리스도의 속량 사역

"왜냐하면 그리스도께서 금이나 은으로가 아니라 그의 보배로운 피로 우리의 몸과 영혼을 우리의 모든 죄에서 속량하셨으며"

1) 속량의 대가: '주'라는 칭호는 소유와 통치의 권한을 의미합니다. 그리스도께서 '우리의 주가 되시는 근거'는 그분께서 우리를 '속량' 하셨기 때문입니다. 속량은 '값을 지불하고 사들이다', '포로 상태에서 해방시키다' 라는 의미입니다.

2) "금이나 은으로가 아니라 그의 보배로운 피로": 우리는 죄로 인해 하나님의 진노 아래 있었고, 죄의 종이 되어 있었습니다. 이 죄의 종 된 상태에서 우리를 구속하기 위해서는 엄청난 대가가 필요했습니다. 그러나 이 대가는 세상의 금이나 은과 같은 재물이 아니라, 그리스도 자신의 '보배로운 피'였습니다. 이는 예수님께서 자기 생명을 대가로 치르셨음을 의미하며, 그 희생의 무한한 가치와 완전성을 강조합니다(17문).

베드로전서 1 장 18-19 절: "너희가 알거니와 너희 조상이 물려준 헛된 행실에서 대속함을 받은 것은 은이나 금 같이 없어질 것으로 된 것이 아니요 오직 흠 없고 점 없는 어린 양 같은 그리스도의 보배로운 피로 된 것이니라"

3) 속량의 대상: 그리스도께서 속량하신 것은 단순히 우리의 육체적 생명이 아니라, 우리의 '몸과 영혼' 전부였습니다. 이는 우리의 전인격적인 구원, 즉 죄의 모든 속박에서 벗어나 영혼과 육체가 온전히 회복되는 구원을 의미합니다.

에베소서 1 장 7 절: "우리는 그리스도 안에서 그의 은혜의 풍성함을 따라 그의 피로 말미암아 속량 곧 죄 사함을 받았느니라"

디도 2 장 14 절: "그가 우리를 대신하여 자신을 주심은 모든 불법에서 우리를 속량하시고 우리를 깨끗하게 하사 선한 일을 열심히 하는 자기 백성이 되게 하려 하심이라"

4) 속량의 목적: 속량의 궁극적인 목적은 "우리의 모든 죄에서" 우리를 해방시키는 것이었습니다. 이는 과거, 현재, 미래의 모든 죄로부터의 완전한 자유를 의미합니다.

2. 해방과 소유권: 마귀의 권세에서 자유롭게 하심

"우리를 마귀의 모든 권세에서 해방시키시고 자기 소유로 삼으셨기 때문입니다"

1) 마귀의 권세에서 해방: 죄의 결과로 우리는 마귀의 종이 되어 그 권세 아래 있었습니다(8문). 그러나 그리스도께서는 십자가에서 죽으시고 부활하심으로 이러한 마귀의 모든 권세를 깨뜨리시고 우리를 그 속박에서 '해방시키셨습니다'. 이로서 우리는 사탄의 지배로부터 벗어나 진정한 자유를 얻게 되었습니다.

요한복음 8 장 34, 36 절: "예수께서 대답하시되 진실로 진실로 너희에게 이르노니 죄를 범하는 자마다 죄의 종이라 … 그러므로 아들이 너희를 자유롭게 하면 너희가 참으로 자유로우리라"

골로새서 1 장 13-14 절: "그가 우리를 흑암의 권세에서 건져내사 그의 사랑의 아들의 나라로 옮기셨으니 그 아들 안에서 우리가 속량 곧 죄 사함을 얻었도다"

히브리서 2 장 14-15 절: "자녀들은 혈과 육에 속하였으매 그도 또한 같은 모양으로 혈과 육을 함께 지니심은 죽음을 통하여 죽음의 세력을 잡은 자 곧 마귀를 멸하시며 또 죽기를 무서워하므로 한평생 매여 종노릇 하는 모든 자들을 놓아 주려 하심이니"

2) "자기 소유로 삼으셨기 때문입니다": 그리스도께서 우리를 위해 값을 치르시고 마귀의 권세에서 해방시키셨으므로, 이제 우리는 더 이상 우리 자신의 것이나, 마귀의 것이 아니라, '그리스도의 소유' 가 되었습니다. '주' 라는 칭호는 바로 이러한 '주권적인 소유권' 을 나타냅니다. 우리가 그리스도의 소유가 되었기에, 그분은 우리의 삶에 대한 완전한 권한을 가지시며, 우리는 그분께 순종하고 그분을 따르는 삶을 살아야 합니다.

고린도전서 7 장 23 절: "너희는 값으로 사신 것이니 사람들의 종이 되지 말라"

베드로전서 2 장 9 절: "그러나 너희는 택하신 족속이요 왕 같은 제사장들이요 거룩한 나라요 그의 소유가 된 백성이니 이는 너희를 어두운 데서 불러 내어 그의 기이한 빛에 들어가게 하신 이의 아름다운 덕을 선포하게 하려 하심이라"

정리

우리가 예수 그리스도를 '우리 주' 라고 고백하는 데는 심오한 의미가 담겨있음을 알아야 합니다. 그분께서는 금이나 은이 아닌, 자신의 보배로운 피로 우리의 몸과 영

혼을 모든 죄에서 속량하셨고, 마귀의 모든 권세에서 해방시키시고 우리를 '자기 소유'로 삼으셨습니다. 이것은 우리가 이제 예수 그리스도의 '위대한 대속'에 감사하며, 그 구원의 은혜를 충만히 누리면서 예수님을 섬기며 기쁘시게 하는 삶을 살아야 함을 말해줍니다.

제 14 주일

하이델베르크 요리문답 제 35 문: 그리스도의 성육신(동정녀 탄생)의 의미

하이델베르크 요리문답 35 문은 "그리스도께서 '성령으로 잉태하사, 동정녀 마리아에게 나시고'라는 말은 무슨 뜻입니까? "하고 묻습니다. 이것은 사도신경의 두 번째 부분, 성자 하나님 예수 그리스도에 대한 고백 중 그분의 잉태와 탄생에 관한 핵심 교리인 '성육신'(Incarnation)과 '동정녀 탄생'의 의미를 묻는 것입니다.

35 문: 그리스도께서 "성령으로 잉태하사, 동정녀 마리아에게 나시고"라는 말은 무슨 뜻입니까?

답:

지금도 앞으로도 참되고 영원한 하나님이신 하나님의 영원한 아들이, 성령으로 말미암아, 동정녀 마리아의 살과 피로부터 참된 인성을 취하시므로 다윗의 참된 후손이 되시고, 모든 면에서 그의 형제들과 같이 되셨다는 것이요, 그러나 죄는 없으시다는 것입니다.

(참조: 벨직 신앙고백 제 18 조, 니케아-콘스탄티노플 신조, 칼케돈 신조)

강해

이 문답은 예수 그리스도께서 어떻게 참된 인간이면서 동시에 참된 하나님이신지에 대한 진리를 말해주고 있습니다. 그분은 창조주 하나님이시면서도 성령으로 잉태되어 인간의 육신을 입으셨습니다. 이것은 하나님의 능력을 보여주는 놀라운 기적이지만, 여기에는 우리를 구원하시기 위한 하나님의 위대한 사랑의 계획이 담겨있습니다.

1. 성육신의 주체: '참되고 영원한 하나님이신 하나님의 영원한 아들'

"지금도 앞으로도 참되고 영원한 하나님이신 하나님의 영원한 아들이"

이 구절은 성육신하신 예수님의 신성(神性)을 강조합니다.

1) "지금도 앞으로도": 예수님의 신성은 성육신으로 인해 어느 때이든지 변하거나 상실되지 않았음을 강조합니다. 성육신은 신성 위에 인성이 더해진 것이지, 신성이 인성으로 변한 것이 아닙니다.

> **요한복음 1 장 14 절:** "말씀이 육신이 되어 우리 가운데 거하시매 우리가 그의 영광을 보니 아버지의 독생자의 영광이요 은혜와 진리가 충만하더라"

2) "참되고 영원한 하나님이신": 예수님은 참으로 하나님이시며, 그분의 신성은 시간의 제약을 받지 않는 영원한 속성입니다. 그분은 피조물이 아니라 창조주이십니다.

> **골로새서 1 장 15-17 절:** "그는 보이지 아니하는 하나님의 형상이시요 모든 피조물보다 먼저 나신 이시니 만물이 그에게서 창조되되 하늘과 땅에서 보이는 것들과 보이지 않는 것들과 혹은 왕권들이나 주권들이나 통치자들이나 권세들이나 만물이 다 그로 말미암고 그를 위하여 창조되었고 또한 그가 만물보다 먼저 계시고 만물이 그 안에 함께 섰느니라"

3) 하나님의 영원한 아들: 이는 예수님이 영원 전부터 성부 하나님과 함께 계셨으며, 성부와 동일한 신적 본질을 가지신 분이심을 다시 한번 확인합니다(33 문).

> **요한복음 1 장 1 절:** "태초에 말씀이 계시니라 이 말씀이 하나님과 함께 계셨으니 이 말씀은 곧 하나님이시니라"
> **마태복음 17 장 5 절:** "말할 때에 홀연히 빛난 구름이 그들을 덮으며 구름 속에서 소리가 나서 이르시되 이는 내 사랑하는 아들이요 내 기뻐하는 자니 너희는 그의 말을 들으라 하시는지라"

2. 성육신의 방식: '성령의 능력으로 동정녀에게서'

"성령으로 말미암아, 동정녀 마리아의 살과 피로부터 참된 인성을 취하시므로"

1) "성령으로 말미암아": 예수님의 잉태는 남녀 간의 결합이 아니라, 성령의 초자연적인 능력으로 이루어졌습니다(누가복음 1:35). 이는 예수님의 탄생이 사람의 방식이 아닌 신적인 기적임을 보여주며, 그분의 신성과 죄로부터의 순결성을 보증합니다.

> **누가복음 1 장 35 절:** "천사가 대답하여 이르되 성령이 네게 임하시고 지극히 높으신 이의 능력이 너를 덮으시리니 이러므로 나실 바 거룩한 이는 하나님의 아들이라 일컬어지리라"

2) "동정녀 마리아의 살과 피로부터": 예수님은 남녀의 결합 없이 동정녀 마리아에게서 나셨습니다(마태복음 1:20, 23). 이는 원죄와 타락한 본성을 물려받지 않고 죄 없이 태어나시게 하기 위한 하나님의 특별한 방법이었습니다.

> **마태복음 1 장 18 절:** "예수 그리스도의 나심은 이러하니라 그의 어머니 마리아가 요셉과 약혼하고 동거하기 전에 성령으로 잉태된 것이 나타났더니"

마태복음 1장 20절: "이 일을 생각할 때에 주의 사자가 현몽하여 이르되 다윗의 자손 요셉아 네 아내 마리아 데려오기를 무서워하지 말라 그에게 잉태된 자는 성령으로 된 것이라"

마태복음 1장 23절: "보라 처녀가 잉태하여 아들을 낳을 것이요 그의 이름은 임마누엘이라 하리라 하셨으니 이를 번역한즉 하나님이 우리와 함께 계시다 함이라"

3) "참된 인성을 취하시므로": 이는 그분이 단순히 사람처럼 보이거나 사람의 형상을 입으신 것이 아니라, 마리아의 살과 피로부터 참된 인성을 취하시므로 실제 우리와 동일한 육체와 영혼을 가진 '완전한 사람'이 되셨음을 의미합니다. 그분은 참으로 배고프고, 목마르고, 피곤하고, 고통을 느끼고, 죽으시기까지 사람이 경험하는 모든 것을 다 경험하셨습니다.

히브리서 2장 14절: "자녀들은 혈과 육에 속하였으매 그도 또한 같은 모양으로 혈과 육을 함께 지니심은 죽음을 통하여 죽음의 세력을 잡은 자 곧 마귀를 멸하시며"

히브리서 2장 17절: "그러므로 그가 범사에 형제들과 같이 되심이 마땅하도다 이는 하나님의 일에 자비하고 신실한 대제사장이 되어 백성의 죄를 속량하려 하심이라"

3. 성육신의 결과

"다윗의 참된 후손이 되시고 모든 면에서 그의 형제들과 같이 되셨다는 것이요, 그러나 죄는 없으시다는 것입니다"

1) "다윗의 참된 후손이 되시고": 예수님은 마리아를 통해 육체적으로 다윗의 혈통을 이으셨습니다. 이는 구약 성경에 기록된 메시아 예언의 성취이며, 그분이 약속된 왕이심을 증거합니다.

사무엘하 7장 12절: "네 수한이 차서 네 조상들과 함께 누울 때에 내가 네 몸에서 날 네 씨를 네 뒤에 세워 그의 나라를 견고하게 하리라"

마태복음 1장 1절: "아브라함과 다윗의 자손 예수 그리스도의 계보라"

누가복음 1장 32절: "그가 큰 자가 되고 지극히 높으신 이의 아들이라 일컬어질 것이요 주 하나님께서 그 조상 다윗의 왕위를 그에게 주시리니"

로마서 1장 3절: "그의 아들에 관하여 말하면 육신으로는 다윗의 혈통에서 나셨고"

2) "모든 면에서 그의 형제들과 같이 되셨다는 것이요": 예수님은 참된 사람(Real Human)으로서 우리와 완전히 동일한 본성을 가지셨습니다. 이는 그분이 우리의 연약함을 이해하시고, 우리를 위해 대속 제물이 되실 수 있는 자격을 갖추셨음을 의미합니다.

히브리서 2장 14: "자녀들은 혈과 육에 속하였으매 그도 또한 같은 모양으로 혈과 육을 함께 지니심은 죽음을 통하여 죽음의 세력을 잡은 자 곧 마귀를 멸하시며"

3) "그러나 죄는 없으시다는 것입니다": 이것은 예수님의 인성에 있어 가장 중요한 특징이자, 그분이 우리의 구원자가 되기 위한 필수 조건입니다. 예수님은 완전한 사람이셨지만, 결코 죄를 짓지 않으셨고, 죄의 본성도 갖지 않으셨습니다. 사람은 모두 죄로 인해 타락했지만(8 문), 죄 없으신 예수님만이 죄인인 우리를 위해 흠 없는 제물이 되실 수 있었습니다(16 문, 히브리서 4:15, 고린도후서 5:21). 이것이 성령으로 잉태되시고 동정녀에게서 나신 목적 중 하나입니다.

히브리서 4 장 15 절: "우리에게 있는 대제사장은 우리의 연약함을 동정하지 못하실 이가 아니요 모든 일에 우리와 똑같이 시험을 받으신 이로되 죄는 없으시니라"
고린도후서 5 장 21 절: "하나님이 죄를 알지도 못하신 이를 우리를 대신하여 죄로 삼으신 것은 우리로 하여금 그 안에서 하나님의 의가 되게 하려 하심이라"

정리

"성령으로 잉태하사, 동정녀 마리아에게 나시고"라는 고백은 성육신의 교리를 한마디로 요약합니다. 이것은 예수님의 완전한 신성과 완전한 인성을 동시에 고백하며, 그분이 죄 없으신 구원자로서 결국 우리를 위한 완전한 대속 제물이 되신다는 것입니다. 자기 아들을 사람으로 보내신 성부 하나님과, 또 사람이 되신 성자 하나님, 그리고 성자 하나님을 동정녀 마리아에게 잉태하게 하신 성령 하나님은 성 삼위 하나님이 하나 되어 우리를 어떻게 구원하시는지, 그 신비한 권능과 그 안에 담긴 큰 은혜를 잘 말해줍니다.

하이델베르크 요리문답 제 36 문: 그리스도의 성육신이 주는 유익

하이델베르크 요리문답 36 문은 "그리스도께서 거룩하게 잉태되어 탄생되셨다는 사실이 당신에게 어떤 유익을 가져다 줍니까? "하고 묻습니다. 앞선 35 문에서 예수 그리스도께서 성령으로 잉태되어 동정녀 마리아에게 나셨고 죄가 없으시다는 것을 설명했다면, 이제 이 질문은 이것이 '우리 개인의 구원'에 어떤 실제적이고 구체적인 유익을 주는지를 묻는 것입니다.

36 문: 그리스도께서 거룩하게 잉태되어 탄생되셨다는 사실이 당신에게 어떤 유익을 가져다 줍니까?

답:

내가 죄 가운데 잉태되고 태어났으나, 그리스도께서는 우리의 중보자가 되시어 그의 순결과 완전한 거룩함으로 나의 모든 죄를 하나님 앞에서 가려 주십니다.

(참조: 벨직 신앙고백 제 18 조)

강해

36 문은 성육신의 진리가 단순히 역사적인 사건으로 그치는 것이 아니라, 오늘을 살아가는 우리에게 어떤 실제적인 유익을 가져다 주는지 깊이 있게 다룹니다. 우리는 태어나면서부터 죄인이지만, 예수님의 거룩한 탄생은 그분만이 우리의 죄를 온전히 덮어주실 수 있는 유일한 분임을 증명합니다. 이를 통해 우리는 하나님이 주시는 구원의 확신과 영원한 소망을 깊이 깨닫게 됩니다.

1. 우리의 죄악된 상태 재확인

"내가 죄 가운데 잉태되고 태어났으나"

이 구절은 사람의 근본적인 문제인 '원죄'를 다시 한번 상기시킵니다(8 문). 아담의 타락 이후 모든 사람은 죄악된 본성을 가지고 태어나며, 이는 우리 스스로는 하나님 앞에서 의로워질 수 없는 상태에 있음을 의미합니다. 우리의 존재 자체가 죄 가운데서 시작되었기 때문에, 우리는 자기 힘이나 노력으로 죄의 오염에서 결코 벗어날 수 없습니다.

시편 51 편 5 절: "내가 죄악 중에 출생하였음이여 어머니가 죄 중에서 나를 잉태하였나이다"

2. 그리스도의 역할: '우리의 중보자'

"그리스도께서는 우리의 중보자가 되시어"

1) 유일한 중보자: 앞선 문답들(15, 18, 29 문)에서 강조되었듯이, 예수 그리스도만이 하나님과 죄인 된 사람 사이의 유일한 중보자가 되십니다. 그분만이 하나님의 공의와 사람의 죄악된 상태 사이를 연결하고 화해시킬 수 있습니다.

디모데전서 2 장 5, 6 절: "하나님은 한 분이시요 또 하나님과 사람 사이에 중보자도 한 분이시니 곧 사람이신 그리스도 예수라 그가 모든 사람을 위하여 자기를 대속물로 주셨으니 기약이 이르러 주신 증거니라"

3. 성육신의 유익: '그리스도의 순결과 거룩함으로 우리의 죄를 가려주심'

"그의 순결과 완전한 거룩함으로 나의 모든 죄를 하나님 앞에서 가려 주십니다."

이것이 그리스도의 거룩한 잉태와 탄생, 즉 그분의 죄 없으심이 우리에게 주는 결정적인 유익입니다.

1) **그리스도의 "순결과 완전한 거룩함"**: 예수님은 성령으로 잉태되셨기 때문에 원죄로부터 자유로우셨고(35 문), 평생 동안 단 한 번도 죄를 짓지 않으신 완전히 순결하고 거룩하신 분이셨습니다. 그분은 흠 없는 하나님의 어린 양이셨습니다.

> **고린도후서 5장 21절**: "하나님이 죄를 알지도 못하신 이를 우리를 대신하여 죄로 삼으신 것은 우리로 하여금 그 안에서 하나님의 의가 되게 하려 하심이라"
> **베드로전서 1장 19절**: "오직 흠 없고 점 없는 어린 양 같은 그리스도의 보배로운 피로 된 것이니라"

2) **"나의 모든 죄를 하나님 앞에서 가려 주십니다"**: 우리가 죄 가운데 태어났고 스스로는 거룩해질 수 없지만, 그리스도께서 우리의 죄 없으신 중보자가 되셨기에, 그분의 흠 없는 순결과 완전한 거룩함이 '나의 모든 죄'를 하나님 앞에서 덮어주고 가려주는 역할을 합니다.

(1) **전가된 의 (imputed righteousness)**: 그리스도께서 우리의 죄를 담당하시기 위해 죄인과 같이 여겨지셨듯이, 그리스도의 완전한 의와 거룩함이 우리에게 전가되어 우리가 하나님 앞에서 의롭다 여김을 받게 되었습니다.

> **베드로전서 2장 24절**: "친히 나무에 달려 그 몸으로 우리 죄를 담당하셨으니 이는 우리로 죄에 대하여 죽고 의에 대하여 살게 하려 하심이라 그가 채찍에 맞음으로 너희는 나음을 얻었나니"
> **로마서 3장 24절**: "그리스도 예수 안에 있는 속량으로 말미암아 하나님의 은혜로 값 없이 의롭다 하심을 얻은 자 되었느니라"

(2) **죄를 가려 줌**: 하나님은 우리를 보실 때, 우리의 죄악된 모습이 아니라 그리스도의 의의 옷을 입은 모습으로 보시게 됩니다. 마치 그리스도의 거룩함이 장막처럼 우리의 죄를 가려주는 것과 같습니다.

> **창세기 3장 21절**: "여호와 하나님이 아담과 그의 아내를 위하여 가죽옷을 지어 입히시니라"
> **이사야 61장 10절**: "내가 여호와로 말미암아 크게 기뻐하며 내 영혼이 나의 하나님으로 말미암아 즐거워하리니 이는 그가 구원의 옷을 내게 입히시며 공의의 겉옷을 내게 더하심이 신랑이 사모를 쓰며 신부가 자기 보석으로 단장함 같게 하셨음이라"
> **고린도후서 5장 21절**: "하나님이 죄를 알지도 못하신 이를 우리를 대신하여 죄로 삼으신 것은 우리로 하여금 그 안에서 하나님의 의가 되게 하려 하심이라"

정리

그리스도께서 거룩하게 잉태되어 탄생하셨다는 사실은 우리에게 '나의 모든 죄가 하나님 앞에서 가려지는' 놀라운 유익을 가져다 줍니다. 우리가 죄 가운데 태어난 존재임에도 불구하고, 그리스도께서 우리의 죄 없으신 중보자가 되셨기 때문에, 그분의 완전한 순결과 거룩함이 우리에게 전가되어 하나님 앞에서 의롭다 여김을 받게 된 것입니다. 이 문답은 그리스도의 무죄성(Sinlessness)이 우리의 구원에 얼마나 필수적인 조건이며, 그분의 대속적 의가 우리에게 어떻게 적용되는지 분명히 보여줍니다.

제 15 주일

하이델베르크 요리문답 제 37 문: 그리스도의 고난의 의미

하이델베르크 요리문답 37 문은 " '고난을 받으사'라는 말은 무슨 뜻입니까? "라고 물으며 예수 그리스도의 중요한 사역 중 하나인 '고난'의 의미를 구체적으로 조명합니다. 답은 이 고난은 단지 육체적인 아픔을 넘어 죄인 된 우리를 위한 대속적 희생임을 강조하며, 그 결과로 우리가 구원의 은혜를 누리게 되었음을 설명합니다.

37 문: "고난을 받으사"라는 말은 무슨 뜻입니까?

답:

이것은 그리스도께서 세상에 사는 동안 내내, 특히 그의 생애의 마지막 때에 모든 인류의 죄에 대한 하나님의 진노를 자신의 몸과 영혼에 떠맡으셨다는 뜻입니다.

또한 그렇게 고난을 겪으심으로 그리스도께서 유일한 화목제물이 되셔서 우리의 몸과 영혼을 영원한 저주로부터 속량하시며, 우리를 위해 하나님의 은혜와 의와 영생을 획득하고자 하셨다는 뜻입니다.

(참조: 벨직 신앙고백 제 18 조, 제 21 조, 제 23 조)

강해

예수님의 생애는 영광스러운 기적과 가르침으로 가득했지만, 그분의 구원 사역의 정점은 바로 그분이 당하신 '고난' 속에 있습니다. 이 고난이 없었다면 우리의 구원은 불가능했을 것입니다. 물론 우리도 고난을 받기도 하지만, 그리스도께서 받으신 고난은 우리의 고난과는 차원이 다릅니다. 이 문답은 그분의 고난이 단순한 육체적 고통이 아니라, '모든 인류의 죄에 대한 하나님의 진노'를 온몸과 영혼으로 대신 짊어지신 사건이라고 설명합니다. 이 고난 덕분에 우리는 하나님의 은혜와 의를 얻고, 영생을 누릴 수 있게 되었습니다.

1. 그리스도 고난의 본질: '하나님의 진노를 떠맡으심'

"이것은 그리스도께서 세상에 사는 동안 내내, 특히 그의 생애의 마지막 때에 모든 인류의 죄에 대한 하나님의 진노를 자신의 몸과 영혼에 떠맡으셨다는 뜻입니다"

1) "세상에 사는 동안 내내": 그리스도의 고난은 십자가에서 갑자기 시작된 것이 아니라, 그가 이 땅에 오신 순간부터 시작된 것이었습니다. 죄 없는 분이 연약하고 죄 있는 사람의 몸을 입고 오신 것 자체가 고난의 시작이었습니다. 그리스도는 세상의 죄와 불의를 보시며 고통 받으셨고, 시험과 박해를 당하셨습니다.

히브리서 4 장 15 절: "우리에게 있는 대제사장은 우리의 연약함을 동정하지 못하실 이가 아니요 모든 일에 우리와 똑같이 시험을 받으신 이로되 죄는 없으시니라"
히브리서 12 장 3 절: "너희가 피곤하여 낙심하지 않기 위하여 죄인들이 이같이 자기에게 거역한 일을 참으신 이를 생각하라"

2) "특히 그의 생애의 마지막 때에": 그러나 그분의 고난은 겟세마네 동산에서의 번민, 재판 과정에서의 수모, 특히 그의 생애의 마지막 때에 십자가 위에서의 죽음에 이르기까지 계속 되었습니다.

3) "모든 인류의 죄에 대한 하나님의 진노를 자신의 몸과 영혼에 떠맡으셨다는 뜻입니다": 이것이 그리스도 고난의 가장 깊은 본질입니다. 단순히 사람의 박해나 육체적 고통이 아니라, 죄에 대한 공의로우신 하나님의 맹렬한 진노와 저주를 그리스도께서 친히 짊어지신 것입니다.

(1) 객관적 대속: 이 진노는 본래 죄인 된 우리가 받아야 할 것이었으나, 그리스도께서 우리를 '대신하여' 받으셨습니다.

이사야 53 장 4 절: "그는 실로 우리의 질고를 지고 우리의 슬픔을 당하였거늘 우리는 생각하기를 그는 징벌을 받아 하나님께 맞으며 고난을 당한다 하였노라"
이사야 53 장 12 절: "그러므로 내가 그에게 존귀한 자와 함께 몫을 받게 하며 강한 자와 함께 탈취한 것을 나누게 하리니 이는 그가 자기 영혼을 버려 사망에 이르게 하며 범죄자 중 하나로 헤아림을 받았음이니라 그러나 그가 많은 사람의 죄를 담당하며 범죄자를 위하여 기도하였느니라"

(2) 전인격적 고난: 그분은 '자신의 몸과 영혼에' 이 진노를 떠맡으셨습니다. 십자가의 육체적인 고통뿐만 아니라, 하나님과의 단절로 인한 영적인 고뇌와 심령의

고통은 상상할 수 없을 만큼 깊었습니다.

시편 22 편 14-16 절: "나는 물 같이 쏟아졌으며 내 모든 뼈는 어그러졌으며 내 마음은 밀랍 같아서 내 속에서 녹았으며 내 힘이 말라 질그릇 조각 같고 내 혀가 입천장에 붙었나이다 주께서 또 나를 죽음의 진토 속에 두셨나이다 개들이 나를 에워쌌으며 악한 무리가 나를 둘러 내 수족을 찔렀나이다"

마가복음 14 장 34 절: "말씀하시되 내 마음이 심히 고민하여 죽게 되었으니 너희는 여기 머물러 깨어 있으라 하시고"

마태복음 27 장 46 절: "제구시쯤에 예수께서 크게 소리 질러 이르시되 엘리 엘리 라마 사박다니 하시니 이는 곧 나의 하나님, 나의 하나님, 어찌하여 나를 버리셨나이까 하는 뜻이라"

갈라디아서 3 장 13 절: "그리스도께서 우리를 위하여 저주를 받은 바 되사 율법의 저주에서 우리를 속량하셨으니 기록된 바 나무에 달린 자마다 저주 아래 있는 자라 하였음이라"

2. 그리스도 고난의 목적: '화목제물 되심'

"또한 그렇게 고난을 겪으심으로 그리스도께서 유일한 화목제물이 되셔서"

1) "유일한 화목제물": 그리스도는 고난을 받으시므로 하나님과 우리 사이의 '화목제물'(Propitiation)이 되셨습니다. 화목제물은 죄로 인해 발생한 하나님의 진노를 가라앉히고, 하나님과 사람 사이의 관계를 회복시키는 역할을 합니다. 그분만이 완전하고 흠 없는 희생 제물이 되실 수 있었습니다(16, 31 문).

로마서 3 장 25 절: "이 예수를 하나님이 그의 피로써 믿음으로 말미암는 화목제물로 세우셨으니 이는 하나님께서 길이 참으시는 중에 전에 지은 죄를 간과하심으로 자기의 의로우심을 나타내려 하심이니"

요한일서 2장 2절: "그는 우리 죄를 위한 화목 제물이니 우리뿐 아니라 온 세상의 죄를 위하심이라"

3. 그리스도 고난의 결과: '영원한 저주로부터 속량 및 구원의 획득'

"우리의 몸과 영혼을 영원한 저주로부터 속량하시며, 우리를 위해 하나님의 은혜와 의와 영생을 획득하고자 하셨다는 뜻입니다"

그리스도의 대속적 고난으로 인해 우리는 다음과 같은 놀라운 구원의 유익을 얻게 되었습니다.

1) "우리의 몸과 영혼을 영원한 저주로부터 속량하시며": '속량'은 값을 치르고 자유롭게 하는 것을 의미합니다(34 문). 그리스도의 고난과 죽음은 죄인인 우리가 받아야 할 영원한 형벌, 즉 '하나님으로부터의 영원한 단절과 저주'로부터 우리를 구출해 내

셨습니다. 이로서 우리의 몸과 영혼 전체가 구원받아 영원한 멸망에서 벗어나게 되었습니다.

갈라디아 3장 13절: "그리스도께서 우리를 위하여 저주를 받은 바 되사 율법의 저주에서 우리를 속량하셨으니 기록된 바 나무에 달린 자마다 저주 아래에 있는 자라 하였음이라"

2) **"우리를 위해 하나님의 은혜와 의와 영생을 획득하고자 하셨다는 뜻입니다."**: 그리스도의 고난은 단순히 부정적인 것(저주로부터의 해방)에서 그치는 것이 아니라, 긍정적인 구원의 복을 '획득' 하게 하셨습니다.

(1) **하나님의 은혜**(Grace): 하나님의 은혜는 우리의 자격이나 공로와 상관없이 하나님께서 베푸시는 값없는 호의와 사랑을 의미합니다.

(2) **의**(Righteousness): 하나님 앞에서 의롭다 인정받는 지위. 그리스도의 의가 우리에게 전가됨으로써 우리는 하나님과 화목하게 되었습니다(36문).

로마서 3장 24절: "그리스도 예수 안에 있는 속량으로 말미암아 하나님의 은혜로 값 없이 의롭다 하심을 얻은 자 되었느니라"
로마서 5장 19절: "한 사람이 순종하지 아니함으로 많은 사람이 죄인 된 것 같이 한 사람이 순종하심으로 많은 사람이 의인이 되리라"

(3) **영생**(Eternal Life): 하나님과의 영원한 교제 속에서 누리는 충만한 생명, 이는 단순히 오래 사는 것을 넘어, 질적으로 다른 하나님의 생명에 참여하는 것입니다.

요한복음 3장 16절: "하나님이 세상을 이처럼 사랑하사 독생자를 주셨으니 이는 그를 믿는 자마다 멸망하지 않고 영생을 얻게 하려 하심이라"
로마서 5:21 절: "이는 죄가 사망 안에서 왕 노릇 한 것 같이 은혜도 또한 의로 말미암아 왕 노릇 하여 우리 주 예수 그리스도로 말미암아 영생에 이르게 하려 함이라"

(4) **이 모든 것은 그리스도의 고난과 대속 사역의 결과로** 우리를 위해 얻어진 것입니다. 우리가 스스로 얻을 수 없었던 모든 것을 그분께서 우리를 대신하여 획득해 주셨습니다.

정리

그리스도께서 받으신 고난은 인류의 죄에 대한 '하나님의 진노를 자신의 몸과 영혼에 떠맡으신' 대속적 고난입니다. 이 고난을 통해 그분은 우리의 '유일한 화목제물'이 되셔서, 우리를 '영원한 저주로부터 속량'하시고, 궁극적으로 우리를 위해 '하나님의 은혜와 의와 영생'을 획득하셨습니다. 그리스도의 고난은 분명한 역사적 사건이지만, 그것은 우리를 죄와 사망과 영원한 저주에서 구원해 주시는 결정적인 구원 사역입니다. 그 크신 고난으로 인해 우리의 구원이 은혜 안에서 풍성해졌습니다.

하이델베르크 요리문답 제 38 문: 본디오 빌라도에게 고난 받으신 이유

하이델베르크 요리문답 38 문은 "예수께서는 왜 재판장 '본디오 빌라도에게' 고난을 받으셨습니까? "하고 묻습니다. 사도신경에서 그리스도의 고난을 언급할 때 단순히 '고난을 받으사'라고 하지 않고, 이렇게 특정 인물인 '본디오 빌라도'를 명시하는 이유가 무엇일까요? 이 질문은 그리스도의 고난에 역사적 의미를 더해주며 이로 인해 우리에게 주어진 구원의 은혜를 깊이 설명해줍니다.

38 문: 예수께서는 왜 재판장 '본디오 빌라도에게' 고난을 받으셨습니까?

답:

예수께서 죄가 없으신 데도 세상의 재판관에게 정죄 받으신 것은우리에게 임할 하나님의 무서운 심판에서 우리를 구원하시기 위해서였습니다.

(참조: 벨직 신앙고백 제 18 조, 제 21 조, 제 23 조)

강해

사도신경을 고백할 때마다 우리는 '본디오 빌라도'라는 특정 인물을 예수님의 고난과 연결시킵니다. 왜 수많은 사람들 중에 하필 한 로마 총독의 이름이 신앙 고백 안에 기록되었을까요? 이 질문은 예수님의 고난이 역사적인 사실임을 증명할 뿐만 아니라, 그 고난이 우리에게 어떤 의미를 갖는지 깊이 있게 설명해 줍니다. 그분은 죄가 없으셨지만, 불의한 재판관에게 정죄를 받으셨습니다. 그러나 이것은 단지 한 개인의 비극적인 사건이 아니라, 우리를 향한 하나님의 놀라운 구원 계획의 일부였습니다. 예수님의 재판은 인간의 불의함이 드러나는 자리였지만, 동시에 하나님의 정의와 사랑이 완성되는 자리였습니다. 그분께서 죄인 취급을 받으심으로, 우리가 의인으로 인정받는 놀라운 은혜를 얻게 된 것입니다.

1. 본디오 빌라도 명시의 중요성: '역사성과 법적 정죄'

1) 역사적 사실성: 사도신경이 '본디오 빌라도에게'라고 명시하는 것은 예수 그리스도의 고난과 죽음이 단순한 신화나 전설이 아니라, '역사의 특정 시점에' 실제 인물에 의해 이루어진 사건임을 강조합니다. 본디오 빌라도는 서기 26-36 년에 유대를 다

스린 로마 총독으로, 그의 이름이 언급됨으로써 예수님의 고난이 역사적 사실임을 확증합니다.

2) 공개적인 재판과 법적 정죄: 예수님께서는 단순한 폭행이나 사적인 처형을 당하신 것이 아니라, 공개적인 법적 절차를 거쳐 재판을 받고 정죄되셨습니다. 이는 예수님의 죽음이 '법적인 심판'의 성격을 띠었음을 의미합니다.

2. 그리스도의 무죄와 대속적 정죄

"예수께서 죄가 없으신 데도 세상의 재판관에게 정죄 받으신 것은"

1) 그리스도의 무죄: 예수님은 성육신하실 때부터 죄가 없으셨고(35 문), 평생 동안 단 한 번도 죄를 짓지 않으신 완전하게 의로우신 분이셨습니다. 빌라도는 당시의 엄중한 로마법에 의해서 예수님을 심문하였습니다. 그러나 그는 예수님에게서 아무 죄도 찾지 못했다고 세 번이나 선언했습니다(누가복음 23:4, 14, 22). 그분의 죄 없으심은 그분이 흠 없는 대속 제물이 되실 수 있는 필수적인 조건이었습니다(16, 36 문).

> **누가복음 23 장 4 절**: "빌라도가 대제사장들과 무리에게 이르되 내가 보니 이 사람에게 죄가 없도다 하니"
> **누가복음 23 장 14 절**: "이르되 너희가 이 사람이 백성을 미혹하는 자라 하여 내게 끌고 왔도다 보라 내가 너희 앞에서 심문하였으되 너희가 고발하는 일에 대하여 이 사람에게서 죄를 찾지 못하였고"
> **누가복음 23:22 절**: "빌라도가 세 번째 말하되 이 사람이 무슨 악한 일을 하였느냐 나는 그에게서 죽일 죄를 찾지 못하였나니 때려서 놓으리라 하니"

2) "세상의 재판관에게 정죄 받으신 것": 그러나 죄 없으신 예수님은 유대인 종교 지도자들과 로마 총독 빌라도라는 '세상의 재판관'에 의해 죄가 분명히 없으심에도 불구하고 불의하게 유죄 판결을 받으셨습니다. 이는 사람의 불의한 판결이었지만, 동시에 하나님의 거룩한 '주권과 계획' 속에서 이루어진 일이었습니다.

> **요한복음 19 장 15, 16 절:** "그들이 소리 지르되 없이 하소서 없이 하소서 그를 십자가에 못 박게 하소서 빌라도가 이르되 내가 너희 왕을 십자가에 못 박으랴 대제사장들이 대답하되 가이사 외에는 우리에게 왕이 없나이다 하니 이에 예수를 십자가에 못 박도록 그들에게 넘겨 주니라"
> **사도행전 2 장 22-23 절**: "이스라엘 사람들아 이 말을 들으라 너희도 아는 바와 같이 하나님께서 나사렛 예수로 큰 권능과 기사와 표적을 너희 가운데서 베푸사 너희 앞에서 그를 증언하셨느니라 그가 하나님께서 정하신 뜻과 미리 아신 대로 내준 바 되었거늘 너희가 법 없는 자들의 손을 빌려 못 박아 죽였으나"

3. 고난의 궁극적인 목적: '하나님의 무서운 심판으로부터 우리를 구원'

"우리에게 임할 하나님의 무서운 심판에서 우리를 구원하시기 위해서였습니다"

1) 우리가 받아야 할 심판: 사람은 죄로 인해 하나님의 공의로운 진노와 '무서운 심판' 아래 놓여 있었습니다. 이 심판은 죄에 대한 정당한 대가이며, 영원한 형벌을 의미합니다(10, 11문).

2) 대신 받으신 심판: 죄 없으신 예수님께서 세상 재판관에게 불의하게 정죄 받으신 것은, 실제로는 죄인 된 '우리를 대신하여' 하나님 아버지의 공의로운 심판을 받으신 것입니다. 그분은 우리의 죄를 짊어지시고(대속), 우리가 마땅히 받아야 할 하나님의 진노(37문)와 저주를 홀로 감당하셨습니다.

3) 구원의 성취: 예수님께서 죄 없으신 몸으로 죄인처럼 정죄 받으시고 처형당하심으로, 우리가 받아야 할 하나님의 무서운 심판에서 '우리를 구원'하셨습니다. 이제 그분을 믿는 자들은 더 이상 하나님의 심판과 정죄를 두려워할 필요가 없게 되었습니다.

이사야 53장 4, 5절: "그는 실로 우리의 질고를 지고 우리의 슬픔을 당하였거늘 우리는 생각하기를 그는 징벌을 받아 하나님께 맞으며 고난을 당한다 하였노라 그가 찔림은 우리의 허물 때문이요 그가 상함은 우리의 죄악 때문이라 그가 징계를 받으므로 우리는 평화를 누리고 그가 채찍에 맞으므로 우리는 나음을 받았도다"

요한복음 5장 24절: "내가 진실로 진실로 너희에게 이르노니 내 말을 듣고 또 나 보내신 이를 믿는 자는 영생을 얻었고 심판에 이르지 아니하나니 사망에서 생명으로 옮겼느니라"

로마서 8장 1절: "그러므로 이제 그리스도 예수 안에 있는 자에게는 결코 정죄함이 없나니"

고린도후서 5장 21절: "하나님이 죄를 알지도 못하신 이를 우리를 대신하여 죄로 삼으신 것은 우리로 하여금 그 안에서 하나님의 의가 되게 하려 하심이라"

정리

예수님께서 '본디오 빌라도에게' 고난을 받으신 것은 예수님께서 죄도 없이 세상 재판관에게 불의하게 정죄 받으셨다는 것과, 이것을 통해 우리에게 마땅히 임해야 할 하나님의 무서운 심판으로부터 우리가 구원받게 되었음을 의미합니다. 이 문답은 그리스도의 고난이 단순한 육체적 고통이 아니라, 죄에 대한 하나님의 공의로운 심판을 대속적으로 감당하신 희생이었다는 것과, 이를 통해 우리가 영원한 정죄에서 벗어나 구원을 얻게 되었음을 분명히 말해줍니다.

하이델베르크 요리문답 제39문: 십자가 죽음의 특별한 의미 – 저주를 대신 짊어지심

하이델베르크 요리문답 39문은 "그리스도께서 다른 방법으로 죽지 아니하시고 '십자가에 못 박혀 죽으신 것'에 어떤 특별한 뜻이 있습니까? "하고 묻습니다. 앞선 문답(37, 38 문)에서 그리스도의 고난과 죽음의 대속적 의미를 다루었다면, 이제 이 질문은 '십자가 죽음'이라는 특정한 방식이 지니는 의미에 대해 설명합니다.

39 문: 그리스도께서 다른 방법으로 죽지 아니하시고 "십자가에 못 박혀 죽으신 것"에 어떤 특별한 뜻이 있습니까?

답:

그렇습니다. 이로서 나는 내게 임할 저주를 그리스도께서 대신 짊어지셨다는 것을 확신하게 됩니다. 왜냐하면 십자가에서의 죽음은 하나님의 저주이기 때문입니다.

(참조: 벨직 신앙고백 제 18 조, 제 23 조)

강해

십자가는 기독교의 가장 중요한 상징입니다. 그래서 우리는 때로 십자가를 종교적 아이콘으로 사용할 때가 있습니다. 그런데 예수님의 죽음이 왜 하필이면 '십자가'에서 이루어져야 했는지, 여기에는 구원을 위한 특별한 의미가 있습니다. 39 문은 십자가 죽음의 가장 중요한 의미는 바로 '하나님의 저주'에 있다며 이를 성경에 기초해 설명합니다. 예수님께서 십자가에 달리신 것은 우리에게 임할 하나님의 저주를 대신 짊어지신 것입니다. 이렇게 예수님의 십자가 고난에는 우리를 향한 하나님의 놀라운 사랑과 구원이 담겨있습니다.

1. 십자가 죽음의 독특성: '가장 잔혹하고 수치스러운 형벌'

십자가형은 고대 로마 제국에서 행해지던 가장 잔혹하고 수치스러운 처형 방식이었습니다. 죄수를 공개적으로 매달아 고통스럽게 죽음에 이르게 함으로써 극심한 고통과 함께 사회적인 모욕을 주었습니다. 이는 당시 사회에서 가장 비참하고 저주받은 죽음으로 여겨졌습니다.

2. 십자가 죽음의 성경적 의미: '하나님의 저주'

"그렇습니다. 이로서 나는 내게 임할 저주를 그리스도께서 대신 짊어지셨다는 것을 확신하게 됩니다. 왜냐하면 십자가에서의 죽음은 하나님의 저주이기 때문입니다."

이 문답의 핵심은 십자가 죽음이 단순한 사람의 형벌이 아니라, 구약 성경이 증거하는 '하나님의 저주'라는 사실입니다.

1) **구약의 증거**: 십자가 죽음이 하나님의 저주라는 명확한 근거는 신명기 21장 23절에 있습니다.

> **신명기 21장 23절:** "그 시체를 나무 위에 밤새도록 두지 말고 그 날에 장사하여 네 하나님 여호와께서 네게 기업으로 주시는 땅을 더럽히지 말라 나무에 달린 자는 하나님께 저주를 받았음이니라"

이 구절은 나무에 달려 죽는 자는 하나님께 저주를 받은 자임을 선포하고 있습니다. 따라서 예수님께서 십자가라는 나무에 달려 죽으셨다는 것은, 그분이 '하나님의 저주를 받으셨음'을 의미합니다.

2) **"내게 임할 저주를 그리스도께서 대신 짊어지셨다는 것"**: 이것이 십자가 죽음의 가장 중요한 의미이자 우리에게 주는 유익입니다. 우리는 죄인으로서 본래 하나님의 저주와 진노 아래 있었습니다(10, 11, 37문). 그러나 죄 없으신 예수 그리스도께서 십자가에서 나무에 달리심으로써, 우리에게 마땅히 임해야 할 '저주를 우리를 대신하여(Substitutionary) 친히 짊어지셨습니다.' 바울 사도는 이 구약 성경 구절을 인용하여 그리스도의 십자가 죽음이 우리의 저주를 대신 감당하신 대속적 죽음임을 명확히 합니다.

> **갈라디아서 3장 13절**: "그리스도께서 우리를 위하여 저주를 받은 바 되사 율법의 저주에서 우리를 속량하셨으니 기록된 바 나무에 달린 자마다 저주 아래 있는 자라 하였음이라"
> **빌립보서 2장 8절:** "사람의 모양으로 나타나사 자기를 낮추시고 죽기까지 복종하셨으니 곧 십자가에 죽으심이라"

3) **"확신하게 됩니다"**: 십자가 죽음의 이러한 특별한 의미를 아는 것은 우리에게 확고한 믿음을 줍니다. 나의 죄가 얼마나 무서운 것인지, 그리고 그 죄에 대한 하나님의 진노와 저주가 얼마나 심각한지를 깨닫게 하며, 동시에 그 저주로부터 나를 완전히 해방시키신 그리스도의 사랑과 구원의 능력을 확신하게 됩니다. 십자가는 그리스도의 희생이 얼마나 완전하고 철저했는지를 가장 극명하게 보여줍니다.

> **고린도전서 1장 18절:** "십자가의 도가 멸망하는 자들에게는 미련한 것이요 구원을 받는 우리에게는 하나님의 능력이라"
> **고린도전서 2장 2절:** "내가 너희 중에서 예수 그리스도와 그가 십자가에 못 박히신 것 외에는 아무 것도 알지 아니하기로 작정하였음이라"

골로새서 1장 20절: "그의 십자가의 피로 화평을 이루사 만물 곧 땅에 있는 것들이나 하늘에 있는 것들이 그로 말미암아 자기와 화목하게 되기를 기뻐하심이라"

정리

예수님이 십자가에서 죽으신 것은 그 죽음이 구약 성경이 말하는 하나님의 저주였음을 말합니다. 이것은 예수님이 이렇게 십자가에 달려 죽으신 것은 그가 '우리에게 임할 저주를 대신 짊어지신 것' 임을 분명하게 말합니다. 그리스도께서 이렇게 죽으신 것은 죄에 대한 하나님의 공의로운 저주를 친히 감당하신 완전한 구원 사역이었습니다. 이러한 죽음을 통해 우리가 죄의 저주에서 온전히 해방되었습니다.

제 16 주일

하이델베르크 요리문답 제 40 문: 그리스도께서 죽으셔야 했던 이유

하이델베르크 요리문답 40 문은 "그리스도께서는 왜 '죽으시기'까지 자신을 낮추셔야만 했습니까? "하고 질문합니다. 앞선 문답들(37-39 문)에서 그리스도의 고난과 십자가 죽음의 대속적 의미를 다루었다면, 이제 이 질문은 그 모든 고난의 최종 단계인 '죽음'이 왜 필수적이었는지를 설명합니다.

40 문: 그리스도께서는 왜 "죽으시기"까지 자신을 낮추셔야만 했습니까?

답:

하나님의 공의와 진리 편에서 볼 때 하나님의 아들이 죽지 않으면 우리의 죄에 대한 속죄는 달리 이루어질 수 없었기 때문입니다.

(참조: 벨직 신앙고백 제 18 조, 제 21 조)

강해

많은 사람들은 하나님의 사랑을 이야기하지만, 하나님의 공의에 대해서는 불편해합니다. 그러나 성경은 하나님이 사랑의 하나님이실 뿐만 아니라, 죄에 대해 결코 타협하지 않으시는 공의의 하나님이심을 분명히 선포합니다. 우리의 죄는 단순한 실수가 아니라, 거룩하신 하나님 앞에서 용납될 수 없는 심각한 범죄입니다. 죄의 값은 반드시 치러져야 합니다.

그런데 이러한 죄 문제는 그 어떤 인간의 노력이나 희생으로도 해결할 수 없고, 오직 하나님의 아들의 죽음만으로 해결할 수 있습니다. 예수님은 우리의 죄 문제를 감당하시고자 죽기까지 자신을 낮추시므로, 하나님의 공의를 온전히 만족시키시고, 우리를 죄로부터 구원하셨습니다. 우리를 위해 자신의 생명까지 내어주신 예수님의 사랑은 한없이 깊습니다.

1. 하나님의 공의와 진리의 요구

"하나님의 공의와 진리 편에서 볼 때"

1) 하나님의 공의(Justice): 하나님은 단순히 사랑과 자비의 하나님이실 뿐만 아니라, '완전한 공의의 하나님'이십니다. 그분은 죄를 반드시 심판하시고 그것에 합당한 대가를 요구하십니다. 죄의 삯은 사망이기에(로마서 6:23), 죄에 대한 하나님의 공의로운 요구는 사망을 통해만 만족될 수 있습니다. 만약 죄가 사망으로 처벌받지 않는다면, 하나님의 공의는 훼손되고 그분의 거룩하심은 빛을 잃게 됩니다.

2) 하나님의 진리(Truth): 하나님은 죄를 지으면 '반드시 죽으리라'고 말씀하셨습니다. 이 말씀은 하나님의 '진리'이며, 그분의 경고대로 반드시 성취되어야 합니다. 하나님은 결코 거짓말하실 수 없는 분이십니다. 따라서 죄에 대한 사망의 선고는 하나님의 진리 앞에서 철회될 수 없습니다.

> **창세기 2 장 17 절**: "선악을 알게 하는 나무의 열매는 먹지 말라 네가 먹는 날에는 반드시 죽으리라 하시니라"
> **민수기 23 장 19 절**: "하나님은 사람이 아니시니 거짓말을 하지 않으시고 인생이 아니시니 후회가 없으시도다 어찌 그 말씀하신 바를 행하지 않으시며 하신 말씀을 실행하지 않으시랴"
> **이사야 55 장 11 절**: "내 입에서 나가는 말도 이와 같이 헛되이 내게로 되돌아오지 아니하고 나의 기뻐하는 뜻을 이루며 내가 보낸 일에 형통함이니라"

2. 죄에 대한 속죄의 유일한 방법: '하나님의 아들의 죽음'

"하나님의 아들이 죽지 않으면 우리의 죄에 대한 속죄는 달리 이루어질 수 없었기 때문입니다"

1) 속죄(Atonement)의 필요성: 사람은 죄로 인해 하나님과 단절되었고, 하나님의 진노와 저주 아래 놓였습니다. 이 상태에서 하나님과의 관계를 회복하고 죄를 용서받기 위해서는 속죄가 반드시 필요했습니다. 속죄는 죄로 인해 발생한 문제를 해결하고, 파괴된 관계를 다시 화목하게 하는 것을 의미합니다.

2) "하나님의 아들이 죽지 않으면":

(1) 죄의 심각성: 사람의 죄는 무한하신 하나님께 대한 것이기 때문에, 그 죄에 대

한 대가는 무한해야 합니다(11문). 그런데 유한하고 죄인인 사람은 스스로 그 무한한 대가를 치를 수 없습니다.

(2) **그리스도의 유일한 자격**: 오직 죄 없으신 하나님의 아들만이(15, 16, 35 문) 모든 인류의 죄를 감당하고 하나님의 공의로운 진노를 만족시킬 수 있는 유일한 존재였습니다. 그분의 신성과 무한성이 죄의 무한한 형벌을 감당할 수 있게 했습니다.

로마서 8장 3, 4절: "율법이 육신으로 말미암아 연약하여 할 수 없는 그것을 하나님은 하시나니 곧 죄로 말미암아 자기 아들을 죄 있는 육신의 모양으로 보내어 육신에 죄를 정하사 육신을 따르지 않고 그 영을 따라 행하는 우리에게 율법의 요구가 이루어지게 하려 하심이니라"

(3) **죽음의 필연성**: 죄의 삯이 '사망'이므로, 죄를 속죄하기 위해서는 반드시 '죽음'이 있어야 했습니다. 피 흘림이 없이는 죄 사함이 없다는 성경의 진리처럼, 그리스도께서 친히 죽음을 겪으심으로 죄의 대가를 완전히 지불하신 것입니다.

빌립보서 2장 8절: "사람의 모양으로 나타나사 자기를 낮추시고 죽기까지 복종하셨으니 곧 십자가에 죽으심이라"
히브리서 2장 9절: "오직 우리가 천사들보다 잠시 동안 못하게 하심을 입은 자 곧 죽음의 고난 받으심으로 말미암아 영광과 존귀로 관을 쓰신 예수를 보니 이를 행하심은 하나님의 은혜로 말미암아 모든 사람을 위하여 죽음을 맛보려 하심이라"
히브리서 9장 22절: "율법을 따라 거의 모든 물건이 피로써 정결하게 되나니 피 흘림이 없은즉 사함이 없느니라"

3) **"달리 이루어질 수 없었기 때문입니다"**: 이는 '그리스도의 죽음 외에는' 다른 어떤 방법으로도 우리의 죄를 속죄할 수 없었다는 절대적인 필연성을 강조합니다. 사람의 어떤 노력이나 공로, 다른 희생 제물도 하나님의 공의와 진리를 만족시킬 수 없었으며, 오직 하나님의 아들의 희생적인 죽음만이 우리의 죄를 속하고 마귀를 멸할 수 있었습니다. 그래서 예수님의 죽음만이 이에 대한 유일한 해결책이었습니다.

히브리서 2장 9절: "오직 우리가 천사들보다 잠시 동안 못하게 하심을 입은 자 곧 죽음의 고난 받으심으로 말미암아 영광과 존귀로 관을 쓰신 예수를 보니 이를 행하심은 하나님의 은혜로 말미암아 모든 사람을 위하여 죽음을 맛보려 하심이라"
히브리서 2장 14, 15절: "자녀들은 혈과 육에 속하였으매 그도 또한 같은 모양으로 혈과 육을 함께 지니심은 죽음을 통하여 죽음의 세력을 잡은 자 곧 마귀를 멸하시며 또 죽기를 무서워하므로 한평생 매여 종노릇 하는 모든 자들을 놓아 주려 하심이니"

정리

하나님의 공의와 진리 편에서 볼 때, 하나님의 아들이 죽지 않으면 우리의 죄에 대한 속죄가 달리 이루어질 수 없었기 때문에 그리스도께서 죽으시기까지 자신을 낮추셨습니다. 그리스도의 죽음만이 하나님의 심판을 온전히 만족시키고 우리의 구원을 완성할 수 있습니다. 이 문답은 그리스도의 대속적 죽음의 필연성과 유일성을 강조합니다.

하이델베르크 요리문답 제 41 문: 그리스도께서 장사되신 이유

하이델베르크 요리문답 41 문은 "그리스도께서는 왜 '장사'되셨습니까? "라는 질문에 답합니다. 앞선 문답(40 문)에서 그리스도의 죽음이 죄에 대한 속죄를 위한 필수적인 과정이었음을 설명했다면, 이제 이 질문은 그 죽음 이후의 단계인 '장사(매장)'가 가지는 의미를 묻습니다.

41 문: 그리스도께서는 왜 "장사"되셨습니까?

답:

그렇게 함으로서 그리스도께서 실제 죽으셨다는 것이 증명되기 때문입니다.

(참조: 벨직 신앙고백 제 18 조)

강해

그리스도가 장사되었다는 것은 복음에 있어서 아주 중요한 요소입니다. 그것은 예수님의 죽음이 아주 분명한 역사적인 사실이었다는 것이요, 그런 만큼 예수님의 부활도 분명한 사건이 되기 때문입니다. 그러므로 예수님이 죽고 장사되었다는 것은 복음을 최종적으로 완성하는 길입니다.

1. 장사(매장)의 중요성: 실제적인 죽음의 증거

"그렇게 함으로서 그리스도께서 실제 죽으셨다는 것이 증명되기 때문입니다"

1) 죽음의 확실한 증거: 고대 사회에서 시신을 매장하는 것은 죽음의 최종적이고 확실한 증거였습니다. 사람이 죽지 않았다면 매장하지 않습니다. 예수님의 시신이 무덤에 안치되었다는 사실은 그분이 단순히 기절하거나 의식을 잃으신 것이 아니라, 육체적으로 '실제 죽으셨다' 는 것을 명백하게 증명합니다.

2) 강력한 반박: 이는 예수님의 죽음을 부인하려는 어떤 시도(예: 기절설)도 반박하

는 강력한 증거가 됩니다.

요한복음 19장 33-35절: "예수께 이르러서는 이미 죽으신 것을 보고 다리를 꺾지 아니하고 그 중 한 군인이 창으로 옆구리를 찌르니 곧 피와 물이 나오더라 이를 본 자가 증언하였으니 그 증언이 참이라 그가 자기의 말하는 것이 참인 줄 알고 너희로 믿게 하려 함이니라"

3) 십자가 죽음의 완료: 십자가에서의 고난과 숨을 거두심으로 죽음이 일어났지만, 장사는 그 죽음이 완전히 끝났음을, 생명이 완전히 끊어졌음을 최종적으로 선언하는 행위였습니다.

마태복음 27:57-60: "저물었을 때에 아리마대의 부자 요셉이라 하는 사람이 왔으니 그도 예수의 제자라 빌라도에게 가서 예수의 시체를 달라 하니 이에 빌라도가 내주라 명령하거늘 요셉이 시체를 가져다가 깨끗한 세마포로 싸서 바위 속에 판 자기 새 무덤에 넣어 두고 큰 돌을 굴려 무덤 문에 놓고 가니"
이사야 53장 9절: "그는 강포를 행하지 아니하였고 그의 입에 거짓이 없었으나 그의 무덤이 악인들과 함께 있었으며 그가 죽은 후에 부자와 함께 있었도다"

2. 구원의 필연성과의 연결

그리스도의 '실제적인 죽음'은 우리의 구원 사역에 있어 필수적인 전제 조건입니다.

1) 죄의 대가 지불의 완성: 죄의 삯은 사망이므로(로마서 6:23), 그리스도께서 우리의 죄에 대한 대가를 치르시기 위해서는 반드시 죽으셔야만 했습니다(40 문). 장사는 그 죽음이 완전히 실현되었음을 보여줍니다.

2) 부활의 진정성 확보: 장사는 또한 뒤따를 부활의 기적을 더욱 분명하고 위대하게 만듭니다. 만약 예수님께서 실제 죽지 않으셨다면 부활도 없었을 것이고, 우리의 믿음도 헛된 것이 되었을 것입니다. 죽은 자 가운데서 다시 살아나셨다는 고백의 전제는 실제 죽으셨다는 사실입니다.

고린도전서 15장 3, 4절: "내가 받은 것을 먼저 너희에게 전하였노니 이는 성경대로 그리스도께서 우리 죄를 위하여 죽으시고 장사 지낸 바 되셨다가 성경대로 사흘 만에 다시 살아나사"
고린도전서 15장 13, 14절: "만일 죽은 자의 부활이 없으면 그리스도도 다시 살아나지 못하셨으리라 그리스도께서 만일 다시 살아나지 못하셨으면 우리가 전파하는 것도 헛것이요 또 너희 믿음도 헛것이며"

정리

그리스도께서 장사되신 이유가 그분께서 실제 죽으셨기 때문입니다. 그래서 예수님이 장사되셨다는 성경의 기록은 그리스도의 죽음이 허구가 아닌 역사적이고 실제적인 사건이었음을 확증해줍니다. 이는 우리의 죄를 위한 완전한 대가 지불과 그분의 영광스러운 부활의 확실성을 보증하는 중요한 단계였습니다.

하이델베르크 요리문답 제 42 문: 그리스도인의 죽음의 의미

하이델베르크 요리문답 42 문은 "그리스도께서 우리를 대신해 죽으셨는데 왜 우리는 여전히 죽지 않으면 안 됩니까? "하고 묻습니다. 앞선 문답들(37-41 문)에서 그리스도의 고난과 죽음이 우리의 죄를 위한 완전한 대속이었음을 강조했기 때문에, 이러한 질문은 자연스럽게 제기됩니다. 즉, 그리스도께서 이미 우리들의 모든 죄값을 치르시면서 죽으셨는데, 왜 이것을 믿는 우리가 여전히 죽음을 경험해야 하느냐는 것입니다.

42 문: 그리스도께서 우리를 대신해 죽으셨는데 왜 우리는 여전히 죽지 않으면 안 됩니까?

답:

우리의 죽음이란 우리의 죄를 위한 속죄가 아니요, 다만 죄를 폐하고 영생으로 들어가는 통로이기 때문입니다.

(참조: 벨직 신앙고백 제 18 조, 제 37 조)

강해

죽음은 우리에게 가장 두려운 현실 중 하나입니다. 우리는 죽음을 죄의 결과이자 형벌로 여기기 때문입니다. 그러나 이 문답은 그리스도를 믿는 자들은 죽음을 더 이상 이렇게 생각해서는 안 된다고 가르칩니다. 예수님께서 이미 그 속죄를 온전히 이루셨기 때문입니다.

그렇다면 우리의 죽음은 어떤 의미를 가질까요? 문답을 통해 우리는 그리스도인의 죽음의 의미를 새롭게 깨닫고 우리의 마지막 순간을 두려움이 아닌 소망으로 바라볼 수 있게 됩니다.

1. 그리스도인의 죽음은 속죄가 아니다

"우리의 죽음이란 우리의 죄를 위한 속죄가 아니요"

1) 완료된 속죄: 우리의 죽음은 우리의 죄를 위한 속전이 될 수 없습니다. 죄에 대한 우리의 속죄는 이미 그리스도께서 십자가에서 죽으심으로 '완전히' 이루어졌습니다. 그분은 죄의 삯인 사망을 친히 감당하셨고, 하나님의 공의로운 진노를 만족시키셨습니다. 그러므로 이것을 믿는 그리스도인에게 더 이상 지불해야 할 속전도 없고, 죄 때문에 받아야 할 '형벌로서의 죽음' 도 없습니다.

> **시편 49편 7, 8절:** "아무도 자기의 형제를 구원하지 못하며 그를 위한 속전을 하나님께 바치지도 못할 것은 그들의 생명을 속량하는 값이 너무 엄청나서 영원히 마련하지 못할 것임이니라"
> **요한복음 19장 30절:** "예수께서 신 포도주를 받으신 후에 이르시되 다 이루었다 하시고 머리를 숙이니 영혼이 떠나가시니라"

2) 불필요한 반복: 만약 그리스도인의 죽음이 죄를 위한 속죄라면, 그것은 그리스도의 십자가 대속의 완전성을 훼손하는 것이 됩니다. 그리스도의 단 한 번의 완전한 희생 제사는 모든 죄를 영원히 속죄하기에 충분했습니다. 그래서 우리가 더 이상 이런 죽음을 반복할 필요가 없게 되었습니다.

> **히브리서 9장 26절:** "그리하면 그가 세상을 창조한 때부터 자주 고난을 받았어야 할 것이로되 이제 자기를 단번에 제물로 드려 죄를 없이 하시려고 세상 끝에 나타나셨느니라"
> **히브리서 10장 10절:** "이 뜻을 따라 예수 그리스도의 몸을 단번에 드리심으로 말미암아 우리가 거룩함을 얻었노라"

3) 형벌의 죽음이 아님: 그리스도인의 죽음은 더 이상 죄에 대한 하나님의 정죄나 형벌이 아닙니다. 예수님을 믿는 자는 이미 사망에서 생명으로 옮겨졌으며, 정죄함이 없습니다.

> **요한복음 5장 24절:** "내가 진실로 진실로 너희에게 이르노니 내 말을 듣고 또 나 보내신 이를 믿는 자는 영생을 얻었고 심판에 이르지 아니하나니 사망에서 생명으로 옮겼느니라"
> **로마서 8장 1절:** "그러므로 이제 그리스도 예수 안에 있는 자에게는 결코 정죄함이 없나니"

2. 그리스도인의 죽음은 죄를 폐하고 영생으로 들어가는 통로

"다만 죄를 폐하고 영생으로 들어가는 통로이기 때문입니다."

그리스도인의 죽음은 부정적인 형벌이 아니라, 구원의 완성으로 나아가는 긍정적인 전환점입니다.

1) "죄를 폐하고": 그리스도께서 우리의 죄를 속량하셨지만, 우리가 이 땅에 사는 동안에는 여전히 죄악된 육신과 싸워야 합니다. 죄의 잔재는 우리를 괴롭히고, 이 세상

의 유혹과 고통은 계속됩니다. 그래서 죽음은 우리가 이 죄의 잔재와 유혹, 그리고 죄가 가져오는 모든 비참함으로부터 완전히 해방되는 마지막 단계입니다. 그것은 죄의 권세가 우리 삶에서 완전히 '폐' 해지는 순간입니다.

고린도전서 15 장 54, 55 절: "이 썩을 것이 썩지 아니함을 입고 이 죽을 것이 죽지 아니함을 입을 때에는 사망을 삼키고 이기리라고 기록된 말씀이 이루어지리라 사망아 너의 승리가 어디 있느냐 사망아 네가 쏘는 것이 어디 있느냐"

2) "영생으로 들어가는 통로": 우리의 죽음은 끝이 아니라, 하나님과의 온전한 교제 속에서 누리는 '영생' 으로 들어가는 관문이자 통로입니다. 죽음은 우리가 이 땅의 제한된 삶에서 벗어나, 영원하고 충만한 생명, 즉 그리스도 안에서 이미 시작된 영생을 완전히 누리게 되는 시점입니다. 몸의 부활을 통해 구원이 완성되기 전까지, 영혼은 주님과 함께 안식하게 됩니다.

빌립보서 1 장 21-23 절: "이는 내게 사는 것이 그리스도니 죽는 것도 유익함이라 그러나 만일 육신으로 사는 이것이 내 일의 열매일진대 무엇을 택해야 할는지 나는 알지 못하노라 내가 그 둘 사이에 끼었으니 차라리 세상을 떠나서 그리스도와 함께 있는 것이 훨씬 더 좋은 일이라 그렇게 하고 싶으나"
데살로니가전서 5 장 9, 10 절: "하나님이 우리를 세우심은 노하심에 이르게 하심이 아니요 오직 우리 주 예수 그리스도로 말미암아 구원을 받게 하심이라 예수께서 우리를 위하여 죽으사 우리로 하여금 깨어 있든지 자든지 자기와 함께 살게 하려 하셨느니라"

이와 같이 죽음은 죄와 고통으로부터의 최종적인 해방이며, 하나님 앞에서 완전한 거룩함과 평안을 누리는 영원한 복락으로 진입하는 문이 됩니다.

정리

우리의 죽음은 더 이상 죄에 대한 형벌이나 속죄가 아닙니다. 그것은 이미 그리스도의 완전한 대속으로 해결되었습니다. 우리의 죽음은 우리의 죄짐을 지고 들어가는 형벌의 문이 아닙니다. 그것은 우리에게 남아있던 죄의 권세와 영향력를 완전히 폐하고 여기서부터 해방되어, 이제 우리가 하나님과의 온전한 교제 속에서 누리게 되는 '영생'으로 들어가는 궁극적인 '통로'입니다. 이 문답은 그리스도인의 죽음이 두려움의 대상이 아니라, 궁극적인 구원과 영원한 안식으로 나아가는 소망의 문임을 보여줍니다.

하이델베르크 요리문답 제 43 문: 그리스도 십자가 희생의 두 번째 유익, '성화'

하이델베르크 요리문답 43 문은 그리스도의 십자가 희생과 죽음이 가져다 주는 또 다른 중요한 유익에 대해 질문하고 답합니다. 앞선 문답들(37-42 문)이 주로 그리스도의 죽음이 우리의 죄를 대속하고 영원한 저주에서 해방시키는 객관적인 구원(칭의)에 초점을 맞췄다면, 이 문답은 십자가가 우리의 삶의 변화, 즉 '성화'(Sanctification) 과정에 어떻게 영향을 미치는지를 설명합니다.

43 문: 그리스도께서 십자가에서 희생하고 죽으심으로 우리가 받는 또 다른 유익은 무엇입니까?

답:

그리스도께서 그렇게 하심으로 우리의 옛사람이 그리스도와 함께 십자가에 못 박혀 죽고 장사되며, 이로서 육신의 부패한 소욕이 더 이상 우리를 지배하지 못하게 되고, 우리는 우리 자신을 그리스도께 감사의 제물로 드리게 되었습니다.

(참조: 벨직 신앙고백 제 18 조, 제 24 조)

강해

예수님의 십자가 사건은 2,000 년 전에 예수님이 우리 죄를 위해 죽으신 사건으로만 끝나는 것이 아닙니다. 오늘 우리는 예수님의 죽으심과 함께 하고 있습니다. 사도 바울은 로마서 6 장에서 우리가 그리스도와 함께 십자가에 못박혔다고 하였는데, 여기에는 심오하고도 도전적인 진리가 있습니다. 예수님의 십자가는 죄 사함의 은혜뿐만 아니라, 우리의 삶에 실제적인 변화를 가져오는 능력이 됩니다.

1. 옛사람의 죽음과 장사: '죄의 지배로부터의 해방'

"그리스도께서 그렇게 하심으로 우리의 옛사람이 그리스도와 함께 십자가에 못 박혀 죽고 장사되며,"

1) 옛사람의 죽음: 여기서 '우리의 옛사람'은 죄로 인해 타락하고 부패한 우리의 본성, 즉 죄의 지배를 받는 존재를 의미합니다. 이는 아담으로부터 물려받은 죄의 경향성과 죄를 짓는 습관, 그리고 하나님을 거스르는 우리의 자아 전체를 가리킵니다.

로마서 6 장 6 절: "우리가 알거니와 우리의 옛 사람이 예수와 함께 십자가에 못 박힌 것은 죄의 몸이 죽어 다시는 우리가 죄에게 종노릇 하지 아니하려 함이니"

2) 그리스도와의 연합: "그리스도와 함께 십자가에 못 박혀 죽고 장사되며"는 우리가 믿음으로 예수 그리스도와 연합되었음을 뜻합니다. 그리스도께서 죄의 권세를 깨뜨리셨듯이, 우리가 믿을 때 우리의 옛사람도 그리스도와 함께 죽고 장사되는 영적인

사건이 일어납니다. 이것은 단회적인 법적 선언이자, 동시에 실제적인 변화의 시작입니다.

> **갈라디아서 2 장 20 절**: "내가 그리스도와 함께 십자가에 못 박혔나니 그런즉 이제는 내가 사는 것이 아니요 오직 내 안에 그리스도께서 사시는 것이라 이제 내가 육체 가운데 사는 것은 나를 사랑하사 나를 위하여 자기 자신을 버리신 하나님의 아들을 믿는 믿음 안에서 사는 것이라"

2. 육신의 부패한 소욕으로부터의 자유

"이로서 육신의 부패한 소욕이 더 이상 우리를 지배하지 못하게 되고,"

1) "육신의 부패한 소욕": 이것은 옛사람에게서 비롯되는 죄악된 욕망과 탐심, 그리고 하나님을 거스르는 모든 악한 경향을 의미합니다. 죄의 지배 아래 있을 때는 이러한 소욕들이 우리를 끌고 다니며 죄를 짓게 했습니다.

2) 이제는 자유: 그러나 그리스도와 함께 옛사람이 죽었기 때문에, 우리는 더 이상 죄의 종노릇 하지 않습니다. 죄의 절대적인 지배력에서 벗어나 '자유'를 얻게 된 것입니다. 이것은 우리가 더 이상 죄를 짓고 싶은 마음이 완전히 사라졌다는 의미가 아닙니다. 대신, 우리는 죄의 노예 상태에서 벗어나 죄에 저항하고 죄를 이길 수 있는 '능력을 얻게 되었다'는 뜻입니다. 이제 우리는 죄를 선택하지 않을 자유를 가질 수 있게 된 것입니다.

> **로마서 6 장 12 절**: "그러므로 너희는 죄가 너희 죽을 몸을 지배하지 못하게 하여 몸의 사욕에 순종하지 말고"
> **로마서 6 장 14 절**: "죄가 너희를 주장하지 못하리니 이는 너희가 법 아래에 있지 아니하고 은혜 아래에 있음이라"

3. 감사의 산 제물로 드려지는 새로운 삶

"우리는 우리 자신을 그리스도께 감사의 제물로 드리게 되었습니다"

1) 감사의 제물: 옛사람의 죽음과 죄의 지배로부터의 해방은 단순히 그 자체에 머무르지 않습니다. 대신, 우리는 이제 '감사하는 마음으로' 적극적으로 하나님께 헌신하는 삶을 살게 됩니다.

> **로마서 12 장 1 절**: "그러므로 형제들아 내가 하나님의 모든 자비하심으로 너희를 권하노니 너희 몸을 하나님이 기뻐하시는 거룩한 산 제물로 드리라 이는 너희가 드릴 영적 예배니라"

2) 의의 도구: 이것은 더 이상 죄의 노예가 아니므로, 우리의 몸과 마음, 재능, 시간을

하나님을 위해, '의의 도구' 로 사용하는 삶을 의미합니다. 이러한 헌신은 율법적인 강제나 의무감에서 비롯된 것이 아니라, 우리의 구원을 위해 모든 것을 내어주신 하나님의 은혜에 대한 '감사' 에서 우러나오는 자발적인 행위입니다(32 문).

로마서 6장 13절: "또한 너희 지체를 불의의 무기로 죄에게 내주지 말고 오직 너희 자신을 죽은 자 가운데서 다시 살아난 자 같이 하나님께 드리며 너희 지체를 의의 무기로 하나님께 드리라"
히브리서 13장 15절: "그러므로 우리는 예수로 말미암아 항상 찬송의 제사를 하나님께 드리자 이는 그 이름을 증언하는 입술의 열매니라"

3) 거룩한 삶과 성화: 이처럼 옛사람이 죽고 그리스도 안에서 새로운 삶을 살아가는 과정이 바로 '성화' (Sanctification) 입니다. 그리스도의 죽음은 우리의 의롭다 함(칭의)의 기초일 뿐만 아니라, 우리가 죄로부터 자유로워져 하나님께 순종하는 '거룩한 삶을 살 수 있는 동력과 능력' 을 제공합니다.

에베소서 5 장 1-2 절: "그러므로 사랑을 받는 자녀 같이 너희는 하나님을 본받는 자가 되고 그리스도께서 너희를 사랑하신 것 같이 너희도 사랑 가운데서 행하라 그는 우리를 위하여 자신을 버리사 향기로운 제물과 희생제물로 하나님께 드리셨느니라"
에베소서 4 장 13 절: "우리가 다 하나님의 아들을 믿는 것과 아는 일에 하나가 되어 온전한 사람을 이루어 그리스도의 장성한 분량이 충만한 데까지 이르리니"

정리

예수님의 죽음은 단지 죄 사함의 은혜를 주는 것에 머물지 않고, 우리 삶의 방향을 완전히 바꾸는 능력이 됩니다. 우리는 예수님과 함께 죄에 대해 죽었고, 이제는 하나님께 드려진 자로서 새로운 삶을 살아가야 합니다. 이는 우리가 이제는 하나님을 기쁘시게 하는 삶을 살아가야 한다는 것이요, 구체적으로 그리스도인다운 삶을 사모하며 그리스도의 장성한 분량에 이르기까지 성장하고자 하는 소원을 가져야 한다는 것입니다. 우리는 "내가 거룩한 것과 같이 너희도 거룩하라"(베드로전서 1:16)는 주의 말씀을 언제나 마음에 새기고 살아가야 합니다.

하이델베르크 요리문답 제 44 문: "그가 지옥에 내려가셨다"는 고백의 의미

하이델베르크 요리문답 44 문은 사도신경에 나오는 논쟁적인 구절인 "그가 지옥에 내려가셨다"는 고백의 의미와 그 유익을 설명합니다. 이 표현은 문사적으로 그리스도가 죽은 후 지옥이라는 장소에 내려갔다는 의미로 해석되기도 하지만, 개혁신앙에서는 그분의 고난의 깊이와 성격을 강조하는 영적인 의미로 이해합니다.

44 문: 왜 사도신경에는 "그가 지옥에 내려가셨다"는 말이 덧붙여 있습니까?
답:

이는 내가 큰 시험에 빠졌을 때 내가 확신 가운데 풍성한 위로를 받게 하기 위해서입니다. 나의 주 그리스도께서는 모든 고난 중에, 특별히 십자가에서 말로 표현할 수 없는 고뇌와 아픔, 공포와 지옥 같은 괴로움을 겪으심으로 나를 지옥 같은 고뇌와 고통에서 구원하셨습니다.

(참조: 벨직 신앙고백 제 18 조, 제 21 조)

강해

개혁교회는 사도신경의 "예수님이 지옥에 내려가셨다"는 고백을 예수님이 문자적으로 실제 지옥에 내려가신 것이 아니고, 우리 죄를 위해 말로 표현할 수 없는 지옥 같은 괴로움을 겪으셨다는 의미로 설명합니다. 이 진리는 우리가 큰 시험과 절망에 빠졌을 때 우리에게 풍성한 위로와 확신을 더해줍니다. 이는 우리 주 예수님은 이미 그 모든 것을 겪으셨고 우리를 위해 승리하셨기 때문입니다.

1. 고백의 목적: '큰 시험에 대한 위로'

"이는 내가 큰 시험에 빠졌을 때 내가 확신 가운데 풍성한 위로를 받게 하기 위해서입니다"

이 구절의 핵심 목적은 목회적 위로에 있습니다. 신자들은 살면서 때때로 죄책감, 절망, 영적인 고통, 혹은 심지어 버림받았다는 느낌과 같은 '큰 시험'에 직면할 수 있습니다. 이러한 경험은 마치 지옥의 고통과 같이 느껴질 수 있습니다. "그가 지옥에 내려가셨다"는 고백은 바로 그러한 고통 속에서 신자들이 '확신 가운데 풍성한 위로'를 얻도록 돕습니다.

우리의 구주께서 우리가 겪을 수 있는 가장 깊은 절망과 고통, 심지어 지옥 같은 괴로움까지도 친히 경험하셨다는 사실은, 우리가 혼자가 아니며 우리의 고통이 이해되고 구원받을 수 있다는 강력한 메시지를 줍니다.

이사야 53 장 5 절: "그가 찔림은 우리의 허물 때문이요 그가 상함은 우리의 죄악 때문이라 그가 징계를 받으므로 우리는 평화를 누리고 그가 채찍에 맞으므로 우리는 나음을 받았도다"

2. 그리스도의 '지옥 같은' 고뇌: '죄에 대한 하나님의 진노를 감당하심'

"나의 주 그리스도께서는 모든 고난 중에, 특별히 십자가에서 말로 표현할 수 없는 고뇌와 아픔, 공포와 지옥 같은 괴로움을 겪으심으로"

여기서 '지옥에 내려가셨다'는 표현은 그리스도께서 실제로 지옥이라는 장소에 가셨다는 문자적인 의미보다는, 그분의 고난이 '지옥 같은 괴로움'에 비유될 만큼 극심했음을 강조합니다. 이는 그분이 십자가에서 겪으신 고난의 영적, 내적 차원을 가리킵니다.

1) "모든 고난 중에": 그리스도의 고난은 공생애 전반에 걸쳐 있었습니다. 유혹과 박해, 사람들의 오해와 배신 등, 육체적, 정신적 고통이 끊이지 않았습니다.

2) "특별히 십자가에서": 그 고난의 정점은 십자가에서였습니다(37 문). 십자가는 단순한 육체적 죽음을 넘어섰습니다.

3) "말로 표현할 수 없는 고뇌와 아픔, 공포": 십자가에서 그리스도께서 겪으신 고통은 육체적인 것뿐만이 아니었습니다. 그리스도는 온 인류의 죄를 짊어지시므로(37 문), 죄에 대한 하나님의 맹렬한 진노와 저주를 친히 감당하셨습니다. 이것은 하나님 아버지로부터 단절되는 고통(마태복음 27:46)을 포함하는데, 이는 감히 사람이 상상하기 어려운 영적, 심리적 지옥 같은 고통이었습니다.

마태복음 26 장 38 절: "이에 말씀하시되 내 마음이 매우 고민하여 죽게 되었으니 너희는 여기 머물러 나와 함께 깨어 있으라 하시고"

시편 22 편 11-20 절: "나를 멀리 하지 마옵소서 환난이 가까우나 도울 자 없나이다 많은 황소가 나를 에워싸며 바산의 힘센 소들이 나를 둘러쌌으며 내게 그 입을 벌림이 찢으며 부르짖는 사자 같으니이다 나는 물 같이 쏟아졌으며 내 모든 뼈는 어그러졌으며 내 마음은 밀랍 같아서 내 속에서 녹았으며 내 힘이 말라 질그릇 조각 같고 내 혀가 입천장에 붙었나이다 주께서 또 나를 죽음의 진토 속에 두셨나이다 개들이 나를 에워쌌으며 악한 무리가 나를 둘러 내 수족을 찔렀나이다 내가 내 모든 뼈를 셀 수 있나이다 그들이 나를 주목하여 보고 내 겉옷을 나누며 속옷을 제비 뽑나이다 여호와여 멀리 하지 마옵소서 나의 힘이시여 속히 나를 도우소서 내 생명을 칼에서 건지시며 내 유일한 것을 개의 세력에서 구하소서"

마태복음 27장 46절: "제구시쯤에 예수께서 크게 소리 질러 이르시되 엘리 엘리 라마 사박다니 하시니 이는 곧 나의 하나님, 나의 하나님, 어찌하여 나를 버리셨나이까 하는 뜻이라"

로마서 8 장 3 절: "율법이 육신으로 말미암아 연약하여 할 수 없는 그것을 하나님은 하시나니 곧 죄로 말미암아 자기 아들을 죄 있는 육신의 모양으로 보내어 육신에 죄를 정하사"

3. 구원의 결과: '지옥 같은 고뇌와 고통에서 구원'

"나를 지옥 같은 고뇌와 고통에서 구원하셨습니다"

그리스도께서 친히 이 지옥 같은 고뇌와 고통을 겪으심으로써, 그분을 믿는 우리는 죄로 인해 받아야 할 '지옥 같은 고뇌와 고통'으로부터 완전히 구원을 받게 되었습니다.

1) 우리는 더 이상 죄책감, 절망, 하나님의 심판에 대한 두려움으로 고통 받을 필요가 없습니다. 그리스도께서 이미 지옥의 고통속에서 우리를 대신하여 모든 형벌을 겪으시며 우리를 완전히 구원하셨기 때문입니다.

2) 이러한 이해는 신자가 어떤 삶의 깊은 어둠과 절망 속에서도 인내하며 소망을 잃지 않을 수 있는 근거를 제공합니다. 그리스도께서 가장 낮은 곳까지 내려가셨기에, 우리의 어떤 고통 속에서도 우리와 동행하시고 우리를 높이 건져 올리신다는 확신을 주기 때문입니다.

> **히브리서 5장 7-9절**: "그는 육체에 계실 때에 자기를 죽음에서 능히 구원하실 이에게 심한 통곡과 눈물로 간구와 소원을 올렸고 그의 경건하심으로 말미암아 들으심을 얻었느니라 그가 아들이시면서도 받으신 고난으로 순종함을 배워서 온전하게 되셨은즉 자기에게 순종하는 모든 자에게 영원한 구원의 근원이 되시고"

정리

사도신경의 '그가 지옥에 내려가셨다'는 말은 그리스도께서 십자가에서 '말로 표현할 수 없는 고뇌와 아픔, 공포와 지옥 같은 괴로움'을 겪으시며 죄에 대한 하나님의 진노를 친히 감당하셨음을 의미합니다. 그분의 이러한 극심한 고통과 대속적인 희생 덕분에 우리는 죄로 인해 마땅히 받아야 할 지옥 같은 고뇌와 고통에서 구원받게 되었습니다. 이 고백은 그리스도의 구속 사역의 깊이와 우리의 구원이 얼마나 완전하고 확고한지를 보여주며, 고통 받는 신자들에게 강력한 위로와 소망을 제공합니다.

제 17 주일

하이델베르크 요리문답 제 45 문: 그리스도 부활의 위대한 유익

그리스도께서 죽음을 이기고 부활하심은 단순히 역사적인 사건을 넘어, 우리 믿는 자들에게 지대한 영향을 미치는 놀라운 복음입니다. 하이델베르크 요리문답 45 문은 이 부활을 통해 우리가 얻게 되는 세 가지 핵심적인 유익을 설명합니다.

45 문: 그리스도께서 "부활"하시므로 우리는 어떤 유익을 얻게 되었습니까?

답:

첫째, 그리스도께서는 부활로 죽음을 이기시므로, 자신의 죽으심으로 우리를 위해 얻으신 의에 우리가 참여하게 되었습니다.

둘째, 그리스도의 능력으로 말미암아 우리도 새로운 생명을 누리게 되었습니다. 셋째, 그리스도의 부활은 우리도 축복 속에 부활하게 된다는 것을 확실하게 보증해 줍니다.

(참조: 벨직 신앙고백 제 18 조, 제 23 조)

강해

십자가의 죽음은 예수님의 구원 사역에서 가장 중요한 부분이지만, 그 사역의 완성은 바로 '부활'에 있습니다. 그래서 예수님의 부활은 단순히 예수님의 생명이 다시 시작된 기적적인 사건이 아니라, 그분께서 십자가에서 행하신 구원 사역이 완전하고 온전했음을 증명하는 하나님의 '확인 도장'과 같습니다. 예수님의 부활 때문에 우리는 예수님께서 우리의 죗값을 완전히 치르셨다는 확신을 가질 수 있습니다. 만일 예수님이 부활하지 않으셨다면 그의 죽음을 대속의 죽음으로 확인할 수 없을 뿐만 아니라, 다른 사람들의 죽음과 같이 자기의 죄로 인한 죽음으로 여기질 수밖에 없기 때문입니다.

45 문은 이러한 그리스도의 부활이 우리에게 주는 세 가지 놀라운 유익을 제시합니다. 이를 통해 우리는 부활의 진리가 우리의 삶에 어떤 실질적인 변화와 확신을 가져다 주는지 깊이 깨닫게 됩니다.

1. 의에 참여하는 특권

"첫째, 그리스도께서는 부활로 죽음을 이기시므로, 자신의 죽으심으로 우리를 위해 얻으신 의에 우리가 참여하게 되었습니다."

예수님은 우리의 모든 죄를 대속하기 위해 십자가에서 죽으심으로 '완전하고 영원한 의(義)'를 이루셨습니다. 그분의 죽으심이 없었다면 우리는 죄 때문에 영원한 사망에 이를 수밖에 없었을 것입니다. 하지만 예수님께서 죽음을 이기고 부활하심으로써, 그분이 죽으심으로 우리를 위해 얻으신 그 의가 참되고 유효하다는 것을 온전히 드러내셨습니다. 이제 우리는 이 부활하신 예수 그리스도를 믿음으로써, 그분이 우리를 위해 얻으신 그 완전한 의에 연합하고 참여하게 됩니다. 이는 우리가 하나님 앞에서

'의롭다 함을 얻고 죄책에서 벗어나게 되었음'을 의미합니다. 이처럼 그리스도의 부활은 우리의 의롭게 됨과 직결되고, 역으로 부활이 없으면 우리는 여전히 죄 가운데 있게 됩니다.

로마서 4장 25절: "예수는 우리 범죄함을 위하여 내어줌이 되고 또한 우리를 의롭다 하심을 위하여 살아나셨느니라"
고린도전서 15장 17절: "그리스도께서 다시 살아나신 일이 없으면 너희의 믿음도 헛되고 너희가 여전히 죄 가운데 있을 것이요"

2. 새로운 생명을 누리는 능력

"둘째, 그리스도의 능력으로 말미암아 우리도 새로운 생명을 누리게 되었습니다."

예수 그리스도의 부활은 단순히 기적이 아니라, 죄와 사망의 권세를 깨뜨리는 놀라운 생명의 능력을 보여주었습니다. 이 부활의 능력은 과거의 사건에만 머물러 있지 않고, '현재 우리 삶 속에서도' 강력하게 역사합니다. 우리가 예수님을 믿을 때, 그분의 부활 생명이 우리 안에 임하여 우리는 죄악된 옛 생활에서 벗어나게 됩니다. 즉, 죄의 지배를 받던 삶에서 벗어나, 하나님의 뜻에 순종하며 살아갈 수 있는 새로운 영적 생명을 얻는 것입니다. 이 '새로운 생명'은 단순히 도덕적인 개선을 넘어섭니다. 그것은 우리에게 영적인 활력을 불어넣고, 하나님과 더욱 깊이 교제하게 하며, 거룩한 삶을 추구하도록 이끌어 줍니다.

로마서 6장 4절: "그러므로 우리가 그의 죽으심과 합하여 세례를 받음으로 그와 함께 장사되었나니 이는 아버지의 영광으로 말미암아 그리스도를 죽은 자 가운데서 살리심과 같이 우리로 또한 새 생명 가운데서 행하게 하려 함이라" (그리스도의 부활이 우리의 새 생명으로 이어짐을 명시합니다.)
에베소서 2장 5절: "허물로 죽은 우리를 그리스도와 함께 살리셨고 (너희는 은혜로 구원을 받은 것이라)" (우리가 그리스도와 함께 영적으로 살아났음을 선언합니다.)
골로새서 3장 1절: "그러므로 너희가 그리스도와 함께 다시 살리심을 받았으면 위의 것을 찾으라 거기는 그리스도께서 하나님 우편에 앉아 계시느니라" (부활의 능력으로 인해 우리가 새로운 삶을 살아야 할 이유를 제시합니다.)

3. 우리 부활의 확실한 보증

"셋째, 그리스도의 부활은 우리도 축복 속에 부활하게 된다는 것을 확실하게 보증해 줍니다."

예수 그리스도의 부활은 인류 역사상 유일무이한 사건일 뿐만 아니라, 장차 모든 믿는 자들에게 일어날 궁극적인 부활의 첫 열매이자 가장 확실한 '보증'이 됩니다. 예수님께서 죽음을 이기고 영광스러운 몸으로 다시 살아나셨듯이, 그분을 믿고 따르는 우리도 언젠가 육체적인 죽음을 경험하더라도, 마지막 날에 예수님처럼 영원하고 영광스러운 몸으로 부활할 것입니다. 이 부활의 소망은 우리가 이 땅에서 겪는 모든 고난과 슬픔, 그리고 죽음의 두려움을 이겨낼 수 있는 가장 강력한 힘과 위로를 제공합니다.

고린도전서 15 장 20-22 절: "그러나 이제 그리스도께서 죽은 자 가운데서 다시 살아나사 잠자는 자들의 첫 열매가 되셨도다 사망이 한 사람으로 말미암았으니 죽은 자의 부활도 한 사람으로 말미암는도다 아담 안에서 모든 사람이 죽은 것 같이 그리스도 안에서 모든 사람이 삶을 얻으리라"

요한복음 11 장 25-26 절: "예수께서 이르시되 나는 부활이요 생명이니 나를 믿는 자는 죽어도 살겠고 무릇 살아서 나를 믿는 자는 영원히 죽지 아니하리니 이것을 네가 믿느냐"

빌립보서 3 장 21 절: "그는 만물을 자기에게 복종하게 하실 수 있는 자의 역사로 우리의 낮은 몸을 자기 영광의 몸의 형체와 같이 변하게 하시리라"

정리

그리스도의 부활은 우리의 죄 용서, 새로운 삶, 그리고 미래의 영원한 소망에 직접적으로 연결된 핵심 진리입니다. 우리는 부활하신 예수 그리스도를 통해 의롭다 함을 받고, 죄악된 옛 삶을 벗어 던지고 새로운 생명 가운데서 살아가게 됩니다. 궁극적으로 영원한 부활의 소망을 확신하게 됩니다. 우리가 이 놀라운 부활의 유익에 감사하고, 부활 생명으로 충만한 삶을 살며 하나님께 영광을 돌릴 수 있길 기도합니다.

제 18 주일

하이델베르크 요리문답 제 46 문: 그리스도의 승천의 의미와 유익

하이델베르크 요리문답 46 문은 예수 그리스도의 승천(Ascension)에 대한 중요한 교리를 설명합니다. 승천은 그리스도의 지상 사역의 완성점이자, 새로운 사역의 시작을 알리는 중요한 사건입니다. 이 문답을 통해 승천의 의미와 그것이 우리에게 주는 유익을 깊이 이해할 수 있습니다.

46 문: "하늘에 오르사"라는 말은 무슨 뜻입니까?

답:

그리스도께서는 제자들이 보는 가운데 땅에서 들리어 하늘에 오르셨고, 우리의 유익을 위하여 거기에 계속 계시다가, 마침내 다시 오셔서 산자와 죽은 자를 심판하신다는 것입니다.

(참조: 벨직 신앙고백 제 20 조, 제 26 조)

강해

예수 그리스도의 삶은 놀라운 사건들로 가득 차 있습니다. 동정녀 탄생, 고난과 죽음, 그리고 부활에 이어, 사도신경은 그분의 '승천'을 고백합니다. 이 사건은 부활만큼이나 중요하지만, 종종 그 의미가 간과되곤 합니다. 46 문은 예수님께서 왜 하늘로 올라가셨고, 그 승천이 오늘을 살아가는 우리에게 어떤 의미가 있는지, 이에 대해 짧지만 깊이 있게 다룹니다. 이를 통해 우리는 예수님의 승천이 왜 그토록 중요한 사건인지, 그리고 그분이 지금도 하늘에서 우리를 위해 무엇을 하시는지, 그 놀라운 사역에 대해 깊이 배울 수 있습니다.

1. 역사적 사건으로서의 승천: '제자들의 목격'

"그리스도께서는 제자들이 보는 가운데 땅에서 들리어 하늘에 오르셨고"

예수님의 승천이 단순한 영적 이동이 아니라, '실제적이고 역사적인 사건'이었음을 강조합니다. 부활하신 예수님은 40 일 동안 여러 차례 제자들에게 나타나셨고, 그들이 지켜보는 가운데 육체로 하늘로 올라가셨습니다. 이 사건은 예수님의 부활이 참된 육체적 부활이었음을 다시 한번 확증하며, 그분이 이제 온 우주의 주권자로서 영광을 받으셨음을 나타냅니다. 제자들이 직접 목격함으로써 승천은 분명한 사실로 우리에게 전해집니다.

사도행전 1 장 9-11 절: "이 말씀을 마치시고 그들이 보는데 올려져 가시니 구름이 그를 가리어 보이지 않게 하더라 올라가실 때에 제자들이 자세히 하늘을 쳐다보고 있는데 흰 옷 입은 두 사람이 그들 곁에 서서 이르되 갈릴리 사람들아 어찌하여 서서 하늘을 쳐다보느냐 너희 가운데서 하늘로 올려지신 이 예수는 너희가 하늘로 가심을 본 그대로 오시리라 하니라"

누가복음 24 장 50, 51 절: "예수께서 그들을 데리고 베다니 앞까지 나가사 손을 들어 그들에게 축복하시더니 축복하실 때에 그들을 떠나 [하늘로 올려지시니]"

2. 현재적 의미: '우리의 유익을 위한 그리스도의 사역'

"우리의 유익을 위하여 거기에 계속 계시다가",

예수님의 승천은 단순히 떠나감이 아니라, '우리를 위한 새로운 사역의 시작'을 의미합니다. 그리스도께서는 하늘에 오르신 후에도 우리와 단절된 것이 아니라, 지금도 하나님 보좌 우편에서 살아계신 하나님으로서, 그리고 우리의 대제사장으로서 사역하고 계십니다. 그분은 우리를 위해 중보하시고, 우리에게 성령을 보내주시고, 만물을 다스리시며 교회를 보호하고 인도하십니다. 예수님의 승천은 그분이 우리의 영원한 왕이요 제사장으로서 '지금도 우리를 위해 끊임없이 일하고 계심'을 확증하는 것입니다. 이 모든 것은 우리의 구원과 영적인 성장을 위한 유익이 됩니다.

히브리서 7 장 25 절: "그러므로 자기를 힘입어 하나님께 나아가는 자들을 온전히 구원하실 수 있으니 이는 그가 항상 살아 계셔서 그들을 위하여 간구하심이라"
로마서 8 장 34 절: "누가 정죄하리요 죽으실 뿐 아니라 다시 살아나신 이는 그리스도 예수시니 그는 하나님 우편에 계신 자요 우리를 위하여 간구하시는 자니라"
요한복음 16 장 7 절: "그러나 내가 너희에게 실상을 말하노니 내가 떠나가는 것이 너희에게 유익이라 내가 떠나가지 아니하면 보혜사가 너희에게로 오시지 아니할 것이요 내가 가면 내가 그를 너희에게로 보내리니"
골로새서 3 장 1 절: "그러므로 너희가 그리스도와 함께 다시 살리심을 받았으면 위의 것을 찾으라 거기는 그리스도께서 하나님 우편에 앉아 계시느니라"

3. 미래적 의미: '재림과 최후 심판'

"마침내 다시 오셔서 산자와 죽은 자를 심판하신다는 것입니다."

그리스도의 승천은 재림에 대한 확실한 약속입니다. 사도행전 1 장에 기록된 바와 같이, 예수님께서 승천하실 때, 천사들은 "너희 가운데서 하늘로 올려지신 이 예수는 너희가 하늘로 가심을 본 그대로 오시리라"고 증언했습니다. 이는 예수님께서 이 땅에 '다시 오셔서' 살아 있는 자들과 죽은 자들, 곧 모든 인류를 공의로 심판하실 것임을 의미합니다. 그분은 이렇게 심판주로 오셔서 모든 악을 심판하시고, 믿는 자들에게 영원한 생명과 복을 주실 것입니다. 승천은 우리가 소망하는 종말론적 사건, 즉 그리스도의 재림과 최후 심판을 예고하는 중요한 사건입니다.

사도행전 1 장 11 절: "갈릴리 사람들아 어찌하여 서서 하늘을 쳐다보느냐 너희 가운데서 하늘로 올려지신 이 예수는 너희가 하늘로 가심을 본 그대로 오시리라 하니라"
마태복음 25 장 31, 32 절: "인자가 자기 영광으로 모든 천사와 함께 올 때에 자기 영광의 보좌에 앉으리니 모든 민족을 그 앞에 모으고 각각 구분하기를 목자가 양과 염소를 구분하는 것 같이 하여"
요한계시록 1 장 7 절: "볼지어다 그가 구름을 타고 오시리라 각 사람의 눈이 그를 보겠고 그를 찌른 자들도 볼 것이요 땅에 있는 모든 족속이 그로 말미암아 애곡하리니 그러하리라 아멘"

정리

그리스도의 승천은 그분의 육체적 부활을 확증합니다. 또한 그것은 그리스도께서 하늘에서 우리의 대제사장으로서 중보하시며 통치하시기 시작하셨음을 뜻합니다. 그리고 때가 되면 그분이 다시 오셔서 세상을 심판하실 것이라는 '확실한 소망'을 갖게 합니다. 우리는 이 승천의 교리를 통해 지금도 살아계시고 우리를 위해 일하시는 그리스도를 신뢰하며, 장차 다시 오실 주님을 소망하며 거룩한 삶을 살아가야 할 것입니다.

하이델베르크 요리문답 제 47 문: 그리스도 임재의 신비

하이델베르크 요리문답 47 문은 예수 그리스도의 승천 이후에도 그분이 어떻게 우리와 함께 계시는지에 대한 중요한 문제를 다룹니다. 이는 그리스도께서 참 하나님이시며, 동시에 참 사람이라는 진리를 바탕으로 설명됩니다. 이 문답을 통해 우리는 승천하신 그리스도께서 어떻게 여전히 우리와 함께하시며 우리를 돌보시는지 이해할 수 있습니다.

47 문: 그러면 그리스도께서는 약속하신 대로 세상 끝 날까지 우리와 함께 계시지 않습니까?

답:

그리스도께서는 참 사람이고 참 하나님이십니다. 인성으로는 그리스도께서 더 이상 세상에 계시지 않지만, 신성과 위엄과 은혜와 영으로는 한순간도 우리를 떠나 계시지 않습니다.

(참조: 벨직 신앙고백 제 18 조, 제 19 조, 니케아-콘스탄티노플 신조, 칼케돈 신조)

강해

이 질문은 예수님께서 승천하시면서 "세상 끝 날까지 너희와 항상 함께 있으리라"(마태복음 28:20)고 약속하신 말씀과 어떻게 조화되는지 묻고 있습니다. 육체적으로는 하늘로 올라가셨는데, 어떻게 그분의 이 약속이 성취될 수 있느냐는 의문입니다. 요리문답 47 문은 이 질문에 대해 그리스도의 인성과 신성을 구분하여 답하고 있습니다.

1. 그리스도의 양성: '참 사람이고 참 하나님이심'

"그리스도께서는 참 사람이고 참 하나님이십니다"

문답은 그리스도를 "참 사람이고 참 하나님"으로 선언하며, 그리스도론의 가장 기본적인 진리인 '양성론'을 재확인합니다. 예수 그리스도는 완전한 사람이시면서, 동시에 완전한 하나님이십니다. 이 두 성품은 분리되거나 혼합되지 않고 한 인격 안에 온전히 연합되어 있습니다(칼케돈 신조). 이 진리를 이해해야만 그리스도의 승천과 임재를 올바르게 해석할 수 있습니다.

2. 인성으로는 세상에 계시지 않지만

"인성으로는 그리스도께서 더 이상 세상에 계시지 않지만"

예수님께서는 육체적으로, 곧 인성(人性)으로는 제자들이 보는 가운데 땅을 떠나 하늘로 올라가셨습니다. 그분의 몸은 더 이상 이 땅의 특정 장소에 물리적으로 존재하지 않습니다. 승천은 그리스도의 인성이 공간적인 제한을 받으며, 특정한 장소인 하늘 보좌 우편에 앉아 계심을 의미합니다. 마치 우리가 어떤 장소에 있을 때 다른 장소에 동시에 있을 수 없는 것처럼, 그리스도의 몸도 한정된 공간에 계십니다.

요한복음 16장 28절: "내가 아버지에게서 나와 세상에 왔고 다시 세상을 떠나 아버지께로 가노라 하시니"
사도행전 3장 21절: "하나님이 예수를 받아 마땅히 그가 만물을 회복하실 때까지는 하늘이 마땅히 그를 받아두리라"
골로새서 3장 1절: "그러므로 너희가 그리스도와 함께 다시 살리심을 받았으면 위의 것을 찾으라 거기는 그리스도께서 하나님 우편에 앉아 계시느니라"

3. 신성과 위엄과 은혜와 영으로는 항상 함께 계심

"신성과 위엄과 은혜와 영으로는 한순간도 우리를 떠나 계시지 않습니다"

예수님은 단순히 사람이 아니라 '참 하나님'이십니다. 그분의 신성은 공간과 시간에 제한받지 않습니다. 이것은 영적이고 존재론적인 임재를 의미합니다. 그리스도께서는 전능하신 하나님으로서 모든 곳에 계시며(편재성), 권능으로 온 세상을 다스리십니다. 또한 성령을 통해 신자들의 마음속에 내주하시며, 교회를 통해 역사하십니다. 약속하신 "세상 끝 날까지 너희와 항상 함께 있으리라"는 말씀은 바로 이 신적인 임재를 통한 약속입니다. 우리는 그리스도의 인성을 붙잡고 특정 장소에서 그분을 찾으려 할 것이 아니라, 그분은 신성과 성령의 능력 안에서 언제나 우리와 함께 계시다는 것을 믿고 의지해야 합니다.

마태복음 28 장 20 절: "내가 너희에게 분부한 모든 것을 가르쳐 지키게 하라 볼지어다 내가 세상 끝날까지 너희와 항상 함께 있으리라 하시니라"

요한복음 14 장 16–18 절: "내가 아버지께 구하겠으니 그가 또 다른 보혜사를 너희에게 주사 영원토록 너희와 함께 있게 하리니 그는 진리의 영이라 세상은 능히 그를 받지 못하나니 이는 그를 보지도 못하고 알지도 못함이라 그러나 너희는 그를 아나니 그는 너희와 함께 거하심이요 또 너희 속에 계시겠음이라 내가 너희를 고아와 같이 버려두지 아니하고 너희에게로 오리라"

에베소서 1 장 22, 23 절: "또 만물을 그의 발 아래에 복종하게 하시고 그를 만물 위에 교회의 머리로 삼으셨느니라 교회는 그의 몸이니 만물 안에서 만물을 충만하게 하시는 이의 충만함이니라"

정리

그리스도는 승천하시므로 몸으로는 이 땅에 계시지 않지만, 신성과 능력, 그리고 성령을 통해 언제나 이 땅에 영적으로 임재해 계십니다. 그리스도께서는 하늘 보좌 우편에서 만물을 다스리시면서도, 동시에 우리의 마음속에, 그리고 교회 공동체 가운데 항상 함께 계십니다. 우리는 이 놀라운 진리를 통해 그가 우리를 고아처럼 버려지지 않고 언제나 동행하고 계시다는 확신을 가지고, 그분의 권능과 은혜 안에서 담대하게 살아갈 수 있습니다.

하이델베르크 요리문답 제 48 문: 그리스도의 양성의 불가분성

하이델베르크 요리문답 48 문은 그리스도의 신성과 인성이 어떻게 함께 존재하며 분리되지 않는지에 대한 질문을 합니다. 이 질문은 앞선 47 문에서 그리스도께서 인성으로는 하늘에 계시지만, 신성으로는 항상 우리와 함께 하신다는 설명에 이어 제기될 수 있는 오해를 해소하기 위한 것입니다.

48 문: 그리스도의 신성은 있는데 거기에 인성이 없다면, 그러면 그리스도의 두 본성이 서로 분리되어 있는 것 아닙니까?

답:

결코 그렇지 않습니다. 신성은 어떤 것에도 제한받지 않고 어디에나 있습니다. 그래서 그리스도의 신성은 필연적으로 그리스도가 취하신 인성의 한계를 초월해서 있으며, 그럼에도 불구하고 이 인성 안에 거하고 여전히 인성과 인격적으로 결합되어 있습니다.

(참조: 벨직 신앙고백 제 19 조, 칼케돈 신조)

강해

앞의 47 문에서 그리스도께서 인성으로는 하늘에 계시고, 신성으로는 어디에나 계신다는 설명은 자칫 그분의 두 본성, 즉 신성과 인성이 서로 분리되어 있는 것이 아니냐는 의문을 갖게 합니다. 만약 그렇다면 그리스도는 온전한 한 분이 아니라 두 개로 나뉜 존재가 아니냐는 심각한 의문을 갖게 합니다. 그래서 48 문은 이러한 오해에 대해 "결코 그렇지 않습니다"라고 단호하게 답합니다. 그리고 그리스도의 신성과 인성은 결코 분리될 수 없음을 강력히 천명합니다.

1. 신성의 무제한성과 편재성

"신성은 어떤 것에도 제한받지 않고 어디나 있습니다."

이 구절은 하나님의 속성 중 하나인 편재성(Omnipresence)을 설명합니다. 하나님은 시간과 공간의 제약을 받지 않고 모든 곳에 동시에 존재하십니다. 그리스도는 참 하나님이시므로, 그분의 신성 또한 이 편재성의 속성을 가집니다. 따라서 그리스도의 신성은 특정 장소에 갇혀 있거나, 다른 곳에 없거나, 인성(육체)에 의해 제한받지 않습니다.

예레미야 23 장 24 절: "여호와께서 말씀하시되 사람이 내게 보이지 아니하려고 누가 자기를 은밀한 곳에 숨길 수 있겠느냐 여호와가 말하노라 나는 천지에 충만하지 아니하냐"
사도행전 17 장 27, 28 절: "이는 사람으로 혹 하나님을 더듬어 찾아 발견하게 하려 하심이로되 그는 우리 각 사람에게서 멀리 계시지 아니하도다 우리가 그를 힘입어 살며 기동하며 존재하느니라 너희 시인 중 어떤 사람들의 말과 같이 우리가 그의 소생이라 하니"

2. 신성의 초월성과 인성과의 인격적 결합

"그래서 그리스도의 신성은 필연적으로 그리스도가 취하신 인성의 한계를 초월해서 있으며, 그럼에도 불구하고 이 인성 안에 거하고 여전히 인성과 인격적으로 결합되어 있습니다."

이 설명이 양성론의 핵심적인 신비입니다. 그리스도의 신성은 그분의 인성 안에 갇히지 않고, 인성의 모든 한계를 초월하여 온 우주에 충만합니다. 즉, 그리스도의 신성이 하늘에 계신 그분의 몸 안에만 제한적으로 존재하는 것이 아니라는 뜻입니다.

그럼에도 불구하고 중요한 것은, 이 신성이 인성을 떠나거나 인성과 분리된 채로 존재하는 것이 아니라는 사실입니다. 신성은 여전히 그분이 취하신 '인성 안에 거하며', 가장 중요한 것은 '인성(Humanity)과 인격적으로 결합되어 있다'는 것입니다. 이는 칼케돈 신조가 고백하는 대로, 그리스도의 두 본성, 곧 신성과 인성이 혼동되거나 변질되지 않고, 분리되거나 나뉘지 않으며, 한 분 인격 안에 영원히 연합되어 있음을 의미합니다.

예수 그리스도는 한 분 인격 안에 완전한 하나님과 완전한 사람으로 존재하시며, 그분의 신성은 그분이 취하신 인성과 한순간도 분리된 적이 없습니다. 따라서 그분의 인성이 하늘에 계신다 하여 그분의 신성이 그 인성으로부터 떨어져 나가는 것이 아니며, 또한 그분의 신성이 어디에나 계신다 하여 그분의 인성이 동시에 모든 곳에 존재하게 되는 것도 아닙니다. 그분은 여전히 한 분 그리스도로서 신성과 인성이 온전히 연합된 상태로 존재하십니다.

> **골로새서 2장 9절:** "그 안에는 신성의 모든 충만이 육체로 거하시고"
> **요한복음 1장 14절:** "말씀이 육신이 되어 우리 가운데 거하시매 우리가 그의 영광을 보니 아버지의 독생자의 영광이요 은혜와 진리가 충만하더라"
> **요한복음 3장 13절:** "하늘에서 내려온 자 곧 인자 외에는 하늘에 올라간 자가 없으니라"
> **마태복음 17장 27절:** "그러나 우리가 그들이 실족하지 않게 하기 위하여 네가 바다에 가서 낚시를 던져 먼저 오르는 고기를 가져 입을 열면 돈 한 세겔을 얻을 것이니 가져다가 나와 너를 위하여 주라 하시니라"(신성의 편재)

정리

이와 같이 그리스도의 신성과 인성은 비록 서로 속성은 다르지만, 한 분 그리스도 안에서 '분리될 수 없게 인격적으로 연합' 되어 있습니다. 그리스도의 신성은 모든 곳에 편재하여 존재하지만, 이것이 그분의 인성이 모든 곳에 존재한다는 것을 의미하지 않습니다. 동시에, 그분의 인성이 하늘에 계시다고 해서 그분의 신성이 인성으로부터 분리되는 것도 아닙니다. 그리스도는 여전히 완전한 하나님이자 완전한 사람으로 한 분 인격 안에 존재하시며, 이 신비로운 연합이야말로 우리의 구원과 주님의 지속적인 임재를 가능하게 하는 근거가 됩니다. 우리는 이 진리를 통해 그리스도께서 항상 우리와 함께하시며 모든 것을 다스리심을 확신할 수 있습니다.

하이델베르크 요리문답 제49문: 그리스도 승천의 유익

그리스도께서 죽음을 이기고 부활, 승천하심은 단순히 역사적인 사건을 넘어, 우리 믿는 자들에게 지대한 영향을 미치는 놀라운 복음입니다. 하이델베르크 요리문답 49문은 특별히 승천을 통해 우리가 얻게 되는 세 가지 핵심적인 유익을 설명합니다.

49문: 그리스도께서 하늘에 오르신 것이 우리에게 어떤 점에서 유익이 됩니까?

답:

첫째, 그리스도께서는 하늘에서 성부 하나님 앞에서 우리를 위해 대언하십니다. 둘째, 우리가 우리의 육체를 하늘에 갖고 있는데, 이것은 우리의 머리이신 그리스도께서 자신의 지체인 우리도 자신에게로 이끌어 올리신다는 것에 대한 확실한 보증이 되기 때문입니다.

셋째, 그리스도께서는 자신의 성령을 보증으로 우리에게 보내시는데, 우리는 그 성령의 능력으로 그리스도께서 하나님 우편에 앉아 계신 곳이 있는 위의 것을 구하고 땅의 것을 구하지 않습니다.

(참조: 벨직 신앙고백 제18조, 제26조, 아타나시우스 신조)

강해

지난 문답에서 우리는 예수님의 승천이 단순한 사건이 아니라, 우리를 위해 하나님 우편에 계시다가 다시 오실 것에 대한 확증임을 살펴보았습니다(46문). 그런데 예수님의 승천은 단지 미래의 소망에만 국한된 것이 아니라, 지금 이 순간을 살아가는 우리에게도 실제적인 유익을 가져다줍니다. 이 문답은 바로 이 질문에 대한 명확한 해답을 제시합니다. 예수님의 승천은 그분이 하늘 보좌에 앉아 계신다는 것에서 끝나지 않고, 세 가지 중요한 유익으로 우리 삶에 영향을 미칩니다. 이 세 가지 유익은 우리가 이 세상 속에서 흔들리지 않고 굳건히 설 수 있게 하는 힘과 함께 위로를 더해줍니다.

1. 우리를 위한 대언자

"첫째, 그리스도께서는 하늘에서 성부 하나님 앞에서 우리를 위해 대언하십니다."

그리스도께서 승천하여 하늘에 오르신 첫 번째 유익은 그분이 지금도 하나님 아버지 앞에서 우리를 위한 대언자로 활동하신다는 점입니다. 대언자는 변호사와 같습니다. 우리는 연약하여 넘어지고 죄를 짓기 쉽지만, 예수님께서는 우리를 위해 하나님 아버지께 끊임없이 간구하시며 변호하십니다. 그분은 우리의 죄를 용서받게 하시고, 우리가 당하는 어려움과 시험 속에서 하나님 아버지의 긍휼과 은혜를 얻도록 중보하십니다. 이처럼 우리에게 완전하고 영원한 대언자가 계시다는 사실은, 우리가 죄로 인해 정죄 받을 두려움 없이 담대히 하나님께 나아갈 수 있는 근거가 됩니다.

로마서 8장 34절: "누가 정죄하리요 죽으실 뿐 아니라 다시 살아나신 이는 그리스도 예수시니 그는 하나님 우편에 계신 자요 우리를 위하여 간구하시는 자시니라"

요한일서 2 장 1 절: "나의 자녀들아 내가 이것을 너희에게 씀은 너희로 죄를 범하지 않게 하려 함이라 만일 누가 죄를 범하여도 아버지 앞에서 우리에게 대언자가 있으니 곧 의로우신 예수 그리스도시라"
히브리서 7 장 25 절: "그러므로 자기를 힘입어 하나님께 나아가는 자들을 온전히 구원하실 수 있으니 이는 그가 항상 살아 계셔서 그들을 위하여 간구하심이라"

2. 부활과 영광의 확실한 보증

"둘째, 우리가 우리의 육체를 하늘에 갖고 있는데, 이것은 우리의 머리이신 그리스도께서 자신의 지체인 우리도 자신에게로 이끌어 올리신다는 것에 대한 확실한 보증이 되기 때문입니다."

그리스도께서 하늘에 오르신 두 번째 유익은 그분의 승천이 우리의 '장차 올 부활과 영광의 확실한 보증'이 된다는 점입니다. 예수님께서는 부활하신 육체를 가지고 승천하셨습니다. 우리가 '그분의 몸 된 교회이며 그분의 지체임'을 기억할 때, 우리의 머리이신 그리스도께서 이미 하늘에 오르셨으니, 그분의 지체인 우리도 언젠가 그분처럼 영광스러운 몸으로 부활하여 들림 받을 것이라는 확신을 얻게 됩니다. 이처럼 우리 육신의 부활은 그리스도 몸 안에서 확실한 보증을 갖게 되었습니다.

요한복음 17 장 24 절: "아버지여 내게 주신 자도 나 있는 곳에 나와 함께 있어 아버지께서 창세 전부터 나를 사랑하시므로 내게 주신 나의 영광을 그들로 보게 하시기를 원하옵나이다"
에베소서 2 장 4-6 절: "긍휼이 풍성하신 하나님이 우리를 사랑하신 그 큰 사랑을 인하여 허물로 죽은 우리를 그리스도와 함께 살리셨고(너희는 은혜로 구원받은 것이라)또 함께 일으키사 그리스도 예수 안에서 함께 하늘에 앉히시니"
빌립보서 3 장 20-21 절: "그러나 우리의 시민권은 하늘에 있는지라 거기로부터 구원하는 자 곧 주 예수 그리스도를 기다리노니 그는 만물을 자기에게 복종하게 하실 수 있는 자의 역사로 우리의 낮은 몸을 자기 영광의 몸의 형체와 같이 변하게 하시리라"

3. 성령을 통한 위의 것을 구함

"셋째, 그리스도께서는 자신의 성령을 보증으로 우리에게 보내시는데, 우리는 그 성령의 능력으로 그리스도께서 하나님 우편에 앉아 계신 곳이 있는 위의 것을 구하고 땅의 것을 구하지 않습니다."

그리스도께서 승천하신 세 번째 유익은 그분께서 우리에게 '성령을 보증으로 보내 주셨다'는 점입니다. 예수님은 승천하시면서 "내가 가면 내가 그를(보혜사) 너희에게 보내리니"(요한복음 16:7)라고 약속하셨습니다. 이 성령님은 그리스도의 임재를 대신하여 우리 안에 내주하시며, 우리에게 영적인 능력을 주십니다. 이 성령의 능력으로 우리는 더 이상 썩어 없어질 세상의 것들에 얽매이지 않고, 그리스도께서 계신 하나님 우편의 '위의 것', 즉 영원하고 신령한 가치들을 추구하게 됩니다. 우리의 마음과 시선이 하늘에 고정되어, 영원한 것에 소망을 두며 살아갈 수 있도록 인도받는 것입니다.

요한복음 16 장 7 절: "그러나 내가 너희에게 실상을 말하노니 내가 떠나가는 것이 너희에게 유익이라 내가 떠나가지 아니하면 보혜사가 너희에게로 오시지 아니할 것이요 내가 가면 내가 그를 너희에게로 보내리니" (승천이 성령 강림의 전제임을 설명.)
에베소서 1 장 13–14 절: "그 안에서 너희도 진리의 말씀 곧 너희의 구원의 복음을 듣고 그 안에서 또한 믿어 약속의 성령으로 인치심을 받았으니 이는 우리 기업의 보증이 되사 그 얻으신 것을 속량하시고 그의 영광을 찬송하게 하려 함이라"
골로새서 3 장 1–2 절: "그러므로 너희가 그리스도와 함께 다시 살리심을 받았으면 위의 것을 찾으라 거기는 그리스도께서 하나님 우편에 앉아 계시느니라 위의 것을 생각하고 땅의 것을 생각하지 말라" (성령의 능력으로 위의 것을 구하는 삶을 권면)

정리

그리스도의 승천은 그분의 지상 사역의 끝이 아니라, 우리를 위한 더 큰 사랑과 능력의 시작을 알리는 사건입니다. 승천하신 그리스도께서는 하늘에서 우리의 대언자가 되시어 끊임없이 우리를 위해 중보하시고, 그분의 승천은 우리의 장차 올 영광스러운 부활에 대한 확실한 보증이 됩니다. 또한, 그분께서 보내주신 성령을 통해 우리는 세상의 것에 얽매이지 않고 영원한 하늘의 가치들을 추구하며 살아갈 수 있게 됩니다. 이처럼 그리스도의 승천은 우리에게 많은 유익을 가져다 줍니다. 이로서 우리는 보다 분명한 영적 가치관을 가지고 이땅에서의 신앙생활을 순수한 소망 가운데 힘있게 해나갈 수 있습니다.

제 19 주일

하이델베르크 요리문답 제 50 문: "하나님 우편에 앉으사"의 의미

하이델베르크 요리문답 50 문은 사도신경의 중요한 고백 중 하나인 "하나님 우편에 앉으사"의 의미를 설명합니다. 이 표현은 단순히 그리스도께서 공간적으로 특정한 위치에 계시다는 것을 넘어, 그분의 현재적인 통치와 권위를 나타내는 중요한 상징입니다.

50 문: "하나님 우편에 앉으사"라는 말은 왜 있는 것입니까?

답:

그리스도께서 하늘에 오르신 것은 그리스도께서 교회의 머리가 되시고, 성부께서 그리스도를 통해 만물을 다스리고 계시다는 것을 말해주기 위해서입니다.

(참조: 벨직 신앙고백 제 18 조, 제 29 조)

강해

사도신경은 예수님이 승천하신 후 '하나님 우편에 앉으셨다'고 고백합니다. 이 구절은 단순히 예수님께서 하나님 곁에 가까이 계신다는 공간적인 의미를 넘어, 다시 영광과 권능의 자리에 오르셨음을 의미합니다. '하나님 우편'은 힘과 권위의 상징적인 장소입니다. 이것은 우리가 믿는 예수님이 단지 2 천 년 전의 역사적 인물이 아니라, 지금도 살아계셔서 온 우주와 교회를 다스리시는 살아 있는 주님이심을 선포합니다.

1. 교회의 머리 되신 그리스도

"그리스도께서 교회의 머리가 되시고"

"하나님 우편에 앉으셨다"는 것은 그리스도께서 이제 모든 권세와 통치를 부여받으셨음을 의미합니다. 특히 그분은 자신의 몸인 교회의 머리가 되셨습니다. 머리가 몸을 다스리듯이, 그리스도께서는 교회의 최고 권위자로서 교회를 인도하고 다스리고 보호하며 필요한 것을 공급하십니다. 이는 교회의 모든 지체가 그리스도에게서 생명과 방향을 얻으며, 그분의 뜻에 따라 움직여야 함을 뜻합니다.

에베소서 1 장 22, 23 절: "또 만물을 그의 발 아래에 복종하게 하시고 그를 만물 위에 교회의 머리로 삼으셨느니라 교회는 그의 몸이니 만물 안에서 만물을 충만하게 하시는 이의 충만함이니라" (그리스도께서 만물 위에 교회의 머리 되심)

골로새서 1 장 18 절: "그는 몸인 교회의 머리시라 그가 근본이시요 죽은 자들 가운데서 먼저 나신 이시니 이는 친히 만물의 으뜸이 되려 하심이요" (교회의 머리 되신 그리스도의 권위.)

2. 만물을 다스리시는 통치자

"성부께서 그리스도를 통해 만물을 다스리고 계시다는 것을 말해주기 위해서입니다"

"하나님 우편에 앉으사"는 단순히 영광의 자리에 앉아 계신다는 의미를 넘어, '통치권과 주권'을 상징합니다. 성부 하나님께서는 자신의 아들 예수 그리스도를 통해 온 우주 만물을 다스리고 계십니다. 그리스도는 만유의 주재로서 모든 권세와 능력을 가지시고, 역사의 모든 과정과 자연 만물을 주관하십니다. 이 고백은 우리의 삶과 세상의 모든 일이 우연이 아니라, 승천하여 보좌에 앉으신 그리스도의 통치 아래 있음을 확신하게 합니다. 이는 우리가 죄와 슬픔과 고통이 가득한 세상 속에서도 평안과 소망을 가질 수 있는 이유가 됩니다.

시편 110 편 1 절: "여호와께서 내 주에게 말씀하시기를 내가 네 원수들로 네 발판이 되게 하기까지 너는 내 오른쪽에 앉아 있으라 하셨도다"
마태복음 28 장 18 절: "예수께서 나아와 말씀하여 이르시되 하늘과 땅의 모든 권세를 내게 주셨으니" (승천 전 예수님께서 모든 권세를 받으셨음을 선언)
빌립보서 2 장 9–11 절: "이러므로 하나님이 그를 지극히 높여 모든 이름 위에 뛰어난 이름을 주사 하늘에 있는 자들과 땅에 있는 자들과 땅 아래 있는 자들로 모든 무릎을 예수의 이름에 꿇게 하시고 모든 입으로 예수 그리스도를 주라 시인하여 하나님 아버지께 영광을 돌리게 하셨느니라"
베드로전서 3 장 22 절: "그는 하늘에 오르사 하나님 우편에 계시니 천사들과 권세들과 능력들이 그에게 복종하느니라"

정리

"하나님 우편에 앉으사"라는 고백은 그리스도께서 최고의 권위와 통치권을 가지셨음을 상징합니다. 이는 그분이 단순히 영광스러운 자리에 계신다는 것을 넘어, '교회의 머리로서 교회를 다스리시고 인도하시며', 나아가 '만유의 주재로서 온 우주 만물을 통치하고 계심'을 의미합니다. 이 진리를 통해 우리는 이 세상 어떤 상황 가운데서도 흔들리지 않는 소망과 확신을 가지고, 모든 것을 다스리시는 그리스도 안에서 담대하게 살아갈 수 있습니다.

하이델베르크 요리문답 제 51 문: 영광 중에 계신 그리스도로부터의 유익

하이델베르크 요리문답 51 문은 우리의 머리 되신 그리스도께서 하나님 우편의 영광 가운데 계시는 것이 우리 믿는 자들에게 어떤 실제적인 유익을 가져다주는지를 설명합니다. 이는 그리스도의 현재적 통치가 우리 삶에 어떤 영향을 주는가를 말하고자 함입니다.

51 문: 우리의 머리 되신 그리스도께서 이런 영광 가운데 계신 것이 우리에게 어떤 점에서 유익이 됩니까?
답:

첫째, 그리스도께서 성령을 통해 그리스도의 지체인 우리에게 천국의 은혜들을 부어 주시고,
둘째, 그가 권능으로 모든 원수들로부터 우리를 지키고 보존하신다는 점에서 그렇습니다.

(참조: 벨직 신앙고백 제 18 조, 제 26 조)

강해

예수님은 교회의 머리이시고 우리는 그분의 지체입니다. 머리가 영광을 받으면 그 몸의 지체들도 함께 영광을 누립니다. 예수님이 영광스러운 지위에 계시다는 것이 우리에게 어떤 유익을 가져다 주는지 본문은 이에 대해 두 가지를 말해줍니다. 이를 통해 우리는 이 세상을 살아갈 때 흔들리지 않는 굳건한 믿음 위에 설 수 있습니다.

1. 성령을 통한 천국 은혜를 부어주심

"첫째, 그리스도께서 성령을 통해 그리스도의 지체인 우리에게 천국의 은혜들을 부어 주시고"

예수님이 승천하여 하나님 우편에 앉으셨다는 것은 그분이 모든 권세와 영광을 받으셨음을 의미합니다. 그리고 이 영광은 그분의 몸 된 교회의 지체인 우리에게도 흘러 넘칩니다. 그리스도께서는 성령을 통해 하늘의 놀라운 은혜들, 즉 죄 용서, 의로움, 새 생명, 거룩함, 평안, 기쁨 등 영적인 복들을 우리에게 풍성하게 부어 주십니다. 이는 우리가 더 이상 이 땅의 유한한 것에만 묶여 사는 것이 아니라, 하늘에 속한 자로서 풍요로운 영적 삶을 누리게 됨을 뜻합니다. 성령님은 그리스도께서 하늘에서 우리에게 보내주시는 통로이자 보증이 되시어, 우리가 천국의 실제적인 은혜와 능력을 경험하며 살아가게 하십니다.

사도행전 2 장 33 절: "하나님이 오른손으로 예수를 높이시매 그가 약속하신 성령을 아버지께 받아서 너희가 보고 듣는 이것을 부어 주셨느니라"
에베소서 1 장 3 절: "찬송하리로다 하나님 곧 우리 주 예수 그리스도의 아버지께서 그리스도 안에서 하늘에 속한 모든 신령한 복을 우리에게 주시되"
갈라디아서 3 장 14 절: "이는 그리스도 예수 안에서 아브라함의 복이 이방인에게 미치게 하고 또 우리로 하여금 믿음으로 말미암아 성령의 약속을 받게 하려 함이라"

2. 모든 원수로부터의 보호와 보존

"둘째, 그가 권능으로 모든 원수들로부터 우리를 지키고 보존하신다는 점에서 그렇습니다"

그리스도가 하나님 우편에 앉으셨다는 것은 그분이 만유의 주재로서 모든 권능과 통치권을 가지셨다는 의미입니다. 이 권능은 단순히 세상을 다스리는 데 그치지 않고, 특별히 그분의 지체인 교회를 보호하는 데 사용됩니다. 우리는 영적인 싸움에 직면해 있으며, 사탄과 죄와 세상의 유혹이라는 악하고 강산 원수들은 우리를 넘어뜨리려 합니다. 그러나 우리의 머리 되신 그리스도께서는 이 모든 원수들보다 훨씬 더 강하신 분이십니다. 그분은 자신의 권능으로 우리를 지키시고, 보호하시며, 구원의 날까지 안전하게 보존하십니다. 따라서 우리는 어떤 상황 속에서도 낙심하지 않고, 우리의 구원과 삶이 그리스도의 강력한 손 안에 있음을 확신할 수 있습니다.

시편 2장 9절: "네가 철장으로 그들을 깨뜨림이여 질그릇 같이 부수리라 하시도다"
요한복음 10장 28, 29절: "내가 그들에게 영생을 주노니 영원히 멸망하지 아니할 것이요 또 그들을 내 손에서 빼앗을 자가 없느니라 그들을 주신 내 아버지는 만물보다 크시매 아무도 아버지 손에서 빼앗을 수 없느니라"
고린도전서 15장 25, 26절: "그가 모든 원수를 그 발 아래에 둘 때까지 반드시 왕 노릇 하시리니 맨 나중에 멸망 받을 원수는 사망이니라"

정리

우리의 머리 되신 그리스도께서 하나님 우편에 앉아 계신 것은 우리에게 주는 중요한 유익 두 가지를 말해줍니다. 첫째, 그분은 '성령을 통해 천국의 풍성한 은혜들을 우리에게 부어 주시어' 우리의 영혼을 살찌우고 거룩하게 하십니다. 둘째, 그분은 '모든 원수들로부터 우리를 강력한 권능으로 지키고 보존하십니다.' 이 진리를 통해 우리는 범사에 그리스도의 축복을 확신하며, 성도로서 두려움없이 담대한 믿음의 싸움을 하며 하나님의 영광을 위해 살아갈 수 있습니다.

하이델베르크 요리문답 제 52 문: 그리스도의 재림과 심판이 주는 위로

하이델베르크 요리문답 52 문은 사도신경의 마지막 고백 중 하나인 "그리스도께서 다시 오셔서 산 자와 죽은 자를 심판하실 것"이라는 진리가 우리 믿는 자들에게 어떤 위로를 주는지 설명합니다. 이 심판의 교리는 단순히 두려움의 대상이 아니라, 오히려 깊은 소망과 안위를 제공한다는 역설적인 진리를 제시합니다.

52 문: "그리스도께서 다시 오셔서 산 자와 죽은 자를 심판하실 것"이란 사실이 당신에게 어떤 위로를 줍니까?

답:

나는 어떠한 슬픔과 박해 가운데서도, 앞서 나를 대신하여 하나님의 심판대 앞에 자신을 드리심으로 나의 모든 저주를 제하신 바로 그 그리스도께서 심판자가 되어 하늘로부터 오시기를 머리 들어 기다립니다. 그리스도께서는 자신과 나의 모든 원수들을 영원한 정죄 속으로 던져버리실 것입니다. 그러나 그리스도께서는 나를 그리스도께서 택하신 모든 사람들과 함께 자신에게로 이끌어 천국의 기쁨과 영광에 들어가게 하실 것입니다.

(참조: 벨직 신앙고백 제 18 조, 제 37 조)

강해

우리는 종종 '심판'이라는 단어에서 두려움과 공포를 느끼곤 합니다. 심판이라는 말 자체가 종말론적이기 때문입니다. 그러나 이 문답은 그리스도의 재림과 심판이 우리에게 오히려 '위로'가 된다는 놀라운 역설을 제시합니다. 그리스도의 재림은 세상 모든 불의에 대한 종지부를 찍으시는 하나님의 마지막 역사입니다. 그리고 그때의 심판은 정의의 최종적인 실현을 의미합니다. 그렇다면 그리스도의 재림과 심판이 우리에게 어떤 위로와 소망을 주는 것일까요?

1. 심판자 되신 그리스도 안에서의 소망

"나는 어떠한 슬픔과 박해 가운데서도, 앞서 나를 대신하여 하나님의 심판대 앞에 자신을 드리심으로 나의 모든 저주를 제하신 바로 그 그리스도께서 심판자가 되어 하늘로부터 오시기를 머리 들어 기다립니다"

이것이 그리스도의 심판에서 우리가 위로를 얻을 수 있는 첫 번째 이유입니다. 왜냐하면 우리를 심판하실 분이 바로 '우리를 위해 대신 심판을 받으신 구원자'이시기 때문입니다.

1) "어떠한 슬픔과 박해 가운데서도": 우리는 신앙적인 이유 때문에, 삶의 다양한 슬픔과 박해 속에서 고통받을 때가 있습니다. 세상의 불의와 고난, 영적인 싸움 등으로 인해 절망에 빠지기 쉽습니다. 그러나 우리가 확신하는 것은 이 모든 것을 궁극적으로 심판하실 분이 다름 아닌 우리를 위해 십자가에서 '모든 저주를 제하신 그리스도'라는 사실입니다.

2) "머리를 들어 기다립니다": 그분은 우리의 죄 때문에 하나님의 심판대 앞에 친히 자신을 내어주셨습니다. 그렇기에 그분이 다시 오셔서 심판자가 되실 때, 우리는 두려워할 필요가 없습니다. 오히려 '머리 들어 기다립니다'는 표현처럼, 당당하고 확신

에 찬 태도로 그분의 오심을 고대합니다. 우리의 죄와 허물은 이미 십자가에서 대속되었으므로, 그 심판은 우리가 이 땅에서 오랫동안 기다려온 '완전한' 구원의 확증이 될 것입니다.

누가복음 21 장 25-28 절: "일월 성신에는 징조가 있겠고 땅에서는 민족들이 바다와 파도의 성난 소리로 인하여 혼란한 중에 곤고하리라 사람들이 세상에 임할 일을 생각하고 무서워하므로 기절하리니 이는 하늘의 권능들이 흔들리겠음이라 그 때에 사람들이 인자가 구름을 타고 능력과 큰 영광으로 오는 것을 보리라 이런 일이 되기를 시작하거든 일어나 머리를 들라 너희 속량이 가까웠느니라 하시더라"

빌립보서 3 절 20, 21 절: "그러나 우리의 시민권은 하늘에 있는지라 거기로부터 구원하는 자 곧 주 예수 그리스도를 기다리노니 그는 만물을 자기에게 복종하게 하실 수 있는 자의 역사로 우리의 낮은 몸을 자기 영광의 몸의 형체와 같이 변하게 하시리라"

디도서 2 장 13, 14 절: "복스러운 소망과 우리의 크신 하나님 구주 예수 그리스도의 영광이 나타나심을 기다리게 하셨으니 그가 우리를 대신하여 자신을 주심은 모든 불법에서 우리를 속량하시고 우리를 깨끗하게 하사 선한 일을 열심히 하는 자기 백성이 되게 하려 하심이라"

2. 원수들에 대한 궁극적 승리와 심판

"그리스도께서는 자신과 나의 모든 원수들을 영원한 정죄 속으로 던져버리실 것입니다"

이것이 심판이 주는 두 번째 위로입니다. 그리스도의 재림은 단순히 성도들의 구원하는 것으로 끝나지 않습니다.

1) 모든 원수들에 대한 심판: 그리스도의 재림은 모든 악과 원수들에 대한 궁극적인 심판을 가져올 것입니다. "자신과 나의 모든 원수들"이란 그리스도를 대적하고 우리를 괴롭히는 모든 악의 세력, 즉 사탄과 그의 추종자들, 그리고 죄 가운데 회개하지 않고 끝까지 하나님을 거부했던 모든 자들을 의미합니다.

2) 영원한 정죄 속으로 던져버리는 최후의 심판: 오늘 우리가 살아가는 이 땅에는 불의가 득세하고 악인들이 잘 되는 것처럼 보일 때가 많습니다. 우리는 때때로 죄와 불의가 승리하는 것처럼 느껴지는 현실 앞에서 좌절할 수 있습니다. 그러나 그리스도께서 심판자로 다시 오실 때, 그분은 공의를 완전히 실현하시어 모든 악을 '영원한 정죄'에 던져버리는 최후의 심판을 하실 것입니다. 이 심판은 우리가 겪는 모든 불의와 고난에 대한 하나님의 의로운 반응입니다. 그리고 우리는 이때 궁극적인 정의가 실현될 것이라는 확신을 갖게 됩니다.

데살로니가후서 1장 7-9절: "환난 받는 너희에게는 안식으로 우리와 함께 갚으시는 것이 하나님의 공의시니 주 예수께서 자기의 능력의 천사들과 함께 하늘로부터 불꽃 가운데에 나타나실 때에 하나님을 모르는 자들과 우리 주 예수의 복음에 복종하지 않는 자들에게 형벌을 내리시리니 이런 자들은 주의 얼굴과 그의 힘의 영광을 떠나 영원한 멸망의 형벌을 받으리로다"

계시록 19장 14-16절: "하늘에 있는 군대들이 희고 깨끗한 세마포 옷을 입고 백마를 타고 그를 따르더라 그의 입에서 예리한 검이 나오니 그것으로 만국을 치겠고 친히 그들을 철장으로 다스리며 또 친히 하나님 곧 전능하신 이의 맹렬한 진노의 포도주 틀을 밟겠고 그 옷과 그 다리에 이름을 쓴 것이 있으니 만왕의 왕이요 만주의 주라 하였더라"

3. 천국의 기쁨과 영광으로의 인도

"그러나 그리스도께서는 나를 그리스도께서 택하신 모든 사람들과 함께 자신에게로 이끌어 천국의 기쁨과 영광에 들어가게 하실 것입니다"

이것이 심판이 주는 가장 큰 위로이자 궁극적인 소망입니다.

1) 나를 택하신 백성들과 함께: 그리스도께서는 재림하실 때, 그분께서 친히 택하시고 구원하신 모든 백성을 자신에게로 이끌어 영원한 구원에 들어가게 하실 것입니다. 이때는 악인에게는 심판의 날이요 정죄의 날이지만, 우리 믿는 자들에게는 영원한 구원과 영광의 완성을 맞이하는 날이 될 것입니다.

2) 천국의 기쁨과 영광에 들어가게 하심: 우리는 그분과 함께 '천국의 기쁨과 영광에 들어가' 영원히 살게 될 것입니다. 이 약속은 이 땅에서의 우리의 모든 수고와 고난이 헛되지 않음을 확신시켜 줍니다. 이렇게 우리의 최종 목적지는 고통과 죽음이 없는 영원한 기쁨과 하나님의 영광이 충만한 곳입니다. 이 소망은 우리가 '이미'와 '아직'사이의 현재의 어려움을 인내하고, 그리스도를 바라보며 흔들림 없이 믿음의 길을 걸어갈 수 있는 강력한 동기가 됩니다.

마태복음 25장 34절: "그 때에 임금이 그 오른편에 있는 자들에게 이르시되 내 아버지께 복 받을 자들이여 나아와 창세로부터 너희를 위하여 예비된 나라를 상속받으라"

데살로니가전서 4장 16-17절: "주께서 호령과 천사장의 소리와 하나님의 나팔 소리로 친히 하늘로부터 강림하시리니 그리스도 안에서 죽은 자들이 먼저 일어나고 그 후에 우리 살아남은 자들도 그들과 함께 구름 속으로 끌어 올려 공중에서 주를 영접하게 하시리니 그리하여 우리가 항상 주와 함께 있으리라"

요한계시록 21장 3-4절: "내가 들으니 보좌에서 큰 음성이 나서 이르되 보라 하나님의 장막이 사람들과 함께 있으매 하나님이 그들과 함께 계시리니 그들은 하나님의 백성이 되고 하나님은 친히 그들과 함께 계셔서 모든 눈물을 그 눈에서 닦아 주시니 다시는 사망이 없고 애통하는 것이나 곡하는 것이나 아픈 것이 다시 있지 아니하리니 처음 것들이 다 지나 갔음이러라"

정리

그리스도의 재림과 심판은 우리에게 두려움이 아니라 큰 위로를 줍니다. 이는 우리의 심판자가 바로 우리를 위해 모든 저주를 담당하신 구원자이시며, 그분이 다시 오실 때 모든 악과 원수들은 궁극적으로 심판받고, 우리는 영원히 천국의 기쁨과 영광 속으로 인도될 것이기 때문입니다. 이는 그리스도께서 우리에게 하신 약속의 실현입니다. 이 진리는 우리가 '어떠한 슬픔과 박해 속에서도' 소망을 잃지 않고, 흔들림 없는 믿음으로 주님의 다시 오심을 간절히 기다리게 하는 강력한 근거가 됩니다.

성령 하나님과 성화에 관하여

제 20 주일

하이델베르크 요리문답 제 53 문: 성령 하나님의 위격과 사역

하이델베르크 요리문답 53 문은 사도신경의 중요한 고백 중 하나인 "성령을 믿사오며"에 대해 설명합니다. 앞에서 말한 것과 같이 사도신경을 성부 하나님, 성자 하나님, 성령 하나님, 곧 삼위 하나님께 대한 신앙고백으로 이루어졌다고 했습니다. 우리는 이제까지 사도신경을 통해 '성부 하나님'과 '성자 하나님'에 대한 고백의 의미를 살펴보았습니다. 이제 하이델베르크 요리문답 53 문부터는 '성령 하나님'에 대한 고백을 살펴보게 됩니다. 그래서 하이델베르크 요리문답 23 문은 먼저 "성령을 믿사오며"라는 고백을 통해 성령 하나님의 신성과 그분께서 우리 믿는 자들 안에서 행하시는 구체적인 사역을 말합니다.

53 문: "성령을 믿사오며" 할 때의 성령은 어떤 분이십니까?

답:

첫째, 성령께서는 성부와 성자와 함께 참되시며 영원히 공존하시는 하나님이십니다.
둘째, 성령께서 또한 나에게 오시므로, 내가 참된 믿음으로 그리스도와 그의 모든 은덕에 참여하게 하시고 나를 위로하시고 영원히 나와 함께 거하십니다.

(참조: 벨직 신앙고백 제 8 조, 제 11 조, 제 22 조, 니케아-콘스탄티노플 신조)

강해

성령님은 눈에 보이지 않고, 바람처럼 자유롭게 역사하시는 분이시기 때문에, 그분의 존재와 역할을 구체적으로 인식하기란 쉽지 않습니다. 그러나 성령님을 믿는다는 고백은 우리의 신앙생활에서 가장 중요하고 실제적인 부분입니다. 성령님이 없이는 우리는 진정한 믿음을 가질 수도, 그리스도의 은혜를 누릴 수도 없습니다. 이 문답은 바로 성령님에 대한 두 가지 핵심적인 진리를 명확히 제시합니다.

1. 성령의 신성: '삼위일체의 하나님'

"첫째, 성령께서는 성부와 성자와 함께 참되시며 영원히 공존하시는 하나님이십니다"

이는 성령님이 단순히 어떤 능력이나 힘이 아니라, 성부 하나님, 성자 예수님과 동등한 '참 하나님'이심을 분명히 선언하는 것입니다. 성령님은 영원히 존재하시며, 성부와 성자와 함께 삼위일체 하나님의 한 위격(Person)으로서 동등한 신성과 영광을 가지십니다. 이 고백은 성령님에 대한 우리의 경배와 신뢰의 기초가 됩니다.

창세기 1 장 1, 2 절: "태초에 하나님이 천지를 창조하시니라 땅이 혼돈하고 공허하며 흑암이 깊음 위에 있고 하나님의 영은 수면 위에 운행하시니라"

마태복음 28 장 19 절: "그러므로 너희는 가서 모든 민족을 제자로 삼아 아버지와 아들과 성령의 이름으로 세례를 베풀고"

고린도전서 3 장 16 절: "너희는 너희가 하나님의 성전인 것과 하나님의 성령이 너희 안에 계시는 것을 알지 못하느냐"

사도행전 5 장 3-4 절: "베드로가 이르되 아나니아야 어찌하여 사탄이 네 마음에 가득하여 네가 성령을 속이고 땅 값 얼마를 감추었느냐 땅이 그대로 있을 때에는 네 땅이 아니며 판 후에도 네 임의로 할 수 없더냐 어찌하여 이 일을 네 마음에 두었느냐 사람에게 거짓말한 것이 아니요 하나님께로다"

2. 성령의 구원 사역: '믿음, 연합, 위로, 동행'

"둘째, 성령께서 또한 나에게 오시므로, 내가 참된 믿음으로 그리스도와 그의 모든 은덕에 참여하게 하시고, 나를 위로하시고, 영원히 나와 함께 거하십니다"

1) "나에게 오시므로": 성령님은 우리와 무관한 분이 아니라, 우리 각 사람에게 인격적으로 찾아오셔서 믿음을 주시고, 예수님을 그리스도로 고백하게 하시며, 우리 안에 내주하십니다. 성령님이 없이는 아무도 '예수님을 주로 고백' 할 수 없습니다.

고린도전서 12 장 3 절: "그러므로 내가 너희에게 알리노니 하나님의 영으로 말하는 자는 누구든지 예수를 저주할 자라 하지 아니하고 또 성령으로 아니하고는 누구든지 예수를 주시라 할 수 없느니라"
고린도전서 6 장 19 절: "너희 몸은 너희가 하나님께로부터 받은 바 너희 가운데 계신 성령의 전인 줄을 알지 못하느냐 너희는 너희 자신의 것이 아니라"
고린도후서 1 장 21, 22 절: "우리를 너희와 함께 그리스도 안에서 굳건하게 하시고 우리에게 기름을 부으신 이는 하나님이시니 그가 또한 우리에게 인치시고 보증으로 우리 마음에 성령을 주셨느니라"

2) 참된 믿음으로 그리스도와 그의 모든 은덕에 참여하게 하심: 성령님은 우리 마음 속에 역사하셔서 우리로 하여금 예수 그리스도를 믿게 하시고, 그 믿음을 통해 그리스도께서 십자가와 부활로 얻으신 모든 구원의 은혜(의, 생명, 구속 등)를 누리게 하십니다. 그리고 성령의 열매를 맺게 하십니다.

고린도전서 2 장 12 절: "우리가 세상의 영을 받지 아니하고 오직 하나님으로부터 온 영을 받았으니 이는 우리로 하여금 하나님께서 우리에게 은혜로 주신 것들을 알게 하려 하심이라"
갈라디아서 3 장 14 절: "이는 그리스도 예수 안에서 아브라함의 복이 이방인에게 미치게 하고 또 우리로 하여금 믿음으로 말미암아 성령의 약속을 받게 하려 함이라"
갈라디아서 5 장 22, 23 절: "오직 성령의 열매는 사랑과 희락과 화평과 오래 참음과 자비와 양선과 충성과 온유와 절제니 이 같은 것을 금지할 법이 없느니라"

3) 나를 위로하심: 성령님은 우리의 삶 속에서 겪는 슬픔, 고난, 죄책감, 박해 등 모든 어려움 속에서 우리를 위로하시고 힘을 주시는 분이십니다. 예수님께서 성령님을 '보혜사' (돕는 자, 위로자)라고 부르셨습니다.

요한복음 14 장 16, 17 절: "내가 아버지께 구하겠으니 그가 또 다른 보혜사를 너희에게 주사 영원토록 너희와 함께 있게 하리니 그는 진리의 영이라 세상은 능히 그를 받지 못하나니 이는 그를 보지도 못하고 알지도 못함이라 그러나 너희는 그를 아나니 그는 너희와 함께 거하심이요 또 너희 속에 계시겠음이라"
사도행전 9 장 31 절: "그리하여 온 유대와 갈릴리와 사마리아 교회가 평안하여 든든히 서 가고 주를 경외함과 성령의 위로로 진행하여 수가 더 많아지니라"

4) "영원히 나와 함께 거하십니다": 성령님은 일시적으로 오셨다가 떠나시는 분이 아니라, 우리가 그리스도를 믿는 순간부터 영원히 우리 안에 내주하시며 우리와 동행하십니다. 이는 우리가 결코 혼자가 아니며, 하나님의 변함없는 사랑과 임재 가운데 있음을 확신하게 합니다.

에베소서 1장 13, 14절: "그 안에서 너희도 진리의 말씀 곧 너희의 구원의 복음을 듣고 그 안에서 또한 믿어 약속의 성령으로 인치심을 받았으니 이는 우리 기업의 보증이 되사 그 얻으신 것을 속량하시고 그의 영광을 찬송하게 하려 함이라"
로마서 8장 16절: "성령이 친히 우리의 영과 더불어 우리가 하나님의 자녀인 것을 증언하시나니"
요한일서 4장 13절: "그의 성령을 우리에게 주시므로 우리가 그 안에 거하고 그가 우리 안에 거하시는 줄을 아느니라"

정리

성령 하나님은 성부와 성자와 동등한 '참되신 하나님'이십니다. 또한, 그분은 우리 각 사람에게 직접 찾아오셔서 참된 믿음으로 그리스도와 연합하게 하시고, 모든 고난 속에서 우리를 위로하시며, 영원히 우리와 함께 동행하시는 분이십니다. 이 놀라운 성령님의 사역을 통해 우리는 구원의 확신과 위로를 얻고, 그리스도 안에서 열매 맺으며 풍성한 삶을 누릴 수 있습니다.

제 21 주일

하이델베르크 요리문답 제 54 문: 거룩한 보편적 교회에 대한 믿음

하이델베르크 요리문답 54 문은 우리가 사도신경을 통해 고백하는 "거룩한 보편적 교회"에 대한 믿음을 핵심적으로 설명합니다. 이 문답은 교회의 본질, 기원, 속성, 그리고 우리의 신앙적 확신에 대해 깊이 있는 통찰을 제공합니다.

54 문: 당신은 그리스도의 "거룩한 보편적 교회"에 관하여 무엇을 믿고 있습니까?
답:

나는 성자 하나님께서 태초부터 세상 끝 날이 이르기까지 모든 인류 가운데서 영생하도록 택하신 교회를 참된 믿음으로 하나 되도록 성령과 말씀으로 성자 하나님 자신에게 모으시고 지키시고 보존하신다는 것을 믿습니다. 나는 지금도 이 교회의 살아있는 지체이며, 앞으로도 영원히 그러할 것을 믿습니다.

(참조: 벨직 신앙고백 제 16 조, 제 27 조, 제 28 조, 제 29 조, 니케아-콘스탄티노플 신조)

강해

우리는 '교회'라는 단어를 들으면 많은 경우, 우리가 다니는 특정 건물이나 모임만을 생각하곤 합니다. 그러나 이 문답은 이러한 생각을 넘어, 하나님께서 창세 전부터 계획하시고 다스리시는 참된 교회의 본질이 무엇인지 깨닫게 해줍니다. 교회는 인간의 모임이나 조직이 아니라, 성자 하나님께서 직접 모으시고 지키시고 보존하시는 하나님의 소유입니다. 또한 교회는 단지 '그들'의 모임이 아니라, 바로 '나'의 공동체임을 강조합니다. 이번 문답을 통해 우리는 두 가지 측면에서 교회의 의미를 깨닫고, 우리가 속한 거룩한 공동체 안에서 어떤 소망과 사명을 가지고 살아가야 하는지를 배울 수 있습니다.

1. 교회의 본질과 속성

"나는 성자 하나님께서 태초부터 세상 끝 날이 이르기까지 모든 인류 가운데서 영생하도록 택하신 교회를 참된 믿음으로 하나 되도록 성령과 말씀으로 성자 하나님 자신에게 모으시고 지키시고 보존하신다는 것을 믿습니다"

1) 교회의 기원: '성자 하나님의 사역'

교회는 사람의 계획이나 노력으로 세워진 조직이 아닙니다. 문답은 교회가 "성자 하나님께서" 직접 모으시고 지키시고 보존하신다고 강조합니다. 이는 교회의 주인이 예수 그리스도이심을 분명히 합니다.

마태복음 16장 18절: "또 내가 네게 이르노니 너는 베드로라 내가 이 반석 위에 내 교회를 세우리니 음부의 권세가 이기지 못하리라"
요한복음 10장 14-16절: "나는 선한 목자라 나는 내 양을 알고 양도 나를 아는 것이 아버지께서 나를 아시고 내가 아버지를 아는 것 같으니 나는 양을 위하여 목숨을 버리노라 또 이 우리에 들지 아니한 다른 양들이 내게 있어 내가 인도하여야 할 터이니 그들도 내 음성을 듣고 한 무리가 되어 한 목자에게 있으리라"
요한복음 10장 28-30절: "내가 그들에게 영생을 주노니 영원히 멸망하지 아니할 것이요 또 그들을 내 손에서 빼앗을 자가 없느니라 그들을 주신 내 아버지는 만물보다 크시매 아무도 아버지 손에서 빼앗을 수 없느니라 나와 아버지는 하나이니라 하신대"
골로새서 1장 18절: "그는 몸인 교회의 머리시라 그가 근본이시요 죽은 자들 가운데서 먼저 나신 이시니 이는 친히 만물의 으뜸이 되려 하심이요"

2) 시간적 범위: "태초부터 세상 끝 날이 이르기까지"

교회는 특정 시대나 지역에 국한되지 않습니다. "태초부터 세상 끝 날이 이르기까지"라는 표현은 교회가 아담과 하와 시대부터 종말에 이르기까지 모든 시대에 걸쳐 존재해 왔고 앞으로 계속 존재할 영원한 공동체임을 보여줍니다. 이는 그리스도 안에서 구원받는 모든 자들을 포함하는 보편적인 개념입니다.

창세기 12 장 3 절: "너를 축복하는 자에게는 내가 복을 내리고 너를 저주하는 자에게는 내가 저주하리니 땅의 모든 족속이 너로 말미암아 복을 얻을 것이라 하신지라" (아브라함을 통해 모든 족속이 복을 얻을 것이라는 약속은 교회의 보편적이고 영원한 성격을 암시합니다.)

이사야 59 장 21 절: "여호와께서 이르시되 내가 그들과 세운 나의 언약이 이러하니 곧 네 위에 있는 나의 영과 네 입에 둔 나의 말이 이제부터 영원하도록 네 입에서와 네 후손의 입에서와 네 후손의 후손의 입에서 떠나지 아니하리라 하시니라 여호와의 말씀이니라"

고린도전서 11 장 26 절: "너희가 이 떡을 먹으며 이 잔을 마실 때마다 주의 죽으심을 그가 오실 때까지 전하는 것이니라"

3) 구성원: "모든 인류 가운데서 영생하도록 택하신 자들"

교회는 "모든 인류 가운데서 영생하도록 택하신 자들"로 구성됩니다. 이는 교회가 하나님께서 미리 정하시고, 그리스도의 피로 선택하신 백성으로 이루어져 있음을 나타냅니다. 교회는 단순히 많은 사람이 모인 집합이 아니라, 하나님의 주권적인 은혜로 선택받은 자들의 공동체요, 함께 예수님을 주로 고백하고 예배하며, 그의 재림을 간절한 마음으로 기다리는 종말론적 공동체입니다.

요한복음 6 장 37 절: "아버지께서 내게 주시는 자는 다 내게로 올 것이요 내게 오는 자는 내가 결코 내쫓지 아니하리라"

에베소서 1장 4, 5절: "곧 창세 전에 그리스도 안에서 우리를 택하사 우리로 사랑 안에서 그 앞에 거룩하고 흠이 없게 하시려고 그 기쁘신 뜻대로 우리를 예정하사 예수 그리스도로 말미암아 자기의 아들들이 되게 하셨으니"

요한계시록 7 장 9, 10 절: "이 일 후에 내가 보니 각 나라와 족속과 백성과 방언에서 아무도 능히 셀 수 없는 큰 무리가 나와 흰 옷을 입고 손에 종려나무 가지를 들고 보좌 앞과 어린 양 앞에 서서 큰 소리로 외쳐 이르되 구원하심이 보좌에 앉으신 우리 하나님과 어린 양에게 있도다 하니"

4) 연합의 방식: "참된 믿음으로 하나 되도록"

교회의 구성원들은 '참된 믿음으로 하나' 됩니다. 국적, 언어, 문화, 사회적 지위 등은 달라도, 그리스도를 향한 동일한 참된 믿음 안에서 영적으로 하나 됩니다. 이 믿음은 교회의 참된 일치와 연합을 가능하게 하는 핵심 요소입니다.

요한복음 17장 21 절: "아버지여, 아버지께서 내 안에, 내가 아버지 안에 있는 것 같이 그들도 다 하나가 되어 우리 안에 있게 하사 세상으로 아버지께서 나를 보내신 것을 믿게 하옵소서"

에베소서 4 장 3-6 절: "평안의 매는 줄로 성령이 하나 되게 하신 것을 힘써 지키라 몸이 하나요 성령도 한 분이시니 이와 같이 너희가 부르심의 한 소망 안에서 부르심을 받았느니라 주도 한 분이시요 믿음도 하나요 세례도 하나요 하나님도 한 분이시니 곧 만유의 아버지시라 만유 위에 계시고 만유를 통일하시고 만유 가운데 계시도다"

갈라디아서 3장 28절: "너희는 유대인이나 헬라인이나 종이나 자유인이나 남자나 여자나 다 그리스도 예수 안에서 하나이니라"

5) 모으고 지키고 보존하시는 수단: '성령과 말씀'

성자 하나님께서는 교회를 모으시고, 지키시고, 보존하시는 데 '성령과 말씀으로' 역사하십니다. 성령님은 말씀을 통해 우리를 거듭나게 하시고, 믿음을 주시며, 하나님의 말씀을 통해 교회를 세우시고, 교회를 이끌어가십니다. 곧 심판받을 죄악된 세상에서 교회가 지속되는 것은 사람의 노력이 아니라 하나님의 말씀과 성령의 능력 덕분입니다.

이사야 59장 21절: "여호와께서 이르시되 내가 그들과 세운 나의 언약이 이러하니 곧 네 위에 있는 나의 영과 네 입에 둔 나의 말이 이제부터 영원하도록 네 입에서와 네 후손의 입에서와 네 후손의 후손의 입에서 떠나지 아니하리라 하시니라 여호와의 말씀이니라"

로마서 1장 16절: "내가 복음을 부끄러워하지 아니하노니 이 복음은 모든 믿는 자에게 구원을 주시는 하나님의 능력이 됨이라 먼저는 유대인에게요 그리고 헬라인에게로다"

에베소서 5장 26절: "이는 곧 물로 씻어 말씀으로 깨끗하게 하사 거룩하게 하시고"

로마서 10장 17절: "그러므로 믿음은 들음에서 나며 들음은 그리스도의 말씀으로 말미암았느니라"

디모데후서 3장 16-17절: "모든 성경은 하나님의 감동으로 된 것으로 교훈과 책망과 바르게 함과 의로 교육하기에 유익하니 이는 하나님의 사람으로 온전하게 하며 모든 선한 일을 행할 능력을 갖추게 하려 함이라"

2. 현재적, 영원한 지체로서의 확신

"나는 지금도 이 교회의 살아있는 지체이며, 앞으로도 영원히 그러할 것을 믿습니다"

이 고백은 교회의 객관적인 진술을 지나, 고백하는 자의 '주관적인 신앙 고백'입니다.

1) 살아있는 지체: 우리는 단순히 교회가 존재한다는 것을 믿는 것을 넘어, 자신이 바로 그 구속사적 공동체의 '살아있는 지체' 임을 확신합니다.

고린도전서 12장 27절: "너희는 그리스도의 몸이요 지체의 각 부분이라"

에베소서 4장 16절: "그에게서 온몸이 각 마디를 통하여 도움을 받음으로 연결되고 결합되어 각 지체의 분량대로 역사하여 그 몸을 자라게 하며 사랑 안에서 스스로 세우느니라"

2) 지금도, 앞으로도 영원한 지체: 우리가 그의 지체가 됨은 일시적인 것이 아닙니다.

'지금도' 그러하며, '앞으로도 영원히 그러할 것' 입니다.

이는 하나님께서 한번 택하시고 구원하신 자녀를 결코 버리지 않으신다는 성도의 견인(牽引, Preservation/Perseverance) 교리를 내포합니다.

> **시편 23 편 6 절:** "내 평생에 선하심과 인자하심이 반드시 나를 따르리니 내가 여호와의 집에 영원히 살리로다"
> **요한복음 10 장 28-29 절:** "내가 그들에게 영생을 주노니 영원히 멸망하지 아니할 것이요 또 그들을 내 손에서 빼앗을 자가 없느니라 그들을 주신 내 아버지는 만물보다 크시매 아무도 아버지 손에서 빼앗을 수 없느니라"
> **로마서 8 장 38-39 절:** "내가 확신하노니 사망이나 생명이나 천사들이나 권세자들이나 현재 일이나 장래 일이나 능력이나 높음이나 깊음이나 다른 어떤 피조물이라도 우리를 우리 주 그리스도 예수 안에 있는 하나님의 사랑에서 끊을 수 없으리라"
> **고린도전서 1 장 8, 9 절:** "주께서 너희를 우리 주 예수 그리스도의 날에 책망할 것이 없는 자로 끝까지 견고하게 하시리라 너희를 불러 그의 아들 예수 그리스도 우리 주와 더불어 교제하게 하시는 하나님은 미쁘시도다"
> **히브리서 13 장 8 절:** "예수 그리스도는 어제나 오늘이나 영원토록 동일하시니라"

정리

교회는 '성자 하나님께서' 태초부터 영원까지 택하신 백성들의 공동체이며, '성령과 말씀을 통해' 참된 믿음 안에서 하나 되도록 모으시고, 지키시고, 보존하십니다. 이 고백은 또한 우리가 바로 이 교회의 살아있는 지체이며, 이 연합이 영원히 지속될 것이라는 개인적인 확신과 소망을 담고 있습니다. 이 교리를 통해 우리는 하나님께서 세우신 교회 공동체 안에서 참된 소속감과 안전함, 그리고 영원한 구원에 대한 확신을 누리게 됩니다.

하이델베르크 요리문답 제 55 문: "성도가 서로 교통한다"의 의미

하이델베르크 요리문답은 계속해서 사도신경의 교회에 대한 고백을 이어갑니다. 54 문에서 우리는 '거룩한 보편적 교회'의 본질과 우리의 소속을 배웠습니다. 이제 55 문은 "성도가 서로 교통한다"(Communion of Saints)는 말의 의미가 무엇인지 묻습니다. 이 문답은 성도 간의 교제가 단지 친목을 넘어, 그리스도와의 연합 안에서 얻은 은혜를 서로 나누고 봉사하는 '실제적인 의무'가 있음을 설명합니다.

55 문: "성도가 서로 교통한다"는 말의 의미는 무엇입니까?

답:

첫째, 모든 성도들은 각각 그리스도의 지체로서 그리스도와 그리스도께 속한 모든 풍성함과 은사에 함께 참여한다는 것입니다.

둘째, 모든 성도들에게는 자기의 은사를 다른 지체의 유익과 구원을 위하여 언제라도, 그리고 즐거운 마음으로 사용할 의무가 있다는 것입니다.

(참조: 벨직 신앙고백 제 27 조, 제 28 조, 제 30 조)

강해

요리문답 55 문은 '성도의 교통'이라는 교리가 두 가지 중요한 측면을 가진다고 가르칩니다. 하나는 '수직적인 측면'으로 그리스도와의 연합을 통한 은혜의 나눔이고, 다른 하나는 '수평적인 측면'으로 성도들 간의 상호 봉사입니다. ('서로 교통한다'는 말은 독일어로 'Gemeinshaft'로서 이 단어 자체가 공동체적인 성격을 띠고 있습니다.)

1. 그리스도와 그의 모든 은덕에 함께 참여함(수직적 교통)

"첫째, 모든 성도들은 각각 그리스도의 지체로서 그리스도와 그리스도께 속한 모든 풍성함과 은사에 함께 참여한다는 것입니다."

1) **"그리스도의 지체로서"**: 54 문에서 교회가 그리스도의 몸이며 우리가 그 몸의 지체임을 고백했습니다. 이 비유는 성도 간의 교통의 기초가 됩니다. 지체는 머리로부터 생명을 공급받습니다.

2) **"그리스도와 그리스도께 속한 모든 풍성함과 은사에 함께 참여한다는 것"**: 성도 간의 교제는 단지 사람들 사이의 관계가 아닙니다. 그 핵심은 그리스도와의 연합입니다. 우리는 믿음으로 그리스도께 접붙임(요한복음 15 장)을 받아 그분으로부터 흘러나오는 모든 영적인 부요함(풍성함)과 능력(은사)을 공유합니다.

3) **그리스도께서 베푸시는 영적인 보화**: 그리스도께서는 가지신 의(義), 생명, 지혜, 거룩함, 구속함 등 그분의 모든 영적인 보화를 성도들에게 주시고, 성도들은 이 모든 것을 공동으로 누립니다. 우리는 그리스도의 대속 사역을 통해 얻은 죄 사함과 영생에 함께 참여하며, 성령을 통해 받은 다양한 은사들도 그분으로부터 온 것입니다.

로마서 8 장 32 절: "자기 아들을 아끼지 아니하시고 우리 모든 사람을 위하여 내주신 이가 어찌 그 아들과 함께 모든 것을 우리에게 주시지 아니하겠느냐"
에베소서 4 장 7 절: "우리 각 사람에게 그리스도의 선물의 분량대로 은혜를 주셨나니"

요한복음 15 장 4 절: "내 안에 거하라 나도 너희 안에 거하리라 가지가 포도나무에 붙어 있지 아니하면 스스로 열매를 맺을 수 없음 같이 너희도 내 안에 있지 아니하면 그러하리라"

고린도전서 1 장 30 절: "너희는 하나님으로부터 나서 그리스도 예수 안에 있고 예수는 하나님으로부터 나와서 우리에게 지혜와 의로움과 거룩함과 구원함이 되셨으니"

이것은 성도 각자가 개별적으로 그리스도에게서 받는 은혜와 복이 공통적으로 공유된다는 의미입니다. 우리가 누리는 구원의 기쁨과 능력은 홀로 누리는 것이 아니라, 모든 성도들이 함께 참여하는 은혜입니다.

2. 자신의 은사를 다른 지체의 유익과 구원을 위해 사용(수평적 봉사)

"둘째, 모든 성도들에게는 자기의 은사를 다른 지체의 유익과 구원을 위하여 언제라도, 그리고 즐거운 마음으로 사용할 의무가 있다는 것입니다."

'성도의 교통'의 두 번째 측면은 첫 번째 측면에서 파생되는 '실천적인 의무'입니다. 우리가 그리스도에게서 받은 은혜와 은사들을 우리 자신만을 위해 사용하는 것이 아니라, '다른 성도들을 위해 적극적으로 사용해야 한다'는 것입니다.

1) **"자기의 은사를"**: 하나님은 각 성도에게 다양한 은사(Talents, Spiritual Gifts)를 주셨습니다(로마서 12 장 4-8 절, 고린도전서 12 장 4-11 절). 이는 영적인 은사뿐만 아니라, 시간, 재능, 물질 등 우리가 소유한 모든 것을 포함합니다.

2) **"다른 지체의 유익과 구원을 위하여"**: 우리가 받은 은사들의 목적은 그리스도의 몸인 교회를 세우고, 다른 성도들의 영적, 육적 유익을 추구하며, 나아가 그들이 풍성한 구원의 은혜에 이르기까지 섬기는 데 있습니다. 이는 이웃 사랑과 봉사의 실천입니다.

로마서 12 장 4-8 절: "우리가 한 몸에 많은 지체를 가졌으나 모든 지체가 같은 기능을 가진 것이 아니니 이와 같이 우리 많은 사람이 그리스도 안에서 한 몸이 되어 서로 지체가 되었느니라 우리에게 주신 은혜대로 받은 은사가 각각 다르니 혹 예언이면 믿음의 분수대로, 혹 섬기는 일이면 섬기는 일로, 혹 가르치는 자면 가르치는 일로, 혹 위로하는 자면 위로하는 일로, 구제하는 자는 성실함으로, 다스리는 자는 부지런함으로, 긍휼을 베푸는 자는 즐거움으로 할 것이니라"

고린도전서 12 장 4-11 절: "은사는 여러 가지나 성령은 같고 직분은 여러 가지나 주는 같으며 또 사역은 여러 가지나 모든 것을 모든 사람 가운데서 이루시는 하나님은 같으니 각 사람에게 성령을 나타내심은 유익하게 하려 하심이라 어떤 사람에게는 성령으로 말미암아 지혜의 말씀을, 어떤 사람에게는 같은 성령을 따라 지식의 말씀을, 다른 사람에게는 같은 성령으로 믿음을, 어떤 사람에게는 한 성령으로 병 고치는 은사를, 어떤 사람에게는 능력 행함을, 어떤 사람에게는 예언함을, 어떤 사람에게는 영들 분별함을, 다른 사람에게는 각종 방언 말함을, 어떤 사람에게는 방언들 통역함을 주시나니 이 모든 일은 같은 한 성령이 행하사 그의 뜻대로 각 사람에게 나누어 주시는 것이니라"

3) "언제라도 그리고 즐거운 마음으로": 이 봉사는 의무적이거나 마지못해서 하는 것이 아니라, '기꺼이 자발적으로', 그리고 '기쁜 마음으로' 행해져야 합니다. 그리스도께서 우리를 위해 자신을 내어주신 것처럼, 우리도 서로를 위해 기꺼이 희생하고 봉사하는 자세를 가져야 합니다. 이는 그리스도의 사랑을 구체적으로 실천하는 것입니다.

갈라디아서 6 장 10 절: "그러므로 우리는 기회 있는 대로 모든 이에게 착한 일을 하되 더욱 믿음의 가정들에게 할지니라"
로마서 15장 1,2절: "우리 강한 자가 마땅히 믿음이 약한 자의 약점을 담당하고 자기를 기쁘게 하지 아니할지니라 우리 각 사람이 이웃을 기쁘게 하되 선을 이루고 덕을 세우도록 할지니라"
고린도전서 12 장 25, 26 절: "몸 가운데서 분쟁이 없고 오직 여러 지체가 서로 돌보게 하셨으니 만일 한 지체가 고통을 받으면 모든 지체가 함께 고통을 받고 한 지체가 영광을 얻으면 모든 지체가 함께 즐거워하느니라"

이처럼 '성도의 교통'은 그리스도 안에서 우리가 받은 모든 것을 서로 나누고, 그리스도의 사랑 안에서 서로 섬기며, 함께 교회를 세워가는 역동적인 관계를 의미합니다. 그러므로 '성도의 교통'은 그리스도의 각 지체가 그리스도의 마음을 품고 낮아져, 자기가 받은 은사로 섬기고 서로 세워가는 데서 온전하여집니다.

빌립보 2 장 4-8 절: "각각 자기 일을 돌볼뿐더러 또한 각각 다른 사람들의 일을 돌보아 나의 기쁨을 충만하게 하라 너희 안에 이 마음을 품으라 곧 그리스도 예수의 마음이니 그는 근본 하나님의 본체시나 하나님과 동등됨을 취할 것으로 여기지 아니하시고 오히려 자기를 비워 종의 형체를 가지사 사람들과 같이 되셨고 사람의 모양으로 나타나사 자기를 낮추시고 죽기까지 복종하셨으니 곧 십자가에 죽으심이라"

정리

'성도가 서로 교통한다'는 말의 의미는 첫째, 모든 성도들이 그리스도와 그분께 속한 모든 풍성함과 은사에 함께 참여한다는 것이며, 둘째, 모든 성도들이 자기의 은사를 다른 지체의 유익과 구원을 위해 언제라도, 그리고 즐거운 마음으로 사용하는 것입니다. 이 문답은 그리스도와의 깊은 연합이 '성도 간의 사랑과 봉사로 이어진다'는 사실을 분명히 밝혀주며, 교회가 단순한 조직이 아니라 살아있는 유기체로서 그리스도께서 주신 은혜 안에서 '서로 돌보고 세워가는 공동체'임을 강조합니다.

하이델베르크 요리문답 제56문: "죄를 사하여 주는 것"에 대한 신앙 고백

하이델베르크 요리문답은 사도신경의 핵심 고백들을 이어갑니다. 55문에서 우리는 '성도의 교통'이 그리스도와의 연합과 지체 간의 봉사를 의미함을 배웠습니다. 이제 56문은 "죄를 사하여 주는 것(Forgiveness of Sins)"이라는 말에서 무엇을 믿는지 묻습니다. 이 문답은 죄 사함이 그리스도의 대속적인 의에 기반하며, 하나님께서 우리의 죄와 부패한 본성을 기억하지 않으시고 우리를 정죄하지 않으신다는 놀라운 진리를 설명합니다.

56문: 당신은 "죄를 사하여 주는 것"이란 말에서 무엇을 믿습니까?

답:

하나님께서는 그리스도께서 하나님의 의를 만족시켜 드렸기 때문에 나의 죄와 내가 일평생 싸워야 하는 나의 부패한 본성을 더 이상 기억하지 않으신다는 것과, 은혜로 그리스도의 의를 나에게 돌려주시므로 내가 하나님의 심판의 때에 결코 정죄 받지 않게 하신다는 것을 믿습니다.

(참조: 벨직 신앙고백 제21조, 제22조, 제23조)

강해

요리문답 56문은 죄 사함의 깊고 완전한 의미를 세 가지 핵심 개념을 통해 설명합니다: '그리스도의 의', '하나님의 기억하지 않으심, 그리고 '의의 전가'(轉嫁, Imputation). 이는 그리스도인에게 죄로부터의 완전한 자유와 구원에 대한 확신을 줍니다.

1. 그리스도께서 하나님의 의를 만족시켜 드림

"하나님께서는 그리스도께서 하나님의 의를 만족시켜 드렸기 때문에"

1) "하나님의 의를 만족시켜 드렸기 때문에": 이 문장은 죄 사함의 근거를 제시합니다. 하나님은 거룩하시고 공의로우셔서 죄를 결코 간과하실 수 없습니다(10, 11문). 죄에 대한 공의로운 대가(사망)는 반드시 치러져야 했습니다(40문). 그런데 예수 그리스도께서는 자신의 완벽한 순종의 삶과 십자가에서의 대속적인 죽음을 통해 하나님의 의에 대한 모든 요구를 '완전히 만족시켜 드렸습니다.' 그분은 율법의 모든 요구를 충족시키고 우리의 죄에 대한 형벌을 친히 감당하심으로 하나님의 공의를 온전히 이루셨습니다.

로마서 3 장 25-26 절: "이 예수를 하나님이 그의 피로써 믿음으로 말미암는 화목 제물로 세우셨으니 이는 하나님께서 길이 참으시는 중에 전에 지은 죄를 간과하심으로 자기의 의로우심을 나타내려 하심이니 곧 이 때에 자기의 의로우심을 나타내사 자기도 의로우시며 또한 예수 믿는 자를 의롭다 하려 하심이라"
고린도전서 1 장 30 절: "너희는 하나님으로부터 나서 그리스도 예수 안에 있고 예수는 하나님으로부터 나와서 우리에게 지혜와 의로움과 거룩함과 구원함이 되셨으니"

2. 나의 죄와 부패한 본성을 더 이상 기억하지 않으심

"나의 죄와 내가 일평생 싸워야 하는 나의 부패한 본성을 더 이상 기억하지 않으신다는 것과"

1) **"나의 죄와 내가 일평생 싸워야 하는 나의 부패한 본성":** 우리가 죄 사함을 받기 위해서 해결해야 하는 것이 두 개가 있습니다.

(1) **나의 죄:** 이는 우리가 의식적이든 무의식적이든, 고의적이었든 실수로 범했든, 실제 범한 모든 죄(Sins)를 말합니다.

(2) **부패한 본성:** 이는 조상으로부터 유전된 타락한 본성인데, 죄는 오염된 샘과 같은 이곳에서 끊임없이 솟아나옵니다. 이런 타락한 본성은 우리가 구원받은 후에도 계속 싸워야 합니다. 이 모든 것은 어느 것도 예외 없이 하나님의 공의로운 심판의 대상입니다.

로마서 7 장 18 절: "내 속 곧 내 육신에 선한 것이 거하지 아니하는 줄을 아노니 원함은 내게 있으나 선을 행하는 것은 없노라"
로마서 7 장 21-24 절: "그러므로 내가 한 법을 깨달았노니 곧 선을 행하기 원하는 나에게 악이 함께 있는 것이로다 내 속사람으로는 하나님의 법을 즐거워하되 내 지체 속에서 한 다른 법이 내 마음의 법과 싸워 내 지체 속에 있는 죄의 법으로 나를 사로잡는 것을 보는도다 오호라 나는 곤고한 사람이로다 이 사망의 몸에서 누가 나를 건져내랴"

2) **"더 이상 기억하지 않으신다는 것":** 하나님께서 우리의 죄를 용서하셨다는 것은 우리가 범한 모든 죄와 부패한 본성을 더 이상 기억하지 않으시고, 없는 듯 하셨다는 것입니다. 이는 법적으로는 무죄 선언일 뿐 아니라, 우리를 향한 하나님의 무한하신 자비입니다. 우리가 자신이 죄인임을 고백하고 회개할 때, 하나님은 우리의 어떤 죄도 더 이상 기억하지 않으십니다. 여기에는 아무런 정죄도 없습니다. 이것이 바로 죄 사함입니다.

히브리서 8 장 12 절: "내가 그들의 불의를 긍휼히 여기고 그들의 죄를 다시 기억하지 아니하리라 하셨느니라"

이사야 43장 25절: "나 곧 나는 나를 위하여 네 허물을 지우는 자니 네 죄를 기억하지 아니하리라"
시편 103편 12절: "동이 서에서 먼 것 같이 우리의 죄과를 우리에게서 멀리 옮기셨으며"
요한일서 1장7절: "그가 빛 가운데 계신 것 같이 우리도 빛 가운데 행하면 우리가 서로 사귐이 있고 그 아들 예수의 피가 우리를 모든 죄에서 깨끗하게 하실 것이요"

3. 은혜로 그리스도의 의를 나에게 돌려주심(의의 전가)

"은혜로 그리스도의 의를 나에게 돌려주시므로 내가 하나님의 심판의 때에 결코 정죄 받지 않게 하신다는 것을 믿습니다."

1) **"은혜로 그리스도의 의를 나에게 돌려주시므로"**: 이것이 바로 칭의의 핵심 교리인 '의의 전가'(Imputation) 입니다. 우리의 공로가 아니라 '오직 하나님의 은혜'(Only By Grace)로, '그리스도께서 완전히 이루신 의'(Perfect Righteousness)가 우리에게 전가됩니다. 즉, 우리는 그리스도의 의를 옷 입은 자로 여겨지게 됩니다. 하나님은 우리를 보실 때 우리의 죄를 보시는 것이 아니라, 우리를 위해 완벽한 의를 이루신 그리스도의 의를 보십니다.

로마서 5장 19절: "한 사람이 순종하지 아니함으로 많은 사람이 죄인 된 것 같이 한 사람이 순종하심으로 많은 사람이 의인이 되리라"
고린도후서 5장 21절: "하나님이 죄를 알지도 못하신 이를 우리를 대신하여 죄로 삼으신 것은 우리로 하여금 그 안에서 하나님의 의가 되게 하려 하심이라"

2) **"내가 하나님의 심판의 때에 결코 정죄 받지 않게 하신다는 것을 믿습니다"**: 죄 사함과 의의 전가의 궁극적인 결과는 미래에 있을 하나님의 심판대 앞에서 우리가 '결코 정죄(Condemnation) 받지 않을 것이라는 확실한 보증'입니다. 우리의 죄는 이미 그리스도 안에서 용서되었고, 그리스도의 의가 우리에게 전가되었기 때문에, 우리는 심판에서 벗어나 구원을 확신할 수 있습니다. 이로서 우리는 복된 사람들이 되었습니다.

로마서 8장 1절: "그러므로 이제 그리스도 예수 안에 있는 자에게는 결코 정죄함이 없나니"
로마서 4장 7, 8절: "불법이 사함을 받고 죄가 가리어짐을 받는 사람들은 복이 있고 주께서 그 죄를 인정하지 아니하실 사람은 복이 있도다 함과 같으니라"

정리

'죄를 사하여 주는 것'을 믿는다는 것은 하나님께서 그리스도의 의로 인해 우리의 죄와 부패한 본성을 더 이상 기억하지 않으신다는 것에 대한 믿음입니다. 이것은 하나님께서 이제는 오직 은혜로 그리스도의 의를 우리에게 돌려주시므로 심판의 때에 결코 우리를 정죄하지 않으신다는 것입니다. 이처럼 그리스도의 대속 사역은 우리의 죄를 완전히 용서하고 제거해줍니다. 그리고 우리에게 그리스도의 의를 전가하여 심판에서의 자유와 구원을 확신케 해줍니다. 이것이 복음의 핵심입니다.

제 22 주일

하이델베르크 요리문답 제 57 문: "몸이 다시 산다"가 주는 위로

하이델베르크 요리문답은 사도신경의 마지막 부분인 구원의 완성 교리들을 다루고 있습니다. 56 문에서 우리는 "죄를 사하여 주는 것"이란 그리스도의 의에 근거하여 우리의 죄가 완전히 용서되고 심판에서 자유로워지는 것임을 배웠습니다. 이제 57문은 "몸이 다시 산다"(Resurrection of the Body)라는 고백이 우리에게 어떤 위로를 주는지 묻습니다. 이 문답은 죽음 이후 영혼의 즉각적인 안식뿐만 아니라, 육체적인 부활과 영화로운 변화를 통한 궁극적인 소망을 설명합니다.

57 문: "몸이 다시 산다"는 말은 당신에게 어떤 위로를 줍니까?

답:

이 생명이 끝난 후 나의 영혼은 즉시 머리 되신 그리스도에게로 들려 올라갈 것입니다. 이뿐만 아니라 나의 이 육신도 그리스도의 능력으로 일으켜져서 나의 영혼과 다시 결합되어 그리스도의 영광스러운 몸과 같이 될 것입니다.

(참조: 벨직 신앙고백 제 37 조)

강해

이 질문은 육신의 죽음 이후 우리의 몸에 어떤 일이 일어날지에 대한 놀라운 소망을 우리에게 전해줍니다. 우리는 이 땅에서 몸의 연약함과 한계를 경험하며 살아갑니다. 질병과 노화로 인해 몸은 쇠약해지고, 결국 흙으로 돌아갑니다. 그러나 그리스도인의 소망은 영혼의 구원에만 머물지 않습니다. 이 문답은 우리의 몸 또한 그리스도의 능력으로 다시 살아나 그리스도의 영광스러운 몸과 같이 될 것이라고 약속합니다. 문답은 우리가 믿는 부활의 소망이 얼마나 크고 실제적인 복인지를 말해줍니다.

1. 영혼의 즉각적인 안식

"이 생명이 끝난 후 나의 영혼은 즉시 머리 되신 그리스도에게로 들려 올라갈 것입니다."

1) **"이 생명이 끝난 후"**: 육체적인 죽음은 모든 사람에게 찾아오는 필연적인 현실입니다. 하지만 그리스도인에게 죽음은 끝이 아니라, 새로운 시작입니다(42 문).

2) **"나의 영혼은 즉시 머리 되신 그리스도에게로 들려 올라갈 것입니다."**: 믿는 자의 영혼은 육체적인 죽음과 동시에 '즉시' (어떤 중간 단계나 연옥 없이) 그리스도께로 나아갑니다. '머리 되신 그리스도'라는 표현은 우리의 생명이 그리스도께 영원히 소속되어 있음을 다시 한번 강조합니다(45, 49, 50, 51 문). 이는 우리가 사망의 순간에 주님과의 영원히 분리나 심판의 두려움 대신, 이제는 사랑하는 주님과 온전히 연합되어 안식에 들어가게 됨을 의미합니다.

> **누가복음 23 장 43 절**: "예수께서 이르시되 내가 진실로 네게 이르노니 오늘 네가 나와 함께 낙원에 있으리라 하시니라"
> **빌립보서 1 장 23 절**: "내가 그 둘 사이에 끼어 있으니 떠나서 그리스도와 함께 있는 것이 훨씬 더 좋은 일이라"

2. 육체의 영광스러운 부활

"이뿐만 아니라 나의 이 육신도 그리스도의 능력으로 일으켜져서 나의 영혼과 다시 결합되어 그리스도의 영광스러운 몸과 같이 될 것입니다."

1) **"이뿐만 아니라"**: 영혼의 즉각적인 안식만으로 충분하지 않다는 점을 강조합니다. 우리의 구원은 영혼뿐만 아니라 몸의 구원(부활)을 포함합니다. '몸이 다시 산다'는 사도신경의 고백은 영혼 불멸을 넘어선 육체적인 부활을 의미합니다.

2) **"나의 이 육신도 그리스도의 능력으로 일으켜져서"**: 우리가 죽으면 우리의 몸은 흙으로 돌아가지만, 마지막 날에 그리스도의 부활의 능력으로 다시 살아날 것입니다(45 문). 이 부활은 단순히 소생하는 것이 아니라, 마지막 날 그리스도께서 친히 이루시는 새로운 창조입니다.

3) **"나의 영혼과 다시 결합되어"**: 부활한 몸은 이전에 우리가 가졌던 바로 그 몸이지만, 죄와 부패가 없는 몸으로 변화되어 우리의 영혼과 다시 연합될 것입니다.

4) **"그리스도의 영광스러운 몸과 같이 될 것입니다"**: 우리의 부활한 몸은 부활하신 그리스도의 몸과 같이 영광스럽게 될 것입니다. 죄와 질병, 죽음의 흔적이 완전히 사라진, 완전하고 영원한 몸이 될 것입니다. 이는 그리스도께서 우리의 머리이시며 우리가 그분의 지체이므로(54, 55 문), 머리가 영화롭게 된 것처럼 지체들도 그렇게 될 것이라는 확신을 줍니다. 부활의 몸은 참된 복과 영광의 몸입니다.

고린도전서 15 장 20 절: "그러나 이제 그리스도께서 죽은 자 가운데서 다시 살아나사 잠자는 자들의 첫 열매가 되셨도다"
고린도전서 15 장 42-44 절: "죽은 자의 부활도 그와 같으니 썩을 것으로 심고 썩지 아니할 것으로 다시 살아나고 욕된 것으로 심고 영광스러운 것으로 다시 살아나며 약한 것으로 심고 강한 것으로 다시 살아나며 육의 몸으로 심고 신령한 몸으로 다시 살아나나니 육의 몸이 있은즉 또 영의 몸도 있느니라"
빌립보서 3 장 20, 21 절: "그러나 우리의 시민권은 하늘에 있는지라 거기로부터 구원하는 자 곧 주 예수 그리스도를 기다리노니 그는 만물을 자기에게 복종하게 하시는 자의 역사로 우리의 낮은 몸을 자기 영광의 몸의 형체와 같이 변하게 하시리라"

이처럼 '몸이 다시 산다'는 고백은 죽음에 대한 두려움을 극복하고, 죽음 이후에도 그리스도 안에서 완전한 구원과 영원한 기쁨을 누릴 수 있다는 '확실한 소망'을 줍니다. 그때 우리는 죄와 사망이 없는 새 하늘과 새 땅에서 부활한 몸으로 하나님이 주신 복을 마음껏 누리며 하나님의 영광을 노래할 것입니다. 또한 온 마음을 다해 기쁨으로 하나님의 영광을 위하여 살아가게 될 것입니다. 이는 우리의 구원이 영혼뿐 아니라 육체까지도 아우르는 전인적인 구원임을 말해줍니다.

정리

'몸이 다시 산다'는 고백은 우리에게 첫째, 이 생명이 끝난 후 우리의 영혼이 즉시 머리 되신 그리스도께로 들려 올라갈 것이며, 둘째, 우리의 육신도 그리스도의 능력으로 일으켜져 영혼과 다시 결합되어, 그리스도의 영광스러운 몸과 같이 될 것이라는 위로의 고백입니다. 부활한 몸은 하나님의 복을 누리는 몸이요, 하나님의 영광을 위한 몸입니다. 이 문답은 죽음이 그리스도인에게는 끝이 아니라, 영혼의 안식과 육체의 영광스러운 부활을 통한 완전한 구원의 시작임을 확증해줍니다. 또한 이 땅의 모든 슬픔과 고통을 지나 영원한 복락으로 들어가는 소망의 문임을 말해줍니다.

하이델베르크 요리문답 제 58 문: "영원히 산다"가 주는 위로

하이델베르크 요리문답은 사도신경의 마지막 고백인 구원의 완성에 대한 가르침을 마무리합니다. 57 문에서 우리는 육체의 부활이 주는 위로, 즉 영혼의 즉각적인 안식과 영화로운 몸의 재결합에 대해 배웠습니다. 이제 58 문은 사도신경의 마지막 구절인 "영원히 산다"(Life Everlasting)는 고백이 우리에게 어떤 위로를 주는지 묻습니다.

58 문: "영원히 산다"는 말은 당신에게 어떤 위로를 줍니까?

답:

나는 이제 내 마음 속에 영원한 기쁨을 누리기 시작했기 때문에 이 생명이 끝나면 “눈으로 보지도 못하고 귀로도 듣지 못했으며, 사람의 마음으로도 생각지 못한” 더할 나위 없는 완전한 복을 받아 그 안에서 하나님을 영원히 찬양할 것입니다.

(참조: 벨직 신앙고백 제 37 조)

강해

이 세상의 모든 것은 시작이 있으면 끝이 있고, 아무리 아름다운 것도 언젠가 사라집니다. 그러나 그리스도인에게는 결코 사라지지 않는 영원한 삶이 약속되어 있습니다. 이 문답은 우리가 믿는 영생이 막연한 미래의 소망이라고 하지 않습니다. 우리는 이미 마음속으로도 영생으로 인한 위로와 기쁨을 누리기 시작했다고 말해줍니다. 그리고 이 땅에서의 삶이 끝난 후에는 몸이 부활하여 완전한 복을 누리게 될 것임을 확신 있게 말해줍니다. 영생이란 단지 시간이 무한히 지속되는 것을 넘어, 하나님과 함께하며 그분을 영원토록 찬양하는 완벽하고 완전한 기쁨의 상태를 의미합니다. 성경이 말하는 영생은 우리에게 놀라운 위로와 소망을 가져다 줍니다.

1. 현재 마음속에 시작된 영원한 기쁨

“나는 이제 내 마음 속에 영원한 기쁨을 누리기 시작했기 때문에”

1) **‘영원히 산다’의 현재적 의미**: 영생은 단순히 미래에 시작될 어떤 것이 아니라, ‘믿음으로 그리스도와 연합된 순간부터 우리 안에서 시작된 현재적인 실재’입니다. 예수님은 “나를 믿는 자는 영생을 가졌고”(요한복음 6: 47)라고 말씀하셨습니다.

> **요한복음 5 장 24 절:** “내가 진실로 진실로 너희에게 이르노니 내 말을 듣고 또 나 보내신 이를 믿는 자는 영생을 얻었고 심판에 이르지 아니하나니 사망에서 생명으로 옮겼느니라”
> **요한복음 6 장 47 절:** “진실로 진실로 너희에게 이르노니 믿는 자는 영생을 가졌나니”

2) **“내 마음 속에 영원한 기쁨을 누리기 시작했기 때문에”**: 이 영생은 내세의 존재 방식일 뿐 아니라, 이 땅에서도 성령을 통해 경험하는 ‘영적인 기쁨과 평화’를 동반합니다. 죄 사함(56 문)과 성령의 내주(53 문)로 인해 우리는 하나님과의 관계가 회복되었고, 이로 인해 참된 기쁨과 만족을 누리기 시작합니다. 이는 미래의 영원한 기쁨에 대한 맛보기이자 보증입니다.

> **로마서 14 장 17 절:** “하나님의 나라는 먹는 것과 마시는 것이 아니요 오직 성령 안에 있는 의와 평강과 희락이라”

로마서 15장 13절: "소망의 하나님이 모든 기쁨과 평강을 믿음 안에서 너희에게 충만하게 하사 성령의 능력으로 소망이 넘치게 하시기를 원하노라"

2. 이 생명 이후의 완전한 복

"이 생명이 끝나면 '눈으로 보지도 못하고 귀로도 듣지 못했으며, 사람의 마음으로도 생각지 못한' 더할 나위 없는 완전한 복을 받아"

1) **"이 생명이 끝나면":** 육체적인 죽음 이후(57문)에 이 현재적 영생은 육체의 부활로 완전히 성취됩니다.

2) **"눈으로 보지도 못하고 귀로도 듣지 못했으며, 사람의 마음으로도 생각지 못한":** 이는 하나님께서 당신의 백성을 위해 예비하신 미래의 복이 사람의 제한된 경험과 상상을 초월하는 위대하고 영광스러운 것임을 강조합니다. 어떤 말로도, 어떤 그림으로도 온전히 표현할 수 없는 지고한 행복(Blessedness)이 기다리고 있습니다.

요한복음 17장 24절: "아버지여 내게 주신 자도 나 있는 곳에 나와 함께 있어 아버지께서 창세 전부터 나를 사랑하시므로 내게 주신 나의 영광을 그들로 보게 하시기를 원하옵나이다"

고린도전서 2장 9절: "기록된 바 하나님이 사기를 사랑하는 자들을 위하여 예비하신 모든 것은 눈으로 보지 못하고 귀로 듣지 못하고 사람의 마음으로 생각하지도 못하였다 함과 같으니라"

계시록 21장 4절: "모든 눈물을 그 눈에서 닦아 주시니 다시는 사망이 없고 애통하는 것이나 곡하는 것이나 아픈 것이 다시 있지 아니하리니 처음 것들이 다 지나갔음이러라"

3. 하나님을 영원히 찬양함

"그 안에서 하나님을 영원히 찬양할 것입니다."

영생의 궁극적인 목적이자 가장 큰 기쁨은 바로 '하나님을 영원히 찬양하고 예배하는 것'입니다. 천국의 완전한 복은 우리가 창조된 목적, 즉 하나님의 영광을 위한 삶을 온전히 실현하는 것입니다. 죄와 고통으로부터 완전히 해방된 우리는 어떤 방해도 없이, 온 마음과 몸과 영혼으로 하나님이 예비하는 놀라운 복을 누리며, 하나님께 합당한 영광과 찬양을 돌릴 것입니다. 이는 우리의 존재가 완전히 하나님께 집중되는 영원한 기쁨의 삶입니다.

로마서 9장 5절: "조상들도 그들의 것이요 육신으로 하면 그리스도가 그들에게서 나셨으니 그는 만물 위에 계셔서 세세에 찬양을 받으실 하나님이시니라 아멘"

계시록 4장 8절: "네 생물은 각각 여섯 날개를 가졌고 그 안과 주위에는 눈들이 가득하더라 그들이 밤낮 쉬지 않고 이르기를 거룩하다 거룩하다 거룩하다 주 하나님 곧 전능하신 이여 전에도 계셨고 이제도 계시고 장차 오실 이시라 하고"
계시록 5장 13절: "내가 또 들으니 하늘 위에 와 땅 위에 와 땅 아래와 바다 위에 와 또 그 가운데 모든 피조물이 이르되 보좌에 앉으신 이와 어린 양에게 찬송과 존귀와 영광과 권능을 세세토록 돌릴지어다 하니"

이처럼 '영원히 산다'는 고백은 현재의 영적인 기쁨, 상상을 초월하는 미래의 복, 그리고 영원히 하나님을 찬양하며 살 것이라는 영생에 대한 믿음과 소망을 담고 있습니다.

정리

'영원히 산다'는 이 고백은 첫째, 현재 우리는 이미 마음속에 영생의 기쁨을 누리기 시작했다는 것이요, 둘째, 이 땅에서의 생명이 끝나면 '눈으로 보지도 못하고 귀로도 듣지 못했으며, 사람의 마음으로도 생각지 못한' 완전한 복을 받아 그 안에서 하나님을 영원히 찬양할 것이라는 위로와 소망의 고백입니다. 그러므로 이 고백은 영생이 단순한 미래의 생존이 아니라, '지금부터 시작되어' 하나님 안에서의 영원히 지속된다는 것과, 그 안에서 온전한 기쁨을 누리며 찬양 가득한 영광스러운 삶을 살게 될 것이라는 믿음을 확증해줍니다. 또한 이것은 이러한 그리스도인의 궁극적인 소망이 온전히 이루어질 것이라는 믿음의 고백입니다.

의롭다 하심(칭의)에 대하여

제 23 주일

하이델베르크 요리문답 제 59 문: 믿음으로 얻는 칭의와 영생 상속

우리는 지금까지 사도신경을 통해 삼위일체 하나님에 대한 신앙 고백과 이 하나님이 우리에게 베푸신 놀라운 구원을 살펴보았습니다. 우리에게 풍성한 구원의 은혜를 베푸신 하나님께 감사와 찬양을 드립니다. 이제 59 문은 "당신이 이 모든 것을 믿음으로서 얻게 되는 유익이 무엇입니까? "하고 물으며 우리가 받게 되는 복, 곧 그 유

익을 핵심적으로 요약하고자 합니다. 이 핵심은 우리의 신앙생활에서 결코 잊어서도 안 되고, 잠시라도 놓칠 수 없는 유익에 관한 것입니다.

59 문: 당신이 이 모든 것을 믿음으로서 얻게 되는 유익이 무엇입니까?
답:

나는 그리스도 안에서 하나님 앞에 의롭게 되며 영생의 상속자가 됩니다.

(참조: 벨직 신앙고백 제 23 조)

강해

요리문답 59 문은 우리가 사도신경에 고백된 모든 진리, 즉 성부 하나님의 창조와 섭리, 성자 예수 그리스도의 대속 사역(성육신, 고난, 죽음, 부활, 승천, 재림), 그리고 성령 하나님의 내주와 교회의 사역 등을 믿을 때 얻게 되는 두 가지 유익을 명확히 제시합니다. 이 유익은 우리 신앙생활에 결정적인 핵심입니다.

1. 하나님 앞에 의롭게 됨 (칭의)

"나는 그리스도 안에서 하나님 앞에 의롭게 되며"

1) "그리스도 안에서": 이 의롭다 하심은 우리 자신의 어떤 공로나 노력으로 얻어지는 것이 아니라, '오직 예수 그리스도와의 연합을 통해서만' 가능합니다. 그리스도께서 우리의 죄를 대신 짊어지시고 하나님의 의를 완전히 만족시키셨기 때문에, 우리가 그분을 믿음으로 말미암아 그분 안에 있는 의를 우리 것으로 얻게 됩니다. 우리에게 그리스도를 허락하신 하나님의 은혜에 감사드립니다.

> **로마서 1 장 17 절:** "복음에는 하나님의 의가 나타나서 믿음으로 믿음에 이르게 하나니 기록된 바 오직 의인은 믿음으로 말미암아 살리라 함과 같으니라"

2) "하나님 앞에 의롭게 되며"(Justified before God) : 이것은 칭의(Justification)를 말합니다. '칭의'는 하나님께서 죄인인 우리를 의롭다고 선언하시는 '법적인 행위'입니다. 우리가 스스로 의로워서가 아니라, 우리의 죄가 그리스도 안에서 용서되고(56 문), 그리스도의 완전한 의가 우리에게 전가되었기 때문입니다(56 문). 즉, 하나님께서 우리를 보실 때 우리의 죄를 보시는 것이 아니라, 우리를 위해 완벽한 순종과 희생을 이루신 그리스도의 의를 보신다는 것입니다.

3) '변하는' 것이 아니라, '선언받는' 것: 칭의는 우리가 의롭게 '변하는 것'이 아니라, 의롭다고 '선언받는 것'입니다. 우리의 신분과 법적 지위가 변한 것입니다. 이는 오직 믿음으로만 가능합니다. 우리는 여전히 죄인으로 하나님 앞에 설 수 없지만 그

리스도 안에서 우리를 받아주시고, 의롭다고 선언해주시는 하나님의 은혜는 놀랍고 감사할 뿐입니다. 이것이 우리가 그리스도를 통해 얻게 되는 첫번째 유익이 아닐 수 없습니다.

로마서 3장 28절: "그러므로 사람이 믿음으로 의롭다 하심을 얻는 줄 우리가 인정하노라"
로마서 5장 1절: "그러므로 우리가 믿음으로 의롭다 하심을 받았으니 우리 주 예수 그리스도로 말미암아 하나님과 화평을 누리자"
고린도후서 5장 21절: "하나님이 죄를 알지도 못하신 이를 우리를 대신하여 죄로 삼으신 것은 우리로 하여금 그 안에서 하나님의 의가 되게 하려 하심이라"

2. 영생의 상속자가 됨

"영생의 상속자가 됩니다."

1) "영생의 상속자가 됩니다": 우리가 하나님 앞에 의롭다 하심을 얻게 되면, 그 결과로 '영원한 생명'(Eternal Life)을 누리게 됩니다. 이 영생은 단순한 수명 연장이 아니라, 하나님과의 끊어지지 않는 관계 속에서 누리는 충만한 생명이며, 여기에는 미래의 몸의 부활(57문)은 물론, 구원으로 말미암아 그리스도 안에서 누리게 되는 완전한 복(58문)도 포함되어 있습니다.

2) '상속자'(Heir): '상속자'라는 말은 우리가 하나님의 자녀가 되었음을 의미합니다. 상속자는 아버지의 유업을 받는 사람입니다. 우리는 그리스도 안에서 하나님의 자녀가 되었기 때문에, 하나님께서 예비하신 모든 영원한 복, 즉 영생을 받을 자격이 있습니다. 이는 하나님의 변치 않는 약속과 은혜에 기반으로 확실하게 보장받습니다. 죄로 인해 영원히 심판받을 수밖에 없는 우리를 이렇게 자녀로 삼아 영생의 상속자가 되게 하신 이 은혜는 그리스도 안에서 우리가 얻는 큰 유익이 아닐 수 없습니다.

로마서 8장 17절: "자녀이면 또한 상속자 곧 하나님의 상속자요 그리스도와 함께한 상속자니 우리가 그와 함께 영광을 받기 위하여 고난도 함께 받아야 할 것이니라"
디도서 3장 7절: "우리로서는 의롭다 하심을 받아 영생의 소망을 따라 상속자가 되게 하려 하심이라"

이 두 가지 유익, 즉 칭의와 영생의 상속은 서로 불가분의 관계에 있습니다. 하나님 앞에서 의롭다 인정받는 것이 영생을 누리는 전제 조건이며, 영생은 칭의의 궁극적인 결과이자 완성입니다. 이 모든 것이 우리가 사도신경에 고백된 복음의 진리들을 '믿음으로써' 우리에게 주어지는 위대한 은혜입니다. 아멘

정리

우리가 사도신경의 모든 내용을 믿을 때, 그리스도 안에서 하나님 앞에 의롭게 되며 영생의 상속자가 됩니다. 우리는 오직 믿음으로 말미암아 죄로부터 완전히 벗어나 하나님의 자녀가 되고, 영원한 생명을 누리는 놀라운 구원의 복을 받게 됩니다. 이것은 우리 신앙 고백의 핵심 진리이며 유익으로, 우리가 이 땅에서 살아가는 동안 어느 때에도 결코 놓칠 수 없는 은혜입니다. 이 진리는 우리에게 하나님의 자녀로서의 확신과 평안을 주고, 미래에 대한 흔들리지 않는 소망을 줍니다.

하이델베르크 요리문답 제 60 문: 오직 믿음으로 의롭게 되는 길

우리는 59 문에서 사도신경에 고백된 모든 진리들을 믿음으로써 우리가 하나님 앞에 의롭게 되고 영생의 상속자가 된다는 두개의 위대한 유익을 배웠습니다. 이제 60 문은 이 의롭다 하심, 즉 '칭의(Justification)가 우리에게 어떻게 가능한지'에 대한 중요한 질문을 던집니다. 우리는 이미 앞에서 그리스도의 대속과 죽으심, 그리고 부활에 대해 공부했습니다. 그리스도께서 이를 이루셨기 때문에 우리가 죄 사함과 함께 의롭다 함을 얻게 되었습니다. 그런데 이제 60 문은 '우리가 하나님 앞에서 어떻게 의롭게 될 수 있는가', 곧 이를 위해 우리에게 요구되어지는 것이 무엇인지에 대해 묻습니다. 답은 종교개혁의 핵심 교리인 '오직 믿음으로'(Sola Fide) 의롭다 함을 받는다는 이 위대한 구원의 진리를 다시 한번 뜨겁고 감격적으로 각인시켜줍니다. '오직 믿음으로' 구원받는다는 이 진리는 아무리 강조해도 지나침이 없습니다.

60 문: 당신은 하나님 앞에서 어떻게 의롭게 될 수 있습니까?

답:

오직 예수 그리스도를 참되게 믿음으로 의롭게 됩니다. 비록 나의 양심이 내가 하나님의 모든 계명을 크게 어겼고, 또한 하나도 지키지 않았으며, 내가 여전히 모든 악을 행하고자 하는 성향을 갖고 있다고 나를 고소하여도, 그럼에도 불구하고 하나님께서는 내가 세운 공로가 하나 없어도, 오직 순전한 은혜로, 그리스도께서 이루신 완전한 속죄와 의와 거룩함을 나에게 돌려주십니다. 심지어는 내가 죄를 하나도 짓지 않은 것처럼, 뿐만 아니라 그리스도께서 나를 위해 성취하신 모든 순종을 내가 온전히 성취한 것처럼 여겨주십니다. 나는 마음으로 믿어 이 은혜를 받습니다.

(참조: 벨직 신앙고백 제 22 조, 제 23 조)

강해

요리문답 60 문은 우리가 어떻게 하나님 앞에서 의롭게 되는지에 대한 심오하고 복음적인 답변을 제시합니다. 이 답변은 죄인의 절망적인 상태를 인정하는 것에서 시작하여, 하나님의 놀라운 은혜와 그리스도의 대속 사역의 완전성으로 이어집니다.

1. 오직 믿음으로 (Sola Fide)

"오직 예수 그리스도를 참되게 믿음으로 의롭게 됩니다."

1) 칭의의 수단: 하나님 앞에서 의롭게 되는 것은 우리의 어떤 행위나 노력, 공로 때문이 아니라, 오직 예수 그리스도를 참되게 믿는 믿음을 통해서만 가능합니다. '오직'(Only)이라는 단어는 사람의 공로나 행위가 칭의에 아무런 기여도 할 수 없음을 강조합니다. '오직 믿음'은 종교개혁의 핵심 원리 중에 하나입니다.

> **갈라디아서 2장 16절:** "사람이 의롭게 되는 것은 율법의 행위로 말미암음이 아니요 오직 예수 그리스도를 믿음으로 말미암는 줄 알므로 우리도 그리스도 예수를 믿나니 이는 우리가 율법의 행위로써가 아니고 그리스도를 믿음으로써 의롭다 함을 얻으려 함이라 율법의 행위로써는 의롭다 함을 얻을 육체가 없느니라"

2) "참되게 믿음으로": 여기서 '참된 믿음'은 단순히 지적인 동의를 넘어, 그리스도를 전적으로 신뢰하고 그분께 내 삶을 의탁하는 살아있는 믿음을 의미합니다(20, 21 문).

> **로마서 10장 10절:** "사람이 마음으로 믿어 의에 이르고 입으로 시인하여 구원에 이르느니라
>
> **빌립보서 3장 8, 9절:** "또한 모든 것을 해로 여김은 내 주 그리스도 예수를 아는 지식이 가장 고상하기 때문이라 내가 그를 위하여 모든 것을 잃어버리고 배설물로 여김은 그리스도를 얻고 그 안에서 발견되려 함이니 내가 가진 의는 율법에서 난 것이 아니요 오직 그리스도를 믿음으로 말미암은 것이니 곧 믿음으로 하나님께로부터 난 의라

2. 죄인의 절망적인 현실

"비록 나의 양심이 내가 하나님의 모든 계명을 크게 어겼고, 또한 하나도 지키지 않았으며, 내가 여전히 모든 악을 행하고자 하는 성향을 갖고 있다고 나를 고소하여도"

1) "나의 양심이 … 나를 고소하여도": 이 부분은 죄인의 현실을 통렬하게 인식하는 '솔직한' 자기 고백입니다. 다음의 2)와 3)은 이 고백의 내용입니다.

2) "하나님의 모든 계명을 크게 어겼고, 또한 하나도 지키지 않았으며": 우리는 의도적이든 아니든 하나님의 율법을 범했으며(죄), 심지어 어떤 율법이라도 온전히 지킨 적이 한 번도 없음을 인정합니다(114 문). 이는 우리가 행위로는 결코 하나님 앞에서

의롭다 인정받을 수 없다는 것을 시인하는 것입니다(로마서 3:20).

로마서 3장 9, 10절: "그러면 어떠하냐 우리는 나으냐 결코 아니라 유대인이나 헬라인이나 다 죄 아래에 있다고 우리가 이미 선언하였느니라 기록된 바 의인은 없나니 하나도 없으며"
로마서 3장 20절: "그러므로 율법의 행위로 그의 앞에 의롭다 하심을 얻을 육체가 없나니 율법으로는 죄를 깨달음이니라"
야고보서 2장 10, 11절: "누구든지 온 율법을 지키다가 그 하나를 범하면 모두 범한 자가 되나니 간음하지 말라 하신 이가 또한 살인하지 말라 하셨은즉 네가 비록 간음하지 아니하여도 살인하면 율법을 범한 자가 되느니라"

3) "내가 여전히 모든 악을 행하고자 하는 성향을 갖고 있다고": 구원받은 성도조차도 여전히 죄를 짓고자 하는 뿌리 깊은 성향, 즉 부패한 본성을 가지고 있습니다(로마서 7:18-19; 56문). 이러한 연약함은 우리가 스스로의 노력으로 의롭게 될 수 없음을 분명하게 말해줍니다. 이는 양심적인 자기 고백입니다.

로마서 7장 18, 19절: "내 속 곧 내 육신에 선한 것이 거하지 아니하는 줄을 아노니 원함은 내게 있으나 선을 행하는 것은 없노라 내가 원하는 바 선은 행하지 아니하고 도리어 원하지 아니하는 바 악을 행하는도다"
로마서 7장 23절: "내 지체 속에서 한 다른 법이 내 마음의 법과 싸워 내 지체 속에 있는 죄의 법으로 나를 사로잡는 것을 보는도다"

3. 하나님의 순전한 은혜와 그리스도의 완전한 전가 (Imputation)

"그럼에도 불구하고 하나님께서는 내가 세운 공로가 하나 없어도, 오직 순전한 은혜로,"

1) "그럼에도 불구하고": 하나님은 우리가 얼마나 절망적인 죄악 상태에 있는지 다 아십니다. 그럼에도 불구하고, 하나님은 사랑과 긍휼이 풍성하시기에 구원의 길을 여셨습니다.

2) '내가 세운 공로가 하나 없어도, 오직 순전한 은혜로' : 하나님은 우리에게 구원을 위한 어떤 공로도 요구하지 않으십니다. 우리의 과거가 어떠하였든 그것을 말씀하지 않으십니다. 우리의 구원을 위해 하나님은 순전한 은혜로 다가오십니다. 우리의 구원에는 우리의 어떤 선한 행위나 공적도 개입되지 않습니다. 구원은 다만 순전한 은혜로 값없이 주어지는 선물입니다.

에베소서 2장 8, 9절: "너희는 그 은혜에 의하여 믿음으로 말미암아 구원을 받았으니 이것은 너희에게서 난 것이 아니요 하나님의 선물이라 행위에서 난 것이 아니니 이는 누구든지 자랑하지 못하게 함이라"

디도서 3장 4, 5절: "우리 구주 하나님의 자비와 사람 사랑하심이 나타날 때에 우리를 구원하시되 우리가 행한 바 의로운 행위로 말미암지 아니하고 오직 그의 긍휼하심을 따라 중생의 씻음과 성령의 새롭게 하심으로 하셨나니"

4. 그리스도께서 돌려주시는 은혜

"그리스도께서 이루신 완전한 속죄와 의와 거룩함을 나에게 돌려주십니다."

우리는 절망적인 죄인이고 하나님은 한없이 거룩하신데 우리의 구원은 어떻게 가능한 것일까요? 다시 말해 하나님이 우리를 순전한 은혜로 구원하실 수 있는 이유는 무엇일까요?

1) '그리스도의 완전한 속죄' : 그리스도께서 십자가에서 우리의 죄를 대신하여 죄에 대한 형벌을 받고 그 피와 죽음으로 완전히 속죄하심으로 하나님의 의와 진노를 완전히 만족시키셨기 때문입니다(Propitiation).

히브리서 9장 12절: "염소와 송아지의 피로 하지 아니하고 오직 자기의 피로 영원한 속죄를 이루사 단번에 성소에 들어가셨느니라"

2) '의' : 그리스도께서 율법 앞에서 이루신 온전한 의와 그 삶을 우리에게 돌려주셨습니다.

3) '거룩함' : 그리스도께 당신의 거룩함도 우리에게 돌려주셨습니다.

4) 이 모든 것을 "나에게 돌려주십니다": 즉, 전가(Imputation) 하셨습니다. 이는 그리스도께서 하신 것을 마치 내가 한 것처럼 '나의 것'이 되게 하셨다는 뜻입니다. 우리의 모든 죄가 그리스도에게 전가되어 그분이 십자가에서 우리 대신 온전히 짊어지신 것처럼, 이번에는 그리스도의 완전한 의로움과 거룩함이 우리에게 그대로 전가된 것입니다. 이것은 순전한 하나님의 은혜입니다.

로마서 4장 24절: "의로 여기심을 받을 우리도 위함이니 곧 예수 우리 주를 죽은 자 가운데서 살리신 이를 믿는 자니라"
고린도후서 5장 21절: "하나님이 죄를 알지도 못하신 이를 우리를 대신하여 죄로 삼으신 것은 우리로 하여금 그 안에서 하나님의 의가 되게 하려 하심이라"
고린도전서 1장 30절: "너희는 하나님으로부터 나서 그리스도 예수 안에 있고 예수는 하나님으로부터 나와서 우리에게 지혜와 의로움과 거룩함과 구원함이 되셨으니"

5. 놀라운 법적 선언: 죄 없으며 순종을 온전히 성취한 자처럼

"심지어는 내가 죄를 하나도 짓지 않은 것처럼, 뿐만 아니라 그리스도께서 나를 위해 성취하신 모든 순종을 내가 온전히 성취한 것처럼 여겨주십니다."

1) 칭의의 놀라운 효과: 하나님께서는 우리를 의롭다고 선언하실 때, 단지 우리의 죄를 용서하고 덮어두시는 것으로만 끝나지 않습니다. 칭의 선언은 이것을 넘어섭니다.

2) "내가 죄를 하나도 짓지 않은 것처럼": 우리의 모든 죄가 완전히 사해지고, 하나님 앞에서는 전혀 죄가 없는 자처럼 여겨집니다.

3) "그리스도께서 나를 위해 성취하신 모든 순종을 내가 온전히 성취한 것처럼": 그리스도께서 일생 동안 완벽하게 지키신 하나님의 율법에 대한 순종이 '마치 내가 직접' 그 모든 순종을 완벽하게 행한 것처럼 나에게 돌려집니다. 이것이 '적극적인 순종의 전가'이며, 칭의의 완전성을 보여줍니다. 우리는 죄의 형벌에서 벗어나는 소극적 의로움(Negative Righteousness)뿐만 아니라, 율법을 완전히 지킨 적극적인 의로움(Positive Righteousness)까지도 얻게 된 것입니다. 이는 참으로 놀라운 은혜가 아닐 수 없습니다.

> **로마서 4장 6-8절:** "일한 것이 없이 하나님께 의로 여기심을 받는 사람의 복에 대하여 다윗이 말한 바 불법이 사함을 받고 죄가 가리어짐을 받는 사람들은 복이 있고 주께서 그 죄를 인정하지 아니하실 사람은 복이 있도다 함과 같으니라"
> **고린도후서 5장 19절:** "곧 하나님께서 그리스도 안에 계시사 세상을 자기와 화목하게 하시며 그들의 죄를 그들에게 돌리지 아니하시고 화목하게 하는 말씀을 우리에게 부탁하셨느니라"

6. 믿음으로 이 은혜를 받음

"나는 마음으로 믿어 이 은혜를 받습니다."

그런데 이 은혜는 '놀랍게도' 마음으로 믿음으로써 받게 됩니다. 믿음은 구원의 원인이 아니라, 하나님께서 그리스도 안에서 베푸신 은혜를 받는 '손'과 같습니다. 우리가 무엇을 받을 때 손이 필요한 것처럼, 우리의 구원을 받을 때 믿음이라는 손이 있어야 하는 것입니다. 믿음을 통해 그리스도의 의가 우리에게 전가됩니다.

> **로마서 3장 22절:** "곧 예수 그리스도를 믿음으로 말미암아 모든 믿는 자에게 미치는 하나님의 의니 차별이 없느니라"
> **로마서 10장 10절:** "사람이 마음으로 믿어 의에 이르고 입으로 시인하여 구원에 이르느니라"

정리

우리는 하나님 앞에서 오직 예수 그리스도를 참되게 믿음으로 의롭게 됩니다. 이는 우리의 양심이 아무리 죄로 인해 우리를 고소하더라도, 하나님께서는 우리의 어떤 공로 없이 '오직 순전한 은혜로' 그리스도께서 이루신 완전한 속죄와 의와 거룩함을 우리에게 돌려주신다는 것입니다. 심지어 우리가 죄를 하나도 짓지 않고 그리스도께서 성취하신 모든 순종을 온전히 성취한 것처럼 여겨주신다는 것입니다. 우리는 놀랍게도 '마음으로 믿어' 이 큰 은혜를 받습니다. 구원의 전적인 주권은 하나님께 있는데, 하나님은 우리에게 구원을 위해 '오직 믿음'만을 요구하시는 것입니다. 오직 손만 내밀기를 원하시는 것입니다. 그러므로 우리는 다만 겸손히, 믿음으로 손을 내밀어 그분의 은혜를 받기만 하면 됩니다. 여기에 '오직 믿음으로'라는 복음의 핵심 진리가 담겨 있습니다.

하이델베르크 요리문답 제 61 문: 왜 "오직 믿음으로만" 의롭게 되는가?

우리는 60 문에서 하나님 앞에서 의롭게 되는 유일한 방법이 '오직 예수 그리스도를 참되게 믿는 것'임을 배웠습니다. 그런데 61 문은 "왜 당신은 오직 믿음으로만 의롭게 된다고 말합니까? "라는 질문을 합니다. 이제까지 우리는 '오직 믿음'으로 구원받는다고 했는데, 이 질문은 새삼스럽게 느껴지기도 합니다. 그러나 이 질문의 의도는 믿음을 구원을 위한 '공로'로 여겨기 쉬운 오류를 막고자 하는 것입니다. 믿음은 '가치'가 아니라 '수단'이라는 것입니다.

61 문: 왜 당신은 오직 믿음으로만 의롭게 된다고 말합니까?

답:

하나님께서 나를 받아주실 수 있는 것은 나의 믿음에 어떤 가치가 있어서 그런 것이 아니라 다만 그리스도의 속죄와 의와 거룩하심이 하나님 앞에서 나의 의가 되기 때문이요, 나는 오직 믿음 이외의 다른 어떤 방법으로도 이러한 것을 받을 수도 없고 나 자신에게 적용할 수도 없기 때문입니다.

(참조: 벨직 신앙고백 제 22 조, 제 23 조)

강해

요리문답 61 문은 칭의에서 믿음의 역할에 대한 흔한 오해를 바로잡습니다. 믿음 자체가 어떤 공로나 가치를 지녀서 우리를 구원하는 것이 아니라, 믿음은 오직 그리스도의 완성된 사역을 우리에게 적용시키는 유일한 도구임을 강조합니다.

1. 믿음 자체에 가치가 있는 것이 아님

"하나님께서 나를 받아주실 수 있는 것은 나의 믿음에 어떤 가치가 있어서 그런 것이 아니라"

1) "나의 믿음에 어떤 가치가 있어서 그런 것이 아니라": 이 문장은 매우 중요합니다. 우리가 '오직 믿음으로 의롭게 된다'고 말할 때, 믿음이 마치 또 다른 형태의 공로가 되기 때문에 하나님이 나를 받아주니는 것 아니냐고 오해할 수 있습니다. 즉, 믿음 자체가 선행처럼 특별한 '가치'나 '공로'를 지녀서 하나님께 인정받는 것이 아니냐는 것입니다. 하지만 요리문답은 이를 단호히 부정합니다. 우리의 믿음은 그 자체로 구원을 받을 만한 공로가 될 수 없습니다. 믿음은 우리의 행위가 아닙니다. 그것은 하나님이 성령을 통해서 주시는 선물이요, 은혜를 받는 통로일 뿐입니다. '믿음을 의로 여기신다'는 것은 믿음 자체가 의롭다는 것이 아니라, 그 믿음의 내용을 하나님이 기뻐 받아주시고 의롭다고 여겨주신다는 의미일 뿐입니다. 믿음은 그리스도의 의를 받아들이는 하나님이 정해주신 수단입니다.

로마서 4장 5절: "일을 아니할지라도 경건하지 아니한 자를 의롭다 하시는 이를 믿는 자에게는 그의 믿음을 의로 여기시나니"
에베소서 2장 8절: "너희는 그 은혜에 의하여 믿음으로 말미암아 구원을 받았으니 이것은 너희에게서 난 것이 아니요 하나님의 선물이라"

2. 오직 그리스도의 의가 우리의 의가 됨

"다만 그리스도의 속죄와 의와 거룩하심이 하나님 앞에서 나의 의가 되기 때문이요."

1) 칭의의 진정한 근거: 우리의 믿음 자체가 하나님 앞에서 의가 될 수 없습니다. 오직 예수 그리스도의 완전하심 외에 어떤 것도 칭의의 근거가 되지 않습니다. 60문에서 강조되었듯이, 그리스도께서 이루신 완전한 속죄(우리의 죄에 대한 형벌 감당), 의(율법에 대한 완전한 순종), 거룩함(흠 없는 본성)이 바로 하나님 앞에서 우리가 의롭다 인정받는 유일한 근거입니다.

고린도전서 1장 30, 31절: "너희는 하나님으로부터 나서 그리스도 예수 안에 있고 예수는 하나님으로부터 나와서 우리에게 지혜와 의로움과 거룩함과 구원함이 되셨으니 기록된 바 자랑하는 자는 주 안에서 자랑하라 함과 같게 하려 함이라"

2) "하나님 앞에서 나의 의가 되기 때문이요": 그리스도의 이 모든 것이 '죄인인 나의 의'로 간주됩니다. 우리가 믿을 때 이는 그리스도의 의가 우리에게 전가(Imputation) 되어 하나님 앞에서 나의 의가 된다는 것입니다. 그래서 하나님께서 우리를 보실 때 그리스도의 완전한 의를 나의 의로 보십니다.

3. 믿음만이 그리스도의 의를 받는 유일한 방법

"나는 오직 믿음 이외의 다른 어떤 방법으로도 이러한 것을 받을 수도 없고 나 자신에게 적용할 수도 없기 때문입니다."

1) **"오직 믿음 이외의 다른 어떤 방법으로도":** 칭의는 오직 믿음으로만 가능합니다. 그리스도께서 이루신 그 놀라운 속죄와 의와 거룩함은 그 자체로 완전하고 충분합니다. 사람의 어떤 행위(율법 준수, 선행, 고행, 종교 의식 등)도, 다른 어떤 방법도 하나님의 완전한 의를 만족시킬 수 없습니다.

로마서 10장 10절: "사람이 마음으로 믿어 의에 이르고 입으로 시인하여 구원에 이르느니라"

2) **"이러한 것을 받을 수도 없고 나 자신에게 적용할 수도 없기 때문입니다":** 우리가 할 수 있는 유일한 것은, 하나님께서 그리스도 안에서 값없이 주시는 이 의를 믿음으로 받아들이고 우리 자신에게 적용하는 것뿐입니다. 우리는 오직 믿음으로만 그리스도가 우리를 위해 이루신 공로를 우리에게 적용시킬 수 있습니다. 믿음은 아무런 공로도 아닙니다. 믿음은 마치 '빈손'과 같습니다. 빈손 자체에는 아무것도 없지만, 그 빈손으로 선물을 받아들일 수 있습니다. 믿음은 선물 자체의 가치를 더하는 것이 아니라, '선물을 붙잡는 역할'을 합니다.

로마서 4장 16절: "그러므로 상속자가 되는 그것이 은혜에 속하기 위하여 믿음으로 되나니 이는 그 약속을 그 모든 후손에게 굳게 하려 하심이라 율법에 속한 자에게뿐만 아니라 아브라함의 믿음에 속한 자에게도 그러하니 아브라함은 우리 모든 사람의 조상이라"

따라서 구원은 '오직 하나님의 은혜로', '오직 그리스도의 공로를 통해', 우리에게 주어지는 것입니다. 그리고 '오직 믿음'을 수단으로 그리스도께서 이루신 모든 의가 우리에게 적용됩니다. 이것이 복음 진리의 핵심입니다.

정리

우리가 오직 믿음으로만 의롭게 되는 이유는 우리의 믿음에 어떤 가치가 있어서가 아닙니다. 믿음이 중요한 것은, 우리는 그리스도의 완전한 속죄와 의와 거룩함을 오직 믿음으로서만 받을 수 있기 때문입니다. 그 외의 다른 어떤 방법으로도 이를 받을 수 없고, 우리 자신에게 적용할 수도 없습니다. 이 문답은 믿음이 구원의 원인이 아닌, 수단임을 분명히 밝히며, 구원이 전적으로 하나님의 은혜와 그리스도의 공로에 달려 있음을 강조합니다. 믿음은 은혜를 받는 '손'입니다.

제 24 주일

하이델베르크 요리문답 제 62 문: 선행이 의가 될 수 없는 이유

우리는 60 문과 61 문에서 오직 믿음으로만 의롭게 된다는 칭의의 핵심 교리를 배웠습니다. 믿음 자체가 공로가 아니라, 그리스도의 의를 받아들이는 유일한 수단임을 강조했습니다. 선행은 어떠할까요? 우리는 우리의 선행이 하나님 앞에서 의로 인정되길 원합니다. 그러나 믿음 그 자체가 의가 될 수 없듯이, 선행도 하나님 앞에서 의가 될 수 없습니다. 62 문은 이에 대해 묻습니다. 답은 우리가 근본적으로 선행 자체를 이룰 수 없는 존재이기 때문이라고 말합니다. 어떤 점에서 그러할까요?

62 문: 왜 우리의 선행은 전체적으로든 부분적으로든 하나님 앞에서 의가 될 수 없습니까?

답:

하나님의 심판대 앞에서 인정될 수 있는 의는 절대적으로 완전해야 하며 모든 면에서 하나님의 율법에 일치해야 하기 때문이요, 또한 우리 일생의 최고의 선행이라도 모두 불완전하며 죄로 더럽혀져 있기 때문입니다.

(참조: 벨직 신앙고백 제 22 조, 제 24 조)

강해

답은 우리가 아무리 선행을 많이 해도, 그것이 하나님 앞에서 우리를 의롭게 만들 수 없다고 단호하게 말하며, 우리의 선행이 칭의의 근거가 될 수 없는 두 가지 결정적인 이유를 제시합니다. 이는 죄인의 상태와 하나님의 거룩하신 성품을 함께 이해할 때 분명해집니다.

1. 하나님의 율법이 요구하는 절대적 완전성

"하나님의 심판대 앞에서 인정될 수 있는 의는 절대적으로 완전해야 하며 모든 면에서 하나님의 율법에 일치해야 하기 때문이요,"

1) **"하나님의 심판대 앞에서 인정될 수 있는 의는 절대적으로 완전해야 하며":** 하나님은 거룩하고 공의로우신 분이시기 때문에(12 문), 그분의 심판대 앞에서 의롭다 인정받으려면 흠 없는 완전한 의가 요구됩니다. '절대적 완전'이란 조금의 티나 흠도 없어야 한다는 의미입니다. 하나님은 부분적인 선행이나 상대적인 의로움으로는 만족하지 않으십니다.

로마서 3장 20절: "그러므로 율법의 행위로 그의 앞에 의롭다 하심을 얻을 육체가 없나니 율법으로는 죄를 깨달음이니라"

2) "모든 면에서 하나님의 율법에 일치해야 하기 때문이요": 하나님의 율법은 단순히 외적인 행동의 기준을 넘어, 우리의 마음과 생각까지도 완전한 수준을 요구합니다(4, 5 문). 한 가지 계명이라도 어기면 모든 율법을 어긴 것과 같으며(야고보서 2:10), 마음속의 작은 죄라도 하나님 앞에서는 중대한 죄가 됩니다(마태복음 5: 21-28). 따라서 하나님의 율법이 요구하는 수준은 사람의 힘으로는 도저히 이룰 수 없는 '완벽한 순종'입니다.

야고보서 2장 10절: "누구든지 온 율법을 지키다가 그 하나를 범하면 모두 범한 자가 되나니"
마태복음 5장 27, 28절: "또 간음하지 말라 하였다는 것을 너희가 들었으나 나는 너희에게 이르노니 음욕을 품고 여자를 보는 자마다 마음에 이미 간음하였느니라"
갈라디아서 3장 10절: "무릇 율법 행위에 속한 자들은 저주 아래에 있나니 기록된 바 누구든지 율법 책에 기록된 대로 모든 일을 항상 행하지 아니하는 자는 저주 아래에 있는 자라 하였음이라"

2. 사람 선행의 불완전성과 죄로 더럽혀짐

"또한 우리 일생의 최고의 선행이라도 모두 불완전하며 죄로 더럽혀져 있기 때문입니다."

1) "우리 일생의 최고의 선행이라도 모두 불완전하며": 우리 일생의 최고의 선행이라도, 또한 아무리 좋은 의도로 행한 일이라도, 그 안에는 이기심, 교만, 불순한 동기 등 죄의 잔재가 남아있기 마련입니다. 이렇게 불완전한 본성에서 나오는 행위는 아무리 애써도 결코 하나님이 요구하시는 완전한 의에 미치지 못합니다. 심지어 우리가 거듭나고 성령의 인도하심을 따라 행하는 선행조차도 불완전 합니다.

2) "죄로 더럽혀져 있기 때문입니다": 이사야 선지자는 "우리의 의는 다 더러운 옷 같으니"(이사야 64: 6)라고 고백했습니다. 아무리 깨끗하게 빨아 입은 옷이라도 더러운 것으로 빨았다면 깨끗할 수 없듯이, 죄된 본성에서 나오는 우리의 행위는 모두 죄로 오염되어 있습니다. 따라서 우리의 선행은 하나님 앞에서 의가 될 수 없을 뿐만 아니라, 오히려 죄의 영향 아래 있습니다.

이사야 64장 6절: "무릇 우리는 다 부정한 자 같아서 우리의 의는 다 더러운 옷 같으며 우리는 다 잎사귀 같이 시들므로 우리의 죄악이 바람 같이 우리를 몰아가나이다"
로마서 7장 18절: "내 속 곧 내 육신에 선한 것이 거하지 아니하는 줄을 아노니 원함은 내게 있으나 선을 행하는 것은 없노라"

이러한 두 가지 이유 때문에 우리는 우리의 선행에 의지하여 하나님 앞에서 의롭다 함을 받을 수 없습니다. 우리의 의와 구원의 근거는 오직 그리스도의 완전한 의와 속죄 뿐입니다(60, 61 문). 이것이 '오직 은혜', '오직 그리스도', '오직 믿음'이라는 개혁 신앙의 핵심 진리를 뒷받침합니다.

정리

우리의 선행이 전체적으로든 부분적으로든 하나님 앞에서 의가 될 수 없습니다. 그 이유는 첫째, 하나님의 심판대 앞에서 인정될 수 있는 의는 절대적으로 완전해야 하며, 모든 면에서 하나님의 율법에 일치해야 하기 때문이며, 둘째, 우리 일생의 최고의 선행이라도 모두 불완전하며 죄로 더럽혀져 있기 때문입니다. 이 문답은 사람의 죄성으로 인한 한계와 하나님의 거룩하신 표준 사이의 분명한 간극을 보여줍니다. 이것은 우리가 오직 그리스도의 완전한 의를 의지할 수밖에 없음을 강조하고, 왜 우리의 구원이 '오직 그리스도', '오직 믿음', 그리고 '오직 은혜'로 이루어지는지를 깨닫게 합니다.

하이델베르크 요리문답 제 63 문: 우리의 선행은 공로가 될 수 없다

우리는 앞선 문답 62 문에서 우리의 선행이 하나님 앞에서 의가 될 수 없다는 것을 함께 살펴보았습니다. 그런데 우리가 여기서 더 알아야 할 것은, 그렇다고 우리의 선행이 하나님 앞에서 무의미한 것은 아니라는 것입니다. 이런 점에서 하이델베르크 요리문답 63 문은 우리의 신앙생활에서 선행의 역할과 의미를 명확히 이해하게 하는 중요한 질문과 답변을 제공합니다. 이는 우리의 선행을 기뻐하시고 상 주시는 하나님에 대한 이해를 돕습니다.

63 문: 하나님께서 이 세상과 오는 세상에서 우리의 선행에 대해 상을 주신다고 하셨는데, 왜 우리의 선행이 아무런 공로가 되지 않습니까?

답:

이 상은 공로 때문에 주시는 것이 아니라 은혜로 주시는 것이기 때문입니다.

(참조: 벨직 신앙고백 제 24 조)

강해

하나님께서 선행에 대해 상을 주신다면, 우리는 이때 하나님이 그 공로를 인정해서

상을 주시는 것이라는 생각을 하게 됩니다. 그러나 문답은 그 상은 공로 때문에 주어지는 것이 아니라고 단호하게 말합니다. 그렇다면 왜 하나님은 우리에게 상을 주시는 것일까요? 그 근거는 무엇일까요?

1. 우리의 선행에 대해 상을 주시는 하나님

"하나님께서 이 세상과 오는 세상에서 우리의 선행에 대해 상을 주신다고 하셨는데"

성경에서도 분명히 하나님은 우리가 일한 대로 상을 주신다고 말하고 있습니다(고린도전서 3:5). 하나님은 우리의 믿음과 그 믿음에서 비롯된 선한 행위들을 기뻐하시고, 그것에 합당한 상을 주십니다. 우리가 이 세상에 사는 동안에도, 오는 세상에서도 그 선행에 대해서도 상을 주십니다. 우리가 행하는 작은 일이라도, 그것을 다 기억하시고 갚아주십니다. 하나님은 상주시는 분이십니다.

고린도전서 3장 8절: "심는 이와 물 주는 이는 한가지이나 각각 자기가 일한 대로 자기의 상을 받으리라"
히브리서 11장 6절: "믿음이 없이는 하나님을 기쁘시게 하지 못하나니 하나님께 나아가는 자는 반드시 그가 계신 것과 또한 그가 자기를 찾는 자들에게 상 주시는 이심을 믿어야 할지니라"

2. 그러나 선행이 공로가 될 수 없는 이유

"왜 우리의 선행이 아무런 공로가 되지 않습니까? "

1) 우리의 의는 불완전합니다: 우리가 아무리 최선을 다해 선을 행한다 해도, 타락한 우리 안에는 여전히 죄의 흔적과 불순한 동기가 섞여 있습니다. 우리의 의는 항상 불완전하여 우리는 무엇을 드려 하나님께 빚을 갚거나, 무언가를 얻어낼 수 없습니다. 우리의 존재 자체는 하나님을 기쁘시게 할 수 없습니다. 하나님이 인정하시는 완벽하고 흠 없는 의는, 오직 예수 그리스도께만 속한 것입니다. 그래서 우리가 어떤 선행을 했다고 해도, 그 선행 자체는 하나님을 기쁘시게 할 수준의 것이 못됩니다. 만일 하나님이 우리의 선행을 인정하셨다면, 그것은 오직 하나님이 은혜로 받아주셨기 때문입니다.

로마서 3장 10절: "기록된 바 의인은 없나니 하나도 없으며"
누가복음 17장 10절: "이와 같이 너희도 명령받은 것을 다 행한 후에 이르기를 우리는 무익한 종이라 우리가 하여야 할 일을 한 것뿐이라 할지니라"
에베소서 2장 8,9절: "너희는 그 은혜에 의하여 믿음으로 말미암아 구원을 받았으니 이것은 너희에게서 난 것이 아니요 하나님의 선물이라 행위에서 난 것이 아니니 이는 누구든지 자랑하지 못하게 함이라"

2) 선을 행할 수 있는 능력은 하나님이 주십니다: 우리가 선을 행하였다면, 그것은 하나님이 그것을 할만한 능력을 주셨기 때문입니다. 하나님께서 성령으로 우리 마음에 감동을 주셨기 때문입니다. 우리의 선행은 오직 하나님의 은혜로 가능한 것이요, 또한 하나님께서 그것을 우리 안에서 계획하여 행하게 하시기 때문입니다.

> **에베소서 2장 10절:** "우리는 그가 만드신 바라 그리스도 예수 안에서 선한 일을 위하여 지으심을 받은 자니 이 일은 하나님이 전에 예비하사 우리로 그 가운데서 행하게 하려 하심이니라"

3. 상급은 공로가 아닌 은혜의 선물

"이 상은 공로 때문에 주시는 것이 아니라 은혜로 주시는 것이기 때문입니다"

이것이 핵심적인 답변입니다. 우리가 상을 받는다면, 그것은 하나님의 무조건적인 은혜와 사랑의 표현인 것입니다. 우리의 선행도 하나님의 은혜에 기반을 둔 것이요, 상도 그렇습니다.

> **로마서 11장 6절:** "만일 은혜로 된 것이면 행위로 말미암지 않음이니 그렇지 않으면 은혜가 은혜 되지 못하느니라"

1) 상급은 하나님께서 우리를 기뻐하신다는 증거입니다: 하나님은 우리가 아무리 부족해도, 우리가 하나님의 뜻에 감사와 믿음으로 반응할 때 이것을 기뻐하십니다. 우리가 죄에서 돌이켜 예수 그리스도 안에서 새로운 피조물이 되었을 때, 하나님의 자녀가 되었을 때 하나님은 우리의 작은 선행조차도 기뻐하십니다. 하나님은 우리가 성령의 인도하심에 순종하여 우리 내면의 죄악된 본성을 부인하고 행하는, 크고 작은 모든 선한 일들을 사랑으로 보시고 기억하십니다. 이 상급은 "내가 너를 기뻐한다, 내 자녀야" 라고 말씀하시는 하나님의 따뜻한 격려입니다. 이러한 상급은 우리의 삶의 열매가 됩니다.

2) 상급은 하나님의 신실하심을 나타냅니다: 하나님은 우리에게 은혜를 베풀기로 약속하셨고, 그 약속을 신실하게 지키십니다. 우리가 하나님을 기쁘시게 하고자 행한 모든 선한 일은 결코 헛되지 않습니다. 하나님께서는 우리가 섬긴 모든 것을 다 기억하시고, 그에 합당한 은혜로 보상하십니다. 이 보상은 우리가 자격이 있어서 받는 것이 아니라, 하나님께서 그 약속에 신실하시기 때문에 받는 것입니다.

> **마태복음 10장 42절:** "또 누구든지 제자의 이름으로 이 작은 자 중 하나에게 냉수 한 그릇이라도 주는 자는 내가 진실로 너희에게 이르노니 그 사람이 결단코 상을 잃지 아니하리라 하시니라"

히브리서 6장 10절: "하나님은 불의하지 아니하사 너희 행위와 그의 이름을 위하여 나타낸 사랑으로 이미 성도를 섬긴 것과 이제도 섬기고 있는 것을 잊어버리지 아니하시느니라"

4. 우리는 어떻게 살아야 하는가?

우리의 삶의 동기는 오직 하나님의 은혜에 대한 감사와 사랑이어야 합니다.

1) 기쁨으로 섬기는 삶: 우리가 행하는 모든 봉사와 헌신은 의무나 공로가 아니라 '기쁨과 감사'가 되어야 합니다. 주님께서 우리에게 베푸신 사랑을 생각할 때, 다른 이들을 사랑하고 섬기는 것은 자연스러운 반응이 됩니다.

2) 겸손하게 사는 삶: 우리가 조금이라도 잘한 일이 있을 때, "이것은 내가 한 것이 아니라 하나님의 은혜로 된 일"임을 고백하며 하나님께 모든 영광을 돌려드리는 겸손한 삶을 살아야 합니다.

고린도전서 15장 10절: "그러나 내가 나 된 것은 하나님의 은혜로 된 것이니 내게 주신 그의 은혜가 헛되지 아니하여 내가 모든 사도보다 더 많이 수고하였으나 내가 한 것이 아니요 오직 나와 함께 하신 하나님의 은혜로라"

정리

하나님께서 우리의 선행에 상을 주시는 것은 사실이지만, 그 상은 우리의 공로가 아니라 전적인 하나님의 은혜로 주어지는 것입니다. 우리의 선행은 구원을 얻기 위한 수단이 아니며, 하나님께 공로를 쌓아 그분에게서 무언가를 받아내려는 행위도 아닙니다. 오히려 우리의 선행은 이미 받은 구원의 은혜에 대한 감사의 표현이며, 예수 그리스도의 사랑에 감격하여 자발적으로 순종하는 삶의 열매입니다. 우리는 이러한 은혜로 말미암아 더욱 하나님을 사랑하고 이웃을 섬기는 삶을 살아가야 할 것입니다. 이것이 진정한 그리스도인의 선행이며, 하나님께서 기뻐하시는 모습입니다.

하이델베르크 요리문답 제64문: 은혜의 교리는 사람을 경솔하게 만드는가?

지난 문답들을 통해 우리는 사람이 오직 믿음으로만 의롭게 된다는 복음의 핵심 진리를 배웠습니다. 그리고 우리의 선행은 공로가 될 수 없다고 했습니다. 그런데 이러한 가르침은 종종 오해를 불러일으키곤 합니다. 만약 행위가 아닌 믿음만으로 구원받는다거나, 우리의 선행이 하나님 앞에서 공로가 되지 못한다면, 사람들이 방종하고 불경스럽게 살지 않겠느냐는 의문이 들 수 있습니다. 64문은 바로 이에 대해 묻고 답합니다.

64 문: 그러나 이같이 가르치면 사람이 경망스럽고 불경스럽게 되지 않겠습니까?
답:

결코 그렇지 않습니다. 왜냐하면 참된 믿음으로 그리스도께 접붙여진 사람들이라면 감사의 열매를 맺지 않을 수 없기 때문입니다.

(참조: 벨직 신앙고백 제24조, 제28조)

강해

요리문답 64 문은 오직 믿음으로 말미암는 칭의 교리와 행위가 공로가 될 수 없다면, 이는 도덕적 해이를 조장할 것이라는 오해를 단호하게 부정합니다. 오히려 참된 믿음은 반드시 성화의 열매, 즉 감사의 삶과 선행을 필연적으로 동반한다는 것을 강조합니다.

1. 오해에 대한 단호한 부정

"결코 그렇지 않습니다."

이 짧은 문장은 오직 믿음으로 의롭게 된다는 교리가 사람을 방종하게 만들 것이라는 우려에 대한 명확하고 단호한 부정입니다. 많은 사람들이 구원이 값없이 주어지는 은혜라면, 굳이 선하게 살 필요가 없다고 생각할 수 있습니다. 그러나 성경은 이러한 생각을 완전히 반박합니다. 참된 복음은 죄를 지을 자유를 주는 것이 아니라, 죄에서 벗어나 거룩하게 살 수 있는 '능력과 동기'를 부여합니다.

로마서 6장 1-2절: "그런즉 우리가 무슨 말을 하리요 은혜를 더하게 하려고 죄에 거하겠느냐 그럴 수 없느니라 죄에 대하여 죽은 우리가 어찌 그 가운데 더 살리요"

바울 사도도 이 질문을 직접 던지고 단호하게 "그럴 수 없다"고 답합니다. 우리가 그리스도와 함께 죄에 대하여 죽었다면, 다시 죄 가운데 살 수 없다는 것입니다.

마태복음 7장 18절: "좋은 나무가 나쁜 열매를 맺을 수 없고 못된 나무가 아름다운 열매를 맺을 수 없느니라"
로마서 6장 15절: "그런즉 어찌하리요 우리가 법 아래에 있지 아니하고 은혜 아래에 있으니 죄를 지으리요 그럴 수 없느니라"

은혜 아래 있다는 것이 죄를 짓는 자유를 준다고 오해할 수 있지만, 바울은 다시 한 번 강력하게 부정합니다(로마서 6:15). 은혜는 우리를 죄의 권세로부터 해방시켜 의롭게 살게 합니다.

2. 참된 믿음의 본질: '그리스도께 접붙여짐'

"왜냐하면 참된 믿음으로 그리스도께 접붙여진 사람들이라면"

이 문구는 참된 믿음의 본질을 설명합니다. 그것은 단순히 지적인 동의나 피상적인 감정이 아니라, 그리스도께 '접붙여지는' 살아있는 연합을 의미합니다. 마치 나뭇가지가 나무줄기에 접붙여져 생명을 공급받듯이, 믿음은 우리를 생명의 근원이신 그리스도와 인격적으로, 유기적으로 연결시킵니다. 이 연합을 통해 우리는 그리스도의 생명과 능력을 공급받게 됩니다.

요한복음 15장 5절: "나는 포도나무요 너희는 가지라 그가 내 안에, 내가 그 안에 거하면 사람이 열매를 많이 맺나니 나를 떠나서는 너희가 아무것도 할 수 없음이라"

예수님께서는 당신과 성도의 관계를 포도나무와 가지에 비유하셨습니다. 가지가 나무에 붙어 있어야 열매를 맺듯이, 우리가 그리스도께 접붙여져야만 거룩한 삶의 열매를 맺을 수 있습니다. 이는 믿음이 단순한 교리가 아니라 살아있는 관계임을 보여줍니다.

갈라디아서 2장 20절: "내가 그리스도와 함께 십자가에 못 박혔으나 그런즉 이제는 내가 사는 것이 아니요 오직 내 안에 그리스도께서 사시는 것이라 이제 내가 육체 가운데 사는 것은 나를 사랑하사 나를 위하여 자기 자신을 버리신 하나님의 아들을 믿는 믿음 안에서 사는 것이라"

바울 사도의 고백은 그리스도와의 연합을 가장 잘 보여줍니다. 참된 믿음은 '내가 사는 것이 아니라 그리스도께서 내 안에 사시는' 변화를 가져오며, 이 변화가 새로운 삶의 원동력이 됩니다.

3. 필연적인 결과: '감사의 열매'

"감사의 열매를 맺지 않을 수 없기 때문입니다"

그리스도께 접붙여진 결과는 필연적으로 '감사의 열매'를 맺습니다. 여기서 '감사의 열매'는 단순히 감사하는 마음을 넘어, 하나님의 은혜에 대한 반응으로서 드려지는 순종의 삶, 즉 선한 행위와 거룩한 삶을 의미합니다. 구원받은 자는 더 이상 죄의 노예가 아니라, 하나님의 사랑에 감격하여 자발적으로 순종하고 하나님을 기쁘시게 하는 삶을 살게 됩니다. 이는 구원의 원인이 되는 행위가 아니라, 구원의 결과로 나타나는 열매입니다.

히브리서 12장 14절: "모든 사람과 더불어 화평함과 거룩함을 따르라 이것이 없이는 아무도 주를 보지 못하리라"

성경은 우리가 거룩한 삶을 추구해야 함을 분명히 합니다. 이 거룩함은 우리가 구원받기 위한 조건이 아니라, 구원받은 자가 '마땅히 살아야 할 삶의 방식'입니다. 그리스도께서 우리 안에 살아계시기 때문에 거룩한 삶은 우리의 삶의 방식이 될 수밖에 없습니다.

> **에베소서 2 장 10 절**: "우리는 그가 만드신 바라 그리스도 예수 안에서 선한 일을 위하여 지으심을 받은 자니 이 일은 하나님이 전에 예비하사 우리로 그 가운데서 행하게 하려 하심이라"

우리가 구원받은 목적 자체가 선한 일을 위한 것임이 명확합니다. 우리의 선한 행위는 우리의 구원을 완성하는 것이 아니라, 하나님의 은혜와 구원의 증거이자 자연스러운 결과입니다. 우리는 선한 일을 행하도록 '지으심을 받았다'기 때문입니다.

> **디도서 2 장 11, 12 절**: "모든 사람에게 구원을 주시는 하나님의 은혜가 나타나 우리를 양육하시되 경건하지 않은 것과 이 세상 정욕을 버리고 신중함과 의로움과 경건함으로 이 세상에 살고"

하나님의 은혜는 단순히 구원을 주는 것에 그치지 않고, 우리를 훈련하여 경건하지 않은 삶과 세상 정욕을 버리고, 신중하고 의로우며 경건한 삶을 살도록 인도합니다.

정리

'오직 믿음으로만' 의롭게 된다는 복음의 진리가 결코 사람을 방종하게 만들지 않습니다. 오히려 참된 믿음은 그리스도와의 깊은 연합을 통해 성도 안에 새로운 생명을 불어넣고, 이 생명은 필연적으로 감사의 열매, 즉 하나님을 기쁘시게 하는 거룩하고 의로운 삶으로 나타나게 됩니다. 우리의 선한 행위는 구원의 조건이 아니라, 값없이 주어진 놀라운 은혜에 대한 감사와 사랑의 표현입니다. 그것은 그리스도께서 우리 안에 살아계심을 증명하는 살아있는 증거입니다.

말씀과 성례에 대하여

제 25 주일

하이델베르크 요리문답 제 65 문: 믿음은 성령으로부터 옴

우리는 이제까지의 문답을 통해서 믿음으로 구원받고 믿음으로 하나님의 은혜에 참여할 수 있다는 것을 살펴보았습니다. 그리고 이러한 믿음은 우리의 공로가 될 수 없다고 하였습니다. 그렇다면 믿음은 어디서 오는 것일까요? 우리는 어떻게 믿음을 갖게 된 것일까요? 하이델베르크 요리문답 65 문은 이에 대해 묻고 답합니다.

65 문: 우리가 오직 믿음 하나로 그리스도와 그의 모든 은덕에 참여할 수 있게 되었는데, 이 믿음은 어디에서 옵니까?

답:

성령으로부터 옵니다. 성령께서는 복음 선포를 통해 우리 마음 안에 믿음을 일으키시며, 성례를 통해 그 믿음을 확고하게 하십니다.

(참조: 벨직 신앙고백 제 25 조, 제 33 조)

강해

우리가 구원받고 그리스도의 모든 은덕(구원, 죄 용서, 의로움, 영생 등)에 참여하기 위해서는 종교개혁의 핵심교리로서 오직 '믿음이 있어야' 함을 배웠습니다. 그렇다면 이처럼 중요한 믿음은 어떻게 우리 안에 생겨나는 것일까요? 이 질문에 대한 답은 믿음이 우리의 노력이나 의지에서 비롯되는 것이 아니라, 전적인 하나님의 선물임을 분명히 합니다.

1. 믿음의 근원: '성령'

"성령으로부터 옵니다"

우리의 믿음은 사람의 타고난 능력이나 스스로의 노력으로 만들어낼 수 있는 것이 아닙니다. 성경은 믿음이 '하나님의 선물'임을 명확히 가르칩니다. 그리고 이 선물을 우리 마음에 심고 자라게 하시는 분이 바로 '성령'이십니다.

에베소서 2장 8절: "너희는 그 은혜에 의하여 믿음으로 말미암아 구원을 받았으니 이것은 너희에게서 난 것이 아니요 하나님의 선물이라"

고린도전서 12 장 3 절: "그러므로 내가 너희에게 알리노니 하나님의 영으로 말하는 자는 누구든지 예수를 저주할 자라 하지 아니하고 또 성령으로 아니하고는 누구든지 예수를 주시라 할 수 없느니라"

예수님께서는 요한복음 3 장 5 절에서 니고데모에게 사람이 거듭나지 아니하면 하나님 나라에 들어갈 수 없다고 하시면서, '성령으로 말미암지 않고는' 거듭날 수 없다고 말씀하셨습니다. 성령님은 우리의 영적 눈을 열어주시고, 우리의 닫힌 마음을 부드럽게 하시며, 거듭나게 하시고, 그리스도를 우리의 구주와 주로 고백할 수 있는 영적 능력을 부여하십니다. 성령 하나님이 아니라면 우리는 결코 하나님의 나라도, 구원 계획도 이해하거나 받아들일 수 없습니다.

> **요한복음 3장 5절:** "예수께서 대답하시되 진실로 진실로 네게 이르노니 사람이 물과 성령으로 나지 아니하면 하나님의 나라에 들어갈 수 없느니라"

2. 믿음의 통로: '복음 선포와 성례'

그렇다면 성령께서는 어떤 방법을 통해 우리 안에 믿음을 일으키시고 확고하게 하실까요? 문답은 두 가지 중요한 통로를 제시합니다.

1) "성령께서는 복음 선포를 통해 우리 마음 안에 믿음을 일으키시며": 성령님은 주로 복음이 선포되는 말씀을 통해 역사하십니다. 복음, 즉 예수 그리스도의 십자가와 부활을 통한 구원의 기쁜 소식은 성령의 능력으로 죄인의 마음을 뚫고 들어가 믿음을 갖게 합니다.

> **로마서 10장 17절:** "그러므로 믿음은 들음에서 나며 들음은 그리스도의 말씀으로 말미암았느니라"
> **고린도전서 1장 21절:** "하나님의 지혜에 있어서는 이 세상이 자기 지혜로 하나님을 알지 못하므로 하나님께서 전도의 미련한 것으로 믿는 자들을 구원하시기를 기뻐하셨도다"

말씀이 선포될 때, 성령님은 그 말씀을 사용하여 우리의 영혼을 깨우치시고, 죄를 깨닫게 하시며, 그리스도께 대한 신뢰를 심어주십니다. 설교, 성경 읽기, 개인적인 전도 등을 통해 복음이 전달될 때, 성령의 주권적인 역사로 믿음이 생겨납니다.

2) "성례를 통해 그 믿음을 확고하게 하십니다": 성령님은 믿음을 일으키실 뿐만 아니라, 이미 심겨진 믿음을 굳건하게(확고하게) 하시는데 성례(Sacrament)를 사용하십니다. 개혁교회에서는 인정하는 성례에는 세례와 성찬이 있습니다.

(1) **세례:** 우리가 그리스도와 연합되었고, 그의 죽음과 부활에 참여한다는 것을 시각적으로 보여주는 표입니다. 세례를 통해 우리는 하나님과의 언약 관계 안에 들어왔음을 확인하고, 믿음 안에서 이 연합이 더욱 견고해집니다.

> **로마서 6장 3-4절:** "무릇 그리스도 예수와 합하여 세례를 받은 우리는 그의 죽으심과 합하여 세례를 받은 줄을 알지 못하느냐 그러므로 우리가 그의 죽으심과 합하여 세례를 받음으로 그와 함께 장사되었나니 이는 아버지의 영광으로 말미암아 그리스도를 죽은 자 가운데서 살리심과 같이 우리로 또한 새 생명 가운데서 행하게 하려 함이라"

(2) **성찬:** 예수 그리스도의 몸과 피를 기념하며, 그분의 희생을 통해 우리가 얻은 구원의 은혜를 다시금 확인하고 경험하게 합니다. 성찬에 참여함으로써 우리는 그리스도와의 영적인 교제를 깊이 누리며, 그분 안에서 우리의 믿음이 더욱 강화됩니다.

고린도전서 11 장 23-26 절: "내가 너희에게 전한 것은 주께 받은 것이니 곧 주 예수께서 잡히시던 밤에 떡을 가지사 축사하시고 떼어 이르시되 이것은 너희를 위하는 내 몸이니 이것을 행하여 나를 기념하라 하시고 식후에 또한 그와 같이 잔을 가지시고 이르시되 이 잔은 내 피로 세운 새 언약이니 이것을 행하여 마실 때마다 나를 기념하라 하셨으니 너희가 이 떡을 먹으며 이 잔을 마실 때마다 주의 죽으심을 그가 오실 때까지 전하는 것이니라"

성례는 믿음 자체를 생성하는 마법적인 의식이 아니라, 이미 우리 안에 있는 믿음을 시각적으로 확증하고, 그리스도의 약속을 상기시키며, 그 약속에 대한 신뢰를 더욱 깊게 하는 은혜의 방편입니다.

정리

우리가 그리스도를 믿고 그분의 모든 은덕에 참여할 수 있게 하는 이 '믿음'은 우리 자신에게서 나오는 것이 아니라 '성령으로부터 오는 선물'입니다. 성령께서는 주로 '복음 선포'라는 통로를 통해 우리 마음에 믿음을 일으키시고, '성례'를 통해 그 믿음을 확고하게 하십니다. 따라서 우리는 우리의 믿음마저도 하나님께서 주신 선물임을 깨닫고 겸손하게 감사하며, 주께서 세우신 복음 선포와 성례의 방편들을 소중히 여겨야 합니다. 이를 통해 우리는 그리스도 안에서 우리의 믿음이 더욱 자라나고 견고해질 수 있음을 기억해야 합니다.

하이델베르크 요리문답 제 66 문: 성례의 본질과 목적

하이델베르크 요리문답66문은 기독교 신앙생활에서 중요한 요소인 성례가 무엇인지 정의하고 그 목적을 설명합니다. 65 문에서 성령께서는 복음 선포를 통해 우리 안에 믿음을 일으키시고, 성례를 통하여 그 믿음을 확고히 하신다고 하였는데, 이제 66문은 65 문에서 말한 성례가 무엇인지 말하고자 합니다. 이미 65 문에서 이에 대해 간략히 다루었지만 이후 문답에서 이에 대한 상세한 설명을 합니다. 이는 성령께서 함께 하시는 성례는 단순한 의식이 아니라, 하나님의 은혜와 복음의 진리를 '가시적으로 경험하게 하는' 중요한 수단이기 때문입니다.

66문: 성례는 무엇입니까?

답:

성례는 눈에 보이는 거룩한 표와 인치심으로서, 하나님께서 제정하신 것입니다. 그 목적은 성례를 시행함으로 우리에게 복음의 약속을 더욱 더 충만하게 선포하고 인치려는 데 있습니다. 이 약속은 그리스도께서 십자가 위에서 단번에 성취하신 속죄로 인하여 하나님께서 우리에게 죄 사함과 영생을 값없이 주신다는 것입니다.

(참조: 벨직 신앙고백 제33조)

강해

이 문답은 성례를 두 가지 핵심적인 측면, 곧 그 '본질'과 '목적'을 설명합니다. 성례는 단순히 상징적인 행위를 넘어, 하나님의 약속을 확증하고 우리의 믿음을 굳건히 하는 강력한 은혜의 통로입니다.

1. 성례의 본질: "눈에 보이는 거룩한 표와 인치심"

요리문답은 성례를 먼저 "눈에 보이는 거룩한 표와 인치심"으로 정의합니다. 이는 성례가 단순히 추상적인 개념이 아니라, 우리의 오감으로 경험할 수 있는 구체적인 형태를 가진다는 것을 의미합니다. 또한, 이 표와 인치심은 "하나님께서 제정하신 것"임을 강조합니다. 즉, 성례는 사람이 자기 지혜로 임의로 만들어낸 것이 아니라, 하나님의 직접적인 명령과 권위에 의해 세워졌다는 뜻입니다.

1) **'눈에 보이는 표'** : 성례는 물(세례), 떡과 포도주(성찬)와 같이 우리가 볼 수 있고, 만질 수 있고, 맛볼 수 있는 물질적 요소로 이루어집니다. 이러한 물질적 표들은 영적인 진리를 상징하고 보여줍니다. 이에 대해서는 이후 문답에서 자세히 말할 것입니다.

2) **'거룩한 인치심'** : '인치심'은 약속의 진실성을 보증하고 확정하는 행위입니다. 고대에 중요한 문서나 계약에 인장을 찍어 그 진위와 효력을 보증했던 것처럼, 성례는 하나님의 약속이 참되고 신실하다는 것을 인을 치듯 우리에게 확증해 줍니다. 이는 우리 안에 있는 믿음을 더욱 견고하게 만듭니다.

3) **'하나님께서 제정하심'** : 성례의 권위와 효력은 그것이 사람이 아닌 하나님으로부터 왔다는 사실에 기초합니다. 만약 사람이 만든 것이라면 그 효력에 의심이 있을 수 있지만, 하나님께서 제정하셨기에 우리는 성례를 통해 주시는 은혜를 확신할 수 있습니다.

마태복음 28 장 19 절: "그러므로 너희는 가서 모든 민족을 제자로 삼아 아버지와 아들과 성령의 이름으로 세례를 베풀고" (세례 제정)

마태복음 26 장 26-28 절: "그들이 먹을 때에 예수께서 떡을 가지사 축복하시고 떼어 제자들에게 주시며 이르시되 받아서 먹으라 이것은 내 몸이니라 하시고 또 잔을 가지사 감사 기도하시고 그들에게 주시며 이르시되 너희가 다 이것을 마시라 이것은 죄 사함을 얻게 하려고 많은 사람을 위하여 흘리는 나의 피 곧 언약의 피니라" (성찬 제정)

2. 성례의 목적

"복음의 약속을 더욱 더 충만하게 선포하고 인치려는 데"

성례는 단순히 표와 인치심에 그치지 않고, 매우 중요한 '목적'을 가집니다. 바로 "복음의 약속을 더욱 더 충만하게 선포하고 인치려는 데" 있습니다.

1) '복음의 약속' : 이 약속은 '그리스도께서 십자가 위에서 단번에 성취하신 속죄로 인하여 하나님께서 우리에게 죄 사함과 영생을 값없이 주신다는 것' 입니다. 우리는 예수 그리스도를 통해 죄를 용서받고 영원한 생명을 얻게 됩니다. 이는 놀라운 은혜의 소식입니다.

2) '선포' : 성례는 눈에 보이는 복음의 선포입니다. 말씀이 귀로 들려지는 복음이라면, 성례는 '눈으로 보고, 몸으로 경험하는' 복음인 셈입니다. 물을 뿌리거나 (혹은 물에 잠기거나), 떡과 포도주를 먹고 마심으로써, 우리는 그리스도의 죽으심과 부활에 연합되고 죄 사함을 얻는 복음의 진리를 구체적으로 경험하게 됩니다. 이것은 우리의 이해를 돕고, 복음을 더욱 생생하게 받아들이도록 합니다.

3) '인침' : 성례는 우리가 복음의 약속을 단순히 지식적으로 아는 것을 넘어, 그것이 우리 개인에게 적용되고 유효하다는 사실을 확증해 줍니다. 성령께서는 성례를 통해 이 약속을 우리 마음속에 강력하게 인치셔서 의심을 물리치고 믿음을 굳건하게 하십니다. 우리는 성례를 통해 하나님께서 우리와 맺으신 언약이 진실하고 변함없음을 확신하게 됩니다.

창세기 17 장 11 절: "너희는 포피를 베어라 이것이 나와 너희 사이의 언약의 표징이니라"

신명기 30 장 6 절: "네 하나님 여호와께서 네 마음과 네 자손의 마음에 할례를 베푸사 너로 마음을 다하며 뜻을 다하여 네 하나님 여호와를 사랑하게 하사 너로 생명을 얻게 하실 것이며"

로마서 4 장 11 절: "그가 할례 표를 받은 것은 무할례 시의 믿음으로 된 의를 인친 것이니 이는 아브라함이 할례를 받지 아니하고도 믿는 모든 자의 조상이 되어 그들도 의로 여기심을 받게 하려 하심이라"

이 구절은 할례가 아브라함의 믿음을 인치는 표였음을 보여줍니다. 마찬가지로 신약의 성례도 우리의 믿음을 인치는 역할을 합니다.

정리

성례는 하나님께서 제정하신 '눈에 보이는 은혜의 수단' 입니다. 성례는 예수 그리스도의 십자가를 통해 이루어진 죄 사함과 영생의 복음 약속을 우리에게 충만하게 선포하고, 그 약속의 진실성을 '확고하게 인치기 위한' 목적을 가지고 있습니다. 이를 통해 우리는 우리의 믿음을 더욱 굳건히 하고, 하나님의 은혜 가운데 거하며 살아가도록 격려 받습니다.

하이델베르크 요리문답 제 67 문: 구원의 유일한 근거이신 그리스도

하이델베르크 요리문답67문은 말씀과 성례가 존재하는 근본적인 이유를 심층적으로 다룹니다. 이 질문은 65 문과 66 문에서 다루었던 믿음의 근원과 성례의 목적을 종합하여, 궁극적으로 말씀과 성례가 지향하는 바가 무엇인지를 묻습니다. 그 최종 목표는 바로 '예수 그리스도의 십자가 희생이 우리 구원의 유일한 근거'임을 믿게 하는 것입니다.

67 문: 그러면 말씀과 성례의 제정은 예수 그리스도께서 십자가에서 희생되신 것이 우리 구원의 유일한 근거임을 믿게 하기 위해서 입니까?

답:

참으로 그렇습니다. 성령께서는 우리의 모든 구원이 그리스도께서 우리를 위하여 십자가에서 단번에 드리신 희생에서 온다는 것을 복음을 통해 가르쳐 주시고, 성례를 통해 확신시켜 주십니다.

(참조: 벨직 신앙고백 제 21 조, 제 33 조)

강해

요리문답 67 문은 성령께서 우리를 구원의 진리로 인도하고 확신하게 하는데 두 가지를 사용하신다고 말합니다. 그것은 곧 '복음'과 '성례'입니다. 이 두 가지는 우리 신앙생활을 이끌어주는 수레의 두 바퀴 같은 역할을 하는데 여기에 구원 진리의 핵심이 담겨있습니다. 복음과 성례는 왜 함께 갈까요? 이 둘이 함께 지향하는 구원의 진리는 무엇이며, 둘의 차이는 무엇일까요?

1. 말씀과 성례 제정의 목적

요리문답 67 문은 '말씀과 성례 제정의 목적이 예수님의 십자가가 우리 구원의 유일한 근거임을 믿게 하기 위해서인가? ' 하는 질문을 하고 이에 대해 단호하고 명확하게 "참으로 그렇습니다"라고 답합니다. 이는 다른 어떤 것도 우리의 구원의 근거가 될 수 없다는 종교개혁의 핵심 교리인 '오직 그리스도'(Solus Christus)와 '오직 은혜'(Sola Gratia)를 재확인하는 것입니다. 우리의 선행, 의식, 노력, 공로 등 그 어떤 것도 구원의 근거가 될 수 없으며, 오직 예수 그리스도께서 십자가에서 이루신 완전하고 단번에 드린 희생만이 우리의 죄를 속죄하고 우리에게 구원을 가져다줍니다.

> **히브리서 10 장 10 절:** "이 뜻을 따라 예수 그리스도의 몸을 단번에 드리심으로 말미암아 우리가 거룩함을 얻었노라"
> **사도행전 4 장 12 절:** "다른 이로써는 구원을 받을 수 없나니 천하 사람 중에 구원을 받을 만한 다른 이름을 우리에게 주신 일이 없음이라 하였더라"

2. 성령께서 복음의 진리를 가르치시고 확신시켜주심

"성령께서는 우리의 모든 구원이 그리스도께서 우리를 위하여 십자가에서 단번에 드리신 희생에서 온다는 것을 복음을 통해 가르쳐 주시고, 성례를 통해 확신시켜 주십니다."

구원의 진리, 곧 복음진리는 "우리의 모든 구원이 그리스도께서 우리를 위하여 십자가에서 단번에 드리신 희생에서 온다"는 것입니다. 이 구원의 진리, 복음 진리를 가르치시고 확신시켜주시는 분이 바로 성령 하나님이십니다. 우리의 이성과 지혜로는 그리스도의 십자가 희생이 어떻게 우리의 구원이 되는지 온전히 이해하거나 받아들일 수 없습니다. 성령께서 우리의 마음을 조명하시고 깨닫게 하셔야만 이 진리를 믿음으로 수용할 수 있습니다.

3. 성령께서 이를 위해 사용하시는 두 가지 방편

1) 복음을 통해: "복음을 통해 가르쳐 주시고"

복음, 즉 예수 그리스도의 십자가 죽음과 부활을 통한 구원의 기쁜 소식이 선포될 때, 성령께서는 그 말씀을 사용하여 우리의 영혼을 깨우치시고, 우리가 죄인임을 깨닫게 하며, 오직 그리스도만이 우리의 유일한 구원자이심을 믿게 하십니다. 설교, 성경 읽기, 개인적인 전도 등 모든 형태의 복음 선포는 성령의 도구로 사용됩니다. 말씀은 우리의 눈을 열어 그리스도의 희생의 의미와 능력을 보게 합니다.

> **로마서 10장 17절:** "그러므로 믿음은 들음에서 나며 들음은 그리스도의 말씀으로 말미암았느니라"

디모데후서 1 장 11 절: "내가 이 복음을 위하여 선포자와 사도와 교사로 세우심을 입었노라"

베드로전서 2장 9절: "그러나 너희는 택하신 족속이요 왕 같은 제사장들이요 거룩한 나라요 그의 소유가 된 백성이니 이는 너희를 어두운 데서 불러 내어 그의 기이한 빛에 들어가게 하신 이의 아름다운 덕을 선포하게 하려 하심이라"

2) 성례를 통해: "성례를 통해 확신시켜 주십니다"

성례는 '눈에 보이는 말씀'이라고 불립니다. 세례와 성찬은 예수 그리스도의 십자가 희생이 우리에게 적용되었음을 시각적이고 경험적으로 보여주며, 성령은 이를 통해 복음 진리를 확신시켜 줍니다.

데살로니가전서 1 장 5 절: "이는 우리 복음이 너희에게 말로만 이른 것이 아니라 또한 능력과 성령과 큰 확신으로 된 것임이라…"

(1) **세례:** 죄 씻음과 그리스도와의 연합을 상징하며, 우리가 그리스도의 죽음과 부활에 연합되어 새로운 생명을 얻었음을 확증합니다. 이는 그리스도의 희생이 우리의 것이 되었음을 눈으로 보게 합니다.

(2) **성찬:** 그리스도의 찢기신 몸과 흘리신 피를 기념하며, 그분의 '단번에 드린 희생이 우리의 죄를 완전히 속죄했음'을 상기시키고, 그 희생을 통해 우리가 하나님과 화목하게 되었음을 확신시켜 줍니다. 성례는 그리스도의 희생이 과거의 사건으로 머무르지 않고, 현재 우리의 삶에 적용되고 유효함을 인쳐 주는 하나님의 은혜로운 방편입니다.

정리

우리의 구원은 오직 예수 그리스도께서 십자가에서 단번에 드리신 희생에 근거합니다. 이 복음 진리를 가르치고 확신케 하는 데는 사람의 어떤 공로나 노력을 필요로 하지 않습니다. 이것은 '오직 성령 하나님만이' 하실 수 있는 일입니다. 성령께서 이 일을 이루시는 주요한 통로로 '복음 선포'와 '성례'를 사용하십니다. 성령은 귀로 듣는 말씀을 통해 믿음을 일으키고, 구원의 진리를 가르치며, 성례는 눈과 다른 감각들을 통해 그 진리를 시각적으로 확증하고, 우리의 믿음을 굳건하게 합니다. 따라서 교회는 말씀 선포와 성례 집행을 통해 계속해서 그리스도의 십자가 구원을 증거해야 하며, 성도들은 이 은혜의 방편들을 통해 우리의 구원의 유일한 근거이신 예수 그리스도를 더욱 깊이 신뢰하고, 그분의 사랑에 감사하는 삶을 살아가야 할 것입니다.

하이델베르크 요리문답 제 68 문: 성례는 오직 두 가지, 세례와 성찬

하이델베르크 요리문답 68 문은 그리스도께서 교회에 제정하신 '성례의 수'에 대해 명확하게 제시합니다. 이는 로마 가톨릭교회와의 차이를 분명히 하고, 개혁교회의 성례 이해를 확립하는 중요한 문답입니다.

68 문: 그리스도께서 새 언약, 곧 신약에서 제정하신 성례는 몇 가지입니까?
답:
두 가지인데, 곧 거룩한 세례와 성찬입니다.

(참조: 벨직 신앙고백 제 33 조)

강해

이 질문은 예수 그리스도께서 "새 언약"(신약)에서 직접 제정하시고 명령하신 성례가 무엇인지, 그리고 그 수가 몇 가지인지를 묻고 있습니다. 이에 대한 답은 두 가지, 즉 '세례' 와 '성찬' 임을 분명히 밝힙니다.

1. 성령의 제정자

"그리스도께서 새 언약, 곧 신약에서 제정하신 성례는 몇 가지입니까? "

1) 예수님이 직접 제정하심: 이 질문의 핵심은 '그리스도께서 직접 제정하신 것' 이라는 것입니다. 성례의 권위는 교회의 전통이나 사람의 결정에서 오는 것이 아니라, 오직 주 예수 그리스도의 직접적인 명령에서 나옵니다. 구약 시대에도 할례와 유월절이라는 표징들이 있었지만, 새 언약, 곧 신약 시대의 성례는 예수 그리스도께서 직접 제정하셨습니다.

2) 로마카톨릭의 성례와 구분: 이는 로마 가톨릭교회가 7 가지 성례(세례성사, 성체성사, 고해성사, 견진성사, 혼인성사, 성품성사, 병자성사)를 인정하는 것과 대조됩니다. 개혁교회는 오직 성경에서 그리스도께서 명확하게 제정하여 명령하신 것만을 성례로 인정합니다.

2. 오직 두 가지 성례

"두 가지인데, 곧 거룩한 세례와 성찬입니다"

답변은 간결하고 명확하게 그리스도께서 제정하신 성례가 오직 두 가지임을 선언합니다.

1) 거룩한 세례(Holy Baptism): 세례는 예수님께서 승천하시기 직전 제자들에게

명령하신 대 위임령(The Great Commission)에 포함된 성례입니다.

> **마태복음 28 장 19 절:** "그러므로 너희는 가서 모든 민족을 제자로 삼아 아버지와 아들과 성령의 이름으로 세례를 베풀고"

세례는 그리스도와의 연합, 죄 씻음, 새 생명을 상징하며, 우리가 하나님의 언약 백성으로 편입되었음을 공적으로 선포하는 표징이자 인치심입니다. 이는 한 번만 행해지는 성례입니다.

2) 성찬(Holy Communion / The Lord's Supper): 성찬은 예수님께서 십자가에 달리시기 전날 밤 제자들과 함께 유월절 만찬을 드시면서 제정하셨습니다.

> **누가복음 22 장 19, 20 절:** "또 떡을 가져 감사기도 하시고 떼어 그들에게 주시며 이르시되 이것은 너희를 위하여 주는 내 몸이라 너희가 이를 행하여 나를 기념하라 하시고 저녁 먹은 후에 잔도 그와 같이 하여 이르시되 이 잔은 내 피로 세우는 새 언약이니 곧 너희를 위하여 붓는 것이라"
>
> **고린도전서 11 장 23-26 절:** "내가 너희에게 전한 것은 주께 받은 것이니 ... 너희가 이 떡을 먹으며 이 잔을 마실 때마다 주의 죽으심을 그가 오실 때까지 전하는 것이니라"

성찬은 그리스도의 십자가 희생을 기념하고, 그분과의 영적인 교제를 깊이 누리며, 주님의 다시 오심을 기다리는 동안 반복적으로 행하는 성례입니다.

정리

그리스도께서 새 언약 시대에 친히 제정하신 성례는 '오직 두 가지, 곧 거룩한 세례와 성찬뿐'입니다. 성경적 근거와 그리스도의 직접적인 명령에 충실한 개혁주의 교회는 오직 이 두 가지만을 성례로 인정합니다. 이 두 성례는 교회가 대대로 준수해야 할 중요한 '은혜의 방편'으로서, 성령께서 복음의 약속을 우리에게 가르치고 확증하여 우리의 믿음을 굳건하게 하시는 통로가 됩니다. 우리는 이 두 가지 성례를 통해 예수 그리스도의 구속 사역을 기억하고, 그분과의 연합을 더욱 깊이 누리며, 그리스도 안에서 우리의 신앙을 굳건히 세워나가야 합니다.

세례에 대하여

제 26 주일

하이델베르크 요리문답 제 69 문: 세례와 구원의 확신

하이델베르크 요리문답 69 문은 세례가 우리에게 그리스도의 십자가 희생이 참 유익이 된다는 확신을 어떻게 가져다주는지 설명합니다. 세례를 단순히 의식으로 여기는 것을 넘어, 세례 안에 담긴 영적 의미와 하나님의 약속을 깊이 이해하도록 돕는 중요한 문답입니다.

69 문: 그리스도께서 십자가에서 이루신 단번의 희생이 당신에게 참 유익이 된다는 것을 어떻게 세례를 통해 알고 확신하게 됩니까?

답:

그리스도께서 이렇게 물로 씻는 (외적) 의식을 제정하시고, 내가 그리스도의 피와 성령으로 말미암아 내 영혼의 모든 더러운 것, 곧 나의 모든 죄에서 확실히 깨끗하게 된다는 약속을 더하셨습니다. 이것은 내가 더러운 몸을 물로 씻어 깨끗하게 하는 것처럼 확실합니다.

(참조: 벨직 신앙고백 제 33 조, 제 34 조)

강해

이 문답은 세례가 단지 상징적인 행위에 그치지 않고, 우리에게 구원의 약속을 '확신' 시켜 주는 하나님의 은혜로운 도구임을 강조합니다. 세례는 눈에 보이는 외적인 표징을 통해 눈에 보이지 않는 영적인 진리를 증명하고 인쳐줍니다.

1. 그리스도께서 제정하신 외적 의식

"그리스도께서 이렇게 물로 씻는 (외적) 의식을 제정하시고, "

세례가 우리에게 구원의 확신을 주는 첫 번째 이유는 그것이 '예수 그리스도께서 친히 제정하신 의식이기 때문'입니다. 사람이 만든 임의의 의식이 아니라, 하나님의 아들이신 그리스도께서 직접 명령하신 것이기 때문에 그 권위와 의미가 분명합니다.

마태복음 28 장 19 절: "그러므로 너희는 가서 모든 민족을 제자로 삼아 아버지와 아들과 성령의 이름으로 세례를 베풀고"

예수님은 제자들에게 모든 민족에게 세례를 베풀 것을 명령하셨습니다. 이는 세례가 그리스도인의 삶에서 필수적인 부분임을 보여줍니다. 세례의 '물로 씻는' 외적인 행위는 우리가 죄로 인해 더럽혀진 존재임을 상징적으로 보여줍니다. 그러나 세례는 우리의 죄악된 본성과 죄의 더러움이 '마치 물로 씻겨지듯' 씻겨 내려감을 시각적으로 표현하는 것입니다.

2. 약속의 내용:

"내가 그리스도의 피와 성령으로 말미암아 내 영혼의 모든 더러운 것, 곧 나의 모든 죄에서 확실히 깨끗하게 된다는 약속을 더하셨습니다."

세례가 확신을 주는 더 중요한 이유는 바로 이 외적인 의식에 다음과 같은 놀라운 약속이 더해져 있기 때문입니다.

1) "그리스도의 피로 말미암아": 우리의 죄를 용서하고 깨끗하게 할 수 있는 유일한 근거는 예수 그리스도의 십자가 보혈입니다. 그분의 피는 우리의 모든 죄를 단번에, 그리고 영원히 속량하는 능력이 있습니다. 세례는 이 피의 공로가 우리에게 적용되었음을 인쳐줍니다.

요한일서 1장 7절: "그 아들 예수의 피가 우리를 모든 죄에서 깨끗하게 하실 것이요"

2) "성령으로 말미암아": 우리의 영혼을 실제로 깨끗하게 하고 새로운 생명을 주시는 분은 성령 하나님이십니다. 성령께서는 그리스도의 피로 말미암는 구속 사역을 우리가 개인에게 적용하셔서 죄를 회개하고 믿음을 갖게 하시며, 영적으로 중생시켜 새 사람으로 만드십니다. 세례는 성령의 이러한 내적인 정화 사역에 대한 외적인 표징입니다.

디도서 3장 5절: "우리를 구원하시되 우리가 행한 바 의로운 행위로 말미암지 아니하고 오직 그의 긍휼하심을 따라 중생의 씻음과 성령의 새롭게 하심으로 하셨나니"

이 말씀은 구원이 성령의 중생시키시는 사역을 통해 이루어짐을 분명히 합니다.

3) 내가 나의 모든 죄에서 확실하게 깨끗하게 됩니다: 이것은 예수 그리스도의 피와 성령으로 말미암아 나를 더럽히고 하나님의 심판을 받게 할 수밖에 없는 나의 모든 더러운 것, 모든 죄가 확실하게 깨끗하게 되어 구원에 이르게 된다는 것은 참으로 놀라운 은혜가 아닐 수 없습니다. 이 모든 것은 이론이 아니라 실제적으로 우리 영혼에 일어난 일입니다. 세례는 이 놀라운 은혜를 확증하는 의식입니다.

3. 확신의 확실성

"이것은 내가 더러운 몸을 물로 씻어 깨끗하게 하는 것처럼 확실합니다."

우리가 몸을 물로 씻으면 그 더러움이 실제로 사라지는 것을 눈으로 확인할 수 있습니다. 마찬가지로, 우리는 눈에 보이는 이 세례라는 행위를 통해 그리스도의 피와 성령의 능력으로 눈에 보이지 않는 영적인 죄가 확실히 씻겨졌다는 것을 확신하게 됩니다. 이 비유는 세례가 구원의 약속을 막연하지 않게, 곧 확신하게 해준다는 것을 강력하게 시사합니다.

정리

세례는 단순한 상징적인 의례가 아닙니다. 그것은 그리스도의 십자가 희생이 우리에게 진정한 구원의 유익이 됨을 확고히 인쳐주는 하나님의 은혜로운 통로입니다. 그리스도께서 친히 제정하신 이 물로 씻는 의식은, 우리 영혼의 모든 죄가 그분의 피와 성령의 능력으로 깨끗하게 되었음을 '눈에 보이는 증거로 확증'합니다. 우리가 더러운 몸을 물로 씻어 깨끗해지는 것을 의심하지 않듯이, 세례를 통해 우리는 하나님의 구원 약속이 우리에게 얼마나 확실하게 적용되었는지를 확신할 수 있습니다. 그러므로 세례는 우리 믿음의 견고함을 더해주는 귀한 은혜의 선물입니다.

하이델베르크 요리문답 제 70 문: 그리스도의 피와 성령으로 씻긴다는 것의 의미

하이델베르크 요리문답 70 문은 앞선 69 문에서 다룬 세례의 핵심 약속, 즉 "그리스도의 피와 성령으로 깨끗하게 된다"는 것이 구체적으로 무엇을 의미하는지 깊이 있게 설명합니다. 이는 단지 죄를 용서받는 것을 넘어, 우리의 삶 전체가 변화되는 과정을 포함합니다.

70 문: 그리스도의 피와 영(성령)으로 씻겨진다는 것은 무슨 뜻입니까?

답:

그것은 그리스도께서 우리를 위하여 십자가에서 희생하실 때 흘리신 피로 인하여 우리가 하나님으로부터 값없이 죄 사함을 받는다는 것이요, 우리가 성령으로 새롭게 되고 그리스도의 지체로 성화되어 죄에 대해서는 점점 죽고, 거룩하고 흠 없는 삶을 살게 된다는 뜻입니다.

(참조: 벨직 신앙고백 제 34 조)

강해

이 문답은 우리가 "그리스도의 피와 성령으로 씻겨진다"는 것을 두 가지 핵심적인 측면을 설명합니다: '죄 사함'과 '성화'입니다. 이 두 가지는 분리될 수 없는 구원의 두 기둥이며, 성령의 역사로 우리 안에서 함께 이루어집니다. 우리가 세례 의식을 통해 이 두 가지를 이해하고 기억할 때 보다 깊이 있고 의미있는 신앙생활을 해나갈 수 있습니다.

1. 그리스도의 피로 인한 '값없는 죄 사함'

"그리스도께서 우리를 위하여 십자가에서 희생하실 때 흘리신 피로 인하여 우리가 하나님으로부터 값없이 죄 사함을 받는다는 것"

1) 십자가의 희생: 우리의 죄를 대속하기 위해 예수 그리스도께서 십자가에서 죽으신 것은 인류 역사상 단 한 번 있었던 가장 위대한 희생입니다. 이 피 흘림이 없이는 죄 사함이 불가능합니다. 그리스도의 죽음은 하나님의 사랑과 죄인들을 향한 은혜의 절정입니다.

히브리서 9장 22절: "피 흘림이 없은즉 사함이 없느니라" 이 구절은 죄 사함에 피 흘림이 필수적임을 강조합니다"
로마서 5장 8절: "우리가 아직 죄인 되었을 때에 그리스도께서 우리를 위하여 죽으심으로 하나님께서 우리에 대한 자기의 사랑을 확증하셨느니라"

2) 값없는 죄 사함: 우리의 죄 사함은 우리가 어떤 대가를 치르거나 노력을 했기 때문이 아닙니다. 오직 그리스도의 희생 공로 때문에 '값없이' 주어지는 은혜입니다. 우리는 이 죄 사함을 받을 자격이 없었지만, 하나님의 은혜로 말미암아 거저 받았습니다. 그런 만큼 우리의 의로움도 하나님의 은혜로 말미암는 것임을 명확히 합니다.

로마서 3장 24절: "그리스도 예수 안에 있는 속량으로 말미암아 하나님의 은혜로 값없이 의롭다 하심을 얻은 자 되었느니라"

따라서 그리스도의 피로 씻겨졌다는 것은 우리의 모든 죄가 용서받고, 하나님 앞에서 의롭다 인정받았음을 의미합니다. 우리는 물로 씻는 세례를 통해 '죄 사함'과 '칭의'의 은혜를 기억하고 감사해야 합니다.

2. 성령으로 인한 '새롭게 되고 성화되는 삶'

"우리가 성령으로 새롭게 되고 그리스도의 지체로 성화되어 죄에 대해서는 점점 죽고, 거룩하고 흠 없는 삶을 살게 된다는 뜻입니다."

우리가 성령으로 씻겨진다는 두 번째 의미는 우리의 삶이 내적으로 변화되는 과정 곧 '성화'을 가리킵니다.

1) 성령으로 새롭게 됨: 성령께서는 우리를 중생(거듭남)시켜 새롭게 하십니다. 우리의 마음과 의지를 변화시켜 하나님을 향하게 하고, 하나님의 뜻을 행하고자 하는 갈망을 주십니다. 이는 죄의 노예 되었던 옛 본성으로부터 벗어나 새로운 본성을 부여

받는 것입니다. 우리는 성령으로 인하여 내적으로 변화되고 예수님의 말씀대로 거듭나 새롭게 됩니다.

에스겔 36 장 26-27 절: "또 새 영을 너희 속에 두고 새 마음을 너희에게 주되 너희 육신에서 굳은 마음을 제거하고 부드러운 마음을 줄 것이며 내 영을 너희 속에 두어 너희로 내 율례를 행하게 하리니 너희가 내 규례를 지켜 행할지라"
요한복음 3 장 5 절: "사람이 물과 성령으로 나지 아니하면 하나님의 나라에 들어갈 수 없느니라".

2) 그리스도의 지체로 성화됨: 성령께서는 우리를 그리스도의 몸인 교회의 지체로 삼으시고, 그분처럼 닮아가도록 우리의 삶을 지속적으로 변화시켜 가십니다. 그리스도와 연합된 우리는 이제 새 계명으로 살아가야 하는데 이 과정을 '성화'라고 부릅니다. 성화는 죄의 지배에서 벗어나 하나님을 위해 사는 삶을 의미합니다. 이런 성화는 우리가 살아 있는 동안 계속되는 점진적인 과정입니다.

로마서 6 장 4 절: "그러므로 우리가 그의 죽으심과 합하여 세례를 받음으로 그와 함께 장사되었나니 이는 아버지의 영광으로 말미암아 그리스도를 죽은 자 가운데서 살리심과 같이 우리로 또한 새 생명 가운데서 행하게 하려 함이라"
로마서 6 장 11 절: "이와 같이 너희도 너희 자신을 죄에 대하여는 죽은 자요 그리스도 예수 안에서 하나님께 대하여는 살아 있는 자로 여길지어다"

3) 죄에 대해서는 점점 죽고, 거룩하고 흠 없는 삶을 살게 됨: 성화의 과정은 죄의 세력에 대한 저항과 승리를 포함합니다. 우리는 죄에 대해 점차 무감각해지고, 죄의 유혹에 넘어가지 않도록 성령의 도우심을 구하며, 궁극적으로는 하나님께서 기뻐하시는 거룩하고 흠 없는 삶을 지향하게 됩니다. 이는 완벽해진다는 의미가 아니라, 죄에 대한 지배력이 약화되고 하나님께 순종하고자 하는 의지가 강해지는 것을 말합니다. 하나님께서는 우리 안에 시작하신 성화의 역사를 완성하실 것입니다.

빌립보서 1 장 6 절: "너희 안에서 착한 일을 시작하신 이가 그리스도 예수의 날까지 이루실 줄을 우리는 확신하노라"

세례 의식은 이렇게 죄 사함에 대한 확신과 함께 이러한 성화의 시작점이 됩니다.

정리

세례의 핵심 약속으로서의 '그리스도의 피와 성령으로 씻겨진다'는 것은 단순한 죄 사함에 그치지 않고, '우리 삶의 총체적인 변화'를 포함하고 있습니다. 이는 첫째, 그리스도의 십자가 희생을 통해 우리의 모든 죄가 하나님 앞에서 값없이 용서받고 의롭다 인정받는 것(칭의)을 의미합니다. 둘째, 성령의 역사로 이제 우리가 새롭게 태어나고 그리스도를 닮아가며, 죄에 대해서는 점차 죽고 거룩하고 흠 없는 삶을 지향하게 되는 것(성화)을 의미합니다. 이 두 가지는 분리될 수 없는 구원의 은혜이며, 그리스도의 십자가와 성령의 능력을 통해 우리 안에서 온전히 이루어지는 놀라운 하나님의 선물입니다.

하이델베르크 요리문답 제 71 문: 세례 약속의 확실성

하이델베르크 요리문답 71 문은 앞서 다룬 세례의 영적 의미(피와 성령으로 씻음)가 '언제, 그리고 어떤 말씀에 근거하여' 우리에게 확실하게 약속되었는지에 대한 질문입니다. 이에 대해서는 68 문에서 '두 가지 성례'에 대해 강해하면서 간단히 다루었습니다. 본 71 문은 이에 대해 상세히 강해하되, 이 세례가 우리 주 예수 그리스도께서 하신 명령과 약속에 기반한 것임을 강조하고자 합니다.

71 문: 우리가 세례의 물로 씻는 것처럼 그리스도께서 우리를 그리스도의 피와 성령으로 확실하게 씻어주신다는 약속을 언제 하셨습니까?

답:

세례를 제정하실 때 이렇게 말씀하셨습니다. "그러므로 너희는 가서 모든 민족을 제자로 삼아 아버지와 아들과 성령의 이름으로 세례를 베풀고"(마 28:19), "믿고 세례를 받는 사람은 구원을 얻을 것이요 믿지 않는 사람은 정죄를 받으리라"(막 16:16). 또한 이 약속은 성경이 세례를 "중생의 씻음"으로, 그리고 "죄를 씻음"으로 말한 데서 거듭 나타났습니다(디도서 3:5; 사도행전 22:16).

(참조: 벨직 신앙고백 제 34 조)

강해

이 문답은 세례를 통해 주어지는 약속의 '권위'와 '확실성'을 강조합니다. 그 약속은 그리스도께서 직접 세례를 제정하실 때 명령하며 주신 것으로, 이것은 성경의 다른 구절들을 통해서도 지속적으로 확인됩니다.

1. 세례 제정 시 그리스도의 직접적인 약속

세례 약속의 가장 확실한 근거는 예수 그리스도께서 직접 세례를 제정하시면서 하신 말씀입니다.

1) 명령으로서의 세례: 부활하신 예수님께서 승천하시기 직전 제자들에게 주신 지상

대명령에 세례가 포함되어 있습니다.

> **마태복음 28 장 19 절**: "그러므로 너희는 가서 모든 민족을 제자로 삼아 아버지와 아들과 성령의 이름으로 세례를 베풀고"

이 말씀은 세례가 예수 그리스도의 권위 아래에서, 삼위일체 하나님의 이름으로 베풀어지는 거룩한 의식임을 보여줍니다. 그러므로 세례는 권면 사항이 아니라 명령에 순종해 이루어야져야 합니다. '세례를 베풀고'라는 명령 안에는 세례를 통해 하나님의 백성이 되어 구원의 약속에 동참하여야 한다는 뜻이 내포되어 있습니다. 우리는 세례를 통해 교회 공동체의 정식 일원이 되어 성삼위 하나님의 이름 안에 있는 모든 권능과 은혜에 함께 참여할 수 있습니다. 그래서 명령으로서의 세례는 교회 형성의 중요한 요소로서, 이는 순종으로 이루어져야 합니다.

2) 구원의 약속: 예수님이 말씀하신 세례는 구원과 직접적으로 연결되어 있습니다.

> **마가복음 16 장 16 절**: "믿고 세례를 받는 사람은 구원을 얻을 것이요 믿지 않는 사람은 정죄를 받으리라"

세례는 단순한 형식적인 절차가 아닙니다. 물론 여기서 세례 자체는 구원의 필수조건이라고 해석할 수는 없습니다. 그러나 세례는 참된 믿음의 외적인 표현이자 하나님의 구원 약속을 인치는 표지로서, 세례를 받은 자에게 구원이 임한다는 의미로 이해해야 합니다. 즉, 세례는 믿음과 함께 구원을 확증하는 하나님의 약속의 표가 되는 것입니다.

이처럼 세례의 약속은 예수 그리스도께서 친히 주신 명령에 근거하고 있으므로, 그 확실성과 신뢰성은 의심할 여지가 없습니다.

2. 성경 다른 곳에서의 재확증: '중생의 씻음'과 '죄를 씻음'

1) 중생의 씻음: 성경은 그리스도께서 세례를 제정하실 때 하신 약속 외에도, 여러 곳에서 세례의 영적인 의미, 곧 피와 성령으로 씻음 받는다는 약속을 거듭 확증합니다. 바울 사도는 구원이 우리의 행위가 아닌 하나님의 긍휼과 은혜로 주어지며, 이는 '중생의 씻음' 과 '성령의 새롭게 하심' 을 통해 이루어진다고 말합니다. 이 '중생의 씻음' 은 영적으로 세례를 통해 상징되는 내적인 정화와 거듭남을 가리킵니다. 세례의 물 씻음은 외적인 표징이며, 그 실체는 성령으로 말미암는 중생의 역사입니다.

> **디도서 3 장 5 절**: "우리를 구원하시되 우리가 행한 바 의로운 행위로 말미암지 아니하고 오직 그의 긍휼하심을 따라 중생의 씻음과 성령의 새롭게 하심으로 하셨나니"

2) 죄를 씻음: 세례를 받고 죄를 씻는다는 말은 바울(사울)이 다메섹 도상에서 주님을 만난 후 아나니아로부터 들은 것입니다. 이 말씀은 세례가 '죄를 씻음'과 밀접하게 관련되어 있음을 분명히 보여줍니다. 물론 세례 자체가 죄를 씻는 마법적인 효력을 가진다는 의미가 아닙니다. 그러나 세례는 죄 사함의 은혜가 우리에게 주어졌음을 공식적으로 선포하고 인쳐주는 행위입니다. 이는 죄 사함의 실제적 능력은 그리스도의 피에 있고, 그 피의 적용은 성령을 통해 이루어지지만, 세례는 이 사실을 우리에게 가시적으로 확증해 준다는 것입니다.

> **사도행전 22장 16절:** "이제는 왜 주저하느냐 일어나 주의 이름을 불러 세례를 받고 네 죄를 씻으라 하더라"

정리

우리가 그리스도의 피와 성령으로 확실히 씻겨진다는 약속은 예수 그리스도께서 직접 세례를 제정하실 때부터 주어졌으며, 이는 성경의 여러 구절을 통해 거듭 확증된 진리입니다. 이 약속은 마태복음과 마가복음의 지상대명령에서 명시되었고, 디도서의 "중생의 씻음"과 사도행전의 "죄를 씻음"이라는 표현을 통해 그 영적인 깊이가 더해졌습니다. 따라서 세례는 단순한 의식이 아니라, 우리에게 죄 사함과 새 생명의 약속을 확고하게 인쳐주는 하나님의 변치 않는 은혜의 방편입니다.

제 27 주일

하이델베르크 요리문답 제 72 문: 물 세례의 본질

하이델베르크 요리문답 72 문은 물 세례 자체가 죄를 씻어 없애는 것인지에 대해 묻습니다. 이 질문은 세례를 신비하게 여긴 나머지 세례의 물이 실제 죄를 씻는 능력이 있는 것이 아닌가 하는 것에 대한 흔한 오해를 바로잡고, 물 세례의 진정한 역할을 살펴보게 합니다.

72 문: 그러면 물 세례가 죄 자체를 씻어 없애는 것입니까?

답:

전혀 그렇지 않습니다. 오직 예수 그리스도의 피와 성령만이 우리의 모든 죄를 깨끗이 씻어줍니다.

(참조: 벨직 신앙고백 제 34 조)

강해

이 문답은 세례의 외적인 행위와 그 행위가 상징하고 인치는 내적인 영적 실체 사이의 중요한 구별을 제시합니다. 개혁주의 신앙은 세례가 죄를 씻는 수단이 아니라, 죄가 씻어졌다는 '표징' 이자 '인침' 이라는 점을 강조합니다.

1. 물 세례 자체의 한계

요리문답은 물 세례가 죄 자체를 씻어 없애는지에 대해 "전혀 그렇지 않습니다."라고 단호하게 대답합니다. 이는 세례가 어떤 신비한 효력을 지니고 있어서, 물에 잠기거나 물을 뿌리는 행위만으로 죄가 사라지는 것이 아닌가 하는 생각을 불식시킵니다. 만약 물 세례 자체가 죄를 씻어 없앤다면, 우리는 세례를 하나의 '행위 구원'의 수단으로 오해하게 될 것입니다.

성경은 죄 사함이 특정한 의식이나 사람의 행위로부터 오는 것이 아님을 분명히 합니다. 구약 시대의 제사조차 죄를 근본적으로 없이 하지 못했습니다. 마찬가지로 물 세례 자체가 죄를 없이 할 수 없습니다. 바울 사도는 우리의 구원과 의롭게 됨은 행위가 아닌 믿음으로 말미암음을 강조하며, 세례를 포함한 어떤 외적 행위도 죄를 없애는 근본적인 능력이 될 수 없음을 분명히 말합니다. 세례는 죄를 씻는 '원인' 이 아니라, 죄가 씻겼다는 하나님의 '약속의 표징' 일 뿐입니다.

히브리서 10장 4절: 이는 황소와 염소의 피가 죄를 없이 하지 못함이라"
마태복음 3장 11절: "나는 너희로 회개하게 하기 위하여 물로 세례를 베풀거니와 내 뒤에 오시는 이는 나보다 능력이 많으시니 나는 그의 신을 들기도 감당하지 못하겠노라 그는 성령과 불로 너희에게 세례를 베푸실 것이요"
베드로전서 3장 21절: "물은 예수 그리스도께서 부활하심으로 말미암아 이제 너희를 구원하는 표니 곧 세례라 이는 육체의 더러운 것을 제하여 버림이 아니요 하나님을 향한 선한 양심의 간구니라"

2. 죄를 씻는 유일한 근원: '예수 그리스도의 피와 성령'

"오직 예수 그리스도의 피와 성령만이 우리의 모든 죄를 깨끗이 씻어줍니다"

요리문답은 죄를 깨끗이 씻어주는 두 가지만을 제시합니다. (이는 69, 70문 강해에서 거듭 설명되었습니다. 그러나 여기서 물 세례로 인한 오해가 없도록 이 진리를 다시 강조합니다.)

1) '예수 그리스도의 피' : 우리의 모든 죄를 용서하고 하나님 앞에서 의롭다 칭함을 받게 하는 유일한 근거는 예수 그리스도의 십자가 보혈입니다. 그분의 피는 우리의

죄를 대속하기 위해 흘려졌고, 이 피의 공로만이 하나님과 우리 사이의 죄의 장벽을 제거할 수 있습니다. 세례는 이 예수 그리스도의 피가 우리에게 적용되었음을 가시적으로 보여주는 표징입니다.

요한일서 1 장 7 절: "그 아들 예수의 피가 우리를 모든 죄에서 깨끗하게 하실 것이요"
히브리서 9 장 14 절: "하물며 영원하신 성령으로 말미암아 흠 없는 자기를 하나님께 드린 그리스도의 피가 어찌 너희 양심을 죽은 행실에서 깨끗하게 하고 살아 계신 하나님을 섬기게 하지 못하겠느냐"

2) **'성령'** : 우리의 영혼을 실제로 깨끗하게 하고 새로운 생명을 주시는 주체는 성령 하나님이십니다. 성령께서는 그리스도의 구속 사역을 우리 각 개인에게 적용하셔서, 우리의 마음을 중생시키고, 죄를 미워하고 하나님을 사랑하게 하는 새 본성을 주십니다. 성령의 이 내적인 정화와 변화 없이는 아무도 죄에서 벗어나거나 의롭게 될 수 없습니다.

디도서 3 장 5 절: "우리를 구원하시되 우리가 행한 바 의로운 행위로 말미암지 아니하고 오직 그의 긍휼하심을 따라 중생의 씻음과 성령의 새롭게 하심으로 하셨나니"
고린도전서 6 장 11 절: "너희 중에 이와 같은 자들이 있더니 주 예수 그리스도의 이름과 우리 하나님의 성령 안에서 씻음과 거룩함과 의롭다 하심을 받았느니라"

따라서 물 세례는 보이는 표징일 뿐이며, 그 안에 담긴 영적 실제, 즉 죄 사함과 새 생명은 오직 예수 그리스도의 피와 성령의 능력으로만 이루어지는 것입니다. 세례는 이 영적 실체를 우리에게 확증하고 인치는 역할을 합니다.

정리

물 세례는 그 자체로 죄를 씻어 없애는 것이 아니며, 그러한 생각은 성경적 진리를 오해하는 것입니다. 우리의 모든 죄를 근본적으로 깨끗하게 씻어주고 우리를 의롭게 하며 새롭게 하는 유일한 능력은 '오직 예수 그리스도의 십자가에서 흘리신 보혈과 성령 하나님의 역사'에 있습니다. 세례는 이 놀라운 영적 진리와 구원의 은혜가 우리에게 실제로 적용되었음을 외적으로 보여주는 거룩한 표징이자 확증의 인침입니다.

하이델베르크 요리문답 제 73 문: 세례의 영적 의미와 확실성

하이델베르크 요리문답 73 문은 앞선 문답(72 문)에서 물 세례 자체가 죄를 씻는 것이 아님을 명확히 한 후, 그렇다면 왜 성경에서 세례를 '중생의 씻음'과 '죄의 씻음'이라고 표현하는지에 대한 의문을 해소합니다. 이는 성례의 상징성과 하나님의 약속의 확실성을 동시에 강조하는 중요한 질문입니다.

73문: 그러면 성령께서는 왜 세례를 "중생의 씻음"과 "죄의 씻음"이라 하십니까?

답:

하나님께서는 중요한 이유 없이 그렇게 말씀하시지 않습니다. 하나님께서는 몸의 더러운 것이 물로 씻겨지듯이 바로 그렇게 우리의 죄가 그리스도의 피와 성령으로 씻겨진다는 것을 물세례를 통해 가르치고자 하신 것입니다. 특별히 하나님께서 이런 거룩한 약속과 표를 통해 우리가 (외적으로) 물로 씻겨지듯이 실제적으로 우리가 영적으로 죄 씻음을 받았다는 것을 우리에게 확신시켜주고자 하신 것입니다.

(참조: 벨직 신앙고백 제 33조, 제 34조)

강해

이 문답은 세례를 통해 나타나는 '하나님의 의도'와 '약속의 목적'을 설명합니다. 성경이 세례를 '씻음'이라고 표현하는 것은 단순한 비유가 아니라, 하나님의 은혜로운 진리를 가르치고 확증하기 위한 분명한 목적을 가지고 있다는 것입니다.

1. "하나님께서는 중요한 이유 없이 그렇게 말씀하시지 않습니다"

요리문답은 먼저 하나님의 말씀에는 항상 깊은 의미와 목적이 담겨 있음을 전제합니다. 성령께서 세례를 '씻음'이라고 부르시는 것은 결코 우연이나 상징적 표현에 그치지 않는다는 것입니다. 하나님은 그분의 말씀과 제정하신 성례를 통해 우리에게 중요한 진리를 가르치고 확신시키기를 원하십니다.

2. 첫 번째 이유, 죄가 확실히 씻겨졌음을 나타내기 위함: 물 세례의 비유

"하나님께서는 몸의 더러운 것이 물로 씻겨지듯이 바로 그렇게 우리의 죄가 그리스도의 피와 성령으로 씻겨진다는 것을 물세례를 통해 가르치고자 하신 것입니다."

1) 가시적인 비유: 물은 더러운 것을 깨끗하게 하는 가장 보편적이고 이해하기 쉬운 물질입니다. 물로 몸을 씻는 외적인 행위를 통해, 하나님께서는 눈에 보이지 않는 영적인 죄의 씻음을 가장 명확하게 가르치고자 하십니다. 이는 마치 비유와 같습니다. 비유가 실제를 가리키듯, 물 세례는 우리 죄가 그리스도의 피로 용서받고 성령으로 실제 정결하게 되었음을 가시적으로 보여주는 역할을 합니다. 성경은 죄가 깨끗하게 씻기는 것을 색깔에 비유하며 하나님의 정화 사역을 강조합니다.

이사야 1장 18절: "여호와께서 말씀하시되 오라 우리가 서로 변론하자 너희의 죄가 주홍 같을지라도 눈과 같이 희어질 것이요 진홍같이 붉을지라도 양털 같이 희게 되리라"
계시록 7장 14절: "내가 말하기를 내 주여 당신이 아시나이다 하니 그가 나에게 이르되 이는 큰 환난에서 나오는 자들인데 어린 양의 피에 그 옷을 씻어 희게 하였느니라"

2) 그리스도의 피와 성령: 죄를 씻는 실제적인 능력은 여전히 '예수 그리스도의 피'와 '성령의 역사'에 있습니다. 물 세례는 그 능력이 우리에게 적용되었음을 보여주는 외적인 '표'입니다. 세례를 통해 우리는 눈에 보이는 물 씻음을 보며, 눈에 보이지 않는 영적인 씻음, 곧 칭의(그리스도의 피로 말미암는 죄 사함)와 성화(성령으로 말미암는 내적 변화)의 은혜를 상기하고 배웁니다.

요한일서 5장 6-8절: "이는 물과 피로 임하신 이시니 곧 예수 그리스도시라 물로만 아니요 물과 피로 임하셨고 증언하는 이는 성령이시니 성령은 진리니라 증언하는 이가 셋이니 성령과 물과 피라 또한 이 셋은 합하여 하나이니라"

3. 두 번째 이유, 실제로 영적 죄가 씻겨졌음을 확신케 하기 위함: '거룩한 약속과 표를 통한 확신'

"특별히 하나님께서 이런 거룩한 약속과 표를 통해 우리가 (외적으로) 물로 씻겨지듯이 실제적으로 우리가 영적으로 죄 씻음을 받았다는 것을 우리에게 확신시켜주고자 하신 것입니다."

1) 확신과 보증: 사람은 연약하여 하나님의 보이지 않는 약속을 의심하기 쉽습니다. 그래서 하나님께서는 우리의 믿음을 돕기 위해, 눈에 보이는 '표'와 '인침'인 성례를 주셨습니다. 세례의 물 씻음은 단지 비유를 넘어 하나님께서 주신 '거룩한 약속의 표'로서, 우리의 영적 죄 씻음이 실제적이고 확실하다는 것을 우리의 마음속에 강력하게 새겨줍니다. 할례가 아브라함의 믿음을 인치는 표였듯이, 세례도 우리의 믿음을 통해 얻은 죄 사함과 중생을 인치는 역할을 합니다.

로마서 4장 11절: "그가 할례 표를 받은 것은 무할례 시의 믿음으로 된 의를 인친 것이니 이는 아브라함이 할례를 받지 아니하고도 믿는 모든 자의 조상이 되어 그들도 의로 여기심을 받게 하려 하심이라"

2) 영적인 실제: 세례의 외적 행위가 실제 몸을 씻듯이, 영적으로 우리는 죄에서 깨끗하게 되었음을 하나님께서 직접 보증해 주시는 것입니다. 이는 우리가 하나님 앞에서 의롭다 함을 받고 새로운 피조물이 되었다는 영적 진리가 추상적인 관념이 아니라, 우리 삶에 실재하는 놀라운 복임을 확신하게 만듭니다.

로마서 6 장 3, 4 절: "무릇 그리스도 예수와 합하여 세례를 받은 우리는 그의 죽으심과 합하여 세례를 받은 줄을 알지 못하느냐 그러므로 우리가 그의 죽으심과 합하여 세례를 받음으로 그와 함께 장사되었나니 이는 아버지의 영광으로 말미암아 그리스도를 죽은 자 가운데서 살리심과 같이 우리로 또한 새 생명 가운데서 행하게 하려 함이라"
갈라디아서 3 장 27 절: "누구든지 그리스도와 합하기 위하여 세례를 받은 자는 그리스도로 옷 입었느니라"

정리

성령께서 세례를 '중생의 씻음'과 '죄의 씻음'이라고 부르시는 것은 깊은 신앙적 의도와 교육적 목적을 가지고 있음을 가르칩니다. 하나님께서는 물로 몸을 씻는 비유를 통해 그리스도의 피와 성령으로 우리의 죄가 깨끗하게 씻겨지는 영적 진리를 분명히 가르치고자 하십니다. 더 나아가, 이 거룩한 약속과 표인 세례를 통해 우리가 외적으로 물 씻음을 받듯이 '실제적으로' 영적으로 죄 씻음을 받았다는 것을 우리에게 확신시켜 주시기 위함입니다. 그러므로 세례는 죄 사함과 새 생명에 대한 하나님의 약속을 가르치고 확고하게 하는 하나님의 은혜로운 도구인 것입니다.

하이델베르크 요리문답 제 74 문: 유아 세례의 정당성

하이델베르크 요리문답 74 문은 기독교 교회에서 오랜 논쟁의 대상이 되어온 유아 세례의 문제를 다룹니다. "유아들도 세례를 받아야 하는가? "라는 질문에 대해 요리문답은 개혁주의 입장을 명확한 성경적 근거를 들어 설명합니다.

74 문: 유아들도 세례를 받아야 합니까?
답:
그렇습니다. 그것은 어른은 물론 유아들도 하나님의 언약과 교회에 속하였고, 또한 그리스도의 피로 말미암는 속량과 믿음을 주시는 성령이 어른 못지않게 아이들에게도 약속되었기 때문입니다. 그러므로 유아들도 언약의 표인 세례를 받음으로 교회에 속하게 해주어야 하고, 믿지 않는 사람들의 자녀들과 구별되어야 합니다. 이런 일이 구약에서는 할례를 통하여 이루어졌으나 신약에서는 세례가 제정되어 이를 대신하게 되었습니다.

(참조: 벨직 신앙고백 제 34 조)

강해

이 문답은 "그렇습니다"하며 유아 세례의 정당성을 크게 세 가지 측면에서 설명합니다: '언약의 연속성', '약속의 보편성', 그리고 '구약의 할례와 신약의 세례의 관계' 입니다. 이는 유아 세례가 단순한 관습이 아니라, 성경적으로 견고한 근거를 가지고 있음을 보여줍니다.

1. 언약의 연속성: '하나님의 언약과 교회에 속한 유아들'

"그것은 어른은 물론 유아들도 하나님의 언약과 교회에 속하였고,"

유아 세례의 첫 번째 근거는 '유아들 역시 어른들처럼 하나님의 언약과 교회에 속했다' 는 것입니다. 하나님은 아브라함과 맺으신 언약에서 그의 후손들에게 복을 주겠다고 약속하셨습니다. 이 언약은 단순히 개인적인 것이 아니라, 가족과 공동체를 포함하는 포괄적인 것이었습니다.

> **창세기 17장 7절**: "내가 내 언약을 나와 너 및 네 대대 후손 사이에 세워서 영원한 언약을 삼고 너와 네 후손의 하나님이 되리라"

이 말씀은 하나님께서 아브라함뿐만 아니라 그의 후손들까지도 언약의 대상으로 삼으셨음을 보여줍니다. 유아들은 이 언약 공동체 안에 태어나는 것입니다. 사도 베드로는 오순절 설교에서 여기서 '너희 자녀' 가 약속의 대상에 포함됨은 유아들도 하나님의 구원 약속 안에 있음을 강력하게 시사합니다. 유아들은 비록 스스로 믿음을 고백할 수는 없지만, 언약 공동체의 일원으로서 하나님의 은혜로운 통치와 보호 아래에 있습니다. 여기에 언약의 연속성이 있습니다.

> **사도행전 2장 39절**: "이 약속은 너희와 너희 자녀와 모든 먼 데 사람 곧 주 우리 하나님이 얼마든지 부르시는 자들에게 하신 것이라"
> **고린도전서 7장 14절**: "믿지 아니하는 남편이 아내로 말미암아 거룩하게 되고 믿지 아니하는 아내가 남편으로 말미암아 거룩하게 되나니 그렇지 아니하면 너희 자녀도 부정하려니와 이제 거룩하니라"

2. 약속의 보편성: '그리스도의 속량과 성령의 약속'

"또한 그리스도의 피로 말미암는 속량과 믿음을 주시는 성령이 어른 못지않게 아이들에게도 약속되었기 때문입니다"

두 번째 근거는 그리스도의 피로 말미암는 속량과 믿음을 주시는 성령이 '어른 못지않게 아이들에게도 약속되었다' 는 것입니다. 구원의 근거가 우리의 공로나 행위가 아닌 하나님의 은혜에 전적으로 달려 있다면, 유아들도 이 은혜의 대상에서 제외될 이유가 없습니다. 그리스도의 속량은 모든 시대와 모든 사람에게 유효한 것입니다.

유아들도 원죄 아래에 태어나기 때문에 구원이 필요하며, 그리스도의 대속 사역은 그들을 위해서도 이루어졌습니다. 특히 예수님이 하나님 나라가 어린 아이 같은 자들의 것이라고 말씀하신 것을 볼 때, 그들에게도 구원의 은혜가 임할 수 있음을 보여줍니다.

> **마가복음 10 장 14 절**: "어린 아이들이 내게 오는 것을 용납하고 금하지 말라 하나님의 나라가 이런 자의 것이니라"

믿음을 주시는 성령의 역사, 또한 사람의 나이나 이해력에 제한되지 않습니다. 성령께서는 당신의 주권적인 뜻대로 믿음을 일으키시며, 이는 유아들에게도 적용될 수 있습니다. 우리가 유아의 믿음을 확인할 수는 없지만, 성령께서 역사하실 수 없다고 단정할 수는 없습니다. 오히려 우리는 하나님의 약속과 성령의 능력을 신뢰해야 합니다.

3. 구약의 할례와 신약의 세례: '연속성과 대체'

"그러므로 유아들도 언약의 표인 세례를 받음으로 교회에 속하게 해주어야 하고, 믿지 않는 사람들의 자녀들과 구별되어야 합니다. 이런 일이 구약에서는 할례를 통하여 이루어졌으나 신약에서는 세례가 제정되어 이를 대신하게 되었습니다."

유아 세례의 세 번째 근거는, 이는 매우 중요한 것인데, 구약의 할례가 유아들에게 시행되었고, 신약의 세례가 이 할례를 대신하게 되었다는 것입니다.

1) 구약의 할례: 구약 언약의 백성들은 태어난 지 8 일 된 남자 아이에게 할례를 행했습니다. 할례는 하나님의 언약 백성이라는 표징이었고, 이 표징은 세대를 이어 유아들에게도 주어졌습니다.

> **창세기 17 장 10-12 절**: "너희 중 남자는 다 할례를 받으라 이것이 나와 너희와 너희 후손 사이에 지킬 내 언약이니라 너희는 포피를 베어라 이것이 나와 너희 사이의 언약의 표징이니라 너희의 대대로 모든 남자는 집에서 난 자나 또는 너희 자손이 아니라 이방 사람에게서 돈으로 산 자를 막론하고 난 지 팔 일 만에 할례를 받을 것이라"

2) 신약의 세례: 신약에서 세례는 할례의 영적인 의미를 이어받아 새로운 언약의 표징이 되었습니다. 할례가 피 흘림을 통해 죄를 씻는 것과 언약 백성의 구별을 상징했듯이, 세례는 그리스도의 피로 죄 사함과 성령의 중생을 상징합니다.

> **골로새서 2 장 11-12 절**: "또 그 안에서 너희가 손으로 하지 아니한 할례를 받았으니 곧 육의 몸을 벗는 그리스도의 할례니라 또 세례로 그리스도와 함께 장사되고 또 죽은 자들 가

운데서 그를 일으키신 하나님의 역사를 믿음으로 말미암아 그 안에서 함께 일으키심을 받았느니라"

이 구절은 세례를 '그리스도의 할례'로 묘사하며, 할례와 세례 사이의 연속성을 강력하게 시사합니다. 둘 다 하나님과의 언약 관계를 인치는 표징입니다.

그러므로 구약의 유아 할례가 하나님의 언약 백성임을 나타내는 표였듯이, 신약의 유아 세례, 또한 유아들이 하나님의 새 언약 백성 공동체에 속해 있음을 공적으로 선언하고 인치는 행위입니다. 이를 통해 유아들은 교회에 속하게 되고, 믿지 않는 사람들의 자녀들과 구별됩니다.

정리

유아들도 당연히 세례를 받아야 합니다. 그 근거는 첫째, 유아들 역시 하나님의 언약 백성 공동체인 교회에 속해 있으며, 둘째, 그리스도의 피로 말미암는 속량과 성령의 약속이 어른뿐만 아니라 유아들에게도 유효하게 적용될 수 있음을 믿기 때문입니다. 마지막으로, 구약의 할례가 유아에게 베풀어졌고, 신약의 세례가 할례를 대체하는 언약의 표징이 되었다는 것은 유아 세례의 정당성을 확증합니다. 따라서 유아 세례는 하나님의 언약적 은혜와 교회의 포괄성을 나타내는 중요한 성례이며, 믿음의 부모는 자녀들을 이 거룩한 언약 공동체 안으로 인도할 책임이 있습니다.

성찬에 대하여

제 28 주일

하이델베르크 요리문답 제 75 문: 성찬과 구원의 확신

하이델베르크 요리문답 75 문은 성찬(The Lord's Supper)이 그리스도인에게 어떤 의미를 가지며, 특별히 성찬을 통해 '그리스도의 십자가 희생과 그 모든 은덕에 참여하게 되었음을 어떻게 깨닫고 확신할 수 있는지'를 설명합니다. 성찬이 단순한 기념 행사를 넘어, 구원의 약속을 가시적으로 인쳐주는 중요한 은혜의 수단임을 강조합니다.

75 문: 당신은 그리스도께서 십자가 위에서 이루신 단번의 희생과 그의 모든 은덕에 참여

하게 되었음을 성찬을 통해 어떻게 깨닫고 확신할 수 있습니까?

답:

그리스도께서는 나와 모든 성도들에게 그리스도를 기념하여, 이 떡을 떼어 먹고 이 잔을 마시라고 명령하시고, 이러한 약속을 더하셨습니다.

첫째, 그리스도의 몸이 십자가에서 나를 위해 드려지고, 찢기셨으며, 나를 위해 그 피를 흘리셨다는 것은, 주의 떡이 나를 위해 떼어지고 잔이 나에게 주어지는 것을 내 눈으로 보는 것과 같이 확실합니다.

둘째, 그리스도께서 십자가에 못 박히신 그의 몸과 흘리신 피로 내 영혼에 양식을 공급해 영생에 이르게 하신 것은, 그리스도의 몸과 피의 확실한 표인 주의 떡과 잔을 내가 집례자의 손으로부터 받아 맛보는 것처럼 분명합니다.

(참조: 벨직 신앙고백 제 35 조)

강해

이 문답은 성찬이 단순히 과거의 사건을 회상하는 것을 넘어, 하나님의 현재적인 약속과 은혜를 경험하고 확신하는 통로임을 두 가지 중요한 측면에서 설명합니다. 이는 시각적이고 경험적인 요소를 통해 복음의 진리가 우리에게 더욱 실제적으로 다가옴을 보여줍니다.

1. 성찬의 근거: '그리스도의 명령과 약속'

"그리스도께서는 나와 모든 성도들에게 그리스도를 기념하여 이 떡을 떼어 먹고, 이 잔을 마시라고 명령하시고, 이러한 약속을 더하셨습니다"

성찬의 의미를 이해하는 첫걸음은 성찬이 '예수 그리스도께서 친히 명령하시고 약속을 더하신 것'이라는 사실입니다. 이는 성찬이 교회의 임의적인 행위가 아니라, 그리스도의 권위에 기반한 거룩한 의식임을 나타냅니다. 성찬은 그리스도의 명확한 명령이며, 그분의 죽음을 기념하고 전하는 중요한 수단입니다.

고린도전서 11 장 23-26 절: "내가 너희에게 전한 것은 주께 받은 것이니 곧 주 예수께서 잡히시던 밤에 떡을 가지사 축사하시고 떼어 이르시되 이것은 너희를 위하는 내 몸이니 이것을 행하여 나를 기념하라 하시고 식후에 또한 그와 같이 잔을 가지시고 이르시되 이 잔은 내 피로 세운 새 언약이니 이것을 행하여 마실 때마다 나를 기념하라 하셨으니 너희가 이 떡을 먹으며 이 잔을 마실 때마다 주의 죽으심을 그가 오실 때까지 전하는 것이니라"

2. 성찬의 유익

1) 첫째, 십자가 희생의 확실한 시각적 증거

"그리스도의 몸이 십자가에서 나를 위해 드려지고, 찢기셨으며, 나를 위해 그 피를 흘리셨다는 것이, 주의 떡이 나를 위해 떼어지고 잔이 나에게 주어지는 것을 내 눈으로 보는 것과 같이 확실합니다."

(1) **시각적인 표징:** 성찬의 떡이 찢어지는 것은 그리스도의 몸이 우리를 위해 찢기셨음을, 잔에 담긴 포도주가 우리에게 주어지는 것은 그리스도의 피가 우리 죄를 위해 흘려졌음을 시각적으로 보여줍니다. 이는 역사적인 십자가 사건이 단순히 과거의 이야기가 아니라, 바로 '나'를 위해 일어난 사건임을 깨닫게 합니다.

(2) **개인적인 적용:** "나를 위해 떼어지고, 잔이 나에게 주어지는 것"이라는 표현은 그리스도의 희생이 보편적인 진리일 뿐만 아니라, 각 개인에게 직접적으로 적용되는 구체적인 은혜임을 강조합니다. 눈으로 직접 봄으로써, 십자가의 고통과 희생이 나를 위한 것임을 더욱 생생하게 확신하게 됩니다.

마태복음 26 장 26-28 절: "그들이 먹을 때에 예수께서 떡을 가지사 축복하시고 떼어 제자들에게 주시며 이르시되 받아서 먹으라 이것은 내 몸이니라 하시고 또 잔을 가지사 감사 기도 하시고 그들에게 주시며 이르시되 너희가 다 이것을 마시라 이것은 죄 사함을 얻게 하려고 많은 사람을 위하여 흘리는 바 나의 피 곧 언약의 피니라"

2) 둘째, 영혼에 양식 공급과 영생의 약속 확신

"그리스도께서 십자가에 못 박히신 그의 몸과 흘리신 피로 내 영혼에 양식을 공급해 영생에 이르게 하신 것이, 그리스도의 몸과 피의 확실한 표인 주의 떡과 잔을 내가 집례자의 손으로부터 받아 맛보는 것처럼 분명합니다."

(1) **영적인 양식 공급:** 우리가 음식을 먹음으로써 몸이 힘을 얻고 생명을 유지하듯이, 성찬을 통해 우리는 그리스도의 몸과 피를 '영적으로 먹고 마심'으로써 우리의 영혼이 양식을 얻고 영생을 향해 나아감을 경험합니다. 이는 문자적으로 떡과 포도주가 그리스도의 몸과 피로 변한다는 것을 의미하지 않으며(로마 가톨릭의 화체설 반대), 믿음으로 성찬에 참여할 때 그리스도와의 영적인 연합이 깊어지고 그분으로부터 생명의 양식을 공급받는다는 의미입니다. 이는 영적으로 그리스도를 믿고 그분과 연합하는 것을 상징적으로 표현한 것입니다. 성찬은 이러한 영적 진리를 가시적으로 경험하게 합니다.

요한복음 6 장 53-56 절: "내가 진실로 진실로 너희에게 이르노니 인자의 살을 먹지 아니하고 인자의 피를 마시지 아니하면 너희 속에 생명이 없느니라 내 살을 먹고 내 피를 마시는 자는 영생을 가졌고 마지막 날에 내가 그를 다시 살리리니 내 살은 참된 양식이요 내 피는 참된 음료로다 내 살을 먹고 내 피를 마시는 자는 내 안에 거하고 나도 그의 안에 거하나니"

(2) **경험적인 확실성**: 떡과 잔을 집례자의 손으로부터 직접 '받아 맛보는' 행위는 성찬이 단순한 관념이 아니라, 우리의 오감으로 경험하는 실제적인 사건임을 보여줍니다. 이 경험을 통해 우리는 그리스도의 구원이 우리 영혼에 실제적인 생명과 영생을 가져다 주었음을 더욱 분명하게 확신하게 됩니다.

정리

성찬은 우리가 그리스도의 십자가 희생과 그 모든 구원의 은덕에 참여하게 되었음을 분명히 깨닫고 확신하게 하는 하나님의 거룩한 수단입니다. 그리스도의 직접적인 명령과 약속에 기반한 성찬은, 첫째, 떡이 찢기고 잔이 주어지는 '시각적인 표징을 통해' 그리스도의 몸과 피가 나를 위해 바쳐졌다는 십자가 희생의 확실성을 생생하게 증거합니다. 둘째, 떡과 잔을 실제로 받아 '맛보는 경험을 통해', 그리스도께서 십자가의 몸과 피로 내 영혼에 영원한 생명의 양식을 공급하시고 영생에 이르게 하셨다는 진리를 분명하게 확신하게 합니다. 그러므로 성찬은 우리 믿음의 눈을 열어주고, 구원의 은혜를 더욱 깊이 체험하게 하는 귀한 선물입니다.

하이델베르크 요리문답 제76문: 성찬에서 그리스도의 몸과 피를 먹고 마시는 의미

하이델베르크 요리문답 76문은 성찬에서 "십자가에 못 박히신 그리스도의 몸을 먹고 그가 흘리신 피를 마신다는 것"이 무엇을 의미하는지에 대한 깊이 있는 설명을 제공합니다. 이는 성찬을 문자적으로 육체를 먹고 피를 마시는 행위로 오해하는 것을 방지하고, 그 안에 담긴 영적이고 신비로운 연합의 의미를 밝힙니다.

76문: 십자가에 못 박히신 그리스도의 몸을 먹고 그가 흘리신 피를 마신다는 것은 무슨 뜻입니까?

답:

그것은 그리스도의 모든 고난과 죽음을 믿는 마음으로 받아들여 죄 사함과 영원한 생명을 얻는다는 것이요, 뿐만 아니라 그리스도 안과 우리 안에 거하시는 성령으로 말미암아 우리가 그리스도의 거룩한 몸에 더욱 더 연합된다는 뜻입니다. 그래서 그리스도는 하늘에 계시고 우리는 땅에 있다 할지라도 우리는 "그의 살 중의 살이요 그의 뼈 중의 뼈"이며, 마치 우리 몸의 각 지체가 한 영혼에 의해 살고 다스림을 받는 것처럼, 우리도

한 성령에 의해 살고 영원히 다스림을 받습니다.

(참조: 벨직 신앙고백 제24조, 제34조, 제35조)

강해

이 문답은 성찬에서 그리스도의 몸과 피를 먹고 마시는 것을 핵심적인 두 가지 의미로 설명합니다: 첫째는 그리스도의 구속 사역을 믿음으로 영접함이요, 둘째는 성령으로 말미암는 그리스도와의 신비로운 연합입니다.

1. 성찬의 첫 번째 의미: '믿음으로 죄 사함과 영생을 얻음'

"그리스도의 모든 고난과 죽음을 믿는 마음으로 받아들여 죄 사함과 영원한 생명을 얻는다는 것이요"

이는 칭의(Justification)의 관점에서 성찬을 이해하는 것입니다.

1) **'믿음으로 그리스도의 고난을 받아들여'** : 여기서 '먹고 마신다"는 것은 물리적으로 떡과 포도주를 섭취하는 것을 넘어서, 믿음으로 예수 그리스도의 구속 사역을 자신의 것으로 받아들이는 영적인 행위를 의미합니다. 그리스도의 고난과 죽음은 죄인인 우리를 위한 대속적 희생이었으며, 우리는 오직 믿음을 통해 이 희생의 공로를 힘입어 죄를 용서받고 영원한 생명을 얻게 됩니다. 그리스도의 피는 죄 사함의 근거이며, 성찬은 이 진리를 가시적으로 보여주고 인쳐줍니다.

요한복음 6장 53-54절: "내가 진실로 진실로 너희에게 이르노니 인자의 살을 먹지 아니하고 인자의 피를 마시지 아니하면 너희 속에 생명이 없느니라 내 살을 먹고 내 피를 마시는 자는 영생을 가졌고 마지막 날에 내가 그를 다시 살리리니"
로마서 3장 25절: "이 예수를 하나님이 그의 피로써 믿음으로 말미암는 화목 제물로 세우셨으니 이는 하나님께서 길이 참으시는 중에 전에 지은 죄를 간과하심으로 자기의 의로우심을 나타내려 하심이니"

2) **'죄 사함과 영원한 생명을 얻음'** : 성찬은 우리가 예수 그리스도의 죽음을 믿음으로 받아들일 때 주어지는 '죄 사함'과 '영원한 생명'의 약속을 확증합니다. 떡과 포도주는 이 약속이 우리에게 실제적으로 유효하다는 것을 눈으로 보고 맛으로 경험하게 하여 구원에 대한 우리의 확신을 강화시켜줍니다.

마태복음 26장 28절: "이것은 죄 사함을 얻게 하려고 많은 사람을 위하여 흘리는 바 나의 피 곧 언약의 피니라"
요한복음 6장 35절: "예수께서 이르시되 나는 생명의 떡이니 내게 오는 자는 결코 주리지 아니할 터이요 나를 믿는 자는 영원히 목마르지 아니하리라"

요한복음 6장 40절: "내 아버지의 뜻은 아들을 보고 믿는 자마다 영생을 얻는 이것이니 마지막 날에 내가 이를 다시 살리리라 하시니라"

2. 두 번째 의미: '그리스도와의 신비로운 연합'

"그리스도 안과 우리 안에 거하시는 성령으로 말미암아 우리가 그리스도의 거룩한 몸에 더욱 더 연합된다는 뜻입니다. 그래서 그리스도는 하늘에 계시고 우리는 땅에 있다 할지라도 우리는 '그의 살 중의 살이요 그의 뼈 중의 뼈'이며"

이는 성찬을 통한 성도들의 '그리스도와의 신비로운 연합'을 강조합니다.

1) 그리스도의 거룩한 몸과 더욱 더 연합: 그리스도께서는 육체적으로는 하늘에 계시지만, '성령으로 말미암아' 믿는 자들 안에 거하시고 우리를 그분의 몸에 연합시키십니다. 성찬은 성령의 이러한 연합 사역을 가시적으로 보여주는 수단입니다. 우리는 성찬을 통해 성령의 능력으로 그리스도와의 관계가 더욱 깊어지고 견고해짐을 경험합니다. 성찬은 그리스도와 신자가 성령 안에서 하나 됨, 곧 그 연합을 나타냅니다.

고린도전서 10장 16절: "우리가 축복하는 바 축복의 잔은 그리스도의 피에 참여함이 아니며 우리가 떼는 떡은 그리스도의 몸에 참여함이 아니냐"
에베소서 4 장 4 절: "몸이 하나요 성령도 한 분이시니 이와 같이 너희가 부르심의 한 소망 안에서 부르심을 받았느니라"

2) "그의 살 중의 살이요 그의 뼈 중의 뼈": 이 표현은 창세기 2 장 23 절에서 인용한 것으로, 남편과 아내의 깊은 연합을 그리스도와 교회의 연합에 비유한 것입니다. 이만큼 그리스도와 우리의 연합은 매우 친밀하고 본질적인 관계임을 나타냅니다. 비록 그리스도는 하늘에 계시고 우리는 땅에 있지만, 성령을 통해 우리는 그분과 끊어질 수 없는 연합을 이루고 있습니다.

에베소서 5 장 29-32 절: "누구든지 언제나 자기 육체를 미워하지 않고 오직 양육하여 보호하기를 그리스도께서 교회에게 함과 같이 하나니 우리는 그 몸의 지체임이라 그러므로 사람이 부모를 떠나 그의 아내와 합하여 그 둘이 한 육체가 될지니 이 비밀이 크도다 나는 그리스도와 교회에 대하여 말하노라"

3) 한 성령에 의해 살고 다스림을 받음:

"마치 우리 몸의 각 지체가 한 영혼에 의해 살고 다스림을 받는 것처럼, 우리도 한 성령에 의해 살고 영원히 다스림을 받습니다"

성찬을 통한 그리스도와 교회의 연합은 "마치 우리 몸의 각 지체가 하나의 영혼에 의해 살고 다스림을 받는 것처럼", 그리스도의 몸 된 교회의 지체인 우리도 '한 성령에 의해 살고 영원히 다스림을 받는 것'과도 같다는 것입니다. 이는 성령께서 우리 안에서 역사하셔서 그리스도의 뜻에 순종하고 거룩한 삶을 살도록 이끄심을 의미합니다. 성찬은 이 영적인 유기적 연합을 재확인하고 강화시킵니다.

에베소서 4장 15, 16절: "오직 사랑 안에서 참된 것을 하여 범사에 그에게까지 자랄지라 그는 머리니 곧 그리스도라 그에게서 온 몸이 각 마디를 통하여 도움을 받음으로 연결되고 결합되어 각 지체의 분량대로 역사하여 그 몸을 자라게 하며 사랑 안에서 스스로 세우느니라"
요한일서 3장 24절: "그의 계명을 지키는 자는 주 안에 거하고 주는 그의 안에 거하시나니 우리에게 주신 성령으로 말미암아 그가 우리 안에 거하시는 줄을 우리가 아느니라"

정리

성찬에서 그리스도의 몸을 먹고 피를 마시는 것이 단순한 물리적 행위가 아닙니다. 이는 첫째, 그리스도의 십자가 고난과 죽음을 믿음으로 영접하여 죄 사함과 영원한 생명을 얻는다는 의미이며, 둘째, 성령으로 말미암아 우리가 그리스도의 거룩한 몸에 신비롭게 연합되어 그분의 생명을 공급받고 그분께 순종하는 삶을 살게 된다는 의미입니다. 비록 그리스도께서 하늘에 계시지만, 성찬을 통해 우리는 성령 안에서 "그의 살 중의 살이요 그의 뼈 중의 뼈"로 그분과 깊이 연합되어, 한 성령에 의해 살고 다스림을 받습니다. 성찬은 이 놀라운 진리를 깨닫고 확신하게 합니다.

하이델베르크 요리문답 제 77 문: 성찬 약속의 근거와 확실성

하이델베르크 요리문답 77 문은 성찬을 통해 '그리스도의 몸과 피를 확실하게 먹고 마시게 하겠다는 약속이 언제, 그리고 어떤 말씀에 근거하여 주어졌는지'를 명확히 합니다. 이는 성찬이 교회의 자의적인 행위가 아닌, 그리스도의 직접적인 명령과 약속에 기반한 것임을 강조합니다.

77 문: 믿는 자들이 이 떡을 떼어 먹고 이 잔을 마시는 것처럼 확실하게 그리스도의 몸과 피를 먹고 마시게 하겠다는 약속을 그리스도께서 언제 하셨습니까?

답:

성찬을 제정하실 때 말씀이 이러합니다. "내가 너희에게 전한 것은 주께 받은 것이니 곧 주 예수께서 잡히시던 밤에 떡을 가지사 축사하시고 떼어 이르시되 이것은 너희를 위하는 내 몸이니 이것을 행하여 나를 기념하라 하시고 식후에 또한 그와 같이 잔을 가지고 이르시되 이 잔은 내 피로 세운 새 언약이니 이것을 행하여 마실 때마다 나를 기념하라 하셨으니 너희가 이 떡을 먹으며 이 잔을 마실 때마다 주의 죽으심을 그가 오실 때까지 전하는 것이니라"(고전 11:23-26). 바울 사도도 이 약속을 반복해 말했습니다. "우리가 축복하는 바 축복의 잔은 그리스도의 피에 참여함이 아니며 우리가 떼는 떡은 그리스도의 몸에 참여함이 아니냐 떡이 하나요 많은 우리가 한 몸이니 이는 우리가 다 한 떡에 참여함이라"(고전 10:16-17).

(참조: 벨직 신앙고백 제 35 조)

강해

이 문답은 성찬이 주는 약속의 '권위와 신뢰성'을 강조합니다. 그 약속은 예수 그리스도께서 직접 성찬을 제정하실 때 주셨으며, 바울 사도를 통해 교회는 어떻게 이 약속을 이해하고 적용해야 하는지 다시금 확인해줍니다.

1. 성찬 제정 시 그리스도의 직접적인 약속

성찬 약속의 가장 확실한 근거는 '예수 그리스도께서 직접 성찬을 제정하실 때 하신 말씀'입니다. 이는 예수님께서 잡히시던 밤, 곧 십자가 고난을 앞두고 제자들과 함께 마지막 만찬을 나누실 때 주신 말씀입니다. 바울 사도는 이 내용을 주님께 직접 받은 것이라고 강조하며 그 권위를 확증합니다.

고린도전서 11 장 23-26 절: "내가 너희에게 전한 것은 주께 받은 것이니 곧 주 예수께서 잡히시던 밤에 떡을 가지사 축사하시고 떼어 이르시되 이것은 너희를 위하는 내 몸이니 이것을 행하여 나를 기념하라 하시고 식후에 또한 그와 같이 잔을 가지고 이르시되 이 잔은 내 피로 세운 새 언약이니 이것을 행하여 마실 때마다 나를 기념하라 하셨으니 너희가 이 떡을 먹으며 이 잔을 마실 때마다 주의 죽으심을 그가 오실 때까지 전하는 것이니라"

1) "이것은 너희를 위하는 내 몸이니": 떡은 그리스도께서 우리를 위해 찢기신 몸을 상징합니다. 이는 구속 사역이 바로 '나'를 위한 것임을 강력하게 보여줍니다.

2) "이 잔은 내 피로 세운 새 언약이니": 포도주는 그리스도의 피를 상징하며, 이 피가 새로운 언약의 근거가 됨을 선포합니다. 구약의 언약이 동물의 피로 맺어졌다면, 새 언약은 그리스도 자신의 피로 맺어져 죄 사함과 영생을 보증합니다.

3) "이것을 행하여 나를 기념하라": 이 명령은 성찬이 단순한 식사가 아니라, 그리스도의 희생과 구속 사역을 기억하고 감사하는 거룩한 행위임을 나타냅니다.

4) "주의 죽으심을 그가 오실 때까지 전하는 것이니라": 성찬은 과거의 사건을 기념하는 동시에, 그리스도의 재림을 소망하며 그분의 구원 사역을 계속해서 선포하는

'종말론적인 의미'를 가집니다.

이처럼 성찬의 약속은 예수 그리스도께서 친히 주신 명령과 언약의 말씀에 근거하고 있으므로, 그 확실성과 신뢰성은 의심할 여지가 없습니다.

2. 바울 사도를 통한 약속의 반복 및 확증

요리문답은 또한 바울 사도가 고린도전서에서 이 약속을 반복하여 말했음을 언급하며 성찬 약속의 확실성을 더욱 강화합니다. 바울은 성찬이 단순한 상징을 넘어, 믿는 자들이 그리스도의 몸과 피에 실제적으로 '참여'하는 것임을 강조합니다.

> **고린도전서 10 장 16, 17 절**: "우리가 축복하는 바 축복의 잔은 그리스도의 피에 참여함이 아니며 우리가 떼는 떡은 그리스도의 몸에 참여함이 아니냐 떡이 하나요 많은 우리가 한 몸이니 이는 우리가 다 한 떡에 참여함이라"

1) **"참여함이 아니냐"**: 여기서 '참여함'(코이노니아)은 단순히 생각으로 연상하는 것이 아니라, 그리스도와 '실제적인 영적 교제'를 나눔을 의미합니다. 성찬에 참여할 때, 믿는 자들은 '그리스도의 피에 참여하고', '그리스도의 몸에 참여하여' '그리스도의 죽음의 유익에 동참하게' 됩니다. 그리고 성령을 통해 그분의 몸과 피의 능력에 연합됩니다. 이는 성찬이 영적인 실재를 전달하는 은혜의 수단임을 보여줍니다.

2) **"떡이 하나요 많은 우리가 한 몸이니 이는 우리가 다 한 떡에 참여함이라"**: 이 구절은 성찬이 그리스도와의 연합뿐만 아니라, 그리스도의 몸 된 교회와의 연합을 말하고 있습니다. 한 떡에 함께 참여함으로써 모든 믿는 자들이 그리스도 안에서 한 몸을 이룬다는 것을 확인하게 됩니다.

바울의 이 말씀은 성찬이 그리스도인들에게 영적 교제를 제공하고, 그리스도의 구속 사역에 대한 우리의 참여를 확증해 주는 강력한 약속임을 분명히 합니다.

정리

성찬을 통해 믿는 자들이 그리스도의 몸과 피를 확실하게 먹고 마시게 하겠다는 약속이 예수 그리스도께서 직접 성찬을 제정하실 때부터 주어졌으며, 바울 사도를 통해 그 의미가 더욱 분명하게 확증되었음을 가르칩니다. 고린도전서의 말씀들은 떡과 잔이 그리스도의 몸과 피의 실제적인 참여를 의미한다고 말해줍니다. 또한 이를 통해 우리가 그분의 죽으심과 부활의 구속 사역에 연합되고, 교회의 한 지체로서 하나됨을 경험하게 된다고 증거해줍니다. 따라서 성찬은 하나님의 신실하신 약속에 근거하여 우리에게 구원의 은혜를 확증하고, 영적 양식을 공급하는 귀하고 확실한 은혜의 수단입니다.

제 29 주일

하이델베르크 요리문답 제 78 문: 성찬의 본질 – 변화인가 표징인가?

하이델베르크 요리문답 78 문은 성찬에 대한 중요한 신학적 논쟁점, 즉 '떡과 포도주가 그리스도의 실제 몸과 피로 변화하는가'에 대해 다룹니다. 이 질문은 로마 가톨릭 교회의 화체설을 명확하게 반대하고, 개혁주의 교회가 성찬을 어떻게 이해하는지 제시합니다.

78 문: 그러면 떡과 포도주가 그리스도의 실제 몸과 피로 변화됩니까?

답:

결코 그렇지 않습니다. 세례의 물이 그리스도의 피로 변하는 것도 아니고 죄 자체를 씻어주는 것도 아닙니다. 그것은 단지 하나님께서 주신 표와 확증일 뿐입니다. 이와 같이 성찬의 떡도 그리스도의 실제 몸으로 변하지 않습니다. 성찬의 떡을 그리스도의 몸이라고 하는 것은 성례의 본질과 특성에 따른 것입니다.

(참조: 벨직 신앙고백 제 35 조)

강해

이 문답은 성찬의 물질적 요소(떡과 포도주)와 영적인 실체(그리스도의 몸과 피) 사이의 관계를 명확히 구분합니다. 개혁주의 신학은 성찬을 통한 그리스도와의 연합을 강력하게 믿지만, 그 방식은 물질적인 변화가 아니라 '영적인 참여와 표징'을 통한 것임을 강조합니다.

1. **"결코 그렇지 않습니다"**: 화체설을 부정

요리문답은 떡과 포도주가 그리스도의 실제 몸과 피로 변화하는지에 대해 "결코 그렇지 않습니다"라고 단호하게 선언합니다. 이는 로마 가톨릭 교회의 화체설을 직접적으로 부정하는 것입니다.

1) 화체설: 화체설은 성찬 시 사제의 축성으로 떡과 포도주의 본질이 그리스도의 실제 몸과 피로 변하고, 그 겉모습만 떡과 포도주로 남아 있다고 주장합니다. 그러나 이러한 화체설은 성경적인 근거가 전혀 없습니다.

2) 세례와의 비교:

"세례의 물이 그리스도의 피로 변하는 것도 아니고 죄 자체를 씻어주는 것도 아닙니다. 그것은 단지 하나님께서 주신 표와 확증일 뿐입니다"

앞선 문답들(72, 73 문)에서 물 세례가 죄를 물리적으로 씻는 것이 아니라 죄 사함의 '표징' 임을 강조했습니다. 마찬가지로, 성찬의 떡과 포도주도 물질적으로 변화하는 것이 아니라, 그리스도의 몸과 피의 영적인 실체를 가리키는 '표징' 이라는 논리적 일관성을 유지합니다. 성례의 본질이 '표와 확증' 이라는 것은 세례에서나 성찬에서나 동일하게 적용됩니다.

2. 성찬 떡이 그리스도의 실제 몸으로 변하지 않는 이유

"이와 같이 성찬의 떡도 그리스도의 실제 몸으로 변하지 않습니다."

요리문답은 성찬의 떡이 그리스도의 실제 몸으로 변하지 않는다고 명확히 말합니다. 이는 그리스도의 인성(Humanity)과 '승천'에 기반합니다.

1) 그리스도의 몸의 실재성: 예수 그리스도는 참 하나님이실 뿐만 아니라 참 사람이십니다. 그분의 몸은 제한된 공간에 존재하며, 육체적으로는 승천하시어 하나님 보좌 우편에 앉아 계십니다(47, 48 문). 예수님의 육체는 하늘에 계시며 재림 때까지는 이 땅에 동시에 여러 곳에 존재할 수 없습니다. 따라서 떡이 물리적으로 그리스도의 몸으로 변한다는 것은 그리스도의 인성을 부정하고 신성을 혼동하는 결과를 초래합니다.

> **사도행전 3 장 21 절**: "하나님이 그를 받아들이실 때까지는 만물을 회복하실 때까지는 하늘에 있으리라"

2) 성례의 본질과 특성:

"성찬의 떡을 그리스도의 몸이라고 하는 것은 성례의 본질과 특성에 따른 것입니다"

성경에서 예수님께서 떡을 가리켜 "이것은 내 몸이니라"(마태복음 26:26)고 말씀하신 것은 문자적인 의미가 아니라 '상징적이거나 비유적인 표현' 입니다. 성경에서는 종종 표징이 가리키는 실제를 그 자체인 것처럼 표현하는 방식이 사용됩니다(예: '나는 포도나무요' - 요한복음 15:1; '보라 … 하나님의 어린 양이로다' - 요한복음 1:29).

> **창세기 17 장 10, 11 절**: "너희 중 남자는 다 할례를 받으라 이것이 나와 너희와 너희 후손 사이에 지킬 내 언약이니라 너희는 포피를 베어라 이것이 나와 너희 사이의 언약의 표징이니라"
>
> **고린도전서 10 장 1-4 절**: "형제들아 나는 너희가 알지 못하기를 원하지 아니하노니 우리 조상들이 다 구름 아래에 있고 바다 가운데로 지나며 모세에게 속하여 다 구름과 바다에

서 세례를 받고 다 같은 신령한 음식을 먹으며 다 같은 신령한 음료를 마셨으니 이는 그들을 따르는 신령한 반석으로부터 마셨으매 그 반석은 곧 그리스도시라

베드로전서 3:21: "물은 예수 그리스도께서 부활하심으로 말미암아 이제 너희를 구원하는 표니 곧 세례라 이는 육체의 더러운 것을 제하여 버림이 아니요 하나님을 향한 선한 양심의 간구니라"

3) 성례는 표징과 인치심입니다: 떡과 포도주는 그리스도의 몸과 피를 가리키는 '표징'(Sign)이며, 우리가 믿음으로 참여할 때 그 약속이 우리에게 적용되었음을 '인치는'(Seal) 역할을 합니다. 떡이 변해서 몸이 되는 것이 아니라, 떡은 떡으로 남아 있으되 그 떡을 통해 그리스도의 몸과 피의 영적인 유익에 참여하게 되는 것입니다. 이 참여는 성령의 역사로 이루어집니다.

정리

성찬의 떡과 포도주는 그리스도의 실제 몸과 피로 물리적으로 변화되지 않습니다. 세례의 물이 죄를 물리적으로 씻지 않듯이, 성찬의 떡과 포도주도 물질적으로 변화하는 것이 아니라, 다만 하나님께서 제정하신 거룩한 표와 확증일 뿐입니다. 성경에서 성찬의 요소를 그리스도의 몸과 피라고 표현하는 것은 성례의 본질과 특성에 따라 표징이 가리키는 실체를 그 자체로 부르는 방식이며, 우리는 성찬을 통해 성령의 역사로 그리스도의 구속 사역에 영적으로 참여하게 됩니다.

하이델베르크 요리문답 제 79 문: 성찬 비유의 심오한 의미

하이델베르크 요리문답 79 문은 앞선 문답(78 문)에서 성찬의 떡과 포도주가 그리스도의 몸과 피로 물리적으로 변화하지 않음을 밝힌 후, 그렇다면 왜 성경은 떡을 '그의 몸'이라 하고 잔을 '그의 피' 혹은 '그의 피로 세우는 새 언약'이라 부르는지, 그리고 바울 사도는 왜 '그리스도의 몸과 피에 참여하는 것'에 대해 말하는지에 대한 질문을 심층적으로 다룹니다. 이는 굳이 왜 그런 표현을 사용하는가에 대해 묻는 것입니다. 이에 대한 답은 그럴만한 '중대한 이유'가 있다며 성찬에 담긴 비유와 영적 참여의 의미를 보다 깊이 설명합니다.

79 문: 그렇다면 그리스도께서는 왜 떡을 '그의 몸'이라 하시고, 잔을 '그의 피' 혹은 '그의 피로 세우는 새 언약'이라고 하셨습니까? 또한 바울 사도도 왜 '그리스도의 몸과

피에 참여하는 것'에 대해 말합니까?

답:

그리스도께서 중대한 이유 없이 그렇게 말씀하시지 않습니다. 그리스도께서는 이로써, 마치 떡과 포도주가 육신의 생명을 유지시키듯이, 십자가에 못 박히신 그의 몸과 흘리신 피가 우리 영혼을 영생하게 하는 참된 양식과 음료라는 것을 가르치려 하셨습니다. 그리고 더욱 중요한 것은 이렇게 눈에 보이는 표와 보증을 통해 우리가 다음 사실을 확신하길 원하셨습니다. 먼저는 우리가 그리스도를 기념하면서 이 거룩한 표들을 우리의 육신의 입으로 받아먹듯이, 성령의 역사하심으로 말미암아 우리가 실제 그리스도의 참된 몸과 피에 참여하게 되었다는 것입니다. 그리고 마치 우리가 직접 고난을 겪으며 우리가 우리의 죄에 대해 하나님께 속죄한 것처럼 그리스도의 모든 고난과 순종은 분명히 우리의 것이 되었다는 것입니다.

(참조: 벨직 신앙고백 제35조)

강해

이 문답은 성찬의 언어가 단순한 상징이 아니라, 깊은 '교훈과 확신'을 주기 위한 하나님의 의도적인 표현임을 강조합니다. 성찬은 우리가 육체적으로 떡과 포도주를 먹는 행위를 통해, 영적으로 그리스도의 구원 사역에 보다 깊고 친밀하게, 그리고 힘있게 참여하게 하기 위한 것입니다.

1. 비유적 표현이 중대한 이유: '영혼의 참된 양식과 음료'

"그리스도께서 중대한 이유 없이 그렇게 말씀하시지 않습니다. 그리스도께서는 이로써 마치 떡과 포도주가 육신의 생명을 유지시키듯이, 십자가에 못 박히신 그의 몸과 흘리신 피가 우리 영혼을 영생하게 하는 참된 양식과 음료라는 것을 가르치려 하셨습니다"

1) 비유의 핵심: 이 비유는 육신의 생명이 음식과 음료에 의존하듯이, '영혼의 생명은 예수 그리스도의 십자가 희생에 전적으로 의존한다'는 사실을 가르칩니다. 떡과 포도주는 우리의 몸에 영양을 공급하지만, 그리스도의 몸과 피(완전한 속죄 사역)는 우리의 영혼에 죄 사함과 영생이라는 참된 생명을 공급합니다. 예수님은 말씀에서 자신이 영원한 생명을 위한 유일한 근원임을 강조하셨습니다. 성찬은 이 영적인 진리를 가시화합니다.

요한복음 6장 51절: "나는 하늘에서 내려온 살아 있는 떡이니 사람이 이 떡을 먹으면 영생하리라 내가 줄 떡은 곧 세상의 생명을 위한 내 살이니라 하시니라

요한복음 6장 55절: "내 살은 참된 양식이요 내 피는 참된 음료로다"

2) 교훈의 목적: 그리스도께서는 이 비유적 언어를 사용하신 것은, 십자가의 구원 사역이 우리의 영적 존재에 얼마나 필수적이고 실제적인지를 분명히 이해시키고자 하신 것입니다. 성찬은 단순한 기념을 넘어, 우리 영혼이 '그리스도의 은혜 없이는 살 수 없음' 을 깨닫게 하는 교육적인 기능을 합니다.

2. 눈에 보이는 표와 보증을 통한 확신

"그리고 더욱 중요한 것은 이렇게 눈에 보이는 표와 보증을 통해 우리가 다음 사실을 확신하길 원하셨습니다"

성찬은 단순히 가르침을 넘어, 우리에게 구원의 약속을 확증해 주는 하나님의 인치심입니다.

1) 성령으로 말미암는 실제적인 참여:

"먼저는 우리가 그리스도를 기념하면서 이 거룩한 표들을 우리의 육신의 입으로 받아먹듯이, 성령의 역사하심으로 말미암아 우리가 실제 그리스도의 참된 몸과 피에 참여하게 되었다는 것입니다."

개혁주의는 성찬에서 떡과 포도주가 물리적으로 그리스도의 몸과 피로 변하는 것은 아니지만, '성령의 역사하심' 으로 말미암아 우리는 참으로 그리스도의 몸과 피에 '영적으로 참여하게 된다' 고 믿습니다. 이 참여는 단순한 회상이 아니라, 그리스도와의 살아 있는 교제이며, 그분의 구속 사역의 능력을 우리의 영혼 속에서 실제로 경험하는 것입니다.

> **고린도전서 10 장 16, 17 절**: "우리가 축복하는 바 축복의 잔은 그리스도의 피에 참여함이 아니며 우리가 떼는 떡은 그리스도의 몸에 참여함이 아니냐 떡이 하나요 많은 우리가 한 몸이니 이는 우리가 다 한 떡에 참여함이라"

바울은 '참여' (코이노니아)라는 단어를 사용하며 이 영적인 실제적 연합을 강조합니다. 우리가 육체적으로 떡과 포도주를 받아먹듯이, 믿음으로 성찬에 임할 때 성령께서는 우리를 그리스도와 더욱 깊이 연합시키셔서 그분의 생명과 은혜를 영적으로 공급받게 하십니다.

2) 그리스도의 고난과 순종이 우리의 것이 됨:

"그리고 마치 우리가 직접 고난을 겪으며 우리가 우리의 죄에 대해 하나님께 속죄한 것처럼 그리스도의 모든 고난과 순종은 분명히 우리의 것이 되었다는 것입니다."

(1) 전가(Imputation): 그리스도께서 십자가에서 당하신 고난과 완전한 순종은 우

리의 죄를 대속하고 우리에게 의를 전가하기 위한 것이었습니다. 성찬은 이 놀라운 교환, 즉 '우리의 죄가 그리스도께 전가되고 그리스도의 의가 우리에게 전가되었다'는 사실을 가시적으로 인쳐줍니다.

(2) **우리를 위한 그리스도의 죽음과 순종:** 우리는 성찬을 통해 그리스도의 대속적 죽음과 완전한 순종이 바로 '나'를 위한 것이었고, 이로 인해 내가 죄 사함을 받고 하나님 앞에서 의롭다 인정받았다는 것을 더욱 확고하게 믿게 됩니다. 이는 '구원의 약속에 대한 흔들리지 않는 확신'을 제공합니다.

로마서 6장 5-11절: "만일 우리가 그의 죽으심과 같은 모양으로 연합한 자가 되었으면 또한 그의 부활과 같은 모양으로 연합한 자도 되리라 우리가 알거니와 우리의 옛 사람이 예수와 함께 십자가에 못 박힌 것은 죄의 몸이 죽어 다시는 우리가 죄에게 종노릇 하지 아니하려 함이니 이는 죽은 자가 죄에서 벗어나 의롭다 하심을 얻었음이라 만일 우리가 그리스도와 함께 죽었으면 또한 그와 함께 살 줄을 믿노니 이는 그리스도께서 죽은 자 가운데서 살아나셨으매 다시 죽지 아니하시고 사망이 다시 그를 주장하지 못할 줄을 앎이로라 그가 죽으심은 죄에 대하여 단번에 죽으심이요 그가 살아 계심은 하나님께 대하여 살아 계심이니 이와 같이 너희도 너희 자신을 죄에 대하여는 죽은 자요 그리스도 예수 안에서 하나님께 대하여는 살아 있는 자로 여길지어다"

정리

그리스도께서 성찬의 떡과 잔을 자신의 몸과 피로 비유하여 말씀하신 것에는 매우 중요한 영적 의미가 담겨있습니다. 첫째, 이는 그리스도의 십자가 희생이 우리 영혼의 영원한 생명을 위한 유일하고 참된 양식과 음료라는 것을 가르치려 하신 것입니다. 둘째, 더욱 중요한 것은 성찬의 눈에 보이는 표와 보증을 통해 우리가 성령의 역사로 그리스도의 몸과 피에 실제적으로 영적으로 참여하게 되었다는 것입니다. 이는 그분의 모든 고난과 순종이 마치 우리가 행한 것처럼 분명히 우리의 것이 되어 구원받았음을 확신시키기 위함입니다. 그러므로 성찬은 우리를 그리스도와 깊이 연합시키고, 그분의 대속적 구원의 은혜를 생생하게 경험하며 확신하게 하는 강력한 은혜의 수단입니다.

제 30 주일

하이델베르크 요리문답 제 80 문: 성찬과 로마 가톨릭 미사의 차이점

하이델베르크 요리문답 80 문은 개혁주의 성찬과 로마 가톨릭 교회의 미사(Mass)

간의 근본적인 차이점을 극명하게 대비시켜 설명합니다. 이 문답은 종교개혁의 핵심 교리 중 하나인 '오직 그리스도의 단번의 희생'과 '그리스도의 인성적 임재 방식'에 대한 이해의 중요성을 부각합니다.

80 문: 성찬과 로마카톨릭 교회의 미사는 서로 어떻게 다릅니까?

답:

성찬은 예수 그리스도께서 친히 십자가 위에서 단번에 이루신 유일한 희생에 의해 우리가 모든 죄를 완전히 용서받았다는 것과 인성으로는 지금 이 땅에 계시지 않고 하나님 아버지 우편에 계시어 거기서 우리들의 경배를 받으시는 그리스도께 우리가 성령에 의해 연합되었음을 증거합니다. [그러나 미사는 그리스도께서 산 자들이나 죽은 자들을 위해서 지금도 사제들에 의해 매일 드려지지 않는다면 그리스도께서 십자가 고난을 받으셨다 해도 아무도 죄 사함을 받지 못한다고 가르칩니다. 여기에 더해 그리스도께서 떡과 포도주의 형체 아래 몸으로 존재하기 때문에 그 속에서 경배를 받아야 한다고 가르칩니다. 그러므로 미사는 근본적으로 예수 그리스도의 단번의 희생과 고난을 부인하는 것이며 저주받을 우상숭배인 것입니다.]

(참조: 벨직 신앙고백 제 35 조)

강해

이 문답은 성찬과 미사의 차이를 두 가지 핵심적인 교리적 관점에서 설명합니다. 이는 곧 구속 사역의 완성도와 그리스도의 임재 방식 및 예배 대상에 관한 것입니다. 이 차이는 기독교 구원론과 예배론에 대한 개혁주의와 로마 가톨릭의 근본적인 견해 차이를 보여줍니다.

1. 구속 사역의 완성도: '단번의 희생' 대 '반복되는 희생'

1) 개혁주의 성찬: 그리스도의 '단번의 유일한 희생', '완전한 죄 사함'

개혁주의는 성찬을 통해 예수 그리스도께서 십자가 위에서 '단번에' 이루신 '유일한' 희생으로 우리가 모든 죄를 '완전히' 용서받았다는 것을 증거합니다. 이는 그리스도의 십자가 대속 사역이 한 번의 완벽한 희생으로 모든 구원을 성취했음을 의미합니다.

히브리서 9장 26절: "그리하면 그가 세상을 창조한 때부터 자주 고난을 받았어야 할 것이로되 이제 자기를 단번에 제물로 드려 죄를 없이 하시려고 세상 끝에 나타나셨느니라"

히브리서 10 장 10 절: "이 뜻을 따라 예수 그리스도의 몸을 단번에 드리심으로 말미암아 우리가 거룩함을 얻었노라"
히브리서 10 장 14 절: "그가 한 번의 제사로 거룩하게 된 자들을 영원히 온전하게 하셨느니라"

이 구절들은 그리스도의 희생이 '완전하고 최종적'임을 강조합니다. 성찬은 이 완성된 희생을 기념하고 그 유익에 참여하는 은혜의 방편이지, 희생을 반복하거나 재현하는 것이 아닙니다. 우리의 죄는 그리스도의 단번의 피 흘림으로 이미 완전히 용서받았습니다.

2) 로마카톨릭 미사: '매일 드려지는' 그리스도의 희생

반면에 로마 가톨릭 교회의 미사는 그리스도께서 산 자들이나 죽은 자들을 위해서 지금도 사제들에 의해 '매일 드려지지 않는다면' 그리스도께서 십자가 고난을 받으셨다 해도 아무도 죄 사함을 받지 못한다고 가르칩니다. 이는 미사를 단순한 기념이 아니라, 십자가 희생을 재현하고 반복하는 제사로 간주하는 화체설에 기반합니다.

(1) **트렌트 공의회(1545~1563)는** 미사를 '참되고 적절한 희생'(True and Proper Sacrifice)으로 선언하며, 미사가 십자가 제사의 속죄적 가치를 재현한다고 가르칩니다. 즉, 십자가 제사는 한 번이지만, 미사 제사는 반복되는 속죄 제사라는 것입니다.

(2) **이러한 교리는** 그리스도의 단번의 희생이 불충분하다고 보거나, 적어도 그 은혜가 미사 제사를 통해 지속적으로 적용되어야만 유효하다고 보는 관점입니다.

3) 비판: 요리문답은 이러한 미사의 이해가 "근본적으로 예수 그리스도의 단번의 희생과 고난을 부인하는 것"이라고 강력하게 비판합니다.

2. 그리스도의 임재 방식과 예배 대상

'승천하신 그리스도' 대 '떡과 포도주 안의 그리스도'

1) 개혁주의 성찬: '하늘에 계신 그리스도께 성령으로 연합되어 경배'

개혁주의는 성찬을 통해 그리스도께서 인성으로는 지금 이 땅에 계시지 않고 하나님 아버지 우편에 계시어, 거기서 우리들의 경배를 받으시는 그리스도께 우리가 성령에 의해 연합되었음을 증거합니다.

(1) **그리스도의 인성적 제한성:** 그리스도의 몸은 승천하시어 하늘에 계시며, 육체적으로는 동시에 여러 곳에 존재할 수 없습니다. 우리의 관심과 경배는 하늘에 계신 그리스도께 향해야 합니다.

사도행전 3 장 21 절: "하나님이 그를 받아들이실 때까지는 만물을 회복하실 때까지는 하늘에 있으리라"
골로새서 3장 1절: "그러므로 너희가 그리스도와 함께 다시 살리심을 받았으면 위의 것을 찾으라 거기는 그리스도께서 하나님 우편에 앉아 계시느니라"
히브리서 1 장 3 절: "이는 하나님의 영광의 광채시요 그 본체의 형상이시라 그의 능력의 말씀으로 만물을 붙드시며 죄를 정결하게 하는 일을 하시고 높은 곳에 계신 지극히 크신 이의 우편에 앉으셨느니라"

(2) 성령으로 연합됨: 성찬에서 그리스도와의 연합은 떡과 포도주가 변하는 방식이 아니라, 성령의 신비로운 역사를 통해 이루어집니다. 성령께서는 믿는 자들을 그리스도께로 들어 올려 영적으로 연합시켜 주십니다.

고린도전서 6 장 17 절: "주와 합하는 자는 한 영이니라"
고린도전서 10 장 16, 17 절: "우리가 축복하는 바 축복의 잔은 그리스도의 피에 참여함이 아니며 우리가 떼는 떡은 그리스도의 몸에 참여함이 아니냐 떡이 하나요 많은 우리가 한 몸이니 이는 우리가 다 한 떡에 참여함이라"

2) 로마 가톨릭 미사: '떡과 포도주 형체 아래 계신 그리스도께 경배'

로마 가톨릭 미사는 그리스도께서 떡과 포도주의 형체 아래 '몸으로 존재'하기 때문에 그 속에서 경배를 받아야 한다고 가르칩니다. 화체설에 따라 떡과 포도주가 실제 그리스도의 몸과 피로 변했으므로, 이 변화된 성체(Host)를 향해 경배를 드립니다. 이는 성체 숭배(Adoration of the Host)로 나타나며, 성체를 감실에 보관하고 행렬하는 등의 의식이 있습니다.

요리문답은 이러한 행위가 '저주받을 우상숭배인 것입니다'라고 강력히 비판합니다. 이는 유한한 물질인 떡과 포도주 안에 그리스도께서 갇혀 계신다는 오해를 낳고, 그 물질을 향해 경배를 드리는 것이기 때문에, 하늘에 계신 그리스도께 드려야 할 경배를 잘못된 대상에게 돌리는 우상숭배에 해당한다는 주장입니다.

정리

성찬과 로마 가톨릭 미사는 구원의 본질과 그리스도의 임재 방식에 대한 근본적인 차이를 가지고 있습니다. 개혁주의 성찬은 예수 그리스도께서 십자가 위에서 단번에 이루신 완전한 희생을 통해 모든 죄가 용서받았음을 증거하고, 육체적으로는 하늘 보좌 우편에 계신 그리스도께 성령으로 연합되어 경배하는 것을 의미합니다. 반면에 로마 가톨릭 미사는 그리스도의 희생이 매일 반복되어야 죄 사함을 받을 수 있다고 가르치며, 떡과 포도주가 실제 그리스도의 몸과 피로 변한다는 믿음을 바탕으로 그 물질 안의 그리스도에게 경배를 드립니다.

이러한 차이는 미사가 예수 그리스도의 단번의 희생을 부인하고 우상숭배에 해당한다는 개혁주의의 강력한 비판으로 이어집니다. 이 문답은 종교개혁의 중요한 성과 중 하나로서, 복음의 순수성과 올바른 예배의 중요성을 강조하고 있습니다.

하이델베르크 요리문답 제 81 문: 성찬의 참여 대상

하이델베르크 요리문답 81 문은 '성찬이 누구를 위한 것인지', 즉 성찬에 참여할 수 있는 대상이 누구인지를 명확하게 말해줍니다. 이는 성찬이 모든 사람에게 열려 있는 것이 아니라, 특정한 영적 상태와 믿음을 가진 자들을 위한 것임을 제시하며, 성찬의 거룩성과 참여의 중요성을 강조합니다.

81 문: 성찬은 누구를 위한 것입니까?

답:

자기의 죄를 진실로 슬퍼하면서도 이러한 죄가 그리스도로 인하여 용서되었다는 것과 자기에게 남아있는 연약함이 그리스도의 고난과 죽음으로 인하여 가려졌다는 것을 믿는 사람들을 위한 것입니다. 또한 자신의 믿음을 더욱 더 강화시키고자 하며, 더욱 거룩한 삶을 살기를 간절히 원하는 사람들을 위한 것입니다. 그러나 외식하는 자들과 성실한 마음으로 하나님께 돌이키지 않는 자들은 자기가 받을 심판을 먹고 마시는 것입니다.

(참조: 벨직 신앙고백 제 35 조)

강해

이 문답은 성찬에 합당하게 참여할 수 있는 자들의 특징을 두 가지 주요 그룹으로 나누어 설명합니다. 즉, 자신의 죄를 인식하고 그리스도의 용서를 믿는 자들과 믿음의 성장과 거룩한 삶을 갈망하는 자들입니다. 동시에, 합당하지 않은 참여가 가져올 위험성에 대해서도 경고합니다.

1. 성찬에 합당한 참여자(1): '죄를 슬퍼하고 그리스도의 용서를 믿는 자들'

"자기의 죄를 진실로 슬퍼하면서도 이러한 죄가 그리스도로 인하여 용서되었다는 것과 자기에게 남아있는 연약함이 그리스도의 고난과 죽음으로 인하여 가려졌다는 것을 믿는 사람들을 위한 것입니다."

성찬에 참여하는 자들에게는 기본적으로 회개와 믿음이 있어야 합니다.

1) 자기 죄를 진실로 슬퍼함(회개): 성찬은 죄를 가볍게 여기는 자들에게 주어지지 않습니다. 자신의 죄를 진정으로 깨닫고 그것에 대해 마음 아파하며 돌이키려는 마음, 즉 '회개하는 심령'이 필요합니다. 이는 단지 죄를 고백하는 것을 넘어, 죄에 대한 깊은 슬픔과 함께 죄로부터 떠나려는 의지를 포함합니다.

2) 그리스도로 인한 용서와 연약함의 가려짐을 믿음(믿음): 회개와 더불어 필수적인 것은 예수 그리스도의 십자가 희생으로 자신의 모든 죄가 용서받았다는 '확고한 믿음'입니다. 우리는 여전히 연약하여 죄의 유혹에 넘어지기도 하지만, 이러한 남아있는 연약함조차도 그리스도의 완전한 고난과 죽음으로 인해 하나님 앞에서 '가려졌다', 즉 '용서받고 덮어졌음'을 믿는 믿음이 필요합니다. 이는 우리가 완전해서 성찬에 참여하는 것이 아니라, '우리 주' 예수 그리스도의 완전한 의를 의지하여 참여함을 의미합니다.

> **시편 103편 1-4절**: "[다윗의 시] 내 영혼아 여호와를 송축하라 내 속에 있는 것들아 다 그의 거룩한 이름을 송축하라 내 영혼아 여호와를 송축하며 그의 모든 은택을 잊지 말지어다 그가 네 모든 죄악을 사하시며 네 모든 병을 고치시며 네 생명을 파멸에서 속량하시고 인자와 긍휼로 관을 씌우시며"
> **로마서 8장 1절**: "그러므로 이제 그리스도 예수 안에 있는 자에게는 결코 정죄함이 없나니"
> **요한일서 1장 9절**: "만일 우리가 우리 죄를 자백하면 그는 미쁘시고 의로우사 우리 죄를 사하시며 우리를 모든 불의에서 깨끗하게 하실 것이요"

2. 성찬에 합당한 참여자(2): '믿음의 성장과 거룩한 삶을 갈망하는 자들'

"또한 자신의 믿음을 더욱 더 강화시키고자 하며, 더욱 거룩한 삶을 살기를 간절히 원하는 사람들을 위한 것입니다."

성찬은 이미 완성된 구원을 기념할 뿐만 아니라, 우리의 영적인 성장을 돕는 은혜의 수단이기도 합니다.

1) 믿음의 강화 갈망: 성찬은 우리의 믿음을 새롭게 하고 굳건히 하는 수단입니다. 따라서 자신의 믿음이 연약함을 알고, 주님 안에서 더욱 강한 믿음을 소유하기를 갈망하는 자들은 성찬에 참여해야 합니다. 성찬을 통해 우리는 그리스도와의 영적 연합을 깊이 경험하며, 그분의 은혜로 믿음이 자라나게 됩니다.

2) 거룩한 삶에 대한 간절한 소원: 성찬은 죄 용서뿐만 아니라, 죄에 대해 죽고 의에 대해 사는 삶, 즉 '성화를 향한 갈망'을 가진 자들을 위한 것입니다. 성찬에 참여함으

로써 우리는 그리스도의 순결한 삶을 본받고, 성령의 도우심으로 죄를 이기며 거룩하게 살아가려는 결단을 새롭게 하게 됩니다. 성찬은 이 새 생명으로 사는 삶을 강화합니다.

요한복음 7 장 37,38 절: "명절 끝날 곧 큰 날에 예수께서 서서 외쳐 이르시되 누구든지 목마르거든 내게로 와서 마시라 나를 믿는 자는 성경에 이름과 같이 그 배에서 생수의 강이 흘러나오리라 하시니"
로마서 6 장 4 절: "그러므로 우리가 그의 죽으심과 합하여 세례를 받음으로 그와 함께 장사되었나니 이는 아버지의 영광으로 말미암아 그리스도를 죽은 자 가운데서 살리심과 같이 우리로 또한 새 생명 가운데서 행하게 하려 함이라"

3. 성찬에 합당하지 않은 참여자: '외식하는 자들과 불성실한 자들'

"그러나 외식하는 자들과 성실한 마음으로 하나님께 돌이키지 않는 자들은 자기가 받을 심판을 먹고 마시는 것입니다."

이 경고는 성찬이 결코 가볍게 여겨서는 안 되는 거룩한 의식임을 강조합니다.

1) 외식하는 자들: 겉으로는 신앙인의 모습을 보이지만 속으로는 진실된 믿음이나 회개가 없는 자들을 의미합니다.

2) 성실한 마음으로 하나님께 돌이키지 않는 자들: 죄를 뉘우치지 않고 죄악된 삶에서 돌아서려는 의지가 없는 자들을 말합니다.

3) 심판을 먹고 마심: 이와 같은 자들은 고린도전서 11 장 27-29 절에서 바울 사도가 경고한 바와 같이 자기 죄를 먹고 마시는 자입니다.

고린도전서 11 장 27-29 절: "그러므로 누구든지 주의 떡이나 잔을 합당하지 않게 먹고 마시는 자는 주의 몸과 피에 대하여 죄를 짓는 것이니라 사람이 자기를 살피고 그 후에야 이 떡을 먹고 이 잔을 마실지니 주의 몸을 분별하지 못하고 먹고 마시는 자는 자기의 죄를 먹고 마시는 것이니라"

합당하지 않게 성찬에 참여하는 것은 그리스도의 희생을 모독하고, 하나님의 심판을 자초하는 행위로서 자기가 받을 심판을 먹고 마시는 것입니다. 이는 성찬이 우리의 죄를 가려주기 보다는 우리의 영적 상태를 드러내는 거울이 될 수 있음을 시사합니다.

정리

성찬은 단순히 교회에 출석하는 모든 이들을 위한 것이 아니라, 자신의 죄를 진실로 슬퍼하고 그리스도의 용서와 대속의 은혜를 믿는 자들, 그리고 믿음의 성장과 거룩한 삶을 간절히 추구하는 자들을 위한 것입니다. 이는 성찬이 죄 사함과 영생의 확신을 주는 동시에, 성화를 향한 우리의 열망을 새롭게 하는 은혜의 수단이기 때문입니다. 따라서 우리는 성찬에 참여하기 전에 '자신의 믿음과 회개의 진정성을 깊이 살피고', 합당하지 않은 태도로 참여하여 오히려 하나님의 심판을 자초하는 어리석음을 범하지 않도록 늘 깨어있어야 합니다.

하이델베르크 요리문답 제 82 문: 성찬 참여의 자격과 교회 치리

하이델베르크 요리문답 82 문은 성찬 참여의 자격에 대한 중요한 질문을 다룹니다. 앞선 81 문은 성찬에 참여할 때 우리의 자세가 어떠해야하는지, 그 자세에 대해, 그리고 성찬 참여에 합당하지 않은 자들에 대해서도 말했습니다. 본 82 문은 81 문을 바탕으로 믿지 않는다고 말하고 경건하게 살지도 않는 사람들을 성찬에 참여하게 해도 되는가에 대해 묻습니다. 이에 대한 답은 단호합니다.

82 문: 자신은 믿지 않는다고 말하고 경건하게 살지도 않는 사람들을 성찬에 참여하게 해도 됩니까?

답:

안 됩니다. 그렇게 되면 하나님의 언약이 더럽혀져서 하나님의 진노가 모든 회중에게 임하게 될 것입니다. 그러므로 그리스도의 교회는 그리스도와 사도들의 명령에 따라 천국의 열쇠를 사용하여, 그러한 사람들의 삶이 변화될 때까지 성찬에서 제외시킬 의무가 있습니다.

(참조: 벨직 신앙고백 제 30 조, 제 31 조, 제 32 조, 제 35 조)

강해

이 문답은 성찬이 단순한 친목의 자리가 아니라, '하나님의 거룩한 언약의 표징'이므로, 합당하지 않은 자의 참여는 '심각한 결과'를 초래할 수 있음을 경고합니다. 특별히 이 문제에 대해 이에 따르는 교회의 책임에 대해서 엄중하게 말합니다. 이 문답은 교회가 성찬의 거룩성을 적극적으로 보호하고, 여기에 대한 분명한 의무로서 교회의 치리가 있어야함을 강조합니다.

1. "안 됩니다": '불신자와 불경건한 자의 성찬 참여 불허'

요리문답은 믿지 않거나 경건하게 살지 않는 사람들의 성찬 참여에 대해 "안 됩니다"라고 단호하게 거부합니다. 이는 성찬이 모든 사람에게 열려 있는 일반적인 식사가 아니라, 오직 그리스도를 주로 믿고 그분의 은혜를 의지하는 자들에게 주어진 특별한 은혜의 방편이기 때문입니다.

2. 참여 불허의 이유: '하나님의 언약의 더럽힘과 진노'

"그렇게 되면 하나님의 언약이 더럽혀져서 하나님의 진노가 모든 회중에게 임하게 될 것입니다"

1) 하나님의 언약의 더럽힘: 성찬은 하나님과 그분의 백성 사이에 맺은 '새 언약의 표징'입니다. 이 언약은 성자 예수 그리스도의 피로 세워졌고, 죄 사함과 영생을 믿는 자들에게 주어지는 거룩한 약속입니다. 믿지 않거나 죄 가운데 사는 자들이 성찬에 참여하는 것은 이 거룩한 언약의 의미를 훼손하고 그 순수성을 더럽히는 행위로 간주됩니다. 이는 그리스도의 희생을 모독하는 것입니다.

2) 하나님의 진노가 임함: 바울 사도는 고린도교회 성도들에게 합당치 않게 성찬에 참여할 경우 주님의 심판을 받게 될 것이라고 강력하게 경고합니다. 이는 개인의 심판뿐만 아니라, 그러한 참여를 방치하는 공동체 전체에도 하나님의 진노가 임할 수 있음을 시사합니다. 그는 합당치 않은 성찬 참여가 육체적인 질병과 죽음까지도 초래할 수 있음을 말하고 있습니다. 교회는 언제나 하나님의 거룩함을 지켜야 합니다.

> **고린도전서 11장 27-30절**: "그러므로 누구든지 주의 떡이나 잔을 합당하지 않게 먹고 마시는 자는 주의 몸과 피에 대하여 죄를 짓는 것이니라 사람이 자기를 살피고 그 후에야 이 떡을 먹고 이 잔을 마실지니 주의 몸을 분별하지 못하고 먹고 마시는 자는 자기의 죄를 먹고 마시는 것이니라 그러므로 너희 중에 약한 자와 병든 자가 많고 잠자는 자도 적지 아니하니"

3. 교회의 의무: '천국의 열쇠 사용과 성찬 제외'

"그러므로 그리스도의 교회는 그리스도와 사도들의 명령에 따라 천국의 열쇠를 사용하여, 그러한 사람들의 삶이 변화될 때까지 성찬에서 제외시킬 의무가 있습니다."

이는 교회의 권징(Discipline) 또는 치리의 중요성을 강조합니다.

1) 천국의 열쇠: 마태복음 16장 19절에서 예수님께서 베드로에게 "천국 열쇠를 네게 주리니 네가 땅에서 무엇이든지 매면 하늘에서도 매일 것이요 네가 땅에서 무엇이든지 풀면 하늘에서도 풀리리라"고 말씀하셨습니다. 개혁주의는 이 '천국의 열쇠'를 말씀 선포와 권징(교회 치리)의 권한으로 이해합니다.

(1) 말씀 선포의 열쇠: 복음을 통해 죄인들을 회개시켜 천국으로 들어가게 하고

(풀어주는 것), 불신을 고집하는 자들에게는 천국 문을 닫는(매는 것) 역할을 합니다.

(2) **권징의 열쇠**: 교회가 말씀에 불순종하거나 죄악된 삶을 사는 자들을 바로잡고, 필요하다면 성찬 참여나 교회 회원권을 일시적으로 정지시켜 그들이 회개하고 돌이키도록 돕는 역할을 합니다. 이는 사랑과 훈육의 행위이며, 궁극적으로는 그 영혼의 구원을 위한 것입니다.

2) **성찬에서 제외시킬 의무**: 교회는 단순한 친목 단체가 아니라, 그리스도의 거룩한 몸입니다. 따라서 교회를 거룩하게 유지하고 하나님의 영광을 나타내기 위해, 명백하게 믿음이 없거나 불경건한 삶을 사는 자들의 성찬 참여를 제한할 의무가 있습니다. 이는 그들을 영원히 배제하는 것이 아니라, '삶이 변화될 때까지'라는 단서를 통해 궁극적으로는 그들의 회개를 기다리는 목적을 가집니다.

> **고린도전서 5장 11-13절**: "이제 내가 너희에게 쓴 것은 만일 어떤 형제라 일컫는 자가 음행하거나 탐욕을 부리거나 우상 숭배를 하거나 모욕하거나 술 취하거나 속여 빼앗거든 사귀지도 말고 그런 자와는 함께 먹지도 말라 함이라 밖에 있는 사람들을 판단하는 것이야 내게 무슨 상관이 있으리요마는 교회 안에 있는 사람들이야 너희가 판단하지 아니하랴 밖에 있는 사람들은 하나님이 심판하시려니와 이 악한 사람은 너희 중에서 내쫓으라"
> **디도서 3장 10, 11절**: "이단에 속한 사람을 한두 번 훈계한 후에 멀리하라 이러한 사람은 네가 아는 바와 같이 부패하여 스스로 정죄한 자로서 죄를 짓느니라"

바울 사도는 음행하는 자와는 사귀지도 말고 그 사람과 함께 먹지도 말라고 명령하며, 교회 안의 악한 자들을 내쫓을 것을 촉구합니다. 이는 교회의 거룩성을 위한 권징의 한 형태입니다.

정리

자신은 믿지 않는다고 말하거나 경건하게 살지 않는 사람들을 성찬에 참여하게 해서는 안 됩니다. 이는 그러한 행위가 하나님의 '거룩한 언약을 더럽히고' 온 회중에게 '하나님의 진노'를 가져올 수 있기 때문입니다. 그러므로 그리스도의 교회는 '천국의 열쇠'인 말씀 선포와 권징의 권한을 사용하여, 그러한 자들이 진정으로 회개하고 삶이 변화될 때까지 그들의 성찬 참여를 제한할 거룩한 의무가 있습니다. 이 문답은 성찬의 신성함과 교회의 책임 있는 치리의 중요성을 강력하게 천명합니다.

제 31 주일
하이델베르크 요리문답 제 83 문: 천국의 열쇠의 의미

하이델베르크 요리문답 83문은 앞선 82문에서 언급된 '천국의 열쇠'가 구체적으로 무엇을 의미하는지에 대해 설명합니다. 이 문답은 교회가 받은 천국의 열쇠가 두 가지 핵심적인 사역, 즉 '복음 설교'와 '교회 권징'(출교)을 통해 어떻게 천국 문을 열고 닫는 권한으로 행사되는지를 명확히 제시합니다.

83 문: 천국의 열쇠란 무엇입니까?

답:

거룩한 복음을 설교하는 것과 교회의 권징, 혹은 출교인데, 천국은 이 두 가지를 통해 믿는 자들에게는 열리고 믿지 않는 자에게는 닫힙니다.

(참조: 벨직 신앙고백 제 28 조, 제 29 조, 제 30 조)

강해

이 문답은 마태복음 16 장 19 절에서 예수님께서 베드로에게 주신 '천국 열쇠'의 의미를 개혁주의적인 관점에서 해석합니다. 이는 교회의 권세가 자의적인 것이 아니라, 그리스도의 말씀에 기반한 것이며, 그 목적은 영혼을 구원으로 인도하고 교회의 거룩성을 유지하는 데 있음을 보여줍니다.

1. 천국의 열쇠는 교회의 권세

'천국의 열쇠'는 교회가 주님으로부터 받은 영적인 권세입니다. 이 권세는 어떤 특정 개인(예: 교황)에게만 주어진 것이 아니라, '교회 공동체 전체'에 주어진 것입니다. 이 권세는 세상을 지배하는 정치적 권세가 아니라, 영적인 영역, 즉 천국으로의 문을 열고 닫는 권세입니다.

마태복음 16 장 19 절: "내가 천국 열쇠를 네게 주리니 네가 땅에서 무엇이든지 매면 하늘에서도 매일 것이요 네가 땅에서 무엇이든지 풀면 하늘에서도 풀리리라 하시고"

2. 첫 번째 열쇠(초대의 열쇠): "거룩한 복음을 설교하는 것"

천국의 첫 번째 열쇠는 바로 "거룩한 복음을 설교하는 것"입니다. 복음 설교는 천국 문을 여는 가장 기본적인 수단입니다.

1) 복음의 능력: 복음은 죄인들을 구원하고 하나님께로 인도하는 하나님의 능력입니다. 성령께서는 복음 말씀을 통해 사람들의 마음을 열어 죄를 깨닫게 하고, 예수 그리스도를 믿음으로 구원받게 하십니다.

> **로마서 1장 16절**: "내가 복음을 부끄러워하지 아니하노니 이 복음은 모든 믿는 자에게 구원을 주시는 하나님의 능력이 됨이라 첫째는 유대인에게요 또한 헬라인에게로다"

2) 믿는 자들에게는 천국 문이 열림: 복음이 선포될 때, 그 복음을 '믿음으로 받아들이는 자들'에게는 천국 문이 열립니다. 그들은 죄 사함을 받고 하나님과의 화목을 누리며, 영원한 생명을 얻게 됩니다. 이처럼 복음 설교는 죄인들에게 천국으로 들어갈 수 있는 유일한 길을 제시합니다.

3) 믿지 않는 자에게는 천국 문이 닫힘: 반대로, 복음이 선포됨에도 불구하고 '믿기를 거부하는 자들'에게는 천국 문이 닫힙니다. 그들은 계속해서 죄 아래에 머물러 있으며, 하나님의 진노 아래에 있게 됩니다. 복음은 믿는 자에게는 생명의 향기이나, 믿지 않는 자에게는 사망의 냄새가 됩니다.

> **고린도후서 2장 16절**: "이 사람에게는 사망으로부터 사망에 이르는 냄새요 저 사람에게는 생명으로부터 생명에 이르는 냄새라 누가 이 일을 감당하리요"

3. 두 번째 열쇠(훈육의 열쇠): "교회의 권징, 혹은 출교"

천국의 두 번째 열쇠는 "교회의 권징, 혹은 출교"입니다. 이는 말씀 선포에 따른 결과로서, 교회의 거룩성을 유지하고 영혼의 회개를 돕기 위한 수단입니다.

1) 권징: 교회 권징은 단순히 죄를 처벌하는 것이 아닙니다. 그 목적은 죄에 빠진 성도가 회개하고 돌이켜 온전한 신앙생활로 돌아오도록 돕는 '훈육과 교정'에 있습니다. 또한 교회의 거룩성을 보존하고, 세상 앞에서 교회의 덕을 세우는 목적도 있습니다.

2) 믿고 회개하는 자들에게는 천국 문이 열림: 권징은 때로 고통스러운 과정이지만, 이 과정을 통해 자신의 죄를 깨닫고 믿고 회개하는 자들에게는 다시 천국 문이 열립니다. 즉, 공동체로부터 일시적으로 제외되었던 자가 회개하였을 때 교회는 그들을 다시 언약 공동체로 받아들여 천국 문을 열어주는 역할을 합니다.

3) 믿지 않는 자에게는 천국 문이 닫힘: 반면, 명백한 죄를 범하고 믿음과 회개하기를 거부하며 교회의 권징에 불순종하는 자들에게는 출교가 시행될 수 있습니다. 출교(Excommunication)는 그들이 더 이상 언약 공동체의 일원이 아님을 공적으로 선포하여 교회 공동체와의 교제를 단절하는 것으로, 그들이 죄를 회개하지 않는 한 천국

문이 그들에게 닫혀 있음을 가시적으로 보여줍니다. 이는 교회가 불순종하는 자들을 사단의 권세에 넘겨주는 상징적인 행위로서, 궁극적으로는 그들의 영혼이 회개하여 구원받기를 바라는 간절한 사랑에서 나오는 것입니다. 교회는 이러한 명확한 권징의 권한이 있습니다. 바울 사도는 음행한 자를 사탄에게 내어 주어 육신은 멸하고 영은 주 예수의 날에 구원을 받게 하라고 가르칩니다. 이는 권징의 궁극적인 목적이 회개와 구원에 있음을 보여줍니다.

마태복음 18장 17-18절: "만일 그들의 말도 듣지 않거든 교회에 말하고 교회의 말도 듣지 않거든 이방인과 세리와 같이 여기라 진실로 너희에게 이르노니 무엇이든지 너희가 땅에서 매면 하늘에서도 매일 것이요 땅에서 무엇이든지 풀면 하늘에서도 풀리리라"
요한복음 20장 22, 23절: "이 말씀을 하시고 그들을 향하사 숨을 내쉬며 이르시되 성령을 받으라 너희가 누구의 죄든지 사하면 사하여질 것이요 누구의 죄든지 그대로 두면 그대로 있으리라 하시니라"
고린도전서 5장 4, 5절: "주 예수의 이름으로 너희가 내 영과 함께 모여서 우리 주 예수의 능력으로 이런 자를 사탄에게 내주었으니 이는 육신은 멸하고 영은 주 예수의 날에 구원을 받게 하려 함이라"

정리

'천국의 열쇠'는 '거룩한 복음을 설교하는 것'과 '교회의 권징'(출교)이라는 두 가지 핵심적인 사역을 의미합니다. 이 두 가지 열쇠를 통해 교회는 믿음을 가진 자들에게는 천국 문을 열어주고, 불신앙과 불순종에 머무는 자들에게는 천국 문이 닫혀 있음을 선언합니다. 복음 설교는 영혼을 구원으로 인도하는 '초대의 열쇠'이며, 권징은 교회의 거룩성을 보존하고 불순종하는 자들이 회개하여 다시금 천국 문으로 들어올 수 있도록 돕는 사랑의 '훈육 열쇠'입니다. 이로써 교회는 그리스도께서 주신 권세로 영혼을 구원하고 하나님의 영광을 드러내는 사명을 감당합니다.

하이델베르크 요리문답 제84문: 복음 설교를 통한 천국의 열고 닫힘

하이델베르크 요리문답 83 문에서 천국 열쇠로서 '복음 선포'와 '권징' 두 개가 있음을 말하고 강해에서도 이에 대해 간략히 말했습니다. 이제 84 문과 85 문에서는 각각 하나씩 이 두 개의 천국 열쇠에 대해 문답을 통해 깊은 이해에 도달하고자 합니다. 먼저 요리문답 84 문에서는 "거룩한 복음을 설교하는 것"이 어떻게 천국을 열고 닫는 권세로 작용하는지에 대해 구체적으로 설명합니다.

84문: 거룩한 복음을 설교할 때 어떻게 천국이 열리고 닫힙니까?
답:

그리스도의 명령에 따라 복음이 모든 성도들 개개인에게 선포되고 공적으로 증거될 때, 그리고 언제든지 진실된 믿음으로 복음의 약속을 받아들일 때 그들은 그리스도의 공로 덕분에 실제로 하나님으로부터 모든 죄를 용서받습니다.

반대로 복음을 듣고 또한 그 내용이 자기들에게 증거되어졌음에도 불구하고, 이를 받아들이지도 않고 성실하게 회개하지 않는 사람들은(혹은 위선자들은), 그 마음을 돌이키지 않는 한, 하나님의 진노와 영원한 정죄를 받게 될 것입니다. 하나님께서는 복음의 증거를 따라 이 세상에서와 장차 올 세상에서 그들을 심판하실 것입니다.

(참조: 벨직 신앙고백 제23조, 제29조)

강해

이 문답은 복음 설교가 단순히 정보를 전달하는 행위를 넘어, '하나님의 심판과 구원의 선언으로서 천국 문을 열고 닫는 권세'를 지님을 두 가지 대조적인 결과로 설명합니다.

1. 복음 설교를 통한 천국 문의 열림

"그리스도의 명령에 따라 복음이 모든 성도들 개개인에게 선포되고 공적으로 증거 될 때, 그리고 언제든지 진실 된 믿음으로 복음의 약속을 받아들일 때 그들은 그리스도의 공로 덕분에 실제로 하나님으로부터 모든 죄를 용서받습니다."

1) 그리스도의 명령: '복음 선포'는 교회의 임의적인 활동이 아니라, 예수 그리스도께서 직접 명령하신 지상대명령(마태복음 28:19, 20)에 따른 것입니다. 교회의 모든 성도는 개인적으로나 공적으로 복음을 증거할 사명이 있습니다.

2) 복음의 선포와 증거: 복음 선포는 단순히 교리적인 내용을 나열하는 것이 아니라, 예수 그리스도의 죽음과 부활을 통한 구원의 기쁜 소식을 선포하고 증거하는 것입니다. 이 선포는 개인적인 전도 활동과 교회의 공적인 예배를 통해 이루어집니다.

3) 진실된 믿음으로 약속을 받아들임: 복음이 선포될 때, '진실된 믿음'으로 그 복음의 약속(예수 그리스도를 믿는 자에게 주어지는 죄 사함과 영생)을 '받아들이는 자들'에게 천국 문이 열립니다. 여기서 '진실된 믿음'은 단순히 지적인 동의를 넘어, 인격적인 신뢰와 순종을 포함합니다.

4) 그리스도의 공로 덕분: 믿는 자들이 죄 용서와 구원을 받는 것은 그들의 선행이나 자격 때문이 아니라, 오직 '예수 그리스도의 완전한 대속적 공로' 덕분입니다. 복음은 이 공로를 제시하며, 믿음을 통해 이 공로가 우리에게 적용됩니다.

5) 실제로 모든 죄 용서: 복음을 믿음으로 받아들일 때, 그들은 '실제로' 하나님으로부터 모든 죄를 용서받습니다. 이는 장차 받을 약속이 아니라, 현재적으로 주어지는 확실한 은혜입니다. 그들은 죄의 굴레에서 해방되어 하나님과의 관계가 회복되고 천국의 은혜에 참여하게 됩니다.

> **요한복음 20장 21-23절**: "예수께서 또 이르시되 너희에게 평강이 있을지어다 아버지께서 나를 보내신 것 같이 나도 너희를 보내노라 이 말씀을 하시고 그들을 향하사 숨을 내쉬며 이르시되 성령을 받으라 너희가 누구의 죄든지 사하면 사하여질 것이요 누구의 죄든지 그대로 두면 그대로 있으리라 하시니라"

2. 복음 설교를 통한 천국 문의 닫힘

"반대로, 복음을 듣고 또한 그 내용이 자기들에게 증거되어졌음에도 불구하고, 이를 받아들이지도 않고 성실하게 회개하지 않는 사람들은(혹은 위선자들은), 그 마음을 돌이키지 않는 한, 하나님의 진노와 영원한 정죄를 받게 될 것입니다"

1) 복음의 명확한 증거: 천국 문이 닫히는 것은 사람들이 복음을 몰랐기 때문이 아니라, 복음을 듣고 그 내용이 분명하게 증거되었음에도 불구하고 이를 거부했기 때문입니다. 이는 그들이 복음을 들을 기회를 얻었음에도 불구하고 고의적으로 외면했음을 의미합니다.

2) 받아들이지 않음과 불성실한 회개(혹은 위선): 천국 문이 닫히는 자들은 복음을 믿음으로 받아들이기를 거부하거나, 죄를 뉘우치고 하나님께 돌이키는 진실된 회개를 하지 않는 자들입니다. '위선자들'은 겉으로는 믿는 척하지만 마음속으로는 믿지 않고 죄 가운데 살고자 하는 자들을 지칭합니다.

3) "마음 돌이키지 않는 한": 하나님의 심판은 즉각적일 수도 있지만, 하나님께서는 인내하시며 회개할 기회를 주십니다. 그러나 "그 마음을 돌이키지 않는 한"이라는 말은 회개치 않는 고집이 심판으로 이어진다는 것을 강조합니다.

4) "하나님의 진노와 영원한 정죄": 복음을 거부한 결과는 단순히 구원을 받지 못하는 것을 넘어, '하나님의 진노'와 '영원한 정죄'에 처하게 되는 것입니다. 이는 죄에 대한 하나님의 의로운 심판입니다.

요한복음 3 장 18 절: "그를 믿는 자는 심판을 받지 아니하는 것이요 믿지 아니하는 자는 하나님의 독생자의 이름을 믿지 아니하므로 벌써 심판을 받은 것이니라"
요한복음 8 장 24 절: "그러므로 내가 너희에게 말하기를 너희가 너희 죄 가운데서 죽으리라 하였노라 너희가 만일 내가 그인 줄 믿지 아니하면 너희 죄 가운데서 죽으리라"

3. 복음의 증거에 따른 심판

"하나님께서는 복음의 증거를 따라 이 세상에서와 장차 올 세상에서 그들을 심판하실 것입니다."

이는 복음의 증거가 모든 인류에 대한 하나님의 선언이며, 그 반응에 따라 심판이 이루어질 것임을 의미합니다. 복음을 들은 자들에게는 복음의 내용 자체가 그들의 심판 기준이 됩니다.

고린도후서 2 장 15, 16 절: "우리는 구원 받는 자들에게나 망하는 자들에게나 하나님 앞에서 그리스도의 향기니 이 사람에게는 사망으로부터 사망에 이르는 냄새요 저 사람에게는 생명으로부터 생명에 이르는 냄새라 누가 이 일을 감당하리요"

정리

거룩한 복음 설교는 영혼의 운명을 결정하는 천국의 열쇠와 같은 역할을 합니다. 그리스도의 명령에 따라 복음이 선포될 때, 진실된 믿음으로 그 약속을 받아들이는 자들에게는 그리스도의 공로를 힘입어 모든 죄가 용서되어 천국 문이 열립니다. 그러나 복음을 듣고도 이를 거부하고 회개하지 않는 자들에게는 그 마음을 돌이키지 않는 한 하나님의 진노와 영원한 정죄가 임하여 천국 문이 닫히게 됩니다. 이 문답은 복음 선포의 중대한 권위와 함께, 우리가 복음에 어떻게 반응해야 하는지에 대한 분명한 경고와 도전을 담고 있습니다.

하이델베르크 요리문답 제 85 문: 교회 권징을 통한 천국의 열고 닫힘

하이델베르크 요리문답 85 문은 '천국의 열쇠' 중 두 번째인 교회의 권징이 '어떻게 천국을 열고 닫는 권세로 작용하는지'에 대해 설명합니다. 이는 권징이 교회가 그리스도의 명령에 따라 죄에 빠진 성도를 훈육하고, 회개를 촉구하며, 궁극적으로는 교회의 거룩성을 유지하는 데 중요한 역할을 하기 때문입니다.

85 문: 어떻게 천국이 교회의 권징에 의해 닫히기도 하고 열리기도 합니까?

답:

그리스도의 명령에 따라 그렇게 됩니다. 그리스도인이라고 자칭하며 믿는다고 하면서도 교리에 맞지 않게 행하며, 형제들로부터 여러 번 권고를 받고 난 후에도 자기의 잘못이나 악한 생활을 포기하지 않는 사람들은 교회 또는 교회가 그 일로 인하여 임명한 사람들(치리회)에게 보고됩니다. 그리고 그들이 교회의 권고를 무시한다면 성례에 참여하지 못하게 합니다(수찬금지).

이로 인해 그들은 교회에서 제명될 뿐만 아니라 하나님께서는 친히 그들을 그리스도의 나라에 들어가지 못하게 하십니다. 그러나 그들이 참된 회개를 약속하고 이를 증명해 보일 때는 그리스도와 그의 교회의 지체로 다시 받아들여집니다.

(참조: 벨직 신앙고백 제29조, 제30조, 제31조, 제32조)

강해

이 문답은 교회 권징의 근거, 절차, 목적, 그리고 결과를 설명합니다. 권징은 단순히 처벌이 아니라, 죄인을 회개로 이끌고 교회의 거룩성을 보호하기 위한 사랑의 행위임을 강조합니다.

1. 권징의 근거: '그리스도의 명령'

교회의 권징은 교회가 임의로 행하는 것이 아니라 '그리스도의 명령에 따라' 이루어집니다. 이는 마태복음 18:15-18에 명시된 예수님의 가르침에 근거합니다. 여기에는 권징의 단계와 교회의 권위가 명확히 나타납니다.

마태복음 18장 15-18절: "네 형제가 죄를 범하거든 가서 너와 그 사람과만 상대하여 권고하라 만일 들으면 네가 네 형제를 얻은 것이요 만일 듣지 않거든 한두 사람을 데리고 가서 두세 증인의 입으로 말마다 증참하게 하라 만일 그들의 말도 듣지 않거든 교회에 말하고 교회의 말도 듣지 않거든 이방인과 세리와 같이 여기라 진실로 너희에게 이르노니 무엇이든지 너희가 땅에서 매면 하늘에서도 매일 것이요 네가 땅에서 풀면 하늘에서도 풀리리라"

2. 권징의 대상: '교리에 맞지 않게 행하고 회개하지 않는 자'

"그리스도인이라고 자칭하며 믿는다고 하면서도 교리에 맞지 않게 행하며, 형제들로부터 여러 번 권고를 받고 난 후에도 자기의 잘못이나 악한 생활을 포기하지 않는 사람들"

권징의 대상은 단순히 죄를 지은 모든 사람이 아닙니다.

1) 고의적이고 지속적인 죄: 권징은 개인적인 연약함이나 한두 번의 실수가 아니라, '명백하고 고의적인 죄악된 생활' 또는 '기독교 교리에 위배되는 주장과 행위'를 지속하는 경우에 적용됩니다.

2) 권고의 과정: 권징은 즉각적인 출교가 아닙니다. 먼저는 '형제들로부터 여러 번의 개인적인 권고'가 이루어져야 합니다. 이는 죄인을 사랑으로, 회개로 이끌려는 노력입니다. 교회의 권징은 언제나 '회복'을 목표로 합니다.

3) 회개 거부: 가장 중요한 기준은 '자기의 잘못이나 악한 생활을 포기하지 않는' 것입니다. 즉, 죄를 인정하지 않거나, 회개하기를 거부하며 죄악된 삶을 고집하는 태도입니다.

3. 권징의 절차: '교회와 치리회에 보고 및 수찬 금지'

"교회 또는 교회가 그 일로 인하여 임명한 사람들(치리회)에게 보고됩니다. 그리고 그들이 교회의 권고를 무시한다면 성례에 참여하지 못하게 합니다(수찬금지). 이로 인해 그들은 교회에서 제명될 뿐만 아니라"

1) 교회 또는 치리회: 개혁주의 교회는 당회(장로회)와 같은 치리회를 두어 교회의 질서를 유지하고 권징을 시행합니다. 이는 특정 개인(목사 등)의 독단적인 결정이 아니라, 교회의 대표자들로 이루어진 합의체에 의해 이루어집니다.

2) 교회의 권고 무시: 만일 권징 대상자가 "교회의 권고를 무시한다면 성례에 참여하지 못하게 합니다(수찬금지)." 이는 가장 흔하게 적용되는 권징의 형태 중 하나입니다. 성찬은 믿는 자들의 공동체와 그리스도와의 연합을 상징하므로, 합당치 않은 자의 참여는 제한됩니다.

3) 제명(출교): 더 나아가, 회개하지 않는 자는 "교회에서 제명될 뿐만 아니라" (출교) 공식적인 교회의 회원권이 정지됩니다. 이는 영원한 배제가 아니라, 회개와 회복을 위한 강력한 경고이자 압력입니다.

마태복음 18 장 15-18 절: "네 형제가 죄를 범하거든 가서 너와 그 사람과만 상대하여 권고하라 만일 들으면 네가 네 형제를 얻은 것이요 만일 듣지 않거든 한두 사람을 데리고 가서 두세 증인의 입으로 말마다 확증하게 하라 만일 그들의 말도 듣지 않거든 교회에 말하고 교회의 말도 듣지 않거든 이방인과 세리와 같이 여기라 진실로 너희에게 이르노니 무엇이든지 너희가 땅에서 매면 하늘에서도 매일 것이요 무엇이든지 땅에서 풀면 하늘에서도 풀리리라"

데살로니가후서 3 장 14, 15 절: "누가 이 편지에 한 우리 말을 순종하지 아니하거든 그 사람을 지목하여 사귀지 말고 그로 하여금 부끄럽게 하라 그러나 원수와 같이 생각하지 말고 형제 같이 권면하라"

4. 권징의 결과: '천국의 열림과 닫힘'

"하나님께서는 친히 그들을 그리스도의 나라에 들어가지 못하게 하십니다. 그러나 그들이 참된 회개를 약속하고 이를 증명해 보일 때는 그리스도와 그의 교회의 지체로 다시 받아들여집니다."

권징은 단순히 교회 회원권 박탈을 넘어 영적인 결과를 가져옵니다.

1) **하나님께서 친히 천국에 들어가지 못하게 하심(닫힘):** 교회가 말씀에 따라 죄인을 권징하고 출교할 때, "하나님께서는 친히 그들을 그리스도의 나라에 들어가지 못하게 하십니다." 이는 교회가 천국 문을 여닫는 '열쇠'를 사용할 때, 그 권징이 하늘에서도 유효함을 의미합니다. 교회의 권징은 영혼 구원을 위한 궁극적인 목적을 가지고 있으며, 하나님의 심판을 미리 보여주는 가시적인 선언이 됩니다.

고린도전서 5장 5절: "내어 주어 육신은 멸하고 영은 주 예수의 날에 구원을 받게 하려 함이라"

2) **참된 회개 시 다시 받아들여짐(열림):** 그러나 이 권징은 영원한 정죄를 위한 것이 아닙니다. "그들이 참된 회개를 약속하고 이를 증명해 보일 때는 그리스도와 그의 교회의 지체로 다시 받아들여집니다.'

(1) **참된 회개:** 이는 죄를 뉘우치고 하나님께로 돌아서는 진실된 마음의 변화와 삶의 증거를 의미합니다.

(2) **다시 받아들여짐:** 교회가 회개한 자를 다시 공동체의 일원으로 받아들일 때, 이는 천국 문이 그들에게 다시 열렸음을 선언하는 것입니다. 이는 교회 치리의 궁극적인 목표가 죄인의 구원과 회복에 있음을 강조합니다.

누가복음 15장 20-24절: "이에 일어나서 아버지께로 돌아가니라 아직도 거리가 먼데 아버지가 그를 보고 측은히 여겨 달려가 목을 안고 입을 맞추니 아들이 이르되 아버지 내가 하늘과 아버지께 죄를 지었사오니 지금부터는 아버지의 아들이라 일컬음을 감당하지 못하겠나이다 하나 아버지는 종들에게 이르되 제일 좋은 옷을 내어다가 입히고 손에 가락지를 끼우고 발에 신을 신기라 그리고 살진 송아지를 끌어다가 잡으라 우리가 먹고 즐기자 이 내 아들은 죽었다가 다시 살아났으며 내가 잃었다가 다시 얻었노라 하니 그들이 즐거워하더라"

고린도후서 2장 6-8절: "이러한 사람은 많은 사람에게서 벌 받는 것이 마땅하도다 그런즉 너희는 차라리 그를 용서하고 위로할 것이니 그가 너무 많은 근심에 잠길까 두려워하노라 그러므로 너희를 권하노니 사랑을 그들에게 나타내라"

정리

교회 권징은 그리스도의 명령에 따라, 교리에 맞지 않게 행하고 회개하지 않는 자들에게 적용되어 천국 문을 닫는 역할을 합니다. 이는 개인적인 권고와 교회 치리회 보고를 거쳐 성찬 금지 및 출교로 이어지며, 이로 인해 하나님께서도 그들을 그리스도의 나라에 들어가지 못하게 하십니다. 그러나 권징의 궁극적인 목적은 죄인을 회개로 이끄는 데 있으며, 그들이 '참된 회개를 약속하고 증명할 때,' 교회는 그들을 다시 그리스도와 그의 교회의 지체로 받아들여 천국 문을 다시 열어주는 역할을 감당합니다. 이 문답은 교회의 거룩성과 권징의 사랑과 회복의 중요성을 동시에 보여줍니다.

제 3 부 감사에 대하여

선행에 대하여

제 32 주일

하이델베르크 요리문답 제 86 문: 구원 후 선행의 필요성

하이델베르크 요리문답 86 문은 기독교 신앙의 핵심적인 질문 중 하나입니다. 그것은 우리의 구원이 오직 은혜로 말미암는다는 '오직 은혜' (Sola Gratia)의 교리를 굳건히 하면서도, 왜 그리스도인으로서 선행을 해야 하는지에 대해 묻습니다. 이에 대한 답은 '율법폐기론'을 경계하며 선행은 구원에 필연적인 결과임을 강조합니다.

86 문: 우리가 우리의 공로는 조금도 없이 그리스도로 말미암아 오직 은혜로 비참한 삶에서 구원을 받았는데, 왜 우리는 여전히 선행을 하지 않으면 안 됩니까?

답:

그리스도께서 그의 피로 우리를 속량하여 구원하셨고, 또한 성령으로 우리를 새롭게 하시고 그의 형상을 닮게 하시므로, 우리가 우리의 삶 전체를 통해 하나님께서 베풀어주신 복에 대해 하나님께 감사를 나타내기 위해서입니다.

그리고 하나님께서 우리를 통해 찬양받으시게 하기 위해서, 또한 우리 각 사람이 믿음의 열매로 자기의 믿음에 대해 확신을 얻기 위해, 또한 우리의 경건한 생활로 다른 사람들을 그리스도께 인도하기 위해서입니다.

(참조: 벨직 신앙고백 제 24 조, 제 29 조)

강해

요리문답 64 문에서 이미 그리스도인의 선행은 구원의 조건이 아니라 '구원의 필연적인 결과'임을 말했습니다. 본 요리문답 86 문은 여기서 더 나아가 우리가 왜 선행을 '적극적으로' 행해야하는지 그 중요성에 대해 4 가지를 강조해 말합니다.(우리의 선행은 하나님 앞에서 의도, 공로도 될 수 없음에 대해서는 62 문과 63 문에서 이미 강해했습니다.)

1. 하나님께 대한 감사 표현

"그리스도께서 그의 피로 우리를 속량하여 구원하셨고, 또한 성령으로 우리를 새롭게 하시고 그의 형상을 닮게 하시므로, 우리가 우리의 삶 전체를 통해 하나님께서 베풀어주신 복에 대해 하나님께 감사를 나타내기 위해서입니다"

이것이 우리가 선행을 해야 하는 첫 번째이자 가장 중요한 이유입니다. 우리의 감사는 하나님이 베풀어주신 은혜에 대한 당연한 응답이며, 이제는 이 은혜에 기초해서 감사함으로 새로운 삶을 살게 됩니다.

1) **은혜에 대한 응답**: 우리는 아무런 자격이나 공로 없이 오직 그리스도의 피와 성령의 역사로 죄와 비참함에서 구원받았습니다. 이러한 압도적인 은혜에 대한 가장 자연스러운 반응은 '감사' 입니다. 선행은 이 감사가 우리의 말이나 생각에만 머무는 것이 아니라, 우리의 삶 전체를 통해 구체적으로 표현되는 방식입니다.

2) **새로운 피조물의 삶**: 성령께서는 우리를 "새롭게" 하시고 "그리스도의 형상을 닮게" 하셨습니다. 이는 우리가 구원받았을 때 새로운 본성을 부여받았다는 의미입니다. 이 새로운 본성은 죄를 멀리하고 선을 행하고자 하는 내적인 갈망을 동반합니다. 따라서 선행은 새로운 피조물된 우리의 본성에서 자연스럽게 흘러나오는 열매요, 장차 하나님께 드릴 종말론적 예배를 이 땅에서 미리 시작하는 행위이기도 합니다. 이는 우리의 삶 전체가 하나님께 드리는 감사의 예배가 되어야함을 말합니다.

로마서 12장 1,2절: "그러므로 형제들아 내가 하나님의 모든 자비하심으로 너희를 권하노니 너희 몸을 하나님이 기뻐하시는 거룩한 산 제물로 드리라 이는 너희가 드릴 영적 예배니라 너희는 이 세대를 본받지 말고 오직 마음을 새롭게 함으로 변화를 받아 하나님의 선하시고 기뻐하시고 온전하신 뜻이 무엇인지 분별하도록 하라"

에베소서 2장 10절: "우리는 그가 만드신 바라 그리스도 예수 안에서 선한 일을 위하여 지으심을 받은 자니 이 일은 하나님이 전에 예비하사 우리로 그 가운데서 행하게 하려 하심이니라"

2. 하나님께 영광 돌리기 위함

"하나님께서 우리를 통해 찬양받으시게 하기 위해서입니다"

우리가 선행을 해야 하는 두 번째 이유는 우리가 구원받은 존재임을 세상에 드러내고, 이를 통해 하나님께서 영광을 받으시도록 하기 위해서 입니다.

1) **하나님의 영광**: 모든 피조물의 궁극적인 목적은 하나님께 영광을 돌리는 것입니다. 죄와 타락으로 인해 하나님의 영광을 가리웠던 우리가 그리스도의 은혜로 구원받아 선한 삶을 살 때, 세상은 우리를 통해 하나님의 살아 계심과 그분의 위대하심을 보게 됩니다.

2) 빛과 소금의 역할: 예수님은 우리를 세상의 빛과 소금이라고 부르셨습니다. 우리의 선한 행실은 어두운 세상에서 하나님의 빛을 비추는 역할을 하며, 사람들로 하여금 하나님을 찬양하게 합니다.

> **마태복음 5 장 13-16 절**: "너희는 세상의 소금이니 소금이 만일 그 맛을 잃으면 무엇으로 짜게 하리요 후에는 아무 쓸 데 없어 다만 밖에 버려져 사람에게 밟힐 뿐이니라 너희는 세상의 빛이라 산 위에 있는 동네가 숨겨지지 못할 것이요 사람이 등불을 켜서 말 아래에 두지 아니하고 등경 위에 두나니 이러므로 집 안 모든 사람에게 비치느니라 이같이 너희 빛이 사람 앞에 비치게 하여 그들로 너희 착한 행실을 보고 하늘에 계신 너희 아버지께 영광을 돌리게 하라"
>
> **고린도전서 6 장 19, 20 절**: "너희 몸은 너희가 하나님께로부터 받은 바 너희 가운데 계신 성령의 전인 줄을 알지 못하느냐 너희는 너희 자신의 것이 아니라 값으로 산 것이 되었으니 그런즉 너희 몸으로 하나님께 영광을 돌리라"
>
> **베드로전서 2 장 12 절**: "너희가 이방인 중에서 행실을 선하게 가져 너희를 악행한다고 비방하는 자들로 하여금 너희 선한 일을 보고 오시는 날에 하나님께 영광을 돌리게 하려 함이라"

3. 자신의 믿음에 대한 확신 얻기 위함

"우리 각 사람이 믿음의 열매로 자기의 믿음에 대해 확신을 얻기 위해서입니다"

선행을 해야 하는 세 번째 이유는 참된 믿음의 증거이자, 그 믿음이 살아 있음을 보여주는 표징이 됩니다.

1) 믿음의 증거: 야고보서의 말씀처럼 "행함이 없는 믿음은 그 자체가 죽은 것"(야고보서 2:17)입니다. 선행은 우리의 믿음이 단순히 지적인 동의가 아니라, 삶을 변화시키는 살아 있는 믿음임을 스스로에게 확증시켜 줍니다.

2) 확신의 강화: 우리가 선한 삶을 살고 죄를 이기며 하나님의 뜻에 순종할 때, 우리는 우리 안에 역사하시는 성령의 능력을 경험하고, 구원의 은혜가 우리에게 참으로 주어졌다는 확신을 더욱 굳게 가질 수 있습니다. 이는 구원의 확신이 외적인 행위에 근거하는 것이 아니라, 믿음이 필연적으로 맺는 열매를 통해 더욱 강화된다는 것입니다.

> **마태복음 7 장 17, 18 절**: "이와 같이 좋은 나무마다 아름다운 열매를 맺고 못된 나무가 나쁜 열매를 맺나니 좋은 나무가 나쁜 열매를 맺을 수 없고 못된 나무가 아름다운 열매를 맺을 수 없느니라"

베드로후서 1 장 10, 11 절: "그러므로 형제들아 더욱 힘써 너희 부르심과 택하심을 굳게 하라 너희가 이것을 행한즉 언제든지 실족하지 아니하리라 이같이 하면 우리 주 곧 구주 예수 그리스도의 영원한 나라에 들어감을 넉넉히 너희에게 주시리라"

4. 다른 사람들을 그리스도께 인도하기 위함

"우리의 경건한 생활로 다른 사람들을 그리스도께 인도하기 위해서입니다"

선행의 네 번째 이유는 우리의 변화된 삶과 선한 행실은 복음을 증거하는 강력한 도구가 되기 때문입니다.

1) **복음 증거의 도구**: 말로만 복음을 전하는 것이 아니라, 우리의 삶으로 복음의 능력을 보여줄 때 세상 사람들은 복음이 무엇인지 더 잘 깨닫게 됩니다. 우리의 경건한 생활은 불신자들에게 그리스도가 실제로 살아 역사하시며 사람을 변화시키는 분이심을 보여주는 살아 있는 증거가 됩니다.

2) **영혼 구원**: 우리의 선행은 다른 사람들의 마음을 열어 복음에 귀 기울이게 하고, 궁극적으로 그들 역시 그리스도께로 나아와 구원을 얻도록 이끌 수 있습니다. 이는 그리스도인으로서 우리가 마땅히 감당해야 할 선교적 사명과도 연결됩니다.

마태복음 5 장 16 절: "이같이 너희 빛이 사람 앞에 비치게 하여 그들로 너희 착한 행실을 보고 하늘에 계신 너희 아버지께 영광을 돌리게 하라"
베드로전서 2 장 12 절: "너희가 이방인 중에서 행실을 선하게 가져 너희를 악행한다고 비방하는 자들로 하여금 너희의 선한 일을 보고 오시는 날에 하나님께 영광을 돌리게 하려 함이라"

정리

우리가 '공로 없이' 오직 은혜로 구원받았지만, 여전히 선행을 하지 않으면 안 되는 네 가지 분명한 이유를 살펴보았습니다. 첫째, 이는 하나님께서 우리에게 베풀어 주신 놀라운 구원의 은혜에 대한 감사의 자연스러운 표현입니다. 둘째, 우리를 통해 하나님께서 찬양과 영광을 받으시도록 하기 위함입니다. 셋째, 우리 자신이 믿음의 열매를 통해 구원의 확신을 더욱 굳건히 하기 위함입니다. 넷째, 우리의 경건한 생활을 통해 불신자들이 그리스도께로 인도되도록 하기 위함입니다. 이처럼 그리스도인의 선행은 구원의 조건이 아니라, 구원의 '필연적인 결과'이자 하나님께 영광을 돌리고 이웃을 사랑하며 자신의 믿음을 확증하는 귀한 '사명'인 것입니다.

하이델베르크 요리문답 제 87 문: 회개치 않는 자의 구원 문제

하이델베르크 요리문답 87 문은 앞서 선행의 중요성을 강조한 문답(86 문)에 이어, '악하고 감사하지 않는 삶을 계속 살면서 하나님께로 돌이키지 않는 사람이 구원을 받을 수 있는가? '라는 중요한 질문을 던집니다. 이 문답은 구원이 오직 은혜로 말미암는다는 교리를 오해하여 방종한 삶을 정당화하려는 시도를 강력하게 경계합니다.

87 문: 그러면 악하고 감사하지도 않는 삶을 계속 살면서 하나님께로 돌이키지 않는 사람은 구원을 받을 수 없습니까?

답:

결코 구원을 받을 수 없습니다. 성경은 음란한 자, 우상숭배자, 간음하는 자, 도둑질하는 자, 탐욕을 부리는 자, 술 취하는 자, 비방하는 자, 강도 혹은 그와 같은 자들은 하나님 나라를 유업으로 받지 못한다고 선포하고 있습니다.

(참조: 벨직 신앙고백 23 조, 제 24 조)

강해

이 문답은 '구원과 회개의 불가분성'을 강조하며, 참된 구원은 반드시 삶의 변화, 즉 회개와 선행을 동반한다는 사실을 명확히 합니다. 이는 '오직 은혜'의 교리가 '율법폐기론'이나 '방종주의'로 이어질 수 없음을 분명히 하는 개혁주의 신학의 핵심적인 입장입니다(64 문).

1. "결코 구원을 받을 수 없습니다": 회개하지 않는 자의 운명

요리문답은 악하고 감사하지도 않는 삶을 계속 살면서 하나님께로 돌이키지 않는 사람에 대해 '결코 구원을 받을 수 없습니다'라고 단호하게 선언합니다. 이처럼 강력한 표현은 단순히 구원을 '못 받는다'는 정도가 아니라, 그러한 상태로는 구원이 절대로 불가능함을 강조합니다.

1) 참된 믿음의 증거: 앞서 86 문에서 선행이 감사의 표현이자 믿음의 열매임을 보았습니다. 참된 믿음은 반드시 삶의 변화를 가져오며, 죄를 미워하고 하나님께 기쁘시게 하고자 하는 순종의 마음을 동반합니다. 따라서 악한 삶을 계속 살면서도 회개하지 않는다는 것은, 그 안에 참된 믿음이 없거나, 구원에 이르는 회개가 일어나지 않았다는 강력한 증거가 됩니다.

2) 은혜의 오용 경계: '오직 은혜'라는 복음의 진리는 때로 '죄를 지어도 괜찮다'는

식의 방종주의로 오용될 위험이 있습니다. 이 문답은 그러한 오용을 단호히 배격하며, 구원받은 자는 죄에 대해 죽고 의에 대해 살도록 부름 받았음을 상기시킵니다.

2. 성경의 명확한 선포

이러한 단호한 선언의 근거는 바로 '성경의 명확한 가르침'입니다. 요리문답은 구체적인 죄의 목록을 제시하며, 그러한 죄악된 삶을 지속하는 자들이 하나님 나라를 유업으로 받지 못한다고 선포합니다.

1) 요리문답에 제시된 죄의 목록: 이는 고린도전서 6 장의 말씀에 근거합니다. '음란한 자, 우상숭배자, 간음하는 자, 도둑질하는 자, 탐욕을 부리는 자, 술 취하는 자, 비방하는 자, 강도 혹은 그와 같은 자들' 은 하나님 나라에 들어가지 못한다고 분명히 경고합니다. 이외에도 성경은 유사한 죄의 목록을 제시하며 죄의 심각성을 반복해서 강조합니다.

> **고린도전서 6 장 9, 10 절**: "불의한 자가 하나님의 나라를 유업으로 받지 못할 줄을 알지 못하느냐 미혹을 받지 말라 음란하는 자나 우상 숭배하는 자나 간음하는 자나 탐색하는 자나 남색하는 자나 도적이나 탐욕을 부리는 자나 술 취하는 자나 모욕하는 자나 속여 빼앗는 자들은 하나님의 나라를 유업으로 받지 못하리라"
>
> **갈라디아서 5 장 19–21 절**: "육체의 일은 분명하니 곧 음행과 더러운 것과 호색과 우상 숭배와 주술과 원수 맺는 것과 분쟁과 시기와 분냄과 당 짓는 것과 분열함과 이단과 투기와 술 취함과 방탕함과 또 그와 같은 것들이라 전에 너희에게 경계한 것 같이 경계하노니 이런 일을 하는 자들은 하나님의 나라를 유업으로 받지 못할 것이요"
>
> **에베소서 5 장 5, 6 절**: "너희도 정녕 이것을 알거니와 음행하는 자나 더러운 자나 탐하는 자 곧 우상 숭배자는 다 그리스도와 하나님의 나라에서 기업을 얻지 못하리니 누구든지 헛된 말로 너희를 속이지 못하게 하라 이로 말미암아 하나님의 진노가 불순종의 아들들에게 임하나니"
>
> **계시록 21 장 8 절**: "그러나 두려워하는 자들과 믿지 아니하는 자들과 흉악한 자들과 살인자들과 음행하는 자들과 점술가들과 우상 숭배자들과 거짓말하는 모든 자들은 불과 유황으로 타는 못에 던져지리니 이것이 둘째 사망이라

3. 죄의 심각성과 회개의 중요성

이러한 성경 구절들은 '죄의 심각성'을 보여주며, 단순히 '나는 믿는다'는 말만으로는 구원받을 수 없음을 강조합니다. 참된 믿음은 반드시 죄로부터 돌이켜 하나님께로 향하는 '회개'를 동반하며, 이는 삶의 변화로 나타날 수밖에 없으며, 또 나타나야 합니다. 지속적으로 죄 가운데 머무르는 것은 그 안에 참된 믿음과 거듭남이 없다는

증거가 됩니다.

물론, 그리스도인도 여전히 죄와 씨름하고 넘어질 수 있습니다. 하지만 핵심은 '살면서 계속 하나님께로 돌이키지 않는' 태도입니다. 즉, 죄를 사랑하고 죄 가운데 안주하며, 회개하기를 거부하는 의지적인 선택이 문제 되는 것입니다. 참된 그리스도인은 죄와 싸우며, 넘어질지라도 다시 회개하고 하나님께로 나아가려고 노력합니다.

정리

악하고 감사하지 않는 삶을 계속 살면서 하나님께로 돌이키지 않는 자는 결코 구원을 받을 수 없습니다. 이는 성경이 음란, 우상숭배, 도둑질 등과 같은 죄악된 삶을 지속하는 자들은 하나님 나라를 유업으로 받지 못한다고 분명히 선포하고 있기 때문입니다. 이 문답은 구원이 오직 은혜로 말미암지만, 그 은혜는 반드시 참된 회개와 삶의 변화, 즉 선행이라는 열매를 동반해야 한다는 복음의 총체적인 진리를 강조하며, 구원을 방종의 면허로 삼는 것을 강력하게 경계합니다.

제 33 주일

하이델베르크 요리문답 제 88 문: 진정한 회개의 두 부분

하이델베르크 요리문답 88 문은 '사람의 진정한 회개가 몇 부분으로 이루어지는지'에 대해 질문하고 답합니다. 이 문답은 회개가 단순히 죄를 후회하는 감정적인 반응을 넘어, 삶의 근본적인 변화를 수반하는 이중적인 과정임을 명확히 합니다. 개혁주의가 이해하는 회개의 본질을 간결합니다.

88 문: 사람의 진정한 회개는 몇 부분으로 이루어집니까?

답:

> 두 부분으로 이루어집니다. 첫째는 옛사람이 죽는 것이요, 둘째는 새사람으로 다시 사는 것입니다.

(참조: 벨직 신앙고백 제 23 조, 제 24 조)

강해

이 문답은 진정한 회개에는 소극적인 측면(죄로부터 돌아서는 것)과 적극적인 측면(하나님께로 향하는 것), 두 가지가 있다고 말합니다. 그러나 이 두 부분은 서로 분리될 수 없으며, 동전의 양면처럼 동시에 일어나는 과정입니다.

1. 첫째, "옛사람이 죽는 것": '죄에 대한 애통과 회개'

진정한 회개의 첫 번째 부분은 "옛사람이 죽는 것"입니다. 이는 죄에 대한 단절과 부정을 의미합니다.

1) 옛사람의 의미: '옛사람'은 아담 안에서 타락한 죄의 본성, 곧 죄를 사랑하고 죄에 지배받으며 하나님을 대적하는 옛 자아를 의미합니다. 이는 우리의 생각, 욕망, 의지, 행동 전반에 걸쳐 죄가 깊이 뿌리내린 상태를 가리킵니다.

2) 죽음의 의미: 이 '죽음'은 죄에 대한 애통(Sorrow for Sin)과 죄로부터 돌아서는 것(Turning from Sin)을 포함합니다.

(1) 죄에 대한 애통: 자신의 죄가 '하나님을 거역한 것'이며, '그리스도의 십자가 고난을 초래한 것'임을 깨달아 깊이 슬퍼하고 후회하는 마음입니다. 이는 단순히 죄의 결과에 대한 두려움이 아니라, '죄 자체'를 미워하는 거룩한 슬픔입니다.

(2) 죄로부터의 단절: 죄를 버리고, 죄를 사랑하는 마음과 죄악된 습관에서 떠나고자 하는 결단과 노력입니다. 이는 과거의 삶의 방식과 단절하고 하나님을 향해 돌아서는 것을 의미합니다.

(3) 죄의 세력과의 싸움: 옛사람이 죽는 것은 단회적인 사건이지만, 그 이후의 삶 속에서 '계속해서' 죄의 세력과 싸워 옛 습관을 벗어버리는 과정이 포함됩니다.

로마서 6장 6절: "우리가 알거니와 우리 옛사람이 예수와 함께 십자가에 못 박힌 것은 죄의 몸이 죽어 다시는 우리가 죄에게 종노릇 하지 아니하려 함이니"
골로새서 3장 5, 6절: "그러므로 땅에 있는 지체를 죽이라 곧 음란과 부정과 사욕과 악한 정욕과 탐심이니 탐심은 우상 숭배니라 이것들로 말미암아 하나님의 진노가 임하느니라"

2. 둘째, "새사람으로 다시 사는 것": '의를 향한 갈망과 순종'

진정한 회개의 두 번째 부분은 "새사람으로 다시 사는 것"입니다. 이는 하나님과 의에 대한 새로운 순종과 긍정을 의미합니다.

1) "새사람"의 의미: '새사람'은 성령의 역사로 말미암아 그리스도 안에서 거듭나고 새롭게 된 본성을 의미합니다. 이는 하나님을 사랑하고 그분의 의를 행하고자 하는 새로운 마음과 경향입니다.

2) "다시 사는 것"의 의 의미: "다시 사는 것"은 의를 행하고자 하는 갈망(Desire for Righteousness)과 하나님께 순종하는 삶(Life of Obedience to God)을 포함합니다.

(1) 의를 향한 갈망: 죄를 멀리할 뿐만 아니라, 적극적으로 하나님의 뜻을 따르고

거룩하고 의로운 삶을 살고자 하는 내적인 소원입니다.

(2) **순종의 삶**: 하나님의 계명을 기쁨으로 따르며, 그리스도를 본받아 선한 행실을 통해 하나님께 영광을 돌리는 실제적인 삶의 변화입니다. 이는 구원의 결과로서 나타나는 선행을 의미합니다.

로마서 6 장 4 절: "그러므로 우리가 그의 죽으심과 합하여 세례를 받음으로 그와 함께 장사되었나니 이는 아버지의 영광으로 말미암아 그리스도를 죽은 자 가운데서 살리심과 같이 우리로 또한 새 생명 가운데서 행하게 하려 함이라"

로마서 6장13절: "또한 너희 지체를 불의의 무기로 죄에게 내주지 말고 오직 너희 자신을 죽은 자 가운데서 다시 살아난 자 같이 하나님께 드리며 너희 지체를 의의 무기로 하나님께 드리라"

에베소서 4 장 22-24 절: "너희는 유혹의 욕심을 따라 썩어져 가는 구습을 따르는 옛 사람을 벗어 버리고 오직 너희의 심령이 새롭게 되어 하나님을 따라 의와 진리의 거룩함으로 지으심을 받은 새 사람을 입으라"

이 두 부분, 즉 "옛사람이 죽는 것"과 "새사람으로 다시 사는 것"은 동시적인 과정이며, '성화'라는 평생에 걸친 과정을 통해 점진적으로 심화됩니다. 진정한 회개는 단순히 죄를 그만두는 것을 넘어, 하나님께로 돌아서서 그분의 뜻을 적극적으로 따르는 새로운 삶을 사는 것입니다.

정리

사람의 진정한 회개는 '옛사람이 죽는 것'과 '새사람으로 다시 사는 것'이라는 두 부분으로 이루어집니다. '옛사람이 죽는 것'은 죄에 대한 애통과 죄로부터의 단절을 의미하며, '새사람으로 다시 사는 것'은 의를 향한 갈망과 하나님께 대한 순종의 삶을 의미합니다. 이 두 부분은 서로 불가분의 관계에 있으며, 성령의 역사로 말미암아 죄를 미워하고 의를 사랑하는 새로운 본성을 얻어 삶의 전반적인 변화를 이루는 과정입니다. 진정한 회개는 과거의 죄악된 삶과의 단절을 통해 하나님께로 돌아서서 새로운 생명 가운데 살아가는 것을 의미합니다.

하이델베르크 요리문답 제 89 문: 옛사람이 죽는다는 것의 의미

하이델베르크 요리문답 88 문에서 우리는 이미 '옛사람이 죽는다'는 것과 '새사람으로 다시 사는 것'의 의미에 대해 간략하게 살펴보았습니다. 그런데 이제 89 문과 90

문에서는 이들 각각에 대해 좀더 구체적인 내용으로 깊은 이해를 추구하고자 합니다. 이는 그러할 때 우리가 실제 성장하며 하나님을 기쁘시게 하는 삶을 살아갈 수 있기 때문입니다. 특별히 89문답은 '옛사람의 죽음'이 단순히 죄를 멈추는 것을 넘어, 죄에 대한 근본적인 태도의 변화를 포함하는 내면적, 영적인 과정임을 강조하며 강해해 나갑니다.

89문: 옛사람이 죽는다는 것은 무엇입니까?

답:

우리가 죄로 하나님을 진노케 하였음을 참된 마음으로 슬퍼하는 것이며, 죄를 더욱 더 미워하고 그 죄로부터 도망가는 것입니다.

(참조: 벨직 신앙고백 제23조, 제24조)

강해

이 문답은 '옛사람의 죽음'을 세 가지 핵심적인 요소로 설명합니다: '죄로 인해 하나님을 진노케 한 것에 대한 진정한 슬픔', '죄에 대한 깊은 미움', 그리고 '죄로부터의 적극적인 도피'입니다. 이 세 가지 요소는 죄로부터 돌아서려는 진정하고 진지한 회개에 필연적으로 동반되는 것입니다.

1. 첫째, 하나님을 진노케 한 것에 대한 참된 슬픔: '하나님 앞에서의 자세 변화'

"우리가 죄로 하나님을 진노케 하였음을 참된 마음으로 슬퍼하는 것이며"

이는 회개의 가장 근본적인 시작점입니다.

1) 하나님 중심의 슬픔: 단순히 죄의 결과(벌)에 대한 두려움 때문에 슬퍼하는 것이 아닙니다. 이 슬픔은 우리가 죄를 지음으로써 '하나님을 거역하고 그분의 거룩하심과 사랑에 대항했음'을 깨달을 때 일어나는 슬픔입니다. 죄가 우리를 비참하게 만들었을 뿐만 아니라, 사랑과 은혜의 하나님을 진노케 했다는 사실에 대한 깊은 고통과 애통함입니다. 다윗은 범죄했을 때 자신의 죄가 하나님께 대한 것임을 고백합니다.

시편 51편 3, 4절: "무릇 나는 내 죄과를 아오니 내 죄가 항상 내 앞에 있나이다 내가 주께만 범죄하여 주의 목전에 악을 행하였사오니 주께서 말씀하실 때에 의로우시다 하고 주께서 심판하실 때에 순전하시다 하리이다"

시편 51편 17절: "하나님께서 구하시는 제사는 상한 심령이라 하나님이여 상하고 통회하는 마음을 주께서 멸시하지 아니하시리이다"

2) 참된 마음: 이러한 슬픔은 표면적이거나 일시적인 감정이 아니라, '진실되고 깊은

내면의 변화에서 우러나오는 것' 입니다. 성령께서 역사하셔서 우리의 양심을 일깨우시고 죄의 본질을 깨닫게 하실 때 비로소 이러한 슬픔이 가능합니다.

호세아 6장 1절: "오라 우리가 여호와께로 돌아가자 여호와께서 우리를 찢으셨으나 도로 낫게 하실 것이요 우리를 치셨으나 싸매어 주실 것임이라"
요엘 2장 12, 13절: "여호와의 말씀에 너희는 이제라도 금식하고 울며 애통하고 마음을 다하여 내게로 돌아오라 하셨나니 너희는 옷을 찢지 말고 마음을 찢고 너희 하나님 여호와께로 돌아올지어다 그는 은혜로우시며 자비로우시며 노하기를 더디하시며 인애가 크시사 뜻을 돌이켜 재앙을 내리지 아니하시나니"

2. 둘째, 죄를 더욱 더 미워함: '죄에 대한 태도 변화'

"죄를 더욱 더 미워하고"

이는 죄에 대한 태도가 변화하는 것입니다.

1) 죄에 대한 사랑이 미움으로: 회개 전에는 죄를 사랑하고 죄에 이끌렸지만, 옛사람이 죽을 때 죄에 대한 태도가 완전히 바뀝니다. 죄가 더 이상 매력적으로 보이지 않고, 오히려 혐오스럽고 더럽게 느껴지게 됩니다. 이는 성화의 과정에서 점점 더 깊어지는 죄에 대한 미움입니다.

로마서 7장 24절: "오호라 나는 곤고한 사람이로다 이 사망의 몸에서 누가 나를 건져내랴"

2) 새롭게 된 마음: 단순히 죄를 억지로 참거나 회피하는 것을 넘어, 죄 자체를 본성적으로 싫어하고 더욱 더 미워하여 멀리하고자 하는 내적인 갈망이 생겨납니다. 이는 성령께서 우리 마음속에 죄를 미워하는 새로운 본성을 심어주셨기 때문입니다. 바울 사도의 고백처럼, 새롭게 된 마음은 죄를 미워합니다.

로마서 7장 15절: "내가 행하는 것을 내가 알지 못하노니 곧 내가 원하는 것은 행하지 아니하고 도리어 미워하는 것을 행함이라"

3. 셋째, 죄로부터 도망감: '죄와의 단절과 행동의 변화'

"그 죄로부터 도망가는 것입니다."

이는 죄로부터의 적극적인 단절과 행동의 변화를 의미합니다.

1) 죄와의 실제적인 단절: 죄를 미워하는 마음은 반드시 '실제적인 행동' 으로 이어집니다. 죄가 있는 자리, 죄를 유발하는 환경, 죄를 지을 수 있는 기회로부터 적극적으로 벗어나고자 노력합니다. 여기에는 죄악된 습관과 관계를 끊어내는 노력이 동반됩니다.

로마서 8장 12,13절: "그러므로 형제들아 우리가 빚진 자로되 육신에게 져서 육신대로 살 것이 아니니라 너희가 육신대로 살면 반드시 죽을 것이로되 영으로써 몸의 행실을 죽이면 살리니"

2) 죄에 대한 저항: 죄의 유혹이 있을 때, 그것에 굴복하는 것이 아니라 저항하고 피하려는 의지를 갖는 것입니다. 이는 수동적인 회피가 아니라, 죄와 적극적으로 싸우는 영적 전투의 자세를 의미합니다.

디모데후서 2장 22절: "또한 너는 청년의 정욕을 피하고 주를 깨끗한 마음으로 부르는 자들과 함께 의와 믿음과 사랑과 화평을 따르라"
야고보서 4장 7절: "그런즉 너희는 하나님께 복종할지어다 마귀를 대적하라 그리하면 너희를 피하리라"

이 세 가지 요소는 서로 연결되어 있습니다. 하나님을 진노케 한 죄에 대한 참된 슬픔이 죄를 미워하는 마음을 낳고, 죄를 미워하는 마음이 죄로부터 적극적으로 도망가려는 행동으로 이어지는 것입니다. '옛사람의 죽음' 은 회개의 필수적인 측면으로서, 죄와의 단절을 통해 새로운 삶을 위한 토대를 마련합니다.

정리

'옛사람이 죽는다는 것'이 죄에 대한 근본적인 태도와 삶의 변화를 의미합니다. 이는 첫째, 우리가 죄로 인해 하나님을 진노케 하였음을 '참된 마음으로 슬퍼하는 것'입니다. 둘째, 죄의 본질을 깨달아 '죄를 더욱 더 미워하는 것'입니다. 셋째, 이 미움을 바탕으로 '죄로부터 적극적으로 도망가는 것'입니다. 이 세 가지 요소는 죄와의 단절을 통해 진정한 회개의 첫 단계를 이루며, 새사람으로 다시 사는 긍정적인 변화를 위한 필수적인 전제가 됩니다.

하이델베르크 요리문답 제90문: 새사람으로 산다는 것의 의미

하이델베르크 요리문답 90문은 앞선 88문답에서 언급된 회개의 두 부분 중 두 번째인 "새사람으로 산다는 것은 무엇입니까? "에 대해 깊이 설명합니다. 이 문답은 '새사람의 삶'이 죄로부터의 단절을 넘어, 하나님께 대한 적극적인 순종과 선행을 포함하는 역동적인 과정임을 강조합니다. 새사람으로서의 삶은 참된 그리스도인의 열망입니다.

90 문: 새사람으로 산다는 것은 무엇입니까?

답:

그리스도로 말미암아 진실된 마음으로 하나님을 기뻐하는 것이요, 사랑과 기쁨으로 하나님의 뜻에 따라 모든 선행을 하며 사는 것입니다.

(참조: 벨직 신앙고백 제24조)

강해

문답은 '새사람으로 사는 것'을 두 가지 핵심적인 요소로 설명합니다: '하나님을 기뻐하는 내적 변화'와 '사랑과 기쁨으로 선행을 행하는 외적인 실천'입니다. 이 두 가지 요소는 하나님께로 향하는 회개의 적극적인 측면을 구성합니다.

1. 첫째, "그리스도로 말미암아 진실된 마음으로 하나님을 기뻐하는 것"

"그리스도로 말미암아 진실된 마음으로 하나님을 기뻐하는 것이요"

이는 회개를 통해 우리가 얻게 되는 가장 중요한 내면의 변화입니다.

1) "그리스도로 말미암아": 이 기쁨은 우리의 노력이나 감정에서 비롯되는 것이 아니라, 오직 예수 그리스도를 통해서 가능합니다. 그리스도께서 우리의 죄를 대속하시고 하나님과의 화목을 이루셨기 때문에, 우리는 이제 담대하게 하나님께 나아가 그분을 기뻐할 수 있습니다. 성령께서는 우리 안에 이 기쁨을 심어주시고 키우십니다.

갈라디아서 2장 19, 20절: "내가 율법으로 말미암아 율법에 대하여 죽었나니 이는 하나님에 대하여 살려 함이라 내가 그리스도와 함께 십자가에 못 박혔나니 그런즉 이제는 내가 사는 것이 아니요 오직 내 안에 그리스도께서 사시는 것이라 이제 내가 육체 가운데 사는 것은 나를 사랑하사 나를 위하여 자기 자신을 버리신 하나님의 아들을 믿는 믿음 안에서 사는 것이라"

2) "진실된 마음으로": 이 기쁨은 피상적이거나 외식적인 것이 아닙니다. 이것은 우리의 마음 깊은 곳에서 우러나오는 진실하고 영원한 기쁨입니다.

시편 37편 4절: "또 여호와를 기뻐하라 그가 네 마음의 소원을 네게 이루어 주시리로다"
로마서 5장 1, 2절: "그러므로 우리가 믿음으로 의롭다 하심을 받았으니 우리 주 예수 그리스도로 말미암아 하나님과 화평을 누리자 또한 그로 말미암아 우리가 믿음으로 서 있는 이 은혜에 들어감을 얻었으며 하나님의 영광을 바라고 즐거워하느니라"
로마서 5장 11절: "그뿐 아니라 이제 우리로 화목하게 하신 우리 주 예수 그리스도로 말미암아 하나님 안에서 또한 즐거워하느니라"

3) "하나님을 기뻐하는 것": 죄 가운데 있을 때는 하나님을 두려워하거나 멀리했지만,

회개를 통해 하나님과의 관계가 회복되면 성령의 큰 감동속에서 그분을 기뻐하는 마음이 생겨납니다. 이 기쁨은 억지가 아니라, 하나님께서 베푸신 구원의 은혜와 그분의 인격 자체를 향한 진실되고 깊은 즐거움입니다.

시편 51 편 8 절: "내게 즐겁고 기쁜 소리를 들려 주시사 주께서 꺾으신 뼈들도 즐거워하게 하소서"
시편 51 편 12 절: "주의 구원의 즐거움을 내게 회복시켜 주시고 자원하는 심령을 주사 나를 붙드소서"

2. 둘째, "사랑과 기쁨으로 하나님의 뜻에 따라 모든 선행을 하며 사는 것"

"사랑과 기쁨으로 하나님의 뜻에 따라 모든 선행을 하며 사는 것입니다."

이는 새롭게 된 내면이 외적으로 드러나는 구체적인 삶의 모습입니다.

1) "사랑과 기쁨으로"(선행의 동기): 옛사람은 의무감이나 율법적인 부담감 때문에 선행을 하려고 했거나, 아예 무관심했습니다. 그러나 새사람은 '하나님을 향한 사랑과 구원의 기쁨' 때문에 선행을 행합니다. 선행이 더 이상 짐이 아니라, 기쁨으로 행하는 삶의 방식이 됩니다.

고린도후서 9 장 7 절: "각각 그 마음에 정한 대로 할 것이요 인색함으로나 억지로 하지 말지니 하나님은 즐겨 내는 자를 사랑하시느니라"
빌립보서 1 장 4 절: "간구할 때마다 너희 무리를 위하여 기쁨으로 항상 간구함은
빌립보서 2장29절: "이러므로 너희가 주 안에서 모든 기쁨으로 그를 영접하고 또 이와 같은 자들을 존귀히 여기라"

2) "하나님의 뜻을 따라"(선행의 기준): 모든 선행이 하나님을 기쁘시게 하는 것은 아닙니다. 진정한 선행은 '하나님의 뜻에 따라' 이루어져야 합니다. 이는 하나님의 말씀인 성경에 계시된 뜻을 순종하는 것을 의미합니다. 우리의 선행은 우리가 보기에 좋은 것이 아니라, 하나님께서 보시기에 합당한 것이어야 합니다. 우리는 선한 일을 위해 창조되었으며, 이는 하나님의 뜻에 따른 것입니다.

에베소서 2 장 10 절: "우리는 그가 만드신 바라 그리스도 예수 안에서 선한 일을 위하여 지으심을 받은 자니 이 일은 하나님이 전에 예비하사 우리로 그 가운데서 행하게 하려 하심이니라"
디모데전서 2 장 10 절: "오직 선행으로 하기를 원하노라 이것이 하나님을 경외한다 하는 자들에게 마땅한 것이니라"

3) "모든 선행을"(선행의 영역): 특정 분야의 선행만을 말하는 것이 아니라, 삶의 모든 영역에서 '전인적으로' 하나님의 뜻에 순종하여 선을 행하는 것을 의미합니다. 이

는 이웃 사랑, 정의 실현, 봉사, 말씀 순종 등 다양한 모습으로 나타날 수 있습니다.

> **히브리서 10장 24절:** "서로 돌아보아 사랑과 선행을 격려하며"
> **야고보서 3장 13절:** "너희 중에 지혜와 총명이 있는 자가 누구냐 그는 선행으로 말미암아 지혜의 온유함으로 그 행함을 보일지니라"

이 두 부분, 즉 내적인 기쁨과 외적인 선행은 서로 긴밀하게 연결되어 있습니다. 하나님을 진실로 기뻐하는 마음이 선행을 기쁨으로 행하게 하는 동기가 되며, 선행을 통해 우리는 하나님을 더욱 기뻐하게 되는 선순환을 이룹니다. '새사람으로 사는 것'은 없어서는 안 되는 '성화의 과정'으로서, 이는 성령의 능력 안에서 하나님의 형상을 닮아가고자 하는 진지한 노력입니다.

정리

'새사람으로 산다는 것'은 그리스도인에게 주어진 새로운 존재 방식입니다. 이는 첫째, 예수 그리스도로 말미암아 진실된 마음으로 하나님을 기뻐하는 내면적인 변화입니다. 둘째, 이 기쁨을 바탕으로 사랑과 즐거움으로 하나님의 뜻에 따라 모든 선행을 행하는 외면적인 삶의 실천입니다. '옛사람의 죽음'이 죄로부터의 단절이라면, '새사람의 삶'은 하나님께로의 적극적인 전향과 순종을 의미합니다.

하이델베르크 요리문답 제91문: 선행의 참된 정의

하이델베르크 요리문답 91문은 "선행이란 무엇입니까? "라는 질문에 대해 답합니다. 우리는 그동안 본 요리문답을 통해 선행에 대해 많이 다루었습니다. 이 제 91 문은 성경적으로 참된 선행이 무엇인지, 그동안의 선행에 대한 강해를 정리하여 명확하게 정의하고자 합니다. 이는 선행의 동기, 기준, 그리고 목적을 제시하며, 사람의 생각이나 관습에 기초한 행위를 경계합니다.

91문: 선행이란 무엇입니까?

답:

참된 믿음에서 나오는 것으로서, 하나님의 율법에 따라서, 그리고 하나님의 영광을 위하여 행한 것만 선행이며, 우리 생각이나 사람의 관습에 근거한 것은 선행이 아닙니다.

(참조: 벨직 신앙고백 제24조)

강해

이 문답은 참된 선행을 정의하는 세 가지 핵심적인 요소를 제시합니다: '참된 믿음에서 나옴'(동기), '하나님의 율법에 따름'(기준), 그리고 '하나님의 영광을 위함'(목적)입니다. 이 세 가지 요소가 충족될 때 비로소 그 행위가 참된 선행으로 인정됩니다.

강해

1. 첫째, 참된 믿음에서 나오는 것(동기)

"참된 믿음에서 나오는 것으로서"

이는 선행의 근본적인 동기가 무엇인지를 밝힙니다.

1) 구원의 결과: 선행은 구원의 조건이 아니라 구원의 필연적인 결과입니다. 오직 예수 그리스도를 향한 참된 믿음을 가진 자만이 진정으로 하나님을 기쁘시게 하는 선행을 할 수 있습니다. 믿음 없는 행위는 아무리 외적으로 훌륭해 보여도 하나님 앞에서는 참된 선행으로 인정받지 못합니다. 믿음이 없으면 하나님을 기쁘시게 할 수 없을 뿐 아니라, 그것은 죄입니다.

로마서 14 장 23 절: "믿음을 따라 하지 아니하는 것은 다 죄니라"
히브리서 11 장 6 절: "믿음이 없이는 하나님을 기쁘시게 하지 못하나니 하나님께 나아가는 자는 반드시 그가 계신 것과 또한 그가 자기를 찾는 자들에게 상 주시는 이심을 믿어야 할지니라"

2) 영적 본성의 변화: 참된 믿음은 성령의 역사로 말미암아 우리 안에 새로운 본성을 심어줍니다. 이 새로운 본성으로부터 죄를 미워하고 선을 행하려는 열망과 함께, 구주 예수님을 기쁘시게 하고자 하는 간절한 소망이 솟구쳐 나옵니다. 이러한 내면의 변화가 실제적인 선행으로 이어집니다. 그리고 이는 다시 오실 그리스도를 사모하며 그리스도를 존귀케 하고자 하는 모든 사람들에게 당연한 것입니다.

시편 51 편 12 절: "주의 구원의 즐거움을 내게 회복시켜 주시고 자원하는 심령을 주사 나를 붙드소서"
빌립보서 1 장 20 절: " 나의 간절한 기대와 소망을 따라 아무 일에든지 부끄러워하지 아니하고 지금도 전과 같이 온전히 담대하여 살든지 죽든지 내 몸에서 그리스도가 존귀하게 되게 하려 하나니"

2. 둘째, 하나님의 율법에 따라서 행한 것(기준)

"하나님의 율법에 따라서"

이는 선행의 기준과 원천이 무엇인지를 제시합니다.

1) 사람의 기준 배격: 우리의 생각이나 세상의 관습, 또는 사람의 칭찬을 얻기 위한 행위는 참된 선행이 될 수 없습니다. 아무리 좋은 의도로 행한 것처럼 보여도, 하나님의 율법에 합치하지 않으면 선행이 아닙니다.

> **사무엘상 15장 22절**: "사무엘이 이르되 여호와께서 번제와 다른 제사를 그의 목소리를 청종하는 것을 좋아하심 같이 좋아하시겠나이까 순종이 제사보다 낫고 듣는 것이 숫양의 기름보다 나으니"
>
> **이사야 29장 13절**: "주께서 이르시되 이 백성이 입으로는 나를 가까이 하며 입술로는 나를 공경하나 그들의 마음은 내게서 멀리 떠났나니 그들이 나를 경외함은 사람의 계명으로 가르침을 받았을 뿐이라"

2) 성경적 기준: 하나님의 율법은 우리가 어떻게 살아야 하는지에 대한 하나님의 뜻을 계시한 것입니다. 따라서 참된 선행은 '하나님의 말씀(성경)이 명령하거나 교훈하는 바에 순종하여 행하는 것' 입니다. 우리는 하나님의 율법을 통해 무엇이 선이고 무엇이 악인지를 분별해야 합니다. 하나님의 말씀은 우리 삶의 규범이며 지침입니다.

> **레위기 18장 4절**: "너희는 내 법도를 따르며 내 규례를 지켜 그대로 행하라 나는 너희의 하나님 여호와이니라"
>
> **신명기 4장 2절**: "내가 너희에게 명령하는 말을 너희는 가감하지 말고 내가 너희에게 내리는 너희 하나님 여호와의 명령을 지키라"
>
> **시편 119편 105절**: "주의 말씀은 내 발에 등이요 내 길에 빛이니이다"

3. 셋째, 하나님의 영광을 위하여 행한 것(목적)

"하나님의 영광을 위하여"

이는 선행의 궁극적인 목적을 밝힙니다.

1) 자기 의나 공로 추구 배격: 선행의 목적이 자기 의를 드러내거나, 사람들에게 인정받으려는 것이거나, 구원을 위한 대가를 지불하려는 것이 되어서는 안 됩니다. 구원은 오직 은혜로 주어지는 것이지 우리의 행위가 구원에 기여할 수는 없습니다.

> **누가복음 17장 10절**: "이와 같이 너희도 명령 받은 것을 다 행한 후에 이르기를 우리는 무익한 종이라 우리가 하여야 할 일을 한 것뿐이라 할지니라"

2) 최고의 목적: 모든 참된 선행의 궁극적인 목적은 '하나님께 영광을 돌리는 것' 입니다. 우리의 행실을 통해 세상 사람들이 하나님을 찬양하게 하고, 그분의 이름이 높여지도록 하는 것입니다. 우리의 모든 삶은 하나님의 영광을 위한 것이야 합니다.

마태복음 5 장 16 절: "이같이 너희 빛이 사람 앞에 비치게 하여 그들로 너희 착한 행실을 보고 하늘에 계신 너희 아버지께 영광을 돌리게 하라"
고린도전서 10장 31 절: "그런즉 너희가 먹든지 마시든지 무엇을 하든지 다 하나님의 영광을 위하여 하라"

이 세 가지 요소는 참된 선행을 정의하는 필수적인 틀을 제공합니다. 이 중 하나라도 빠지면 그 행위는 하나님 보시기에 온전한 선행이라고 할 수 없습니다. 예를 들어, 아무리 외적으로 칭찬받을 만한 일을 해도 믿음에서 나오지 않거나, 하나님의 뜻이 아닌 자기 생각대로 행한 것이거나, 자기 자랑을 위한 것이었다면 참된 선행으로 인정받을 수 없습니다.

정리

참된 선행은 단순히 좋은 일을 하는 것을 넘어, 세 가지 핵심적인 요소를 충족해야 합니다. 첫째, 참된 믿음에서 나와야 합니다(동기). 둘째, 하나님의 율법에 따라서 행해야 합니다(기준). 셋째, 하나님의 영광을 위하여 행해야 합니다(목적). 이 세 가지 조건을 충족한 행위만이 참된 선행으로 인정되며, 우리의 생각이나 사람의 관습에 근거한 것은 선행이 아닙니다. 이 문답은 그리스도인의 삶이 오직 하나님의 말씀과 뜻에 따라 오직 하나님의 영광을 위해 드려져야 함을 강조합니다.

십계명에 대하여

제 34 주일

하이델베르크 요리문답 제 92 문: 하나님의 율법(십계명)

'감사에 관하여'라는 제 3 부의 맥락에서, 우리는 88 문에서 91 문까지 구원받은 성도가 어떻게 하나님께 감사하며 살아야 하는지에 대해 살펴보았습니다. 특히 지난 91 문에서는 참된 선행이란 어떤 것인지에 대해 함께 생각해보며, 그 선행의 기준이 하나님의 율법임을 배웠습니다. 이제 하이델베르크 요리문답 92 문은 "하나님의 율법이 무엇입니까? "라는 질문을 던지면서, 이에 대한 답으로서 '십계명'을 제시합니다.

92 문: 하나님의 율법이 무엇입니까?

답:

하나님께서는 이렇게 말씀하셨습니다(출 20:2-17; 신 5:6-21).

"나는 너를 애굽 땅, 종 되었던 집에서 인도하여 낸 네 하나님 여호와니라"

제 1 계명: "너는 나 외에는 다른 신들을 네게 두지 말라"

제 2 계명: "너를 위하여 새긴 우상을 만들지 말고, 또 위로 하늘에 있는 것이나, 아래로 땅에 있는 것이나, 땅 아래 물속에 있는 것의 어떤 형상도 만들지 말며, 그것들에게 절하지 말며, 그것들을 섬기지 말라. 나 네 하나님 여호와는 질투하는 하나님인즉, 나를 미워하는 자의 죄를 갚되 아버지로부터 아들에게로 삼사 대까지 이르게 하거니와, 나를 사랑하고 내 계명을 지키는 자에게는 천 대까지 은혜를 베푸느니라"

제 3 계명: "너는 네 하나님 여호와의 이름을 망령되게 부르지 말라. 여호와는 그의 이름을 망령되게 부르는 자를 죄 없다 하지 아니하리라"

제 4 계명: "안식일을 기억하여 거룩히 지키라. 엿새 동안은 힘써 네 모든 일을 행할 것이나, 일곱째 날은 네 하나님 여호와의 안식일인즉, 너나 네 아들이나 네 딸이나 네 남종이나 네 여종이나 네 육축이나 네 문안에 머무는 객이라도 아무 일도 하지 말라. 이는 엿새 동안에 나 여호와가 하늘과 땅과 바다와 그 가운데 모든 것을 만들고 일곱째 날에 쉬었음이라. 그러므로 나 여호와가 안식일을 복되게 하여, 그날을 거룩하게 하였느니라"

제 5 계명: "네 부모를 공경하라. 그리하면 네 하나님 여호와가 네게 준 땅에서 네 생명이 길리라"

제 6 계명: "살인하지 말라"

제 7 계명: "간음하지 말라"

제 8 계명: "도둑질하지 말라"

제 9 계명: "네 이웃에 대하여 거짓 증거 하지 말라"

제 10 계명: "네 이웃의 집을 탐내지 말라. 네 이웃의 아내나 그의 남종이나 그의 여종이나 그의 소나 그의 나귀나, 무릇 네 이웃의 소유를 탐내지 말라"

(참조: 벨직 신앙고백 제 13 조, 제 25 조)

강해

이제까지 우리는 사도신경을 중심으로 우리가 '무엇을 믿어야 하는지' 그 믿음의 내용에 대해 집중적으로 공부했다면, 이제 92 문부터는 우리가 구원 이후 '어떻게 살아야 할 것인가'에 관한 문제에 집중합니다. 특별히 하이델베르크 요리문답은 하나님께서 베풀어주신 구원의 은혜를 생각하며, 이제는 감사함으로 새사람으로서의 삶의 기초로 십계명을 제시합니다. 이것은 우리가 앞의 91 문에서 다룬 '선행의 구체적인 기준'입니다. 십계명은 단순히 지켜야 할 계명 조항들의 나열이 아니라, 하나님과 이웃을 사랑하는 삶의 원리입니다. 이러한 십계명은 주 예수 그리스도의 이름으로 구원받은 우리가 주님이 다시 오는 그날까지 우리가 어떻게 살아야하는지를 말해주는 종말론적 실천 규범입니다. 오늘 우리가 십계명을 깊이 배우고 익혀가야 할 이유가 바로 여기에 있습니다.

1. '이제 우리는 어떻게 살 것인가? '

하이델베르크 요리문답은 크게 3 주제를 다루고 있습니다. 그것은 첫째, "우리는 무엇을 믿을 것인가? "(사도신경), 둘째, "우리는 어떻게 살 것인가? "(십계명), 셋째, "우리는 무엇을 바랄 것인가? "(주기도문)이 바로 그것입니다. 본 92 문에서는 십계명을 주신 하나님에 대해 함께 생각해보겠습니다.

1) 자기 백성에게 십계명을 주신 하나님

이스라엘 백성들은 애굽에서 400 년동안 애굽 사람들의 노예로 살았습니다. 그러나 하나님은 그들을 출애굽시켜 구원하시고, 홍해를 건너 애굽으로부터 완전히 해방시켜주셨습니다. 그들은 이제 더 이상 애굽의 바로가 정해준 법에 따라 살지 않아도 되었습니다. 그러나 그들에게는 여전히 죄악된 본성이 있었고, 그래서 무엇이 옳고 그른지, 무엇보다도 구원받은 하나님의 백성으로서 어떻게 살아야 할지를 아직 몰랐습니다. 학자들의 견해에 의하면 출애굽한 이스라엘 백성들의 수가 약 200 만명 정도였다고 합니다. 이렇게 많은 사람들이 이러한 상태에서 아무런 법도 없이 공동체를 이루고 질서 있게 살아갈 수 없었습니다. 그래서 하나님은 이들에게 십계명을 주신 것입니다. 과거 그들은 바로가 정해준 법을 따라 노예같이 살았지만 이제는 하나님의 주신 법을 따라 거룩한 백성으로 살아갈 수 있게 된 것입니다.

2) 만민을 위한 십계명

그러나 십계명은 하나님이 당시의 이스라엘 백성에게 주신 것이지만 사실 온 인류에게 적용되는 보편적인 법입니다. 십계명은 어떤 특정 부류, 특정 민족만을 위한 것이 아니라, 이스라엘 백성들을 통해 온 세상에 주신 것입니다. 십계명을 주신 하나님은 사람을 지으신 하나님이십니다. 하나님은 사람들이 하나님의 뜻을 따라 살기 원하셨습니다. 그래서 하나님은 십계명에 하나님의 법도를 담아 주셨습니다. 이로서 사람이 무지를 벗어나 자기를 지으신 하나님을 알고 이제 '어떻게 살아야하는지'를 알 수 있게 되었습니다. 십계명은 하나님이 사람들에게 주시는 모든 율법의 핵심이며 요약입니다. 십계명은 간단하지만 만민이 인정하고 진리로 받아야 하는 온전한 삶의 규범입니다. 무릇 법에는 그것에 따른 기능, 목적이 있습니다. 그렇다면 율법은 우리의 우리의 삶에 어떤 기능을 하며, 하나님은 이것을 통해 무엇을 이루고자 하시는 것일까요?

2. 율법(십계명)의 세가지 기능

하나님이 주신 율법에는 다음 세 가지 기능이 있습니다.

첫째, 사람이 죄인임을 깨닫고 그리스도께로 나가게 합니다(몽학선생의 기능)

율법은 하나님이 주신 거룩한 삶의 기준입니다. 그러나 죄악된 본성을 가지고 있는 사람들은 아무리 노력해도 율법의 요구를 온전히 이룰 수 없는 자신을 발견하고 절망할 뿐입니다. 이때 사람들은 자신이 하나님 앞에서 영원히 심판받을 수 밖에 없는 비참한 죄인이라는 것을 깨닫게 됩니다. 이러한 사람들은 자연스럽게 이 무서운 하나님의 심판에서 자신을 구원해줄 구원자를 찾게 됩니다. 이때 사람들은 진정한 구원자 예수 그리스도께로 나가게 됩니다. 그래서 율법은 우리가 죄인인 것을 깨닫게 하고 우리를 그리스도께로 인도하는 몽학선생의 역할을 합니다. 우리는 이에 대해 이미 2 문, 3 문에서 살펴보았습니다.

둘째, 율법은 시민사회에 질서를 부여합니다(시민 사회적 용도)

율법이 있으므로 사람들은 비로소 상호 간에 질서 있는 삶을 살게 됩니다. 어떤 공동체가 건강하게 유지되기 위해서는 모두가 마땅히 지켜야 할 법도가 있어야 합니다. 그런데 하나님께서는 이스라엘 백성들에게 그들이 함께 지켜나가야 할 공동체의 법으로 십계명을 주셨습니다. 하나님은 이 계명을 따라 이스라엘 백성들이 질서 있는 공동체를 이루고 하나님을 섬기며, 이웃과 함께 행복하게 살기를 원하셨습니다.

셋째, 율법은 우리를 거룩한 삶을 살아가게 합니다(성화의 용도)

그리스도의 은혜로 구원받은 우리는 과거와 같은 죄악된 삶을 혐오하며 이제는 하나님의 백성으로서 거룩한 삶을 살고자 합니다(88 문: 옛 사람이 죽는 것, 새사람으로 다시 사는 것). 이때 율법은 우리에게 무엇이 거룩한 삶인지, 어떻게 하나님을 기쁘시게 하는 삶을 살 수 있는지 깨닫게 합니다. 그리고 이제는 율법을 따라 구원의 은혜를 입을 자로서 감사함으로 거룩한 하나님의 사람으로 성장해 나가고자 합니다. 이것은 "내가 거룩하니 너희도 거룩하라"는 말씀에 응하는 것입니다. 이렇게 율법에는 거룩의 용도, 곧 성화의 용도가 있습니다.

> **레위기 11 장 45 절**: "나는 너희의 하나님이 되려고 너희를 애굽 땅에서 인도하여 낸 여호와라 내가 거룩하니 너희도 거룩할지어다"

3. 십계명 서언의 의미

십계명은 "나는 너를 애굽 땅, 종 되었던 집에서 인도하여 낸 네 하나님 여호와니라"라는 하나님의 자기 계시와 구원의 선언으로 시작됩니다. 이 서언은 십계명은 구원을 위한 법이 아니라, 하나님께서 이루어주신 구원의 은혜에 감사하며 하나님 앞에서 마땅히 지켜야 할 말씀임을 분명하게 말해줍니다. 그래서 우리는 예수 그리스도의 은혜로 구원받은 하나님의 백성으로서 이제 어떻게 살아가야 하는지를 십계명을 통해 배우며 하나님을 기쁘시게 하는 삶을 살아갈 수 있습니다. 십계명은 예수님의 재림을 기다리는 주의 백성들의 실천적인 삶의 규범으로 우리는 이 계명 안에서 성장해야 합니다. 그래서 우리는 이 서언의 말씀을 주신 하나님의 뜻을 깊이 이해하고 십계명 공부를 이루어가야 합니다.

정리

십계명은 하나님께서 이스라엘 백성을 '구원하신 후 주신 삶의 규범' 입니다. 이 안에는 우리가 구원받은 자로서 하나님께 감사하며 마땅히 행해야 할 '선행' 의 구체적인 내용을 담고 있습니다. 십계명은 단순히 제한적인 금지 목록이 아니라, 하나님과 바른 관계를 맺고 이웃을 사랑하며 살아가게 하는 지혜의 원리가 됩니다. 이러한 십계명 공부는 하나님의 백성 된 "우리가 과연 어떻게 살아가야 할 것인지", 죄를 깨닫고 회개하게 하며, 다시 오실 예수님을 기다리는 하나님 백성으로서의 성장의 소원과 삶의 의지(意志)를 불러일으켜 줍니다. 율법이 이렇게 살아 기능하는 곳에 사람들의 자유와 행복이 있고, 하나님께서는 영광을 받으십니다.

하이델베르크 요리문답 제 93 문: 십계명의 구분

하이델베르크 요리문답 93 문은 앞선 92 문에서 제시된 십계명이 내용면에서 어떻게 나누어지는지에 대해 설명합니다. 이 문답은 십계명의 핵심 원리가 하나님 사랑과 이웃 사랑이라는 예수 그리스도의 가르침에 기반하고 있음을 말해줍니다.

93 문: 십계명은 어떻게 나누어집니까?

답:

두 부분으로 나누어집니다. 처음 부분은 우리가 하나님께 어떻게 행해야 하는가를 가르치며, 둘째 부분은 우리가 이웃에서 행할 의무에 대해 가르칩니다.

(참조: 벨직 신앙고백 제24조, 제29조)

강해

이 문답은 십계명이 단순히 열 가지 독립적인 계명이 아니라, '하나님의 사랑'과 '이웃 사랑'이라는 두 가지 큰 원리 아래 유기적으로 연결되어 있음을 보여줍니다. 예수님께서 친히 율법의 핵심을 이 두 가지로 요약하셨기에(마태복음 22:37-40), 십계명 역시 이 두 축을 중심으로 이해해야 합니다.

1. 첫 번째 부분: "우리가 하나님께 어떻게 행해야 하는가를 가르치며"

이는 제1계명부터 제4계명까지 해당하는 것으로 하나님께 대한 우리의 의무를 가르쳐줍니다.

제1계명: 다른 신들을 두지 말라

우리의 삶에서 유일하신 참 하나님만을 섬겨야 함을 가르칩니다. 하나님 외에 그 어떤 것도 우리의 궁극적인 대상이나 예배의 대상이 될 수 없습니다. 그래서 제 1 계명은 우리의 '마음'과 '의지'의 방향을 온전히 하나님께로 향하게 합니다.

제2계명: 우상을 만들거나 섬기지 말라

하나님을 우리의 생각이나 방식으로 형상화하여 예배하는 것을 금지합니다. 이는 우리가 하나님을 어떤 방식으로 경배해야 하는지에 대한 원리를 제시하며, 영이신 하나님을 영과 진리로 예배해야 함을 강조합니다.

제3계명: 하나님의 이름을 망령되이 부르지 말라

하나님의 이름에 합당한 경외심을 가지고 대하며, 우리의 말과 삶으로 그 이름을 영화롭게 해야 함을 가르칩니다. 이는 우리의 언어와 행동이 하나님을 향한 진정한 존경심을 반영해야 함을 보여줍니다.

제4계명: 안식일을 기억하여 거룩히 지키라

하나님을 예배하고, 그분과의 교제에 집중하며 영적 휴식을 취하는 특정한 한 날을 구별해야 함을 가르칩니다. 이는 '우리의 시간과 우선순위'를 하나님께 드려야 함을 보여주며, 정기적인 예배와 영적 갱신의 중요성을 강조합니다.

이 처음 네 계명은 우리가 '하나님을 마음과 뜻과 힘을 다하여 사랑하고 경외하며 섬겨야 할 가장 기본적인 원리들을 제시합니다.'

2. 둘째 부분: "우리가 이웃에서 행할 의무에 대해 가르칩니다"

이는 제5계명부터 제10계명까지 해당하며, 우리의 이웃 사랑을 다룹니다.

제 5 계명: 부모를 공경하라

가정 내에서 부모님과 모든 정당한 권위에 대한 존경과 순종의 의무를 가르칩니다. 이는 사회 질서의 기초가 되며, 이웃과의 관계 속에서 우리가 가져야 할 올바른 태도의 시작점입니다.

제 6 계명: 살인하지 말라

이는 단순히 살인 행위를 금하는 것을 넘어, 미움이나 폭력 등 생명을 해치는 모든 마음과 행동을 금합니다. 여기서 더 나아가 이웃의 생명을 존중하고 보호해야 함을 가르칩니다.

제 7 계명: 간음하지 말라

결혼의 신성함과 이웃의 가정을 존중하며, 또한 결혼 이외의 모든 형태의 성적 부도덕을 금지함으로써 남녀간의 순결한 관계를 유지해야 함을 가르칩니다.

제 8 계명: 도둑질하지 말라

이는 불법적 재물 취득뿐 아니라, 이웃에게 해를 끼치는 모든 부당한 경제적 행위를 금지합니다. 여기에는 이웃의 재산권을 존중하며 모두가 정직하고 성실하게 일해야 함을 가르쳐줍니다.

제 9 계명: 거짓 증거하지 말라

법정에서 거짓 증거를 하여 사람의 명예를 떨어뜨리거나 억울한 일을 당하지 않도록 하라는 것으로 이는 이웃의 명예와 진실을 지켜주어야 한다는 것입니다. 법정에서의 진실과 정의는 정직하고 정의로운 사회를 만듭니다.

제 10 계명: 탐내지 말라

이웃의 소유를 탐내는 마음 자체를 금지합니다. 이 계명은 외적인 행위를 넘어, 모든 죄의 뿌리가 되는 마음의 탐심을 살펴보며, 우리 내면의 욕망까지도 정결하게 할 것을 요구합니다.

이 여섯 계명은 '우리가 이웃을 우리 몸과 같이 사랑하고', 그들의 생명, 재산, 명예, 가정을 존중해야 할 실제적인 지침을 제시합니다.

정리

십계명은 크게 두 부분으로 나누어집니다. 첫 번째 부분(제1-4계명)은 '우리가 하나님께 어떻게 행해야 하는가', 즉 하나님을 어떻게 사랑하고 경외하며 섬겨야 하는지, 이에 대한 의무를 가르칩니다. 두 번째 부분(제 5-10 계명)은 '우리가 이웃에게 어떻게 행해야 하는가', 즉 이웃을 어떻게 사랑하고 존중해야 하는지, 이웃에 대한 의무를 가르칩니다. 이처럼 십계명은 하나님 사랑과 이웃 사랑이라는 두 가지 큰 원리 아래서 통합됩니다. 이는 구원받은 성도가 하나님께 감사하며 마땅히 살아야 할 삶의 포괄적인 지침를 제시합니다.

하이델베르크 요리문답 제 94 문: 제 1 계명의 참된 의미 – 유일하신 하나님 경배

하이델베르크 요리문답 94 문은 "제 1 계명에서 하나님께서는 무엇을 명하십니까? " 라는 질문에 대해 답합니다. 제 1 계명은 다른 모든 계명 중에 가장 중요합니다. 우리가 제 1 계명을 을 잘 이해할 때 비로소 다른 계명들도 하나님 안에서 보다 깊이 이해할 수 있습니다. 그리고 모든 계명이 제 1 계명 안에서 권위를 더하게 됩니다. 제 1 계명은 "너는 나 외에는 다른 신들을 네게 두지 말라"입니다. 이 문답은 단순히 다른 신을 믿지 않는다는 소극적인 의미를 넘어, 유일하신 참 하나님만을 온전히 사랑하고 경외하며 섬겨야 한다는 적극적인 의미까지 포함하여 설명합니다. 이러한 이해는 다른 계명 이해의 전제가 됩니다.

94 문: 제 1 계명에서 하나님께서는 무엇을 명하십니까?

답:

> 나는 내 영혼의 구원을 간절히 바라는 만큼 모든 우상숭배와 마술과 점치는 일과 미신, 성인이나 다른 어떤 피조물에게 기도하는 것을 피하여 멀리 달아나는 것입니다. 그리고 유일하고 참되신 하나님을 바르게 알고 하나님만을 신뢰하며, 겸손과 인내로 하나님께 복종하고, 오직 하나님에게서만 모든 좋은 것을 기대하며, 나의 온 마음을 다하여 하나님을 사랑하고 경외하며 영광스럽게 하는 것입니다. 하나님의 뜻에 반하는 어떤 작은 일이라도 행하느니 차라리 모든 피조물을 포기하고 버리는 것입니다.

(참조: 벨직 신앙고백 제 1 조)

강해

제 1 계명은 우리의 예배와 신뢰의 대상이 오직 유일하신 하나님이어야 함을 명시합니다. 예배와 신뢰의 대상이 되는 하나님은 언제나 우리의 삶에 중심이 됩니다. 특별히 이 하나님은 창조주 하나님이시며, 십계명 서문에 나오는 것 처럼 구원의 하나님이십니다. 이스라엘 백성들을 애굽에서 구원하셨고 우리를 독생자의 피로 구원하셨습니다. 그래서 1 계명은 구원의 은혜에 대한 당연한 반응으로 지켜져야 합니다. 이 계명이 잘 지켜질 때 우리는 하나님의 백성으로서의 분명한 정체성을 확립해 나갈 수 있습니다. 이 계명을 온전히 지키기 위해서는 우리가 금해야할 것은 무엇이고, 이 명령이 구체적으로 우리에게 명하는 것은 무엇인지를 잘 이해해야 합니다.

1. 금지하는 것: '하나님 외의 모든 것을 피함' (소극적 명령)

"나는 내 영혼의 구원을 간절히 바라는 만큼 모든 우상숭배와, 마술과 점치는 일과 미신, 성인이나 다른 어떤 피조물에게 기도하는 것을 피하여 멀리 달아나는 것입니다"

여기서는 영혼 구원을 간절히 바라는 우리가 피하여 멀리 달아날 것들을 나열합니다.

1) 영혼 구원을 위한 간절함: 이러한 금지 행위를 피하는 동기는 자신의 영혼 구원에 대한 간절한 소원입니다. 하나님 외에 다른 것을 의지하거나 숭배하는 것은 영혼의 파멸로 이어지기 때문입니다.

2) 모든 우상숭배:

(1) 문자적 우상숭배: 다른 신의 형상을 만들거나 그 신에게 절하는 행위 (이는 제 2 계명과도 관련).

레위기 26 장 1 절: "너희는 자기를 위하여 우상을 만들지 말지니 조각한 것이나 주상을 세우지 말며 너희 땅에 조각한 석상을 세우고 그에게 경배하지 말라 나는 너희의 하나님 여호와임이니라"

(2) 정신적 우상숭배: 하나님보다 더 사랑하고, 더 의지하며, 더 중요하게 여기는 모든 것(돈, 명예, 권력, 쾌락, 심지어 가족이나 자녀 등)을 포함합니다. 우리의 마음속에서 하나님보다 더 높은 자리를 차지하는 모든 것은 우상이 될 수 있습니다.

사무엘상 15 장 23 절: "이는 거역하는 것은 점치는 죄와 같고 완고한 것은 사신 우상에게 절하는 죄와 같음이라 왕이 여호와의 말씀을 버렸으므로 여호와께서도 왕을 버려 왕이 되지 못하게 하셨나이다 하니"

골로새서 3 장 5 절: "그러므로 땅에 있는 지체를 죽이라 곧 음란과 부정과 사욕과 악한 정욕과 탐심이니 탐심은 우상 숭배니라"

(3) 마술, 점치는 일, 미신: 하나님 아닌 다른 영적 존재나 알 수 없는 힘을 의지하여 미래를 알고자 하거나 통제하려는 시도입니다. 이는 하나님의 주권을 인정하지 않고, 피조물에게 영적인 능력이 있다고 믿는 행위로, 하나님께 대한 신뢰를 저버리는 것입니다.

레위기 19장 31절: "너희는 신접한 자와 박수를 믿지 말며 그들을 추종하여 스스로 더럽히지 말라 나는 너희 하나님 여호와이니라"
신명기 18장 9-12절: "네 하나님 여호와께서 네게 주시는 땅에 들어가거든 너는 그 민족들의 가증한 행위를 본받지 말 것이니 그의 아들이나 딸을 불 가운데로 지나게 하는 자나 점쟁이나 길흉을 말하는 자나 요술하는 자나 무당이나 진언자나 신접자나 박수나 초혼자를 너희 가운데에 용납하지 말라 이런 일을 행하는 모든 자를 여호와께서 가증히 여기시나니 이런 가증한 일로 말미암아 네 하나님 여호와께서 그들을 네 앞에서 쫓아내시느니라"

(4) 성인이나 다른 피조물에게 기도하는 것: 로마 가톨릭 교회에서는 성인이나 마리아와 같은 하나님 외의 존재에게 중보를 구하거나 도움을 청합니다. 그러나 개혁주의 신앙은 이를 절대 금합니다. 오직 하나님만이 우리의 기도를 들으며 응답하실 수 있는 유일한 분이시며, 예수 그리스도만이 유일한 중보자이십니다. (이에 대해서는 30문에서도 자세히 강해했습니다.)

계시록 19장 10절: "내가 그 발 앞에 엎드려 경배하려 하니 그가 나에게 말하기를 나는 너와 및 예수의 증언을 받은 네 형제들과 같이 된 종이니 삼가 그리하지 말고 오직 하나님께 경배하라 예수의 증언은 예언의 영이라 하더라"
계시록 22장 8, 9절: "이것들을 보고 들은 자는 나 요한이니 내가 듣고 볼 때에 이 일을 내게 보이던 천사의 발 앞에 경배하려고 엎드렸더니 그가 내게 말하기를 나는 너와 네 형제 선지자들과 또 이 두루마리의 말을 지키는 자들과 함께 된 종이니 그리하지 말고 하나님께 경배하라 하더라"

이러한 모든 행위는 우리의 예배와 신뢰가 분산되거나 잘못된 대상에게 향하게 하는 것이기 때문에 단호히 피해야 합니다.

2. 명령하는 것: '유일하신 하나님만을 온전히 섬김'(적극적 명령)

"유일하고 참되신 하나님을 바르게 알고 하나님만을 신뢰하며, 겸손과 인내로 하나님께 복종하고, 오직 하나님에게서만 모든 좋은 것을 기대하며, 나의 온 마음을 다하여 하나님을 사랑하고 경외하며 영광스럽게 하는 것입니다"

이제는 금지하는 것에서 나아가, 우리가 적극적으로 행해야 할 것들을 명령합니다.

1) 바르게 알고 신뢰함:

(1) 유일하고 참되신 하나님을 바르게 아는 것: 단순히 하나님이 존재한다는 지식을 넘어, 그분의 속성(사랑, 공의, 전능, 전지 등)과 구원의 사역을 올바르게 이해하고 인정하는 것입니다. 이것이 바른 신앙의 출발점입니다.

호세아 6 장 3 절: "그러므로 우리가 여호와를 알자 힘써 여호와를 알자 그의 나타나심은 새벽 빛 같이 어김없나니 비와 같이, 땅을 적시는 늦은 비와 같이 우리에게 임하시리라 하니라"
요한복음 17장3절: "영생은 곧 유일하신 참 하나님과 그가 보내신 자 예수 그리스도를 아는 것이니이다"

(2) **하나님만을 신뢰함**: 우리의 삶의 모든 영역에서 오직 하나님만을 의지하고 그분께 우리의 모든 소망을 두는 것입니다. 사람의 지혜나 세상의 힘이 아닌, 오직 하나님께만 의탁합니다.

예레미야 17 장 5-7 절: "여호와께서 이와 같이 말씀하시니라 무릇 사람을 믿으며 육신으로 그의 힘을 삼고 마음이 여호와에게서 떠난 그 사람은 저주를 받을 것이라 그는 사막의 떨기나무 같아서 좋은 일이 오는 것을 보지 못하고 광야 간조한 곳, 건건한 땅, 사람이 살지 않는 땅에 살리라 그러나 무릇 여호와를 의지하며 여호와를 의뢰하는 그 사람은 복을 받을 것이라"

2) **겸손과 인내로 복종함:**

(1) **겸손**: 피조물로서 창조주 하나님 앞에 겸손하게 자신을 낮추고 그분의 주권을 인정하는 태도입니다. 이 하나님은 우리를 구속하시고 우리를 자신의 소유 삼으셨습니다.

베드로전서 5장5,6절: "젊은 자들아 이와 같이 장로들에게 순종하고 다 서로 겸손으로 허리를 동이라 하나님은 교만한 자를 대적하시되 겸손한 자들에게는 은혜를 주시느니라 그러므로 하나님의 능하신 손 아래에서 겸손하라 때가 되면 너희를 높이시리라"

(2) **인내**: 하나님의 뜻과 섭리에 대한 믿음을 가지고 어려움 속에서도 불평하지 않고 참고 기다리는 것입니다.

골로새서 1장10,11절: "주께 합당하게 행하여 범사에 기쁘시게 하고 모든 선한 일에 열매를 맺게 하시며 하나님을 아는 것에 자라게 하시고 그의 영광의 힘을 따라 모든 능력으로 능하게 하시며 기쁨으로 모든 견딤과 오래 참음에 이르게 하시고"
히브리서 10장36절: "너희에게 인내가 필요함은 너희가 하나님의 뜻을 행한 후에 약속하신 것을 받기 위함이라"

(3) **복종**: 하나님의 말씀에 순종하며 그분의 뜻대로 살아가는 것입니다. 이는 율법을 지키는 삶을 통해 나타납니다.

고린도후서 10장5절: "하나님 아는 것을 대적하여 높아진 것을 다 무너뜨리고 모든 생각을 사로잡아 그리스도에게 복종하게 하니"

3) 모든 좋은 것을 기대함: 우리의 모든 필요와 복의 근원이 오직 하나님께 있음을 인정하고, 그분께서 우리의 필요를 채워주실 것을 기대하는 것입니다. 이는 이 세상의 어떤 물질이나 사람이 아닌, 오직 하나님께만 궁극적인 만족과 안식을 찾는 태도입니다.

이사야 45장 7절: "나는 빛도 짓고 어둠도 창조하며 나는 평안도 짓고 환난도 창조하나니 나는 여호와라 이 모든 일들을 행하는 자니라 하였노라"
야고보서 1장 17절: "온갖 좋은 은사와 온전한 선물이 다 위로부터 빛들의 아버지께로부터 내려오나니 그는 변함도 없으시고 회전하는 그림자도 없으시니라"

4) 온 마음으로 사랑하고 경외하며 영광스럽게 함:

(1) **사랑**: 하나님을 향한 가장 큰 계명입니다(마태복음 22:37). 이는 우리의 감정, 의지, 생각 등 모든 것을 다해 하나님을 사랑하는 것입니다. 이 하나님은 우리가 전인격적으로 사랑해야 할 최고의 사랑의 대상이십니다.

마태복음 22장 37절: "예수께서 이르시되 네 마음을 다하고 목숨을 다하고 뜻을 다하여 주 너의 하나님을 사랑하라 하셨으니"

(2) **경외**: 하나님을 향한 거룩한 두려움과 존경심입니다. 그분의 위엄과 거룩하심 앞에 겸손히 서는 태도입니다. 이럴 때 우리는 우리 앞의 다른 신을 퇴치할 수 있습니다.

신명기 6장 2절: "곧 너와 네 아들과 네 손자들이 평생에 네 하나님 여호와를 경외하며 내가 너희에게 명한 그 모든 규례와 명령을 지키게 하기 위한 것이며 또 네 날을 장구하게 하기 위한 것이라"
마태복음 10장 28절: "몸은 죽여도 영혼은 능히 죽이지 못하는 자들을 두려워하지 말고 오직 몸과 영혼을 능히 지옥에 멸하실 수 있는 이를 두려워하라"

(3) **영광스럽게 함**: 우리의 삶 전체를 통해 하나님을 높이고 그분의 이름이 찬양받도록 하는 것입니다. 이 하나님은 권능과 은혜에 있어서 최고의 찬양 받으시기에 합당한 영광의 하나님이십니다.

마태복음 4장 10절: "이에 예수께서 말씀하시되 사탄아 물러가라 기록되었으되 주 너의 하나님께 경배하고 다만 그를 섬기라 하였느니라"
고린도전서 10장 31절: "그런즉 너희가 먹든지 마시든지 무엇을 하든지 다 하나님의 영광을 위하여 하라"
빌립보서 1장 11절: "예수 그리스도로 말미암아 의의 열매가 가득하여 하나님의 영광과 찬송이 되기를 원하노라"

3. 단호한 결단: '하나님의 뜻에 반하는 것을 포기'

"하나님의 뜻에 반하는 어떤 작은 일이라도 행하느니 차라리 모든 피조물을 포기하고 버리는 것입니다"

마지막으로 제1계명은 이렇게 적극적이고 단호한 결단을 요구합니다. 이는 하나님께 대한 우리의 충성과 헌신이 그 어떤 피조물이나 세상적인 가치보다 우선해야 함을 강조합니다. 하나님의 뜻을 거스르는 작은 죄라도 짓느니, 차라리 세상의 모든 유익과 즐거움을 포기하는 것이 마땅하다는 것입니다. 이는 순교자의 정신과도 연결됩니다. 여기에 하나님에 대한 절대 믿음과 절대 순종이 있습니다. 하나님은 이러한 믿음을 기뻐하시고 축복해주십니다.

마태복음 5장 29, 30절: "만일 네 오른 눈이 너로 실족하게 하거든 빼어 내버리라 네 백체 중 하나가 없어지고 온 몸이 지옥에 던져지지 않는 것이 유익하며 또한 만일 네 오른손이 너로 실족하게 하거든 찍어 내버리라 네 백체 중 하나가 없어지고 온 몸이 지옥에 던져지지 않는 것이 유익하니라"

마태복음 10장 37, 38절: "아버지나 어머니를 나보다 더 사랑하는 자는 내게 합당하지 아니하고 아들이나 딸을 나보다 더 사랑하는 자도 내게 합당하지 아니하며 또 자기 십자가를 지고 나를 따르지 않는 자도 내게 합당하지 아니하니라"

정리

제 1 계명은 하나님께서 금하시는 것(우상숭배, 마술, 미신, 피조물 숭배)과 명령하시는 것(유일하신 하나님만을 바르게 알고, 신뢰하고, 복종하며, 모든 좋은 것을 기대하고, 온 마음을 다해 사랑하고 경외하며 영광스럽게 하는 것)을 명확히 설명합니다. 제 1 계명은 적극적인 면에서 우리의 삶의 중심과 예배의 대상이 오직 유일하고 참되신 하나님 한 분뿐이어야 함을 명령하며, 그분의 뜻에 반하는 어떤 작은 일이라도 행하기보다, 차라리 모든 피조물을 포기하는 최고의 충성을 요구합니다. 여기서 우리들의 힘찬 신앙의 출발이 있고, 우리 삶의 중심에 하나님이 들어와 좌정하시고 영광을 받으십니다.

하이델베르크 요리문답 제 95 문: 우상숭배의 정의

하이델베르크 요리문답 95 문은 "우상숭배는 무엇입니까? "라는 질문에 대해 답합니다. 이 문답은 제1계명("너는 나 외에는 다른 신들을 네게 두지 말라")과 제2계명

("너를 위하여 새긴 우상을 만들지 말라")의 연장선상에서, 우상숭배의 본질을 명확히 정의합니다. 이는 단순히 어떤 형상을 숭배하는 것을 넘어, 우리의 믿음과 신뢰의 대상이 하나님 아닌 다른 어떤 것으로 대체되는 모든 행위를 포함함을 강조합니다.

95 문: 우상숭배는 무엇입니까?

답:

우상숭배는 말씀으로 자신을 증거하시는 유일하고 참되신 하나님 대신, 혹은 이 하나님 외에 다른 어떤 대상을 고안하거나 소유하여 그것을 믿는 것입니다.

(참조: 벨직 신앙고백 제 1 조, 제 2 조, 제 12 조)

강해

인류는 타락한 이후부터 하나님을 떠나 우상을 세워 이것을 하나님이라하며 숭배하기 시작했습니다. 이것은 참된 신앙의 왜곡이며 타락입니다. 그리고 하나님의 진노의 대상입니다. 우리가 우상 숭배를 피하기 위해서는 우상 숭배가 무엇인지, 이에 대한 정확한 지식을 가지고 있어야 합니다. 이러할 때 우리는 우상을 물리치고 하나님께 참된 경배를 드릴 수 있습니다. 무답은 우상숭배를 두 가지 핵심적인 측면으로 정의합니다.

1. 유일하고 참되신 하나님을 대체하는 것

"말씀으로 자신을 증거하시는 유일하고 참되신 하나님 대신"

우상숭배의 본질은 하나님 대신 다른 대상을 두는 것입니다.

1) 말씀으로 자신을 증거하시는 하나님(하나님의 자기 계시): 하나님은 친히 말씀으로 자신을 증거하시는 분이십니다. 우리는 성경(기록된 말씀)과 예수 그리스도(육신이 되신 말씀)를 통해 유일하고 참되신 하나님이 어떤 분이신지 알 수 있습니다. 우상숭배는 이러한 하나님의 계시를 무시하거나 거부하는 행위입니다.

2) 유일성과 참되심: 하나님은 유일하며 참되신 분이십니다. 그분 외에는 어떤 것도 참된 신이 될 수 없습니다. 우상숭배는 이러한 하나님의 유일성을 부정하고, 그분의 참되심을 왜곡하는 것입니다.

3) 대체: 우상숭배는 마땅히 우리의 예배와 신뢰, 소망, 사랑의 대상이 되어야 할 하나님을 다른 것으로 대체하는 것입니다. 이것은 하나님을 우리 삶의 중심에서 끌어내리고 다른 어떤 것을 그 자리에 앉히는 행위입니다.

2. 하나님 외의 다른 대상을 고안하거나 소유하여 그것을 믿는 것

"이 하나님 외에 다른 어떤 대상을 고안하거나 소유하여 그것을 믿는 것입니다."

1) 고안하거나 소유하는 대상:

(1) 물질적인 형상: 가장 명백한 형태의 우상숭배는 나무, 돌, 금속 등으로 만든 형상(우상)을 신으로 여기고 숭배하는 것입니다(제2계명과도 연결). 이는 사람의 손으로 만든 유한한 것을 무한하고 영원하신 하나님으로 착각하는 어리석음입니다.

(2) 추상적인 개념이나 이념: 어떤 특정한 사상, 정치 체제, 인류의 진보, 과학 기술, 심지어 종교적인 전통이나 교회를 하나님보다 더 중요하게 여기고 신뢰하는 것도 우상숭배가 될 수 있습니다.

(3) 자기 자신: 자신의 능력, 지혜, 외모, 재능 등을 신뢰하고 그것에 자부심을 느끼며 살아가는 자기 숭배도 우상숭배의 한 형태입니다.

(4) 재물, 권력, 명예, 쾌락: 현대 사회에서 가장 흔한 우상들입니다. 돈을 삶의 궁극적인 목적으로 삼거나, 권력을 얻기 위해 수단과 방법을 가리지 않거나, 명성과 인정을 숭배하고, 육체적인 쾌락만을 추구하며 사는 것은 하나님을 버리고 이러한 것들을 맹목적으로 추종하는 우상숭배입니다.

2) 그것을 믿는 것: 우상숭배의 핵심은 믿음(신뢰)의 대상이 하나님 아닌 다른 것(앞의 항목들)에 있다는 것입니다. 우리의 의지와 감정, 그리고 행동이 하나님을 향하는 것이 아니라, 우리가 고안하거나 자랑하며 소유한 대상을 향할 때 그것은 우상이 됩니다. 우리는 그것으로부터 안정감, 행복, 만족, 구원을 기대합니다. 예를 들어, 돈을 믿는다는 것은 돈이 우리의 모든 문제를 해결해 줄 것이라고 신뢰하고, 돈을 얻기 위해 모든 것을 바치는 것입니다. 이는 오직 하나님께만 두어야 할 신뢰를 돈에게 돌리는 것입니다. 이러한 것들은 제1계명을 파과하는 것이요, 그 결국에는 하나님의 무서운 심판이 있을 뿐입니다.

정리

말씀으로 자신을 계시하신 유일하고 참되신 하나님을 대신하여, 혹은 그분 외에 사람이 다른 어떤 것을 고안하거나 소유하여 그것을 믿는 행위는 우상숭배입니다. 이는 눈에 보이는 물질적인 형상 숭배뿐만 아니라, 우리의 마음속에서 하나님보다 더 사랑하고 신뢰하며 의지하는 모든 대상(돈, 권력, 명예, 자아, 사상 등)을 포괄적인 개념입니다. 우상숭배는 우리의 영혼과 삶의 주권이 하나님께로부터 이탈하여 다른 것에 종속되는 심각한 죄입니다. 우리가 하나님을 온전히 믿지 못하면 불안한 우리 안에서 무수한 우상이 탄생하고 하나님을 대적하는 헛된 경배를 하다가 결국 파멸에 이를 수밖에 없습니다.

제 35 주일

하이델베르크 요리문답 제 96 문: 제 2 계명의 참된 의미 – 올바른 예배 방식

하이델베르크 요리문답 96 문은 "제 2 계명에서 하나님께서 요구하시는 것은 무엇입니까? "라는 질문에 답합니다. 제 2 계명은 "너를 위하여 새긴 우상을 만들지 말고, 또 위로 하늘에 있는 것이나, 아래로 땅에 있는 것이나, 땅 아래 물속에 있는 것의 어떤 형상도 만들지 말며, 그것들에게 절하지 말며, 그것들을 섬기지 말라"입니다. 이러한 제 2 계명은 단순히 우상을 만들지 말라는 소극적인 명령을 넘어, '하나님께서 정하신 방식대로만 예배해야 한다'는 중요한 원리를 담고 있습니다. 이는 앞선 95 문 이해의 연장이며 더 나아가 '예배의 규정적 원리'와 연결됩니다.

96 문: 제 2 계명에서 하나님께서 요구하시는 것은 무엇입니까?
답:

우리가 결코 어떤 하나님의 형상도 만들지 않을 것, 그리고 하나님께서 말씀으로 명하신 방법 외에는 어떤 다른 방법으로도 하나님께 예배드리지 않는 것입니다.

(참조: 벨직 신앙고백 제 1 조, 제 5 조, 제 7 조, 제 12 조)

강해

사람은 하늘과 땅과 바다를 보면서 온갖 우상을 만들고 그것에 경배합니다. 하나님은 이를 잘 아시고 제 2 계명을 통해 사람이 만들어낼 수 있는 갖가지 우상을 금지하시고 경계하게 하십니다. 이러한 2 계명의 요구 사항은 다음 두 가지로 요약할 수 있습니다. 그것은 '하나님의 형상을 만들지 말 것'과 '하나님께서 명하신 방법 외의 다른 방법으로 예배하지 말라는 것' 입니다.

1. "결코 어떤 하나님의 형상도 만들지 않을 것"

제 2 계명은 보이는 형상으로 하나님을 묘사하거나 상징하려는 모든 시도를 금지합니다.

1) 하나님의 본질에 대한 왜곡: 하나님은 영이시며 무한하시고 무형이십니다. 유한한 사람이 어떤 물질적인 형상으로 하나님을 만들려는 시도는 그분의 본질을 왜곡하

고 제한하는 행위입니다. 이는 창조주를 피조물의 수준으로 격하시키는 신성 모독입니다. 영이신 하나님은 결코 물질적 형상으로 표현될 수 없습니다.

신명기 4장 15-19절: "여호와께서 호렙 산 불길 중에서 너희에게 말씀하시던 날에 너희가 어떤 형상도 보지 못하였은즉 너희는 깊이 삼가라 그리하여 스스로 부패하여 자기를 위해 어떤 형상대로든지 우상을 새겨 만들지 말라 남자의 형상이든지, 여자의 형상이든지, 땅 위에 있는 어떤 짐승의 형상이든지, 하늘을 나는 날개 가진 어떤 새의 형상이든지, 땅 위에 기는 어떤 곤충의 형상이든지, 땅 아래 물 속에 있는 어떤 어족의 형상이든지 만들지 말라 또 그리하여 네가 하늘을 향하여 눈을 들어 해와 달과 별들, 하늘 위의 모든 천체 곧 너희의 하나님 여호와께서 천하 만민을 위하여 배정하신 것을 보고 미혹하여 그것에 경배하며 섬기지 말라"

이사야 40장 18절: "그런즉 너희가 하나님을 누구와 같다 하겠으며 무슨 형상에 비기겠느냐"

요한복음 4장 24절: "하나님은 영이시니 예배하는 자가 영과 진리로 예배할지니라"

2) 우상 숭배로의 위험: 보이는 형상은 예배의 대상이 되기 쉽고, 결국은 하나님 아닌 형상 자체를 숭배하는 우상 숭배로 이어질 수 있습니다. 사람은 안 보이는 하나님 대신 눈에 보이는 것을 의지하려는 경향이 강하기 때문입니다.

이사야 40장 19, 20절: "우상은 장인이 부어 만들었고 장색이 금으로 입혔고 또 은 사슬을 만든 것이니라 궁핍한 자는 거제를 드릴 때에 썩지 아니하는 나무를 택하고 지혜로운 장인을 구하여 우상을 만들어 흔들리지 아니하도록 세우느니라"

이사야 40장 25절: "거룩하신 이가 이르시되 그런즉 너희가 나를 누구에게 비교하여 나를 그와 동등하게 하겠느냐 하시니라"

3) 예배의 대상 혼동 방지: 이 계명은 우리가 예배해야 할 대상이 오직 하나님 한 분이시며, 그분을 우리의 육체적이고 감각적인 방식으로 제한하지 말아야 함을 명확히 합니다.

로마서 1장 22-25절: "스스로 지혜 있다 하나 어리석게 되어 썩어지지 아니하는 하나님의 영광을 썩어질 사람과 새와 짐승과 기어다니는 동물 모양의 우상으로 바꾸었느니라 그러므로 하나님께서 그들을 마음의 정욕대로 더러움에 내버려 두사 그들의 몸을 서로 욕되게 하게 하셨으니 이는 그들이 하나님의 진리를 거짓 것으로 바꾸어 피조물을 조물주보다 더 경배하고 섬김이라 주는 곧 영원히 찬송할 이시로다 아멘"

2. 오직 하나님께서 말씀으로 명하신 방법으로만 예배드릴 것

제2계명의 두 번째이자 더 깊은 의미는 "하나님께서 말씀으로 명하신 방법 외에는 어떤 방법으로도 하나님께 예배드리지 않는 것"입니다. 이는 개혁주의 교회가 중요하게 여기는 '예배의 규정적 원리'(Regulative Principle of Worship)를 반영합니다.

1) 인간적인 고안 금지: 이 원리는 예배에 있어서 사람의 지혜나 전통, 아름다운 예술 형식, 심지어 선한 의도에서 비롯된 것이라 할지라도 '하나님께서 친히 명령하시지 않은 방식은 예배에 도입될 수 없다'는 것을 의미합니다. 하나님을 예배하는 방식은 사람이 임의로 정하는 것이 아니라, 오직 하나님께서 자신의 말씀인 성경을 통해 계시하신 대로만 이루어져야 합니다. 예배는 하나님의 명령에 따라야 합니다. 아론의 아들 나답과 아비후가 '다른 불'을 드려 여호와 앞에서 죽임을 당한 사건은, 하나님께서 명하신 방법 외의 방식으로 예배할 때의 위험성을 보여주는 강력한 경고입니다.

> **레위기 10장 1-2절**: "아론의 아들 나답과 아비후가 각기 향로를 가져다가 여호와께서 명령하시지 아니하신 다른 불을 담아 여호와 앞에 분향하였더니 불이 여호와 앞에서 나와 그들을 삼키매 그들이 여호와 앞에서 죽은지라"

2) 하나님의 주권과 영광: 예배의 규정적 원리는 예배가 전적으로 '하나님의 주권'에 속하며, 그분의 '영광'을 위한 것임을 강조합니다. 예배는 하나님께서 우리를 위해 행하신 것이 아니라, 우리가 하나님께 마땅히 드려야 할 반응입니다. 하나님은 만물의 창조주시며, 우리의 구속자요 주가 되십니다. 이 하나님은 우리가 하나님께 드려야 할 예배 방식을 정하실 권한이 있습니다.

> **신명기 12장 32절**: "내가 너희에게 명령하는 이 모든 말을 너희는 지켜 행하고 그것에 무엇을 더하거나 줄이지 말지니라"

3. 진정한 경배: 이러한 원리를 따를 때 비로소 진정한 경배가 가능합니다.

사람의 욕구나 만족에 초점을 맞춘 예배가 아니라, 하나님의 말씀에 순종하고 그분께서 기뻐하시는 방식대로 드려지는 예배를 통해 우리는 하나님과 바른 관계를 맺을 수 있습니다. 하나님은 이런 예배를 기뻐하시고, 이러한 예배를 통해 우리를 복되게 하십니다.

> **요한복음 4장 23, 24절:** "아버지께 참되게 예배하는 자들은 영과 진리로 예배할 때가 오나니 곧 이 때라 아버지께서는 자기에게 이렇게 예배하는 자들을 찾으시느니라 하나님은 영이시니 예배하는 자가 영과 진리로 예배할지니라"

정리

제2계명은 우리가 어떤 하나님의 형상도 만들지 말아야 함을 요구하며, 더 나아가 하나님께서 '자신의 말씀으로 명하신 방법 외에는' 어떤 다른 방식으로도 하나님께 예배드리지 말아야 함을 강조합니다. 이는 하나님은 무한하시고 영이시기에 어떤 물질적인 형상으로도 표현되거나 제한될 수 없으며, (사람의 생각이나 전통이 아닌) 오직 하나님의 말씀만이 올바른 예배의 유일한 기준이 됨을 가르칩니다. 이 계명은 예배의 순수성과 하나님의 주권을 보호하며, 우리가 오직 그분께서 기뻐하시는 방식으로만 경배해야 함을 명령합니다.

하이델베르크 요리문답 제 97 문: 형상 제작의 허용 범위와 금지 이유

하이델베르크 요리문답 96 문에서 우리는 이미 제 2 계명에 기초해서 '어떤 하나님의 형상도 만들어서는 안된다'는 것을 살펴보았습니다. 이는 자칫 우리가 어떤 형상이라도 만들면 안 된다는 오해를 가져올 수 있습니다. 그래서 본 요리문답 97 문은 "그렇다면 어떤 형상도 결코 만들면 안 됩니까? "라는 질문을 하며, 이에 대한 답으로 모든 종류의 형상 제작을 금지하는 것이 아니라, '하나님을 묘사하거나, 예배의 목적으로 형상을 사용하는 것을 금지'하는 것이라고 말해줍니다.

97 문: 그렇다면 어떤 형상도 결코 만들면 안 됩니까?

답:

하나님은 어떤 방법으로라도 표현될 수 없고 표현해서도 안 됩니다. 피조물들은 표현될 수 있습니다. 그러나 하나님께서는 우리가 피조물을 경배할 목적으로, 혹은 그것을 사용하여 하나님께 예배드리려는 목적으로 피조물을 닮은 어떤 것을 만들거나 소유하는 것을 금하십니다.

(참조: 벨직 신앙고백 제 1 조, 제 2 조, 게 3 조, 제 5 조, 제 7 조)

강해

이 문답은 96 문 강해에서 일부 언급되었지만 본 문답은 어떤 형상을 제작할 때 우리가 꼭 유의해야할 것이 무엇인지, 좀더 구체적으로, 제 2 계명의 핵심 원리 두 가지를 기초해 설명해줍니다. 첫째, 하나님은 형상으로 표현될 수 없다는 것이고, 둘째, 피조물을 경배하거나 예배의 수단으로 사용할 목적으로 형상을 만들어서는 안 된다는 것입니다.

1. "표현될 수 없고 표현해서도 안 되는 하나님"

"하나님은 어떤 방법으로라도 표현될 수 없고 표현해서도 안 됩니다."

이것이 제 2 계명의 중요한 금지 사항입니다. 하나님은 '무한하시고 영이시며, 형체

가 없으신 분'이시기에, 어떤 유한한 물질적인 형상으로도 그분을 완벽하게 담아내거나 묘사할 수 없습니다.

1) **하나님의 본질적 속성**: 하나님은 창조주이시며, 사람의 감각으로 지각될 수 있는 분이 아니십니다. 그분을 어떤 형상으로 만드는 것은 그분의 무한하심과 초월성을 제한하고, 그분의 영광을 피조물의 수준으로 격하시키는 행위입니다.

> **이사야 40장 18절**: "그런즉 너희가 하나님을 누구와 같다 하겠으며 무슨 형상에 비기겠느냐"
> **사도행전 17장 29절**: "이와 같이 하나님의 소생이 되었은즉 하나님을 금이나 은이나 돌에다 사람의 기술과 고안으로 새긴 것들과 같이 여길 것이 아니니라"

2) **하나님의 자기 계시의 방법**: 하나님은 친히 말씀과 성령을 통해 자신을 계시하시며, 궁극적으로는 아들 예수 그리스도의 인격과 사역을 통해 자신을 나타내셨습니다. 우리는 이러한 하나님의 계시를 통해 그분을 알아가야 하며, 인간적인 상상이나 제작을 통해 그분을 이해하거나 표현하려 해서는 안 됩니다.

> **요한복음 1장 18절**: 본래 하나님을 본 사람이 없으되 아버지 품 속에 있는 독생하신 하나님이 나타내셨느니라

2. 표현될 수 있는 피조물

"피조물들은 표현될 수 있습니다.

모든 형태의 형상 제작을 무조건적으로 금하는 것은 아닙니다. 예술, 교육, 기념 등의 목적으로 그림이나 조각상을 만드는 것은 허용됩니다. 예를 들어, 역사적인 인물, 동물, 풍경 등을 그림으로 그리거나 조각하는 것은 제 2 계명에 위배되지 않습니다.

3. 그러나 경배와 예배 목적의 형상 제작은 금지

"그러나 하나님께서는 우리가 피조물을 경배할 목적으로, 혹은 그것을 사용하여 하나님께 예배드리려는 목적으로 피조물을 닮은 어떤 것을 만들거나 소유하는 것을 금하십니다"

이 부분이 바로 제 2 계명이 금지하는 핵심적인 내용입니다.

1) **경배할 목적**: 사람이나 동물, 자연 현상 등 '피조물을 신성시하여 그것을 경배의 대상으로 삼는 것' 을 금합니다. 이는 제 1 계명("나 외에는 다른 신들을 네게 두지 말라")의 연장선상에서, 하나님 아닌 다른 존재를 신으로 숭배하는 우상 숭배입니다.

2) **예배 수단으로 사용하려는 목적**: 이 부분이 제 2 계명의 독특하고 중요한 강조점입니다. 어떤 형상(성화, 성인상 등)을 만들어서 그것을 통해 하나님께 예배드리려는

목적으로 사용하는 것을 금지합니다.

이러한 형상들은 처음에는 단순히 예배를 돕는 보조적인 수단으로 시작되었을지라도, 사람의 죄성과 우상 숭배 경향으로 인해 점차 그 형상 자체에 경배가 집중되기도 합니다. 여기서 다 나아가 그 형상에 신적인 능력이 있다고 믿기도 합니다. 이스라엘 백성이 하나님을 예배하려는 명목으로 금송아지를 만들어 섬긴 것이 그 대표적인 사례입니다.

출애굽기 32장: 이스라엘 백성이 금송아지를 만들어 놓고 "이는 너희를 애굽 땅에서 인도하여 낸 너희의 신이로다"

3) 우상 숭배의 위험: 사람은 눈에 보이는 것을 의지하려는 경향이 강하기 때문에, 예배 시 형상을 사용하면 쉽게 그 형상 자체에 마음을 빼앗겨 참된 하나님을 잊고 그것을 숭배하게 될 위험이 있습니다.

이렇게 제 2 계명은 형상 제작 자체를 전면적으로 금지하는 것이 아니라, 하나님을 묘사하거나, 피조물을 숭배하거나, 또는 피조물을 이용해 하나님을 예배하려는 목적으로 형상을 만들고 사용하는 것을 금합니다.

정리

제 2 계명이 어떤 형상이라도 절대 만들면 안 된다는 것은 아닙니다. 다만 어떤 형상을 만들되 분명히 유의하여야 할 것이 있다는 깃입니다. 첫째, 하나님은 어떤 방식으로도 표현될 수 없고 표현해서도 안 된다는 것이요, 둘째, 어떤 피조물도 하나님을 경배할 목적으로 만들어서는 안 되며, 그것을 소유해서도 안 된다는 것입니다. 이것은 예배의 대상을 혼동시키거나, 예배의 방식을 사람의 편의에 따라 왜곡시킬 수 있기 때문입니다. 이는 어떤 형상을 제작하다가 자칫 우상숭배에 빠질 위험을 엄히 경계하고자 함입니다.

하이델베르크 요리문답 제 98 문: 교회 내 형상 사용 금지

하이델베르크 요리문답 98 문은 "그렇다면 평신도를 위한 책으로서의 형상들도 교회에서는 허용되지 않습니까? "라는 질문에 답합니다. 이는 제 2 계명의 적용과 관련하여, 특히 로마 가톨릭 교회가 '문맹자를 위한 성경'이라는 명목으로 성화나 성상을 교회 내에 사용했던 관행에 대한 개혁교회의 입장을 명확히 합니다. 이러한 질문에 대해 단호하게 "허용되지 않습니다"라고 답하며 그 이유를 말합니다.

98 문: 그렇다면 평신도를 위한 책으로서의 형상들도 교회에서는 허용되지 않습니까?
답:

허용되지 않습니다. 왜냐하면 우리는 하나님보다 더 지혜로운 체해서는 안 되기 때문입니다. 하나님께서는 말 못하는 형상을 통해서가 아니라 힘찬 (말씀) 설교를 통해 자신의 백성을 가르치십니다.

(참조: 벨직 신앙고백 제2조, 제3조, 제5조, 제7조)

강해

이 문답은 교회 내에서의 형상 사용을 금지하는 두 가지 핵심적인 이유를 제시합니다. 첫째, 사람이 하나님보다 더 지혜로운 체해서는 안 된다는 '겸손의 원리'이고, 둘째, 하나님께서 자신의 백성을 가르치시는 유일하고 효과적인 방법이 바로 '말씀 설교'이기 때문입니다.

1. 하나님의 지혜를 넘어서지 말아야 합니다.

"허용되지 않습니다. 왜냐하면 우리는 하나님보다 더 지혜로운 체해서는 안 되기 때문입니다."

1) 사람의 오만 경계: '평신도를 위한 책'이라는 명목은 겉으로는 유익해 보일 수 있지만, 실제로는 하나님께서 백성을 가르치시기로 정하신 방식을 사람의 지혜로 대체하려는 오만으로 간주됩니다. 하나님께서는 이미 자신의 백성을 가르칠 가장 좋은 방법을 계시하셨는데, 사람이 그보다 더 나은 방법을 고안하려 하는 것은 하나님의 지혜에 도전하는 행위입니다.

2) 십계명의 정신: 제 2 계명은 단순히 우상을 만들지 말라는 것을 넘어, 하나님을 예배하는 방식을 사람이 임의로 정하지 말라는 광범위한 의미를 담고 있습니다(예배의 규정적 원리). 형상을 사용하여 성경 내용을 전달하려는 시도는 예배의 핵심적인 요소인 '가르침'에 있어서도 하나님의 방식을 따르지 않고 인간적인 방식을 도입하는 것이 됩니다. 사람의 지혜를 의지하는 것은 하나님의 뜻을 거스르는 것입니다.

잠언 3장 5절: "너는 마음을 다하여 여호와를 의뢰하고 네 명철을 의지하지 말라"

2. 하나님은 설교를 통해 가르치십니다.

"하나님께서는 말 못하는 형상을 통해서가 아니라 힘찬 (말씀) 설교를 통해 자신의 백성을 가르치십니다"

1) **말씀 설교의 우월성:**

(1) **말씀의 능력**: 성경은 하나님의 살아 있고 활력 있는 말씀이며, 영혼을 변화시키고 믿음을 심어주는 힘이 있습니다(히브리서 4:12, 로마서 10:17). 형상은 죽은 것이고 스스로 말할 수 없지만, 하나님의 말씀은 생명력이 있습니다.

(2) **명확성**: 말씀 설교는 복음의 진리를 명확하고 상세하게 전달할 수 있는 유일한 방법입니다. 형상은 제한적이며 오해를 불러일으킬 수 있는 반면, 설교는 진리를 정확하게 가르치고 적용할 수 있습니다.

(3) **하나님의 제정**: 성자 하나님이시 예수님은 사도들에게 말씀을 선포하도록 명령하셨고, 사도들은 말씀을 선포했습니다. 말씀 선포는 하나님께서 정하신 영혼 구원과 양육의 주요 수단입니다. 믿음은 들음에서 납니다. .

로마서 10 장 14 절: "그런즉 그들이 믿지 아니하는 이를 어찌 부르리요 듣지도 못한 이를 어찌 믿으리요 전파하는 자가 없이 어찌 들으리요"

디모데후서 3 장 16, 17 절: "모든 성경은 하나님의 감동으로 된 것으로 교훈과 책망과 바르게 함과 의로 교육하기에 유익하니 이는 하나님의 사람으로 온전하게 하며 모든 선한 일을 행할 능력을 갖추게 하려 함이라"

2) **형상의 한계와 위험:**

(1) **"말 못하는 형상"**: 형상들은 그 자체로 진리를 설명하거나 논쟁을 풀 수 없습니다. 오히려 보는 이의 주관적인 해석에 따라 오해되거나 왜곡될 위험이 큽니다.

시편 135 편 15-18 절: "열국의 우상은 은금이요 사람의 손으로 만든 것이라 입이 있어도 말하지 못하며 눈이 있어도 보지 못하며 귀가 있어도 듣지 못하며 그들의 입에는 아무 호흡도 없나니 그것을 만든 자와 그것을 의지하는 자가 다 그것과 같으리로다"

(2) **우상 숭배의 유혹**: 아무리 교육적인 목적이라 할지라도, 교회 내에 형상을 두는 것은 교인들이 점차 그 형상 자체에 경의를 표하거나, 심지어 우상 숭배로 빠지게 할 수 있습니다. 우상 숭배의 유혹은 언제나 강력합니다. 역사적으로도 이러한 위험이 반복해서 드러났습니다. (예: 중세 시대의 성상 숭배)

이사야 40 장 19, 20 절: "우상은 장인이 부어 만들었고 장색이 금으로 입혔고 또 은 사슬을 만든 것이니라 궁핍한 자는 거제를 드릴 때에 썩지 아니하는 나무를 택하고 지혜로운 장인을 구하여 우상을 만들어 흔들리지 아니하도록 세우느니라"

(3) **하나님의 방법을 대체:** 하나님께서 '말씀 설교'라는 방법을 통해 백성을 가르치시기로 정하셨으므로, 사람이 '말 못하는 형상'으로 그 역할을 대체하려 하는

것은 하나님의 주권적 방법을 무시하는 행위가 됩니다.

하박국 2장 18-20절: "새긴 우상은 그 새겨 만든 자에게 무엇이 유익하겠느냐 부어 만든 우상은 거짓 스승이라 만든 자가 이 말하지 못하는 우상을 의지하니 무엇이 유익하겠느냐 나무에게 깨라 하며 말하지 못하는 돌에게 일어나라 하는 자에게 화 있을진저 그것이 교훈을 베풀겠느냐 보라 이는 금과 은으로 입힌 것인즉 그 속에는 생기가 도무지 없느니라 오직 여호와는 그 성전에 계시니 온 땅은 그 앞에서 잠잠할지니라 하시니라"

이 문답은 개혁교회가 교회의 순수성을 유지하고, 성도들이 오직 하나님의 말씀에만 집중하며, 우상 숭배의 유혹으로부터 보호받도록 하려는 깊은 신학적, 목회적 배려에서 나온 것입니다.

정리

개혁교회는 교회 내에서 '평신도를 위한 책'이라는 명목으로 형상을 사용하는 것을 허용하지 않습니다. 그 이유는 사람이 하나님보다 더 지혜로운 체해서는 안 되기 때문이며, 무엇보다 하나님께서는 말 못하는 형상을 통해서가 아니라, 오직 살아 있고 힘찬 (말씀) 설교를 통해 자신의 백성을 가르치시기로 정하셨기 때문입니다. 이 문답은 예배와 가르침의 권위가 오직 하나님의 말씀에 있음을 강조하며, 인간적인 수단이나 전통이 그 하나님의 방법을 대체할 수 없음을 분명히 합니다.

제 36 주일

하이델베르크 요리문답 제 99 문: 제 3 계명의 참된 의미 – 하나님의 이름 경외

하이델베르크 요리문답 99 문은 "제 3 계명에서 하나님께서 요구하시는 것은 무엇입니까? "하고 묻습니다. 제 3 계명은 "너는 네 하나님 여호와의 이름을 망령되게 부르지 말라. 여호와는 그의 이름을 망령되게 부르는 자를 죄 없다 하지 아니하리라"입니다. 앞선 문답에서 우리는 하나님을 형상화하는 우상에 대한 경고와 경계를 다루며 참 예배에 대해 살펴보았습니다. 이제 제 3 계명은 '하나님의 이름'에 대한 자세가 어떠해야 하는가를 말하고자 하는 것입니다. 우리의 신앙에는 형상에 관한 문제에도 늘 깨어 있어야 하지만, '하나님의 이름 사용'에 대해서도 깨어 있어야 합니다. 이 문답은 하나님의 이름을 단순히 함부로 부르지 않는 소극적인 의미를 넘어, 우리의 모든 말과 행동으로 그분의 이름을 거룩히 여기고 영광스럽게 해야 한다는 적극적인 의미까지 포함하여 설명합니다.

99문: 제3계명에서 하나님께서 요구하시는 것은 무엇입니까?

답:

우리는 저주나 위증뿐 아니라 성급한 맹세로도 하나님의 이름을 욕되게 하거나 함부로 사용해서는 안 됩니다. 또한 다른 사람들이 이 무서운 죄를 범할 때 침묵하거나 방관하고 있어도 안 됩니다. 한마디로 우리는 하나님의 거룩한 이름을 경외심과 존경의 마음으로만 사용하여 하나님께 바르게 신앙고백을 하고 경배드리며, 또한 우리의 모든 말과 행실로 하나님께서 영광을 돌려 드려야 합니다.

(참조: 벨직 신앙고백 제1조, 제12조, 제13조, 제36조)

강해

이 문답은 제3계명을 소극적인 측면(무엇을 금지하는가)과 적극적인 측면(무엇을 명령하는가)으로 나누어 설명합니다. 제 3 계명은 하나님의 이름이 지닌 거룩함과 권위를 존중하고, 우리의 삶을 통해 그 이름을 영화롭게 해야 함을 강조합니다.

1. 금지하는 것(소극적 명령)

"우리는 저주나 위증뿐 아니라 성급한 맹세로도 하나님의 이름을 욕되게 하거나 함부로 사용해서는 안 됩니다."

제3계명은 먼저 우리가 피하고 멀리해야 할 것들을 나열합니다. 즉, 하나님의 이름을 '욕되게 하거나 함부로 사용하는' 모든 행위를 금합니다.

1) 저주: 하나님의 이름을 사용하여 다른 사람을 저주하거나 해를 입히는 말입니다. 이는 하나님의 이름을 사적인 복수나 악의적인 목적으로 사용하는 것입니다. 이는 곧 하나님의 이름에 대한 모독입니다.

레위기 24장 15, 16절: "너는 이스라엘 자손에게 말하여 이르라 누구든지 그의 하나님을 저주하면 죄를 담당할 것이요 여호와의 이름을 모독하면 그를 반드시 죽일지니 온 회중이 돌로 그를 칠 것이니라 거류민이든지 본토인이든지 여호와의 이름을 모독하면 그를 죽일지니라"

2) 위증: 법정에서나 일상생활에서 거짓말을 하면서 하나님의 이름을 들먹이며 맹세하는 행위입니다. 이는 하나님을 거짓의 증인으로 삼아 진리를 왜곡하고 타인에게 피해를 입히는 중대한 죄입니다.

레위기 19장 12절: "너희는 내 이름으로 거짓 맹세함으로 네 하나님의 이름을 욕되게 하지 말라 나는 여호와이니라"

3) 성급한 맹세: 경솔하게 하나님의 이름을 걸고 맹세하거나, 지킬 수 없는 약속을

하면서 하나님의 이름을 사용하는 것입니다. 맹세는 매우 신중하게 이루어져야 하며, 그 대상은 오직 하나님이어야 합니다. 예수님도 사람들의 이런 경솔하고 거짓된 맹세를 엄히 책망하셨습니다.

마태복음 5:34-37: "나는 너희에게 이르노니 도무지 맹세하지 말지니 하늘로도 하지 말라 이는 하나님의 보좌임이요 땅으로도 하지 말라 이는 하나님의 발등상임이요 예루살렘으로도 하지 말라 이는 큰 임금의 성임이요 네 머리로도 하지 말라 이는 네가 한 터럭도 희고 검게 할 수 없음이라 오직 너희 말은 옳다 옳다, 아니라 아니라 하라 이에서 지나는 것은 악으로부터 나느니라"

야고보서 5 장 12 절: "내 형제들아 무엇보다도 맹세하지 말지니 하늘로나 땅으로나 아무 다른 것으로도 맹세하지 말고 오직 너희가 그렇다고 생각하는 것은 그렇다 하고 아니라고 생각하는 것은 아니라 하여 정죄 받음을 면하라"

4) 다른 사람의 죄에 대한 방관 금지:

"또한 다른 사람들이 이 무서운 죄에 범할 때 침묵하거나 방관하고 있어도 안 됩니다."

이는 우리가 단순히 개인적으로 죄를 짓지 않는 것을 넘어, 공동체 안에서 하나님의 이름이 모독될 때 이것을 바로잡으려는 책임이 있음을 시사합니다. 무관심은 때로 죄에 동조하는 것이 될 수 있습니다.

레위기 5 장 1 절: "만일 누구든지 저주하는 소리를 듣고서도 증인이 되어 그가 본 것이나 알고 있는 것을 알리지 아니하면 그는 자기의 죄를 져야 할 것이요 그 허물이 그에게로 돌아갈 것이며"

잠언 24 장 24 절: "악인에게 네가 옳다 하는 자는 백성에게 저주를 받을 것이요 국민에게 미움을 받으려니와"

로마서 1 장 32 절: "그들이 이같은 일을 행하는 자는 사형에 해당한다고 하나님께서 정하심을 알고도 자기들만 행할 뿐 아니라 또한 그런 일을 행하는 자들을 옳다 하느니라"

이 모든 행위는 하나님의 이름에 대한 '경멸'과 '무지', 그리고 '불경건한 태도'를 드러내며, 그분의 '거룩하심'을 훼손하는 것입니다. 제3계명은 하나님의 이름이 그분의 존재와 인격을 나타내므로 그 이름을 모독하는 것은 곧 하나님 자체를 모독하는 것임을 경고합니다.

2. 명령하는 것(적극적 명령)

"한마디로 우리는 하나님의 거룩한 이름을 경외심과 존경의 마음으로만 사용하여하나님께 바르게 신앙고백을 하고 경배 드리며, 또한 우리의 모든 말과 행실로 하나님께서 영광을 돌려 드려야 합니다."

제 3 계명은 금지하는 것에서 나아가, 우리가 적극적으로 행해야 할 것들을 명령합니다.

1) 경외심과 존경의 마음: 하나님의 이름은 그분의 권위, 능력, 거룩함을 담고 있으므로, 우리가 그 이름을 부르거나 언급할 때는 항상 깊은 경외심과 존경의 마음을 가지고 있어야 합니다.

> **시편 99편 1–5절:** "여호와께서 다스리시니 만민이 떨 것이요 여호와께서 그룹 사이에 좌정하시니 땅이 흔들릴 것이로다 시온에 계시는 여호와는 위대하시고 모든 민족보다 높으시도다 주의 크고 두려운 이름을 찬송할지니 그는 거룩하심이로다 능력 있는 왕은 정의를 사랑하느니라 주께서 공의를 견고하게 세우시고 주께서 야곱에게 정의와 공의를 행하시나이다 너희는 여호와 우리 하나님을 높여 그의 발등상 앞에서 경배할지어다 그는 거룩하시도다"

2) 바르게 신앙고백을 함: 하나님의 이름으로 신앙 고백할 때, 우리는 진실하고 순수한 마음으로 고백해야 합니다. 이는 우리의 고백이 삶과 일치해야 함을 의미합니다. 위선적인 신앙고백은 하나님의 이름을 망령되이 일컫는 것입니다.

> **마태복음 10장 32, 33절:** "누구든지 사람 앞에서 나를 시인하면 나도 하늘에 계신 내 아버지 앞에서 그를 시인할 것이요 누구든지 사람 앞에서 나를 부인하면 나도 하늘에 계신 내 아버지 앞에서 그를 부인하리라"
>
> **로마서 10장 9, 10절:** "네가 만일 네 입으로 예수를 주로 시인하며 또 하나님께서 그를 죽은 자 가운데서 살리신 것을 네 마음에 믿으면 구원을 받으리라 사람이 마음으로 믿어 의에 이르고 입으로 시인하여 구원에 이르느니라"

3) 하나님께 경배 드림: 예배 가운데 하나님의 이름을 부를 때 우리는 그 이름의 영광과 위엄에 합당하게 경배해야 합니다. 이는 찬양, 기도, 감사 등 모든 예배 행위에서 하나님의 이름에 대한 합당한 태도를 갖는 것을 의미합니다.

> **시편 66편 4절:** "온 땅이 주께 경배하고 주를 노래하며 주의 이름을 노래하리이다 할지어다 (셀라)"
>
> **시편 86편 9절:** "주여 주께서 지으신 모든 민족이 와서 주의 앞에 경배하며 주의 이름에 영광을 돌리리이다"
>
> **시편 100편 4절:** "감사함으로 그의 문에 들어가며 찬송함으로 그의 궁정에 들어가서 그에게 감사하며 그의 이름을 송축할지어다"
>
> **계시록 19장 4절:** "또 이십사 장로와 네 생물이 엎드려 보좌에 앉으신 하나님께 경배하여 이르되 아멘 할렐루야 하니"

4) 모든 말과 행실로 영광을 돌려 드림: 이것이 제 3 계명의 가장 포괄적이고 중요한

긍정적 명령입니다. 우리의 삶 전체, 즉 우리의 말과 행동이 하나님의 이름에 합당해야 합니다. 우리의 삶이 진실하고 거룩하며 사랑이 넘칠 때, 세상은 우리의 삶을 통해 하나님의 이름을 찬양하게 될 것입니다.

> **마태복음 5 장 16 절**: "이같이 너희 빛이 사람 앞에 비치게 하여 그들로 너희 착한 행실을 보고 하늘에 계신 너희 아버지께 영광을 돌리게 하라"
> **골로새서 3 장 17 절**: "또 무엇을 하든지 말에나 일에나 다 주 예수의 이름으로 하고 그를 힘입어 하나님 아버지께 감사하라"

이 모든 적극적인 행위는 우리가 하나님을 진정으로 사랑하고 그분을 경외할 때 자연스럽게 나타나는 열매입니다. 우리의 삶이 하나님의 이름을 영화롭게 하는 증거가 되는 것입니다.

정리

제 3 계명은 우리가 하나님의 이름을 저주, 위증, 성급한 맹세 등으로 욕되게 하거나 함부로 사용해서는 안 되며, 타인의 죄에 대해서도 방관해서는 안 된다고 가르칩니다. 더 나아가, 하나님의 거룩한 이름을 항상 경외심과 존경의 마음으로만 사용하여 바르게 신앙고백하고 경배드리며, 우리의 모든 말과 행실로 하나님께 영광을 돌려드려야 한다고 명령합니다. 이 계명은 하나님의 이름이 그분의 존재와 인격을 나타내므로, 우리가 그 이름을 지극히 거룩하게 여기고 우리의 삶을 통해 그분의 영광을 드러내야 할 의무가 있음을 강조합니다.

하이델베르크 요리문답 제 100 문: 하나님의 이름 모독의 심각성

하이델베르크 요리문답 100 문은 "맹세와 저주로 하나님의 이름을 욕되게 하는 것이, 그러한 저주와 맹세를 막거나 금하려고 최선의 노력을 하지 않는 사람들에 대해서도 하나님께서 진노하실 정도로, 그렇게 무서운 죄입니까? " 라는 질문에 답합니다. 이 문답은 제 3 계명("너는 네 하나님 여호와의 하나님의 이름을 망령되게 일컫지 말라)의 중요성과 그 위반의 심각성을 강조하며, 단순히 개인적인 죄악을 넘어 공동체의 책임까지 다룹니다.

100 문: 하나님의 이름을 사용하여 저주하거나 거짓 맹세를 하는 사람을 막거나 금하려고 최선의 노력을 하지 않는 사람들에 대해서도 하나님께서 진노하실 만큼, 맹세와 저주로

하나님의 이름을 욕되게 하는 것이 그렇게 악한 죄입니까?

답:

진실로 그렇습니다. 하나님의 이름을 욕되게 하는 것보다 더 심각하고 하나님을 더 진노케 하는 죄는 없습니다. 그래서 하나님께서는 이 죄를 죽음으로 벌하라고 명하셨습니다.

(참조: 벨직 신앙고백 제 12 조, 제 13 조, 제 36 조)

강해

이 문답은 하나님의 이름을 모독하는 죄가 얼마나 심각한지, 그리고 이러한 죄를 방관하는 것조차도 하나님의 진노를 살 수 있음을 강력하게 경고합니다. 하나님의 이름은 어느 곳에서도 항상 영광의 이름이 되어야하기 때문입니다.

1. 하나님의 이름 모독의 극심한 죄악성

"진실로 그렇습니다. 하나님의 이름을 욕되게 하는 것보다 더 심각하고 하나님을 더 진노케 하는 죄는 없습니다"

요리문답은 "진실로 그렇습니다"라고 단호하게 답하며, '하나님의 이름을 욕되게 하는 죄의 무서움'을 강조합니다. 이는 우리가 생각하는 것보다 훨씬 더 심각한 죄임을 일깨워 줍니다.

1) 최고의 죄: 이는 모든 죄가 하나님을 대적하는 것이지만, 그중에서도 하나님의 이름을 직접적으로 모독하는 죄가 가장 극악하다는 것을 의미합니다. 하나님의 이름은 그분의 존재와 인격, 권위를 나타내기 때문에, 그 이름을 모독하는 것은 곧 하나님 자체를 모독하는 것입니다.

2) 피조물의 주제 넘음: 피조물인 사람이 창조주 하나님의 이름을 함부로 대하는 것은 그분의 절대적인 주권과 영광을 침해하는 가장 직접적인 형태의 반역입니다. 하나님은 자신의 이름에 대한 질투심이 크신 분이십니다(출애굽기 34:14, 신명기 6:15).

2. 방관하는 자에 대한 하나님의 진노

"하나님의 이름을 사용하여 사람을 저주하거나 거짓 맹세를 하는 사람을 막거나 금하려고 최선의 노력을 하지 않는 사람들에 대해서도 하나님께서 진노하실 만큼"

이것은 100 문의 질문에 있는 말인데, 답변은 방관의 죄에는 개인적인 죄악을 넘어 공동체적 책임이 있음을 시사합니다.

1) 공동체의 책임: 교회 공동체나 개개인은 하나님의 이름이 욕되게 불리는 것을 들

었을 때, 이를 방관하지 않고 적극적으로 막거나 금하려는 노력을 해야 합니다. 이는 99 문에서 "다른 사람들이 이 무서운 죄에 범할 때 침묵하거나 방관하고 있어도 안 됩니다"라고 언급된 부분과 일맥상통합니다.

> **레위기 19 장 2 절:** "너는 이스라엘 자손의 온 회중에게 말하여 이르라 너희는 거룩하라 이는 나 여호와 너희 하나님이 거룩함이니라"

2) 그 죄에 대한 동조: 하나님의 이름이 모독될 때 침묵하는 것은 그 죄에 대한 일종의 묵시적 동조로 간주될 수 있습니다. 거룩하신 하나님의 이름이 더럽혀지는 것을 보고도 아무것도 하지 않는 것은 하나님의 거룩하심에 대한 무관심이나 경외심 부족을 드러냅니다. 이는 공동체 전체에 하나님의 진노가 임하게 할 수 있습니다.

> **레위기 5 장 1 절:** "만일 누구든지 저주하는 소리를 듣고서도 증인이 되어 그가 본 것이나 알고 있는 것을 알리지 아니하면 그는 자기의 죄를 져야 할 것이요 그 허물이 그에게로 돌아갈 것이며"

3. 죽음으로 벌하라: 구약 율법의 경고

"그래서 하나님께서는 이 죄를 죽음으로 벌하라고 명하셨습니다"

하나님의 이름 모독죄의 심각성을 뒷받침하는 가장 강력한 근거는 '하나님께서 친히 이 죄에 대해 죽음으로 벌하라고 명하셨다'는 것입니다.

> **레위기 24 장 15-16 절**: "이스라엘 자손에게 말하여 이르라 누구든지 그 하나님을 저주하면 그 죄를 담당할 것이요 여호와의 이름을 모독하면 그를 반드시 죽일지니 온 회중이 돌로 그를 칠지니라 거류민이든지 본토인이든지 여호와의 이름을 모독하면 그를 죽일지니라"

이 구절은 하나님의 이름을 모독하는 자에 대해 예외 없이 '돌로 쳐 죽이라'는 엄중한 명령을 내리고 있습니다. 이는 고대 이스라엘 사회에서 하나님의 이름을 망령되이 일컫는 죄가 얼마나 심각하게 다루어졌는지를 보여줍니다. 하나님의 이름을 모독하는 것은 공동체의 순수성을 위협하고 하나님의 영광을 훼손하는 반역 행위였기 때문입니다.

비록 오늘날 교회가 국가 법률에 의해 이러한 죄를 사형으로 처벌하지는 않지만, 이 구약의 명령은 하나님의 이름에 대한 그분의 거룩한 질투와 죄에 대한 단호한 심판을 보여주는 중요한 교훈입니다. 이는 우리가 하나님의 이름을 '얼마나 신중하고 경외하는 마음으로 다뤄야 하는지'를 강력하게 시사합니다.

정리

맹세와 저주로 하나님의 이름을 욕되게 하는 것은 너무 심각하고 하나님을 진노케 하는 죄입니다. 심지어 그러한 죄를 막거나 금하려고 노력하지 않는 자들에게도 하나님의 진노가 임할 수 있습니다. 이 죄는 참으로 무서운 죄입니다. 하나님께서는 구약 율법에서 이 죄를 죽음으로 벌하라고 명하시기까지 하셨습니다. 이 문답은 우리가 하나님의 이름을 지극히 거룩하게 여기고, 우리의 말과 행실뿐만 아니라 타인의 죄에 대한 우리의 태도까지도 포함하여, 그분의 영광을 드러내는 삶을 살아야 하는 지극히 중대한 의무가 있음을 강조합니다.

제 37 주일

하이델베르크 요리문답 제 101 문: 하나님의 이름으로 경건하게 맹세하는 것의 허용 여부

하이델베르크 요리문답 101 문은 "그러면 하나님의 이름으로 경건하게 맹세할 수는 있습니까? "라는 질문을 합니다. 앞선 제 3 계명과 관련된 99 문과 100 문에서 하나님의 이름을 망령되이 일컫는 죄의 심각성을 강조했기 때문에, 이 질문은 하나님의 이름으로 맹세하는 행위 자체의 허용 여부를 명확히 할 필요성에서 나옵니다. 답은 "그렇습니다"하며, 맹세가 허용되는 경우와 그 목적을 제시합니다.

101 문: 그러면 하나님의 이름으로 경건하게 맹세할 수는 있습니까?

답:

그렇습니다. 국가가 국민에게 요구하는 경우, 혹은 필요한 경우 하나님의 영광과 이웃의 안전을 위하여 충성과 진리를 확립해야 할 때 맹세할 수 있습니다. 그러한 맹세는 하나님의 말씀에 근거한 것이며, 그렇기 때문에 구약과 신약의 성도들도 이것을 옳게 사용했습니다.

(참조: 벨직 신앙고백 제 36 조)

강해

이 문답은 하나님의 이름으로 맹세하는 것이 원칙적으로는 죄가 아님을 확인하고, 맹세가 허용되는 특정한 상황과 목적을 제시합니다. 중요한 것은 맹세 자체가 아니라, 그 맹세가 경건하게 이루어지는지 여부입니다.

1. 맹세의 원칙적 허용: "그렇습니다"

하나님의 이름으로 맹세하는 것이 원칙적으로 허용됩니다. 이는 예수님께서 맹세를 금지하신 말씀(마태복음 5:33-37)이 모든 맹세를 금하는 것이 아니라, 당시 유대인들이 경솔하고 거짓되게 맹세하던 행위를 금지하신 것임을 암시합니다. 하나님은 진실하십니다. 그리고 진리를 확증하는 경건한 맹세는 하나님의 성품을 반영합니다.

2. 맹세가 허용되는 경우와 목적

"국가가 국민에게 요구하는 경우, 혹은 필요한 경우 하나님의 영광과 이웃의 안전을 위하여 충성과 진리를 확립해야 할 때 맹세할 수 있습니다."

맹세가 허용되는 경우는 다음 두 가지입니다.

1) "국가가 국민에게 요구하는 경우":

(1) **국가 기관이나 법정에서** 진실을 말할 것을 요구할 때, 예를 들어 증인으로 선서하거나 공직에 취임할 때 서약하는 경우입니다. 이러한 맹세는 사회 질서와 정의를 유지하기 위한 공적인 필요성 때문에 이루어집니다. 하나님께서는 국가의 통치 권위를 세우셨으므로, 그 권위 앞에서 진실을 말하라는 요구에 응하는 것은 하나님의 뜻에 합당합니다.

(2) **이러한 맹세는** 거짓 증거를 방지하고, 계약이나 약속의 신뢰성을 높여 사회적 혼란을 막는 역할을 합니다.

2) "하나님의 영광과 이웃의 안전을 위하여 충성과 진리를 확립해야 할 때":

(1) **맹세의 목적**: 맹세의 목적은 '하나님의 영광'과 '이웃의 안전'입니다. 개인적인 이득이나 자기 과시를 위한 것이 아니라, 하나님의 이름이 높여지고 이웃에게 유익이 되는 경우에만 허용됩니다. 맹세를 통해 진리가 확립되고 불확실성이 제거될 때 하나님의 공의로우심이 드러나고, 이웃은 거짓으로 인해 해를 입지 않게 됩니다. 이는 개인적인 상황에서도 맹세가 허용될 수 있음을 의미합니다. 예를 들어, 어떤 중요한 사실에 대해 다른 사람에게 '강력한 확신과 신뢰를 주어야 할 때', 또는 '타인의 생명이나 재산 등 안전이 걸려 있는 중요한 상황에서' 진실을 입증해야 할 때 맹세할 수 있습니다.

예레미야 4장 1-5절: "여호와께서 이르시되 이스라엘아 네가 돌아오려거든 내게로 돌아오라 네가 만일 나의 목전에서 가증한 것을 버리고 네가 흔들리지 아니하며 진실과 정의와 공의로 여호와의 삶을 두고 맹세하면 나라들이 나로 말미암아 스스로 복을 빌며 나로 말미암아 자랑하리라"

(2) **충성과 진리의 확립**: 맹세는 말하는 내용이 진실하고, 약속하는 바가 신실함을 가장 강력하게 보증하는 수단입니다. 이는 개인의 신실성을 넘어서 하나님의 이름을 걸고 진리를 담보하는 행위입니다.

히브리서 6장 16절: "사람들은 자기보다 더 큰 자를 가리켜 맹세하나니 맹세는 그들이 다투는 모든 일의 최후 확정이니라"

3. **맹세의 근거:** '하나님의 말씀'과 '성도들의 모범'

"그러한 맹세는 하나님의 말씀에 근거한 것이며, 그렇기 때문에 구약과 신약의 성도들도 이것을 옳게 사용했습니다."

이러한 맹세가 정당한 이유는 다음과 같습니다.

1) **하나님의 말씀에 근거함**: 성경에는 하나님께서 친히 맹세하시는 장면이 여러 번 나옵니다(예: 히브리서 6:13-18). 또한, 하나님은 백성들에게 진실되게 맹세할 것을 명하시기도 했습니다(신명기 6:13). 이는 맹세 자체가 죄악된 행위가 아님을 보여줍니다. 중요한 것은 맹세를 '어떤 목적으로, 어떤 마음으로' 하느냐 입니다.

신명기 6장 13절: "네 하나님 여호와를 경외하며 그를 섬기며 그의 이름으로 맹세할 것이니라"
히 6장 13-15절: "하나님이 아브라함에게 약속하실 때에 가리켜 맹세할 자가 자기보다 더 큰 이가 없으므로 자기를 가리켜 맹세하여 이르시되 내가 반드시 너에게 복 주고 복 주며 너를 번성하게 하고 번성하게 하리라 하셨더니 그가 이같이 오래 참아 약속을 받았느니라"

2) **구약과 신약 성도들의 올바른 사용**: 성경에 기록된 많은 하나님의 사람들이 경건한 맹세를 사용했습니다.

(1) **구약**: 아브라함, 야곱, 요셉, 다윗 등 많은 믿음의 선진들이 중요한 언약이나 사실을 확증하기 위해 맹세했습니다.

창세기 21장 24절: "아브라함이 이르되 내가 맹세하리라 하고"
여호수아 9장 15절: "여호수아가 곧 그들과 화친하여 그들을 살리리라는 조약을 맺고 회중 족장들이 그들에게 맹세하였더라"
열왕기상 1장 29, 30절: "왕이 이르되 내 생명을 모든 환난에서 구하신 여호와께서 살아 계심을 두고 맹세하노라 내가 이전에 이스라엘의 하나님 여호와를 가리켜 네게 맹세하여 이르기를 네 아들 솔로몬이 반드시 나를 이어 왕이 되고 나를 대신하여 내 왕위에 앉으리라 하였으니 내가 오늘 그대로 행하리라"

(2) **신약**: 바울 사도도 자신의 진실성을 입증하기 위해 하나님의 이름을 들어 맹세한 적이 있습니다(고린도후서 1:23, 갈라디아서 1:20). 예수님께서도 대제사장의 질문

에 대해 맹세의 형태로 답하셨습니다(마태복음 26:63-64). 이는 성경적 맹세가 거짓되고 경솔한 맹세와는 구별된다는 것을 보여줍니다.

고린도후서 1장 23절: "내가 내 목숨을 걸고 하나님을 불러 증언하시게 하노니 내가 다시 고린도에 가지 아니한 것은 너희를 아끼려 함이라"

갈라디아서 1장 20절: "보라 내가 너희에게 쓰는 것은 하나님 앞에서 거짓말이 아니로다"

따라서 제 3 계명은 거짓 맹세나 경솔한 맹세를 금지하는 것이지, 진리를 확증하고 중요한 목적을 위해 경건하게 드려지는 맹세 자체를 금하는 것은 아닙니다.

정리

하나님의 이름으로 경건하게 맹세하는 것은 허용됩니다. 이는 국가가 국민에게 진실을 요구하는 경우나, 하나님의 영광과 이웃의 안전을 위해 충성과 진리를 확립할 필요가 있는 경우에 해당합니다. 이러한 맹세는 하나님의 말씀에 근거하며, 구약과 신약의 성도들도 이를 옳게 사용했기 때문에 정당합니다. 중요한 것은 맹세의 남용이나 경솔한 사용을 피하고, 오직 진리를 확증하고 하나님의 영광을 드러내며 이웃에게 유익을 주는 목적으로만 맹세가 이루어져야 한다는 것입니다.

하이델베르크 요리문답 제 102 문: 성인이나 피조물에게 맹세하는 것의 금지

하이델베르크 요리문답 102 문은 "성인이나 다른 피조물에 의지하여 맹세해도 됩니까? "라는 질문에 답합니다. 이 질문은 앞선 문답(101 문)에서 하나님의 이름으로 경건하게 맹세하는 것이 허용됨을 밝힌 것에 대한 보충 설명이자, 제 1 계명("나 외에는 다른 신들을 네게 두지 말라")과 제 3 계명("너는 네 하나님 여호와의 이름을 망령되게 부르지 말라")의 적용을 심화하는 내용입니다. 이에 대해서는 단호하게 "안 됩니다"라고 답하며 그 이유를 제시합니다.

102 문: 성인이나 다른 피조물에 의지하여 맹세해도 됩니까?

답:

안 됩니다. 정당한 맹세는 사람의 마음을 아시는 유일하신 하나님을 불러 할 수 있습니다. 그럴 때 하나님께서는 진실에 증인이 되어주시고, 만일 내가 거짓으로 맹세한다면 나를 벌하실 것입니다. 이러한 영예는 어떤 피조물에게도 합당하지 않습니다.

(참조: 벨직 신앙고백 제 1 조, 제 26 조)

강해

이 문답은 성인이나 다른 피조물에게 맹세하는 것을 금지하는 두 가지 핵심적인 이유를 제시합니다. 첫째, 오직 하나님만이 맹세의 합당한 대상이 되시는 분이며, 둘째, 하나님께 돌려야 할 영예를 피조물에게 돌리는 것은 우상숭배에 해당하기 때문입니다.

1. 오직 유일하신 하나님만이 맹세의 합당한 대상

"안 됩니다. 정당한 맹세는 사람의 마음을 아시는 유일하신 하나님을 불러 할 수 있습니다. 그럴 때 하나님께서는 진실에 증인이 되어주시고, 만일 내가 거짓으로 맹세한다면 나를 벌하실 것입니다"

1) 맹세의 본질: 맹세는 자신의 진실성을 보증하기 위해 신적인 존재의 이름을 걸고 하는 행위입니다. 이는 자신의 말에 대한 최종적인 보증자로 그 신적인 존재를 인정하고, 만약 거짓 맹세를 할 경우 그 신으로부터 벌을 받겠다는 서약이 됩니다.

2) 하나님의 속성: 맹세의 대상이 될 수 있는 분은 오직 "사람의 마음을 아시는 유일하신 하나님"뿐입니다.

(1) 전지성 (Omniscience): 하나님은 우리의 마음과 생각을 꿰뚫어 아시는 분이십니다. 우리가 겉으로 드러내는 말뿐만 아니라, 그 말의 진정성과 내면의 의도까지도 정확하게 아십니다. 따라서 하나님만이 우리의 맹세가 진실한지 아닌지를 판단하실 수 있는 유일한 증인이 되십니다.

(2) 유일성 (Uniqueness): 하나님은 유일한 주권자이시며, 모든 권위와 심판의 근원이 되십니다. 그분 외에는 우리의 말에 대한 최종적인 책임을 물을 수 있는 존재가 없습니다.

3) 맹세의 결과: 하나님을 부르고 맹세할 때, 하나님께서는 우리가 말하는 진실에 대한 증인이 되어주십니다. 동시에, 만약 우리가 거짓으로 맹세한다면, 하나님께서 친히 그 죄에 대해 벌하실 것입니다. 이러한 심판의 권세는 오직 하나님께만 있습니다.

레위기 19 장 12 절: "너희는 내 이름으로 거짓 맹세함으로 네 하나님의 이름을 욕되게 하지 말라 나는 여호와이니라"

신명기 6 장 13 절: "네 하나님 여호와를 경외하며 그를 섬기며 그의 이름으로 맹세할 것이니라"

고린도후서 1 장 23 절: "내가 내 목숨을 걸고 하나님을 불러 증언하시게 하노니 내가 다시 고린도에 가지 아니한 것은 너희를 아끼려 함이라"

2. 피조물에게는 합당하지 않은 영예

"이러한 영예는 어떤 피조물에게도 합당하지 않습니다"

1) 창조주와 피조물의 구분: 맹세의 대상이 되시는 분은 사람의 마음을 꿰뚫어 아시고, 진실을 증언하며, 거짓에 대해 벌하실 수 있는 분이어야 합니다. 이러한 능력과 권세는 '오직 창조주 하나님께만' 속한 것입니다.

2) 영예의 독점: '영예'란 오직 하나님께만 마땅히 돌려드려야 할 존경과 영광을 의미합니다. 성인들이나 천사들, 혹은 다른 어떤 피조물도, 비록 그들이 존귀하다 할지라도, 우리의 마음을 아는 전지성과 죄를 심판하는 주권적인 권능을 가지고 있지 않습니다. 따라서 그들에게 맹세하는 것은 '하나님께 돌려야 할 영예와 주권을 피조물에게 돌리는 행위'이며, 이는 곧 우상숭배에 해당합니다(제 1 계명과 직접적으로 연결). 경배와 영예는 오직 하나님께만 돌려야 합니다.

> **예레미야 5장 7절:** "내가 어찌 너를 용서하겠느냐 네 자녀가 나를 버리고 신이 아닌 것들로 맹세하였으며 내가 그들을 배불리 먹인즉 그들이 간음하며 창기의 집에 허다히 모이며"
> **야고보서 5장 12절:** "내 형제들아 무엇보다도 맹세하지 말지니 하늘로나 땅으로나 아무 다른 것으로도 맹세하지 말고 오직 너희가 그렇다고 생각하는 것은 그렇다 하고 아니라고 생각하는 것은 아니라 하여 정죄 받음을 면하라"
> **계시록 19장 10절:** "내가 그 발 앞에 엎드려 경배하려 하니 그가 나에게 말하기를 나는 너와 및 예수의 증언을 받은 네 형제들과 같이 된 종이니 삼가 그리하지 말고 오직 하나님께 경배하라 예수의 증언은 예언의 영이라 하더라"

기독교는 예수 그리스도 한 분만이 하나님과 사람 사이의 유일한 중보자이심을 강조합니다. 성인이나 마리아, 천사 등 다른 피조물이 우리의 중보자가 되거나 우리의 맹세를 보증할 수 없습니다.

정리

성인이나 다른 피조물에 의지하여 맹세하는 것은 허용되지 않습니다. 그 이유는 오직 사람의 마음을 아시고, 진실을 증언하며, 거짓 맹세에 대해 벌하실 수 있는 유일하신 하나님께만 정당한 맹세를 할 수 있기 때문입니다. 이러한 절대적인 영예와 권세는 어떤 피조물에게도 합당하지 않으며, 만약 피조물에게 맹세한다면 이는 하나님께 돌려야 할 영광을 다른 것에 돌리는 우상숭배가 됩니다. 이 문답은 제1계명과 제3계명의 핵심을 다시 한번 강조하며, 우리가 오직 하나님만을 경외하고 신뢰해야 함을 분명히 합니다.

제 38 주일

하이델베르크 요리문답 제 103 문: 4 계명의 참된 의미 – 안식일을 거룩히 지킴

하이델베르크 요리문답 103 문의 질문은 "제 4 계명에서 하나님께서는 무엇을 명하십니까? "입니다. 이에 대한 답은 "안식일을 기억하여 거룩히 지키라"입니다. 제 4 계명은 안식일에 관한 계명입니다. 하나님은 안식일을 중요하게 여겨 계명에 포함시키셨습니다. 특별히 안식일을 어떻게 지내야하는지에 대해 말씀하십니다. 답은 안식일을 단순히 쉬는 날로 지키라는 소극적인 의미를 넘어, 적극적인 면에서 안식일을 통해 우리가 무엇을 지향해야하는지에 대해 설명합니다.

103 문: 제 4 계명에서 하나님께서는 무엇을 명하십니까?

답:

첫째, 하나님께서는 계속해서 복음을 전파하고 교육하기를 명하시며, 특별히 안식일, 즉 주일에 내가 하나님의 교회에 부지런히 참석하여, 그 말씀을 듣고 성례에 참여하며 주님을 공적으로 부르고 가난한 자들의 구제를 위해 기부할 것을 명하십니다. 둘째, 내가 일생 동안 악한 일들을 그치고 나 자신을 주께 드려 성령께서 내 안에서 일하시게 하며, 이로써 영원한 안식이 이 세상에서 시작되어야 함을 말씀하십니다.

(참조: 벨직 신앙고백 제 28 조, 제 29 조)

강해

이 문답은 제4계명이 명령하는 바를 두 가지 주요 측면으로 나누어 설명합니다. 첫째는 주일에 교회에서 행해야 할 구체적인 의무들이고, 둘째는 삶 전체에서 추구해야 할 영원한 안식의 원리입니다.

1. 주일 예배와 공동체적 의무(공적 의무)

"첫째, 하나님께서는 계속해서 복음을 전파하고 교육하기를 명하시며, 특별히 안식일, 즉 주일에 내가 하나님의 교회에 부지런히 참석하여, 그 말씀을 듣고 성례에 참여하며 주님을 공적으로 부르고 가난한 자들의 구제를 위해 기부할 것을 명하십니다"

1) 복음 전파와 교육의 지속: 안식일 계명은 단지 개인이 쉬는 날을 넘어, 하나님께서 교회가 '복음을 지속적으로 전파하고 교육하기'를 명하신 날이므로 이를 사명으로 감당해야 합니다. 이는 교회의 공적인 사역으로서, 주일이 그 사역을 위해 특별히 구별된 날임을 말해줍니다.

신명기 6장 4-9절: "이스라엘아 들으라 우리 하나님 여호와는 오직 유일한 여호와이시니 너는 마음을 다하고 뜻을 다하고 힘을 다하여 네 하나님 여호와를 사랑하라 오늘 내가 네게 명하는 이 말씀을 너는 마음에 새기고 네 자녀에게 부지런히 가르치며 집에 앉았을 때에든지 길을 갈 때에든지 누워 있을 때에든지 일어날 때에든지 이 말씀을 강론할 것이며 너는 또 그것을 네 손목에 매어 기호를 삼으며 네 미간에 붙여 표로 삼고 또 네 집 문설주와 바깥 문에 기록할지니라"

디모데후서 2장 2절: "또 네가 많은 증인 앞에서 내게 들은 바를 충성된 사람들에게 부탁하라 그들이 또 다른 사람들을 가르칠 수 있으리라"

디모데후서 2장 15절: "너는 진리의 말씀을 옳게 분별하며 부끄러울 것이 없는 일꾼으로 인정된 자로 자신을 하나님 앞에 드리기를 힘쓰라"

2) 교회 공예배 참석: "특별히 안식일, 즉 주일에 내가 하나님의 교회에 부지런히 참석하여, 이는 예배 참석이 주일 성수를 위해 가장 기본적으로 해야 할 일임을 말한 것입니다. 그리스도인은 주일에 공동체적인 예배에 참여함으로써 하나님의 백성으로서의 정체성을 확인하고, 함께 하나님을 경배하는 특권을 누립니다. '부지런히 참석하여' 라는 표현은 주일 예배의 중요성과 함께 이를 성실하게 참여해야 함을 강조해 말한 것입니다.

시편 68편 26절: "이스라엘의 근원에서 나온 너희여 대회 중에 하나님 곧 주를 송축할지어다"

레위기 23장 3절: "엿새 동안은 일할 것이요 일곱째 날은 쉴 안식일이니 성회의 날이라 너희는 아무 일도 하지 말라 이는 너희가 거주하는 각처에서 지킬 여호와의 안식일이니라"

히브리서 10장 23-25절: "또 약속하신 이는 미쁘시니 우리가 믿는 도리의 소망을 움직이지 말며 굳게 잡고 서로 돌아보아 사랑과 선행을 격려하며 모이기를 폐하는 어떤 사람들의 습관과 같이 하지 말고 오직 권하여 그 날이 가까움을 볼수록 더욱 그리하자"

3) 말씀 청종: "그 말씀을 듣고"는 주일 예배의 핵심적인 요소입니다. 설교를 통해 선포되는 하나님의 말씀을 경청하고 배우는 것은 안식일에 해야 할 중요한 일입니다. 이를 통해 하나님의 뜻을 깨닫고 말씀을 삶에 적용하고자 하는 것은 신자의 당연한 의무입니다.

디모데전서 4장 13절: "내가 이를 때까지 읽는 것과 권하는 것과 가르치는 것에 전념하라"

계시록 1장 3절: "이 예언의 말씀을 읽는 자와 듣는 자와 그 가운데에 기록한 것을 지키는 자는 복이 있나니 때가 가까움이라"

4) 성례 참여: "성례에 참여하며"는 세례와 성찬에 대한 합당한 참여를 의미합니다. 성례는 '하나님의 은혜를 확증하고 신자 공동체의 연합을 상징' 하는 중요한 은혜의

방편이므로, 이에 합당하게 참여해야 합니다.

> **사도행전 20장7절:** "그 주간의 첫날에 우리가 떡을 떼려 하여 모였더니 바울이 이튿날 떠나고자 하여 그들에게 강론할새 말을 밤중까지 계속하매"
> **고린도전서 11 장 23-25 절:** "내가 너희에게 전한 것은 주께 받은 것이니 곧 주 예수께서 잡히시던 밤에 떡을 가지사 축사하시고 떼어 이르시되 이것은 너희를 위하는 내 몸이니 이것을 행하여 나를 기념하라 하시고 식후에 또한 그와 같이 잔을 가지시고 이르시되 이 잔은 내 피로 세운 새 언약이니 이것을 행하여 마실 때마다 나를 기념하라 하셨으니"

5) 공적인 기도: "주님을 공적으로 부르고"는 예배 중에 공동체적으로 드리는 공적인 기도를 의미합니다. 이는 공동체가 한마음 한뜻으로 하나님께 나아가 간구하고 찬양하는 중요한 시간입니다.

> **골로새서 3 장 16 절:** "그리스도의 말씀이 너희 속에 풍성히 거하여 모든 지혜로 피차 가르치며 권면하고 시와 찬송과 신령한 노래를 부르며 감사하는 마음으로 하나님을 찬양하고"
> **디모데전서 2 장 1, 2 절:** "그러므로 내가 첫째로 권하노니 모든 사람을 위하여 간구와 기도와 도고와 감사를 하되 임금들과 높은 지위에 있는 모든 사람을 위하여 하라 이는 우리가 모든 경건과 단정함으로 고요하고 평안한 생활을 하려 함이라"

6) 가난한 자 구제를 위한 기부: "가난한 자들의 구제를 위해 기부할 것을 명하십니다." 이는 주일에 드려지는 헌금을 통해 물질적인 나눔을 실천하고, 교회의 구제 사역에 동참해야 함을 명시하는 것입니다. 주일은 단순히 영적인 만족만을 추구하는 날이 아니라, 이웃 사랑을 실천하는 날이기도 합니다.

> **신명기 15 장 11 절:** "땅에는 언제든지 가난한 자가 그치지 아니하겠으므로 내가 네게 명령하여 이르노니 너는 반드시 네 땅 안에 네 형제 중 곤란한 자와 궁핍한 자에게 네 손을 펼지니라"
> **고린도전서 16 장 2 절:** "매주 첫날에 너희 각 사람이 수입에 따라 모아 두어서 내가 갈 때에 연보를 하지 않게 하라"

이러한 요소들은 주일이 단순히 쉬는 날이 아니라, 하나님 중심의 공동체적 예배와 교제, 그리고 사랑의 실천을 위한 거룩한 날임을 강조합니다.

2. 영원한 안식의 시작(영적, 삶의 전반적 의무)

"둘째, 내가 일생 동안 악한 일들을 그치고 나 자신을 주께 드려 성령께서 내 안에서 일하시게 하며, 이로써 영원한 안식이 이 세상에서 시작되어야 함을 말씀하십니다"

이는 안식일 계명을 좀 더 깊이 이해한 것입니다.

1) 악한 일들을 그치고 자신을 주께 드림: 주일의 안식은 단순히 일상적인 노동을 쉬

는 것을 넘어, 죄와 악으로부터의 중단을 의미합니다. 이는 죄악된 삶의 방식을 벗어버리고, 자신을 온전히 하나님께 드려 그분의 뜻에 순종하는 삶을 살아야 한다는 영적인 명령입니다.

이사야 66 장 23 절: "여호와가 말하노라 매월 초하루와 매 안식일에 모든 혈육이 내 앞에 나아와 예배하리라"

2) 성령의 역사에 순종: "성령께서 내 안에서 일하시게 하며"는 우리의 의지만으로 선을 행할 수 없음을 인정하고, 성령의 인도하심과 능력을 의지하여 거룩한 삶을 살아가야 함을 강조합니다. 이는 성화의 과정이며, 안식일 준수의 중요한 목표 중 하나입니다.

3) 영원한 안식의 시작: 궁극적으로 제 4 계명은 우리가 그리스도 안에서 장차 누릴 영원한 안식(히브리서 4:9-11)을 예표하고, 이 세상에서 그 안식을 미리 경험하는 종말론적 의미를 가지고 있습니다. 이러한 안식은 죄로부터 쉬고 하나님과의 교제에 집중함으로써, 장차 하나님 나라에서 누릴 완전한 안식과 평화를 미리 맛보는 것입니다. 우리의 삶은, 살아서나 죽어서나, 죄에서 떠나 하나님 안에서 참된 안식을 누리는 삶이 되어야 합니다.

히브리서 4장9-11절: "그런즉 안식할 때가 하나님의 백성에게 남아 있도다 이미 그의 안식에 들어간 자는 하나님이 자기의 일을 쉬심과 같이 그도 자기의 일을 쉬느니라 그러므로 우리가 저 안식에 들어가기를 힘쓸지니 이는 누구든지 저 순종하지 아니하는 본에 빠지지 않게 하려 함이라"

정리

제 4 계명에서 우리는 두 가지 측면에서 하나님께서 명하시는 바를 이해할 수 있습니다. 첫째는 주일에 교회에 부지런히 참석하여 말씀을 듣고, 성례에 참여하며, 공적으로 기도하고, 가난한 자를 구제하는 등 공동체적 예배의 의무를 다하는 것입니다. 둘째는 이러한 주일의 실천을 통해 우리가 일생 동안 악한 일들을 그치고 자신을 주께 드려 성령의 역사에 순종하며, 이로써 영원한 안식이 이 세상에서 시작되어야 함을 강조합니다. 제 4 계명은 단순히 하루를 쉬는 것이 아니라, 우리가 '하나님 안에서 누릴 영원한 안식을 맛보며 그 안식을 향해 나아가는' 거룩한 삶을 지향하도록 명령하는 것입니다.

제 39 주일

하이델베르크 요리문답 제 104 문: 제 5 계명의 참된 의미 – 부모와 권위에 대한 공경

우리는 이제까지 제 1 계명부터 제 4 계명까지를 살피며 하나님 사랑을 어떻게 실천해야하는지에 대해 구체적으로 배웠습니다. 이제 하이델베르크 요리문답 104 문부터는 이웃 사랑의 계명에 대해 묻고 강해합니다. 그 첫 번째가 "제 5 계명에서 하나님께서 명하시는 것은 무엇입니까? "하고 묻습니다. 제 5 계명은 "네 부모를 공경하라 그리하면 네 하나님 여호와가 네게 준 땅에서 네 생명이 길리라"입니다. 이것이 이웃 사랑을 위한 첫번째 계명입니다. 이 계명은 모든 인륜에 관한 첫 번째 계명이기도 합니다. 우리는 이 계명을 잘 이해하여 단순히 부모님께 효도하는 것을 넘어, 모든 인륜에 대한 기본질서를 확립하여야 합니다. 또한 하나님께서 세우신 모든 권위에 대한 존중과 순종을 배워야 합니다.

104 문: 제 5 계명에서 하나님께서 명하시는 것은 무엇입니까?

답:

나의 부모님, 그리고 내 위에 있는 모든 권위에 모든 공경과 사랑과 충성을 보이고, 그들의 선한 가르침과 징계에 대해 합당한 순종을 하며, 또한 그들의 연약함과 약점을 인내로 참을 것을 명하십니다. 왜냐하면 하나님께서는 그들의 손을 통해 우리를 다스리는 것을 기뻐하시기 때문입니다.

(참조: 벨직 신앙고백 제 30 조, 제 36 조)

강해

제 5 계명이 명령하는 바를 네 가지 주요 측면으로 나누어 설명할 수 있습니다. 즉, 부모님과 모든 권위에 대한 합당한 태도, 선한 가르침과 징계에 대한 순종, 연약함과 약점에 대한 인내, 그리고 이 모든 것의 근본적인 이유로서 하나님의 통치 방식에 대해 말합니다.

1. 부모님과 내 위에 있는 모든 권위에 대한 공경, 사랑, 충성

"나의 부모님, 그리고 내 위에 있는 모든 권위에 모든 공경과 사랑과 충성을 보이고"

제 5 계명의 첫 번째 명령은 공경의 대상을 부모님뿐만 아니라 모든 정당한 권위로 확장하여 이해합니다. 이는 공동체의 질서 확립에 매우 중요합니다.

1) "나의 부모님": 가정의 질서와 기초로서, 부모님은 하나님께서 자녀에게 주신 첫

번째 권위입니다. 부모님을 공경하는 것은 자녀의 기본적인 의무이자 가장 중요한 관계 설정의 시작입니다. 이것은 모든 인간 관계에서의 기본질서입니다.

출애굽기 21장 17절: "자기의 아버지나 어머니를 저주하는 자는 반드시 죽일지니라"
잠언 15장 20절: "지혜로운 아들은 아비를 즐겁게 하여도 미련한 자는 어미를 업신여기느니라"

2) "내 위에 있는 모든 권위": 이는 부모님을 포함하여, 국가의 지도자, 교회의 지도자(목사, 장로), 직장의 상사, 학교의 교사 등 하나님께서 각 영역에 세우신 모든 합법적인 권위자들을 의미합니다. 우리는 이러한 권위자들에게 합당한 존경심을 보여야 합니다. 여기에 사회적 질서가 있습니다.

로마서 13장 1, 2절: "각 사람은 위에 있는 권세들에게 복종하라 권세는 하나님으로부터 나지 않음이 없나니 모든 권세는 다 하나님께서 정하신 바라 그러므로 권세를 거스르는 자는 하나님의 명을 거스름이니 거스르는 자들은 심판을 자취하리라"

3) '공경' (Honor): 단순한 존경을 넘어, 그들의 지위와 역할을 인정하고 그에 합당한 대우를 하는 것입니다. 이는 말과 행동, 태도에서 나타납니다.

에베소서 6장 1, 2절: "자녀들아 주 안에서 너희 부모에게 순종하라 이것이 옳으니라 네 아버지와 어머니를 공경하라 이것은 약속이 있는 첫 계명이니"

4) '사랑' (Love): 마음으로부터 우러나오는 애정과 관심입니다. 이는 권위자를 인격적으로 존중하고 그들의 유익을 구하는 마음입니다.

에베소서 5장 2절: "그리스도께서 너희를 사랑하신 것 같이 너희도 사랑 가운데서 행하라 그는 우리를 위하여 자신을 버리사 향기로운 제물과 희생제물로 하나님께 드리셨느니라"

5) '충성' (Faithfulness): 주어진 역할과 의무를 성실하게 수행하고, 권위자의 정당한 지시를 따르며 신뢰를 깨뜨리지 않는 태도입니다.

마태복음 25장 21절: "그 주인이 이르되 잘하였도다 착하고 충성된 종아 네가 적은 일에 충성하였으매 내가 많은 것을 네게 맡기리니 네 주인의 즐거움에 참여할지어다 하고"

2. 선한 가르침과 징계에 대한 합당한 순종

"그들의 선한 가르침과 징계에 대해 합당한 순종을 하며"

두 번째 명령은 권위에 대한 순종을 말합니다.

1) '선한 가르침': 부모님이나 권위자들이 우리에게 제시하는 올바른 교훈과 지침에 귀 기울이고 따르는 것입니다. 이는 지혜와 경험을 통해 전달되는 삶의 방향에 대한 순종입니다.

잠언 1장 8절: "아들아 네 아비의 훈계를 들으며 네 어미의 법을 떠나지 말라"

2) **'징계'** : 잘못된 행동이나 태도를 교정하기 위한 훈육이나 책망을 기꺼이 받아 들이는 것입니다. 징계를 통해 우리는 성숙하고 올바른 길로 나아갈 수 있습니다.

히브리서 12장 11절: "무릇 징계가 당시에는 즐거워 보이지 않고 슬퍼 보이나 후에 그로 말미암아 연단 받은 자들은 의와 평강의 열매를 맺느니라"

3) **'합당한 순종'** : 무조건적인 맹목적인 순종이 아니라, '하나님의 말씀에 어긋나지 않는 범위 내에서의 순종'을 의미합니다. 만약 권위자의 명령이 하나님의 계명에 정면으로 위배된다면, 우리는 하나님께 순종하는 것이 마땅합니다(사도행전 5:29). 그러나 일반적으로는 정당한 권위에 순종해야 합니다.

사도행전 5장29절: "베드로와 사도들이 대답하여 이르되 사람보다 하나님께 순종하는 것이 마땅하니라"

3. 그들의 연약함과 약점을 인내로 참을 것

"또한 그들의 연약함과 약점을 인내로 참을 것을 명하십니다"

세 번째 명령은 권위자들이 완전하지 않음을 인정하고 이해하는 태도를 갖도록 합니다.

1) **권위자의 한계 인정**: 부모님이나 다른 권위자들도 불완전한 사람이며, 실수하고 약점을 가질 수 있습니다. 이러한 사실을 인정하고 받아들이는 것이 중요합니다.

창세기 9장 24, 25절: "노아가 술이 깨어 그의 작은 아들이 자기에게 행한 일을 알고 이에 이르되 가나안은 저주를 받아 그의 형제의 종들의 종이 되기를 원하노라 하고"
신명기 27장 16절: "그의 부모를 경홀히 여기는 자는 저주를 받을 것이라 할 것이요 모든 백성은 아멘 할지니라"

2) **인내와 용서**: 그들의 부족함이나 실수에 대해 비난하거나 불평하기보다, 사랑과 인내심을 가지고 이해하고 용서하는 태도를 가져야 합니다. 이는 관계를 건강하게 유지하고 권위를 존중하는 중요한 방법입니다.

베드로전서 2장 18절: "사환들아 범사에 두려워함으로 주인들에게 순종하되 선하고 관용하는 자들에게만 아니라 또한 까다로운 자들에게도 그리하라"

4. 근본적인 이유

"왜냐하면 하나님께서는 그들의 손을 통해 우리를 다스리는 것을 기뻐하시기 때문입니다"

1) 하나님의 통치 방식: 하나님께서는 세상을 직접적으로 통치하실 뿐만 아니라, 부모, 국가, 교회 등 다양한 제도와 권위자들을 세우셔서 간접적으로 다스리십니다. 이들은 하나님의 대리자로서 질서와 안정을 유지하고 우리를 선한 길로 인도하는 역할을 합니다.

> **로마서 13장 4절:** "그는 하나님의 사역자가 되어 네게 선을 베푸는 자니라 그러나 네가 악을 행하거든 두려워하라 그가 공연히 칼을 가지지 아니하였으니 곧 하나님의 사역자가 되어 악을 행하는 자에게 진노하심을 따라 보응하는 자니라"

2) 하나님의 주권 인정: 권위에 순종하는 것은 단순히 사람에게 순종하는 것을 넘어, 그 권위를 세우신 하나님께 순종하고 그분의 주권을 인정하는 행위입니다. 권위를 거부하는 것은 곧 하나님께서 정하신 질서를 거스르는 것이 됩니다.

> **마태복음 22장 21절:** "이르되 가이사의 것이니이다 이에 이르시되 그런즉 가이사의 것은 가이사에게, 하나님의 것은 하나님께 바치라 하시니"
> **로마서 13장 1,2절:** "각 사람은 위에 있는 권세들에게 복종하라 권세는 하나님으로부터 나지 않음이 없나니 모든 권세는 다 하나님께서 정하신 바라 그러므로 권세를 거스르는 자는 하나님의 명을 거스름이니 거스르는 자들은 심판을 자취하리라"

3) 질서와 복: 하나님께서 이처럼 권위를 세우신 것은 우리에게 복을 주시고 사회를 질서 있게 유지하기 위함입니다. 제 5 계명에 "그리하면 네 하나님 여호와가 네게 준 땅에서 네 생명이 길리라"는 약속이 붙어 있는 이유도 여기에 있습니다. 올바른 권위 존중은 안정된 삶과 복으로 이어집니다.

> **디모데전서 2장 1, 2절:** "그러므로 내가 첫째로 권하노니 모든 사람을 위하여 간구와 기도와 도고와 감사를 하되 임금들과 높은 지위에 있는 모든 사람을 위하여 하라 이는 우리가 모든 경건과 단정함으로 고요하고 평안한 생활을 하려 함이라"
> **히브리서 13장 17, 18절:** "너희를 인도하는 자들에게 순종하고 복종하라 그들은 너희 영혼을 위하여 경성하기를 자신들이 청산할 자인 것 같이 하느니라 그들로 하여금 즐거움으로 이것을 하게 하고 근심으로 하게 하지 말라 그렇지 않으면 너희에게 유익이 없느니라 우리를 위하여 기도하라 우리가 모든 일에 선하게 행하려 하므로 우리에게 선한 양심이 있는 줄을 확신하노니"

정리

제 5 계명에서 하나님께서는 우리에게 부모님과 우리 위에 있는 모든 권위에 대해 모든 공경, 사랑, 충성을 보이라고 하십니다. 그리고 그들의 선한 가르침과 징계에 합당하게 순종하며, 그들의 연약함과 약점을 인내로 참을 것을 명하십니다. 이 모든 것은 하나님께서 그들의 손을 통해 우리를 다스리는 것을 기뻐하시기 때문이며, 이는 우리가 하나님의 주권과 질서를 인정하고 하나님께 순종하는 삶의 중요한 표현입니다. 이 계명은 우리가 가정, 사회, 국가, 교회 등 모든 공동체에서 질서와 조화를 이루며 살아가는 데 필수적인 원리입니다.

제 40 주일

하이델베르크 요리문답 제 105 문: 제 6 계명의 참된 의미 – 생명의 존중과 사랑의 실천

하이델베르크 요리문답 105 문은 "제 6 계명에서 하나님께서 명하시는 것은 무엇입니까? "라는 묻습니다. 제 6 계명은 "살인하지 말라"입니다. 이 문답은 단순히 물리적인 살인을 금지하는 소극적인 의미를 넘어, 생명을 훼손하는 모든 형태의 생각, 말, 행동을 금하며, 궁극적으로는 이웃을 사랑하고 그 생명을 적극적으로 보호해야 한다는 적극적인 의미까지 포함하여 설명합니다. 여기에는 깊은 인격 존중이 있습니다.

105 문: 제 6 계명에서 하나님께서 명하시는 것은 무엇입니까?

답:

생각이나 말로도, 몸짓으로도, 심지어는 행위로도, 나 혼자서든, 다른 사람을 통해 서든 내가 이웃의 명예를 훼손하거나 그들을 미워하거나 상처를 입히거나, 혹은 살인하지 말 것을 명하십니다. 그리고 내가 모든 복수심을 버릴 것을 명하시며, 또한 자해하거나, 의도적으로 어떤 위험한 일도 하지 말 것을 명하십니다. 그렇기 때문에 국가는 살인을 막기 위해서 칼을 가지고 있는 것입니다.

(참조: 벨직 신앙고백 제 24 조, 제 36 조)

강해

이 문답은 제6계명이 명령하는 바를 크게 세 가지 측면으로 나누어 설명합니다. 첫째는 이웃의 생명과 명예를 해치는 모든 행위와 태도의 금지, 둘째는 자신을 해치는 행위의 금지, 그리고 셋째는 국가의 역할입니다. 제6계명은 단순히 생명을 해치는 물리적 행위를 넘어, 사람관계에서 발생하는 모든 형태의 폭력과 미움을 금지하며, 상대방의 인격을 존중하고 사랑의 실천을 요구합니다. 우리가 계명을 이해할 때는 문자적인 의미를 넘어, 그 안에 담긴 하나님의 마음을 이해하고자 하며 적극적인 이웃 사랑에 도달해야 합니다.

1. 이웃의 생명과 명예를 해치는 모든 행위 및 태도 금지

"생각이나 말로도, 몸짓으로도, 심지어는 행위로도, 나 혼자서든, 다른 사람을 통해서든 내가 이웃의 명예를 훼손하거나 그들을 미워하거나 상처를 입히거나, 혹은 살인하지 말 것을 명하십니다"

1) 포괄적인 금지: 이 계명은 물리적인 살인 행위만을 금하는 것이 아닙니다. 예수님께서 마태복음 5 장 21, 22 절에서 살인하지 말라는 계명이 형제에게 노하거나 미련한 놈이라 하는 것까지 포함한다고 설명하신 것처럼, 제 6 계명은 생명을 해치는 뿌리가 되는 모든 죄악들을 금지합니다.

창세기 9 장 6 절: "다른 사람의 피를 흘리면 그 사람의 피도 흘릴 것이니 이는 하나님이 자기 형상대로 사람을 지으셨음이니라"
마태복음 5 장 21, 22 절: "옛 사람에게 말한 바 살인하지 말라 누구든지 살인하면 심판을 받게 되리라 하였다는 것을 너희가 들었으나 나는 너희에게 이르노니 형제에게 노하는 자마다 심판을 받게 되고 형제를 대하여 라가라 하는 자는 공회에 잡혀가게 되고 미련한 놈이라 하는 자는 지옥 불에 들어가게 되리라"

(1) **'생각'** : 이웃에 대한 미움, 분노, 적개심, 살의 등 마음속에서 일어나는 모든 부정적인 생각들을 포함합니다. 이러한 마음이 결국 언어나 행동으로 표출될 수 있기 때문입니다.

레위기 19:17 절: "너는 네 형제를 마음으로 미워하지 말며 네 이웃을 반드시 견책하라 그러면 네가 그에 대하여 죄를 담당하지 아니하리라"
요한일서 3 장 15 절: "그 형제를 미워하는 자마다 살인하는 자니 살인하 는 자마다 영생이 그 속에 거하지 아니하는 것을 너희가 아는 바라"

(2) **'말'** : 이웃을 저주하거나, 비방하거나, 욕하거나, 모욕하는 말 등 명예를 훼손하고 마음에 상처를 주는 모든 언어적 폭력을 금합니다. 말은 사람의 마음을 깊이 해칠 수 무서운 칼이 되기도 합니다.

(3) **'몸짓'** : 이웃을 위협하거나 경멸하는 태도, 폭력적인 몸짓 등이 여기에 해당합니다.

(4) **'행위'** : 물리적인 살인, 폭행, 고문, 상해 등 이웃의 생명이나 신체에 해를 가하는 모든 직접적인 행위를 금합니다.

(5) **간접적인 행위**: "나 혼자서든, 다른 사람을 통해서든"이라는 표현은 직접 살인

을 저지르는 것뿐만 아니라, 다른 사람을 부추기거나 사주하여 살인을 저지르게 하는 간접적인 행위도 동일하게 금한다는 것을 의미합니다.

(6) **명예 훼손**: "이웃의 명예를 훼손하거나"는 명예 살인을 포함하여, 한 인격체의 존엄성을 파괴하는 모든 형태의 비방과 모략을 금지합니다. 명예는 그 사람의 삶과 직결되기 때문입니다.

(7) **미워하거나 상처를 입히는 것**: 이는 실제 죽음에 이르게 하지 않더라도, 이웃에게 고통과 해를 입히는 모든 행위를 포괄합니다. 궁극적으로 이 계명은 이웃에 대한 사랑을 요구하며, 이웃의 생명과 건강, 안녕을 적극적으로 지켜주어야 할 의무를 강조합니다.

2. 복수심과 자해 및 위험한 일 금지

"그리고 내가 모든 복수심을 버릴 것을 명하시며, 또한 자해하거나, 의도적으로 어떤 위험한 일도 하지 말 것을 명하십니다"

1) 복수심 금지: 이웃을 미워하고 해치려는 마음의 뿌리 중 하나인 복수심을 버릴 것을 명합니다. 그리스도인은 원수를 사랑하고 복수는 하나님께 맡겨야 합니다.

레위기 19 장 18 절: "원수를 갚지말며 동포를 원망하지 말며 네 이웃 사랑하기를 네 자신과 같이 사랑하라 나는 여호와니라"
로마서 12 장 19 절: "내 사랑하는 자들아 너희가 친히 원수를 갚지 말고 하나님의 진노하심에 맡기라 기록되었으되 원수 갚는 것이 내게 있으니 내가 갚으리라고 주께서 말씀하시니라"

2) 자해 금지: 육체적인 자해(자살, 자해 행위)를 포함하여, 자신의 몸과 건강을 해치는 모든 행위(약물 남용, 지나친 방종 등)를 금합니다. 우리는 지금 고통하는 내 영혼에 대한 하나님의 사랑을 믿고 그의 도우심을 바라고 기대할 수 있어야 합니다. 우리의 몸은 하나님의 성령이 거하시는 성전입니다(고린도전서 6:19). 그러므로 자신을 소중히 여겨야 합니다.

고린도전서 6 장 19 절: "너희 몸은 너희가 하나님께로부터 받은 바 너희 가운데 계신 성령의 전인 줄을 알지 못하느냐 너희는 너희 자신의 것이 아니라"

3) 의도적으로 위험한 일 금지: 생명과 건강을 불필요하게 위협하는 무모하고 위험천만한 행동을 금합니다. 이는 생명의 주인이 하나님이시며, 우리의 생명을 함부로 다루어서는 안 된다는 것을 인정하는 것입니다.

이 모든 명령은 생명이 하나님께로부터 온 선물이며, 우리 자신과 타인의 생명 모두를 존중하고 보호해야 할 신성한 의무가 있음을 강조합니다.

로마서 13장 11-14절: "또한 너희가 이 시기를 알거니와 자다가 깰 때가 벌써 되었으니 이는 이제 우리의 구원이 처음 믿을 때보다 가까웠음이라 밤이 깊고 낮이 가까웠으니 그러므로 우리가 어둠의 일을 벗고 빛의 갑옷을 입자 낮에와 같이 단정히 행하고 방탕하거나 술 취하지 말며 음란하거나 호색하지 말며 다투거나 시기하지 말고 오직 주 예수 그리스도로 옷 입고 정욕을 위하여 육신의 일을 도모하지 말라

3. 국가의 역할

"그렇기 때문에 국가는 살인을 막기 위해서 칼을 가지고 있는 것입니다"

1) 하나님의 대리 기관: 국가는 하나님께서 세우신 권위 기관으로서, 죄악으로부터 공동체를 보호하고 질서를 유지하는 역할을 합니다. 살인과 같은 중대한 죄를 막고 처벌하는 것은 국가의 정당한 사명입니다.

로마서 13장 4절: "그는 하나님의 사역자가 되어 네게 선을 베푸는 자니라 그러나 네가 악을 행하거든 두려워하라 그가 공연히 칼을 가지지 아니하였으니 곧 하나님의 사역자가 되어 악을 행하는 자에게 진노하심을 따라 보응하는 자니라"

2) 생명 보호의 책임: 국가는 칼(권력과 공권력)을 사용하여 범죄자들 처벌하고 잠재적 범죄를 예방함으로써, 시민들의 생명과 안전을 보호해야 할 책임이 있습니다. 이는 하나님께서 생명을 얼마나 귀하게 여기시는지를 간접적으로 보여줍니다.

출애굽기 21 장 14 절: "사람이 그의 이웃을 고의로 죽였으면 너는 그를 내 제단에서라도 잡아내려 죽일지니라"
마태복음 18 장 6, 7 절: "누구든지 나를 믿는 이 작은 자 중 하나를 실족하게 하면 차라리 연자 맷돌이 그 목에 달려서 깊은 바다에 빠뜨려지는 것이 나으니라 실족하게 하는 일들이 있음으로 말미암아 세상에 화가 있도다 실족하게 하는 일이 없을 수는 없으나 실족하게 하는 그 사람에게는 화가 있도다"

정리

제6계명은 하나님께서 우리가 생각이나 말, 몸짓, 행위로 이웃의 명예를 훼손하거나 미워하거나 상처를 입히거나, 심지어 살인하는 모든 행위를 금하신다고 가르칩니다. 더 나아가 모든 복수심을 버리고, 자신을 해치거나 의도적으로 위험한 일을 하지 말라고 명령합니다. 그리고 이러한 생명 존중의 원칙을 위해 국가가 살인을 막는 권위를 가진다고 설명합니다. 제 6 계명은 '사람 생명의 신성함과 존엄성' 을 강조하며, 그리스도인에게 이웃을 적극적으로 사랑하고 '그들의 인격을 존중하고 생명과 안녕을 지키고 보호해야 할 의무' 가 있음을 분명히 합니다.

하이델베르크 요리문답 제 106 문: 제 6 계명의 확장된 의미 – 내면의 살인

하이델베르크 요리문답 106문은 "그런데 제6계명은 살인에 대해서만 말하고 있는 것이 아닙니까? "라는 질문에 답합니다. 앞선 105 문에서 제 6 계명이 물리적 살인을 넘어 명예 훼손, 미움, 상처를 입히는 행위 등을 포괄한다고 설명했습니다. 그럼에도 제 6 계명의 '살인'을 육체적인 살인에 국한해 생각해야 되는 것 아니냐며 되물어 온 것입니다. 이에 대한 답은 "아닙니다."하고 말하며 한번 더 '살인'이란 내면의 죄, 즉 마음속의 악한 동기까지 확장된다는 점을 더욱 명확히 합니다. 왜냐하면 이런 것은 살인의 죄로 이어지기도 하기 때문입니다.

106 문: 그런데 제 6 계명은 살인에 대해서만 말하고 있는 것이 아닙니까?

답:

아닙니다. 살인하지 말라는 계명은 살인의 원인이 되는 시기심, 증오, 분노, 복수심을 하나님께서 미워하시며, 이 모든 것을 살인으로 여기신다고 우리에게 가르칩니다.

(참조: 벨직 신앙고백 제 24 조)

강해

이 문답은 제 6 계명의 금지가 단순히 외적인 살인 행위에 국한되지 않고, '그 행위의 뿌리가 되는 마음속의 죄악까지' 포함한다는 점을 강조합니다. 이에 대해서는 이미 105 문에서 다룬 바 있지만 여기서 '마음속의 죄악'에 대해 한번 더 다루고 있는 것입니다. 우리는 하나님이 주신 계명을 생각할 때 문자적인 이해를 넘어서야 합니다. 그럴 때 사람에 대한 하나님의 사랑이 얼마나 깊은지 이해할 수 있습니다. 이것은 예수님께서 산상수훈에서 율법의 정신적이고 내면적인 의미를 강조하신 것과 일치합니다.

1. "아닙니다" – 제 6 계명의 확장된 의미

요리문답은 제 6 계명이 물리적인 살인만을 금하는 것이 아니라는 것을 분명히 말해줍니다. 이는 율법이 외적인 행위만을 다루는 것이 아니라, '사람의 내면과 동기까지도 심판하는 하나님의 거룩하신 성품'을 드러냅니다. 하나님은 우리의 마음을 꿰뚫어 보시는 분이시기 때문입니다.

2. 살인의 원인이 되는 내면의 죄악들

"살인하지 말라는 계명은 살인의 원인이 되는 시기심, 증오, 분노, 복수심을 하나님께서

미워하시며, 이 모든 것을 살인으로 여기신다고 우리에게 가르칩니다"

1) **'시기심' (Envy)**: 타인의 성공이나 소유를 질투하고 시기하는 마음입니다. 이러한 시기심은 타인의 행복을 파괴하고 싶다는 소망으로 이어질 수 있으며, 결국 미움과 분노의 씨앗이 됩니다. 카인과 아벨의 이야기는 시기심이 살인으로 이어진 대표적인 예입니다(창세기 4: 5-8).

창세기 4 장 5-8 절: "가인과 그의 제물은 받지 아니하신지라 가인이 몹시 분하여 안색이 변하니 여호와께서 가인에게 이르시되 네가 분하여 함은 어찌 됨이며 안색이 변함은 어찌 됨이냐 네가 선을 행하면 어찌 낯을 들지 못하겠느냐 선을 행하지 아니하면 죄가 문에 엎드려 있느니라 죄가 너를 원하나 너는 죄를 다스릴지니라 가인이 그의 아우 아벨에게 말하고 그들이 들에 있을 때에 가인이 그의 아우 아벨을 쳐죽이니라"

잠언 14 장 30 절: "평온한 마음은 육신의 생명이나 시기는 뼈를 썩게 하느니라"

2) **'증오' (Hatred)**: 이는 이웃을 향한 강렬한 미움과 적대감입니다. 요한일서 3 장 15 절에서 말하는 바와 같이 마음속의 미움은 이미 영적인 살인 행위로 간주됩니다.

요한일서 3 장 15 절: "그 형제를 미워하는 자마다 살인하는 자니 살인하는 자마다 영생이 그 속에 거하지 아니하는 것을 너희가 아는 바라"

3) **'분노' (Anger)**: 이웃에 대한 통제되지 않는 강렬한 적개심입니다. 의로운 분노도 있지만, 대개 분노는 죄로 이어지기 쉽습니다. 예수님께서는 형제에게 화를 내는 것 조차도 살인죄와 같은 수준으로 다루셨습니다.

마태복음 5 장 21, 22 절: "옛 사람에게 말한 바 살인하지 말라 누구든지 살인하면 심판을 받게 되리라 하였다는 것을 너희가 들었으나 나는 너희에게 이르노니 형제에게 노하는 자마다 심판을 받게 되고 형제를 대하여 라가라 하는 자는 공회에 잡혀가게 되고 미련한 놈이라 하는 자는 지옥 불에 들어가게 되리라"

4) **'복수심' (Vengeance)**: 자신에게 해를 끼친 사람에게 똑같이 되갚아주려는 마음입니다. 복수심은 끝없는 폭력의 순환을 낳으며, 생명을 존중하기보다 파괴하려는 욕망에 사로잡히게 합니다. 그러나 이 모든 것은 믿음으로 하나님께 맡겨야 합니다.

로마서 12 장 19 절: "내 사랑하는 자들아 너희가 친히 원수 갚지 말고 하나님의 진노하심에 맡기라 기록되었으되 원수 갚는 것이 내게 있으니 내가 갚으리라고 주께서 말씀하시니라"

5) **하나님의 판단**: 이 모든 내면의 죄악들은 하나님께서 미워하시는 것입니다. 그 이유는 이러한 마음이 결국 외적인 살인 행위로 이어질 수 있는 근본적인 원인이 되기 때문입니다. 하나님은 우리의 마음을 보시고, 행위 이전에 마음속에서 시작되는 죄의

뿌리를 제거하기를 원하십니다.

> **시편 7 편 9 절:** "악인의 악을 끊고 의인을 세우소서 의로우신 하나님이 사람의 마음과 양심을 감찰하시나이다"
> **마가복음 2 장 8 절:** "속으로 이렇게 생각하는 줄을 예수께서 곧 중심에 아시고 이르시되 어찌하여 이것을 마음에 생각하느냐"

6) "살인으로 여기신다": 하나님께서는 이러한 마음속의 악한 동기들을 '실제로 살인과 동일하게 여기신다' 고 말씀합니다. 이는 사람의 법정에서는 처벌할 수 없는 내면의 죄까지도 하나님의 거룩한 법정 앞에서는 심판의 대상이 된다는 것을 의미합니다. 이는 율법의 도덕적 요구가 얼마나 깊고 포괄적인지를 보여줍니다. 우리는 행동뿐만 아니라 마음까지도 하나님의 말씀에 순종해야 합니다.

> **마태복음 5 장 21, 22 절:** "옛 사람에게 말한 바 살인하지 말라 누구든지 살인하면 심판을 받게 되리라 하였다는 것을 너희가 들었으나 나는 너희에게 이르노니 형제에게 노하는 자마다 심판을 받게 되고 형제를 대하여 라가라 하는 자는 공회에 잡혀가게 되고 미련한 놈이라 하는 자는 지옥 불에 들어가게 되리라"
> **야고보서 3 장 16 절:** "시기와 다툼이 있는 곳에는 혼란과 모든 악한 일이 있음이라"

정리

제 6 계명은 단순히 물리적인 살인 행위만을 금하는 것이 아님을 분명히 합니다. 오히려 이 계명은 살인의 원인이 되는 시기심, 증오, 분노, 복수심과 같은 내면의 죄악들까지도 하나님께서 미워하시며, 이 모든 것을 살인과 동일하게 여기신다고 가르칩니다. 이 문답은 하나님의 율법이 우리의 외적인 행동뿐만 아니라 마음의 동기까지도 다루는 영적이고 전인적인 것임을 강조하며, 그리스도인에게 단순히 살인을 피하는 것을 넘어, 마음속에서 이웃에 대한 모든 미움과 악의를 '뿌리 뽑고' 사랑을 '실천해야 할 의무'를 일깨워 줍니다.

하이델베르크 요리문답 107 문: 제 6 계명의 적극적 의미 – 이웃 사랑의 실천

하이델베르크 요리문답 107 문은 "그러면 우리가 위에서 말한 방법으로 살인하지만 않는다면 그것으로 충분한 것입니까? "하고 묻습니다. 앞선 105 문과 106 문에서 제 6 계명이 물리적인 살인을 넘어 내면의 미움과 악의까지 금지 한다고 설명했습니다. 그러나 107 문은 여기서 한 발 더 나아가, 단순히 죄를 짓지 않는 소극적 인 태도를 넘어, 적극적으로 이웃을 사랑하고 선을 행해야 할 의무가 있는지 묻는 것입니다.

107 문: 그러면 우리가 위에서 말한 방법으로 살인하지만 않는다면 그것으로 충분한 것입니까?

답:

아닙니다. 하나님께서는 시기와 증오와 분노를 금하시면서, 우리가 이웃을 우리 자신과 같이 사랑하고, 인내와 화평과 온유와 자비와 모든 친절을 보이도록 명하십니다. 또한 할 수 있는 한 이웃이 다치지 않게 보호하며, 심지어 우리의 원수에게도 선을 행하라고 명하십니다.

(참조: 벨직 신앙고백 제24조)

강해

이 문답은 제6계명의 핵심이 단순한 금지 사항을 넘어, 적극적인 사랑의 실천에 있음을 강조합니다. 하나님께서 미워하시는 죄들을 피하는 것만으로는 충분하지 않고, 하나님의 성품을 닮아 이웃에게 사랑과 선을 베푸는 삶을 살아야 한다는 것입니다.

1. 소극적 금지를 넘어 적극적 명령으로

요리문답은 "아닙니다"하고 명확히 답하며, 율법이 단순히 죄를 짓지 않는 소극적인 태도만을 요구하지 않음을 강조합니다. 율법의 정신은 '사랑'이며, 사랑은 항상 적극적으로 표현되어야 합니다. 우리가 시기와 증오와 분노를 금하는 것은 물론 중요하지만, 더 나아가 그것의 반대편에 있는 긍정적인 미덕들을 실천해야 할 의무가 있다는 것입니다.

2. 이웃 사랑과 적극적인 미덕의 실천

"하나님께서는 시기와 증오와 분노를 금하시면서, 우리가 이웃을 우리 자신과 같이 사랑하고, 인내와 화평과 온유와 자비와 모든 친절을 보이도록 명하십니다"

1) 이웃을 자신과 같이 사랑함: 이것이 모든 계명의 핵심이자 율법의 완성입 니다. 예수님께서는 "네 이웃을 네 자신 같이 사랑하라"(마태복음 22:39)고 말씀하셨습니다. 단순히 이웃에게 해를 끼치지 않는 것을 넘어, 나 자신을 귀하게 여기듯이 이웃의 생명과 안녕을 귀하게 여기고 사랑해야 한다는 것입니다.

마태복음 7장 12절: "그러므로 무엇이든지 남에게 대접을 받고자 하는 대로 너희도 남을 대접하라 이것이 율법이요 선지자니라"

로마서 12장 10절: "형제를 사랑하여 서로 우애하고 존경하기를 서로 먼저 하며"

2) **'인내' (Patience)**: 이웃의 부족함이나 실수에 대해 비판하거나 쉽게 포기하지 않고 참아주는 태도입니다.

에베소서 4장 2절: "모든 겸손과 온유로 하고 오래 참음으로 사랑 가운데서 서로 용납하고"

3) **'화평' (Peacefulness)**: 이웃과의 관계에서 갈등을 만들지 않고, 오히려 화목을 추구하며 평화를 이루는 것입니다.

로마서 12장 18절: "할 수 있거든 너희로서는 모든 사람과 더불어 화목하라"

4) **'온유' (Gentleness)**: 강압적이지 않고 부드러운 마음으로 이웃을 대하는 태도입니다. 이는 힘이 없어서가 아니라, 겸손한 마음으로 이웃을 존중하는 것입니다.

마태복음 5장 5절: "온유한 자는 복이 있나니 그들이 땅을 기업으로 받을 것임이요"
갈라디아서 6장 1절: "형제들아 사람이 만일 무슨 범죄한 일이 드러나거든 신령한 너희는 온유한 심령으로 그러한 자를 바로잡고 너 자신을 살펴보아 너도 시험을 받을까 두려워하라"

5) **'자비' (Mercy)**: 고통받는 이웃, 어려움에 처한 이웃을 불쌍히 여기는 마음과 그들을 돕기 위한 행동입니다.

누가복음 6장 36절: "너희 아버지의 자비로우심 같이 너희도 자비로운 자가 되라"

6) **'모든 친절' (All Kindness)**: 이웃에게 베풀 수 있는 모든 긍정적이고 건설적인 행동과 말을 포함합니다. 작은 배려에서부터 큰 도움에 이르기까지, 이웃에게 유익을 주는 모든 태도입니다.

에베소서 4장 32절: "서로 친절하게 하며 불쌍히 여기며 서로 용서하기를 하나님이 그리스도 안에서 너희를 용서하심과 같이 하라"

3. 이웃 보호와 원수 사랑

"또한 할 수 있는 한 이웃이 다치지 않게 보호하며, 심지어 우리의 원수에게도 선을 행하라고 명하십니다"

1) **이웃 보호**: 우리에게는 단순히 해를 끼치지 않는 것을 넘어, 이웃이 위험에 처하거나 어려움을 겪을 때 적극적으로 나서서 보호하고 도와주어야 할 책임이 있습니다. 이는 물리적인 보호뿐만 아니라, 명예나 권리가 침해받을 때 변호해 주는 것을 포함합니다.

출애굽기 23장 4, 5절: "네가 만일 네 원수의 길 잃은 소나 나귀를 보거든 반드시 그 사람에게로 돌릴지며 네가 만일 너를 미워하는 자의 나귀가 짐을 싣고 엎드러짐을 보거든 그것을 버려두지 말고 그것을 도와 그 짐을 부릴지니라"
이사야 1장 17절: "선을 행하고 정의를 구하며 학대받는 자를 도와주고 고아를 위하여 신원하며 과부를 위하여 변호하라 하셨느니라"

2) 원수 사랑: 제 6 계명의 가장 놀라운 적극적 명령입니다. 자신을 미워하고 해하는 사람에게조차 사랑을 베풀고 선을 행하라는 것입니다. 이는 인간적인 본성을 거스르는 것으로, 오직 하나님의 은혜와 성령의 능력을 통해서만 가능합니다.

마태복음 5장 44절: "나는 너희에게 이르노니 너희 원수를 사랑하며 너희를 박해하는 자를 위하여 기도하라"
로마서 12장 20절: "네 원수가 주리거든 먹이고 목마르거든 마시게 하라 그리함으로 네가 숯불을 그 머리에 쌓아 놓으리라"

정리

제6계명은 단순히 살인을 저지르지 않는 소극적인 태도만으로 충분하지 않습니다. 오히려 하나님께서는 시기와 증오와 분노를 금하실 뿐만 아니라, 우리가 이웃을 우리 자신과 같이 사랑하기를 원하십니다. 인내와 화평과 온유와 자비와 모든 친절을 베풀며, 할 수 있는 한 이웃을 보호하고, 심지어 원수에게까지 선을 행하도록 적극적인 선을 명하십니다. 이 계명은 그리스도인이 죄를 멀리하는 소극적인 삶을 넘어, 하나님의 사랑을 닮아 이웃에게 '적극적으로 베푸는 삶'을 살아야 함을 분명히 가르칩니다.

제 41 주일

하이델베르크 요리문답 제 108 문: 제 7 계명의 참된 의미 – 성적 순결과 거룩한 생활

하이델베르크 요리문답 108문은 "제 7 계명은 우리에게 무엇을 가르칩니까? "하고 묻습니다. 제 7 계명은 "간음하지 말라"입니다. 이에 대한 답은 단순히 간음 행위만을 금지하는 소극적인 의미를 넘어, 모든 형태의 성적인 불륜을 혐오하고, 결혼 관계 안에 있든지 독신으로 있든지 온 마음으로 순결하고 절제 있는 삶을 살아야 한다며 계명의 적극적인 의미까지 포함하여 설명합니다.

108 문: 제 7 계명은 우리에게 무엇을 가르칩니까?

답:

모든 불륜은 하나님께서 가증히 여기시는 것이고, 따라서 우리는 거룩한 혼인의 관계에 있든지 독신으로 있든지, 그러한 불륜을 온 마음으로 혐오하며 순결하고 절제 있는 생활을 하지 않으면 안 된다는 것입니다.

(참조: 벨직 신앙고백 제 24 조)

강해

이 문답은 제7계명이 명령하는 바를 크게 두 가지 측면으로 나누어 설명합니다. 첫째는 모든 형태의 성적인 불륜에 대한 하나님의 증오와 그것에 대한 우리의 혐오, 둘째는 결혼 여부와 관계없이 요구되는 순결하고 절제 있는 삶의 의무입니다. 제 7 계명은 성(性)에 대한 하나님의 거룩한 기준을 제시하며, 우리의 몸과 마음을 정결하게 지키는 삶을 요구합니다.

1. 모든 불륜은 하나님께서 가증히 여기시는 것이고, 따라서 우리는 온 마음으로 혐오해야 함

"모든 불륜은 하나님께서 가증히 여기시는 것이고, 따라서 우리는 그러한 불륜을 온 마음으로 혐오해야 한다는 것입니다"

1) "모든 불륜"의 의미: 단순히 '간음'(결혼한 사람이 배우자 외의 다른 사람과 성관계를 맺는 것)만을 의미하는 것이 아니라, 성경이 금하는 모든 형태의 성적인 죄악을 포괄합니다. 여기에는 다음과 같은 것들이 포함됩니다:

(1) **간음(Adultery)**: 결혼한 자가 배우자 외의 다른 사람과 성관계를 맺는 것(레위기 20:10).

(2) **음행(Fornication)**: 결혼하지 않은 남녀가 성관계를 맺는 것(고린도전서 7:2).

(3) **동성애(Homosexuality)**: 동성 간의 성관계(로마서 1:26-27).

(4) **근친상간(Incest)**: 가까운 친족 간의 성관계(레위기 18장).

(5) **수의(Bestiality)**: 짐승과의 성관계(레위기 18:23).

(6) **음란한 생각과 시선**: 예수님께서는 "음욕을 품고 여자를 보는 자마다 마음에 이미 간음하였느니라"고 말씀하시며(마태복음 5:28), 성적인 죄가 마음에서부터 시작됨을 강조하셨습니다.

(7) **음란물, 성매매 등**: 성적인 타락을 조장하고 인격을 유린하는 모든 행위.

2) "가증히 여기시는 것"(하나님의 반응): 하나님은 거룩하시기에 죄악, 특히 성적인 불결함을 극도로 미워하십니다. '가증히 여긴다'는 것은 단순히 싫어하는 것을 넘어, 혐오하고 역겨워한다는 강렬한 표현입니다. 이는 성적인 죄가 하나님의 거룩한 성품에 정면으로 대치되기 때문입니다.

> **히브리서 13장 4절**: "모든 사람은 혼인을 귀히 여기고 침소를 더럽히지 않게 하라 음행하는 자와 간음하는 자를 하나님이 심판하시리라"

3) "온 마음으로 혐오"(우리의 태도): 하나님께서 불륜을 가증히 여기시듯이, 우리 역시 성적인 불결함을 온 마음으로 혐오해야 합니다. 이는 단순히 법적인 처벌을 피하기 위함이 아니라, 죄의 더러움을 인식하고 그것으로부터 돌아서는 진정한 회개의 태도입니다.

> **에베보서 5장 3-5절**: "음행과 온갖 더러운 것과 탐욕은 너희 중에서 그 이름조차도 부르지 말라 이는 성도에게 마땅한 바니라 누추함과 어리석은 말이나 희롱의 말이 마땅치 아니하니 오히려 감사하는 말을 하라 너희도 정녕 이것을 알거니와 음행하는 자나 더러운 자나 탐하는 자 곧 우상 숭배자는 다 그리스도와 하나님의 나라에서 기업을 얻지 못하리니"

2. 거룩한 혼인의 관계에 있든지, 독신으로 있든지, 순결하고 절제 있는 생활

"거룩한 혼인의 관계에 있든지 독신으로 있든지, 그러한 불륜을 온 마음으로 혐오하며 순결하고 절제 있는 생활을 하지 않으면 안 된다는 것입니다"

이는 모든 성도에게 요구되는 삶의 자세입니다.

1) 결혼의 신성함: 결혼은 하나님께서 친히 제정하시고 축복하신 거룩한 제도입니다. 결혼 관계 안에서 이루어지는 성적인 관계만이 하나님 앞에서 정당하고 거룩합니다. 따라서 부부간에는 신실함과 순결함이 요구됩니다.

> **창세기 2장 24절**: "이러므로 남자가 부모를 떠나 그의 아내와 합하여 둘이 한 몸을 이룰지로다"
> **마태복음 19장 6절**: "그런즉 이제 둘이 아니요 한 몸이니 그러므로 하나님이 짝지어 주신 것을 사람이 나누지 못할지니라 하시니"

2) 독신자의 순결: 결혼하지 않은 독신자에게도 성적 순결이 동일하게 요구됩 니다. 독신은 성적인 방종의 허가가 아니라, 하나님과의 관계에 더 집중할 수 있는 기회가 됩니다. 바울 사도는 독신자들에게 절제를 요구하며, 그렇지 못할 경우 결혼을 권장합니다.

고린도전서 7 장 8–9 절: "내가 결혼하지 아니한 자들과 과부들에게 이르노니 나와 같이 그냥 지내는 것이 좋으니라 만일 절제할 수 없거든 결혼하라 정욕이 불같이 타는 것보다 결혼하는 것이 나으니라"

3. "순결하고 절제 있는 생활":

순결하고 절제 있는 생활을 하지 않으면 안 된다는 것입니다.

1) '순결' (Chastity): 마음과 몸, 생각과 행동에서 모든 성적인 죄악으로부터 깨끗하게 구별된 상태를 의미합니다. 이는 소극적인 죄 회피를 넘어, 적극적으로 거룩함을 추구하는 것입니다.

2) '절제' (Temperance/Self-control): 자신의 성적인 욕구를 하나님의 말씀에 따라 통제하고 다스리는 능력입니다. 우리의 성적인 본능은 하나님께서 주신 선물이지만, 죄로 인해 왜곡되고 남용될 수 있으므로, 성령 안에서 절제해야 합니다.

3) 전인적 요구: 제 7 계명은 단순히 육체적인 행위만을 통제하는 것을 넘어, 우리의 생각, 말, 마음 등 전인격적으로 성적인 거룩함을 유지해야 할 의무를 강조합니다. 우리의 몸이 하나님의 성령이 거하시는 성전임을 기억하고(고린도전서 6:19) 거룩하게 사용해야 합니다.

고린도전서 6 장 19 절: "너희 몸은 너희가 하나님께로부터 받은 바 너희 가운데 계신 성령의 전인 줄을 알지 못하느냐 너희는 너희 자신의 것이 아니라"

정리

제 7 계명은 모든 불륜은 하나님께서 가증히 여기시는 죄이며, 따라서 우리는 그러한 불륜을 온 마음으로 혐오해야 한다고 가르칩니다. 나아가, 우리가 거룩한 혼인의 관계에 있든지 독신으로 있든지 관계없이, '순결하고 절제 있는 생활'을 하지 않으면 안 된다고 명령합니다. 이 계명은 하나님께서 정하신 성(性)의 거룩한 목적과 기준을 제시하며, 그리스도인에게 몸과 마음을 다해 성적인 순결을 지키고 하나님 앞에서 거룩하게 살아야 할 의무를 일깨워 줍니다.

하이델베르크 요리문답 제 109 문: 제 7 계명의 포괄적 의미 - 성전된 몸과 영혼의 순결

하이델베르크 요리문답 109 문은 "하나님께서는 제 7 계명에서 단지 간음과 그런 음

란한 죄만을 금하십니까? "하고 묻습니다. 앞선 108 문에서 제 7 계명이 모든 불륜을 혐오하고 순결하고 절제 있는 생활을 요구한다고 설명했습니다. 이 질문은 제 7 계명의 금지 범위가 단순히 육체적인 간음 행위에만 국한되는지 묻는 것이며, 이에 대한 답은 "아닙니다"하고 말하며 그 범위를 더욱 확장하여 설명합니다.

109 문: 하나님께서는 제 7 계명에서 단지 간음과 그런 음란한 죄만을 금하십니까?

답:

아닙니다. 우리의 몸과 영혼은 모두 성령께서 거하시는 성전이기 때문에, 하나님은 우리에게 그것들을 순결하고 거룩하게 지키라고 명하십니다. 그러므로 하나님께서는 모든 불결한 행동과 몸짓, 말, 생각, 욕망들, 그리고 사람을 그리로 유혹하는 것은 무엇이든지 금하십니다.

(참조: 벨직 신앙고백 제 24 조)

강해

이 문답은 제 7 계명의 금지 사항이 단순히 육체적인 간음이나 음행에만 국한되지 않고, '몸과 영혼 전체의 순결'을 요구하며, '성적인 죄로 이끄는 모든 생각, 말, 행동, 그리고 유혹'까지도 금지함을 강조합니다.

1. 성적인 죄에 대한 포괄적 금지

요리문답은 "아닙니다"라고 단호하게 답하며, 제 7 계명이 외적으로 드러나는 간음과 음란한 행위만을 금하는 것이 아님을 명확히 합니다. 이는 하나님의 율법이 사람의 '내면과 동기까지도 다루는 영적인 법'이기 때문입니다.

2. 성령의 성전인 몸과 영혼을 순결하게 지켜야 할 의무

"우리의 몸과 영혼은 모두 성령께서 거하시는 성전이기 때문에, 하나님은 우리에게 그것들을 순결하고 거룩하게 지키라고 명하십니다"

1) 성령의 성전: 바울 사도는 고린도교회에 보낸 편지에서 우리의 몸이 성령의 전임을 강조했습니다. 이 진리는 우리의 몸이 단순한 육체가 아니라, 하나님께서 자신의 영을 통해 거하시는 거룩한 처소임을 선포합니다. 따라서 우리의 몸과 영혼은 하나님의 소유이며, 거룩하게 구별되어야 합니다.

고린도전서 6 장 19, 20 절: "너희 몸은 너희가 하나님께로부터 받은 바 너희 가운데 계신 성령의 전인 줄을 알지 못하느냐 너희는 너희 자신의 것이 아니라 값으로 산 것이 되었으니 그런즉 너희 몸으로 하나님께 영광을 돌리라"

2) 순결하고 거룩하게 지킬 의무: 성령의 성전인 몸과 영혼을 더럽히는 모든 성적인 죄악은 곧 성령을 모독하고 하나님께 불순종하는 행위가 됩니다. 따라서 우리는 우리의 몸과 영혼을 오직 하나님 앞에서 '순결하고 거룩하게' 유지해야 할 책임을 가집니다.

마태복음 5 장 27-29 절: "또 간음하지 말라 하였다는 것을 너희가 들었으나 나는 너희에게 이르노니 음욕을 품고 여자를 보는 자마다 마음에 이미 간음하였느니라 만일 네 오른 눈이 너로 실족하게 하거든 빼어 내버리라 네 백체 중 하나가 없어지고 온 몸이 지옥에 던져지지 않는 것이 유익하며"

3. 모든 불결한 행동, 몸짓, 말, 생각, 욕망 및 유혹의 금지

"그러므로 하나님께서는 모든 불결한 행동과 몸짓, 말, 생각, 욕망들, 그리고 사람을 그리로 유혹하는 것은 무엇이든지 금하십니다"

이 구절은 제 7 계명의 적용 범위를 매우 상세하고 광범위하게 설명합니다.

1) '불결한 행동' (Immoral Actions): 육체적인 성관계 외의 모든 성적인 죄악을 포함합니다. 여기에는 자위행위, 음란한 접촉, 성적인 유린, 성매매 등 육체적으로 행하는 모든 부도덕한 행위가 포함됩니다.

2) '불결한 몸짓' (Immoral Gestures): 음란하거나 유혹적인 눈빛, 자세, 몸짓 등 성적인 죄로 이끌거나 암시하는 모든 비언어적 표현을 금합니다.

3) '불결한 말' (Immoral Words): 음담패설, 외설적인 농담, 성적인 비방, 음란한 언어 등 성적인 죄를 부추기거나 더럽히는 모든 말을 금합니다. 말은 생각을 담고 있으며, 죄로 이끄는 강력한 도구가 될 수 있습니다.

에베소서 5 장 3-4 절: "음행과 온갖 더러운 것과 탐욕은 너희 중에서 그 이름조차도 부르지 말라 이는 성도에게 마땅한 바니라 누추함과 어리석은 말이나 희롱의 말이 마땅치 아니하니 돌이켜 감사하는 말을 하라"

4) '불결한 생각' (Immoral Thoughts): 마음속으로 품는 음란한 상상, 음욕, 성적인 환상 등 내면에서 일어나는 모든 죄악된 생각들을 금합니다. 예수님께서는 성적인 죄가 마음에서부터 시작됨을 명확히 하셨습니다.

마태복음 5 장 28 절: "음욕을 품고 여자를 보는 자마다 마음에 이미 간음하였느니라"

5) **'불결한 욕망'** (Immoral Desires): 죄로 이끄는 모든 성적인 갈망이나 충동을 금합니다. 이는 단순히 스쳐 지나가는 유혹이 아니라, 적극적으로 품고 키우는 죄악된 욕망을 의미합니다.

6) **유혹하는 모든 것** (Temptation): 자신이나 타인을 성적인 죄로 이끄는 모든 행위, 상황, 또는 매체를 포함합니다. 여기에는 음란물, 성적인 유혹을 조장하는 의복이나 태도, 그리고 죄를 부추기는 환경 등이 포함될 수 있습니다. 우리는 이러한 유혹에 노출되지 않도록 스스로를 지키고, 타인을 죄로 이끌지 않도록 주의해야 합니다.

이처럼 제 7 계명은 외적인 간음 행위를 넘어, 사람의 생각과 말, 행동, 그리고 유혹에 이르기까지 성적인 영역의 모든 불결함을 포괄적으로 금지하며, 우리의 몸과 영혼을 성령의 거룩한 성전으로 지켜야 할 중대한 의무가 있음을 강조합니다.

> **에베소서 5 장 18, 19 절:** "술 취하지 말라 이는 방탕한 것이니 오직 성령으로 충만함을 받으라 시와 찬송과 신령한 노래들로 서로 화답하며 너희의 마음으로 주께 노래하며 찬송하며"

정리

제 7 계명은 하나님께서 단지 간음과 같은 육체적인 음란한 죄만을 금하시는 것이 아님을 명확히 말해줍니다. 그 이유는 우리의 몸과 영혼이 모두 성령께서 거하시는 거룩한 성전이기 때문입니다. 따라서 하나님께서는 우리에게 그것들을 순결하고 거룩하게 지키라고 명하시며, 이를 위해 모든 불결한 행동과 몸짓, 말, 생각, 욕망들, 그리고 사람을 성적인 죄로 유혹하는 모든 것까지도 포괄적으로 금하십니다. 이 계명은 그리스도인이 몸과 마음, 전인적으로 성적인 거룩함을 추구하며 하나님 앞에서 정결한 삶을 살아야 한다고 엄중하게 명령하고 있습니다.

제 42 주일

하이델베르크 요리문답 제 110 문: 제 8 계명의 참된 의미 – 도둑질의 포괄적 금지

하이델베르크 요리문답 110 문은 "제 8 계명에서 하나님께서 금하시는 것은 무엇입니까? "하고 묻습니다. 제 8 계명은 "도둑질하지 말라"입니다. 그런데 이에 대한 답은 단순히 물리적인 절도 행위만을 금지하는 소극적인 의미를 넘어, 이웃의 소유를 부당하게 취하는 모든 형태의 속임수와 계략, 그리고 탐욕과 낭비까지도 포괄적으로 금지한다고 강조해 말합니다.

110 문: 제 8 계명에서 하나님께서 금하시는 것은 무엇입니까?

답:

하나님께서는 국가가 처벌하는 절도죄와 강도 행위만을 금하시는 것이 아니라, 이웃의 소유를 자기의 것으로 삼으려고 꾸며낸 모든 악한 속임수와 계략들을 도둑질에 포함시키십니다. 이런 것은 폭력으로, 혹은 합법적인 모양으로 가장해서 일어나는데, 곧 거짓 저울, 가짜 자, 가짜 계측기, 가짜 상품, 위조 화폐, 고리대금, 혹은 하나님이 금하신 어떤 다른 방법을 사용하는 것입니다. 하나님께서는 또한 모든 탐욕을 금하시고, 하나님이 주신 은사를 함부로 사용하고 낭비하는 것도 금하십니다.

(참조: 벨직 신앙고백 제 24 조, 제 36 조)

강해

이 문답은 제 8 계명이 금지하는 바를 크게 세 가지 측면으로 나누어 설명합 니다. 첫째는 물리적 절도와 강도를 넘어선 모든 형태의 부당 이득 추구 행위, 둘째는 그러한 행위들이 나타나는 다양한 모습, 그리고 셋째는 죄의 근원인 탐욕과 하나님의 은사를 낭비하는 행위입니다.

1. 물리적 절도를 넘어선 "모든 악한 속임수와 계략"의 금지

"하나님께서는 국가가 처벌하는 절도죄와 강도 행위만을 금하시는 것이 아니라, 이웃의 소유를 자기의 것으로 삼으려고 꾸며낸 모든 악한 속임수와 계략들을 도둑질에 포함시키십니다"

1) "절도죄와 강도 행위": 이는 법적인 처벌을 받아야 하는 명백한 죄악입니다. 타인의 재물을 몰래 훔치거나(절도), 폭력이나 위협을 통해 강제로 빼앗는 행위 (강도)는 분명히 금지됩니다.

출애굽기 22 장 1 절: "사람이 소나 양을 도둑질하여 잡거나 팔면 그는 소 한 마리에 소 다섯 마리로 갚고 양 한 마리에 양 네 마리로 갚을지니라"
레위기 19 장 13 절: "너는 네 이웃을 억압하지 말며 착취하지 말며 품꾼의 삯을 아침까지 밤새도록 네게 두지 말며"

2) "모든 악한 속임수와 계략": 제 8 계명은 단순히 절도와 강도와 같은 직접적인 행위만을 금하는 것이 아니라, 이웃의 재산을 부당하게 취하려는 모든 교활하고 은밀한 수단까지도 '도둑질'로 간주합니다. 이는 하나님의 율법이 사람의 마음과 동기를 살피신다는 점을 다시 한번 강조합니다. 여기에는 부정직한 상거래도 포함됩니다.

야고보서 5 장 4, 5 절: "보라 너희 밭에서 추수한 품꾼에게 주지 아니한 삯이 소리 지르며 그 추수한 자의 우는 소리가 만군의 주의 귀에 들렸느니라 너희가 땅에서 사치하고 방종하여 살륙의 날에 너희 마음을 살찌게 하였도다"
잠언 11 장 1 절: "속이는 저울은 여호와께서 미워하시고 공평한 추는 그가 기뻐하시느니라" (이는 정직한 상거래의 중요성을 강조합니다.)

3) **예수님의 가르침**: 예수님은 율법이 외적인 행위를 넘어 마음의 동기까지 다룬다고 말씀하셨습니다(마태복음 5 장). 도둑질 또한 단순히 물건을 훔치는 행위 뿐 아니라, 남의 것을 탐하는 마음에서 시작되는 모든 불의한 이득 추구 행위를 포함합니다.

2. 합법적인 모양으로 가장한 다양한 형태의 도둑질

"이런 것은 폭력으로, 혹은 합법적인 모양으로 가장해서 일어나는데, 곧 거짓 저울, 가짜 자, 가짜 계측기, 가짜 상품, 위조 화폐, 고리대금, 혹은 하나님이 금하신 어떤 다른 방법을 사용하는 것입니다"

1) **"폭력으로"**: 이는 강도와 같이 물리적인 힘을 동원하여 타인의 재물을 빼앗는 행위를 의미합니다.

2) **"합법적인 모양으로 가장해서"**: 이 부분이 특히 중요합니다. 겉으로는 합법적이거나 사회적으로 용인되는 것처럼 보이지만, 실제로는 이웃에게 불이익을 주어 자신의 이익을 취하는 기만적인 행위들을 지적합니다.

3) **'거짓 저울, 가짜 자, 가짜 계측기'** : 상거래에서 무게, 길이, 부피 등을 속여서 부당하게 이득을 취하는 행위입니다. 이는 고객을 기만하고 정직한 상업 질서를 무너뜨립니다.

레위기 19 장 35, 36 절: "너희는 재판할 때나 길이나 무게나 양을 잴 때 불의를 행하지 말고 공평한 저울과 공평한 추와 공평한 에바와 공평한 힌을 사용하라 나는 너희를 인도하여 애굽 땅에서 나오게 한 너희의 하나님 여호와이니라"
신명기 25 장 13-16 절: "너는 네 주머니에 두 종류의 저울추 곧 큰 것과 작은 것을 넣지 말 것이며 네 집에 두 종류의 되 곧 큰 것과 작은 것을 두지 말 것이요 오직 온전하고 공정한 저울추를 두며 온전하고 공정한 되를 둘 것이라 그리하면 네 하나님 여호와께서 네게 주시는 땅에서 네 날이 길리라 이런 일들을 행하는 모든 자, 악을 행하는 모든 자는 네 하나님 여호와께 가증하니라"

4) **'가짜 상품'** : 위조품이나 품질이 낮은 상품을 속여서 파는 행위.

5) **'위조 화폐'** : 화폐를 위조하여 경제 질서를 문란하게 하고 타인에게 손해를 입히

는 행위.

6) **'고리대금'**(Usury): 필요에 의해 돈을 빌리는 사람에게 과도하게 높은 이자를 요구하여 착취하는 행위입니다. 이는 이웃의 곤경을 이용하여 부당한 이득을 취하는 것으로, 성경은 가난한 자에게 이자를 받지 말 것을 명했습니다(출애굽기 22:25).

> **출애굽기 22장25절:** "네가 만일 너와 함께 한 내 백성 중에서 가난한 자에게 돈을 꾸어 주면 너는 그에게 채권자 같이 하지 말며 이자를 받지말 것이며"

7) **"하나님이 금하신 어떤 다른 방법"**: 위에 열거된 것 외에도, 노동 착취, 불공정한 계약, 탈세, 뇌물 수수, 사기, 횡령, 부당 해고, 임금체불 등 '하나님의 정의의 기준에서 벗어나 이웃에게 재정적 손해를 입히는 모든 부정한 방법'을 금지합니다.

> **에스겔 45장 9-12절:** "주 여호와께서 이같이 말씀하셨느니라 이스라엘의 통치자들아 너희에게 만족하니라 너희는 포악과 겁탈을 제거하여 버리고 정의와 공의를 행하여 내 백성에게 속여 빼앗는 것을 그칠지니라 주 여호와의 말씀이니라 너희는 공정한 저울과 공정한 에바와 공정한 밧을 쓸지니 에바와 밧은 그 용량을 동일하게 하되 호멜의 용량을 따라 밧은 십분의 일 호멜을 담게 하고 에바도 십분의 일 호멜을 담게 할 것이며 세겔은 이십 게라니 이십 세겔과 이십오 세겔과 십오 세겔로 너희 마네가 되게 하라"

3. 탐욕과 하나님의 은사를 낭비하는 행위 금지

"하나님께서는 또한 모든 탐욕을 금하시고, 하나님이 주신 은사를 함부로 사용하고 낭비하는 것도 금하십니다"

1) **'모든 탐욕'**(Greed): 이는 제 10 계명("탐내지 말라")과도 연결되는 부분으로, 제 8 계명이 금하는 도둑질의 '근본적인 동기'를 지적합니다. 타인의 재물이나 소유를 부당하게 탐내는 마음 자체가 죄악의 시작이며, 이는 결국 도둑질이나 사기로 이어질 수 있습니다. 하나님은 우리의 마음의 동기까지도 살피십니다.

> **고린도전서 6장 10절:** "도적이나 탐욕을 부리는 자나 술 취하는 자나 모욕하는 자나 속여 빼앗는 자들은 하나님의 나라를 유업으로 받지 못하리라"
> **골로새서 3장 5절:** "그러므로 땅에 있는 지체를 죽이라 곧 음란과 부정과 사욕과 악한 정욕과 탐심이니 탐심은 우상 숭배니라"

2) **하나님이 주신 은사의 낭비**: 이는 단순히 타인의 재산을 훔치는 것뿐만 아니라, 하나님께서 우리에게 맡기신 '재물, 시간, 재능, 건강 등 모든 은사(자원)를 함부로 사용하거나 낭비하는 것'도 제 8 계명에 위배된다고 가르칩니다. 우리는 청지기로서 하나님의 것을 받은 자이므로, 이를 책임감 있게 관리하고 하나님의 영광과 이웃의 유익을 위해 사용해야 합니다. 게으름, 방탕, 사치 등 자신의 은사를 허투루 쓰는 행

위도 광의의 도둑질로 간주될 수 있습니다.(마태복음 25 장의 달란트 비유는 청지기 직분의 중요성을 보여줍니다.)

> **누가복음 12 장 42 절:** "주께서 이르시되 지혜 있고 진실한 청지기가 되어 주인에게 그 집 종들을 맡아 때를 따라 양식을 나누어 줄 자가 누구냐"
> **베드로전서 4장 10절:** "각각 은사를 받은 대로 하나님의 여러 가지 은혜를 맡은 선한 청지기 같이 서로 봉사하라"

정리

제 8 계명에서 우리는 하나님께서 단순한 절도죄와 강도 행위만을 금하시는 것이 아님을 배울 수 있습니다. 오히려 하나님께서는 이웃의 소유를 부당하게 취하려는 모든 악한 속임수와 계략(거짓 저울, 가짜 상품, 고리대금 등), 겉으로는 합법적이나 실제로는 불의한 모든 행위들을 도둑질에 포함시켜 금지하십니다. 더 나아가, 이 계명은 모든 탐욕과, 하나님이 주신 재물, 시간, 재능 등 모든 은사를 함부로 사용하고 낭비하는 행위까지도 금지합니다. 제8계명은 그리스도인에게 정직하고 성실하며, 탐심 없이 주어진 자원을 책임감 있게 관리하고 이웃의 재산권을 존중해야 할 엄중한 의무를 일깨워 줍니다.

하이델베르크 요리문답 제 111 문: 제 8 계명의 적극적 의미 – 이웃의 유익 증진과 사랑의 실천

하이델베르크 요리문답 111 문은 "제 8 계명에서 하나님께서 명하시는 것은 무엇입니까? "하고 질문합니다. 앞선 110문에서 제8계명이 도둑질의 다양한 형태 와 탐욕, 낭비까지 금지한다고 설명했습니다. 그런데 111 문은 여기서 한 발 더 나아가, 단순히 부당한 이득을 취하지 않는 소극적인 태도를 넘어, 적극적인 의미에서 제 8 계명을 생각하게 합니다.

111 문: 제 8 계명에서 하나님께서 명하시는 것은 무엇입니까?

답:

내가 할 수 있거나, 해도 좋은 모든 일을 통해서 내 이웃의 유익을 증진시키고, 내가 남에게 대접을 받고 싶은 대로 그를 대접하며, 더 나아가 내가 성실하게 일해서 가난한 사람들을 구제할 것을 명하십니다.

(참조: 벨직 신앙고백 제 24 조, 제 30 조)

강해

이 문답은 제 8 계명의 핵심이 단순한 금지 사항을 넘어, 적극적인 이웃 사랑과 자기가 속한 공동체에 대한 사회적 책임에 대해 말합니다. 그것은 하나님께서 미워하시는 부당한 이득 추구를 피하는 것만으로는 충분하지 않고, 하나님의 성품을 닮아 이웃에게 선을 베풀고 공의를 실천하는 삶을 살아야 한다는 것입니다.

1. 이웃의 유익 증진과 황금률의 실천

"내가 할 수 있거나, 해도 좋은 모든 일을 통해서 내 이웃의 유익을 증진시키고, 내가 남에게 대접을 받고 싶은 대로 그를 대접하며"

제 8 계명의 첫 번째 명령은 이웃의 재산과 삶에 대한 적극적인 책임감을 요구합니다. 실제 '도둑질하지 말라'는 이 계명은 상대방의 수고와 노력을 마음으로 인정하고 그의 재산권을 존중해주라는 것입니다.

1) 이웃의 유익 증진: 단순히 이웃의 것을 훔치거나 해치지 않는 것을 넘어, '적극적으로 이웃에게 재산적, 물질적, 또는 전반적인 유익을 가져다주기 위해 노력하라'는 명령입니다. 이는 정직한 상거래, 공정한 경쟁, 타인의 재산 보호를 위한 노력, 심지어는 이웃의 사업이나 생업을 돕기까지 해야 한다는 것입니다.

> **잠언 3 장 27-28 절**: "네 손이 선을 베풀 힘이 있거든 마땅히 받을 자에게 베풀기를 아끼지 말며 네게 있거든 이웃에게 이르기를 갔다가 다시 오라 내일 주겠노라 하지 말며"
> **갈라디아서 6 장 9, 10 절**: "우리가 선을 행하되 낙심하지 말지니 포기하지 아니하면 때가 이르매 거두리라 그러므로 우리는 기회 있는 대로 모든 이에게 착한 일을 하되 더욱 믿음의 가정들에게 할지니라"

2) 황금률의 실천: "내가 남에게 대접을 받고 싶은 대로 그를 대접하며"는 예수님께서 말씀하신 '황금률'의 경제적, 관계적 적용입니다. 이는 우리가 타인으로부터 정직하고 공정하게 대우받기를 원하듯이, 우리 역시 이웃을 그렇게 대우해야 한다는 윤리적 원칙입니다. 내가 손해보지 않기를 원하듯 이웃이 손해보지 않도록 도와주고, 더 나아가 내가 이익을 원하듯 상대방이 이익을 얻도록 도와주기까지 해야 합니다. 사기, 불공정 거래, 노동 착취 등은 이 황금률에 정면으로 위배됩니다.

> **마태복음 7 장 12 절**: "그러므로 무엇이든지 남에게 대접을 받고자 하는 대로 너희도 남을 대접하라 이것이 율법이요 선지자니라"

2. 성실한 노동과 가난한 자 구제

"더 나아가 내가 성실하게 일해서 가난한 사람들을 구제할 것을 명하십니다" 제 8 계명의 두 번째 명령은 개인의 노동과 그 결과물에 대한 책임 있는 태도를 강조합니다.

1) 성실한 노동: 게으름이나 불성실한 태도, 또는 부당한 방식으로 재물을 축적하는 것을 금지하는 것에서 나아가, '땀 흘려 성실하게 일하여 정당한 재물을 얻으라'는 적극적인 명령입니다. 노동은 하나님의 창조 질서의 일부이며, 우리는 그 안에서 책임을 다해 일해야 합니다. 이럴 때 그 사회가 경제적으로도 풍요하게 됩니다.

데살로니가후서 3장 10절: "누구든지 일하기 싫어하거든 먹지도 말게 하라"
에베소서 4장 28절: "도둑질하는 자는 다시 도둑질하지 말고 돌이켜 손으로 수고하여 선한 일을 하라 그리하여 궁핍한 자에게 나누어 줄 것이 있게 하라"

2) 가난한 사람 구제: 성실하게 일하여 얻은 재물을 단순히 자신만을 위해 사용하는 것이 아니라, '어려움에 처한 가난한 이웃을 돕는 데 사용하라'는 명령입니다. 이는 그리스도인의 사회적 책임이자 이웃 사랑의 구체적인 표현입니다. 우리는 우리가 가진 물질을 하나님의 청지기로서 관리해야 하며, 그분의 뜻에 따라 약한 자들을 돕는 데 사용하여야 합니다. 이렇게 할 때 그 사회가 정의로운 사회가 되고 하나님이 복을 주시는 거룩한 나라가 됩니다.

레위기 23장 22절: "너희 땅의 곡물을 벨 때에 밭 모퉁이까지 다 베지 말며 떨어진 것을 줍지 말고 그것을 가난한 자와 거류민을 위하여 남겨두라 나는 너희의 하나님 여호와이니라"
이사야 58장 10절: "주린 자에게 네 심정이 동하며 괴로워하는 자의 심정을 만족하게 하면 네 빛이 흑암 중에서 떠올라 네 어둠이 낮과 같이 될 것이며"
잠언 14장 31절: "가난한 자를 학대하는 자는 그를 지으신 이를 멸시하는 자요 궁핍한 자를 불쌍히 여기는 자는 주를 공경하는 자니라"
디모데전서 6장 7절: "우리가 세상에 아무 것도 가지고 온 것이 없으매 또한 아무 것도 가지고 가지 못하리니"
야고보서 2장 15-16절: "만일 형제나 자매가 헐벗고 일용할 양식이 없는데 너희 중에 누구든지 그에게 이르되 평안히 가라, 덥게 하라, 배부르게 하라 하며 그 몸에 쓸 것을 주지 아니하면 무슨 유익이 있으리요"

정리

제8계명에서 하나님께서는 우리가 할 수 있는 모든 선한 일을 통해 이웃의 유익을 증진시키고, 황금률에 따라 이웃을 대접하며, 더 나아가 성실하게 일하여 가난한 사람들을 구제할 것을 명령하십니다. 이 계명은 단순히 도둑질을 하지 않는 소극적인 삶을 넘어, 적극적으로 이웃의 재산권을 존중하고 보호하며, 사랑과 공의를 실천해야 함을 말합니다. 우리에게는 이렇게 함으로써 하나님의 영광을 드러내야 할 그리스도인의로서의 책임이 있습니다.

제 43 주일

하이델베르크 요리문답 제 112 문: 제 9 계명의 참된 의미 – 진실과 이웃의 명예 보호

하이델베르크 요리문답 112문은 "제9계명의 명령은 무엇입니까? "라는 질문을 합니다. 제 9 계명은 "네 이웃에 대하여 거짓 증거하지 말라"입니다. 이 문답은 단순히 법정에서의 거짓 증언을 금지하는 소극적인 의미로만 생각할 수 없습니다. 여기에는 이 이상으로 어떤 형태의 거짓말이나 왜곡된 말을 해서는 안 된다는 것과, 궁극적으로는 진실을 사랑하고 이웃의 명예와 그 이름을 보호해야 한다는 적극적인 의미까지 포함되어 있음을 말합니다.

112 문: 제 9 계명의 명령은 무엇입니까?

답:

내가 어느 누구에 대해서도 거짓 증언하지 않고, 누구의 말도 왜곡하지 않고, 결코 뒤에서 험담하거나 비방하지 않고, 다른 사람을 판단하지 않고, 들어보지도 않고 경솔하게 사람을 정죄하는 일에 참여하지 않기를 원하십니다. 오히려 하나님의 무서운 진노를 받지 않고 싶다면 마귀에게나 적절한 일인 모든 종류의 거짓말과 속임수를 피해야 합니다. 재판이나 기타 다른 일에서 진리를 사랑하고 정직하게 진리를 말하고 고백해야 하며, 할 수 있는 대로 내 이웃의 명예와 선한 이름을 보호하고 드높여야 합니다.

(참조: 벨직 신앙고백 제 13조, 제 24조)

강해

이 문답은 제9계명이 명령하는 바를 크게 세 가지 측면으로 나누어 설명합니다. 첫째는 거짓말과 명예 훼손에 이르는 모든 형태의 부정직한 말의 금지, 둘째는 그러한 말들이 초래하는 영적인 위험성, 그리고 셋째는 진실을 사랑하고 이웃의 명예를 적극적으로 보호해야 할 의무입니다. 제 9 계명은 말의 중요성과 그 책임, 그리고 공동체 안에서 진실과 신뢰를 지켜야 할 그리스도인의 윤리를 강조합니다.

1. 거짓말과 명예 훼손에 이르는 모든 형태의 부정직한 말 금지

"내가 어느 누구에 대해서도 거짓 증언하지 않고, 누구의 말도 왜곡하지 않고, 결코 뒤에

서 험담하거나 비방하지 않고, 다른 사람을 판단하지 않고, 들어보지도 않고 경솔하게 사람을 정죄하는 일에 참여하지 않기를 원하십니다"

1) **거짓 증언**: 가장 직접적인 금지 사항입니다. 법정에서 거짓으로 증언하여 무고한 사람에게 해를 끼치거나 죄인을 변호하는 행위를 금합니다.

출애굽기 23장 1절: "너는 거짓 소문을 퍼뜨리지 말며 악인과 연합하여 위증하는 증인이 되지 말며"

2) **말 왜곡**: 사실을 완전히 거짓으로 만들지는 않더라도, 부분적으로만 진실을 말하거나, 말의 뉘앙스를 바꾸어 오해를 유발하거나, 맥락을 잘라내어 의도를 비틀어 전달하는 행위를 금합니다. 이는 진실을 흐리게 하여 상대방이나 듣는 이에게 잘못된 인상을 심어줄 수 있습니다.

시편 50편 19, 20절: "네 입을 악에게 내어 주고 네 혀로 거짓을 꾸미며 앉아서 네 형제를 공박하며 네 어머니의 아들을 비방하는도다"

3) **험담(뒤에서 말하기)과 비방**: 당사자가 없는 자리에서 그 사람에 대해 부정적인 이야기를 퍼뜨리거나, 사실이 아닌 소문을 만들어내어 명예를 훼손하는 행위입니다. 이러한 행위는 공동체의 신뢰를 깨뜨리고 불화를 조장합니다.

잠언 16장 28절: "패역한 자는 다툼을 일으키고 입술이 간사한 자는 친구를 이간하느니라"

4) **경솔한 판단과 정죄**: 충분한 사실 확인이나 양쪽의 이야기를 듣지 않은 채, 겉모습이나 소문만으로 다른 사람을 판단하고 죄인으로 단정하는 행위를 금합니다. 이는 다른 사람의 명예를 심각하게 훼손할 수 있습니다. 판단은 오직 하나님께 속한 영역입니다.

마태복음 7장 1절: "비판하지 말라 그리하면 너희가 비판을 받지 않을 것이요"
야고보서 4장 12절: "입법자와 재판관은 오직 한 분이시니 능히 구원하기도 하시며 멸하기도 하시느니라 너는 누구이기에 이웃을 판단하느냐"

2. 거짓말과 속임수가 마귀에게 적절한 일이며 하나님의 진노를 초래함

"오히려 하나님의 무서운 진노를 받지 않고 싶다면 마귀에게나 적절한 일인 모든 종류의 거짓말과 속임수를 피해야 합니다"

1) **거짓의 근원**: 예수님께서는 마귀를 '거짓의 아비'(요한복음 8:44)라고 부 르셨습니다. 이는 거짓말이 하나님의 성품에 정면으로 위배되며, 죄와 악의 본질적인 특성임을 강조합니다. 진리이신 하나님과 거짓은 양립할 수 없습니다.

요한복음 8 장 44 절: "너희는 너희 아비 마귀에게서 났으니 너희 아비의 욕심대로 너희도 행하고자 하느니라 그는 처음부터 살인한 자요 진리가 그 속에 없으므로 진리에 서지 못하고 거짓을 말할 때마다 제 것으로 말하나니 이는 그가 거짓말쟁이요 거짓의 아비가 되었음이라"

2) 하나님의 진노: 모든 종류의 거짓말과 속임수는 단순히 도덕적인 일탈이 아니라, 하나님의 성품을 대적하고 그분의 질서를 파괴하는 심각한 죄입니다. 따라서 이러한 죄를 범하는 자는 하나님의 무서운 진노를 피할 수 없습니다. 이는 죄의 결과를 경고하며 진실한 삶을 살도록 촉구합니다. 거짓된 공동체는 결국 망할 수밖에 없습니다.

요한계시록 21 장 8 절: "그러나 두려워하는 자들과 믿지 아니하는 자들과 흉악한 자들과 살인자들과 음행하는 자들과 점술가들과 우상 숭배자들과 거짓말하는 모든 자들은 불과 유황으로 타는 못에 던져지리니 이것이 둘째 사망이라" (거짓말하는 자들에게 임할 심판을 경고합니다.)

3. 진실을 사랑하고 이웃의 명예를 적극적으로 보호하고 드높여야 할 의무

"재판이나 기타 다른 일에서 진리를 사랑하고 정직하게 진리를 말하고 고백해야 하며, 할 수 있는 대로 내 이웃의 명예와 선한 이름을 보호하고 드높여야 합니다"

1) 진리 사랑과 정직한 고백: 모든 상황에서(법정에서뿐만 아니라 일상생활에서도) 진실을 사랑하고 거짓없이 정직하게 진리를 말하며 고백해야 합니다. 이는 단순히 거짓을 피하는 것을 넘어, 적극적으로 진실을 추구하고 선포하는 태도를 의미합니다.

에베소서 4 장 25 절: "그런즉 거짓을 버리고 각각 그 이웃과 더불어 참된 것을 말하라 이는 우리가 서로 지체가 됨이라"

2) 이웃의 명예와 선한 이름 보호: 단순히 이웃의 명예를 훼손하지 않는 것을 넘어, 적극적으로 그들의 명예와 좋은 이름을 보호하고 높여주어야 합니다. 이는 거짓 소문을 들었을 때 바로잡아주거나, 칭찬할 만한 점을 인정하고 격려하며, 부당한 비난으로부터 변호해 주는 것을 포함합니다. 우리의 이웃은 존중, 존경의 대상입니다. 우리는 그들의 선한 이름을 보호해주어야 합니다.

잠언 22 장 1 절: "많은 재물보다 명예를 택할 것이요 은보다 덕을 더 사모할 것이니라"
로마서 13 장 7 절: "모든 자에게 줄 것을 주되 조세를 받을 자에게 조세를 바치고 관세를 받을 자에게 관세를 바치고 두려워할 자를 두려워하며 존경할 자를 존경하라"

정리

제 9 계명에서 하나님께서는 우리가 어느 누구에 대해서도 거짓 증언하지 않고, 말을 왜곡하지 않으며, 험담하거나 비방하지 않고, 경솔하게 판단하거나 정죄하지 않기를 명령하신다고 가르칩니다. 더 나아가, 모든 종류의 거짓말과 속임수는 마귀에게나 적절한 일이며 하나님의 무서운 진노를 초래하므로 피해야 한다고 경고합니다. 궁극적으로 이 계명은 재판이나 기타 다른 일에서 진리를 사랑하고 정직하게 말하며 고백해야 하고, 할 수 있는 대로 이웃의 명예와 선한 이름을 보호하고 드높여야 한다고 명령합니다. 제 9 계명은 언어생활의 중요성과 이웃에 대한 사랑과 신뢰를 바탕으로 한 진실된 삶을 강조합니다. 이를 통해 그 사회는 각 사람의 인격을 보호하고 존중하며 신용을 바탕으로 정의롭고, 건전하게 발전할 수 있습니다.

제 44 주일

하이델베르크 요리문답 제 113 문: 제 10 계명의 참된 의미 – 탐심과의 싸움과 의를 기뻐함

하이델베르크 요리문답 113 문은 "제 10 계명이 우리에게 요구하는 것은 무엇입니까? "하고 묻습니다. 제 10 계명은 "네 이웃의 집을 탐내지 말라 네 이웃의 아내나 그의 남종이나 그의 여종이나 그의 소나 그의 나귀나 무릇 네 이웃의 소유를 탐내지 말라"입니다. 이 문답은 십계명의 가장 마지막 계명으로서, 단순히 외적인 죄를 금하는 것을 넘어 모든 죄의 뿌리인 탐심을 마음속에서부터 다스려야 함을 강조하며, 나아가 모든 죄를 미워하고 모든 의를 기뻐하는 적극적인 영적 태도를 요구합니다.

113 문: 제 10 계명이 우리에게 요구하는 것은 무엇입니까?

답:

하나님의 계명에 반하여 일어나는 추호의 욕망이나 생각을 우리 마음속에 품지 말아야 합니다. 오히려 우리는 항상 온 마음을 다하여 모든 죄를 미워하고 모든 의를 기뻐해야 합니다.

(참조: 벨직 신앙고백 제 34 조)

강해

이 문답은 제 10 계명이 명령하는 바를 두 가지 주요 측면으로 나누어 설명합니 다. 첫째는 내면에서 일어나는 모든 죄악된 욕망과 생각의 금지, 둘째는 죄를 미워하고 의를 기뻐하는 적극적인 마음의 태도입니다. 제 10계명은 십계명의 다른 모든 계명들

이 외적인 행위를 다루는 반면, 사람의 가장 깊은 내면, 즉 마음의 동기와 욕망을 다룬다는 점에서 특별한 의미가 있습니다. 이는 모든 죄의 근원이 마음의 탐심에 있음을 폭로합니다.

1. 하나님의 계명에 반하는 추호의 욕망이나 생각도 품지 말아야 함

"하나님의 계명에 반하여 일어나는 추호의 욕망이나 생각을 우리 마음속에 품지 말아야 합니다"

1) 탐심의 본질: 탐심은 이웃이 가진 것에 대한 부당한 욕망, 즉 합법적으로 우리의 것이 아닌 것을 가지거나 차지하고 싶은 마음입니다. 제 10 계명은 이웃의 집, 아내, 재산, 종 등 구체적인 대상을 명시함으로써, 우리 주변의 모든 것에 대한 탐심을 경고합니다.

2) 죄의 근원: 모든 죄는 궁극적으로 마음속의 탐심에서 비롯됩니다. 탐심은 다른 사람에게 해를 끼치거나, 하나님의 뜻을 거스르는 외적인 죄를 짓게 만드는 뿌리입니다. 탐심의 결과는 죄와 사망입니다..

마태복음 15 장 19, 20 절: "마음에서 나오는 것은 악한 생각과 살인과 간음과 음란과 도둑질과 거짓 증언과 비방이니 이런 것들이 사람을 더럽게 하는 것이요 씻지 않은 손으로 먹는 것은 사람을 더럽게 하지 못하느니라"
야고보서 1 장 14–15 절: "오직 각 사람이 시험을 받는 것은 자기 욕심에 끌려 미혹됨이니 욕심이 잉태한즉 죄를 낳고 죄가 장성한즉 사망을 낳느니라"

3) 내면의 죄: 제 10 계명은 외적인 행위를 금하는 것을 넘어, 사람의 마음속에서 일어나는 가장 미세한 죄의 움직임, 즉 '추호의 욕망이나 생각'까지도 금지합니다. 이는 하나님의 율법이 우리의 마음 깊숙한 곳까지 살피시며, 오직 그분만이 우리의 동기를 판단하실 수 있는 분임을 보여줍니다. 바울 사도도 자신이 이 제 10 계명을 통해 죄를 깨달았다고 고백합니다. 바울의 이 고백은 우리의 마음이 얼마나 타락해 있는가를 말해줍니다.

역대상 28 장 9 절: "내 아들 솔로몬아 너는 네 아버지의 하나님을 알고 온전한 마음과 기쁜 뜻으로 섬길지어다 여호와께서는 모든 마음을 감찰하사 모든 의도를 아시나니 네가 만일 그를 찾으면 만날 것이요 만일 네가 그를 버리면 그가 너를 영원히 버리시리라" (마음을 감찰하시는 하나님)
로마서 7 장 7–8 절: "그런즉 율법이 죄냐 그럴 수 없느니라 율법으로 말미암지 않고는 내가 죄를 알지 못하였으니 곧 율법이 탐내지 말라 하지 아니하였더라면 내가 탐심을 알지 못하였으리라 그러나 죄가 기회를 타서 계명으로 말미암아 내 속에서 온갖 탐심을 이루었나니 이는 율법이 없으면 죄가 죽은 것임이라"

2. 모든 죄를 미워하고 모든 의를 기뻐해야 함

"오히려 우리는 항상 온 마음을 다하여 모든 죄를 미워하고 모든 의를 기뻐해야 합니다"

1) 죄에 대한 혐오: 단순히 죄를 짓지 않는 것을 넘어, '죄 자체를 마음으로부터 미워하는 태도'를 요구합니다. 이는 죄의 유혹이 일어날 때 즉시 거부하고, 죄가 가져오는 결과에 대해 진정으로 슬퍼하는 마음입니다.

시편 139편 23, 24절: "하나님이여 나를 살피사 내 마음을 아시며 나를 시험하사 내 뜻을 아옵소서 내게 무슨 악한 행위가 있나 보시고 나를 영원한 길로 인도하소서"
잠언 8장 13절: "여호와를 경외하는 것은 악을 미워하는 것이라 나는 교만과 거만과 악한 행실과 패역한 입을 미워하느니라"

2) 의에 대한 기쁨: 죄를 미워하는 것에서 더 나아가, '하나님의 뜻에 합당한 모든 의를 적극적으로 사랑하고 기뻐하는 마음'을 가져야 합니다. 이는 의로운 삶을 살고자 하는 열망과, 하나님의 계명을 준수하는 것에서 오는 즐거움을 의미합니다. 우리가 의를 기뻐할 때, 자연스럽게 죄로부터 멀어지게 됩니다.

시편 1편 2절: "오직 여호와의 율법을 즐거워하여 그의 율법을 주야로 묵상하는도다"

3) 온 마음을 다함: 이러한 태도는 피상적이거나 일시적인 것이 아니라, 우리의 '온 마음'을 다하여야 합니다. 이는 우리의 생각, 감정, 의지 등 전인격적으로 죄를 미워하고 의를 추구해야 함을 의미합니다. 이것이 바로 거룩한 삶의 본질입니다.

시편 19편 13, 14절: "또 주의 종에게 고의로 죄를 짓지 말게 하사 그 죄가 나를 주장하지 못하게 하소서 그리하면 내가 정직하여 큰 죄과에서 벗어나겠나이다 나의 반석이시요 나의 구속자이신 여호와여 내 입의 말과 마음의 묵상이 주님 앞에 열납되기를 원하나이다"
잠언 4장 23절: "모든 지킬 만한 것 중에 더욱 네 마음을 지키라 생명의 근원이 이에서 남이니라"

정리

제 10 계명은 우리가 하나님의 계명에 반하는 '추호의 욕망이나 생각'도 우리 마음속에 품지 말아야 한다고 가르칩니다. 이는 탐심이 모든 죄의 근원임을 드러내며, 하나님의 율법이 외적인 행위를 넘어 우리의 가장 깊은 내면까지도 다스림을 보여줍니다. 나아가 이 계명은 우리가 항상 온 마음을 다하여 모든 죄를 미워하고 모든 의를 기뻐해야 한다고 명령합니다. 제 10 계명은 그리스도인에게 단순히 죄를 피하는 소극적인 삶을 넘어, 마음속에서부터 죄의 뿌리를 제거하고 하나님의 의를 적극적으로 추구하는 전인적인 거룩한 삶을 살아야 할 궁극적인 의무를 일깨워 줍니다.

하이델베르크 요리문답 제 114 문: 회개한 자의 계명 준수와 성화의 시작

하이델베르크 요리문답 114 문은 "그런데 하나님께 회개하고 돌아온 사람이 이 모든 계명을 완전히 지킬 수 있습니까? "라는 중요한 질문을 합니다. 이 질문은 사람의 전적인 타락과 죄의 영향력, 그리고 구원받은 성도의 삶에서 '율법 준수'의 의미를 다룹니다. 물론 우리는 모든 계명을 완전하게 지킬 수 없습니다. 그렇다면 우리가 회개하고 하나님께 돌아왔으니 이제 이 계명에 대한 태도가 어떠해야 하는지에 대해 말합니다.

114 문: 그런데 하나님께 회개하고 돌아온 사람이 이 모든 계명을 완전히 지킬 수 있습니까?

답:

아닙니다. 아무리 거룩한 사람이라도 이 세상에 사는 동안에는 이 모든 계명을 겨우 순종해 지키기 시작할 뿐입니다. 그럼에도 불구하고 그들은 굳게 결심하고 하나님이 주신 모든 계명을 일부만이 아니라 다 지키며 살기 시작합니다.

(참조: 벨직 신앙고백 제 24 조)

강해

이 문답은 회개한 성도(그리스도인)의 삶에서 율법 준수에 대한 현실적이고 성경적인 관점을 제시합니다. 크게 두 가지 핵심을 가르칩니다. 첫째, 이 땅에서는 그 누구도 계명을 완전히 지킬 수 없다는 것이고, 둘째, 그럼에도 불구하고 성도는 모든 계명을 지키려는 진실된 결심과 노력을 시작한다는 것입니다. 이는 성도의 '성화"(Sanctification) 과정을 이해하는 데 매우 중요합니다.

1. 이 세상에서는 계명을 완전히 지킬 수 없다: '죄의 잔존과 사람의 한계'

"아닙니다. 아무리 거룩한 사람이라도 이 세상에 사는 동안에는 이 모든 계명을 겨우 순종해 지키기 시작할 뿐입니다."

1) 사람의 죄성: 이 답변은 사람의 전적인 타락 교리를 다시 한번 상기시킵니다. 아담의 타락 이후 모든 인류는 죄 아래 놓였고, 죄의 영향력은 우리의 생각, 의지, 감정

등 전인격에 미칩니다. 아무리 예수 그리스도를 믿고 회개하여 구원받은 사람이라 할지라도, 이 땅에 사는 동안에는 그 안에 죄의 잔재가 여전히 남아있습니다.

로마서 7장 18, 19절: "내 속 곧 내 육신에 선한 것이 거하지 아니하는 줄을 아노니 원함은 내게 있으나 선을 행하는 것은 없노라 내가 원하는 바 선은 행하지 아니하고 도리어 원하지 아니하는 바 악을 행하는도다"
요한일서 1장 8절: "만일 우리가 죄 없다고 말하면 스스로 속이고 또 진리가 우리 속에 있지 아니할 것이요"

2) **"겨우 순종해 지키기 시작할 뿐"**: 이 표현은 우리가 계명을 완벽하게 지키는 경지에 도달할 수 없음을 현실적으로 인정합니다. 우리는 죄와 싸우며 넘어지기도 하고, 완전한 순종에는 미치지 못합니다. 우리는 이제 순종을 시작하는 단계에 있으며, 끊임없는 성장과 노력을 통해 순종을 배우는 과정에 있습니다.

전도서 7장 20절: "선을 행하고 전혀 죄를 범하지 아니하는 의인은 세상에 없기 때문이로다"

2. **모든 계명을 지키려는 진실한 결심과 노력**: '성화의 시작과 지향점'

"그럼에도 불구하고 그들은 굳게 결심하고 하나님이 주신 모든 계명을 일부만이 아니라 다 지키며 살기 시작합니다"

1) **진정한 회개의 증거**: 비록 완전한 순종은 불가능할지라도, 진정으로 하나님께 회개하고 돌아온 사람의 특징은 '하나님의 계명을 지키려는 진실한 마음과 굳은 결심'을 가진다는 것입니다. 이는 율법 폐기론에 대한 반박이자, 구원이 단순히 죄의 용서를 넘어 삶의 변화를 동반한다는 것을 보여줍니다.

시편 1편 2절: "오직 여호와의 율법을 즐거워하여 그의 율법을 주야로 묵상하는도다"
시편 119편 4-6절: "주께서 주의 법도를 명하사 우리로 근실히 지키게 하셨나이다 내 길을 굳게 정하사 주의 율례를 지키게 하소서 내가 주의 모든 계명에 주의할 때에는 부끄럽지 아니하리이다"

2) **'모든 계명'의 중요성**: 여기서 "일부만이 아니라 다 지키며 살기 시작합니다"는 표현은 중요합니다. 진정한 성도는 자신의 취향이나 편의에 따라 계명 중 일부만 선택적으로 지키고자 하지 않습니다. 그는 '하나님께서 주신 모든 계명에 대한 순종을 목표로 살아갑니다.' 계명에는 하나님의 뜻이 담겨 있으므로, 어떤 계명이든 하나라도 결코 소홀히 대할 수 없습니다. 그러므로 모든 계명에 대한 존중과 순종의 자세를 가져야 합니다.

야고보서 2 장 10 절: "누구든지 온 율법을 지키다가 그 하나를 범하면 모두 범한 자가 되나니"
요한일서 2장3절: "우리가 그의 계명을 지키면 이로써 우리가 그를 아는 줄로 알 것이요"

3) 성화의 과정: 이러한 '시작'과 '굳은 결심'은 바로 '성화'의 본질입니다. 성화는 그리스도인이 성령의 능력으로 죄를 죽이고 의로운 삶을 지향하며, 점진적으로 그리스도를 닮아가는 평생의 과정입니다. 물론 이 땅에서는 완전해질 수 없지만, 우리는 천국에 들어가 완전한 순종과 거룩함에 이르게 될 그때를 간절히 소망합니다.

빌립보서 3 장 12-14 절: "내가 이미 얻었다 함도 아니요 온전히 이루었다 함도 아니라 오직 내가 그리스도 예수께 잡힌 바 된 그것을 잡으려고 달려가노라 형제들아 나는 아직 내가 잡은 줄로 여기지 아니하고 오직 한 일 즉 뒤에 있는 것은 잊어버리고 앞에 있는 것을 잡으려고 푯대를 향하여 그리스도 예수 안에서 하나님이 위에서 부르신 부름의 상을 위하여 달려가노라"

바울은 "내가 이미 얻었다 함도 아니요 온전히 이루었다 함도 아니라 오직 내가 그리스도 예수께 잡힌 바 된 그것을 잡으려고 달려가노라"고 말하며, 구원받은 자의 성화를 향한 끊임없는 노력을 보여줍니다.

정리

하나님께 회개하고 돌아온 사람이라 할지라도 이 세상에 사는 동안에는 이 모든 계명을 완전히 지킬 수 없습니다. 이것이 '솔직한 고백'입니다. 이는 사람의 죄악된 본성 때문입니다. 그럼에도 불구하고, 이 문답은 진정한 성도는 모든 계명을 일부만이 아니라 다 지키며 살기 시작하려는 굳은 결심과 노력을 한다고 강조합니다. 이는 그리스도인의 삶이 죄를 멀리하고 의를 추구하는 평생의 '성화' 과정에 있음을 보여주며, 우리의 부족함에도 불구하고 하나님께서 주신 계명에 대한 진정한 순종의 태도를 요구합니다. 또한 이는 곧 다시 오실 예수님을 기다리는 성도들에게 당연한 것입니다.

하이델베르크 요리문답 제 115 문: 십계명 설교의 목적 - 죄 인식과 성화

하이델베르크 요리문답 115 문은 "그러면 이 세상에 사는 동안에는 아무도 계명을 다 지킬 수 없는데 하나님께서는 왜 그토록 엄하게 십계명을 설교하라고 하십니까? " 하는 중요한 질문을 합니다. 앞선 114 문에서 이 땅에 사는 동안 그 누구도 십계명을

완전히 지킬 수 없다고 인정했기에, 이 질문은 '그렇다면 왜 하나님께서 그처럼 엄격한 십계명을 주시고 설교하게 하시는지'에 대한 궁금증을 해소해 줍니다. 문답은 이에 대한 두 가지 핵심적인 목적을 제시합니다.(율법의 기능에 대해서는 92 문에서 십계명을 강해하면서 소개하였습니다.)

115 문: 그러면 이 세상에 사는 동안에는 아무도 계명을 다 지킬 수 없는데 하나님께서는 왜 그토록 엄하게 십계명을 설교하라고 하십니까?

답:

첫째, 우리가 평생 동안 우리의 죄악된 본성을 점점 더 많이 알게 되기를 바라시기 때문이요, 이로서 우리가 그리스도 안에 있는 죄 사함과 의를 그만큼 더 간절히 구하기 원하시기 때문입니다.

둘째, 우리가 이 세상에서의 삶을 마치고 우리의 목표인 완전함에 이를 때까지 끊임없이 노력하고 성령의 은혜를 간구함으로 우리가 하나님의 형상에 더욱 더 가까운 사람들이 되기 원하시기 때문입니다.

(참조: 벨직 신앙고백 제 22 조, 제 24 조)

강해

이 문답은 십계명(율법)이 구원받은 성도의 삶에서 가지는 두 가지 중요한 기능, 즉 죄를 깨닫게 하는 기능과 성화를 향한 동기 부여 기능을 설명합니다. 이는 율법이 구원의 수단이 아니라, 구원받은 자의 삶의 성숙을 위한 역할을 하고 있다는 것입니다.

1. **첫째 목적:** '죄 인식과 그리스도 안의 구원을 간절히 구함'

"첫째, 우리가 평생 동안 우리의 죄악된 본성을 점점 더 많이 알게 되기를 바라시기 때문이요, 이로서 우리가 그리스도 안에 있는 죄 사함과 의를 그만큼 더 간절히 구하기 원하시기 때문입니다"

1) 율법의 거울 기능: 십계명은 우리의 죄악된 본성을 비추는 거울과 같습니다. 우리는 십계명의 거룩하고 완벽한 기준 앞에서 우리가 얼마나 큰 죄인인가를 발견하게 되며, 이어 스스로는 이 계명을 온전히 지킬 수 없다는 사실을 깊이 깨닫게 됩니다. 이 깨달음은 일시적인 것이 아니라 평생 동안 계속되어야 할 과정입니다. 우리는 영적으로 성장할수록, 율법 앞에 설 때마다 우리의 내면에 숨겨진 죄악을 더 분명히 보게 되고, 이어 자기 자신이 얼마나 큰 죄인인가를 더욱 깊이 깨닫게 됩니다.

시편 32 편 5 절: "내가 이르기를 내 허물을 여호와께 자복하리라 하고 주께 내 죄를 아뢰고 내 죄악을 숨기지 아니하였더니 곧 주께서 내 죄악을 사하셨나이다 (셀라)"
로마서 3 장 20 절: "그러므로 율법의 행위로 그의 앞에 의롭다 하심을 얻을 육체가 없나니 율법으로는 죄를 깨달음이니라"
로마서 7 장 7 절: "그런즉 우리가 무슨 말을 하리요 율법이 죄냐 그럴 수 없느니라 율법으로 말미암지 않고는 내가 죄를 알지 못하였으니 곧 율법이 탐내지 말라 하지 아니하였더라면 내가 탐심을 알지 못하였으리라"

2) 그리스도를 더 의존함: 자신의 죄악된 본성을 더 깊이 알게 될수록, 우리는 스스로의 힘으로는 구원받을 수 없다는 것을 다시 인정하고, 겸손히 그리스도의 십자가 앞으로 나가게 됩니다. 이때 우리는 그리스도를 더 의존하여 '예수 그리스도 안에 있는 완전한 죄 사함과 그분의 의'를 더욱 간절히 의지하고 붙들게 됩니다. 이렇게 율법의 엄격한 요구는 언제나 우리를 그리스도께로 인도하는 몽학 선생(초등 교사)의 역할을 합니다.

로마서 7 장 24, 25 절: "오호라 나는 곤고한 사람이로다 이 사망의 몸에서 누가 나를 건져내랴 우리 주 예수 그리스도로 말미암아 하나님께 감사하리로다 그런즉 내 자신이 마음으로는 하나님의 법을 육신으로는 죄의 법을 섬기노라"
갈라디아서 3 장 24 절: "이같이 율법이 우리를 그리스도께로 인도하는 초등교사가 되어 우리로 하여금 믿음으로 말미암아 의롭다 함을 얻게 하려 함이라"
히브리서 4 장 16 절: "그러므로 우리는 긍휼하심을 받고 때를 따라 돕는 은혜를 얻기 위하여 은혜의 보좌 앞에 담대히 나아갈 것이니라"

2. 둘째 목적: '성화를 향한 끊임없는 노력과 하나님의 형상 닮아감'

"둘째, 우리가 이 세상에서의 삶을 마치고 우리의 목표인 완전함에 이를 때까지 끊임없이 노력하고 성령의 은혜를 간구함으로 우리가 하나님의 형상에 더욱 더 가까운 사람들이 되기 원하시기 때문입니다"

1) 성화를 위한 동기 부여: 십계명은 단순히 죄를 깨닫게 하는 것을 넘어, 구원받은 성도들이 '하나님의 뜻대로 살아가는 삶, 즉 성화의 삶을 향해 끊임없이 노력하도록 동기'를 부여합니다. 우리가 율법을 범하고 자신이 죄인인 것을 발견하고 십자가 앞에 나갈 때, 예수님의 죄 사함의 은혜를 더 깊이 깨닫고 감사하게 됩니다. 그리고 이제는 죄 사함을 받은 하나님의 자녀답게 살고자 율법의 높은 수준을 따라 죄와 싸우며 하나님을 기쁘시게 하는 거룩한 삶을 살고자 소원하게 됩니다. 비록 이 땅에서는 완전함에 이를 수 없다고 해도, 우리는 그리스도의 장성한 분량에까지 도달하고자 소원하게 됩니다. 이렇게 율법은 우리가 나아가야 할 방향과 도달해야 할 거룩함의

기준을 제시합니다.

고린도전서 9장 24, 25절: "운동장에서 달음질하는 자들이 다 달릴지라도 오직 상을 받는 사람은 한 사람인 줄을 너희가 알지 못하느냐 너희도 상을 받도록 이와 같이 달음질하라 이기기를 다투는 자마다 모든 일에 절제하나니 그들은 썩을 승리자의 관을 얻고자 하되 우리는 썩지 아니할 것을 얻고자 하노라"

에베소서 4장 13절: "우리가 다 하나님의 아들을 믿는 것과 아는 일에 하나가 되어 온전한 사람을 이루어 그리스도의 장성한 분량이 충만한 데까지 이르리니"

2) 성령의 은혜 간구: 율법의 엄격한 요구를 보면서 우리는 자신의 힘으로는 의롭게 살 수 없다는 무능력을 깨닫고, 오직 '성령의 은혜와 능력을 간절히 구하게' 됩니다. 죄 사함의 은혜가 깊을수록 우리는 감동 속에서 성령의 도우심을 간절히 구하며 더욱 죄와 싸우고자 합니다. 성령 하나님은 우리가 하나님의 계명을 기쁨으로 순종하며, 하나님의 형상을 닮아가도록 도우시는 분이시기 때문입니다. 성화는 '사람의 노력과 성령의 은혜가 함께 역사하는 과정' 입니다.

시편 51편 12절: "주의 구원의 즐거움을 내게 회복시켜 주시고 자원하는 심령을 주사 나를 붙드소서"

에스겔 36장 27절: "또 내 영을 너희 속에 두어 너희로 내 율례를 행하게 하리니 너희가 내 규례를 지켜 행할지라"

갈라디아서 5장 16절: "내가 이르노니 너희는 성령을 따라 행하라 그리하면 육체의 욕심을 이루지 아니하리라"

3) 하나님의 형상 회복: 궁극적으로 십계명은 우리가 죄로 인해 손상된 '하나님의 형상을 회복하여 더욱 더 가까운 사람이 되도록' 이끌기 위한 것입니다. 이는 우리의 삶이 점점 더 하나님의 거룩하고 의로우신 성품을 반영하게 되는 과정이며, 율법은 이 과정에서 우리가 따라야 할 표준이자 지침이 됩니다.

요한일서 3장 2, 3절: "사랑하는 자들아 우리가 지금은 하나님의 자녀라 장래에 어떻게 될지는 아직 나타나지 아니하였으나 그가 나타나시면 우리가 그와 같을 줄을 아는 것은 그의 참모습 그대로 볼 것이기 때문이니 주를 향하여 이 소망을 가진 자마다 그의 깨끗하심과 같이 자기를 깨끗하게 하느니라"

정리

이 세상에서 아무도 계명을 완전히 지킬 수 없습니다. 그런데도 하나님께서 십계명을 엄하게 설교하게 하시는 데는 두 가지 중요한 목적이 있습니다. 첫째는 우리가 평생 동안 자신의 죄악된 본성을 깊이 인식하게 하여, 그리스도 안에 있는 죄 사함과 의를 더욱 간절히 구하게 하려 함입니다. 둘째는 우리가 이 세상에서의 삶을 마치고 완전함에 이를 때까지 끊임없이 노력하고 성령의 은혜를 간구함으로써, 하나님의 형상에 더욱 더 가까운 사람이 되기를 바라시기 때문입니다. 이 문답은 율법이 우리의 구원자가 아니라, 우리를 구원자이신 그리스도께로 인도하고, 구원받은 삶 속에서 우리가 거룩함을 향해 나아가도록 이끄는 하나님의 은혜로운 도구임을 분명하게 말해 줍니다.

기도와 주기도에 대하여

제 45 주일
하이델베르크 요리문답 제 116 문: 그리스도인에게 기도가 필요한 이유

하이델베르크 요리문답 116 문은 "그리스도인에게 왜 기도가 필요합니까? "하고 묻습니다. 기도는 믿음, 소망, 사랑 중에 소망에 해당합니다. 사람은 소망의 존재입니다. 그래서 하나님을 믿는 우리도 소망을 가지고 하나님께 나와 간절히 기도합니다. 이런 기도는 성도들의 삶에서 매우 중요한 부분을 차지합니다. 그래서 이후 문답에서는 기도에 대해 공부하게 됩니다. 먼저 116 문은 기도의 필요성에 대해 묻고 답합니다.

116 문: 그리스도인에게 왜 기도가 필요합니까?

답:

우리가 하나님께 드려야 할 감사의 대부분은 기도로 이루어지기 때문이며, 또한 하나님께서는 은혜와 성령을 주시되, 이것을 진실된 소원을 갖고 계속해서 구하며, 감사하는 사람에게만 주시기 때문입니다.

(참조: 벨직 신앙고백 제 24 조, 제 26 조)

강해

이 문답은 기도가 단순히 무언가를 구하는 행위를 넘어, 하나님과의 관계에서 필수

적인 요소임을 강조합니다. 기도의 필요성을 '감사의 표현'과 '은혜의 통로'라는 두 가지 관점에서 설명합니다.

1. 기도는 하나님께 드려야 할 감사의 주요 표현

"우리가 하나님께 드려야 할 감사의 대부분은 기도로 이루어지기 때문이며"

1) 감사의 의무: 그리스도인은 하나님께로부터 받은 수많은 은혜와 복에 대해 마땅히 감사해야 합니다. 우리의 존재 자체가 하나님의 은혜이며, 구원과 매일의 삶 속에서 받는 모든 것이 그분으로부터 옵니다.

시편 50편 14절: "감사로 하나님께 제사를 드리며 지존하신 이에게 네 서원을 갚으며"
데살로니가전서 5장 18절: "범사에 감사하라 이것이 그리스도 예수 안에서 너희를 향하신 하나님의 뜻이니라"

2) 기도를 통한 감사: 감사하는 마음은 내면에 머무는 것이 아니라, '표현'되어야 합니다. 기도는 하나님께 우리의 감사를 직접적으로 올려드리는 가장 중요한 방법입니다. 우리는 기도를 통해 하나님의 선하심과 은혜로우심을 인정하고 찬양하며, 그분이 주신 복에 대해 고백합니다. '말로 표현되는 감사'는 우리 마음에 그 은혜를 더욱 확고히 하고 하나님과의 관계를 깊게 만듭니다.

시편 116편 12-14절: "내게 주신 모든 은혜를 내가 여호와께 무엇으로 보답할까 내가 구원의 잔을 들고 여호와의 이름을 부르며 여호와의 모든 백성 앞에서 나는 나의 서원을 여호와께 갚으리로다"
데살로니가전서 5장 16-18절: "항상 기뻐하라 쉬지 말고 기도하라 범사에 감사하라 이것이 그리스도 예수 안에서 너희를 향하신 하나님의 뜻이니라"

2. 기도는 하나님께서 은혜와 성령을 주시는 통로

"또한 하나님께서는 은혜와 성령을 주시되 진실된 소원을 갖고 계속해서 구하며 이 모든 것에 대해 감사하는 사람에게만 주시기 때문입니다"

1) 하나님의 약속: 하나님은 '은혜와 성령'을 주시겠다고 약속하셨습니다. 그러나 이 약속은 저절로 이루어지는 것이 아니라, '진실된 소원을 가지고 구하는 자에게' 주어집니다. 기도는 우리가 하나님의 은혜와 성령의 도우심이 필요함을 인정하고 겸손히 간구하는 행위입니다.

마태복음 7장 7,8절: "구하라 그리하면 너희에게 주실 것이요 찾으라 그리하면 찾아낼 것이요 문을 두드리라 그리하면 너희에게 열릴 것이니 구하는 이마다 받을 것이요 찾는 이는 찾아낼 것이요 두드리는 이에게는 열릴 것이니라"

누가복음 11 장 13 절: "너희가 악할지라도 좋은 것을 자식에게 줄 줄 알거든 하물며 너희 하늘 아버지께서 구하는 자에게 성령을 주시지 않겠느냐 하시니라"

2) **"진실된 소원"**: 형식적이거나 습관적인 기도가 아니라, '마음에서 우러나오는 진정한 간절함과 필요를 담은 기도'를 의미합니다. 하나님은 우리의 입술의 말뿐만 아니라 마음의 중심을 보십니다. 우리가 얼마나 하나님의 은혜와 성령의 도우심을 갈망하는지, 우리 안에 진실된 소원이 있는지를 보시고 응답하십니다.

에베소서 6 장 18 절: "모든 기도와 간구를 하되 항상 성령 안에서 기도하고 이를 위하여 깨어 구하기를 항상 힘쓰며 여러 성도를 위하여 구하라"

3) **"계속해서 구함"**: 계속해서 구한다는 것은 한두 번 구하고 마는 것이 아니라, '끈기와 인내를 가지고 응답이 있을 때까지 지속적으로 기도하는 것'을 의미합니다. 은혜와 성령은 잠깐 기도하다가 응답이 없으면 포기할 수 있는 것이 아닙니다. 그것은 우리의 삶속에 은혜와 위로와 능력에 한 것입니다. 그래서 이것에 대한 참다운 소원과 믿음을 가진 사람은 계속해서 간구합니다.

누가복음 18 장 1 절: "예수께서 그들에게 항상 기도하고 낙심하지 말아야 할 것을 비유로 말씀하여 "
누가복음 18::6- 8 절: "주께서 또 이르시되 불의한 재판장이 말한 것을 들으라 하물며 하나님께서 그 밤낮 부르짖는 택하신 자들의 원한을 풀어 주지 아니하시겠느냐 그들에게 오래 참으시겠느냐 내가 너희에게 이르노니 속히 그 원한을 풀어 주시리라 그러나 인자가 올 때에 세상에서 믿음을 보겠느냐 하시니라"

4) **"감사하는 사람에게만"**: 은혜와 성령을 구하는 기도 속에서도 감사가 동반되어야 합니다. 하나님은 우리에게 언제나 선하십니다. 복 주시기를 원하십니다. 그러므로 아직 받지 못했어도 하나님이 주실 것을 믿고 감사함으로 기도해야 합니다. 감사하는 기도는 하나님께 대한 신뢰와 그분의 선하신 주권을 인정하는 믿음에서 나옵니다. 하나님은 이렇게 감사하는 사람을 기뻐하시고 응답하십니다.

시편 107 편 1 절: "여호와께 감사하라 그는 선하시며 그 인자하심이 영원함이로다
마가복음 11 장 24 절: "그러므로 내가 너희에게 말하노니 무엇이든지 기도하고 구하는 것은 받은 줄로 믿으라 그리하면 너희에게 그대로 되리라"
데살로니가전서 5 장 16-18 절: "항상 기뻐하라 쉬지 말고 기도하라 범사에 감사하라 이것이 그리스도 예수 안에서 너희를 향하신 하나님의 뜻이니라"

정리

기도는 자기의 소원을 따라 해도 되고 안 해도 되는 그런 것이 아닙니다. 우리가 하

나님의 은혜와 긍휼 가운데 살아간다는 것을 생각할 때 우리는 잠시도 기도하지 않을 수 없습니다. 기도는 단순히 우리의 필요를 아뢰는 것을 넘어섭니다. 기도는 하나님께 대한 우리의 '감사와 경배의 표현'이며, 동시에 하나님께서 약속하신 '은혜와 성령을 누릴 수 있는 통로'입니다. 기도 없이는 하나님과의 살아있는 관계가 불가능하며, 영적인 성숙과 능력도 기대하기 어렵습니다.

하이델베르크 요리문답 제 117 문: 하나님께서 받아주시는 기도의 필수 요건

하이델베르크 요리문답 117 문은 "하나님께서 받아주시고 들어주시는 기도의 필수 요건은 무엇입니까? "하고 질문하는데, 이는 기도에 있어서 매우 실제적인 질문입니다. 앞선 116 문에서 기도의 필요성을 다루었다면, 이제는 어떻게 기도해야 하나님께서 그 기도를 받으시고 응답해 주시는지에 대한 구체적인 지침을 제시합니다. 이에 대한 답은 세 가지 핵심적인 요건을 강조합니다.

117 문: 하나님께서 받아주시고 들어주시는 기도의 필수 요건은 무엇입니까?
답:

첫째, 우리는 말씀으로 자신을 계시하시는 유일하고 참되신 하나님께만 하나님께 서 우리에게 구하라고 명하신 모든 것을 마음을 다해 기도해야 합니다.
둘째, 우리 자신이 얼마나 부족하고 비참한 자들인가를 철저하게 잘 알아 그의 거룩하신 엄위 앞에 우리 자신을 깊이 낮추어야 합니다.
셋째, 비록 우리는 기도 응답을 받을 자격이 없는 자들이지만, 하나님의 말씀에서 약속하신 대로, 우리 주 그리스도 때문에 우리의 기도를 확실히 들어주신다는 사실을 온전히 믿어야 합니다.

(참조: 벨직 신앙고백 제 26 조)

강해

이 문답은 하나님께서 기도를 받으시고 응답하시는 데 필요한 '적절한 대상', '올바른 태도', 그리고 '확고한 믿음'이라는 세 가지 필수 요건을 제시합니다. 이는 기도가 단순한 소원 빌기가 아니라, 하나님과의 관계 속에서 이루어지는 영적인 대화임을 보여줍니다.

1. 첫째 요건: '올바른 대상과 내용, 그리고 중심을 다한 기도'

"첫째, 우리는 말씀으로 자신을 계시하시는 유일하고 참되신 하나님께만 하나님께서 우리에게 구하라고 명하신 모든 것을 마음을 다해 기도해야 합니다"

1) 기도의 유일한 대상: "말씀으로 자신을 계시하시는 유일하고 참되신 하나님"기도는 아무에게나 하는 것이 아닙니다. 오직 성경을 통해 자신을 드러내신 한 분 하나님께만 드려져야 합니다. 이는 삼위일체 하나님(성부, 성자, 성령)을 의미하며, 다른 신이나 우상, 성인, 천사 등 피조물에게 기도하는 것을 단호히 금합니다. 오직 참 하나님만이 우리의 기도를 들으시고 응답하실 수 있는 능력과 권위를 가지셨기 때문입니다. 우리는 예수 그리스도를 통해 이 하나님께 나아갈 수 있습니다.

요한복음 14장 6절: "예수께서 이르시되 내가 곧 길이요 진리요 생명이니 나로 말미암지 않고는 아버지께로 올 자가 없느니라"
이사야 45장 22절: "땅 끝의 모든 자여 나를 앙망하라 그리하면 구원을 얻으리라 나는 하나님이라 다른 이가 없음이니라"
계시록 19장 10절: "내가 그 발 앞에 엎드려 경배하려 하니 그가 나에게 말하기를 나는 너와 및 예수의 증언을 받은 네 형제들과 같이 된 종이니 삼가 그리하지 말고 오직 하나님께 경배하라 예수의 증언은 예언의 영이라 하더라"

2) 기도의 내용: "하나님께서 우리에게 구하라고 명하신 모든 것"

기도는 우리의 모든 필요를 아뢰는 것이지만, 그 내용이 하나님의 뜻과 계명에 합당해야 합니다. 즉, 우리의 이기적인 욕심이나 정욕을 위한 기도가 아니라, 하나님의 영광과 그분의 뜻이 이루어지기를 구하는 기도가 되어야 합니다. 주기도문은 하나님께서 우리가 무엇을 구해야 하는지를 가르쳐 주신 모범입니다.

잠언 28장 9절: "사람이 귀를 돌려 율법을 듣지 아니하면 그의 기도도 가증하니라"
로마서 8:26,27절: "이와 같이 성령도 우리의 연약함을 도우시나니 우리는 마땅히 기도할 바를 알지 못하나 오직 성령이 말할 수 없는 탄식으로 우리를 위하여 친히 간구하시느니라 마음을 살피시는 이가 성령의 생각을 아시나니 이는 성령이 하나님의 뜻대로 성도를 위하여 간구하심이니라"

3) 기도의 태도: "마음을 다해"

진정한 기도는 입술로만 드려지는 것이 아니라, 마음의 중심에서 우러나와야 합니다. 간절함, 진실함, 진정성을 담아 기도해야 합니다. 하나님은 우리의 마음을 감찰하시는 분이시기 때문입니다.

시편 145편 18-20절: "여호와께서는 자기에게 간구하는 모든 자 곧 진실하게 간구하는 모든 자에게 가까이 하시는도다 그는 자기를 경외하는 자들의 소원을 이루시며 또 그들의 부르짖음을 들으사 구원하시리로다 여호와께서 자기를 사랑하는 자들은 다 보호하시고 악인들은 다 멸하시리로다"

예레미야애가 3장 41절: "우리가 우리의 마음과 손을 아울러 하늘에 계신 하나님께 들자"

2. 둘째 요건: '자신을 깊이 낮추는 겸손'

"둘째, 우리 자신이 얼마나 부족하고 비참한 자들인가를 철저하게 잘 알아 그의 거룩하신 엄위 앞에 우리 자신을 깊이 낮추어야 합니다"

1) 죄인 의식: 우리는 기도하는 자로서 자신의 '부족함과 비참함'을 철저히 인식해야 합니다. 우리는 죄인이며, 하나님의 은혜 없이는 아무것도 할 수 없는 존재임을 인정해야 합니다. 이러한 인식은 우리를 겸손하게 만들고, 교만한 마음으로 하나님께 나아가지 않게 합니다.

시편 34편 18절: "여호와는 마음이 상한 자를 가까이 하시고 충심으로 통회하는 자를 구원하시는도다"

누가복음 18장 13-14절: "세리는 멀리 서서 감히 눈을 들어 하늘을 쳐다보지도 못하고 다만 가슴을 치며 이르되 하나님이여 불쌍히 여기소서 나는 죄인이로소이다 하였느니라 내가 너희에게 이르노니 이에 저 바리새인이 아니고 이 사람이 의롭다 하심을 받고 집에 내려갔느니라 무릇 자기를 높이는 자는 낮아지고 자기를 낮추는 자는 높아지리라 하시니라"

2) 하나님의 거룩하신 엄위: "그의 거룩하신 엄위 앞에"

죄인인 우리가 거룩하신 하나님 앞에 나아가는 것은 전적인 은혜임을 기억해야 합니다. 이러한 경외심은 우리를 하나님 앞에서 겸손히 낮추게 만듭니다.

역대하 7장 14절: "내 이름으로 일컫는 내 백성이 그들의 악한 길에서 떠나 스스로 낮추고 기도하여 내 얼굴을 찾으면 내가 하늘에서 듣고 그들의 죄를 사하고 그들의 땅을 고칠지라"

이사야 66편 2절: "나 여호와가 말하노라 내 손이 이 모든 것을 지었으므로 그들이 생겼느니라 무릇 마음이 가난하고 심령에 통회하며 내 말을 듣고 떠는 자 그 사람은 내가 돌보려니와"

시편 2편 11절: "여호와를 경외함으로 섬기고 떨며 즐거워할지어다"

3. 셋째 요건: '그리스도 안에서의 온전한 믿음'

"셋째, 비록 우리는 기도 응답을 받을 자격이 없는 자들이지만, 하나님의 말씀에서 약속하신 대로, 우리 주 그리스도 때문에 우리의 기도를 확실히 들어주신다는 사실을 온전히 믿어야 합니다"

1) 자격 없음을 인정: 우리는 우리의 어떤 공로나 자격으로 기도가 응답받는 것이 아

님을 명확히 알아야 합니다. 우리는 죄인이므로 본질적으로 하나님의 은혜를 받을 자격이 없습니다.

2) 그리스도 안에서의 확신: 그럼에도 불구하고, 우리가 기도 응답을 확신할 수 있는 근거는 오직 우리 주 예수 그리스도 때문입니다. 그리스도의 십자가 대속 사역으로 말미암아 우리는 하나님과의 화목을 이루었고, 그분의 이름으로 하나님께 담대히 나아갈 수 있게 되었습니다. 우리의 기도가 응답받는 것은 우리의 의가 아니라, 그리스도의 의와 그분이 이루신 구원 사역 덕분입니다.

> **요한복음 16 장 23-24 절**: "너희가 무엇이든지 아버지께 구하는 것을 내 이름으로 주시리라 지금까지는 너희가 내 이름으로 아무것도 구하지 아니하였으나 구하라 그리하면 받으리니 너희 기쁨이 충만하리라"
> **히브리서 4 장 14-16 절**: "그러므로 우리에게 큰 대제사장이 계시니 승천하신 이 곧 하나님의 아들 예수시라 우리가 믿는 도리를 굳게 잡을지어다 우리에게 있는 대제사장은 우리의 연약함을 동정하지 못하실 이가 아니요 모든 일에 우리와 똑같이 시험을 받으신 이로되 죄는 없으시니라 그러므로 우리는 긍휼하심을 받고 때를 따라 돕는 은혜를 얻기 위하여 은혜의 보좌 앞에 담대히 나아갈 것이니라"

3) "하나님의 말씀에서 약속하신 대로": 우리의 믿음은 막연한 기대가 아니라, 하나님의 신실하신 약속의 말씀에 근거해야 합니다. 하나님은 말씀하신 것을 반드시 이루시는 분이시므로, 우리는 그분의 약속을 믿고 기도해야 합니다.

> **시편 27 편 8 절**: "너희는 내 얼굴을 찾으라 하실 때에 내가 마음으로 주께 말하되 여호와여 내가 주의 얼굴을 찾으리이다 하였나이다"
> **마태복음 7 장 8 절**: "구하는 이마다 받을 것이요 찾는 이는 찾아낼 것이요 두드리는 이에게는 열릴 것이니라"

4) "확실히 들어주신다는 사실을 온전히 믿어야 합니다": 이는 기도가 응답될 것이라는 '흔들리지 않는 확신'을 의미합니다. 이러한 믿음은 하나님께 대한 신뢰에서 나옵니다. 물론, '들어주신다'는 것이 항상 우리가 원하는 대로 응답된다는 뜻은 아니지만, 하나님께서 가장 선하고 지혜로운 방법으로 우리의 기도에 응답하실 것임을 온전히 믿어야 합니다.

> **요한복음 14 장 13, 14 절**: "너희가 내 이름으로 무엇을 구하든지 내가 행하리니 이는 아버지로 하여금 아들로 말미암아 영광을 받으시게 하려 함이라 내 이름으로 무엇이든지 내게 구하면 내가 행하리라"

요한복음 15장 16절: "너희가 나를 택한 것이 아니요 내가 너희를 택하여 세웠나니 이는 너희로 가서 열매를 맺게 하고 또 너희 열매가 항상 있게 하여 내 이름으로 아버지께 무엇을 구하든지 다 받게 하려 함이라"

정리

하나님께서 받아주시고 들어주시는 기도의 세 가지 필수 요건이 있습니다. 첫째, 말씀으로 자신을 계시하신 유일하고 참되신 하나님께만 그분의 뜻에 합당한 것을 마음을 다해 기도해야 합니다. 둘째, 자신의 부족함과 비참함을 철저히 인식하고 하나님의 거룩하신 엄위 앞에 자신을 깊이 낮추어야 합니다. 셋째, 비록 우리가 기도 응답을 받을 자격이 없지만, 하나님의 말씀의 약속에 근거하여 우리 주 그리스도의 이름을 의지하여 기도할 때 확실히 들어주신다는 사실을 온전히 믿어야 합니다. 이 세 가지 요건은 기도가 우리의 영적 삶에서 얼마나 중요한 위치를 차지하며, 하나님과의 관계 속에서 어떻게 바르게 이루어져야 하는지를 명확하게 말해줍니다.

하이델베르크 요리문답 제118문: 기도의 내용 - 영혼과 몸에 필요한 모든 것

하이델베르크 요리문답 118문은 "하나님께서는 우리에게 무엇을 구하라고 명하셨습니까? "하고 묻습니다. 앞선 문답들에서 기도의 필요성과 필수 요건들을 다루었다면, 이제는 구체적으로 기도의 내용이 무엇이 되어야 하는지에 대해 설명합니다. 문답은 우리가 구해야 할 것이 "영혼과 몸에 필요한 모든 것"이라고 명확히 제시하며, 그 모범으로 '주기도문'을 언급합니다. 이것은 '우리는 무엇을 믿을 것인가? '(사도신경)와 '우리는 어떻게 살 것인가? '(십계명)에 이어, '우리는 무엇을 바랄 것인가? '(주기도문)를 말하고자 합니다. 이는 믿음, 사랑에 이은 '소망'에 관한 것입니다.

118문: 하나님께서는 우리에게 무엇을 구하라고 명하셨습니까?

답:

영혼과 몸에 필요한 모든 것인데, 이는 그리스도 우리 주께서 친히 우리에게 가르쳐 주신 기도 속에 나와 있습니다.

(참조: 벨직 신앙고백 제26조)

강해

이 문답은 우리가 기도할 때 그 내용의 범위를 제시합니다. 크게 두 가지 핵심을 가르칩니다. 첫째는 우리가 구해야 할 대상이 영혼과 몸에 필요한 모든 것이라는 점이고, 둘째는 주기도문이 바로 그러한 기도의 모범이라는 점입니다.

1. 기도의 내용: 영혼과 몸에 필요한 모든 것

"영혼과 몸에 필요한 모든 것인데"

1) 포괄적인 필요: 우리가 하나님께 구해야 할 것은 단순히 물질적인 필요나 일시적인 소원에 국한되지 않습니다. 우리의 존재는 '영혼과 몸'으로 이루어져 있으며, 하나님께서는 이 두 영역에 걸쳐 우리에게 필요한 모든 것을 공급하실 수 있는 분이십니다. 따라서 기도의 내용은 우리의 전인적인 필요를 포함해야 합니다.

(1) 영혼의 필요: 구원, 죄 사함, 성화, 성령의 인도하심, 말씀의 이해, 믿음의 성장, 영적 지혜, 인내, 사랑, 평안, 시험에서의 보호 등 우리의 영적인 상태와 하나님과의 관계에 필수적인 모든 것을 의미합니다. 우리의 영혼은 죄로 인해 병들었으므로, 끊임없이 하나님의 은혜와 치유가 필요합니다. 그래서 예수님은 우리가 먼저 영적인 간구(그의 나라와 의)를 하라고 말씀하셨습니다.

마태복음 6 장 33 절: "그런즉 너희는 먼저 그의 나라와 그의 의를 구하라 그리하면 이 모든 것을 너희에게 더하시리라"

(2) 몸의 필요: 일용할 양식, 건강, 안전, 의복, 거처, 가족의 평안, 직업, 사회생활 등 우리의 육체적인 생존과 일상생활에 필요한 모든 것을 의미합니다. 하나님은 우리의 육적인 필요도 외면하지 않으시는 분이십니다.

빌립보서 4장6절: "아무 것도 염려하지 말고 다만 모든 일에 기도와 간구로, 너희 구할 것을 감사함으로 하나님께 아뢰라"
빌립보서 4 장 19 절: "나의 하나님이 그리스도 예수 안에서 영광 가운데 그 풍성한 대로 너희 모든 쓸 것을 채우시리라"

2) 하나님의 주권 인정: '필요한 모든 것'을 구한다는 것은, 우리가 스스로 모든 것을 해결할 수 없음을 인정하고, '하나님의 공급하심과 주권을 전적으로 의지한다'는 고백이 됩니다. 하나님은 우리의 모든 필요를 아시고 가장 선한 때에 가장 선한 방법으로 채우시는 분이십니다.

야고보서 1 장 17 절: "온갖 좋은 은사와 온전한 선물이 다 위로부터 빛들의 아버지께로부터 내려오나니 그는 변함도 없으시고 회전하는 그림자도 없으시니라"
베드로전서 5 장 7 절: "너희 염려를 다 주께 맡기라 이는 그가 너희를 돌보심이라"

2. 기도의 모범: 주기도문

"이는 그리스도 우리 주께서 친히 우리에게 가르쳐 주신 기도 속에 나와 있습니다"

예수님께서 친히 제자들에게 가르쳐 주신 주기도문(마태복음 6:9-13; 누가복음 11:2-4)은 그리스도인이 어떻게 기도해야 하는지에 대한 완벽한 모범이 됩니다. 이 기도는 우리가 하나님께 구해야 할 내용들이 무엇인지, 그 중요한 기도제목을 순서를 따라 알려줍니다.

따라서 우리는 주기도문의 가르침을 따라 우리의 영혼과 몸에 필요한 모든 것을 하나님께 아뢰어야 합니다. 이는 단순히 주기도문을 외우는 것을 넘어, 그 속에 담긴 의미를 깊이 이해하고 우리 자신의 기도 생활에 적용하는 것을 의미합니다.

정리

하나님께서는 우리가 영혼과 몸에 필요한 모든 것을 구하라고 하십니다. 그러므로 우리는 하나님께서 이 모든 것을 채우실 수 있는 분임을 믿고 아뢰어야 합니다. 그리고 이러한 기도의 가장 완전한 모범은 우리 주 그리스도께서 친히 가르쳐 주신 주기도문 속에 담겨 있습니다. 이 문답은 우리가 무엇을 기도해야 할지에 대한 명확한 지침을 제공합니다. 우리는 하나님의 뜻을 위한 기도를 할 뿐 아니라 우리의 삶에 필요한 것을 위해서도 간구해야 합니다.

하이델베르크 요리문답 제 119 문: 주기도문 전문 (마태복음 6:9-13)

하이델베르크 요리문답 119 문은 "그 기도의 말씀이 어떠합니까? "하며 주께서 가르쳐주신 기도에 대해 묻습니다. 이는 앞선 118 문에서 주기도문이 영혼과 몸에 필요한 모든 것을 구하는 기도의 모범이라고 언급한 것에 이어, 실제 주기도문 전문을 제시합니다.

119 문: 그 기도의 말씀이 어떠합니까?

답:

하늘에 계신 우리 아버지, 이름이 거룩히 여김을 받으시오며 나라가 임하옵시며 뜻이 하늘에서 이루어진 것 같이 땅에서도 이루어지이다. 오늘 우리에게 일용할 양식을 주시옵고 우리가 우리에게 죄지은 자를 사하여 준 것 같이 우리 죄를 사하여 주시옵고, 우리를 시험에 들게 하지 마시옵고, 다만 악에서 구하시옵소서. 나라와 권세와 영광이 아버지께 영원히 있사옵나이다. 아멘

(참조: 벨직 신앙고백 제26조)

강해

주께서 가르쳐주신 주기도문은 기독교 신앙에서 가장 중요하고 보편적으로 사용되는 기도문이며, 올바른 기도의 대상, 내용, 태도를 완벽하게 제시하는 모범입니다. 본 요리문답 119문에서는 주기도문의 구조와 내용을 간략하게 살펴볼 것입니다.

1. 주기도문의 구성과 의미

주기도문은 크게 '하나님을 향한 여섯 가지 간구'와 '송영'(Doxology)으로 구성되어 있습니다. 먼저 기도의 대상으로서의 하나님 아버지를 말하고, 이어 앞의 세 간구는 하나님께 대한 간구이고, 뒤의 세 간구는 우리의 필요에 대한 간구입니다.

2. 기도의 대상

"하늘에 계신 우리 아버지"

이는 우리의 기도의 대상이 누구인지를 분명히 합니다.

1) **"하늘에 계신"**: 하나님의 초월성과 주권, 그리고 편재하심을 나타냅니다. 하나님은 우리의 아버지이시지만, 동시에 온 우주를 다스리시는 전능하신 분이심을 고백합니다.

2) **"아버지"**: 하나님과의 친밀하고 인격적인 관계를 나타냅니다. 우리는 두려움과 경외심뿐만 아니라, 자비롭고 사랑이 많으신 아버지께 나아가듯 친밀하게 기도할 수 있습니다. 이는 우리가 은혜로 양자가 되었기 때문입니다.

3) **"우리 아버지"**: 기도가 개인적인 관계뿐만 아니라, '공동체적인 성격' 을 가짐을 보여줍니다. 우리는 혼자 기도할 때에도 모든 믿는 자들의 공동체에 속하여 함께 하나님께 나아갑니다.

3. 기도의 내용

1) 하나님께 대한 간구

첫째 간구: "이름이 거룩히 여김을 받으시오며"

우리의 첫 번째 기도의 우선순위는 '하나님의 영광' 입니다. 하나님의 이름이 이 세상에서 존귀하게 여겨지고, 모든 피조물에 의해 거룩하게 구별되기를 간구합니다. 이는 우리가 하나님의 이름에 합당한 경배와 존경을 돌리고, 우리의 삶을 통해 하나님의 이름을 높이는 데 헌신하겠다는 고백이기도 합니다.

둘째 간구: "나라가 임하옵시며"

하나님의 통치가 이 땅에 온전히 실현되기를 간구합니다. 이는 하나님께서 우리의 마음과 삶, 가정, 교회, 그리고 온 세상을 주권적으로 통치해주시기를 바라는 간구입니다. 궁극적으로는 예수 그리스도의 재림을 통해 하나님의 나라가 완성되기를 바라는 종말론적인 간구이기도 합니다.

셋째 간구: "뜻이 하늘에서 이루어진 것 같이 땅에서도 이루어지이다"

하나님의 주권적인 뜻이 하늘에서 아무런 저항 없이 완벽하게 이루어지는 것처럼, 이 땅에서도 우리의 삶과 모든 상황 속에서 하나님의 선하시고 온전하신 뜻이 성취되기를 간구합니다. 이는 우리가 하나님의 뜻에 온전히 순종하겠다는 의지의 표현이기도 합니다.

2) 우리에 대한 간구

첫째 간구: "오늘 우리에게 일용할 양식을 주시옵고"

이제 기도의 초점이 우리의 필요로 전환됩니다. '일용할 양식'은 단순히 매일의 육체적인 식량을 넘어, 우리의 생존과 건강에 필요한 모든 물질적, 육체적 필요를 의미합니다. 그리고 이것은 영적인 존재로서의 우리 영혼의 양식을 공급해주실 것에 대한 간구이기도 합니다. 하나님께서 우리의 삶을 영육간에 책임지시는 공급자이심을 인정하고 의지하는 겸손한 간구입니다. 또한 미래에 대한 염려보다 '오늘' 우리의 삶의 현장에서 필요한 모든 것을 채워주시는 하나님께 대한 신뢰입니다.

둘째 간구: "우리가 우리에게 죄지은 자를 사하여 준 것 같이 우리 죄를 사하여 주시옵고"

'죄 사함'(용서)을 구하는 간구입니다. 이는 우리가 '이웃의 죄를 용서해주어야 한다'는 고백이며 동시에 우리 자신이 죄인임을 인정하고 나에게도 하나님의 용서가 절실함을 고백하는 것입니다. 이는 하나님의 용서가 필요한 만큼 우리가 먼저 이웃을 용서해야 한다는 기독교 윤리의 핵심을 담고 있습니다.

셋째 간구: "우리를 시험에 들게 하지 마시옵고, 다만 악에서 구하시옵소서"

영적인 보호와 인도를 구하는 간구입니다.

(1) **"우리를 시험에 들게 하지 마시옵고"**: 우리가 감당하기 힘든 유혹이나 시험에 빠지지 않도록 하나님께서 우리를 지켜주시기를 간구합니다. 이는 우리의 연약함을 인정하고 하나님의 도우심을 구하는 것입니다.

(2) **"다만 악에서 구하시옵소서":** 악한 것(악의 세력, 즉 사탄)으로부터, 또는 모든 악한 것들로부터 우리를 보호해 주시기를 간구합니다. 이는 죄와 악의 세력에 맞서 싸울 우리의 무능력을 인정하고 하나님의 강력한 보호를 요청하는 것입니다.

4. 송영

"나라와 권세와 영광이 아버지께 영원히 있사옵나이다. 아멘"

이 부분은 주기도문의 정리이자 하나님께 드리는 찬양과 영광입니다.

1) **"나라와 권세와 영광이":** 모든 주권과 능력과 영광이 오직 하나님께만 있음을 고백합니다.

2) **"아버지께 영원히 있사옵나이다":** 하나님의 영원하신 속성과 그분의 영광이 영원히 변치 않음을 찬양합니다.

3) **"아멘":** '진실로 그렇게 되기를 바랍니다' 혹은 '확실합니다'라는 뜻으로, 기도 내용에 대한 확신과 동의를 표현합니다. 이 모든 기도가 하나님의 뜻대로 이루어질 것임을 믿는다는 신앙 고백입니다.

정리

예수 그리스도께서는 '이렇게 기도하라' 하시며 친히 우리에게 주기도문을 가르쳐 주셨습니다. 이 주기도문은 하나님께 드리는 기도의 가장 완벽한 모범으로서, 우리가 무엇을, 누구에게, 어떤 태도로 기도해야 하는지를 가르쳐 줍니다. 이는 먼저 하나님의 영광과 그분의 나라, 그리고 뜻이 이루어지기를 구하는 '하나님 중심의 기도'이며, 이어서 우리의 영혼과 몸에 필요한 죄 사함, 일용할 양식, 시험에서의 보호, 악으로부터의 구원을 구하는 '사람의 필요에 대한 기도'입니다. 마지막으로 모든 영광을 하나님께 돌리는 송영으로 마무리되어, 우리의 기도가 하나님 나라를 기다리며, 오직 하나님께로 향하고 그분의 영광을 위한 것임을 다시금 확인시켜 줍니다. 다음 120 문부터는 각 기도제목을 상세하고 살펴볼 것입니다.

제 46 주일

하이델베르크 요리문답 제 120 문: "우리 아버지" 호칭의 의미와 기도의 기초

하이델베르크 요리문답 120 문은 "그리스도께서는 왜 하나님을 '우리 아버지'로 부르라고 명하셨습니까? "하는 질문을 합니다. 주기도문에서 하나님을 "하늘에 계신

우리 아버지"라고 부르는 것은 단순한 호칭이 아니라, 우리가 하나님께 나아가는 기도의 근본적인 태도와 확신을 형성하는 중요한 의미를 담고 있습니다.

120문: 그리스도께서는 왜 하나님을 "우리 아버지"로 부르라고 명하셨습니까?
답:

그리스도께서는 우리가 기도를 시작할 때부터 즉시 우리 안에 하나님에 대한 어린아이 같은 존경과 확신을 불러일으키고자 하셨는데, 이러한 존경과 확신은 우리 기도의 기초가 되기 때문입니다. 즉, 하나님께서는 그리스도 안에서 우리의 아버지가 되시므로, 우리 부모님이 우리가 구하는 이 세상의 것을 거절하지 않으시듯이, 하나님께서도 우리가 참된 믿음으로 하나님께 구하는 것을 결코 거절하지 않으신다는 것입니다.

(참조: 벨직 신앙고백 제26조)

강해

주기도문 서언에 나오는 '우리 아버지'라는 호칭은 우리에게 두 가지 확신을 불러일으킵니다. 첫째는 우리에게 어린아이 같은 존경과 확신, 둘째는 우리 아버지로서의 하나님께서 우리의 기도에 응답하신다는 확신이 그것입니다. 이 두 가지는 우리가 하나님께 올바르게 기도하는 데 꼭 있어야 하는 필수적 요소입니다.

1. 기도의 기초: '어린아이 같은 존경과 확신'

"그리스도께서는 우리가 기도를 시작할 때부터 즉시 우리 안에 하나님에 대한 어린아이 같은 존경과 확신을 불러일으키고자 하셨는데, 이러한 존경과 확신은 우리 기도의 기초가 되기 때문입니다"

1) "어린아이 같은 존경"(Reverence): 이는 단순히 두려워하는 마음이 아니라, 자녀가 부모에게 갖는 건강한 존중과 공경심을 의미합니다. 하나님은 우리의 창조주시요 통치자이시며 거룩하신 분이시므로, 우리는 그분께 합당한 존경심을 가지고 나아가야 합니다. 이 존경은 동시에 그분의 권위와 선하심을 인정하는 마음에서 우러나옵니다.

시편 103편 13절: "아버지가 자식을 긍휼히 여김 같이 여호와께서는 자기를 경외하는 자를 긍휼히 여기시나니"

2) "어린아이 같은 확신"(Confidence): 이는 하나님께서 우리의 기도를 들으시고 응답해 주실 것이라는 흔들리지 않는 믿음과 신뢰를 의미합니다. 어린아이가 자신의 필요를 부모에게 거리낌 없이 아뢰듯이, 우리도 하나님께 우리의 모든 것을 담대하게

아뢸 수 있습니다. 이 확신은 하나님이 우리의 아버지가 되신다는 관계에서 비롯됩니다.

> **히브리서 4장 16절**: "그러므로 우리는 긍휼하심을 받고 때를 따라 돕는 은혜를 얻기 위하여 은혜의 보좌 앞에 담대히 나아갈 것이니라"

3) "기도의 기초": 이러한 존경과 확신은 올바른 기도의 출발점이자 지속적인 동력이 됩니다. 존경 없는 확신은 교만이 될 수 있고, 확신 없는 존경은 두려움에 사로잡혀 하나님께 나아가지 못하게 할 수 있습니다. '존경과 확신', 이 둘의 조화가 균형 잡힌 기도를 가능하게 합니다.

2. 하나님께서 그리스도 안에서 우리의 아버지 되심과 응답의 확신

"즉, 하나님께서는 그리스도 안에서 우리의 아버지가 되시므로, 우리 부모님이 우리가 구하는 이 세상의 것을 거절하지 않으시듯이, 하나님께서도 우리가 참된 믿음으로 하나님께 구하는 것을 결코 거절하지 않으신다는 것입니다"

1) "그리스도 안에서 우리의 아버지": 가장 중요한 전제입니다. 우리는 본래 죄인이었으므로 하나님을 아버지라 부를 자격이 없었습니다. 그러나 '예수 그리스도의 십자가 대속과 부활을 통해' 죄 사함을 받고 하나님의 자녀가 되는 권세를 얻었기 때문에(요한복음 1:12; 갈라디아서 4:5-7), 하나님을 우리의 친 아버지처럼 부를 수 있게 된 것입니다. 이 관계는 그리스도 안에서 맺어진 언약적 관계이며, 우리의 기도 응답의 확실한 근거가 됩니다.

> **요한복음 20장 17절**: "예수께서 이르시되 나를 붙들지 말라 내가 아직 아버지께로 올라가지 아니하였노라 너는 내 형제들에게 가서 이르되 내가 내 아버지 곧 너희 아버지, 내 하나님 곧 너희 하나님께로 올라간다 하라 하시니"
> **로마서 8장 15절**: "너희는 다시 무서워하는 종의 영을 받지 아니하고 양자의 영을 받았으므로 우리가 아빠 아버지라고 부르짖느니라"
> **갈라디아서 4장 6절**: "너희가 아들이므로 하나님이 그 아들의 영을 우리 마음 가운데 보내사 아빠 아버지라 부르게 하셨느니라"

2) 사람 부모와의 비교: 문답은 사람 부모의 비유를 들어 하나님의 응답을 설명합니다. '우리 부모님이 우리가 구하는 이 세상의 것을 거절하지 않으시듯이'라는 비유는 하나님 아버지의 자비와 선하심을 강조합니다. 비록 사람 부모는 불완전하지만, 그들도 자녀의 필요를 채우려는 마음을 가지고 있습니다. 하물며 완전하시고 선하신 하나님 아버지께서 당신의 자녀의 기도를 외면하시겠는가 하는 논리가 여기 있습니다.

누가복음 11장 11-13절: "너희 중에 아비 된 자 누가 아들이 생선을 달라 하면 생선 대신에 뱀을 주며 알을 달라 하면 전갈을 주겠느냐 너희가 악할지라도 좋은 것을 자식에게 줄 줄 알거든 하물며 너희 하늘 아버지께서 구하는 자에게 성령을 주시지 않겠느냐 하시니라"

3) "참된 믿음으로 하나님께 구하는 것을 결코 거절하지 않으신다": 이것은 우리가 드리는 기도가 하나님의 뜻에 합당하고(요한일서 5:14), 이기적인 욕심이 아닌 (야고보서 4:3) 참된 믿음에 근거할 때 반드시 응답하신다는 확신을 줍니다. 하나님은 항상 가장 좋은 것을 주시며, 때로는 우리가 원하는 방식이 아닌, 그분의 더 크고 선한 계획에 따라 응답하실 수 있음을 전제합니다. 하나님께서는 우리의 유익을 위해 가장 좋은 길을 아시고, 사랑으로 인도하시기 때문입니다.

야고보서 4장 3절: "구하여도 받지 못함은 정욕으로 쓰려고 잘못 구하기 때문이라"
요한일서 5장 14절: "그를 향하여 우리가 가진 바 담대함이 이것이니 그의 뜻대로 무엇을 구하면 들으심이라"

정리

그리스도께서 하나님을 "우리 아버지"로 부르라고 명하신 이유는 우리가 기도를 시작할 때부터 하나님에 대한 어린아이 같은 존경과 확신을 갖게 하려는 데 있습니다. 이러한 존경과 확신이 올바른 기도의 기초가 됩니다. 궁극적으로 하나님께서는 그리스도 안에서 우리의 참 아버지가 되시기에, 사람 부모가 자녀의 필요를 채우듯이, 우리가 참된 믿음으로 그분께 구하는 모든 것을 결코 거절하지 않으실 것이라는 확신을 줍니다. 이 호칭은 우리의 기도가 하나님의 자녀로서 누리는 특권임을 깨닫게 하며, 이 세상 어떤 상황 가운데서도 담대함과 신뢰를 가지고 하나님께 나아갈 수 있는 근거를 마련해 줍니다.

하이델베르크 요리문답 제121문: "하늘에 계신"의 의미와 하나님의 초월성, 전능성

하이델베르크 요리문답 121문은 "여기에 왜 '하늘에 계신'이라는 말씀을 더하 셨습니까? "하고 물으며 그 안에 함축된 의미를 생각하게 합니다. 답은 주기도문 서두의 "하늘에 계신 우리 아버지"라는 호칭에서 '하늘에 계신'이라는 수식어는 하나님 아버지의 친밀성을 강조하는 동시에, 그분의 초월성과 전능하심을 상기시키며 기도의 태도를 올바르게 잡아줍니다.

121 문: 여기에 왜 "하늘에 계신"이라는 말씀을 더하셨습니까?

답:

하나님께서 가지고 계신 천국의 위엄을 우리가 이 세상의 어떤 개념으로도 생각하지 않게 하기 위해서이며, 영육 간에 필요한 모든 것을 하나님께서 전능하신 능력으로 주신다는 것을 우리가 믿게 하기 위해서 입니다.

(참조: 벨직 신앙고백 제 1 조, 제 13 조)

강해

이 문답은 '하늘에 계신'이라는 표현이 가지는 두 가지 중요한 의미를 설명합니다. 첫째는 하나님의 초월성과 위엄을 오해하지 않도록 하는 것이고, 둘째는 하나님의 전능하심을 믿고 모든 필요를 구할 수 있도록 하는 것입니다.

1. 하나님의 초월성과 위엄을 오해하지 않도록 함

"하나님께서 가지고 계신 천국의 위엄을 우리가 이 세상의 어떤 개념으로도 생각하지 않게 하기 위해서이며"

1) 하나님의 초월성 강조: '하늘에 계신' 이라는 표현은 하나님이 우리가 사는 이 땅의 한계와 제약 안에 갇혀 있는 존재가 아니라는 사실을 강조합니다. 하나님은 이 세상의 모든 것 위에 계시며, 피조 세계와는 구별되는 분입니다. 우리는 하나님을 인간적인 생각이나 경험, 혹은 세상의 권력이나 부와 같은 제한된 개념으로 이해해서는 안 됩니다.

이사야 55 장 8, 9 절: "이는 내 생각이 너희의 생각과 다르며 내 길은 너희의 길과 다름이니라 여호와의 말씀이니라 이는 하늘이 땅보다 높음 같이 내 길은 너희의 길보다 높으며 내 생각은 너희의 생각보다 높음이니라"

예레미야 23 장 23, 24 절: "여호와의 말씀이니라 나는 가까운 데에 있는 하나님이요 먼 데에 있는 하나님은 아니냐 여호와의 말씀이니라 사람이 내게 보이지 아니하려고 누가 자신을 은밀한 곳에 숨길 수 있겠느냐 여호와가 말하노라 나는 천지에 충만하지 아니하냐"

2) 천국의 위엄: 하나님은 거룩하고 영광스러운 천국의 왕이시며, 그분의 위엄은 사람의 상상을 초월합니다. 이 표현은 우리가 하나님께 나아갈 때 그분의 압도적인 거룩함과 영광을 기억하고, 경외심을 가지고 겸손하게 나아가도록 돕습니다. 친밀한 아버지이시지만, 동시에 무한히 높고 존귀하신 분임을 잊지 않게 합니다.

시편 113 편 4-6 절: "여호와는 모든 나라보다 높으시며 그의 영광은 하늘 위에 있도다 여호와 우리 하나님과 같은 이가 누구리요 높이 계셔서 스스로 낮추사 천지를 살피시고"

사도행전 17 장 24, 25 절: "우주와 그 가운데 있는 만물을 지으신 하나님께서는 천지의 주재시니 손으로 지은 전에 계시지 아니하시고 또 무엇이 부족한 것처럼 사람의 손으로 섬김을 받으시는 것이 아니니 이는 만민에게 생명과 호흡과 만물을 친히 주시는 이심이라"

2. 하나님의 전능하신 능력에 대한 확신을 심어줌

"영육 간에 필요한 모든 것을 하나님께서 전능하신 능력으로 주신다는 것을 우리가 믿게 하기 위해서 입니다"

1) 하나님의 전능성: '하늘에 계신' 하나님은 온 우주를 창조하시고 다스리시는 분이며, 모든 것을 하실 수 있는 전능하신 분입니다. 이 표현은 우리가 어떤 상황과 어려움 속에서도, 우리의 모든 필요를 하나님께서 채우실 수 있다는 확신을 갖게 합니다.

시편 115 편 3 절: "오직 우리 하나님은 하늘에 계셔서 원하시는 모든 것을 행하셨나이다"
예레미야 32 장 17 절: "아하 주 여호와여 주께서 큰 능력과 펴신 팔로 천지를 지으셨사오니 주에게는 능치 못할 일이 없으시니이다"

2) 영육 간의 필요 공급: 지난 118 문에서 배웠듯이, 우리는 영혼과 몸에 필요한 모든 것을 하나님께 구합니다. '하늘에 계신' 이라는 표현은 이러한 모든 필요가 아무리 크고 해결하기 어려워 보일지라도, '전능하신 하나님께는 불가능한 것이 없으며' 그분이 능히 채워주실 수 있음을 믿게 합니다. 이는 우리의 기도를 향한 믿음과 소망을 강화시켜 줍니다.

마태복음 6 장 31, 32 절: "그러므로 염려하여 이르기를 무엇을 먹을까 무엇을 마실까 무엇을 입을까 하지 말라 이는 다 이방인들이 구하는 것이라 너희 하늘 아버지께서 이 모든 것이 너희에게 있어야 할 줄을 아시느니라"
빌립보서 4 장 19 절: "나의 하나님이 그리스도 예수 안에서 영광 가운데 그 풍성한 대로 너희 모든 쓸 것을 채우시리라"

정리

'하늘에 계신' 이라는 이 말은 우리의 기도를 들으시는 하나님은 어떤 분이신가에 대해 말해줍니다. 이 말이 중요한 것은 우리가 하나님이 어떤 분이신가에 대한 확신을 가질 때, 하나님께 무한한 신뢰와 감사 속에서 기도할 수 있기 때문입니다. '하늘에 계신' 이라는 이 표현은 하나님 아버지의 '초월성과 위엄' 을 강조하여 우리가 인간적인 방식으로 하나님을 제한하거나 오해하지 않도록 하며, 동시에 그분의 '전능하신 능력' 에 대한 확신을 갖게 해줍니다. 그래서 이 표현은 우리가 어떤 어려움 속에서도 우리의 모든 필요를 그분께 담대하게 아뢸 수 있도록 도와줍니다.

제 47 주일

하이델베르크 요리문답 제 122 문: 주기도문 첫 번째 간구 – 하나님의 이름이 거룩히 여김을 받으시오며

하이델베르크 요리문답 122 문은 "첫 번째 간구는 무엇입니까? "하고 질문합니다. 이어 답은 주기도문의 첫 번째 간구인 "이름이 거룩히 여김을 받으시오며"의 의미를 깊이 있게 해설합니다. 이는 우리의 기도가 무엇보다도 하나님의 영광을 최우선으로 삼아야 함을 가르칩니다.

122 문: 첫번째 간구는 무엇입니까?

답:

"이름이 거룩히 여김을 받으시옵소서"인데, 이것은 이렇게 간구하는 것입니다: "먼저 우리가 주님을 바르게 알게 해주시고, 주님이 하시는 모든 일에서 우리가 주님을 거룩하게 여기고 영화롭게 하며 찬양하게 하시며, 또한 주님의 권능과 지혜, 선하심과 의와 자비와 진리가 밝히 드러나게 하옵소서. 또한 우리가 우리의 모든 삶과 생각, 말과 행동을 잘 정리하고 방향을 잡아 우리로 인하여 주님의 이름이 결코 더럽혀지지 않고, 오히려 영예롭게 되고 찬양받게 되길 원합니다."

(참조: 벨직 신앙고백 제 1 조, 제 2 조, 제 24 조)

강해

이 문답은 "이름이 거룩히 여김을 받으시옵소서"라는 첫 번째 간구가 두 가지 중요한 측면을 포함한다고 설명합니다. 첫째는 하나님께서 그분의 이름에 합당하게 드러나고 찬양받으시기를 간구하는 것이고, 둘째는 우리의 삶을 통해 하나님의 이름이 더럽혀지지 않고 오히려 영예롭게 되기를 간구하는 것입니다. 이는 하나님 중심의 삶과 기도의 본질을 보여줍니다.

1. 하나님의 이름이 드러나고 찬양받으시기를 간구

"먼저 우리가 주님을 바르게 알게 해주시고, 주님이 하시는 모든 일에서 우리가 주님을 거룩하게 여기고 영화롭게 하며 찬양하게 하시며, 또한 주님의 권능과 지혜, 선하심과 의와 자비와 진리가 밝히 드러나게 하옵소서."

1) 하나님을 바르게 아는 것: 하나님의 이름이 거룩히 여김을 받는 첫 단계는 우리가 '하나님을 올바르게 아는 것' 입니다. 그분의 계시된 말씀인 성경을 통해 그분의 본성과 성품, 뜻을 정확히 이해해야 합니다. 참된 지식 없이 드리는 경배와 찬양은 공허할

수밖에 없습니다.

예레미야 9장 23, 24절: "여호와께서 이와 같이 말씀하시되 지혜로운 자는 그의 지혜를 자랑하지 말라 용사는 그의 용맹을 자랑하지 말라 부자는 그의 부함을 자랑하지 말라 자랑하는 자는 이것으로 자랑할지니 곧 명철하여 나를 아는 것과 나 여호와는 사랑과 정의와 공의를 땅에 행하는 자인 줄 깨닫는 것이라 나는 이 일을 기뻐하노라 여호와의 말씀이니라"
마태복음 16장 17절: "예수께서 대답하여 이르시되 바요나 시몬아 네가 복이 있도다 이를 네게 알게 한 이는 혈육이 아니요 하늘에 계신 내 아버지시니라"
요한복음 17장 3절: "영생은 곧 유일하신 참 하나님과 그가 보내신 자 예수 그리스도를 아는 것이니이다"

2) 하나님을 거룩하게 여기고 영화롭게 하며 찬양: 우리가 하나님을 바르게 알게 될 때, 그분을 진정으로 '거룩하게 구별하고' (존경), '영화롭게 하며' (영광 돌림), '찬양하게' (경배) 됩니다. 이는 그분의 절대적인 주권과 위엄, 선하심을 인정하고 고백하는 것입니다. 이는 우리가 하는 모든 일, 즉 우리의 예배와 삶을 통해 하나님께 영광을 돌리는 것을 의미합니다.

시편 29편 2절: "여호와의 이름에 합당한 영광을 돌리며 거룩한 옷을 입고 여호와께 경배할지어다"
누가복음 1장 68, 69절: "찬송하리로다 주 이스라엘의 하나님이여 그 백성을 돌보사 속량하시며 우리를 위하여 구원의 뿔을 그 종 다윗의 집에 일으키셨으니 이것은 주께서 예로부터 거룩한 선지자의 입으로 말씀하신 바와 같이"

3) 하나님의 속성들이 밝히 드러나게 하옵소서: 하나님께서는 그분의 권능, 지혜, 선하심, 의, 자비, 진리 등 모든 완전한 속성들을 통해 자신을 계시하십니다. 우리는 이러한 하나님의 속성들이 세상 속에서, 그리고 우리의 삶 속에서 분명하게 나타나기를 간구합니다. 세상이 하나님의 위대하심과 성품을 알고 그분께 경외감을 갖게 되기를 바라는 것입니다.

시편 119편 137, 138절: "여호와여 주는 의로우시고 주의 판단은 옳으니이다 주께서 명령하신 증거들은 의롭고 지극히 성실하니이다"
시 145편 8, 9절: "여호와는 은혜로우시며 긍휼이 많으시며 노하기를 더디 하시며 인자하심이 크시도다 여호와께서는 모든 것을 선대하시며 그 지으신 모든 것에 긍휼을 베푸시는도다"
로마서 1장 20절: "창세로부터 그의 보이지 아니하는 것들 곧 그의 영원하신 능력과 신성이 그가 만드신 만물에 분명히 보여 알려졌나니 그러므로 그들이 핑계하지 못할지니라"

2. 우리의 삶을 통해 하나님의 이름이 영예롭게 되고 찬양받으시기를 간구

"또한 우리가 우리의 모든 삶과 생각, 말과 행동을 잘 정리하고 방향을 잡아 우리로 인하여 주님의 이름이 결코 더럽혀지지 않고, 오히려 영예롭게 되고 찬양받으시게 되길 원합니다"

1) 우리의 삶의 책임: 하나님의 이름이 거룩히 여김을 받는 것은 단순히 하나님의 주권적인 역사에만 달려 있는 것이 아니라, '하나님의 백성인 우리의 삶의 태도와 행위'에도 달려 있습니다. 우리는 그리스도인으로서 세상의 빛과 소금이 되어야 할 책임이 있습니다.

레위기 11 장 45 절: "나는 너희의 하나님이 되려고 너희를 애굽 땅에서 인도하여 낸 여호와라 내가 거룩하니 너희도 거룩할지어다"
마태복음 5 장 16 절: "이같이 너희 빛이 사람 앞에 비치게 하여 그들로 너희 착한 행실을 보고 하늘에 계신 너희 아버지께 영광을 돌리게 하라"

2) "모든 삶과 생각, 말과 행동": 하나님의 이름이 거룩히 여김을 받는 것은 우리의 '전인격적인 삶'과 관련됩니다. 우리의 마음속 '생각', 입 밖으로 나오는 '말', 그리고 실제로 이루어지는 '행동' 등 모든 영역이 하나님의 뜻에 따라 바르게 정돈되고 방향이 잡혀야 합니다. 어떤 영역에서도 하나님의 이름에 누가 되는 일이 없도록 세심하게 주의해야 합니다.

시편 71 편 8 절: "주를 찬송함과 주께 영광 돌림이 종일토록 내 입에 가득하리이다"
골로새서 3 장 17 절: "또 무엇을 하든지 말에나 일에나 다 주 예수의 이름으로 하고 그를 힘입어 하나님 아버지께 감사하라"

3) "주님의 이름이 결코 더럽혀지지 않고, 오히려 영예롭게 되고 찬양받으시게 되길": 이는 소극적으로 하나님의 이름을 모독하지 않는 것을 넘어, '적극적으로 하나님의 이름에 영광을 돌리고 그분을 찬양하게 하는 삶을 살아가겠다'는 의지이자 간구입니다. 우리의 바른 삶과 증거를 통해 세상 사람들이 하나님을 인정하고 찬양하게 되기를 바라는 것입니다. 이는 제 1 계명과 제 2 계명에서 가르치는 하나님의 이름을 망령되이 일컫지 않는 것과도 깊이 연결됩니다.

시편 100 편 3, 4 절: "여호와가 우리 하나님이신 줄 너희는 알지어다 그는 우리를 지으신 이요 우리는 그의 것이니 그의 백성이요 그의 기르시는 양이로다 감사함으로 그의 문에 들어가며 찬송함으로 그의 궁정에 들어가서 그에게 감사하며 그의 이름을 송축할지어다"
시편 115 편 1 절: "여호와여 영광을 우리에게 돌리지 마옵소서 우리에게 돌리지 마옵소서 오직 주는 인자하시고 진실하시므로 주의 이름에만 영광을 돌리소서"

정리

주기도문의 첫 번째 간구인 "이름이 거룩히 여김을 받으시옵소서"의 의미는 이러합니다. 첫째, 우리가 하나님을 바르게 알고, 그분의 모든 행하심과 권능, 지혜, 선하심 등 모든 속성들을 통해 하나님께서 거룩히 여김을 받으시고 영화롭게 되며 찬양받으시기를 간구하는 것이요, 둘째, 우리의 모든 삶과 생각, 말과 행동을 바르게 정돈하여, 우리로 인해 하나님의 이름이 결코 더럽혀지지 않고, 오히려 영예롭게 되고 찬양받으시게 되기를 간구하는 것입니다. 이 간구는 우리의 기도의 최우선 순위가 하나님의 영광과 그분의 이름에 대한 존경에 있음을 분명히 보여줍니다.

제 48 주일

하이델베르크 요리문답 제 123 문: 주기도문 둘째 간구 – "나라가 임하옵소서"

하이델베르크 요리문답 123 문은 "둘째 간구는 무엇입니까? "하고 물으며, 그 답으로 두 번째 간구인 "나라가 임하옵소서"의 의미를 심층적으로 해설합니다. 이는 단순히 미래에 임할 하나님 나라의 완성을 바라는 것을 넘어, 현재 우리 안에서, 그리고 교회와 세상 속에서 하나님의 통치가 이루어지기를 간구하는 것입니다.

123 문: 둘째 간구는 무엇입니까?

답:

"나라가 임하옵소서"인데, 이것은 이러한 간구입니다: "우리를 주님의 말씀과 성령으로 다스리셔서 우리가 점점 더 주님께 순종하게 하옵소서. 주님의 교회를 보존하시고 부흥케 하옵시며, 스스로 자신을 높여 하나님을 대적하는 마귀의 일과 모든 세력을 멸하시고, 또한 주님의 거룩한 말씀을 거역하고자 하는 모든 악한 음모도 멸하여 주옵소서. 주님의 나라가 온전히 이루어져 주님께서 만유의 주가 되실 때까지 그리하옵소서."

(참조: 벨직 신앙고백 제 24 조, 제 29 조, 제 37 조)

강해

이 문답은 "나라가 임하옵소서"라는 간구가 네 가지 중요한 측면을 포함한다고 설명합니다. 첫째는 우리의 개인적인 삶에 대한 하나님의 통치, 둘째는 하나님의 교회에 대한 통치와 보호, 셋째는 악한 세력에 대한 하나님의 승리, 마지막으로 하나님 나라의 궁극적인 완성에 대한 간구입니다.

1. 개인의 삶 속에서 말씀과 성령을 통한 순종 간구

"우리를 주님의 말씀과 성령으로 다스리셔서 우리가 점점 더 주님께 순종하게 하옵소서"

1) 하나님 나라의 시작: 하나님 나라는 미래에 완성될 뿐만 아니라, 이미 예수 그리스도를 통해 이 땅에 시작되었습니다. 그리고 그 나라는 가장 먼저 우리 가운데 이루어집니다(하나님 나라의 현재성).

누가복음 17장 21절: "또 여기 있다 저기 있다고도 못하리니 하나님의 나라는 너희 안에 있느니라"

2) 말씀과 성령의 다스림: 우리가 주님께 순종하게 되는 것은 우리의 힘이나 의지로 되는 것이 아닙니다. 오직 '하나님의 말씀'이 우리의 삶을 지도하고, '성령의 능력'으로 우리 안에 역사하셔서 죄를 이기고 의를 행하게 하실 때 가능합니다. 이 간구는 성령의 조명과 능력, 그리고 말씀에 대한 순종을 통해 우리가 점점 더 하나님의 뜻에 복종하게 해달라는 기도입니다.

시편 143편 10절: "주는 나의 하나님이시니 나를 가르쳐 주의 뜻을 행하게 하소서 주의 영은 선하시니 나를 공평한 땅에 인도하소서"
로마서 14장 17절: "하나님의 나라는 먹는 것과 마시는 것이 아니요 오직 성령 안에 있는 의와 평강과 희락이라"
갈라디아서 5장 25절: "만일 우리가 성령으로 살면 또한 성령으로 행할지니"

2. 주님의 교회를 보존하고 부흥케 하시도록 간구

"주님의 교회를 보존하시고 부흥케 하옵시며"

1) 교회의 중요성: 교회는 이 땅에서 하나님의 나라가 가시적으로 나타나는 공동체입니다. 따라서 하나님 나라가 임하는 것은 교회가 하나님의 뜻대로 서가고 번성하는 것과 밀접하게 연결됩니다.

2) 보존과 부흥: 이 간구는 하나님께서 당신의 교회를 세상의 핍박과 내부의 연약함으로부터 보존해 주시고, 영적으로나 수적으로 부흥시켜 주셔서 더욱 견고하게 서게 해달라는 기도입니다. 교회의 성장과 영적 활력은 하나님 나라의 확장을 의미합니다.

마태복음 16장 18절: "내가 이 반석 위에 내 교회를 세우리니 음부의 권세가 이기지 못하리라"
사도행전 2장 47절: "하나님을 찬미하며 온 백성에게 칭송을 받으니 주께서 구원 받는 사람을 날마다 더하게 하시니라"

3. 마귀의 일과 악한 음모를 멸하시도록 간구

"스스로 자신을 높여 하나님을 대적하는 마귀의 일과 모든 세력을 멸하시고, 또한 주님의 거룩한 말씀을 거역하고자 하는 모든 악한 음모도 멸하여 주옵소서"

1) **영적 전쟁**: 하나님 나라가 임하는 것은 영적인 전쟁을 동반합니다. 마귀는 끊임없이 하나님을 대적하고, 그분의 통치를 방해하며, 사람들을 죄와 불순종으로 유혹합니다. 이 간구는 이러한 '마귀의 활동과 모든 악의 세력을 하나님께서 멸하여 주시기를' 구하는 것입니다.

시편 2 편 7-9 절: "내가 여호와의 명령을 전하노라 여호와께서 내게 이르시되 너는 내 아들이라 오늘 내가 너를 낳았도다 내게 구하라 내가 이방 나라를 네 유업으로 주리니 네 소유가 땅 끝까지 이르리로다 네가 철장으로 그들을 깨뜨림이여 질그릇 같이 부수리라 하시도다"
로마서 16 장 20 절: "평강의 하나님께서 속히 사탄을 너희 발 아래에서 상하게 하시리라 우리 주 예수의 은혜가 너희에게 있을지어다"
요한일서 3장 8절: "죄를 짓는 자는 마귀에게 속하나니 마귀는 처음부터 범죄함이라 하나님의 아들이 나타나신 것은 마귀의 일을 멸하려 하심이라"

2) **악한 음모**: 지금도 마귀는 하나님의 말씀과 진리를 대적하고 교회를 훼방하며 세상에 악을 퍼뜨리려는 모든 '인간적인 악한 계략과 음모까지' 다 하고 있습니다. 우리는 하나님께서 이러한 모든 어둠의 권세와 그들의 활동을 무력화시켜 주시기를 항상 간구해야 합니다.

누가복음 21 장 14, 15 절: "그러므로 너희는 변명할 것을 미리 궁리하지 않도록 명심하라 내가 너희의 모든 대적이 능히 대항하거나 변박할 수 없는 구변과 지혜를 너희에게 주리라"
에베소서 6 장 12 절: "우리의 씨름은 혈과 육을 상대하는 것이 아니요 통치자들과 권세들과 이 어둠의 세상 주관자들과 하늘에 있는 악의 영들을 상대함이라"

4. 하나님 나라의 궁극적인 완성 간구

"주님의 나라가 온전히 이루어져 주님께서 만유의 주가 되실 때까지 그리하옵소서"

1) **종말론적 소망**: 이 간구는 하나님 나라의 궁극적인 완성, 즉 '예수 그리스도의 재림과 함께 하나님께서 모든 것을 통치하시는 그 날'을 바라보는 소망을 담고 있습니다. 그때가 되면 죄와 악과, 이로인한 고통과 눈물이 완전히 사라지고, 하나님의 의와 평강이 온전히 임하며, 하나님의 나라가 완성됩니다.

계시록 21 장 4, 5 절: "모든 눈물을 그 눈에서 닦아 주시니 다시는 사망이 없고 애통하는 것이나 곡하는 것이나 아픈 것이 다시 있지 아니하리니 처음 것들이 다 지나갔음이러라 보좌에 앉으신 이가 이르시되 보라 내가 만물을 새롭게 하노라 하시고 또 이르시되 이 말은 신실하고 참되니 기록하라 하시고"

2) **"만유의 주"**: 때가 되면 온 우주의 모든 피조물이 하나님을 만유의 주요 왕으로 인정하고 경배하며, 그분의 통치에 온전히 복종하게 될 것입니다. 그러므로 이 기도는 세상의 모든 불의와 고통이 끝나고, 하나님의 영광만이 충만한 새 하늘과 새 땅이 도래할 것을 간구하는 것입니다.

고린도전서 15장 25절: "그가 모든 원수를 그 발아래 둘 때까지 반드시 왕 노릇 하시리니"
요한계시록 11장 15절: "일곱째 천사가 나팔을 불매 하늘에 큰 음성들이 나서 이르되 세상 나라가 우리 주와 그의 그리스도의 나라가 되어 그가 세세토록 왕 노릇 하시리로다 하니"
요한계시록 21장 1절: "또 내가 새 하늘과 새 땅을 보니 처음 하늘과 처음 땅이 없어졌고 바다도 다시 있지 않더라"

정리

주기도문의 둘째 간구인 "나라가 임하옵소서"에는 포괄적인 의미가 담겨있습니다. 이 간구는 첫째, 우리가 말씀과 성령으로 다스림을 받아 점점 더 하나님께 순종하게 되기를 구하는 것이요, 둘째, 하나님께서 그분의 교회를 보존하시고 부흥시켜 주시기를 구하는 것입니다. 셋째, 하나님을 대적하는 마귀의 일과 모든 악한 세력, 그리고 악한 음모들을 멸하여 주시기를 구하는 것입니다. 마지막으로, 주님의 나라가 온전히 이루어져 주님께서 만유의 주가 되실 궁극적인 그 날이 속히 오기를 간구하는 것입니다. 이 간구는 개인의 삶에서 시작하여 교회, 그리고 온 세상에 미치는 하나님의 통치를 소망하는 그리스도인의 전인적인 기도입니다.

제49주일

하이델베르크 요리문답 제124문: 주기도문 셋째 간구 – "뜻이 하늘에서 이루어진 것과 같이 땅에서도 이루어지이다"

하이델베르크 요리문답 124문은 "셋째 간구는 무엇입니까? "하고 물으며 그 답으로 주기도문의 세 번째 간구인 "뜻이 하늘에서 이루어진 것과 같이 땅에서도 이루어지이다"의 의미를 깊이 있게 해설합니다. 이는 하나님의 주권적인 뜻이 온 세상과 우리 각자의 삶에서 온전히 실현되기를 바라는 간구이며, 이에 대한 우리의 순종적인 태도를 강조합니다.

124문: 셋째 간구는 무엇입니까?

답:

"뜻이 하늘에서 이루어진 것과 같이 땅에서도 이루어지이다"인데, 이것은 이런 뜻입니다: "우리를 비롯한 모든 사람들이 자기 자신의 뜻을 버리고, 주님의 선하신 뜻에 불평 없이 순종하게 하옵소서. 그리하여 각 사람이 자신의 직분과 소명에 따른 의무를 하늘의 천사들처럼 기꺼이 그리고 충성스럽게 온 마음으로 수행하게 하옵소서"

(참조: 벨직 신앙고백 제13조, 제24조)

강해

이 문답은 "뜻이 하늘에서 이루어진 것과 같이 땅에서도 이루어지이다"라는 간구가 두 가지 중요한 측면을 가지고 있다고 설명합니다. 첫째는 우리를 포함한 모든 사람의 자기 뜻 포기와 하나님의 선하신 뜻에 대한 순종이고, 둘째는 각자의 직분과 소명에 따른 의무를 천사들처럼 기꺼이 충성스럽게 수행하는 것입니다. 이는 하나님 나라의 실현이 하나님의 주권과 우리의 순종이 결합될 때 이루어짐을 보여줍니다.

1. 자기 뜻을 버리고 하나님의 선하신 뜻에 불평 없이 순종

"우리를 비롯한 모든 사람들이 자기 자신의 뜻을 버리고, 주님의 선하신 뜻에 불평 없이 순종하게 하옵소서"

1) 자기 뜻의 포기: 우리의 죄악된 본성은 자신의 뜻과 욕망을 하나님의 뜻보다 우선시하려는 경향이 있습니다. 그러나 이 간구는 우리가 '자신의 뜻을 내려놓고' 하나님의 주권과 뜻을 인정하며 그분께 전적으로 복종하기를 구합니다. 이는 회개와 자기 부인의 본질적인 요소입니다.

마태복음 7장 21절: "나더러 주여 주여 하는 자마다 다 천국에 들어갈 것이 아니요 다만 하늘에 계신 내 아버지의 뜻대로 행하는 자라야 들어가리라"

마태복음 16장 24절: "누구든지 나를 따라오려거든 자기를 부인하고 자기 십자가를 지고 나를 따를 것이니라"

2) 하나님의 선하신 뜻: 하나님의 뜻은 항상 선하고 완전하며 기쁘신 것입니다. 우리는 때로 하나님의 뜻을 이해하지 못하거나 고통스럽게 여길 수 있지만, 그분의 뜻이 궁극적으로는 우리에게 가장 유익하고 선한 것임을 믿고 받아들여야 합니다.

누가복음 22장 42절: "이르시되 아버지여 만일 아버지의 뜻이거든 이 잔을 내게서 옮기시옵소서 그러나 내 원대로 마시옵고 아버지의 원대로 되기를 원하나이다 하시니"
로마서 12장 1, 2절: "그러므로 형제들아 내가 하나님의 모든 자비하심으로 너희를 권하노니 너희 몸을 하나님이 기뻐하시는 거룩한 산 제물로 드리라 이는 너희가 드릴 영적 예배니라 너희는 이 세대를 본받지 말고 오직 마음을 새롭게 함으로 변화를 받아 하나님의 선하시고 기뻐하시고 온전하신 뜻이 무엇인지 분별하도록 하라"

3) 불평 없는 순종: 단순한 순종을 넘어, '불평이나 의심 없이 자원하는 마음으로 순종' 하기를 간구합니다. 이는 강요된 복종이 아니라, 하나님의 선하심에 대한 깊은 신뢰와 사랑에서 비롯되는 기쁨의 순종입니다.

빌립보서 2장 14절: "모든 일을 원망과 시비가 없이 하라"
히브리서 13장 21절: "모든 선한 일에 너희를 온전하게 하사 자기 뜻을 행하게 하시고 그 앞에 즐거운 것을 예수 그리스도로 말미암아 우리 안에 이루시기를 원하노라 영광이 그에게 세세무궁하도록 있을지어다 아멘"

2. 천사들처럼 기꺼이 충성스럽게 의무를 수행

"그리하여 각 사람이 자신의 직분과 소명에 따른 의무를 하늘의 천사들처럼 기꺼이 그리고 충성스럽게 온 마음으로 수행하게 하옵소서"

1) 하늘의 모범 - 천사들: 이 간구는 천사들의 순종을 우리가 따라야 할 모범으로 제시합니다. 천사들은 하늘에서 하나님의 명령에 즉각적으로, 완전하게, 그리고 기쁨으로 순종합니다. 우리는 천사들처럼 하나님의 뜻을 신속하고 온전하게 따르기를 간구합니다.

시편 103편 20, 21절: "능력이 있어 여호와의 말씀을 행하며 그의 말씀의 소리를 듣는 너희 천사여 여호와를 송축하라 여호와를 섬기며 그의 뜻대로 행하는 너희 모든 천군이여 여호와를 송축하라"

2) 개인의 직분과 소명에 따른 의무: 하나님의 뜻은 추상적인 것이 아니라, 우리의 구체적인 삶 속에서 각자의 직분(Position)과 소명(Calling)에 따라 드러납니 다. 학생은 학생으로서, 부모는 부모로서, 직장인은 직장인으로서, 교회 성도는 성도로서 하나님이 맡기신 역할과 책임이 있습니다. 이 간구는 우리가 이 모든 영역에서 하나님의 뜻을 따라 우리의 의무를 성실하게 수행하게 해달라는 기도입니다.

골로새서 3장 23-24절: "무슨 일을 하든지 마음을 다하여 주께 하듯 하고 사람에게 하듯 하지 말라 이는 기업의 상을 주께 받을 줄 앎이니 너희는 주 그리스도를 섬기느니라"

3) "기꺼이, 그리고 충성스럽게 온 마음으로":

순종의 '질적 측면'을 강조합니다.

(1) **기꺼이(Cheerfully)**: 마지못해가 아니라 자원하는 즐거운 마음으로 순종하는 것을 의미합니다.

(2) **충성스럽게(Faithfully)**: 변함없이 성실하게 순종하는 것을 의미합니다. 잠시만 아니라 꾸준히, 그리고 끝까지 순종합니다.

(3) **온 마음으로(With All Our Heart)**: 형식적인 순종이 아니라, 우리의 생각과 감정, 의지 등 전인격적으로 하나님께 순종하는 것을 의미합니다.

고린도전서 7장 23,24절: "너희는 값으로 사신 것이니 사람들의 종이 되지 말라 형제들아 너희는 각각 부르심을 받은 그대로 하나님과 함께 거하라"
에베소서 6장 5-9절: "종들아 두려워하고 떨며 성실한 마음으로 육체의 상전에게 순종하기를 그리스도께 하듯 하라 눈가림만 하여 사람을 기쁘게 하는 자처럼 하지 말고 그리스도의 종들처럼 마음으로 하나님의 뜻을 행하고 기쁜 마음으로 섬기기를 주께 하듯 하고 사람들에게 하듯 하지 말라 이는 각 사람이 무슨 선을 행하든지 종이나 자유인이나 주께로부터 그대로 받을 줄을 앎이라 상전들아 너희도 그들에게 이와 같이 하고 위협을 그치라 이는 그들과 너희의 상전이 하늘에 계시고 그에게는 사람을 외모로 취하는 일이 없는 줄 너희가 앎이라"

정리

주기도문의 셋째 간구인 "뜻이 하늘에서 이루어진 것과 같이 땅에서도 이루어지이다"에는 다음의 뜻이 담겨있습니다. 이 간구는 첫째, 우리를 비롯한 모든 사람들이 자신의 뜻을 버리고 하나님의 선하신 뜻에 불평 없이 순종하게 해달라는 기도입니다. 둘째, 각 사람이 자신의 직분과 소명에 따른 의무를 하늘의 천사들처럼 기꺼이, 충성스럽게, 온 마음으로 수행하게 해달라는 기도입니다. 이 간구는 하나님의 주권적인 통치와 우리의 자발적인 순종이 결합될 때 하나님의 뜻이 이 땅에서 온전히 이루어질 수 있음을 보여주며, 그리스도인의 삶이 하나님의 뜻에 대한 전적인 복종 위에 세워져야 함을 강조합니다.

제 50 주일

하이델베르크 요리문답 제 125 문: 주기도문 넷째 간구 – "오늘 우리에게 일용할 양식을 주옵소서"

하이델베르크 요리문답 125 문은 "넷째 간구는 무엇입니까? "라는 질문을 합니다. 그리고 답은 주기도문의 네 번째 간구인 "오늘 우리에게 일용할 양식을 주옵소서"의 의미를 심층적으로 해설합니다. 이는 단순히 육체적인 식량을 구하는 것을 넘어, 우리의 모든 필요를 하나님께 전적으로 의지하는 신앙의 태도를 강조합니다.

125 문: 넷째 간구는 무엇입니까?

답:

"오늘 우리에게 일용할 양식을 주옵소서"하는 간구인데, 이것은 이런 뜻입니다: "우리의 몸에 필요한 모든 것들을 채워주시고, 이로써 주님께서 모든 좋은 것의 유일한 근원임을 알게 하시고, 우리가 아무리 염려하고 노력해도, 심지어 주님께서 주신 은사가 있어도 주님께서 복을 주시지 않으면 우리에게 아무 유익이 되지 않는다는 것을 알게 하옵소서. 그러므로 우리가 어떤 피조물도 더 이상 의지하지 않고 오직 주님만 의지하게 하옵소서."

(참조: 벨직 신앙고백 제 1 조, 제 13 조)

강해

이 문답은 주기도문의 네 번째 간구인 "오늘 우리에게 일용할 양식을 주옵소서"가 네 가지 중요한 측면을 포함한다고 설명합니다. 첫째는 육체적인 필요의 충족 간구, 둘째는 하나님께서 모든 좋은 것의 유일한 근원이심을 인정하는 것, 셋째는 하나님의 축복이 없으면 모든 노력이 무익함을 깨닫는 것, 마지막으로 오직 하나님만을 의지하는 태도입니다. 이는 우리의 삶의 모든 영역에서 하나님이 우리가 필요한 모든 것을 주권적으로 공급하신다는 것을 인정하고 신뢰하는 믿음의 표현입니다.

1. 우리의 몸에 필요한 모든 것들을 채워주시도록 간구

"우리의 몸에 필요한 모든 것들을 채워주시고"

1) '일용할 양식'의 포괄적 의미: '일용할 양식'은 단순히 매일 먹는 음식을 넘어, 우리의 육체적 생존과 복지에 필요한 모든 것을 의미합니다. 여기에는 의복, 주거, 건강, 직업, 재물, 안전 등 우리의 삶을 유지하는 데 필수적인 모든 물질적 필요가 포함됩니다. 또한 이 기도는 영적인 존재로서의 우리들에게 하나님께서 날마다 영의 양식도 주시기를 간구하는 것입니다. 하나님이 부어주시는 말씀의 은혜와 성령의 감동은 우리의 영혼을 만족하게 합니다.

2) 하나님께서 공급하심을 인정: 우리는 우리의 힘으로 살아가는 것이 아니라, 하나

님께서 영육간에 우리에게 필요한 모든 것을 공급해 주셔야만 살 수 있음을 고백합니다. 그래서 이 간구는 영육간의 우리의 존재가 전적으로 하나님의 자비에 달려 있음을 인정하는 것입니다. 예수님은 염려하지 말라 하시며, 공중의 새와 들의 백합화도 먹이고 입히시는 하나님 아버지께서 우리를 더욱 돌보시지 않겠느냐고 말씀하셨습니다. 그리고 먼저 그의 나라와 의를 구하라는 예수님의 말씀은 하나님이 우리의 모든 필요를 공급하시는 분임을 확신하게 합니다.

시편 104편 27-30절: "이것들은 다 주께서 때를 따라 먹을 것을 주시기를 바라나이다 주께서 주신즉 그들이 받으며 주께서 손을 펴신즉 그들이 좋은 것으로 만족하다가 주께서 낯을 숨기신즉 그들이 떨고 주께서 그들의 호흡을 거두신즉 그들은 죽어 먼지로 돌아가나이다 주의 영을 보내어 그들을 창조하사 지면을 새롭게 하시나이다"

마태복음 6장 31-33절: "그러므로 염려하여 이르기를 무엇을 먹을까 무엇을 마실까 무엇을 입을까 하지 말라 이는 다 이방인들이 구하는 것이라 너희 하늘 아버지께서 이 모든 것이 너희에게 있어야 할 줄을 아시느니라 그런즉 너희는 먼저 그의 나라와 그의 의를 구하라 그리하면 이 모든 것을 너희에게 더하시리라"

2. 주님께서 모든 좋은 것의 유일한 근원임을 알게 하옵소서

"이로써 주님께서 모든 좋은 것의 유일한 근원임을 알게 하시고"

1) **궁극적인 공급자**: 우리가 필요를 구할 때, 우리는 그 필요를 채우는 모든 수단(돈, 직업, 능력, 하나님의 말씀과 각양 은사 등)이 궁극적으로 '하나님으로부터 왔음'을 인정해야 합니다. 하나님만이 모든 선한 것의 유일한 창조자요 공급자이십니다.

사도행전 14장 17절: "그러나 자기를 증언하지 아니하신 것이 아니니 곧 여러분에게 하늘로부터 비를 내리시며 결실기를 주시는 선한 일을 하사 음식과 기쁨으로 여러분의 마음에 만족하게 하셨느니라 하고"

야고보서 1장 17절: "온갖 좋은 은사와 온전한 선물이 다 위로부터 곧 빛들의 아버지께로부터 내려오나니 그는 변함도 없으시고 회전하는 그림자도 없으시니라"

2) **우상 숭배 경계**: 이 간구는 우리가 물질 자체나 물질을 얻는 수단(노력, 지식, 기술 등)을 숭배하거나 의지하는 죄를 경계하게 합니다. 모든 좋은 것은 하나님의 선물이며, 우리는 그 선물의 근원이신 하나님께 영광을 돌려야 합니다.

3. 하나님의 축복이 없으면 모든 노력이 무익함을 알게 하옵소서

"우리가 아무리 염려하고 노력해도, 심지어 주님께서 주신 은사가 있어도 주님께서 복을 주시지 않으면 우리에게 아무 유익이 되지 않는다는 것을 알게 하옵소서"

1) **사람 노력의 한계**: 우리는 이 세상에서 살아가기 위해 염려하고 노력하며, 하나님

께서 주신 재능과 은사를 사용합니다. 그러나 아무리 애쓰고 수고해도 '하나님께서 복을 주시지 않으면' 우리의 노력은 헛수고가 될 수 있음을 고백합니다. 이는 하나님의 주권을 인정하고, 우리의 노력만으로는 부족하다는 겸손한 태도를 보여줍니다.

> **시편 127 편 1-2 절**: "여호와께서 집을 세우지 아니하시면 세우는 자의 수고가 헛되며 여호와께서 성을 지키지 아니하시면 파수꾼의 깨어 있음이 헛되도다 너희가 일찍이 일어나고 늦게 누우며 수고의 떡을 먹음이 헛되도다"

2) 하나님의 축복의 중요성: 모든 성공과 결실은 오직 하나님의 축복이 임할 때에만 진정한 유익을 가져다줍니다. 이 축복은 단순히 물질적인 풍요를 넘어, 우리의 수고가 의미를 얻고 하나님 앞에서 가치 있는 것이 되게 하는 것으로, 이 모든 것은 전적으로 하나님의 은혜임을 말해줍니다.

> **예레미야 17 장 7, 8 절**: "그러나 무릇 여호와를 의지하며 여호와를 의뢰하는 그 사람은 복을 받을 것이라 그는 물 가에 심어진 나무가 그 뿌리를 강변에 뻗치고 더위가 올지라도 두려워하지 아니하며 그 잎이 청청하며 가무는 해에도 걱정이 없고 결실이 그치지 아니함 같으리라"

4. "어떤 피조물도 의지하지 않고 오직 주님만 의지하게 하옵소서"

"그러므로 우리가 어떤 피조물도 더 이상 의지하지 않고 오직 주님만 의지하게 하옵소서"

1) 온전한 신뢰: 앞선 세 가지 깨달음은 우리로 하여금 궁극적으로 오직 하나님만을 전적으로 의지하게 만듭니다. 사람, 재물, 권력, 지식, 우리의 재능 등 어떤 피조물도 우리의 최종적인 의지 대상이 될 수 없습니다. 이들은 모두 하나님의 도구에 불과하며, 하나님 없이는 아무것도 할 수 없습니다.

> **시편 146 편 3, 4 절**: "귀인들을 의지하지 말며 도울 힘이 없는 인생도 의지하지 말지니 그의 호흡이 끊어지면 흙으로 돌아가서 그 날에 그의 생각이 소멸하리로다"
> **잠언 3 장 5, 6 절**: "너는 마음을 다하여 여호와를 신뢰하고 네 명철을 의지하지 말라 너는 범사에 그를 인정하라 그리하면 네 길을 지도하시리라"

2) 하나님 중심의 삶: 이 간구는 우리가 물질적인 것에 대한 염려와 집착에서 벗어나, 하나님 한 분만을 우리의 유일한 공급자요 보호자로 삼는 하나님 중심적인 삶을 살아가도록 돕습니다.

> **히브리서 13 장 5,6 절**: "돈을 사랑하지 말고 있는 바를 족한 줄로 알라 그가 친히 말씀하시기를 내가 결코 너희를 버리지 아니하고 너희를 떠나지 아니하리라 하셨느니라 그러므로 우리가 담대히 말하되 주는 나를 돕는 이시니 내가 무서워하지 아니하겠노라 사람이 내게 어찌하리요 하노라"

정리

주기도문의 넷째 간구인 "오늘 우리에게 일용할 양식을 주옵소서"에는 다음 의미가 담겨있습니다. 첫째, 영육간에 우리에게 필요한 모든 것을 하나님께서 채워주시기를 간구하는 것입니다. 둘째, 이 간구를 통해 주님께서 모든 좋은 것의 유일한 근원이심을 인정하는 것입니다. 셋째, 우리가 아무리 염려하고 노력해도 하나님의 축복이 없으면 아무 유익이 되지 않는다는 것입니다. 마지막으로, 이 간구는 이 모든 깨달음을 통해 우리가 어떤 피조물도 의지하지 않고 오직 주님만 의지하게 해달라는 기도입니다. 이 간구는 우리가 물질적인 영역에서조차 하나님께 전적으로 의존하고 그분만을 신뢰하며 살아가야 한다는 것을 말해줍니다.

제 51 주일

하이델베르크 요리문답 제 126 문: 주기도문 다섯째 간구 – "우리 죄를 사하여 주옵시고 우리가 우리에게 죄 지은 자를 사하여 준 것같이"

하이델베르크 요리문답 126 문은 "다섯째 간구는 무엇입니까? "하고 묻습니다. 그리고 이에 대한 답은 주기도문의 다섯 번째 간구인 "우리가 우리에게 죄 지은 자를 사하여 준 것같이 우리 죄를 사하여 주옵소서"의 의미를 심층적으로 해설합니다. 이 간구는 죄 사함에 대한 우리의 필요를 고백하는 동시에, 이웃을 용서하는 우리의 태도가 하나님의 용서를 받는 중요한 증거임을 강조합니다.

126 문: 다섯째 간구는 무엇입니까?

답:

"우리가 우리에게 죄지은 자를 사하여 준 것같이 우리 죄를 사하여 주옵소서" 인데 이런 뜻입니다: "우리 안에 주의 은혜의 증거가 있어 우리가 마음을 굳게 먹고 우리의 이웃을 용서하는 것처럼, 그리스도의 보혈을 보시고 우리의 모든 죄와 우리에게 언제나 붙어있는 사악함을 불쌍한 죄인인 우리에게 돌리지 마옵소서."

(참조: 벨직 신앙고백 제 21 조, 제 23 조, 제 24 조)

강해

이 문답은 주기도문의 다섯 번째 간구를 중요한 두 가지 측면에서 설명합니다. 첫째는 우리의 죄와 우리에게 항상 붙어있는 사악함에 대한 하나님의 용서를 구하는 것이고, 둘째는 이웃을 용서하는 우리의 태도가 하나님의 용서를 받은 은혜의 증거임을 고백하는 것입니다. 이 간구는 하나님의 용서의 은혜와 그에 따른 우리의 윤리적 책임을 연결합니다.

1. 우리의 모든 죄와 사악함에 대한 하나님의 용서 간구

"그리스도의 보혈을 보시고 우리의 모든 죄와 우리에게 언제나 붙어있는 사악함을 불쌍한 죄인인 우리에게 돌리지 마옵소서"

1) 죄인으로서의 고백: 우리는 하나님 앞에 '불쌍한 죄인' 임을 인정하며, 우리 안에는 단순히 과거의 죄뿐만 아니라 '언제나 붙어있는 사악함', 즉 죄악된 본성이 여전히 존재함을 고백합니다. 이는 로마서 7 장에서 바울이 고백하는 내면의 죄성, 즉 끊임없이 우리를 넘어뜨리려는 죄의 세력을 의미합니다. 이렇게 우리가 죄에 대한 철저한 자기 인식을 가질 때, 우리는 하나님의 은혜 없이는 도무지 살아갈 수 없다는 겸손한 태도를 갖게 됩니다.

2) 그리스도의 보혈 의지: 우리의 죄가 용서받는 유일한 근거는 우리의 공로나 어떤 자격이 아니라, 오직 '예수 그리스도께서 십자가에서 흘리신 보혈' 입니다. 우리는 우리의 죄를 덮고 정결케 하시는 그리스도의 피 공로만을 의지하여 하나님께 용서를 구합니다. 우리는 하나님께서 그리스도의 희생을 보시고 우리의 죄를 우리에게 돌리지 않으시기를 간구할 뿐입니다.

> **에베소서 1 장 7 절:** "우리는 그리스도 안에서 그의 은혜의 풍성함을 따라 그의 피로 말미암아 속량 곧 죄 사함을 받았느니라"
> **요한일서 1 장 7 절**: "그가 빛 가운데 계신 것 같이 우리도 빛 가운데 행하면 우리가 서로 사귐이 있고 그 아들 예수의 피가 우리를 모든 죄에서 깨끗하게 하실 것이요"
> **로마서 3 장 25 절**: "이 예수를 하나님이 그의 피로써 믿음으로 말미암는 화목제물로 세우셨으니 이는 하나님께서 길이 참으시는 중에 전에 지은 죄를 간과하심으로 자기의 의로우심을 나타내려 하심이니"

2. 이웃을 용서하는 태도가 하나님의 은혜의 증거

"우리 안에 주의 은혜의 증거가 있어 우리가 마음을 굳게 먹고 우리의 이웃을 용서하는 것처럼"

1) 우리 안에 주의 은혜의 증거가 있어: 우리가 이웃을 용서하는 것은 우리가 먼저 하나님께 용서받았기 때문에 가능한 일입니다. 우리 안에는 우리가 하나님께로부터 용서를 받은 놀라운 은혜의 증거가 있습니다. 이 증거가 있음으로 우리는 이웃의 죄

를 용서할 수 있게 됩니다. 즉, 이웃을 용서하는 우리의 마음과 행위는 우리가 이미 하나님의 용서를 받았다는 '은혜의 증거'가 됩니다.

> **에베소서 4장 32절**: "서로 친절하게 하며 불쌍히 여기며 서로 용서하기를 하나님이 그리스도 안에서 너희를 용서하심과 같이 하라"
> **골로새서 3장 13절**: "누가 누구에게 불만이 있거든 서로 용납하여 피차 용서하되 주께서 너희를 용서하신 것같이 너희도 그리하고"

2) **"마음을 굳게 먹고 용서"**: 이는 단지 형식적인 용서가 아니라, 깊은 마음으로부터 우러나오는 결단과 의지를 가지고 이웃을 용서하는 것을 의미합니다. 때로는 용서하기 어려운 상황과 사람도 있지만, 그럼에도 불구하고 용서의 마음을 품으려는 노력해야 합니다. 이것은 바로 우리가 받은 용서를 깊이 깨닫고 인정할 때 비로소 가능한 태도입니다.

> **마태복음 18장 21, 22절**: "그 때에 베드로가 나아와 가로되 주여 형제가 내게 죄를 범하면 몇 번이나 용서하여 주리이까 일곱 번까지 하리이까 예수께서 이르시되 네게 이르노니 일곱 번뿐 아니라 일곱 번을 일흔 번까지라도 할지니라
> **마태복음 18장 35절**: "너희가 각각 마음으로부터 형제를 용서하지 아니하면 나의 하늘 아버지께서도 너희에게 이와 같이 하시리라"

3) **용서하지 않는 자에 대한 경고**: 예수님은 우리가 이웃의 잘못을 용서하지 않는 것에 대해 경고하셨습니다. 그것은 우리가 이웃을 용서하는 것이 우리가 하나님의 용서를 받았다는 외적 증거이자, 앞으로도 우리가 계속해서 용서를 받을 수 있게 하기 위한 필수 조건임을 강조합니다. 즉, 용서받은 자만이 진정으로 용서할 수 있으며, 용서하는 자가 용서 받을 수 있다는 것입니다.

> **마태복음 6장 14, 15절**: "너희가 사람의 잘못을 용서하면 너희 하늘 아버지께서도 너희 잘못을 용서하시려니와 너희가 사람의 잘못을 용서하지 아니하면 너희 아버지께서도 너희 잘못을 용서하지 아니하시리라"

정리

주기도문의 다섯 번째 간구인 "우리가 우리에게 죄 지은 자를 사하여 준 것같이 우리 죄를 사하여 주옵소서"에는 다음과 같은 의미가 있습니다. 그것은 첫째, 우리가 오직 그리스도의 보혈을 의지하여 우리의 모든 죄와 항상 붙어있는 사악함에 대한 하나님의 용서를 간구하는 것입니다. 둘째, 우리가 마음을 굳게 먹고 이웃을 용서하는 행위가 우리 안에 하나님의 은혜가 역사하고 있다는 분명한 증거가 된다는 것입니다. 이 간구는 하나님의 무조건적인 용서의 은혜에 대한 깊은 감사와 그 은혜를 받

은 자로서 마땅히 보여야 할 이웃 사랑과 용서의 실천을 동시에 강조합니다.

제 52 주일

하이델베르크 요리문답 제 127 문: 주기도문 여섯째 간구 – "우리를 시험에 들게 하지 마옵시고 다만 악에서 구하시옵소서"

하이델베르크 요리문답 127 문은 "여섯째 간구는 무엇입니까? "라는 질문에 답합니다. 이 문답은 주기도문의 여섯 번째이자 마지막 간구인 "우리를 시험에 들게 하지 마옵시고 다만 악에서 구하시옵소서"의 의미를 심층적으로 해설합니다. 이 간구는 우리의 연약함을 인정하고 영적 싸움에서 승리할 수 있도록 하나님의 도우심을 간절히 구하는 것입니다.

127 문: 여섯째 간구는 무엇입니까?

답:

"우리를 시험에 들게 하지 마옵시고 다만 악에서 구하시옵소서"인데, 이것은 이러한 간구입니다: "우리 자신은 너무나 연약하여 한 순간도 스스로 설 수 없습니다. 이뿐만이 아니라 우리의 철천지 원수인 마귀와 세상과 우리의 육신이 우리를 공격하기를 그치지 않으니, 주님께서 우리를 성령의 능력으로 보존하시어 강하게 하셔서, 우리가 이 영적 전쟁에서 패하지 않고, 항상 힘을 다해 마귀에 대항하여 마침내 완전히 승리하게 하옵소서."

(참조: 벨직 신앙고백 제 14 조, 제 24 조, 제 37 조)

강해

이 문답은 주기도문의 여섯 번째 간구에는 세 가지 중요한 것이 있다고 말합니다. 첫째는 우리의 근본적인 연약함을 인정하는 것이고, 둘째는 우리를 공격하는 영적인 대적들을 인식하는 것이며, 셋째는 성령의 능력으로 보호받아 영적 전쟁에서 승리하기를 간구하는 것입니다. 이 간구는 우리가 그리스도인의 삶을 살아가는 데 있어서 직면하는 영적 싸움과 그 싸움에서 승리하기 위해서는 하나님의 도움이 필수적임을 강조합니다.

1. 우리 자신의 근본적인 연약함 인정

"우리 자신은 너무나 연약하여 한 순간도 스스로 설 수 없습니다"

1) 사람의 무능력: 우리는 스스로의 힘으로는 죄의 유혹과 시험을 이겨낼 수 없음을 고백합니다. 우리의 의지는 약하고, 죄악된 본성은 여전히 우리 안에 남아있어 우리를 넘어뜨리려 합니다. 그러므로 이 간구는 우리의 '영적인 무능력' 을 솔직하게 인정하는 겸손한 태도를 보여줍니다.

> **요한복음 15 장 5 절**: "나는 포도나무요 너희는 가지라 그가 내 안에, 내가 그 안에 거하면 사람이 열매를 많이 맺나니 나를 떠나서는 너희가 아무것도 할 수 없음이라"
> **로마서 7 장 18 절**: "내 속 곧 내 육신에 선한 것이 거하지 아니하는 줄을 아노니 원함은 내게 있으나 선을 행하는 것은 없노라"

2. 우리를 공격하는 철천지 원수들 (마귀, 세상, 육신)

"이뿐만이 아니라 우리의 철천지 원수인 마귀와 세상과 우리의 육신이 우리를 공격하기를 그치지 않으니"

1) 세 가지 영적 대적: 그리스도인은 영적인 싸움에 직면해 있으며, 이 싸움의 주요 대적은 세 가지입니다.

(1) **마귀**: 우리의 '철천지 원수'이자 거짓의 아비로서, 끊임없이 우리를 유혹하고 넘어뜨리려 합니다. 그는 우리를 거짓말과 속임수로 미혹하고, 믿음에서 떠나게 하려 합니다.

> **고린도후서 11 장 14 절**: "이것은 이상한 일이 아니니라 사탄도 자기를 광명의 천사로 가장하나니"
> **베드로전서 5 장 8 절**: "근신하라 깨어라 너희 대적 마귀가 우는 사자 같이 두루 다니며 삼킬 자를 찾나니"

(2) **세상**: 하나님을 대적하는 문화와 가치관, 유행, 그리고 비성경적인 사고방식 등을 의미합니다. 세상은 우리에게 죄를 매력적으로 보이게 하고, 하나님의 뜻에서 벗어나도록 부추깁니다.

> **요한복음 15 장:18, 19 절**: "세상이 너희를 미워하면 너희보다 먼저 나를 미워한 줄을 알라 너희가 세상에 속하였으면 세상이 자기의 것을 사랑할 것이나 너희는 세상에 속한 자가 아니요 도리어 내가 너희를 세상에서 택하였기 때문에 세상이 너희를 미워하느니라"
> **요한일서 2 장 16 절**: "이는 세상에 있는 모든 것이 육신의 정욕과 안목의 정욕과 이생의 자랑이니 다 아버지께로부터 온 것이 아니요 세상으로부터 온 것이라"

(3) **육신(Old Nature)**: 우리 안에 여전히 남아있는 죄악된 본성, 즉 옛 성품을 의미합니다. 구원받았지만, 우리의 육신은 여전히 하나님의 뜻을 거스르려는 죄악된 욕망을 가지고 있습니다. 이는 외부의 시험에 반응하여 죄를 짓게 만드는 내적

인 원수입니다.

갈라디아서 5 장 17 절: "육체의 소욕은 성령을 거스르고 성령의 소욕은 육체를 거스르나니 이 둘이 서로 대적함으로 너희가 원하는 것을 하지 못하게 하려 함이니라"

2) 끊임없는 공격: 이러한 대적들은 우리를 공격하기를 '그치지 않습니다'. 즉 지속적이고 끈질기게 우리를 유혹하고 시험합니다. 따라서 우리는 '항상 깨어 기도하며' 하나님의 도우심을 구해야 합니다.

마태복음 26 장 41 절: "시험에 들지 않게 깨어 기도하라 마음에는 원이로되 육신이 약하도다 하시고"
마가복음 13 장 13 절: "또 너희가 내 이름으로 말미암아 모든 사람에게 미움을 받을 것이나 끝까지 견디는 자는 구원을 받으리라"

3. 성령의 능력으로 보존되고 강하게 되어 영적 전쟁에서 승리 간구

"주님께서 우리를 성령의 능력으로 보존하시어 강하게 하셔서, 우리가 이 영적 전쟁에서 패하지 않고, 항상 힘을 다해 마귀에 대항하여 마침내 완전히 승리하게 하옵소서"

1) 하나님의 적극적인 보호와 공급: 이 간구는 우리의 연약함과 대적들의 강함을 인정하면서도, 궁극적으로는 하나님께서 우리를 보호하시고 강하게 하실 것이라는 믿음을 표현합니다. 우리의 힘이 아닌 성령의 능력으로만 우리가 이 싸움에서 승리할 수 있음을 고백합니다.

에베소서 6 장 10, 11 절: "끝으로 너희가 주 안에서와 그 힘의 능력으로 강건하여지고 마귀의 간계를 능히 대적하기 위하여 하나님의 전신 갑주를 입으라"
빌립보서 4 장 13 절: "내게 능력 주시는 자 안에서 내가 모든 것을 할 수 있느니라"

2) 영적 전쟁에서 패하지 않음: 이 간구는 우리가 죄와 시험에 넘어지지 않고, 영적인 싸움에서 '승리하기를' 구하는 것입니다. 이는 단순히 시험에 들지 않는 것을 넘어, 적극적으로 시험을 이겨낼 힘을 달라는 기도입니다.

고린도전서 10 장 13 절: "사람이 감당할 시험 밖에는 너희가 당한 것이 없나니 오직 하나님은 미쁘사 너희가 감당하지 못할 시험 당함을 허락하지 아니하시고 시험 당할 즈음에 또한 피할 길을 내사 너희로 능히 감당하게 하시느니라"

3) "항상 힘을 다해 마귀에 대항하여 마침내 완전히 승리하게": 이는 일시적인 승리가 아니라, 그리스도의 재림으로 하나님 나라가 완전히 완성되는 그날까지 '지속적으로 싸워 마침내 최종적인, 완전한 승리를' 거두기를 소망하는 것입니다. 이 궁극적인 승리는 그리스도 안에서 이미 보장되어 있지만, 이 땅에 사는 동안 우리는 그 승

리를 향해 끊임없이 나아가야 합니다.

> **로마서 8장 37절**: "그러나 이 모든 일에 우리를 사랑하시는 이로 말미암아 우리가 넉넉히 이기느니라"
> **요한계시록 12장 11절**: "또 여러 형제가 어린 양의 피와 자기들이 증언하는 말씀으로써 그를 이겼으니 그들은 죽기까지 자기들의 생명을 아끼지 아니하였도다"

정리

주기도문의 여섯 번째 간구인 "우리를 시험에 들게 하지 마옵시고 다만 악에서 구하시옵소서"에는 다음과 같은 뜻이 있습니다. 첫째, 우리 자신이 너무나 연약하여 한 순간도 스스로 설 수 없음을 인정합니다. 둘째, 우리의 철천지 원수인 마귀와 세상과 우리 육신이 우리를 끊임없는 공격하고 있습니다. 마지막으로, 그러니 하나님께서 성령의 능력으로 우리를 보존하시고 강하게 하셔서, 이 영적 전쟁에서 패하지 않게 하시고, 우리가 항상 힘을 다해 마귀에 대항하여, 마침내 완전히 승리하게 해달라고 겸손히 간구하는 것입니다. 이 간구는 그리스도인의 삶이 영적인 싸움이며, 오직 하나님의 은혜와 성령의 능력으로만 승리할 수 있다는 것을 명확히 말해줍니다.

하이델베르크 요리문답 제 128 문: 주기도문의 송영 – "나라와 권세와 영광이 아버지께 영원히 있사옵나이다"

하이델베르크 요리문답 128문은 "이 기도는 어떻게 끝이 납니까? "라는 질문을 합니다. 이에 대한 답으로 주기도문의 마지막 부분인 '송영'(Doxology), 즉 "나라와 권세와 영광이 아버지께 영원히 있사옵나이다"을 말하며 그 의미를 해설합니다. 이 송영은 우리가 드린 모든 간구의 근거와 목적을 제시하며, 하나님께 대한 찬양과 영광 돌림으로 기도를 마무리합니다.

128문: 이 기도는 어떻게 끝이 납니까?

답:

"나라와 권세와 영광이 아버지께 영원히 있사옵나이다"로 끝납니다. 그 뜻은 이렇습니다: "주님께서 우리의 왕이시고 전능하시어 우리에게 모든 좋은 것을 기꺼이 주기 원하시며, 또한 주실 수 있는 분이기 때문에 우리는 이 모든 것을 주님께 구합니다. 그리고 우리가 이 모든 것을 간구하오니, 이로써 우리가 아니라 주님의 거룩한 이름이 영원히 영광스럽게 되게 하옵소서."

(참조: 벨직 신앙고백 제9조, 13조)

강해

이 문답은 주기도문의 '송영'이 가지는 두 가지 중요한 의미를 설명합니다. 첫째는 우리가 하나님께 모든 것을 구하는 이유와 근거를 밝히는 것이고, 둘째는 우리의 기도를 통해 오직 하나님의 이름만이 영원히 영광스럽게 되기를 바라는 것이요, 결국 그렇게 될 것이라는 종말론적 확신입니다.

1. 우리가 모든 것을 하나님께 구하는 이유와 근거

"주님께서 우리의 왕이시고 전능하시어 우리에게 모든 좋은 것을 기꺼이 주기 원하시며, 또한 주실 수 있는 분이기 때문에 우리는 이 모든 것을 주님께 구합니다"

1) 하나님의 주권과 통치(나라): '나라'는 하나님의 '주권적인 통치와 왕 되심'을 의미합니다. 하나님은 우리의 왕이시므로, 우리는 그분께 순종하고 그분의 보호와 공급을 구할 수 있습니다. 우리의 모든 필요는 그분의 통치 아래 있으며, 그분만이 모든 것을 다스리고 주관하실 수 있습니다.

역대상 29:10, 11절: "다윗이 온 회중 앞에서 여호와를 송축하여 이르되 우리 조상 이스라엘의 하나님 여호와여 주는 영원부터 영원까지 송축을 받으시옵소서 여호와여 위대하심과 권능과 영광과 승리와 위엄이 다 주께 속하였사오니 천지에 있는 것이 다 주의 것이로소이다 여호와여 주권도 주께 속하였사오니 주는 높으사 만물의 머리이심이니이다"

시편 24편 1절: "땅과 거기에 충만한 것과 세계와 그 중에 거하는 자들이 다 여호와의 것이로다"

2) 하나님의 능력(권세): '권세'는 하나님의 '전능하신 능력'을 가리킵니다. 하나님은 어떤 것도 하실 수 있는 분이시므로, 우리의 간구가 아무리 크고 불가능해 보여도 그분에게는 아무런 문제가 되지 않습니다. 우리는 그분의 무한한 능력을 믿고 담대히 기도합니다.

마태복음 19장 26절: "예수께서 그들을 보시며 이르시되 사람으로는 할 수 없으나 하나님으로서는 다 하실 수 있느니라"

3) 하나님의 선하심과 자원하는 마음(기꺼이 주기 원하심): 우리는 하나님이 단순히 능력이 있으신 분을 넘어, 선하시고 자비로우셔서 우리에게 모든 좋은 것을 '기꺼이' 주시기를 원하시는 분임을 믿습니다. 이는 우리의 기도가 사랑 많으신 아버지께 드려지는 것임을 확신하게 합니다. 그분은 우리를 사랑하시기에 우리의 필요를 채우기 원하십니다.

시편 145 편 15, 16 절: "모든 사람의 눈이 주를 앙망하오니 주는 때를 따라 그들에게 먹을 것을 주시며 손을 펴사 모든 생물의 소원을 만족하게 하시나이다"
누가복음 11 장 13 절: "너희가 악할지라도 좋은 것을 자식에게 줄 줄 알거든 하물며 너희 하늘 아버지께서 구하는 자에게 성령을 주시지 않겠느냐 하시니라"

4) 하나님께 구하는 타당성: 이 세 가지 속성(왕 되심, 전능하심, 선하심)이 결합되어 우리가 하나님께 모든 것을 구할 수 있는 '정당한 근거와 확신'을 제공합니다. 우리가 염려하고 두려워할 필요 없이, 가장 선하시고 전능하신 왕이신 하나님께 모든 것을 아뢰는 것이 마땅합니다.

스가랴 10 장 1 절: "봄비가 올 때에 여호와 곧 구름을 일게 하시는 여호와께 비를 구하라 무리에게 소낙비를 내려서 밭의 채소를 각 사람에게 주시리라"
마태복음 7장7-9절: "구하라 그리하면 너희에게 주실 것이요 찾으라 그리하면 찾아낼 것이요 문을 두드리라 그리하면 너희에게 열릴 것이니 구하는 이마다 받을 것이요 찾는 이는 찾아낼 것이요 두드리는 이에게는 열릴 것이니라"

2. 기도의 궁극적인 목적: '하나님의 이름이 영원히 영광스럽게 됨'

"그리고 우리가 이 모든 것을 간구하오니, 이로써 우리가 아니라 주님의 거룩한 이름이 영원히 영광스럽게 되게 하옵소서"

1) 영광의 목적: 우리가 하나님께 드리는 모든 기도의 궁극적인 목적은 우리 자신의 유익이나 영광이 아니라, '오직 하나님의 거룩한 이름이 영원히 영광스럽게 되는 것'입니다. 우리의 필요가 채워지고 기도가 응답될 때, 그 모든 영광은 하나님께로 돌려져야 합니다.

2) 자기 부인과 하나님 중심: 이 부분은 우리의 기도가 '철저히 하나님 중심적'이어야 함을 강조합니다. 우리는 이기적인 동기나 자기 만족을 위해 기도하는 것이 아니라, 하나님의 영광을 위해 기도합니다. 우리의 삶과 기도가 하나님의 영광을 위한 도구가 되기를 바라는 것입니다.

시편 115 편 1 절: "여호와여 영광을 우리에게 돌리지 마옵소서 우리에게 돌리지 마옵소서 오직 주의 인자하심과 진실하심으로 인하여 주의 이름에 돌리소서"
고린도전서 10장 31 절: "그런즉 너희가 먹든지 마시든지 무엇을 하든지 다 하나님의 영광을 위하여 하라"

3) "영원히 영광스럽게 하옵소서": 하나님의 영광이 일시적인 것이 아니라 영원히 지속되기를 간구합니다. 이는 종말론적인 확신으로, 하나님의 주권과 영광이 시공간을 초월하여 영원히 변치 않음을 힘차게 찬양하는 것입니다. 결국 최후의 승리자는 하

나님 아버지이십니다.

> **다니엘 7장 14절:** "그에게 권세와 영광과 나라를 주고 모든 백성과 나라들과 다른 언어를 말하는 모든 자들이 그를 섬기게 하였으니 그의 권세는 소멸되지 아니하는 영원한 권세요 그의 나라는 멸망하지 아니할 것이니라"
>
> **다니엘 7장27절:** "나라와 권세와 온 천하 나라들의 위세가 지극히 높으신 이의 거룩한 백성에게 붙인 바 되리니 그의 나라는 영원한 나라이라 모든 권세 있는 자들이 다 그를 섬기며 복종하리라"

정리

주기도문의 송영인 "나라와 권세와 영광이 아버지께 영원히 있사옵나이다"에서 우리는 다음을 배울 수 있습니다. 첫째, 하나님께서 우리의 왕이시고, 전능하시며, 우리에게 모든 좋은 것을 기꺼이 주시기를 원하시고 주실 수 있는 분이시기 때문에, 우리가 모든 것을 그분께 구해야 한다는 것입니다. 둘째, 우리가 이 모든 것을 간구하는 궁극적인 목적은 우리 자신의 영광이 아니라, 오직 주님의 거룩한 이름이 영원히 영광스럽게 되게 하기 위함입니다. 이 송영은 우리의 기도가 하나님의 속성에 대한 확고한 믿음에 근거하며, 그 모든 결과가 오직 하나님의 영광으로 귀결되어야 함을 강력하게 선포합니다. 이는 하늘과 땅, 우주 만물에 오직 하나님 나라만이 영광 가운데 임할 것에 대한 종말론적 확신입니다.

하이델베르크 요리문답 제129문: "아멘"의 의미 – 확신과 응답의 신뢰

하이델베르크 요리문답 129문은 " '아멘' 이라는 말은 무슨 뜻입니까? "하며 주기도문의 마지막을 장식하는 '아멘'의 뜻을 묻습니다. 이에 답은 그 의미를 설명하며, 우리의 기도가 단순한 요청이 아니라 '하나님의 응답에 대한 확고한 신뢰'로 마무리되어야 함을 강조합니다.

129문: "아멘"이라는 말은 무슨 뜻입니까?

답:

"아멘"은 '진실로 그렇게 될 것을 확신한다' 는 뜻입니다. 왜냐하면 내가 이 모든 것을 간구하는 그 심정 이상으로 하나님께서 내 기도를 확실하게 들어주시기 때문입니다.

(참조: 벨직 신앙고백 제26조)

강해

이 문답은 '아멘'이라는 단어의 두 가지 중요한 의미를 설명합니다. 첫째는 기도 내용의 진실성과 그 성취에 대한 확신이고, 둘째는 하나님께서 우리의 간구보다 더 확실하게 응답하신다는 신뢰입니다.

1. '아멘'의 문자적 의미: '진실성'과 '확신'

"아멘은 '진실로 그렇게 될 것을 확신한다'는 뜻입니다."

1) '진실로', '확실히' : '아멘'은 히브리어에서 유래한 단어로, '견고하다', '진실하다', '확실하다'는 의미를 가지고 있습니다. 따라서 '아멘'은 기도의 내용을 '하나님의 약속에 근거하여 진실로 믿으며, 그 약속이 확실히 이루어질 것임을 선포하는 것'입니다. 우리가 방금 드린 모든 간구가 하나님의 뜻에 합당하며, 하나님께서 그대로 이루실 것을 믿는다는 고백입니다. 하나님의 모든 약속은 그리스도 안에서 '아멘' 곧 '예'가 됩니다.

고린도후서 1 장 20 절: "하나님의 약속은 얼마든지 그리스도 안에서 예가 되니 그런즉 그로 말미암아 우리가 아멘 하여 하나님께 영광을 돌리게 되느니라"
디모데후서 2 장 13 절: "우리는 미쁨이 없을지라도 주는 항상 미쁘시니 자기를 부인하실 수 없으시리라"

2. 기도의 응답에 대한 하나님의 신실하심과 우리의 신뢰

"왜냐하면 내가 이 모든 것을 간구하는 그 심정 이상으로 하나님께서 내 기도를 확실하게 들어주시기 때문입니다"

1) 우리의 간구 이상으로 응답하시는 하나님: 이 부분은 '아멘'을 말하는 '궁극적인 이유'를 설명합니다. 우리가 아무리 간절하고 진실한 마음으로 기도한다 할지라도, '하나님께서는 우리의 간절함이나 믿음의 깊이 그 이상으로 우리의 기도를 '확실하게' 들어주십니다.' 이는 하나님의 신실하심, 전능하심, 그리고 자비로우심에 대한 절대적인 신뢰를 바탕으로 합니다. 우리의 기도가 응답되는 것은 우리의 공로 때문이 아니라, 오직 하나님의 성품과 약속 때문임을 고백하는 것입니다.

에베소서 3 장 20 절: "우리 가운데서 역사하시는 능력대로 우리가 구하거나 생각하는 모든 것에 더 넘치도록 능히 하실 이에게"
히브리서 11 장 6 절: "믿음이 없이는 하나님을 기쁘시게 하지 못하나니 하나님께 나아가는 자는 반드시 그가 계신 것과 또한 그가 자기를 찾는 자들에게 상 주시는 이심을 믿어야 할지니라"'

2) 응답에 대한 확신: '아멘' 은 기도를 마칠 때 단순히 관습적으로 사용하는 단어가 아닙니다. 이는 하나님께서 우리의 기도를 들으시고 그분의 선하신 뜻에 따라 반드시 응답하실 것이라는 '내적인 확신과 소망' 을 담은 선포입니다. 이 확신은 우리의 불안과 의심을 잠재우고, 하나님께 모든 것을 맡기는 평안으로 이끕니다. 그러므로 '아멘' 은 이 죄악된 세상을 주의 이름으로 기도하며 살아가는 성도들의 결연한 믿음의 선언이요, 승리에 대한 확신입니다.

> **시편 145 편 18, 19 절:** "여호와께서는 자기에게 간구하는 모든 자 곧 진실하게 간구하는 모든 자에게 가까이 하시는도다 그는 자기를 경외하는 자들의 소원을 이루시며 또 그들의 부르짖음을 들으사 구원하시리로다"
> **이사야 65 장 24 절:** "그들이 부르기 전에 내가 응답하겠고 그들이 말을 마치기 전에 내가 들을 것이며"

정리

'아멘'이라는 말은 '진실로 그렇게 될 것을 확신한다'는 뜻입니다. 그 이유는 우리가 아무리 간절히 간구할지라도, 하나님께서 우리의 기도에 훨씬 더 확실하게 응답해 주실 것임을 믿기 때문입니다. '아멘'은 단순히 기도의 끝을 알리는 단어를 넘어, 하나님의 신실하심과 전능하심에 대한 우리의 '깊은 신뢰'입니다. 그리고 우리가 드린 기도가 그분의 뜻 안에서 반드시 이루어질 것이라는 '흔들림 없는 확신'을 담은 신앙고백이요, 믿음의 선언입니다.

-끝-

III. 부록:

1. 벨직 신앙고백 The Belgic Confession of Faith (1561)

벨직 신앙고백은 1561 년 귀도 드 브레(Guy De Bres)가 개혁교회의 신앙이 하나님의 말씀에 기초한 것임을 입증하기 위해, 프랑스어로 작성한 것이다. 이것은 그 내용의 우수성으로 인해 곧 네덜란드어, 독일어, 라틴어로 번역되었다. 이 신앙고백에 대한 개신교도들의 반응은 뜨거웠다. 그들은 당시 필립 2 세의 개신교도들에 대한 가혹한 탄압에도 불구하고 이 신앙고백을 고수하며 10 만명 이상이 순교하였다. 그들은 이 신앙고백서에 담긴 진리를 부인해야 한다면 차라리 '등가죽이 벗겨지고, 혀가 잘리고, 입에 재갈을 물리어 불 속에 던져지는 쪽을 택하겠다'고 할 정도로 이 신앙고백에 열렬히 호응하였다. 이 신앙고백의 작성자인 귀도 드 브레도 정부에 체포되어 1567 년에 순교하였다.

이러한 벨직 신앙고백은 칼뱅주의적 교리 체계를 가장 잘 진술해 놓았다고 평가되어 1571 년 엠덴(Emden) 개혁교회 노회에서 공식 신앙고백으로 채택되었고, 1619 년에는 도르트 총회에서 수정되어 명실 공히 벨기에와 네덜란드 개혁교회의 고백이 되었다. 이 신앙고백은 역사적으로도 영국의 웨스트민스터 신앙고백과 함께 가장 우수한 개혁주의 신앙고백으로 높이 평가되고 있다.

벨직 신앙고백

제1조 유일하신 하나님

우리 모두는 유일하시며[1] 단일 본질의 영적 존재이신[2] 하나님이 계심을 마음으로 믿고 입으로 고백한다.[3] 하나님은 영원하시며[4] 불가해하시며[5] 보이지 않으시며[6] 불변하시고[7] 무한하시고[8] 전능하시고,[9] 완전히 지혜로우시며[10] 정의로우시며[11] 선하시며,[12] 모든 선이 넘쳐흐르는 원천이시다.[13]

[1] 요 4:24. [2] 신 6:4; 고전 8:4,6; 딤전 2:5. [3] 롬 10:10. [4] 시 90:2. [5] 롬 11:33.[6] 골 1:15; 딤전 6:16. [7] 약 1:17. [8] 왕상 8:27; 렘 23:24. [9] 창 17:1; 마 19:26; 계 1:8. [10] 롬 16:27. [11] 롬 3:25,26; 롬 9:14; 계 16:5,7. [12] 마 19:17.

[13] 약 1:17.

제2조 하나님을 아는 방법

우리는 두 가지 방법으로 하나님을 알 수 있다. 첫째, 우주의 창조와 보존과 통치를 통한 방법이다. 이 우주는 우리 눈앞에 있는 하나의 훌륭한 책과 같고[1] 그 안에 있는 크고 작은 모든 피조물들은 글자와도 같다. 그래서 우리는 사도 바울이 로마서 1 장 20 절에서 말한 것처럼 그것들을 통하여 하나님의 보이지 않는 것들, 곧 하나님의 영원한 능력과 신성에 대해 깊이 생각할 수 있다. 이 모든 것은 사람들에게 확신을 주고 변명할 수 없게 만들기에 충분하다. 둘째, 하나님은 자신의 거룩하고 신성한 말씀을 통해 자신의 영광을 위하여, 그리고 우리의 구원을 위하여 우리가 이 세상에서 알 필요가 있는 만큼 우리에게 자신을 더 공개적으로 알려 주신다.[2]

[1] 시 19:1-4. [2] 시 19:7,8; 고전 1:18-21.

제3조 기록된 하나님의 말씀

우리는 이 하나님의 말씀이 사람의 뜻으로 난 것이 아니요, 사도 베드로가 말한 대로 거룩한 하나님의 사람들이 성령의 감동을 받아 말한 것임을 고백한다(벧후 1:21). 후에 하나님께서는 우리를 향해 가지신 특별한 관심과 우리의 구원 때문에 자신의 종들과 선지자들, 사도들에게 계시된 이 말씀을 기록하도록 명하셨다.[1] 하나님은 친히 자신의 손가락으로 율법을 두 돌판에 쓰셨다.[2] 그러므로 우리는 이러한 글을 거룩하고 신성한 성경이라고 부른다.[3]

[1] 출 34:27; 시 102:18; 계 1:11,19. [2] 출 31:18. [3] 딤후 3:16.

제4조 정경(正經)

우리는 구약과 신약, 이 두 책을 성경이라고 부른다. 이 책들이 정경인 것에 대해서는 어느 누구도 이의를 제기할 수 없다. 하나님의 교회에서 사용되는 이 책들의 목록은 다음과 같다.

구약성경의 책들:

모세오경, 즉 창세기, 출애굽기, 레위기, 민수기, 신명기; 여호수아, 사사기, 룻기, 사무엘의 두 책, 열왕기의 두 책, 파라리포메논이라는 역대기의 두 책, 에스라, 느헤미야, 에스더, 욥기, 다윗의 시편, 솔로몬의 세 책 – 잠언, 전도서, 아가서; 네 명의 대선지자 – 이사야, 예레미야, 예레미야 애가, 에스겔 및 다니엘; 그리고 열두 명의 소선지자 – 호세아, 요엘, 아모스, 오바댜, 요나, 미가, 나훔, 하박국, 스바냐, 학개, 스가랴, 말라기.

신약성경의 책들:

4 복음서, 즉 마태복음, 마가복음, 누가복음, 요한복음; 사도행전; 바울의 열네 편지, 즉 로마 사람들에게 보낸 편지, 고린도 사람들에게 보낸 두 편지, 갈라디아 사람들에게 보낸 편지, 에베소 사람들에게 보낸 편지, 빌립보 사람들에게 보낸 편지, 골로새 사람들에게 보낸 편지, 데살로니가 사람들에게 보낸 두 편지, 디모데에게 보낸 두 편지; 디도에게 보낸 편지, 빌레몬에게 보낸 편지, 히브리 사람들에게 보낸 편지; 다른 사도들의 일곱 편지, 즉 야고보가 보낸 편지, 베드로의 두 편지, 요한의 세 편지, 유다의 편지; 사도 요한의 계시록.

제5조 성경의 권위

우리는 이 모든 책이 우리의 믿음을 규정하고 믿음의 토대가 되고 또한 믿음을 확립해 주는거룩한 정경임을[1] 믿는다.[2] 우리는 성경 속에 있는 모든 것을 조금도 의심하지 않고 믿는다. 이것은 교회가 이 책들을 받고 정경으로 승인했기 때문이 아니라, 무엇보다도 성령께서 이 책들이 하나님으로부터 온 것임을 우리 마음에 증거 하시기 때문이며, 또한 이 책들 자체가 하나님으로부터 온 것임을 스스로 증거하고 있기 때문이다.[3] [심지어는 맹인들조차도 거기에 예언된 일들이 성취되고 있음을 지각할 수 있습니다.][4]

[1] 딤후3:16,17. [2] 살전2:13. [3] 고전12:3; 요4:6; 요5:7. [4] 신18:21,22; 왕상22:28; 렘28:9; 겔33:33.

제6조 정경과 외경:

우리는 이러한 정경을 외경과 구별한다. 외경으로는 제3, 제4에스드라서, 토빗, 유딧, 지혜서, 예수 시락, 바룩, 에스더 부록, 풀무불 속의 세 아이들의 노래, 수산나의 이야기, 벨과 용의 이야기, 므낫세의 기도, 마카베오의 두 책들 등이 있다. 교회는 이 책들이 정경과 일치하는 한 읽고 거기서 교훈을 얻을 수 있다. 그러나 우리는 이 외경의 증거에서 우리의 믿음과 기독교의 어떤 부분을 확정할 만한 힘과 덕목을 얻을 수 없다. 하물며 이 외경들이 정경의 권위를 저하시킬 수는 더욱 없는 것이다.

제7조 성경의 충분성

우리는 성경에 하나님의 뜻이 완전히 들어 있다는 것과, 성경은 사람이 구원 받기 위하여 믿어야 할 모든 것을 충분히 가르치고 있다고 믿는다.[1] 하나님께서 우리에게 요구하시는 예배의 방식 전체는 성경 안에 상세하게 기록되어 있기 때문에, 사도 바울이 말한 것과 같이 비록 사도나 하늘에서 온 천사라 할지라도 아무도 성경이 이미 우리에게 가르치고 있는 것 이외의 다른 것을 가르쳐서는 안 된다(갈 1:8).[2]하나님의 말씀에 어떤 것을 더하거나 빼는 것이 금지되어 있다는 것은(신 12:32 ; 계 22:18-19)[3] 성경의 가르침은 모든 면에서 완전하고 완성된 것이라는 명백한 증거가 된다.[4]

그렇기 때문에 우리는 사람이 쓴 어떤 글도, 비록 그 글을 쓴 사람이 아무리 거룩하다 할지라도, 결코 성경과 비교해서는 안 된다. 또한 우리는 관례, 다수의 의견, 시대, 고전, 회의, 법령, 혹은 공적인 결정 등을 하나님의 진리보다 높여서도 안 된다. 왜냐하면 하나님의 진리는 모든 것 위에 뛰어나기 때문이다.[5] 또한 모든 사람은 본성상 거짓되고 공허 그 자체보다도 더 공허한 존재이기 때문이다.[6]

그러므로 우리는 이 무오한 규범과 일치되지 않는 것은 어떤 것이든지 온 마음을 다하여 배격한다. 이는 우리가 사도들로부터 그렇게 하도록 배웠기 때문이다.[7] "오직 영들이 하나님께 속하였나 분별하라"(요일 4:1). 또한 "누구든지 이 교훈을 가지지 않고 너희에게 나아가거든 그를 집에 들이지도 말고 인사도 하지 말라"(요이 1:10).

[1] 딤후3:16,17; 벧전1:10-12. [2] 고전15:2; 딤전1:3. [3] 신4:2; 잠30:6; 행26:22; 고전4:6; 계22:18,19. [4] 시19:7; 요15:15; 행18:28; 행20:27; 롬15:4. [5] 막7:7-9; 행4:19; 골2:8; 요일2:19. [6] 시 62:9. [7] 신4:5,6; 사8:20; 고전3:11; 엡4:4-6; 살후2:2; 딤후3:14,15

제8조 삼위일체 하나님

이 진리와 하나님의 말씀에 따라 우리는 유일하신 하나님을 믿는다.[1] 하나님은 단일 본질로서, 교환될 수 없는 속성에 의해 실제적으로, 참으로, 그리고 영원히 구별되는 삼위(三位)로 계시거니와, 곧 성부, 성자, 성령이시다.[2]

성부는 보이는 것과 보이지 않는 모든 것의 원인이시며, 시작이시며, 근원이시다.[3]성자는 말씀이시며 지혜이시며 성부의 형상이시다.[4] 성령은 영원한 능력이요 힘이시며, 성부와 성자에게서 나오신다.[5] 그럼에도 불구하고 이렇게 구분한다고 해서 하나님이 셋으로 나누어지시는 것은 아니다. 왜냐하면 성부, 성자, 성령은 각각의 특성으로 구별되는 고유한 위격을 갖고 계시지만, 그럼에도 불구하고 삼위 하나님은 그러한 방식으로 유일하신 하나님이 되신다.

성부는 성자가 아니며, 성자는 성부가 아니며, 또한 성령은 성부도 아니고 성자도 아니신 것이 분명하다. 그럼에도 불구하고 이렇게 구별된 삼위 하나님은 나눠지거나 서로 융합되거나, 함께 혼합되지도 않으신다. 성부는 육신을 입지 않으셨고 성령도 또한 그러하시되 오직 성자만이 육신을 입으셨다. 성부는 성자 없이, 또한 성령 없이 계신 적이 없었다.[6] 왜냐하면 삼위는 영원부터 동등하시고, 하나이며 동일한 본질이시기 때문이다. 첫째 되는

위(位)도 없고, 또한 나중 되는 위(位)도 없으신데, 왜냐하면 삼위 하나님은 모두 진리와 능력, 선과 자비 안에서 하나이시기 때문이다.

[1] 고전8:4-6. [2] 마3:16,17; 마28:19. [3] 엡3:14,15. [4] 잠8:22-31; 요1:14; 요5:17-26; 고전1:24; 골1:15-20; 히1:3; 계19:13. [5] 요15:26. [6] 미5:2; 요1:1,2.

제9조 삼위일체에 대한 성경의 증거

우리는 이 모든 것을 삼위 하나님의 역사, 특히 우리 안에서 깨닫게 되는 역사를 통해서는 물론, 성경의 증거들을 통해서 안다.[1] 이 거룩한 삼위일체 하나님을 믿도록 가르쳐 주는 성경의 증거들이 구약의 많은 곳에 기록되어 있다. 우리가 그것을 일일이 열거할 필요까지는 없고, 다만 신중하게 선별해야 할 것이다.

창세기에서 하나님은 "우리의 형상을 따라 우리의 모양대로 우리가 사람을 만들자"라고 말씀하셨다. "하나님이 자기 형상 곧 하나님의 형상대로 사람을 창조하시되 남자와 여자를 창조하시고"(창 1:26~27). "보라, 사람이 우리 중 하나 같이 되었다"(창 3:22). 하나님께서 "우리가 우리의 형상대로 사람을 만들자"라고 말씀하실 때 하나님 안에 복수의 위격이 있음이 나타난다. 그리고 후에 "하나님이 창조하셨다"라고 말씀하실 때는 하나 됨을 보여주신다. 하나님께서 얼마나 많은 위격이 있는지 여기서 말씀하시지 않은 것은 사실이다. 그러나 이렇게 구약에서 다소 모호한 부분은 신약에서 아주 분명하게 드러난다.

우리 주님이 요단강에서 세례를 받으실 때 성부의 음성이 들렸다. "이는 내 사랑하는 아들이다"(마 3:17). 성자가 물에서 모습을 드러내시고 성령이 비둘기 같은 모양으로 나타나셨다.[2] 그래서 모든 성도의 세례를 위해 그리스도께서 이런 형식을 제정하셨다. "아버지와 아들과 성령의 이름으로 모든 백성에게 세례를 베풀라"(마 28:19). 누가복음에서는 천사 가브리엘이 마리아, 우리 주님의 어머니에게 이렇게 말하였다. "성령이 네게 임하시고 지극히 높으신 이의 능력이 너를 덮으시리니 이러므로 나실 바 거룩한 이는 하나님의 아들이라 일컬어지리라"(눅 1:35).

그리고 다른 곳에는 이렇게 쓰여 있다. "우리 주 예수 그리스도의 은혜와 하나님의 사랑과 성령의 교통하심이 너희 무리와 함께 있을지어다"(고후 13:13). 이 모든 구절에서 우리는 하나이며 유일한 신성의 본질에 세 위격이 있다는 것을 충분히 배울 수 있다. 그리고 이 교리는 사람의 이해를 초월하는 것이지만, 그럼에도 불구하고 우리는 지금 말씀을 통해 삼위일체를 믿으며, 장차 하늘나라에서 이것을 충분히 알고 즐거워하게 될 날을 기다린다.

더 나아가서 우리는 이 삼위 하나님께서 우리와 연관되어 하시는 특별한 사역과 활동에 주목하지 않으면 안 된다. 성부께서는 성부의 능력 때문에 우리의 창조주로 불리우신다.

성자는 자신의 피로 말미암아 우리의 구주와 대속자가 되신다. 성령은 우리 마음에 내재하심으로 우리를 거룩하게 하신다.

이 삼위일체 교리는 사도시대 이후 오늘에 이르기까지 참된 교회에서 보존되어 왔다. 이는 유대교인, 이슬람교도, 어떤 거짓 그리스도인들과, 마르키온, 프락세아스, 사벨리우스, 사모사타의 바울, 아리우스 등과 같은 이단들, 그리고 거룩한 교부들로부터 옳게 정죄된 사람들의 주장과 반대되는 것이었다. 그래서 우리는 (삼위일체에 관한) 이 문제에 있어서 세 개의 보편적 교회의 신조인 사도신경과 니케아 신조와 아타나시우스 신조 및 고대의 교부들이 이 신조들에 동의하며 결정한 것들을 받아들인다.

[1] 요14:16; 요15:26; 행2:32,33; 롬8:9; 갈4:6; 딛3:4-6; 벧전1:2; 요일4:13,14; 요일5:1-12; 유20,21; 계1:4,5. [2] 마3:16.

제10조 예수 그리스도, 참되고 영원하신 하나님

우리는 예수 그리스도께서 그의 신성을 따라 하나님의 유일한 아들로서 영원히 나신 분이요,[1] 지음을 받지 않고, 창조되지도 않으셨음을 믿는다. 만일 그리스도께서 만들어지거나 창조되신 분이라면 그리스도는 피조물에 불과할 것이다. 그리스도께서는 본질 면에서 성부와 하나이시며, 함께 영원하시고, 성부와 똑같은 형상을 지니셨고, 성부의 영광을 비추시며(골 1:15; 히 1:3), 모든 면에서 성부와 같으시다.[2]

그리스도는 우리의 인성을 취하신 때 이후만이 아니라 영원부터 하나님의 아들이시다.[3] 이것은 다음의 증거들을 함께 비교해 보면 알 수 있다. 모세는 하나님이 "세계를 창조하셨다"(창 1:1)고 말하였다.[4] 요한은 "말씀에 의해 만물이 지어졌다"(요 1:3)고 말하고 이 말씀은 곧 하나님이라고 하였다.[5] 또 사도는 "하나님이 자기 아들을 통하여 세계를 지으셨다"(히 1:2)고 말한다.[6] 그는 또한 "하나님이 만물을 예수 그리스도로 말미암아 지으셨다"(골 1:16)고 말한다.[7]

그러므로 이렇게 말할 수 있다: 하나님으로, 말씀으로, 아들로, 그리고 예수 그리스도로 불리는 그는 만물이 창조되던 그 때에 이미 존재하셨다. 그러므로 선지자 미가는 그리스도의 근본은 "상고에, 영원에 있다"(미 5:2)고 말했던 것이다. 그리고 사도는 그리스도에게는 "시작한 날도 없고 생명의 끝도 없다"(히 7:3)고 하였다. 그리스도께서는 참되고 영원하신 하나님이시요, 전능하신 하나님이시다. 그래서 우리는 그리스도께 간구하고 예배드리며 그리스도를 섬기는 것이다.

[1] 마17:5; 요1:14,18; 요3:16; 요14:1-14; 요20:17,31; 롬1:4; 갈4:4; 히1:2; 요일5:5,9-12. [2] 요5:18,23; 요10:30; 요14:9; 요20:28; 롬9:5; 빌2:6; 골1:15; 딛2:13; 히1:3; 계5:13. [3] 요8:58; 요17:5; 히13:8. [4] 창1:1. [5] 요1:1-3.

[6] 히1:2. [7] 고전8:6; 골1:16.

제11조 성령, 참되고 영원하신 하나님

우리는 또한 성령께서 성부와 성자로부터 영원히 발출하신다고 믿고 고백한다. 성령은 만들어지거나 창조되거나 나신 것이 아니며, 다만 삼위 중 성부와 성자로부터 발출하실 뿐이다.[1] 질서와 관련해서 성령 하나님은 삼위일체의 제삼위에 해당하신다. 그러나 성령은 성부와 성자와 함께 하나이며 동일한 본질과 존귀와 영광을 지니셨다. 성령은 참되고 영원한 하나님이시며, 이는 성경이 우리에게 가르치는 바이다.[2]

[1] 요14:15-26; 요15:26; 롬8:9. [2] 창1:2; 마28:19; 행5:3,4; 고전2:10; 고전3:16; 고전6:11; 요일5:7.

제12조 만물과 천사의 창조

우리는 성부께서 그의 말씀, 곧 그의 아들을 통해 천지와 그 안에 있는 모든 피조물들을 하나님이 보시기에 좋게 무(無)에서 창조하셨음을 믿는다.[1] 성부께서는 모든 피조물에게 존재와 형태, 모양과 다양한 직분을 주셔서 자기들의 창조주를 섬기게 하셨다.[2] 지금도 하나님은 당신의 영원한 섭리와 무한하신 능력으로 만물을 유지하고 다스리셔서 그 만물들이 사람을 섬기게 하시는데, 이는 사람이 하나님을 섬기게 하기 위함이다. 하나님은 또한 천사도 선하게 창조하셔서 하나님의 사자가 되어 하나님이 택하신 사람들을 섬기게 하셨다.[2]

그런데 어떤 천사들은 하나님께서 탁월하게 창조해 주셨지만 타락하여 영원히 멸망하게 되었고,[3] 다른 천사들은 하나님의 은혜로 그들의 본래 상태를 계속 유지했다. 마귀들과 악령들은 너무 부패해서 하나님과 모든 선한 것들의 원수가 되었다.[4] 그들은 교회와 모든 성도들을 도둑같이 숨어 기다리다 자기들의 모든 힘을 동원해 속임수를 써서 모든 것을 다 파괴하고 망쳐버리고자 한다.[5] 그리하여 그들은 자기 자신들의 사악 때문에 정죄를 받아 영원한 저주를 받게 되어, 장차 자기들에게 임할 심판의 고통을 날마다 기다리게 되었다.[6]

그러므로 우리는 영들과 천사들의 존재를 부인하는 사두개파 사람들의 과오와,[7] 또한 마귀들이 스스로 존재하되 처음부터 본성이 악한 것이지 부패하게 된 것은 아니라고 주장하는 마니교도들의 과오를 혐오한다.

[1] 창1:1; 창2:3; 사40:26; 렘32:17; 골1:15,16; 딤전4:3; 히11:3; 계4:11. [2] 시103:20,21; 마4:11; 히1:14. [3] 요8:44; 벧후2:4; 유6. [4] 창3:1-5; 벧전5:8. [5] 엡6:12; 계12:4,13-17; 계20:7-9. [6] 마8:29; 마25:41; 계20:10. [7] 행23:8.

제13조 섭리

우리는 이 선하신 하나님께서 만물을 창조하신 후, 그것들을 우연과 운명대로 내버려두지 않으시고[1] 하나님의 거룩하신 뜻에 따라 인도하시고 다스리신다는 것을 믿는다. 그러므로 하나님께서 정연하게 계획하신 대로가 아니면 어떤 방법으로든 이 세상에서는 아무 일도 일어나지 않는다.[2] 그러나 하나님은 죄를 생기게 하지도 않으시며, 그것을 책임지셔야 하는 것도 아니다.[3] 하나님의 권능과 선하심은 너무도 위대하고 측량할 수 없기 때문에, 마귀와 악인들이 불의를 행할 때조차도 하나님께서는 자신의 일을 의롭게 아주 잘 정리해 가실 수 있다.[4]

우리는 분수에 넘는 호기심을 가지고 하나님께서 하시는 일을 탐구해 들어가기를 원하지 않는다. 왜냐하면 이 일은 사람의 이해를 초월하는 것이요 사람의 이해 능력 밖에 있는 것이기 때문이다. 그러나 우리는 모든 겸손과 존경심을 가지고, 그것이 비록 우리에게는 비밀이 되어 있다 하더라도 하나님의 의로우신 심판을 찬양한다.[5] 우리는 그리스도의 제자가 된 것에 만족하며 다만 하나님께서 말씀 안에서 우리에게 보여주신 것만을 배우되, 성경이 말하는 그 이상을 넘어가지 않는다.[6]

우리는 이 교리로부터 말로 표현할 수 없는 위로를 얻는데, 왜냐하면 우리가 이 교리를 통해서 세상의 어떠한 일도 우리에게 우연히 일어나지 않고, 오직 우리의 은혜로우신 하늘 아버지의 계획을 따라서 일어난다는 것을 알 수 있기 때문이다. 하나님께서는 아버지로서의 관심을 갖고 위에서 우리를 지켜보시며 만물을 하나님의 뜻대로 통제하고 계시기 때문에, 우리 하나님 아버지의 뜻이 아니면 우리 머리의 머리카락 하나라도 (하나님은 우리의 머리카락도 다 헤아리신다), 그리고 아무리 작은 새 하나라도 땅에 떨어질 수 없다(마 10:29~30).

우리는 이런 생각을 할 때 안심하게 되는데, 이는 하나님께서 마귀와 우리의 모든 원수들을 제압하시므로 하나님의 허락과 뜻이 없이는 우리를 해칠 수 없다는 것을 알 수 있기 때문이다.[7] 그러므로 우리는 저주받을만한 과오를 범하고 있는 에피쿠로스주의자들을 배격한다. 왜냐하면 그들은 하나님이 아무 일에도 관여하지 않으시고, 모든 것을 우연에 맡기셨다고 주장하기 때문이다.

[1] 요5:17; 히1:3. [2] 시115:3; 잠16:1,9,33; 잠21:1; 엡1:11,12; 약4:13-15. [3] 약1:13; 요일2:16. [4] 욥1:21; 사10:5; 사45:7; 암3:6; 행2:23; 행4:27,28. [5] 왕상22:19-23; 롬1:28; 살후2:11. [6] 신29:29; 고전4:6. [7] 창45:8; 창50:20; 삼하16:10; 롬8:28,38,39.

제14조 사람의 창조와 타락

우리는 하나님께서 사람을 흙으로 창조하시되[1] 선하고, 의롭고 거룩하게 하나님의 형상과 모양대로 지으시고,[2] 모든 일을 하나님의 뜻에 맞도록 뜻을 세워 일할 수 있게 하셨음을 믿는다. 그러나 사람은 영광 가운데 있을 때 그것을 이해하지 못했고(시 49:20) 자기의 탁월함을 알지 못했다. 오히려 사람은 마귀의 말에 귀를 기울여 자진해서 죄에 복종했고, 결과적으로 죽음과 저주에 이르게 되었다.[3]

사람은 자기가 받은 생명의 계명을 범하고, 이 죄로 인해 자기의 참된 생명이신 하나님으로부터 분리되어 본성 전체가 타락하게 되었다. 그래서 죄인이 되어 육체적으로나 영적으로 죽을 수밖에 없게 되었으며,[4] 또한 악하고 고집스러우며 모든 면에서 부패하게 되었다. 사람은 하나님으로부터 받은 탁월한 은사를 모두 상실하게 되었고[5] 이제는 자기 죄를 핑계할 수 없게 할 정도의몇 개의 작은 흔적들을 제외하고는 가지고 있는 것이 아무것도 없게 되었다.[6]

더욱이, 성경이 우리에게 가르쳐주는 대로 우리 안에 있는 모든 빛은 어둠으로 변하였다.[7] "빛이 어둠에 비치되 어둠이 깨닫지 못하더라"(요 1:5). 여기서 요한은 사람을 "어둠"이라고 부른다. 그러므로 우리는 사람에게는 자유의지가 있다고 반대로 가르치는 모든 것을 배격한다. 왜냐하면 사람은 죄의 노예에 불과하므로(요 8:34)[8] 하늘에서 주신 것이 아니라면 아무것도 할 수 없기 때문이다(요 3:27).[9]

예수께서 "나를 보내신 아버지께서 이끌지 아니하시면 아무도 내게 올 수 없으니라"(요 6:44)하고 말씀하신 것을 볼 때, 누가 능히 스스로 어떤 선을 행할 수 있다고 감히 자랑할 수 있겠는가? "육의 생각은 하나님과 원수가 되나니"(롬 8:7)하는 말씀을 안다면 누가 자기 자신을 자화자찬할 수 있겠는가? "육에 속한 사람은 하나님의 성령의 일들을 받지 아니하나니"(고전 2:14)하는 말씀을 볼 때, 누가 자기가 스스로 알게 되었다며 이에 대해 말할 수 있겠는가? 간단히 말해, 우리는 어떤 생각도 해낼 수 없다. 왜냐하면 우리는 자신에 대해 "생각해낼 능력이 없고", 다만 "우리의 능력은 하나님으로부터" 오기 때문이다(고후 3:5).[10]

그러므로 우리는 사도의 다음 말을 올바르고 확고하게 세워야 한다. "너희 안에서 행하시는 이는 하나님이시니 자기의 기쁘신 뜻을 위하여 너희에게 소원을 두고 행하게 하시나니"(빌 2:13). 그리스도를 떠나서는 그 누가 하나님의 뜻과 의지를 이해한다는 것은 불가능하며 그것에 일치하는 뜻을 세울 수도 없다. 이에 대해서는 그리스도께서 이렇게 말씀하여 가르치신다. "나를 떠나서는 너희가 아무 것도 할 수 없음이라"(요 15:5).

[1] 창2:7; 창3:19; 전12:7. [2] 창1:26,27; 엡4:24; 골3:10. [3] 창3:16-19; 롬5:12. [4] 창2:17; 엡2:1; 엡4:18. [5] 시94:11; 롬3:10; 롬8:6. [6] 롬1:20,21. [7] 엡5:8. [8] 요 8:34. [9] 요 3:27. [10] 고후 3:5.

제15조 원죄

우리는 아담의 불순종 때문에 원죄가 온 인류에게 퍼졌다고 믿는다.[1] 원죄는 사람의 성품 전체가 부패되었다는 것으로,[2] 이는 모태 속에 있는 조그만 아기에게까지도 전염되는 유전적 타락이며,[3] 사람이 모든 종류의 죄를 다 짓게 만드는 죄의 뿌리이다. 그러므로 원죄는 하나님 보시기에 아주 더럽고 흉악한 것이어서 모든 인류를 정죄받게 하기에 충분하다.[4] 이 원죄는 세례 의식으로도 없어지거나 완전히 근절되지 않는데, 이는 죄가 마치 오염된 샘에서 나오듯 끊임없이 끓어오르기 때문이다.[5]

그럼에도 불구하고, 하나님의 자녀들은 이 원죄 때문에 정죄되지 않고, 다만 하나님의 은혜와 자비로 용서 받는다.[6] 그러나 그렇다고 해서 성도들이 죄에 대해 무감각해지는 것이 아니다. 오히려 그들은 이렇게 자신들의 본성이 부패한 것을 깨닫고 때때로 신음하면서 이 사망의 몸에서 해방되기를 간절히 바란다(롬 7:24). 그러므로 우리는 죄는 다만 모방의 문제일 뿐 아무것도 아니라고 말하는 펠라기우스주의자들의 과오를 배격한다.

[1] 롬5:12-14,19. [2] 롬3:10. [3] 욥14:4; 시51:5; 요3:6. [4] 엡2:3. [5] 롬7:18,19. [6] 엡2:4,5.

제16조 선택

우리는 아담의 후손 모두가 최초의 사람의 죄로 인해 파멸과 멸망에 던져졌을 때[1]하나님께서 자신의 모습 그대로, 자비롭고 의로우신 분으로 자신을 나타내셨음을 믿는다. 하나님은 자비하셔서 예수 그리스도 우리 주 안에서 하나님께서 택하신 사람들을[2] 영원한 파멸에서 건져내어 구원하셨다.[3] 이것은 하나님께서 자신의 영원하고 불변하는 계획을 따라 자신의 순수하고 선하신 뜻 가운데 그들의 행위는 조금도 고려하지 않고 행하신 것이다.[4] 또한 하나님은 의로우시므로 그 외의 사람들은 자기들이 스스로 뛰어들었던 멸망과 타락 속에 그대로 내버려두신다(유기하신다).[5]

[1] 롬3:12. [2] 요15:16,19; 롬8:29; 엡1:4,5. [3] 요6:37,44; 요10:29; 요17:2,9,12; 요18:9. [4] 롬9:11-13; 딤후1:9; 딛3:4,5. [5] 롬9:19-22; 벧전2:8.

제17조 구원

우리의 은혜로우신 하나님께서는 사람이 이런 식으로 육체적으로, 또한 영적으로 죽게 되어 스스로 완전히 비참해진 것을 보셨을 때, 사람은 두려워 떨며 하나님으로부터 도망가고자 했지만, 하나님의 놀라운 지혜와 은혜로 사람을 찾아주셨다.[1] 그리고 여자에게서 태어날 자신의 아들 성자 하나님을 사람에게 주시어(갈 4:4) 뱀의 머리를 부수고(창 3:15) 사람을 축복해주겠다고 약속하시며위로해주셨다.[2]

[1] 창3:9. [2] 창22:18; 사7:14; 요1:14; 요5:46; 요7:42; 행13:32,33; 롬1:2,3; 갈3:16; 딤후2:8; 히7:14.

第18조 예수 그리스도의 성육신

그러므로 우리는 하나님께서 옛날에 조상들에게 하나님의 거룩한 예언자의 입을 통하여 자신이 정하신 때에[1] 영원하신 독생자를 이 세상에 보내겠다고 하신 그 약속을 이루셨음[2] 고백한다. 이 하나님의 아들은 종의 형체를 가지고 "사람과 같이" 되셨는데(빌 2:7), 죄를 제외하고는[3] 참으로 사람의 모든 연약함을 지닌 실제 인성을 취하셨다.[4] 이 예수님은 남자의 참여 없이 성령의 능력으로, 복된 동정녀 마리아의 태중에 잉태되셨다.[5]

그리스도는 다만 몸으로만 인성을 취하신 것이 아니고 참 사람이 되기 위하여 참된 사람의 영혼도 취하셨다. 왜냐하면 사람은 몸은 물론 영혼도 타락하였으므로, 그리스도께서는 사람의 몸과 영혼을 다 구원하기 위하여 이 둘을 다 취하지 않으면 안 되셨기 때문이다.

그러므로 우리는 그리스도께서 자신의 어머니로부터 사람의 육신을 취한 것이 아니라고 주장하는 재세례파의 이단설에 반대하며 그리스도께서 어린이들과 똑같은 몸과 피를 지니셨다고 믿는다(히 2:14). 즉 그리스도는 "육신으로는 다윗의 자손"이시며(행 2:30), "육신으로는 다윗의 씨"이시다(롬 1:3). 그리스도는 "동정녀 마리아의 자녀"이시며(눅 1:42), "여자에게서 나셨다"(갈 4:4). 그리스도는 "다윗의 씨"(딤후 2:8)로서, "이새의 뿌리에서 나셨고"(롬 15:12), "유다의 후손"(히 7:14)이 되셨는데, 이는 그분이 육신으로는 유대인들의 후손이시기 때문이다. 그리고 그리스도께서는 "아브라함의 씨에서" 나오셨는데,[6] 이는 그리스도께서 "아브라함의 씨를 취하시고", "죄를 제외하고는 그의 형제들과 같이 되셨기" 때문이다(히 2:17; 4:15). 이런 식으로 그리스도는 참으로 우리의 임마누엘이 되시는데, 이것은 "하나님이 우리와 함께 하신다"는 뜻이다(마 1:23).

[1] 갈4:4. [2] 창26:4; 삼하7:12-16; 시132:11; 눅1:55; 행13:23. [3] 고후5:21; 히7:26; 벧전2:22. [4] 딤전2:5; 딤전3:16; 히2:14. [5] 마1:18; 눅1:35. [6] 갈3:16.

第19조 그리스도의 두 본성

우리는 예수께서 이렇게 수태되셨기 때문에 하나님의 아들로서의 인격은 인성과 분리 불가하게 연합되고 함께 결합되었다고 믿는다.[1] 그리하여 하나님의 두 아들이 있는 것이 아니며, 두 인격이 있는 것도 아니다. 다만 두 본성이 하나의 인격 안에 연합되어 각각의 본성은 그 자신의 분명한 특성을 보유한다.

그리하여 그리스도의 신성은 언제나 피조 되지 않은 것으로서, 시작한 날도 없고 끝나는 날도 없이(히 7:3) 천지를 가득 채우고 계신다.[2] 그리스도의 인성은 사람으로서의 특성을 잃지 않으시고 피조물의 특성을 계속 지니고 계신다. 그리스도의 인성은 시작된 날이 있었으며, 유한하며 실제 육신에게 속한 모든 것을 다 지니고 계신다.[3] 심지어 그리스도는 부활하심으로 영원한 몸을 가지셨지만, 그럼에도 불구하고 그리스도의 인성의 실제성은 변하지 않았다.[4]왜냐하면 우리의 구원과 부활도 그리스도의 몸의 실제성에 근거하여 이루어지기 때문이다.[5]

그러나 그리스도의 신성과 인성은 한 인격 안에 함께 연합되어 있어서 그리스도께서 죽으셨을 때에도 분리되지 않았다. 그러므로 그리스도께서 죽으실 때 하나님 아버지께 부탁하신 것은 자신의 몸에서 떠나간 진짜 사람의 영이었다.[6] 그러나 한편으로 그리스도의 신성은 그가 무덤에 누워있었을 때조차도 여전히 인성과 연합되어 있어서,[7] 그의 신성이 결코 그를 떠난 적이 없었다. 이것은 마치 그리스도께서 어린아이였을 때 잠시 하나님이심을 나타내지 않으셨지만 여전히 하나님이셨던 것과도 마찬가지이다.

바로 이런 이유로 우리는 그리스도가 참 하나님이시며 참 사람이심을 고백한다. 그리스도께서 참 하나님이셔야 했던 것은 자신의 능력으로 죽음을 정복하시기 위해서였으며, 참 사람이셔야 했던 것은 그리스도께서 육신의 연약함 속에서 우리를 위하여 죽으셔야 했기 때문이다.

[1] 요1:14; 요10:30; 롬9:5; 빌2:6,7.[2] 마28:20. [3] 딤전2:5. [4] 마26:11; 눅24:39; 요20:25; 행1:3,11; 행3:21; 히2:9. [5] 고전15:21; 빌3:21. [6] 마27:50. [7] 롬1:4.

제20조 그리스도 안에 나타난 하나님의 공의와 자비

우리는 완전하게 자비로우시며 또한 매우 의로우신 하나님께서 자신의 아들을 보내셔서 불순종을 행했던 사람의 본성을 취하게 하신 것은,[1] 이로써 지극히 고통스러운 고난과 죽음으로 죄의 형벌을 그 몸에 떠맡게 하기 위함이었다는[2] 것을 믿는다.

그래서 하나님께서는 우리의 죄를 떠맡으신 자신의 아들을 통해 자신이 얼마나 의로우신가를 보이셨고,[3] 죄인이요 저주 받아 마땅한 우리에게는 자신의 선하신 자비를 쏟아 부어 주셨다. 하나님께서는 지극히 완전한 사랑으로 자신의 아들을 우리에게 보내어 죽게 하시고 우리를 의롭게 하시려고 그를 다시 살아나게 하셨는데, 이는 우리가 그리스도를 통해 불멸과 영생을 누리도록 하기 위한 것이다.[4]

[1] 롬8:3. [2] 히2:14. [3] 롬3:25,26; 롬8:32. [4] 롬4:25.

제21조 속죄

우리는 예수 그리스도께서 맹세를 통하여 멜기세덱의 반차를 따라 임명된 영원한 대제사장이시며,[1] 우리를 대신하여 아버지 앞에서 자신을 드리시되 십자가에서 자기 자신을 온전한 속죄 제물로 바쳐[2] 보혈을 쏟으시므로 우리의 죄를 깨끗케 하셔서[3] 하나님의 진노를 누그러뜨리셨음을 믿는다. 이는 선지자들이 예언한 대로 된 것이다.[4] 성경에는 하나님의 아들이 징계를 받으므로 우리가 평화를 누리고, 그가 채찍에 맞으므로 우리가 나음을 받게 되었다고 기록되어 있다.[5] 그리스도는 어린 양처럼 끌려가 죽게 되었다. 그리스도께서는 죄인 중에 하나로 헤아림을 받으시고(사 53:4-12)[6] 본디오 빌라도에 의해 범죄자로 정죄되셨는데, 빌라도는 처음에는 그리스도가 무죄하다고 선언했었다.[7]

그러므로 그리스도께서는 자신이 훔치지 않으신 것을 갚으셨으며(시 69:4), "의인으로서 불의한 자들을 대신하여" 자신의 몸과 영혼으로 고난을 받으셨다(벧전 3:18).[8] 그리스도께서 우리의 죄로 말미암아 자신이 받으셔야 할 형벌이 얼마나 끔찍한 것인가를 아셨을 때,[9] 그의 땀방울은 마치 "땅에 떨어지는 핏방울 같이" 되었다(눅 22:44). 그리스도께서는 "나의 하나님 나의 하나님 어찌하여 나를 버리셨나이까? "라고 크게 소리를 지르셨다(마 27:46). 그리스도는 우리가 죄를 용서받게 하시기 위해 이 모든 것을 다 견디셨다.

그러므로 우리가 사도 바울과 같이 말하는 것은 당연하다. 우리는 "예수 그리스도와 그가 십자가에 못 박히신 것 외에는 아무것도 알지 아니 한다"(고전 2:2). 우리는 "우리 주 예수 그리스도를 아는 지식이 가장 고상하기 때문에 모든 것을 배설물로 여긴다"(빌 3:8). 우리는 그리스도의 상처 속에서 모든 위로를 발견하고, 따라서 하나님과 화해하기 위해 이렇게 단번에 드려진 유일무이한 희생 외에 다른 어떤 방법을 찾거나 발명할 필요가 전혀 없다.[10] 왜냐하면 한 번 이루어진 이 희생을 통해 성도들이 영원히 완전해지기 때문이다. 그렇기 때문에 하나님의 천사는 그를 예수, 곧 "구원자"라고 불렀다. 왜냐하면 예수님은 자기 백성들을 그들의 죄에서 구원하실 것이기 때문이다(마 1:21).[11]

[1] 시110:4; 히7:15-17. [2] 롬4:25; 롬5:8,9; 롬8:32; 갈3:13; 골2:14; 히2:9,17; 히9:11-15. [3] 행2:23; 빌2:8; 딤전1:15; 히9:22; 벧1:18,19; 요일1:7; 계7:14. [4] 눅24:25-27; 롬3:21; 고전5:3. [5] 벧전2:24. [6] 막15:28. [7] 요18:38. [8] 롬5:6. [9] 시22:15. [10] 히7:26-28; 히9:24-28. [11] 눅1:31; 행4:12.

제22조 믿음의 의

우리는 우리가 이 위대한 신비에 대한 참된 지식을 얻도록 성령께서 우리 마음 안에 참된 믿음의 불을 붙이신다는 것을 믿는다.[1] 이 믿음은 예수 그리스도의 모든 공로와 함께 예수님을 영접하며, 예수님을 소유하며, 이제는 예수님 외에는 더 이상 다른 어떤 것도 구하지 않는 믿음이다.[2]

그러므로 우리는 필연적으로 다음과 같은 결론에 이르게 된다. [즉 누구든 구원받는 데 필요한 모든 것이 그리스도 안에 다 있지 않다고 생각한다면, 그 사람은 구원을 위해 또 다른 것을 찾아나갈 것이고, 반대로 누구든 구원에 필요한 모든 것이 그리스도 안에 다 있다고 믿는다면, 그 사람은 그 믿음으로 그리스도를 소유하게 되므로 완전히 구원받는다는 것이다.][3] 그러므로 그리스도로는 충분하지 않고 이외의 다른 어떤 것이 더 필요하다고 말하는 것은 하나님께 대한 지극히 큰 모독이 된다. 왜냐하면 그렇게 말할 때 예수 그리스도께서는 반쪽 구주 밖에 안 되시기 때문이다.

그러므로 우리가 사도 바울과 같이 "오직 믿음으로" 혹은 "행위와는 별도로" 믿음만으로 의롭게 된다고(롬 3:28) 말하는 것은 옳은 말이다.[4] 그러나 엄밀하게 말하자면, 이 말은 믿음 그 자체가 우리를 의롭게 한다는 뜻은 아니다. 왜냐하면 믿음은 우리의 의가 되시는 예수님을 받아들이는 도구에 불과하기 때문이다.[5]

그러나 예수 그리스도께서는 자신의 모든 공로와 또한 자신이 우리를 위하여, 우리를 대신하여 행하신 모든 거룩한 일들을 우리에게 돌리신다는[6] 점에서, 우리의 의가 되신다. 그리고 믿음은 우리가 그리스도와 계속 교제하게 하고, 그리스도의 은덕을 누리게 해주는 도구이다. 그 은덕이 우리의 것이 될 때 그 은덕 때문에 우리의 어떤 죄라도 용서받기에 충분하다.

[1] 요16:14; 고전2:12; 엡1:17,18. [2] 요14:6; 행4:12; 갈2:21. [3] 시32:1; 마1:21; 눅1:77; 행13:38,39; 롬8:1. [4] 롬3:19-4:8; 롬10:4-11; 갈2:16; 빌3:9; 딛3:5. [5] 고전4:7. [6] 렘23:6; 마20:28; 롬8:33; 고전1:30,31; 고후5:21; 요일4:10.

제23조 칭의

우리는 우리가 예수 그리스도로 인하여 죄를 용서받으므로 복을 누리게 되었다는 것, 그리고 그 용서 때문에 우리가 하나님 앞에서 의롭게 되었다는 것을 믿는다.[1] 이것은 일한 것이 없이 하나님으로부터 의로 여김을 받는 사람은 복이 있다고(시 32:1; 롬 4:6) 다윗과 바울이 선포하면서 우리에게 가르치는 것이다. 또한 바울은 우리가 예수 그리스도 안에 있는 속량으로 말미암아 "값없이" 혹은 "은혜로" 의롭게 되었다고 말한다(롬 3:24).[2]

그러므로 우리는 영원하고 견고한 이 토대를 굳게 붙잡고, 이제는 하나님께 모든 영광을 돌리며[3]우리 자신을 겸손히 낮추고 우리 자신을 있는 모습 그대로 인정하여야 한다. 그리고 우리 자신을 위하여 우리의 공로 등 어떤 것을 주장할 것이 아니라[4]십자가에 못 박히신 그리스도의 순종만 기대고 의지해야 한다.[5] 왜냐하면 우리가 그리스도를 믿을 때 그리스도의 이 순종은 우리의 것이 되기 때문이다.[6]

이로써 우리의 모든 죄가 가려지고 우리를 확신하게 하기에 충분하다. 우리의 양심은 하나님이 다가오시는 것에 대한 두려움과 불안, 공포로부터 자유롭게 되었다. 우리는 우리의

첫 시조 아담이 무화과나무 잎으로 자기 몸을 가리면서 두려움에 떨었던 것처럼 할 필요가 없다.[7]

실제로, 만일 우리가 우리 자신이나 다른 피조물을 정말 조금이라도 의지하면서 하나님 앞에 나온다면, 우리는 멸망하고 말 것이다.[8] 그러므로 우리 모두는 다윗과 같이 기도하지 않으면 안 된다. "주의 종에게 심판을 행하지 마소서 주의 눈앞에는 의로운 인생이 하나도 없나이다"(시 143:2).

[1] 요일2:1. [2] 고후5:18,19; 엡2:8; 딤전2:6. [3] 시115:1; 계7:10-12. [4] 고전4:4; 약2:10. [5] 행4:12; 히10:20. [6] 롬4:23-25. [7] 창3:7; 습3:11;히4:16; 요일4:17-19. [8] 눅16:15; 빌3:4-9.

제24조 성화

우리는 하나님의 말씀을 들음으로써, 또 성령의 역사로사람 안에서 생겨나는 이러한 참된 믿음이[1] 사람을 거듭나게 하고 "새 사람"을 만들어서(고후 5:17),[2] 새로운 삶을 살게 하고(롬 6:4) 죄의 노예 된 상태에서 벗어나 자유하게 된다는 것을 믿는다.[3]

그러므로 이런 칭의의 믿음이 있다고 해서 사람들이 경건하고 거룩한 삶에 대해 무관심하게 되는 것은 결코 아니다. 이것과는 정반대로 칭의의 믿음은 그들을 그러한 삶으로 이끌어간다.[4] 만일 이런 믿음이 없다면 사람들은 무슨 일을 해도 하나님을 사랑하기 때문이 아니라 단지 자기 사랑과 정죄 받을 것에 대한 두려움 때문에 하게 될 것이다.

그러므로 사람이 이런 거룩한 믿음을 갖고도 내면에 열매를 맺지 못한다는 것은 불가능한 일이다.[5] 우리는 헛된 믿음에 대해 말하는 것이 아니라, 성경이 말하는 "사랑으로써 역사하는 믿음"(갈 5:6)에 대해 말하고 있다. 이 믿음이 있을 때 사람은 하나님이 말씀 안에서 명하신 일들을 스스로 하게 된다.

이런 행위들은 믿음의 선한 뿌리에서 나오므로 선하며 하나님이 받으실 만한 것이 된다. 왜냐하면 이런 행위들은 모두 하나님의 은혜로 말미암아 거룩하게 되기 때문이다. 그러나 이런 행위들로 인하여 우리가 의로워지는 것은 아니다. 왜냐하면 우리가 아직 선을 행하지 전에도 우리는 그리스도를 믿음으로 말미암아 의롭게 되었기 때문이다.[6] 먼저 나무가 선하지 않으면 그 나무가 선한 열매를 맺을 수 없는 것과 같이,[7] (우리가 믿음으로 의롭게 되지 않는다면) 우리의 행위들은 선한 것이 될 수 없다.

그러므로 우리가 선한 일을 행한다고 해도 그것이 공로가 되는 것은 아니다. 우리가 무슨 공로를 세울 수 있겠는가? 오히려 우리가 하나님께 선행을 빚지고 있는 것이지, 하나님께서 우리에게 빚지고 계신 것이 아니다.[8] 왜냐하면 "우리 안에 역사하시며 자기의 기뻐하시는 뜻을 따라 소원을 두고 행하게 하시는" 분은 바로 하나님이시기 때문이다(빌

2:13). 그러므로 이 말씀을 기억하여야 한다. "너희도 명령 받은 것을 다 행한 후에 이르기를 우리는 무익한 종이라 우리가 하여야 할 일을 한 것뿐이라 할지니라"(눅 17:10). 그럼에도 우리는 하나님께서 우리의 선행에 대해 상급을 주신다는 것을 부정하고 싶지는 않다.[9] 그러나 하나님께서는 우리에게 선물을 주신다 해도 그것은 오직 하나님의 은혜로 말미암은 것이다.

더구나 우리는 우리가 선행을 한다 해도 그것을 우리 구원의 근거로 삼지 않는다. 왜냐하면 우리가 어떤 일을 한다고 해도 그것은 모두 우리 육신의 정욕으로 오염된 것이요 또한 형벌 받아 마땅한 것들이기 때문이다.[10] 또한 우리가 어떤 선행을 자랑할 수 있다 할지라도, 하나님께서는 우리가 과거에 범한 죄 하나만으로도 그런 선행을 충분히 거절하실 수 있다.[11] 그러므로 만일 우리가 우리 구주의 고난과 죽으심의 공로를 의지하지 않는다면, 우리는 항상 의심에 빠져 어떤 확신도 갖지 못한 채 이리저리 방황하게 될 것이며, 우리의 가련한 양심은 끊임없이 괴로워할 것이다.[12]

[1] 행16:14; 롬10:17; 고전12:3. [2] 겔36:26,27; 요1:12,13; 요3:5; 엡2:4-6; 딛3:5; 벧전1:23. [3] 요5:24; 요8:36; 롬6:4-6; 요3:9. [4] 갈5:22; 딛2:12. [5] 요 15:5; 롬 14:23 , 딤전 1:5' 히 11:46. [6] 롬4:5. [7] 마7:17. [8] 고전1:30,31; 고전4:7; 엡2:10. [9] 롬2:6,7; 고전3:14; 요이8; 계2:23. [10] 롬7:21. [11] 약2:10. [12] 합2:4; 마11:28; 롬10:11.

제25조 율법의 성취

우리는 율법의 의식과 상징들이 그리스도께서 오신 이후로 폐지되고 모든 예시들도 끝났다는 것을 믿는다.[1]그러므로 그러한 것들은 그리스도인들 사이에서는 폐지되어야 한다. 그러나 그것들 안에 담겨 있던 진리의 실체는 우리를 위해 예수 그리스도 안에 그대로 남아 있다. 왜냐하면 이 모든 것은 예수님 안에서 성취되었기 때문이다.[2]

그럼에도 불구하고 우리가 율법과 선지자들의 증거를 계속 사용하는 이유는 우리가 복음 안에서 견고해지며, 하나님의 영광을 위해 하나님의 뜻을 따라 우리를 다스려 온전히 고결한 삶을 살아야하기 때문이다.[3]

[1] 마27:51; 롬10:4; 히9:9,10. [2] 마5:17; 갈3:24; 골2:17. [3] 롬13:8-10; 롬15:4; 벧후1:19; 벧후3:2.

제26조 그리스도의 중보

우리는 유일한 중보자이시며[1] 중재자이신 의로운 예수 그리스도를[2] 통하지 않고는 하나님께 나아갈 수 없음을(요일 2:1) 믿는다. 그렇기 때문에 예수 그리스도는 우리가 거룩하신 주재자 하나님께 나아갈 수 있도록 신성과 인성이 함께 연합된 사람이 되셨다. 그렇지

않았다면 우리는 결코 하나님께 나아지 못할 것이다.[3]

그러나 성부께서 자신과 우리 사이에 임명하신 이 중보자는 자신의 위대함으로 우리를 두려워 떨게 하지 않으셨다. 우리가 그를 두려워하게 된다면 우리는 상상 속에서 다른 중보자를 찾아 나서지 않을 수 없게 된다. 하늘에서나 이 땅의 피조물 중에 예수 그리스도께서 우리를 사랑하는 것보다 우리를 더 사랑하는 것은 아무 것도 없다.[4] 그리스도는 근본 하나님의 본체이시나, 그럼에도 불구하고 자기를 비워 사람과 종의 형체를 가지셔서(빌 2:6-8) 완전히 그의 형제들과 같이 되셨다(히 2:17).

우리가 다른 중보자를 찾아야 한다고 생각해보자. 우리가 원수였는데도 우리를 위하여 자기의 생명을 주는 사람보다 우리를 더 사랑할 수 있는 사람이 누구인가(롬 5:10)? 그리고 우리가 권위와 권세를 갖고 있는 사람을 찾아야 한다고 해보자. 누가 성부 하나님의 보좌 우편에 앉아 계시고(롬 8:34 ; 히 1:3)[5] 하늘과 땅의 모든 권세를 가지신 분과(마 28:18) 비교 되겠는가? 그리고 하나님께서 지극히 사랑하시는 아들보다 우리의 기도를 더 빨리 들어줄 사람이 누구인가? [6]

그러므로 이에 대한 온전한 믿음이 없으면 우리는 성인들을 영예롭게 하기는커녕 오히려 그들을 욕되게 한다. 성인들을 (중보자로) 공경하는 일을 성인들은 결코 하지도 않았고 요구하지도 않았으며, 자기들의 의무를 다 하면서 그들의 저술에 나타난 바와 같이 성인 공경을 한결같이 거부했다.[7] 우리는 우리가 (하나님께 나갈) 자격이 없는 자라고 주장해서 안 된다. 왜냐하면 우리가 기도할 때는 우리 자신의 품격에 기초하지 않고 오직 예수 그리스도의 탁월성과 존귀하심에 기초하고 있으며,[8] 또한 우리가 믿을 때 예수 그리스도의 의는 우리의 것이 되기 때문이다.[9]

사도는 선한 뜻에서 우리가 이런 어리석은 두려움이나, 불신을 버리기 원하여 우리에게 이렇게 말한다 – 예수 그리스도께서 모든 점에서 자기의 형제와 같이 되신 것은 그가 자비롭고 신실하신 대제사장이 되시어 사람들의 죄를 깨끗케 하시기 위한 것이다(히 2:17). 그리스도는 고난 받으시고 시험도 받으셨기 때문에 또한 시험받는 사람들을 능히 도울 수 있으시다(히 2:18).

또 사도는 우리가 용기를 내어 그리스도께 더 가까이 갈 수 있도록 이렇게 말한다. "그러므로 우리에게 큰 대제사장이 계시니 승천하신 이 곧 하나님의 아들 예수시라 우리가 믿는 도리를 굳게 잡을지어다 우리에게 있는 대제사장은 우리의 연약함을 동정하지 못하실 이가 아니요 모든 일에 우리와 똑같이 시험을 받으신 이로되 죄는 없으시니라 그러므로 우리는 긍휼하심을 받고 때를 따라 돕는 은혜를 얻기 위하여 은혜의 보좌 앞에 담대히 나아갈 것이니라"(히 4:14~16).[10]

사도는 또 이렇게 말한다. "그러므로 형제들아 우리가 예수의 피를 힘입어 성소에 들어갈 담력을 얻었나니 … 온전한 믿음으로 하나님께 나아가자"(히 10:19, 22). "예수는 영원히 계시므로 그 제사장 직분도 갈리지 아니하느니라 그러므로 자기를 힘입어 하나님께 나아가는 자들을 온전히 구원하실 수 있으니 이는 그가 항상 살아 계셔서 그들을 위하여 간구하심이라"(히 7:24~25).[11] 그러니 우리에게 무엇이 더 필요하겠는가? 그리스도께서 스스로 이렇게 선포하셨다. "내가 곧 길이요 진리요 생명이니 나로 말미암지 않고는 아버지께로 올 자가 없느니라"(요 14:6).

우리가 왜 다른 중보자를 찾아야하는가? 하나님께서 우리에게 자신의 아들을 중보자로 주시기를 기뻐하셨으니, 우리가 다른 중보자를 찾는다며 그를 떠나지 말자. 찾으려고 애써도 영원히 찾지 못할 것이다. 하나님께서는 자신의 아들을 우리에게 주셨을 때 우리가 죄인이라는 사실을 잘 알고 계셨다. 그래서 우리는 그리스도의 명령을 따라서 주의 기도에서 배운 대로[12] 우리의 유일한 중보자이신 예수님을 통해 하늘에 계신 하나님 아버지의 이름을 불러 기도하거니와,[13]우리가 그리스도의 이름으로 하나님 아버지께 간구하는 모든 것은 받게 되리라 믿는다.[14]

[1] 딤전2:5. [2] 요일2:1. [3] 엡3:12. [4] 마11:28; 요15:13; 엡3:19; 요일4:10. [5] 히1:3; 히8:1. [6] 마3:17; 요11:42; 엡1:6. [7] 행10:26; 행14:15. [8] 렘17:5,7; 행4:12. [9] 고전1:30. [10] 요10:9; 엡2:18; 히9:24. [11] 롬8:34. [12] 마6:9-13; 눅11:2-4. [13] 히13:15. [14] 요14:13.

제27조 거룩한 보편 교회

우리는 하나의 보편적 혹은 우주적 교회를 믿고 고백한다.[1] 이 교회는 참된 그리스도인들의 거룩한 집회요 회합으로서[2] 예수 그리스도 안에서 그리스도의 피로 정결케 되고 성령으로 성화되고 인(印)치심을 받아[3] 완전한 구원을 기다리고 있다.[4] 이 교회는 세상의 시작과 함께 존재하여 왔고 세상 끝날까지 계속 존재할 것이거니와 이것은 그리스도께서 반드시 자기 백성들과 함께 하시는 영원한 왕이시라는 사실에서 알 수 있는 것이다.[5]

그리고 비록 이 교회가 훅 불기만 해도 사라져버릴 것 같이 잠시 동안 사람들 눈에 아주 미약하게 보인다 해도[6] 하나님은 온 세상의 격렬한 박해 속에서도 이 거룩한 교회를 보존하신다.[7] 예를 들어 아합 왕이 지배하던 아주 위험했던 시대에도 하나님은 바알에게 무릎 꿇지 않았던 칠천 명을 하나님 자신을 위하여 보존하셨다(왕상 19:18).[8]

그리고 이 거룩한 교회는 어떤 특정한 장소나 사람들에게만 국한되어있거나, 묶여있거나 제한되어 존재하지 않는다. 교회는 온 세상에 널리 흩어져 있다.[9] 그러면서도 마음과 뜻은 하나이며 동일하신 성령 안에서 믿음의 능력으로 말미암아 여전히 하나로 연합되어 있다.[10]

[1] 창22:18; 사49:6; 엡2:17-19. [2] 시111:1; 요10:14,16; 엡4:3-6; 히12:22,23. [3] 엡1:13; 엡4:30. [4] 욜12:32; 행2:21. [5] 삼하7:16; 시89:36; 시110:4; 마28:18,20; 눅1:32. [6] 사1:9; 벧전3:20; 계11:7. [7] 시46:5; 마16:18. [8] 왕상19:18; 롬11:4. [9]] 마23:8; 요4:21-23; 롬10:12,13. [10] 시119:63; 행4:32; 엡4:4.

제28조 성도의 의무

이 거룩한 집회와 회합은 구원받은 사람들의 모임이며, 교회를 떠나서 어디에도 구원이 없기 때문에[1] 그 누구도 자신의 지위나 상태에 관계없이 교회를 떠나 혼자 사는 것을 족하게 여겨서는 안 된다. 모든 사람은 교회에 들어가 연합하여야 하며,[2] 교회의 하나 됨을 지켜야 한다. 그리고 이를 위해 교회의 가르침과 훈련(치리)에 순종하고,[3] 예수 그리스도의 멍에 아래 굴복하며,[4] 같은 몸의 서로 다른 지체에게 하나님께서 주시는 은사에 따라[5] 봉사하며 서로를 세워 주어야 한다.[6]

그리고 이러한 교회의 하나 됨을 보다 효과적으로 보존하기 위해, 모든 성도들은 하나님의 말씀이 가르치는 대로 의무적으로 자기 자신을 교회에 속하지 않은 사람들과 구별하여[7] 하나님께서 교회를 어디에 세우시든지 그 교회에 들어가야 한다.[8] 비록 시 당국과 왕이 칙령으로 이를 금하여 죽음과 육체적인 형벌을 가한다고 할지라도 그렇게 해야 한다.[9] 교회에서 나가거나 교회와 연합하지 않은 사람들은 모두 하나님의 명령을 거스려 행하는 것이다.

[1] 마16:18,19; 행2:47; 갈4:26; 엡5:25-27; 히2:11,12; 히12:23. [2] 대하30:8; 요17:21; 골3:15. [3] 히13:17. [4] 마11:28-30. [5] 고전12:7,27; 엡4:16. [6] 엡4:12. [7] 민16:23-26; 사52:11,12; 행2:40; 롬16:17; 계18:4. [8] 시122:1; 사2:3; 히10:25. [9] 행4:19,20.

제29조 참된 교회의 표지

우리는 참된 교회가 무엇인지 하나님의 말씀을 따라 부지런히, 그리고 매우 주의 깊게 분별하여야 한다고 믿는다. 왜냐하면 오늘 세상에 있는 모든 이단 분파들도 자신들도 교회라고 주장하고 있기 때문이다.[1] 우리는 지금 교회 안에 선량한 성도들과 섞여 있어서 몸은 교회에 있지만 실제로는 교회의 속해 있지는 않은 위선자들의 무리에 관해 말하고 있는 것이 아니다.[2] 다만 참된 교회의 몸과 교제는 자칭 "교회"라고 부르는 모든 이단 분파들과 구별되어야 함을 말하고 있는 것이다.

참된 교회는 그 교회가 다음의 표를 지니고 있는지 여부로 알 수 있다. 교회가 순수하게 복음을 설교하는지,[3] 그리스도께서 제정하신 대로 성례를 순수하게 시행하는지,[4] 그리고 잘못을 시정하기 위해 교회의 권징을 행하는지가[5] 바로 그것이다. 간단하게 말하자면 참된 교회는 순수한 하나님의 말씀에 따라 운영되고,[6] 그 말씀에 위배되는 것은 무엇이든지 배격하며,[7] 예수 그리스도만을 교회의 유일한 머리로 인정한다.[8] 우리는 이러한 표지로 참된 교회를 분명히 알아볼 수 있다. 그 누구도 이런 참된 교회에서 분리되어 나와서는 안 된다.

교회에 속하는 사람들에 관해 말하자면, 우리는 일단 그들이 유일하신 구주 예수 그리스도를 영접했다면[9] 그리스도인으로서의 뚜렷한 표로 그들을 알아 볼 수 있다. 즉 그들에게 믿음이 있는지, 그리고 죄를 멀리하고 의를 추구하고 있는지[10] 등이 바로 그것이다. 참된 성도는 좌로나 우로 치우치지 않고 참 하나님과 이웃을 사랑하며,[11] 육체와 육체의 일을 십자가에 못 박는다.[12] 그들은 자신이 여전히 심히 연약할지라도, 주 예수의 피와 고난과 죽음과 순종을 끊임없이 의지하면서 일생 동안 날마다 성령을 힘입어 자신의 연약함과 싸워나간다.[13] 이는 그들이 믿음을 통해 이 예수 안에서 자기들의 죄를 용서받았기 때문이다.[14]

거짓된 교회에 대해 말하자면, 이 교회는 하나님의 말씀보다는 교회 자체와 교회의 규정들에 더 많은 권위를 두고 그리스도의 멍에에 교회를 복종시키지 않으려고 한다.[15] 또 이 교회는 그리스도께서 말씀으로 명하신 대로 성례를 집행하지 않고, 오히려 자기들이 원하는 대로 성례에 무엇인가를 가감한다. 이 교회는 그리스도보다는 사람들의 뜻에 더 많은 근거를 두고 있다. 그리고 하나님의 말씀을 따라 거룩하게 살면서 그 교회의 과오와 탐욕과 우상숭배를 견책하는 사람들을 핍박한다.[16] 참된 교회와 거짓된 교회는 알아보기 쉽고, 그래서 서로 쉽게 구별된다.

[1] 계2:9. [2] 롬9:6. [3] 갈1:8; 딤전3:15. [4] 행19:3-5; 고전11:20-29. [5] 마18:15-17; 전5:4,5,13; 살후3:6,14; 딛3:10. [6] 요8:47; 요17:20; 행17:11; 엡2:20; 골1:23; 딤전6:3. [7] 살전5:21; 딤전6:20; 계2:6. [8] 요10:14; 엡5:23; 골1:18. [9]] 요1:12; 요일4:2. [10] 롬6:2; 빌3:12. [11] 요일4:19-21. [12] 갈5:24. [13] 롬7:15; 갈5:17. [14] 롬7:24,25; 요일1:7-9. [15] 행4:17,18; 딤후4:3,4; 요이9. [16] 요16:2.

제30조 교회 행정

우리는 이 참된 교회는 우리 주께서 성경에서 가르치신 영적 질서를 따라 다스려져야한다고 믿는다.[1] 교회에는 하나님의 말씀을 설교하고 성례를 시행할 성직자나 목사가 있어야 한다.[2] 또한 목사들과 함께 교회의 제직회를 구성할[3] 장로들과[4] 집사들이[5] 있어야 한다.

이러한 방법으로 참 종교는 보존되며 참된 교리가 제대로 지켜질 수 있으며, 또한 악한 사람들을 영적으로 교정하고 감독할 수 있다. 그리고 가난하고 고통 받는 모든 사람들이 그들의 필요를 따라 도움과 구제를 받을 수 있다.[6] 사도 바울이 디모데에게 보낸 규범에 따라(딤전 3:)[7] 충성된 사람들이 뽑혀 선택된다면,[8] 교회의 모든 일은 이런 방법으로 나무

랄 데 없는 질서 속에서 잘 시행될 것이다.

[1] 행20:28; 엡4:11,12; 딤전3:15; 히13:20,21. [2] 눅1:2; 눅10:16; 요20:23; 롬10:14; 고전4:1; 고후5:19,20; 딤후4:2. [3] 빌1:1; 딤전4:14. [4] 행14:23; 딛1:5. [5] 딤전3:8-10. [6] 행6:1-4; 딛1:7-9. [7] 딤전3장. [8] 고전4:2.

제31조 교회의 직분

우리는 말씀 사역자와 장로와 집사를 선출하되 하나님의 말씀이 가르쳐주는 대로주의 이름으로 기도하면서 질서를 잘 지켜 교회의 합법적인 선거를 통해 선출하여 직분을 맡겨야 한다고 믿는다.[1] 그러므로 각 사람은 부적절한 방법으로 스스로 나서지 않도록 조심하고, 오히려 하나님께서 자기를 불러주실 때까지 기다려야 한다. 이는 하나님의 부르심을 확신하며 또한 하나님께서 그를 선택해주신 것을 믿게 하기 위해서이다.[2]

말씀 사역자들에 대해 말하자면, 그들 모두는 유일하신 총감독이시며 또한 교회의 유일한 머리이신 그리스도[3]의 종이기[4] 때문에 어디에 있든 동일한 권세와 권위를 가진다. 또한 하나님께서 세우신 거룩한 질서가 위반되거나 경시되지 않도록 우리는 말씀의 사역자들과 교회의 장로들이 하는 일을 생각해서 그들을 각별히 존경해야 한다.[5] 그리고 불평이나 언쟁 혹은 다툼 없이 그들과 화평하게 지내야 한다.

[1] 행1:23,24; 행6:2,3. [2] 행13:2; 고전12:28; 딤전4:14; 딤전5:22; 히5:4. [3] 마23:8,10; 엡1:22; 엡5:23. [4] 고후5:20; 벧전5:1-4. [5] 살전5:12,13; 딤전5:17; 히13:17.

제32조 교회의 질서와 치리

교회를 다스리는 사람들은 몸된 교회를 유지하기 위해 어떤 규약을 만들고 세우는 일이 유용하며 선하다 하여도, 우리의 유일한 주 그리스도께서 우리를 위하여 제정하신 것에서 벗어나지 않도록 언제나 조심해야 한다.[1]

그러므로 우리는 하나님을 경배함에 있어서 어떤 모양으로든 우리에게 부과되어 우리의 양심을 구속하고 강제하는 모든 인간적인 새 제도나 법들을 배격한다.[2] 그러므로 우리는 조화와 통일을 유지하며 모든 사람들을 하나님께 복종하게 하는 데 적합한 것만을 인정한다.[3] 이 목적을 위하여 하나님의 말씀에 따른 출교 처분과 이에 관련된 모든 조치들이 필요하다.[4]

[1] 딤전3:15. [2] 사29:13; 마15:9; 갈5:1. [3] 고전14:33. [4] 마16:19; 마18:15-18; 롬16:17; 고전5장; 딤전1:20.

제33조 성례

우리는 우리의 선하신 하나님께서 우리의 미숙함과 약점을 생각하셔서 우리를 위하여 성례를 제정하셔서[1] 우리 안에 하나님의 약속을 인(印)치시고, 우리를 향한 하나님의 선한 뜻과 은혜의 약속을 굳게 하시며 우리의 믿음을 강화하고 유지하고자 하셨다고 믿는다. 하나님은 복음의 말씀에 이 성례를 더하셔서, 하나님께서 말씀으로 우리를 깨닫게 하시는 것과 우리 마음 안에서 내적으로 이루시는 것을 우리가 외적인 감각으로 체험케 하심으로써 우리에게 주신 구원을 우리 안에 확고히 하신다.[2]

성례는 내적이며 보이지 않는 것에 대한 보이는 표이며 확증인데, 하나님께서는 이런 방법을 통해 성령의 능력으로 우리 안에서 행하신다.[3] 그래서 성례는 우리를 어리석게 하고 기만하는 공허하고 가치 없는 표가 아니다. 왜냐하면 성례에 담긴 진리는 곧 예수 그리스도이기 때문이다. 그러니 만일 성례에서 예수 그리스도가 빠진다면 그것은 아무 것도 아닌 것이다. 또한 우리는 우리의 주 그리스도께서 우리에게 명하신 성례의 수에 만족한다. 성례에는 오직 두 개가 있는데 곧 세례와[4] 예수 그리스도의 거룩한 성만찬이다.[5]

[1] 창17:9-14; 출12장; 롬4:11. [2] 마28:19; 엡5:26. [3] 롬2:28,29; 골2:11,12. [4] 마28:19. [5] 마26:26-28; 고전 11:23-26.

제34조 세례

율법을 완성하신 예수 그리스도께서는 자신의 피를 흘리심으로써, 이제는 누구라도 더 이상 자기 죄 때문에 속죄하거나 보상하고자 피를 흘릴 필요가 없게 하셨다. 그리스도께서는 과거 피를 흘리며 행하던 할례를 폐지하시고 그것을 대신할 세례의 성례를 제정하셨다.[1] 우리는 세례를 받음으로 하나님의 교회에 들어오고 다른 모든 사람들과 타종교들로부터 구별되어, 전적으로 그리스도께 헌신하며, 그리스도의 표를 지니게 되었다.[2] 세례는 또한 그리스도께서 우리의 영원하신 하나님이 되실 것, 그리고 우리의 은혜로우신 아버지가 되신다는 것을 증거해 준다.

그러므로 그리스도께서는 자기에게 속한 모든 사람이 깨끗한 물로 성부와 성자와 성령의 이름으로 세례를 받도록 명하셨다(마 28:19). 이렇게 해서 그리스도께서 우리에게 알리시려는 것은 우리가 우리에게 물을 부울 때 물이 우리 몸의 더러운 것을 씻는 것과 같이, 또한 우리 위에 물을 뿌릴 때 세례 받은 몸에 물이 보이는 것과 같이, 그리스도의 피 역시 성령을 통해 영혼 안에서 내적으로 똑같은 일을 이룬다는 것이다.[3] 그리스도의 피는 우리 영혼의 죄를 씻어 깨끗하게 하며,[4] 우리를 진노의 자식에서 하나님의 자녀로 변화시킨다.[5]

이러한 일은 물에 의해 일어나는 것이 아니라[6] 하나님의 아들의 보혈을 뿌림으로써 일어난다.[7] 하나님의 아들은 우리의 홍해이시니,[8] 우리가 이것을 통과할 때 비로소 마귀인 바로의 폭정에서 벗어나게 되고 영적인 가나안 땅에 들어간다.

그러므로 교역자들은 그 사역을 통해서 우리에게 성례와 눈에 보이는 것을 베풀지만, 우리 주님께서는 성례가 의미하는 것을 베풀어주신다. 곧 보이지 않은 은사와 은혜, 씻음, 정화, 아주 더럽고 불의한 것들을 우리의 영혼에서 제거하는 일,[9] 우리 마음을 새롭게 하고 위로로 충만케 하는 일, 아버지 같이 은혜로우신 하나님에 대한 참된 확신을 우리에게 주는 일, 우리에게 새 사람을 입히고 옛 사람을 그 모든 행동과 함께 벗겨 주는 일이[10] 그것이다.

그러므로 누구든지 영생 얻기를 간절히 바라는 사람은 이 세례를 오직 한 번 받고 되풀이하지 말아야 한다고 믿는다.[11] 왜냐하면 우리는 두 번 중생할 수 없기 때문이다. 그러나 이 세례는 우리가 세례를 받을 때만 유익한 것이 아니라 우리의 생애 전체를 통해 유익이 된다.

이 때문에 우리는 재세례파의 과오를 혐오한다. 그들은 한 번 받은 세례에 만족하지 않으며, 또한 성도의 자녀들에게 세례 베푸는 것을 정죄한다. 우리는 우리의 자녀들도 세례를 받아야 하며 언약의 표로 인침을 받아야 한다고 믿는다. 이스라엘에서도 아이들에게 할례가 행했는데, 이는 우리의 자녀들에게 주어진 것과 똑같은 약속에 근거한 것이다.[12] 진실로 그리스도는 어른들을 위하여 피를 흘리신 것과 조금도 다르지 않게 성도들의 어린 자녀들을 위해서도 자신의 피를 흘리셨다.[13]

그러므로 아이들도 그리스도께서 그들을 위해 행하신 일을 표와 성례로 받아야 한다. 이것은 아이들이 태어난 후 곧 어린 양을 제물로 바쳐 그리스도의 고난과 죽음을 표하는 성례를 아이들을 위해 아이들에게 베풀도록[14] 하나님께서 율법에서 명령하신 것과 같다. 더구나 우리 아이들에게 베풀어주는 세례는 유대인들이 할례를 행했던 것과도 같은 이치이다. 그래서 바울은 세례를 "그리스도의 할례"라고 불렀다(골 2:11).

[1] 골2:11. [2] 출12:48; 벧전2:9. [3] 마3:11; 고전12:13. [4] 행22:16; 히9:14; 요일1:7; 계1:5b. [5] 딛3:5. [6] 벧전3:21. [7] 롬6:3; 벧전1:2; 벧전2:24. [8] 고전10:1-4. [9] 고전6:11; 엡5:26. [10] 롬6:4; 갈3:27. [11] 마28:19; 엡4:5. [12] 창17:10-12; 마19:14; 행2:39. [13] 고전7:14. [14] 레12:6.

제35조 성만찬(성찬)

우리는 이미 중생하여 주의 가족인 교회에 접붙여진 사람들의 믿음을 강화시키고 유지하기 위해 우리 구주 예수 그리스도께서 성만찬의 성례를 제정하셨다는 것을 믿고 고백한다.[1] 이제 중생한 사람들은 두 개의 생명을 가지고 있다.[2] 하나는 육체적이고 현세적인 것으로, 그들이 처음 출생했을 때부터 누리던 생명이며 모든 사람들에게 공통되는 것이다. 다른 하나는 영적이고 하늘나라에 속한 생명으로, 중생하면서 주어지는 것이다. 이 생명은 그리스도의 몸(교회) 안에서 교제하는 가운데 복음의 말씀을 통해 얻게 되는 생명으로서,[3] 하나님께 선택된 자들만이 함께 누린다.

하나님께서는 이 땅에 속한 우리 육신의 생명을 유지하도록 우리를 위해 이 땅에 속한 물질적인 적절한 떡을 먹게 하셨는데, 생명 그 자체가 각 사람에게 공통적인 것처럼 이 떡은 모든 사람들이 공통적으로 먹는 것이다. 그러나 하나님은 성도들이 영적인 하늘의 생명을 유지할 수 있도록 하늘에서 내려온 산 떡, 곧 예수 그리스도를 보내주셨다.[4] 성도들이 이 떡을 먹을 때, 곧 성령 안에서 믿음으로 그 떡을 자기 것으로 받을 때[5] 그리스도께서 그들의 영적 생명을 강화시키고 유지시켜주신다.[6]

우리에게 이 영적인 하늘의 떡을 제시하시기 위하여 그리스도께서는 눈에 보이는 이 땅의 떡을 그리스도의 몸의 표로, 그리고 포도주를 그리스도의 피의 표로 하는 성례를 제정하셨다.[7] 그가 이것을 제정하신 이유는, 우리가 손으로 이 표들을 받아 입으로 먹고 마시므로 우리의 생명이 유지되는 것이 사실이듯, 우리의 영적 생명을 위하여 유일한 구주가 되신 그리스도의 참된 몸과 피를 우리의 영혼 속에 받아들이는 것 역시 사실임을 증거 하기 위함이다. 우리는 믿음으로 성찬을 받는데, 이 믿음은 바로 우리 영혼의 손과 입이다.[8]

예수 그리스도께서 우리를 위하여 자신의 성례를 헛되이 제정하지 않으셨음이 이제 분명하다. 왜냐하면 그리스도께서 이 거룩한 표들을 통해 우리에게 제시하신 모든 것을 우리 안에서 행하시기 때문이다. 다만 예수께서 그 일을 하시는 방법이 우리의 이해를 초월하기 때문에 우리가 알 수 없을 뿐이다. 이는 마치 성령께서 보이지 않게 일하시므로 알 수 없는 것과도 같은 이치이다.[9] 그렇지만 우리가 먹은 것이 그리스도의 참 몸이며 우리가 마신 것은 그리스도의 피였다고 말해도 그것은 잘못은 아니다. 왜냐하면 우리는 그것을 입으로 먹지 않고 믿음을 통해 성령에 의해 먹기 때문이다.

그리스도께서는 언제나 하늘에서 하나님 아버지의 우편에 앉아 계시지만,[10] 그렇다고 믿음으로 말미암는 우리와의 교제를 그만두시는 것은 아니다. 이 향연은 마치 영적인 식탁과도 같아서, 여기서 그리스도는 자신의 모든 은덕을 가지고 우리와 교제하신다. 이 식탁에서 그리스도는 자신의 고난과 죽으심으로 이루신 모든 은덕을 우리가 즐거워하게 하신다.[11] 이는 그리스도께서 자신의 살을 먹게 하심으로써 우리의 가난하며 비참한 영혼에 영적 영양분을 공급해 강하게 하시고 위로하시며, 또 자신의 피를 마시게 하심으로써 우리의 영혼을 구원하시고 새롭게 하시기 때문이다.

더 나아가서, 성례와 성례가 의미하는 것이 함께 결합되지만, 모든 사람이 이 두 가지 성례를 다 받지는 않는다.[12] 확실한 것은 악인은 성례를 받더라도 정죄에 이르고 성례의 진리를 받지 못한다. 이는 마치 유다와 마술사 시몬 모두가 실제로 성례를 받았지만 성례가 의미하는 그리스도를 받지 않은 것과[13] 같다. 그리스도는 오직 성도들과 교제하신다.[14]

마지막으로 우리는 하나님의 백성이 함께 모인 가운데 겸손과 존경심을 가지고 거룩한 성례를 받으며,[15] 우리 구주 그리스도의 죽으심을 다 함께 감사하고 거룩한 마음으로 기억하며, 우리의 믿음과 기독교 신앙을 고백한다.[16] 그러므로 누구든지 이 떡을 먹고 이 잔을 마심으로 스스로 심판을 받지 않기 위해서는 성찬의 식탁에 오기 전에 반드시 자기 자신을 조심스럽게 살펴보지 않으면 안 된다(고전 11:27). 요컨대, 우리는 이 거룩한 성례를 행하므로써 마음에 감동을 받고 하나님과 우리의 이웃을 뜨겁게 사랑하게 된다.

그러므로 우리는 사람들이 성례에 첨가하여 혼합시킨 모든 어수선한 사상들과 그들이 고안해 낸 저주받을 것들을 성찬에 대한 모독으로 여겨 배격한다. 그리고 확언하건데 우리는 그리스도와 사도들이 우리에게 가르친 절차에 만족해야 하며, 그들이 성례에 관해 말한 것만 말해야 한다.

[1] 마26:26-28; 막 14:22-24; 눅 22:19,20; 고전 11:23-26. [2] 요3:5,6. [3] 요5:25. [4] 요6:48-51. [5] 요6:40,47. [6] 요6:63; 요10:10b. [7] 요6:55; 고전10:16. [8] 엡3:17. [9] 요3:8. [10] 막16:19; 행3:21. [11] 롬8:32; 고전10:3,4. [12] 고전2:14. [13] 눅22:21,22; 행8:13,21. [14] 요3:36. [15] 행2:46; 고전11:26. [16] 행2:42; 행20:7.

제36조 정부

우리는 우리의 은혜로우신 하나님께서 인류의 타락 때문에 왕과 군주와 관리들을 임명하셨다고[1] 믿는다. 하나님은 세상이 법률과 제도로 통치되게 하시므로[2] 무법한 사람들이 통제되고 모든 것이 사람들 사이에서 질서 있게 잘 운영되도록 하셨다.[3]

이 목적을 위하여 하나님께서는 정부의 손에 검을 쥐어 주심으로써 악한 자들을 벌하고 선한 사람들을 보호하게 하셨다. 이런 식으로 사회 발전에 기여하여 하나님을 기쁘시게 하도록 부르심을 받은 통치자들에게는, 설교하며 온전하고 거룩한 예배를 드리는데 방해되는 모든 것들을 하나님의 법에 따라 제거해야 할 과업이 있다.

그들은 이 일을 할 때 절대적 권위를 가지고 행하고자 하는 모든 성향을 완전히 억제해야 하며, 자기들에게 주어진 방법을 동원해서 맡겨진 분야에서 일을 잘해야 한다. 그리고 정부는 백성을 돌보고 감독하는 일만 할 것이 아니라, 거룩한 목회 사업도 잘 보호하고 모든 우상숭배와 적그리스도에 대한 거짓예배를 제거하고 멸해야 한다. 이로써 예수 그리스도의 왕국이 신장되도록 해야 하며, 어디에서든지 복음을 설교할 수 있게 해서 하나님께서 말씀에서 명하신 대로 모든 사람들이 하나님을 공경하며 섬기게 해야 한다.[4]

또한 모든 사람은 지위나 조건, 혹은 계급에 관계없이 정부에 복종하지 않으면 안 된다. 세금을 내야하고 정부 대표들의 명예를 지켜주고 존경해야 하며,[5] 하나님의 말씀에 어긋하지 않는 한 모든 일에서 지도자들에게 복종해야 한다.[6] 그리고 (우리는) 하나님께서 그들을 모든 길에서 인도해 주실 것과, 또한 우리가 경건하게 예의를 지키면서 평화롭고 조용하게 살 수 있도록 그들을 위해 기도해야 한다.

그리고 우리는 이 점에서 재세례파와 다른 무정부주의자들을 반대하며, 권위와 정부 관리들을 배격하려 하고 재산의 공동 소유제를 도입하면서 하나님이 사람들 사이에 세우신 도덕적 질서를 타락시키고 정의를 무너뜨리려는 사람들을[7] 모두 반대한다.

[1] 잠8:15; 단2:21; 요19:11; 롬13:1. [2] 출18:20. [3] 신1:16; 신16:19; 삿21:25; 시82편; 렘21:12; 렘22:3; 벧전2:13,14. [4] 시2편; 롬13:4a; 딤전2:1-4. [5] 행4:19; 행5:29. [6] 마17:27; 마22:21; 롬13:7; 딛3:1; 벧전2:17. [7] 벧후2:10; 유8.

제37조 최후의 심판

마지막으로, 우리는 하나님의 말씀에 따라 주께서 지정하신 때 (이때는 어떤 피조물에게도 알려지지 않았다),[1] 또 선택된 사람들의 수가 찰 때,[2] 우리 주 예수 그리스도께서 승천하실 때처럼 육신을 가지고 모든 사람이 볼 수 있게[3] 크신 영광과 위엄으로 하늘에서 강림하셔서[4] 친히 자신을 죽은 자와 산 자를 위한 심판관으로 선포하실 것을[5] 믿는다. 그리스도께서는 불과 불꽃으로써 이 오래된 세계를 태워 깨끗하게 하실 것이다.[6]

그때에 남자나 여자나 어린이 할 것 없이 세상 처음부터 마지막 날까지 이 땅에서 살았던 모든 사람이대재판관 앞에 각각 나와야 할 것이다.[7] 그들은 천사장의 소리와 하나님의 나팔 소리를 듣고 그곳으로 소환될 것이다(살전 4:16). 먼저 죽었던 사람들 모두가 땅에서 일어나게 되고[8] 그들의 영혼은 전에 있었던 그 몸과 합쳐 연합될 것이다. 그때 살아 있는 사람들은 다른 사람들처럼 죽지 않을 것이지만, 순간적으로 변하여 썩을 몸이 썩지 않을 몸으로 될 것이다(고전 15:51-53).[9]

그때 책들(즉, 양심들)이 펼쳐지고, 죽은 자들은 선한 일이든 악한 일이든 이 세상에서 자기들이 행한 일에 따라 재판을 받을 것이다(계 20:12).[10] 진실로 모든 사람이 자기가 쓸데 없이 한 모든 말, 비록 그것이 세상에서는 장난으로 여겨졌다 하더라도, 그 말에 대해 해명해야 할 것이다(마 12:36). 또 그때 사람들의 비밀과 위선들이 모든 사람들이 보는 앞에서 공개적으로 드러날 것이다.

그러므로 행악자들에게는 당연히 이 재판이 끔찍하고 두려운 일이겠지만,[11] 선택된 의인들에게는 매우 기쁘고 큰 위로가 될 것이다. 왜냐하면 그들의 속량이 그때 완전히 성취될 것이기 때문이다. 그때 의인들은 자신들의 수고와 그들이 겪었던 고난의 열매를 거두어들이게 될 것이다.[12] 그들에게 죄가 없다는 것이 공개적으로 모든 사람에게 알려질 것이며, 또한 그들은 이 세상에서 그들을 지배하고 압박하며 고통스럽게 했던 모든 악인들에게 하나님이 얼마나 무섭게 되갚아 주시는지 보게 될 것이다.[13]

악인들은 자기들 자신의 양심의 증거에 의하여 고발되고 불멸의 존재로 변화되어, 마귀와 그의 천사들을 위하여 예비된 영원한 불에서[14] 고통을 받게 될 것이다(마 25:14).[15] 이와는 대조적으로, 충성되고 선택된 사람들은 영광과 영예의 면류관을 쓰게 될 것이다. 성부 하나님과 택하신 거룩한 천사들 앞에서 성자 하나님이 "그들을 시인하시며"(마 10:32),[16] 그때 "그들의 눈에서 모든 눈물을" 씻어 주실 것이다(계 7:17).[17] 그리고 그들이 현재 많은 재판관들과 정부 관리들로부터 이단과 악으로 정죄되었던 사건들도 그 때에는 "성자 하나님을 위한 것"으로 인정받게 될 것이다.

그리고 주님은 사람이 마음으로 결코 상상할 수 없는 놀라운 영광을 그들에게 은혜의 상으로 주실 것이다.[18] 그러므로 우리는 우리 주 예수 그리스도 안에 있는 하나님의 약속들을 온전히 즐기려는 간절한 소망을 가지고 이 위대한 날을 기다린다.

[1] 마24:36; 마25:13; 살전5:1,2. [2] 히11:39,40; 계6:11. [3] 계1:7. [4] 마24:30; 마25:31. [5] 마25:31-46; 딤후4:1; 벧전4:5. [6] 벧후3:10-13. [7] 신7:9-11; 계20:12,13. [8] 단12:2; 요5:28,29. [9] 고전15:51,52; 빌3:20,21. [10] 히9:27; 계22:12. [11] 마11:22; 마23:33; 롬2:5,6; 히10:27; 벧후2:9; 유15; 계14:7a. [12] 눅14:14; 살후1:3-10; 요일4:17. [13] 계15:4; 계18:20. [14] 계20:10. [15] 마13:41,42; 막9:48; 눅16:22-28; 계21:8. [16] 계3:5. [17] 사25:8; 계7:17. [18] 단12:3; 마5:12; 마13:43; 고전2:9; 계21:9-22:5.

– 벨직 신앙고백 끝 –

2. 초대교회 신조

초대교회 시대는 대체적으로 로마 감독 그레고리(Gregory The Great)가 교황의 직위를 갖게된 이전의 교회시대를 가리킨다. 그런데 이 기간 동안에 기독신앙의 기초가 되는 삼위일체 교리가 확립되었다.

예수 그리스도의 부활과 승천 이후에 사도들을 중심으로 교회가 본격적으로 확장되었는데 이때 신앙에 대한 많은 의문에 생기기 시작했다. 유대지방에서는 예수님이 '과연 하나님의 아들인가'에 대해 의문을 품고 그는 단순히 사람이었을 뿐이라고 주장하는 에비온파가 등장하였고, 그런가 하면 헬라철학의 이원론을 기초로 영지주의자들은 가연설을 주장하며 예수님은 사람으로 보였을 뿐인지 실제 사람은 아니었다는 주장을 폈다. 이것은 초대교회 성도들에게 많은 혼란을 주었고, 이어 예수님은 과연 우리의 경배의 대상이 되는가에 대한 심각한 의문도 제기 되었다. 이때 교회의 교부들은 범 교회적인 회의(공의회)를 열어 이에 대해 진지한 논쟁을 하며 마침내 예수님을 '이 땅에 오신 하나님의 아들'로서 우리가 마땅히 경배해야할 분으로 확정하고 공교회의 신조로 '삼위일체 교리를 확립'하였다. 이로서 역사속의 교회는 이 공교회의 신조를 기초로 기독신앙을 전개할 수 있게 되었다.

이렇게 초대교회 때에 확립된 신조로는 영지주의자들의 가현설을 반박한 '시도신경', 예수님은 신성한 하나님의 아들이심을 천명한 '니케아 신조'(AD 325), 여기에 성령의 신성 조항을 추가해 하나님에 대한 완성된 고백을 이룬 '니케아-콘스탄티노플 신조'(381), 예수님의 신인성 존재 방식에 대한 답변으로서의 칼케돈 신조(451), 삼위 하나님이 영원한 한 하나님 되심을 찬양한 아나타나시우스 신조(421-450 년)이 있다.

(1) 사도신경 The Apostles' Creed (3세기)

'사도신경'이라는 이름이 처음 사용된 것은 AD 390 년이었는데, 일반적으로 사도신경은 그 이름이 뜻하는 대로 사도들에게서 유래되어 전수되어왔다고 여겨지며 모든 신조의 골격을 이룬다. 이 신조는 그 내용에 있어 창조주 성부 하나님으로 시작해 성자 예수 그리스도의 성육신, 고난, 부활, 승천, 재림, 그리고 성령과 교회, 성도의 부활과 영생에 관한 기독교의 핵심적인 사실을 대중적으로 요약하고 있다. 특히 하나님의 천지창조와 예수님이 마리아의 아들로 태어나 십자가에서 못박혀 죽으신 분으로 고백하면서 당시 교회 내에 큰 유혹이 되었던 영지주의자들의 가현설을 일축하였다.

사도신경

"전능하사 천지를 창조하신 하나님 아버지를 내가 믿사오며,
그 외아들 우리 주 예수 그리스도를 믿사오니,
이는 성령으로 잉태하사 동정녀 마리아에게 나시고,
본디오 빌라도에게 고난을 받으사, 십자가에 못 박혀 죽으시고,
[지옥에 내려가셨으며],
장사한 지 사흘 만에 죽은 자 가운데서 다시 살아나시며,
하늘에 오르사, 전능하신 하나님 우편에 앉아 계시다가,

저리로서 산 자와 죽은 자를 심판하러 오시리라.
성령을 믿사오며, 거룩한 공회와 성도가 서로 교통하는 것과,
죄를 사하여 주시는 것과, 몸이 다시 사는 것과,
영원히 사는 것을 믿사옵나이다. 아멘"

(2) 니케아-콘스탄티노플 신조 The Nicene-Constantinopolitan Creed(381)

초대교회에서 기독론에 대한 사변이 시작되면서, 하나님의 아들 예수 그리스도의 인성과 신성에 대한 혼란스러운 주장들이 있었다. 이에 대해 교회는 당시의 황제 콘스탄티노플의 주제 하에 범세계적 교회 공의회를 열고 이에 대한 교회의 공동고백을 확정하였는데 이것이 '니케아 신조'이다. 이 신조는 유명한 아리우스- 아타나시우스의 논쟁을 거쳐 '아들은 나신 분이지 만들어진 분이 아니다. 그리고 아버지와 한 본질이시다'는 최종 결론을 내고, 그리스도는 사람 구원을 위한 중보자로서의 절대 요건인 신성과 인성을 동시에 지니신 분으로 고백하였다. 이 신조는 381 년에 소집된 콘스탄티노플회의에서 325 년에 작성된 니케아 신조에 성령의 항목을 추가하여 '니케아-콘스탄티노플 신조'로 명명되었다. 그리고 이 신조는 451 년 칼케돈 회의에서 확정 선언되었다. 이로써 2 세기에 걸친 예수 그리스도와 하나님과의 관계, 예수 그리스도의 신성과 인성에 관한 논쟁에 성령의 신성 조항을 더하여 삼위일체 교리가 확립되었다. 이 신조는 동방정교회, 로마 카톨릭교회, 그리고 개신교가 오늘날까지 다 같이 사용하는 유일한 신조이다.

니케아-콘스탄티노플 신조

'우리는 한 분 하나님이시요, 성부이시며, 천지와 그 안에 있는 보이는 것들과 보이지 않는 모든 것들을 창조하신 전능하신 하나님을 믿는다.

우리는 한 분 주 예수 그리스도께서 하나님의 외아들이시며, 성부로부터 영원히 나셨고, 하나님으로부터 나오신 하나님이시요, 빛에서 나오신 빛이시요, 참 하나님으로부터 나오신 참 하나님이시며, 나신 분이요, 만들어지지 않으시고, 본질에 있어 성부와 하나이신 분임을 믿는다.

그를 통하여 만물이 만들어졌으며, 그는 사람인 우리를 구원하고자 하늘에서 내려오셨으며, 성령의 능력으로 동정녀 마리아에게 나서 사람이 되셨다. 우리를 위하여 그는 본디오 빌라도로 인하여 십자가에 못 박히시고 고난을 받으셨으며, 죽으시고 장사되셨다. 그는 성경대로 사흘 만에 다시 살아나셔서 하늘에 오르셨다. 성부 하나님의 오른편에 앉으셨으며, 영광 중에 다시 오셔서 산 자와 죽은 자를 심판하실 것이며, 그의 나라는 무궁할 것이다.

우리는 성령을 믿는다. 그는 주님이시요 생명의 수여자이시며 성부[와 성자][4] 에게서 나오셨다. 그는 성부와 성자와 함께 예배를 받으시고 영광을 받으시며 선지자들을 통해 말씀하셨다.

우리는 거룩하고 보편적이며 사도적인 교회를 믿는다. 우리는 죄 사함을 위한 한 세례를 믿는다. 우리는 죽은 자들의 부활과 다가올 세상에서의 생명을 믿는다. 아멘'

(3) 칼케돈 신조 The Definition of the Council of Chalcedon (451)

381 년 콘스탄티노플 회의가 니케아 회의의 결정을 재확인하고 보완함으로써 어떻게 예수 그리스도가 하나님의 아들이시며, 참 하나님이 되시느냐에 대한 논란이 종결되었다. 그런데 이제는 그의 신성과 인성이 어떻게 한 존재 안에 어떤 방식으로 존재하느냐를 이해하려는 과정에 다양한 이론(異論)이 대두되었다. 황제 데오도시우스 2 세는 이러한 기독론의 논쟁들을 종식시키고자 451 년에 칼케돈 회의를 소집해 앞서 있었던 니케아 신조와 콘스탄티노플 신조를 재확인하고 그리스도안의 신성과 인성이 어느 쪽으로 기운다는 식의 논쟁을 배제하였다. 그리스도의 신상과 인성은 완전하여 혼합되지도 않으며 또한 분리되지도 않고 다만 '속성의 교통'을 통하여 그리스도께서 단일한 인격을 가지신다고 확정했다. 이로서 그리스도 안에 신인성 존재방식이 정의되고 이에 대한 정통교리가 확립되었다. (그러나 아직도 신인성이 혼합되었다는 단성설을 주장하는 콥트 교회나, 그리스도의 인성을 강조하는 네스트리우스 교회는 이단으로 정죄되어 기존 교회에서 분리되었다.)

---

[4] [ ] 부분은 1041 년 서방교회가 삽입한 것이다.

칼케돈 신조

"그러므로 우리 모두는 일치하여, 거룩한 교부들을 따라, 동일한 성자이신 우리 주 예수 그리스도를 고백하도록 가르치는데 그는 신성에 있어서 완전히 동일하시고 또한 인성에 있어서 완전하신, 참 하나님이시며 참 사람으로서, 이성이 있는 영혼과 육체를 가지셨다.

신성에 있어서는 성부와 동일 본질을 지니셨고 인성에 있어서는 우리와 동일 본질을 지니시므로, 모든 면에서 우리와 같으시되 죄는 없으시다.

그는 신성을 따라서는 모든 시대 이전에 아버지로부터 나셨고, 훗날에 우리와 우리의 구원을 위하여 인성을 따라 하나님의 어머니이신 동정녀 마리아에게서 나셨다.

동일한 그리스도이시며, 성자이시고, 주님이신 독생자의 두 본성은 혼동 없이, 변화 없이, 나뉨 없이, 분리 없이 인식되며, 두 본성의 구분은 연합으로도 결코 없어지지 않는다.

각 본성의 특성은 한 품성과 한 존재 안에 보존되고 함께 있으나, 두 본성은 갈라지거나 나누어져 두 인격을 형성하지 않고, 동일한 아들이요, 독생자요, 하나님의 말씀이신 주 예수 그리스도가 되셨다. 최초의 선지자들도 그에 대하여 이렇게 선언했던 것이고, 주 예수 그리스도께서 친히 우리를 이렇게 가르치셨고, 교부들의 신조들 역시 그렇다."

(4) 아타나시우스 신조 The Athanasian Creed (420~450)

아타나시우스 신조의 저자는 아타나시우스가 아니지만 그의 신앙의 내용과 일치하기 때문에 그의 이름이 붙여졌다. 아타나시우스 신조는 범세계적인 교회 회의에서 인준된 신조는 나이다. 그러나 그 내용의 우수성 때문에 세계적인 권위를 인정받아 '정통 교리의 아버지'라는 이름을 얻었다. 종교개혁자 루터는 이 신조를 가리켜 '사도시대 이후 가장 중요하고도 영광스러운 신조'라고 말하였고, 영국의 리차트 박스터도 '삼위일체에 대한 최상의 해석'을 지닌 신조라며 칭찬을 아끼지 않았다. 이 신조는 두 부분으로 나뉘어 있다. 1 부는 삼위일체론으로서 1~28 항, 2 부는 기독론으로서 29~44 항이 여기에 해당한다. 특히 2 부는 예수 그리스도 안의 신인성 존재 방식에 대한 갖가지 이단적 주장들을 반박하고 칼케돈 신조을 재확인하며 삼위일체 교리를 견고하게 확립한다.

아타나시우스 신조

"1. 누구든지 구원을 받으려는 사람은 먼저 보편적인 신앙을 가져야 한다.

2. 누구든지 이 신앙을 전체적으로 흠 없이 지키지 않으면 틀림없이 멸망할 것이다.

3. 이 보편적인 신앙은 다음과 같다: 우리는 삼위이시며 한 하나님이시고, 하나이시며 삼위이신 하나님을 믿는다.
4. 이 삼위일체는 인격을 혼동하지 않으며, 그 본체를 나누지 않는다.
5. 왜냐하면 성부의 한 위격과 성자의 다른 위격, 또한 성령의 또 다른 위격이 있기 때문이다.
6. 그러나 성부와 성자와 성령의 신성은 모두가 다 하나요, 그 영광도 동일하며 그 위엄도 함께 영원하다.
7. 성부의 계심이 그렇고, 성자의 계심도 그렇고, 성령의 계심도 그렇다.
8. 성부도 창조되지 않으셨고, 성자도 창조되지 않으셨고, 성령도 창조되지 않으셨다.
9. 성부도 불가해하시고, 성자도 불가해하시며, 성령도 불가해하시다.
10. 성부도 영원하시고, 성자도 영원하시고, 성령도 영원하시다.
11. 그러나 영원한 세 하나님이 계신 것이 아니라, 다만 한 하나님이 영원하실 따름이다.
12. 또한 창조되지 않은 세 하나님이 계시는 것도 아니며, 불가해한 세 하나님이 계시는 것도 아니고, 다만 창조되지 않으신 한 하나님이 계시며, 불가해한 한 하나님이 계신 것이다.
13. 성부께서 전능하시듯이 성자도 전능하시고 성령도 전능하시다.
14. 그러나 전능하신 세 하나님이 계신 것이 아니고, 오직 한 전능자가 계실 뿐이다.
15. 성부가 하나님이시듯이 성자도 하나님이시고 성령도 하나님이시다.
16. 그럼에도 세 하나님이 계신 것이 아니고, 오직 한 하나님이 계실 뿐이다.
17. 성부께서 주님이시듯이 성자도 주님이시고 성령도 주님이시다.
18. 그럼에도 세 주님이 계신 것이 아니라, 한 주님이 계실 뿐이다.
19. 우리가 기독교의 진리에 의해 삼위 하나님이 각각 하나님이시며 주님이시라는 것을 인정하지 않을 수 없다 해도,
20. 보편적인 신앙에 의하면 우리는 세 분의 하나님과 세 분의 주님이 있다고 말해서는 안 된다.
21. 성부는 그 무엇으로 만들어지거나 창조되거나 나시지 않았다.
22. 성자는 오직 성부에게서 오셨으나 지음을 받거나 창조되시지 않고 나셨다.
23. 성령은 성부와 성자에게서 오셨으나 지음을 받거나 창조되지 않으시고 나시지도 않고 다만 발출하셨다.
24. 따라서 한 성부가 계실 뿐이지 세 분의 성부가 계시지 않으며, 한 성자가 계실 뿐이지 세 분의 성자가 계시지 않으며, 한 성령이 계실 뿐이지 세 분의 성령이 계시지 않다.

25. 이 삼위일체에서는 그 어떤 위격도 먼저가 아니시며, 그 어떤 위격도 나중이 아니시다. 어떤 위격이 다른 위격보다도 더 위대하시지도 않고, 반대로 덜 위대하지도 않으시다.
26. 그러나 삼위는 모두 함께 영원하시며 함께 동등하시다.
27. 그래서 앞에서 말한 대로, 삼위로 계시면서 단일하시며, 단일하시면서 삼위로 계신 한 하나님께서 경배를 받으셔야 마땅하다.
28. 그러므로 구원을 받으려는 사람들은 삼위일체 하나님에 대하여 이렇게 생각해야만 한다.
29. 더 나아가 영원한 구원을 받으려면 우리 주 예수 그리스도의 성육신에 대하여 올바로 믿어야 한다.
30. 올바른 믿음은 하나님의 아들이신 우리 주 예수 그리스도께서 하나님이시며 동시에 사람이심을 믿고 고백하는 것이다.
31. 그는 성부의 본질을 지니신 하나님이시며 이 세상이 생기기 전에 나셨고, 동시에 그 어머니의 본질로 지음을 받으시고 이 세상에 태어나셨다.
32. 완전한 하나님이시며 또한 완전한 사람으로서 이성이 있는 영혼과 사람의 육체를 가지고 계시다.
33. 신성에 있어서 성부와 동등하나 인성에 있어서는 성부보다 낮으시다.
34. 비록 그는 하나님이시며 사람이시지만, 둘이 아니요 오직 한 그리스도이실 뿐이다.
35. 그리스도는 하나님이 육신으로 전환되신 것이 아니라 사람의 몸을 취하신 하나님이시다.
36. 그리스도는 그 본질이 혼합되지 않고 본성이 연합되셨다.
37. 이성이 있는 영혼과 육신으로 한 사람이 되듯이, 하나님이요 사람으로서 한 그리스도가 되신다.
38. 그리스도는 우리를 구원하시기 위해 지옥에 내려가셨고, 삼 일 만에 죽은 자 가운데서 다시 사셨다.
39. 그는 하늘에 오르셨으며, 전능하신 성부 하나님의 오른편에 앉아 계시다.
40. 거기에서 산 자와 죽은 자를 심판하러 오실 것이다.
41. 그가 오실 때에 모든 사람들이 육체로 다시 일어나게 될 것이며
42. 자신들이 행한 일을 말하게 될 것이다.
43. 그리고 선을 행한 사람들은 영생으로 들어가고, 악을 행한 자는 영원한 불에 들어갈 것이다.
44. 이것이 교회의 보편적인 신앙이며, 이것을 신실하게 믿지 않는 자는 구원받을 수 없다.

선언했던 것이고, 주 예수 그리스도께서 친히 우리를 이렇게 가르치셨고, 교부들의 신조들 역시 그렇다."

- 초대교회 신조 끝 -

믿음, 소망, 사랑이 담긴

하아델베르크 요리문답 강해

(본 서에서 사용한 서체는 제주특별자치도에서 제공하는 제주명조체와 제주고딕체임을 알려 드립니다.)

발행일 2025년 11월 20일

저작권자 김 학 모

표지그림 한 선 영

발행인 김 재 흥

발행처 (사)대학생성경읽기선교회: UBF 출판부

주소 서울특별시 종로구 대학로3길 20 (효제동 54-2)

홈페이지 http://ubf.kr

ISBN 978-89-86788-43-3 03230

값 28.000원